V&R

Norbert Collmar

Schulpädagogik und Religionspädagogik

Handlungstheoretische Analysen
von Schule und Religionsunterricht

Vandenhoeck & Ruprecht

Arbeiten zur Religionspädagogik

Herausgegeben von
Gottfried Adam und Rainer Lachmann

Band 24

Bibliografische Information Der Deutschen Bibliothek
Die Deutsche Bibliothek verzeichnet diese Publikation in der
Deutschen Nationalbibliografie; detaillierte bibliografische Daten
sind im Internet über http://dnb.dde.de abrufbar.

ISBN 3-525-61493-4

© 2004, Vandenhoeck & Ruprecht in Göttingen / www.v-r.de
Alle Rechte vorbehalten. Das Werk und seine Teile sind urheberrechtlich geschützt.
Jede Verwertung in anderen als den gesetzlich zugelassenen Fällen bedarf der vorherigen
schriftlichen Einwilligung des Verlages. Hinweis zu § 52a UrhG: Weder das Werk noch
seine Teile dürfen ohne vorherige schriftliche Einwilligung des Verlages öffentlich
zugänglich gemacht werden. Dies gilt auch bei einer entsprechenden Nutzung für
Lehr- und Unterrichtszwecke. Printed in Germany.
Satz: Ziegler und Müller, text form files, Kirchentellinsfurt
Druck- und Bindearbeit: Hubert & Co., Göttingen

Gedruckt auf alterungsbeständigem Papier

*Für Jakob Leander
und die Patenkinder Carolin,
Max, Fabian,
Max Oscar, Johanna,
Patrick und David*

Inhalt

Vorwort 13
Hinführung 15
1 Lehrersein im Spannungsfeld von professioneller Vermittlung
 und der Kunst der Mitteilung. 16
2 Religionslehrersein im Spannungsfeld von Professionalität
 und Mitmenschlichkeit? 18
3 Ausgangslage, Fragestellungen und Ziele der Arbeit 20
 3.1 Handeln und Handlung als Kategorie der Religionspädagogik 20
 3.2 Aufbau und Gliederung 22
 3.3 Formalia 24

Teil I: Handeln als pädagogischer Grundbegriff 25
1 Handlung und Handeln 26
 1.1 Was ist eine Handlung? 28
 1.2 Handeln und Verhalten. 35
2 Handlungen – Routinen – Konventionen 37
 2.1 Die Differenz von ›Handlungen mit vorausgehender Absicht‹ und
  pädagogischen Routinen als ›absichtliche Handlungen‹ 37
 2.1.1 Die Struktur des ›Handelns in vorausgehender Absicht‹ 38
 2.1.2 Pädagogische Routinen und Intuitionen als ›absichtliche Handlungen‹
  und implizites Wissen 43
 2.2 Psychische Regulationsebenen des Handelns 44
 2.3 Resümee 46

Teil II: Merkmale und Strukturen schul- und religionspädagogischen Handelns 51
 Einleitung 52
 A *Schulpädagogik* 52
 B *Religionspädagogik* 54
1 Schul- und religionspädagogisches Handeln und die Aufhebung
 der Generationendifferenz 56
 A *Schulpädagogisches Handeln im Zusammenhang der Generationen*. . . . 56
 1.1 Pädagogisches Handeln als soziales
  und Kommunikation ermöglichendes Handeln 56
 1.2 Pädagogisches Handeln und die Generationendifferenz 58
 1.3 Die intentionale Struktur pädagogischen Handelns 62

7

1.4	Pädagogisches Handeln und Macht	66
1.5	Paradoxe Struktur pädagogischen Handelns	67
1.6	Von der neuzeitlichen zur modernen Gesellschaft: Veränderungen der Generationendifferenz	69
1.7	Schulpädagogisches Handeln und die Differenz der Generationen	73
B	*Religionspädagogisches Handeln im Zusammenhang der Generationen*	75
1.8	Religionspädagogisches Handeln und die Generationendifferenz	75
1.9	Die moderne Intention religionspädagogischen Handelns	78
1.10	Paradoxe Struktur religionspädagogischen Handelns	81
1.11	Religionspädagogisches Handeln und die Veränderungen der Generationendifferenz	82
2	Konstitution schul- und religionspädagogischen Handelns als Beruf	84
A	*Die Konstitution des (Religions-) Lehrer/-innenberufs*	85
2.1	Schule und schulpädagogisches Handeln im Prozess zur Moderne	85
2.2	Die Konstitution von Beruf und Lehrer/-innenberuf	93
2.2.1	Männer im Lehrberuf	95
2.2.2	Frauen im Lehrberuf	104
B	*Die Konstitution des eigenständigen Religionslehrer- und Religionslehrerinnenberufs*	110
2.3	Die Ausdifferenzierung des Religionslehrer/-innenberufs	110
2.3.1	Religionslehrer und Religionslehrerinnen an höheren Schulen	111
2.3.2	Religionslehrer und Religionslehrerinnen an Volksschulen bzw. an Grund- und Hauptschulen	117
2.4	Zwischenresümee und Ausblick auf die Gegenwart	120
2.4.1	Resümee	120
2.4.2	Ausblick	121
3	Konditionen schul- und religionspädagogischen Handelns	124
A	*Konditionen schulpädagogischen Handelns*	124
3.1	Bedingungen schulpädagogischen Handelns	125
3.1.1	Räumliche Trennung	125
3.1.2	Die Schüler/-innen und die Schulklasse als soziale Gruppe	126
3.1.3	Inhaltliche Konzentration und zeitliche Strukturierung	130
3.1.4	Mediale Repräsentation der Inhalte	133
3.1.5	Der latente Zukunftsbezug des schulpädagogischen Handelns	134
3.1.6	Die Schulpflicht	135
3.1.7	Überbürdete Schule und Schüler	136
3.1.8	Schulpädagogisches Handeln als personales Handeln	137
3.2	Die Trennung von Schule und Leben: Problemverkürzende Wahrnehmungen	141
3.3	Die Differenz von Schule und Nicht-Schule als Herausforderung schulpädagogischen Handelns	143
B	*Konditionen religionspädagogischen Handelns in der Schule und Zwischenresümee*	146
3.4	Bedingungen religionspädagogischen Handelns in der Schule	146
3.5	Öffnung von Schule und Religionsunterricht als Herausforderung religionspädagogischen Handelns	151

4	Funktionen der Schule sowie des schul- und religionspädagogischen Handelns	153
	A Schule und schulpädagogisches Handeln	153
4.1	Kulturelle Funktion – Kanonisierung der Inhalte, Qualifizierung und Erziehung der Schüler/-innen	155
4.1.1	Qualifizierung der Schüler/-innen und Kanonisierung der Inhalte	155
4.1.2	Erziehungs- und Integrationsfunktion	158
4.2	Selektionsfunktion durch Leistungsbewertung und Schulstruktur	163
4.3	Familienergänzende Funktion der Schule	166
	B Funktionen von Religion und des religionspädagogischen Handelns in der Schule	169
4.4	Kulturelle Funktion – Kanonisierung der Inhalte, Qualifizierung und Erziehung der Schüler/-innen	169
4.4.1	Vergegenwärtigung des kulturellen Hintergrundes, Kanonisierung und Qualifikation als Elemente der kulturellen Funktion des Religionsunterrichts	170
4.4.2	Erziehungs- und Integrationsfunktion des religionspädagogischen Handelns	173
4.5	Selektionsfunktion des religionspädagogischen Handelns	176
4.6	Familienergänzende Funktion des religionspädagogischen Handelns	177
4.7	Zwischenresümee: Die funktionale Analyse der Schule und ihr Beitrag zu einer Theorie schul- und religionspädagogischen Handelns	180
5	Intentionen schul- und religionspädagogischen Handelns: Bildung ermöglichen	183
	A Bildung als Intention schulpädagogischen Handelns	183
5.1	Schulpädagogische und didaktische Ziel- und Leitkategorien	183
5.2	Bildung: Subjektwerdung, Handlungsfähigkeit und Enkulturation	187
5.2.1	Bildung als Individuierung und Zusammenhang von Fähigkeiten	188
5.2.2	Bildung als Enkulturation: Das Kanonproblem	197
5.3	Bildung als Prozess	199
5.3.1	Die Wechselwirkung von Ich und Nichtich in Form von Entfremdung und Rückkehr	199
5.3.2	Der Modus der Bildung	202
	B Religiöse Bildung als Intention religionspädagogischen Handelns	204
5.4	Religiöse Bildung als Individuierung	205
5.4.1	Religiöse Bildung und Subjektivität – die Fähigkeit zu Selbstständigkeit und Mündigkeit	205
5.4.2	Religiöse Bildung und Gemeinschaft – die Fähigkeit zu Erinnerung, Verständigung, Zusammenleben und Selbstverpflichtung	206
5.4.3	Religiöse Bildung und Gottesfrage – Fähigkeit zu Selbst- und Weltdeutung unter der Perspektive des Reiches Gottes	209
5.5	Religiöse Bildung als Enkulturation	211
5.6	Zwischenresümee	212

6 Grundoperation schul- und religionspädagogischen Handelns:
Aneignung zumuten 215
A Grundoperation schulpädagogischen Handelns:
   Bildung ermöglichen als Aneignung zumuten 216
6.1 Bildung ermöglichen 216
6.2 Von Lernhilfe zu Zumutung 219
6.3 Aneignung zumuten................................... 224
6.3.1 ... als Zu-trauen und Lebensbegleitung 224
6.3.2 ... als Fremdaufforderung zu Selbsttätigkeit 225
B Die Grundoperation religionspädagogischen Handelns:
   Religiöse Bildung ermöglichen durch Aneignung zumuten .. 231
6.4 Zumuten als religionspädagogische Operation in der Schule?. 232
6.5 Operationen religionspädagogischen Handelns............. 233
6.5.1 Verkündigung als Operation religionspädagogischen Handelns 234
6.5.2 Auslegung und Interpretation als Operation
      religionspädagogischen Handelns....................... 237
6.5.3 Denken lehren als Operation religionspädagogischen Handelns 241
6.5.4 Christliche Erfahrung erschließen als Operation
      religionspädagogischen Handelns....................... 245
6.5.5 Religiöse und christliche Erfahrung ermöglichen.......... 250
6.6 Resümee... 256

Teil III: Ebenen schul- und religionspädagogischen Handelns 259

1 Die Mikroebene: Unterricht als Handlungsraum und Gestaltungsaufgabe ... 263
A *Schulpädagogisches Handeln als Aneignung zumuten im Unterricht* ... 263
1.1 Unterricht als Inszenierung der Operation Aneignung zumuten 263
1.2 Didaktische Morpheme zur Inszenierung der Operation
    Aneignung zumuten.................................... 269
1.2.1 Inszenierung des Unterrichts zur Aneignung von Wissen:
      das Morphem der Lektion 271
1.2.2 Inszenierung des Unterrichts zur Aneignung von Können:
      das Morphem des Arbeitsunterrichts.................... 274
1.2.3 Inszenierung des Unterrichts zur Aneignung eines reflexiven Selbst-
      und Weltverständnisses: das Morphem des Erlebnisunterrichts...... 276
1.2.4 Konfiguration der didaktischen Morpheme und unterrichtliche
      Handlungsformen..................................... 281
1.3 Didaktisches und unterrichtliches Handeln der Lehrerinnen und Lehrer 285
1.3.1 Die Handlungssequenz der Planung und Vorbereitung des Unterrichts. 285
1.3.2 Die Handlungssequenz der Durchführung von Unterricht 290
1.3.3 Die Handlungssequenz Unterricht reflektieren, archivieren und
      Schüler/-innen beurteilen............................. 296
1.3.4 Kooperation im unterrichtlichen Handeln der Lehrerinnen und Lehrer 299
B *Religionspädagogisches Handeln als Aneignung zumuten
   auf der Mikroebene* 301
1.4 Didaktische Morpheme des Religionsunterrichts........... 301

1.5	Religionsdidaktisches Handeln und religionsunterrichtliches Handeln der Lehrer/-innen	307
1.5.1	Die Handlungssequenz Religionsunterricht planen und vorbereiten	307
1.5.2	Die Handlungssequenz Religionsunterricht durchführen und gestalten	309

2 Die Mesoebene: Die einzelne Schule als Handlungsraum und Gestaltungsaufgabe ... 316

A	*Schulpädagogisches Handeln als Aneignung zumuten durch die Kultur der einzelnen Schule*	316
2.1	Impressionen aus zwei Schulen und ›Nachdenken über pädagogische Kultur‹	316
2.2	Schule als Lebensraum	319
2.3	Sozialisation in der Schule oder Erziehung durch die Schule	319
2.4	Schulpädagogisches Handeln als kooperatives Handeln	321
B	*Religionspädagogisches Handeln als Aneignung zumuten durch eine religiöse Dimension der Schulkultur*	324
2.5	Die einzelne Schule als Handlungsraum und Gestaltungsaufgabe des religionspädagogischen Handelns	324

3 Die Makroebene: Schulrecht, Schulorganisation und Schulpolitik – das Schulsystem als Handlungsraum und Gestaltungsaufgabe ... 327

A	*Schulpädagogisches Handeln als Aneignung zumuten durch Gestaltung des Bildungssystems*	327
3.1	Beeinflussung des schulpädagogischen Handelns durch die Makroebene	327
3.1.1	Normierung schulpädagogischen Handelns und pädagogische Freiheit	328
3.1.2	Recht als Ermöglichung und Medium der Institutionalisierung schulpädagogischen Handelns	331
3.2	Gestaltung der Makroebene durch das schulpädagogische Handeln	333
B	*Religionspädagogisches Handeln als Aneignung zumuten durch Gestaltung des Bildungssystems*	335
3.3	Religion und religionspädagogisches Handeln im Bildungswesen und in der Schulpolitik	335

4 Resümee zu Teil III: Zumutung von Aneignung auf den Ebenen schul- und religionspädagogischen Handelns in der Spannung zwischen Person und Institution ... 338

4.1	Zumutung von Aneignung auf den Ebenen schul- und religionspädagogischen Handelns	338
4.2	Schul- und religionspädagogisches Handeln zwischen Charisma und Institution	342
4.2.1	Typen schulpädagogischen Handelns im Unterricht – die Mikroebene	346
4.2.2	Schule zwischen Verantwortungsethik und Bürokratie – die Mesoebene	348
4.2.3	Schuladministration und Lehrerhandeln – das Verhältnis von Mikro-, Meso- und Makroebene	349

Teil IV: Schul- und religionspädagogisches Handeln – Ergebnisse und Perspektiven

1 Resümee und zugleich Leitbilder für den Beruf
 Religionslehrer/-in 352
 1.1 Zur Theorie des schul- und religionspädagogischen Handelns 352
 1.2 Schul- und religionspädagogisches Handeln als berufliches Handeln
  unter institutionellen Bedingungen 355
 1.3 Schul- und religionspädagogisches Handeln
  als multiintentionales Handeln 357
 1.4 Schul- und religionspädagogisches Handeln
  als eigenständige Praxisform mit charismatischen
  und bürokratischen Momenten 360
 1.5 Schul- und religionspädagogisches Handeln
  als funktionalbestimmtes Handeln 361
 1.6 Die Grundoperation schul- und religionspädagogischen Handelns:
  Aneignung von Fähigkeiten und Enkulturation zumuten 362
 1.7 Schul- und religionspädagogisches Handeln als erwartungsoffenes,
  riskantes, mit Enttäuschungen verbundenes Handeln unter den
  Bedingungen der Intransparenz 364
 1.8 Schul- und religionspädagogisches Handeln
  als institutionalisiertes personales Handeln 366

2 Perspektiven und Anschlüsse 370
 2.1 Religionspädagogisches Handeln und Profession,
  Professionalisierung sowie Professionalität 370
 2.2 Religionspädagogisches Handeln und die Inszenierungsformen
  des Religionsunterrichts 374

Literatur 376

Vorwort

Die von mir nun vorgelegte und im Sommersemester 2003 als Dissertation eingereichte Arbeit hat im Lauf der mehrjährigen Bearbeitungszeit eine Reihe von Metamorphosen durchschritten. Den Ausgang bildete eine Berufs-, genauer eine Professionstheorie für Religionslehrerinnen und Religionslehrer, die ich strikt bezogen auf die Schule handlungstheoretisch zu begründen und auszuführen gedachte. Der handlungstheoretische Teil hat sich im Entstehungsprozess der Arbeit inhaltlich und umfänglich als immer gewichtiger gezeigt, so erarbeitete ich mit der Professions- auch eine schul- und religionspädagogische Handlungstheorie. Durch die Kombination von Schul- und Religionspädagogik einerseits sowie Handlungs- und Professionstheorie andererseits wurde die Arbeit so umfänglich, dass es geraten schien, den Schwerpunkt auf die Handlungstheorie zu legen.

Texte und Textilien – beides engmaschige und zusammenhängende Gewebe – haben manches gemein. Der mehrjährige Verlauf des Schreibens wurde durch eine Hochschulfusion, die ich verantwortlich mitzugestalten hatte, sowie durch die Geburt unseres Sohnes Jakob Leander unterbrochen. Zuweilen ging es mir beim Schreiben wie Penelope, die im Wechsel von Tag und Nacht ihr Textil wob und auflöste, es tags darauf erneuerte und nachts wieder aufzog. Hier habe ich der zurückhaltenden, aber doch stets vorhandenen positiven Erwartung von Prof. Dr. Dr. Karl Ernst Nipkow, der mir auch durch Beratungen zur Seite stand, zu danken, dass das ab und an drohende Gleichgewicht zwischen weben und aufziehen, schreiben und löschen ein Ende gefunden und der Text seinen Abschluss bekommen hat. Prof. Dr. Dr. Nipkow habe ich auch für die lehrreiche Zeit als sein Assistent an der Universität Tübingen und die daraus entstehende Kooperation zu danken. Danken möchte ich in gleicher Weise Prof. Dr. Hans-Ulrich Grunder für die Beratungen über die grundlegende Struktur und das durchgängige Muster des Text(il)es und die vielfältigen Hinweise beim Einfädeln des schulpädagogischen Fadens, der zum roten wurde.

Danken möchte ich auch der Evangelischen Landeskirche in Württemberg, der Calwer Verlagsstiftung und der Evangelischen Fachhochschule Reutlingen-Ludwigsburg für die finanzielle Unterstützung bei der Veröffentlichung des Buches, sowie Prof. Dr. G. Adam und Prof. Dr. Dr. R. Lachmann für die Aufnahme in die Reihe „Arbeiten zur Religionspädagogik" und dem Verlag Vandenhoeck & Ruprecht sowie Annette Ziegler für die Betreuung der Drucklegung. Sie alle zusammen haben mich mancher Sorgen enthoben. Besonders danke ich meiner Frau für ihre ungeduldige Geduld im Lauf der letzten Jahre.

Ludwigsburg, Himmelfahrt 2004 *Norbert Collmar*

Hinführung

1 Lehrersein im Spannungsfeld von professioneller Vermittlung und der Kunst der Mitteilung

»›Ich bringe euch das Lesen und Rechnen bei, Kinder, und zeige euch, wie man Buchstaben und Zahlen schreibt‹, erklärte Düischen. ›Ich lehre euch alles, was ich selber weiß.‹ Und so war es – er brachte uns alles bei, was er selber wußte, und hatte dabei eine erstaunliche Geduld.« Mit diesem Zitat aus Aitmatows Roman »Der erste Lehrer« beginnt M. Gronemeyer das Kapitel »Lehrer als Beruf« in ihrem Buch über das Scheitern der Schule.[1] Das Scheitern der Schule habe auch mit der heutigen Konzeption des Lehrer/-innenberufs zu tun, die sich sehr vom Lehrer Düischen unterscheide. Jenem kaum lese- und schreibkundigen Lehrer, ohne die geringste Ahnung von Lehrplänen und Unterrichtsmethodik, aber mit einer treuherzigen Begeisterung, wird ein »moderner Lehrer mit modernem professionellen Selbstverständnis«[2] gegenübergestellt. Zum einen sieht Gronemeyer dabei hinter dem Konzept Professionalität den »standespolitischen Ehrgeiz«, mit dem der gesellschaftliche Status der Lehrerschaft verbessert werden sollte, und zum anderen die mit der Professionalisierung einhergehende »sachliche Ernüchterung und fachliche Orientierung«.[3] Im Lehrer Düischen erkennt sie den Idealtypus des Mitteilenden, im professionellen Lehrer den Vermittler. »Der Mitteilende teilt nicht nur etwas, sondern immer auch sich selbst mit«; der Vermittler dagegen »ist ein Souffleur fertigen Textes (…) ideenreich allerdings in der Produktion didaktischer Finessen und von scharfsichtigem Urteil im Soll-Ist-Vergleich der Lernerfolge«.[4] Gronemeyer entwickelt ein Verständnis des unterrichtlichen Handelns und der unterrichtlichen Professionalität, das von Lehrer/-innen als bezahlten Dienstleistern ausgeht, die im Rahmen ihrer bezahlten Lehrtätigkeit keinen Anspruch haben, sich frei mitzuteilen. Mitteilung und Vermittlung werden von Gronemeyer als letztlich unterschiedliche Formen des Handelns bestimmt. Die Mitteilung ist »ein mit der Person des Sprechers legierter Erörterungsgegenstand, Ergebnis ihrer Wahrnehmung, ihres Nachdenkens, Empfindens, Deutens (…) immer Selbstoffenbarung«.[5] Sie beruhe daher auf

---

[1] M. Gronemeyer: Lernen mit beschränkter Haftung. Über das Scheitern der Schule, Berlin 1996, S. 53. Das Zitat ist aus T. Aitmatow: Der erste Lehrer, München 1980, S. 34.
[2] Ebd., S. 55.
[3] Ebd., S. 57.
[4] Ebd., S. 59 u. 66.

einer vorgängigen »Hingabe an den Gegenstand«,[6] erst durch die selbstauferlegte Anstrengung des Empfindens, Deutens und Denkens und die subjektive Einsicht bekomme sie den Charakter des Mitteilenswerten. Die Mitteilung ist selbstverantwortet. Die Vermittlung geschehe dagegen im Auftrag anderer, ihr Inhalt stehe fest, sie zeichne sich so durch eine unpersönliche Grundlage aus.

Indem Gronemeyer die Handlung der Mitteilung und die der Vermittlung idealtypisch gegenüberstellt und Professionalisierung sowie Professionalität, auf der Seite der unpersönlichen, an der Sache wenig interessierten auftragsgemäßen Dienstleistung der Vermittlung stehend, erkennt, beinhaltet für sie Professionalisierung die »Professionalisierung der Lehrer zu Vermittlungsagenten«.[7] Mit dieser Kritik an den Kategorien Professionalität und Professionalisierung nimmt sie gegen eine in der Lehrerforschung verbreitete Entwicklung Stellung, die das Wortfeld Profession, Professionalität und Professionalisierung in den Mittelpunkt der Analysen des Lehrer/-innenberufs stellt. Während Gronemeyer damit gegen einen breiten Strom professionstheoretischer Studien zum Lehrer/-innenberuf Stellung bezieht, ist G. Adam einer der ersten, der in der religionspädagogischen Forschung zum Religionslehrer/-innenberuf den Professionsbegriff aufnimmt.

---

5 Ebd., S. 60.
6 Ebd., S. 62.
7 Ebd., S. 74.

2 Religionslehrersein im Spannungsfeld von Professionalität und Mitmenschlichkeit?

›Im Spannungsfeld von Professionalität und Mitmenschlichkeit‹, so kennzeichnet G. Adam die Lage der Religionslehrer/-innen.[8] Damit entwirft er eine Grundspannung, die auf der einen Seite die professionellen Experten, »Fachfrau, Fachmann«,[9] und auf der anderen den Mitmenschen in »persönlicher Authentizität«,[10] dem man ohne institutionelle Verbiegungen begegnen kann, vermuten lässt. Beide Bestimmungen, sowohl die Professionalität im Sinn des beruflichen Expertentums, wie auch die bloße Mitmenschlichkeit, lassen ein Unbehagen im Blick auf das pädagogische Handeln im Religionsunterricht zurück und weisen so auf das systematische Problem der Schul- und Religionspädagogik hin: Können Religionslehrer/-innen ihr berufliches Handeln im Sinn einer personunabhängigen Experten- und Spezialistenfunktion, die dazu noch innerhalb der mit gesellschaftlichen Funktionszuweisungen bedachten Institution Schule realisiert werden muss, verstehen oder ist ihre Person, ihre ›Mitmenschlichkeit‹, so in das Unterrichtsgeschehen und die Institution involviert, dass sie als ein wichtiger oder sogar als der wichtigste Pfeiler des Unterrichtens angesehen werden muss? Ist der Religionsunterricht also auf die Handlungsform der Mitteilung angewiesen? Dieses systematische Problem lebt bei Adam im Gegenüber von Professionalität und Mitmenschlichkeit oder, wie er auch formuliert, in der Alternative von »Beruf oder Person«[11] wieder auf. Beides, Beruf und Person, scheint für sich allein nicht zu genügen, um das berufliche religionspädagogische Handeln und dessen Struktur zu beschreiben. Berufliche Professionalität droht die menschliche Dimension des religionspädagogischen Handelns im Allgemeinen und des Unterrichtens im Besonderen zu untergraben, so dass sie durch Mitmenschlichkeit ergänzt werden muss. Auch Becker unterscheidet in analoger Weise zwischen sozialem Handeln und pädagogischer Professionalität, mithin zwischen »persönlicher Beziehung und professioneller Beziehung«,[12] wobei Lehrerinnen beziehungsorientierte Einstellungen, und das heißt in diesem Falle »traditionell ›müt-

---

8 G. Adam: Religionslehrersein im Spannungsfeld von Professionalität und Mitmenschlichkeit. In: Die Christenlehre 45 (1992), S. 400–406.
9 Ebd., S. 401.
10 Ebd., S. 401.
11 Ebd., S. 401.

terliche‹ Handlungsweisen«,[13] anstelle der »professionellen Handlungsstrategien«[14] anwenden würden. Allerdings weist Becker auf eine notwendige, aber bisher unterbliebene Diskussion des Professionsbegriffs hin. Die Frage stellt sich auch hier: Lässt sich pädagogisches Handeln und damit auch pädagogische Professionalität außerhalb des mit dem hier zu unbestimmt gefassten Begriff des sozialen Handelns und ohne persönliche Beziehung theoretisch konzipieren? Damit sind eine Reihe von Grundfragen einer Theorie pädagogischen und religionspädagogischen Handelns am Ort Schule und Religionsunterricht aufgeworfen.

Religionspädagogisches Handeln in der Schule scheint zumindest in der Perspektive Adams ein Beruf zu sein, für den berufliches Handeln nicht ausreicht. Was aber heißt dann noch Beruf und berufliches Handeln, was Professionalität und professionelles Handeln in der Schule und im Religionsunterricht der Schule, wenn die aporetische Situation entsteht, dass berufliches Handeln für das Handeln im Beruf Religionslehrer/-in nicht genügt?

---

12 S. Becker: Religionslehrerin gleich Religionslehrer? Zu den Arbeitsbedingungen von Lehrerinnen im Religionsunterricht. In: Dies./I. Nord (Hg.): Religiöse Sozialisation von Mädchen und Frauen, Stuttgart 1995, S. 55–74, hier S. 63.
13 Ebd., S. 63.
14 Ebd., S. 64.

3 Ausgangslage, Fragestellungen und Ziele der Arbeit

3.1 Handeln und Handlung als Kategorie der Religionspädagogik

Bei meinem Beitrag, die genannten Fragen einer Antwort entgegen zu führen, könnte ich entweder bei einer Theorie religionspädagogischen Handelns oder bei einer Theorie religionspädagogischer Professionalität einsetzen. Da Letztere aber Erstere zumindest in Grundzügen voraussetzt und Veröffentlichungen zu einer explizit ausgearbeiteten Theorie des religionspädagogischen Handelns in der hier notwendigen Fokussierung auf die Schule, den Religionsunterricht und den Beruf Religionslehrer/-in bisher selten sind, werde ich in der folgenden Arbeit die Theorie des religionspädagogischen Handelns in der Schule in den Mittelpunkt stellen. Nun hat die Religionspädagogik den Handlungsbegriff zugleich nicht einfach übergangen, sondern in verschiedenen Hinsichten aufgenommen und entfaltet.

In einem *ersten*, grundlagentheoretischen Diskussionsstrang wurde der Handlungsbegriff selbst – in jüngster Zeit insbesondere in Auseinandersetzung mit der Theorie des kommunikativen Handelns von J. Habermas[15] – theologisch, philosophisch und religionspädagogisch analysiert.[16] Unter dieser Perspektive stehen insbesondere Fragen nach dem Verhältnis der anthropologischen Grundbegriffe wie Subjekt, Sinn, Lebenswelt, Handeln, Bildung usw. im Mittelpunkt.

Daneben zeigt sich eine *zweite*, stärker pädagogisch und religionspädagogisch akzentuierte, zugleich aber zumeist indirekte Aufnahme des Handlungsbegriffs. Hier werden in einer größeren Zahl von Arbeiten auf einem manchmal mehr, zumeist aber weniger oder gar nicht explizierten Hintergrund einer allgemeinen, pädagogischen oder didaktischen[17] Handlungstheorie die übergreifenden Ziele und Aufgaben des religionspädagogischen Handelns in Kirche oder Schule diskutiert.[18] In der Religionspädagogik

---

15 Vgl. J. Habermas: Theorie des kommunikativen Handelns, Bd. 1 und 2, Frankfurt a.M. 4. Aufl. 1987.
16 Vgl. z.B. W. Gräb/D. Korsch: Selbsttätiger Glaube, Neukirchen-Vluyn 1985; R. Preul: Art. Bildung. In: G. Bitter/G. Miller (Hg.): Handbuch religionspädagogischer Grundbegriffe, München 1986, S. 67–74.
17 Vgl. z.B. K. Wegenast: Religionsdidaktik Sekundarstufe I, Stuttgart u.a. 1993 mit deutlichem Bezug zur so genannten Lerntheoretischen Didaktik (vgl.: W. Schulz: Unterricht – Analyse und Planung. In: P. Heimann/G. Otto/W. Schulz [Hg.]: Unterricht – Analyse und Planung, Hannover [1965] 5. bearb. Aufl. 1970. S. 13–47).

wurden dabei insbesondere Konzeptionen des Religionsunterrichts und darin eingebettet deren Intentionen bearbeitet, ohne allerdings das Handeln der Lehrer/-innen explizit zu reflektieren. Vor allem in den Zeiten der stark im Vordergrund stehenden Konzeptionsdiskussionen, beginnend am Ende der 60er- und wiederum zu Beginn der 90er-Jahre des 20. Jahrhunderts, trat der Handlungsbegriff und die Analyse des religionspädagogischen Handelns noch stärker in den Hintergrund. Da der Gegenstand einer Theorie des religionspädagogischen Handelns in der Schule sich zwar mit dem Inhalt der Didaktik und hier speziell mit dem der Religionsdidaktik überschneidet, lohnt bei der Suche nach einer Theorie des religionspädagogischen Handelns auch ein Blick in die Religionsdidaktik. Der mit wenigen Ausnahmen negative Befund bestätigt sich aber auch bei der neuesten zusammenfassenden Darstellung der Religionsdidaktik und ihrer Entwicklung in den letzten Jahren. So kommt das sich als »Einführungen in die Grundthemen der Religionsdidaktik«[19] verstehende 18. Jahrbuch der Religionspädagogik (JRP 18 [2002]) annähernd ohne eine explizite Reflexion auf den Handlungsbegriff und insbesondere auf das religionspädagogische Handeln der Lehrer/-innen aus. Bezeichnend ist dabei, dass gerade nicht in den religionspädagogischen Beiträgen, sondern nur im Überblick über die gegenwärtige Diskussion der Allgemeinen Didaktik »*Strukturmomente des didaktischen Handelns*«[20] referiert und Konsequenzen für die Lehrerrolle diskutiert werden.

Eine davon abermals zu unterscheidende Aufnahme des Handlungsbegriffs sieht *drittens* ein Ziel der religionspädagogischen Bemühungen in der von den Schüler/-innen zu gewinnenden Handlungsfähigkeit. Eine zusammenfassende Bestimmung des Bildungsbegriffs wird z.B. von Biehl als Zusammenhang von »Gespräch – Erfahrung – Handeln«[21] bezeichnet. Das religionspädagogische Handeln der Lehrer/-innen oder Pfarrer/-innen ist demnach »Hilfe zu verantwortlichem Handeln«[22] auf Seiten der Schüler/-innen. Der Handlungsbegriff bezeichnet hier eine Fähigkeit, zu der in der religionspädagogischen Interaktion verholfen werden soll. Mit dem Handlungsbegriff wird hier die anzustrebende Fähigkeit der Schüler/-innen und nicht das Handeln der Lehrer/-innen bezeichnet.

Da in dieser Arbeit ein Beitrag für eine Theorie des beruflichen Handelns der Religionslehrer/-innen entworfen und in Grundzügen ausgeführt werden soll, kann an den ersten religionspädagogischen Diskussionsstrang zum Handlungsbegriff im Grundlagenkapitel und an den zweiten und drit-

---

18 Explizite handlungstheoretische Grundlegungen finden sich z.B. bei K. E. Nipkow: Grundfragen der Religionspädagogik, Bd. 2. Das pädagogische Handeln der Kirche (1975), Gütersloh 4. Aufl. 1990, S. 89 ff; P. Biehl: Die Gottebenbildlichkeit des Menschen und das Problem der Bildung. In: Ders.: Erfahrung, Glaube und Bildung, Gütersloh 1991, S. 183 ff. 210 ff.
19 Religionsdidaktik, Jahrbuch der Religionspädagogik 18 (2002), S. VII.
20 H. Gudjons: Allgemeine Didaktik. Ein Überblick über die gegenwärtige Diskussion. In: JRP 18 (2002), S. 3–20, hier S. 7; vgl. zum Folgenden S. 18 ff.
21 Biehl: Gottebenbildlichkeit, S. 197.
22 Biehl: Gottebenbildlichkeit., S. 214.

ten Strang primär hinsichtlich der Intention des Handelns angeknüpft werden. Aufgrund der partiellen Überschneidung des Gegenstandsfeldes der Religionsdidaktik und der Theorie des schulischen religionspädagogischen Handelns können einige dieser Theorieelemente in weiterführender Weise aufgenommen werden.

Neben den bisher genannten drei Bereichen, in denen die Religionspädagogik auf den Handlungsbegriff rekurriert, treten *viertens* Studien, die eine explizite Theorie des religionspädagogischen Handelns zum Ziel haben. Hier wird mit Hilfe des Handlungsbegriffs das pädagogische Wirken erwachsener Personen analysiert und als Teil des Handelns der älteren Generation an den Kindern und Jugendlichen in Gemeinde und Schule interpretiert.[23] Insbesondere die Studien von Mette nehmen das Anliegen meiner Arbeit auf, allerdings bezieht Mette seine religionspädagogische Handlungstheorie auf verschiedene Lernorte; sie ist bei ihm gleichsam ein zentraler Teil der »Allgemeinen Religionspädagogik«. Der Lernort »Religionsunterricht in der Schule«[24] und seine Besonderheiten werden von Mette allerdings nicht mehr aus handlungstheoretischer Perspektive ausgeführt. Somit steht zwar das religionspädagogische Handeln im Allgemeinen, aber nicht das Handeln der Religionslehrer/-innen mit seinen besonderen Merkmalen im Zentrum seiner Analysen. Letzteres bildet dagegen den die Analysen meiner Arbeit fokussierenden Mittelpunkt. Der Religionsunterricht in der Schule und die beruflichen Tätigkeiten der Religionslehrer/-innen werden konsequent handlungstheoretisch reflektiert.

Die pädagogische und schulpädagogische Diskussion des Handlungsbegriffs und handlungstheoretische Arbeiten zum Lehrer/-innenberuf sind dagegen kaum überschaubar. Die Literaturliste dieser Arbeit macht dies deutlich. Somit ergibt sich die Notwendigkeit, diese Diskussion für die Religionspädagogik zu erschließen und fruchtbar zu machen.

3.2 Aufbau und Gliederung

Mein Beitrag zu einer Theorie des religionspädagogischen Handelns in der Schule nimmt seinen Ausgang bei einer Theorie des pädagogischen Handelns in der Schule, mithin bei einer Theorie des schulpädagogischen Handelns. Das damit berührte Verhältnis von Schulpädagogik und Allgemeiner Didaktik einerseits und Religionspädagogik und Religionsdidaktik andererseits kann für meine Arbeit so bestimmt werden, dass Erstere gewissermaßen das Genus proximum bilden, während das religionspädagogische Handeln in der Schule die Differentia specifica darstellt (vgl. unten die

---

23 Vgl. N. Mette: Identität in universaler Solidarität. Zur Grundlegung einer religionspädagogischen Handlungstheorie. In: JRP 6 (1989), Neukirchen-Vluyn 1990, S. 27–55; ders.: Religionspädagogik, Düsseldorf 1994, S. 108–155.
24 Vgl. Mette: Religionspädagogik, S. 206–214.

Einleitung zu Teil II). Insofern das Besondere immer auch Teil des Allgemeinen ist, kann das Verhältnis beider nicht als Abhängigkeit im Sinn einer Deduktion gefasst werden, sondern zwischen einer Theorie des schulpädagogischen Handelns und des religionspädagogischen Handelns in der Schule besteht eine Wechselwirkung und gegenseitige Beeinflussung. Dies impliziert für meine Vorgehensweise, dass schulpädagogische Analysen mit dem Ziel, eine Grundlage für das schulische religionspädagogische Handeln zu formulieren, in breiter Weise rekonstruiert oder konstruiert werden, aber dass diese wiederum von der Religionspädagogik relativiert oder bestritten werden können. Daraus ergibt sich für die Arbeit folgender Aufbau.

Im folgenden *Teil I* soll bereits auf dem Hintergrund schulpädagogischer Fragen und Probleme der Handlungsbegriff mit Hilfe der analytischen und praktischen Philosophie präzisiert werden, dabei wird auf die dem schul- und religionspädagogischen Handeln entsprechenden Wissensformen eingegangen.

In der nachstehenden Bestimmung der Merkmale und Strukturen des schul- und religionspädagogischen Handelns *(Teil II)* stelle ich nicht eine Theorie des allgemeinen religionspädagogischen Handelns in den Mittelpunkt, sondern eine des religionspädagogischen Handelns in der Schule. Insofern wird in Teil II der Ausgangspunkt der Analysen konsequent bei der Schulpädagogik in den Abschnitten A der jeweiligen Kapitel genommen, um sodann zur Religionspädagogik (jeweils Abschnitt B) überzugehen. Die Kapitel in Teil II sind daher durchgängig in die Abschnitte »A: Schulpädagogik« und »B: Religionspädagogik« gegliedert. Kapitel 1 entfaltet eine Theorie des schul- und religionspädagogischen Handelns im Rahmen einer Bestimmung des Generationenverhältnisses. Somit kann an einen allgemeinpädagogischen Gedanken angeknüpft werden. Kapitel 2 macht die historische Entwicklung des Phänomens religionspädagogisches Handeln in der Schule unter der Perspektive der Konstitution und Entwicklung des Berufs Religionslehrer/-in deutlich. Dieser Schritt erscheint notwendig, da die gegenwärtigen Merkmale und Strukturen des beruflichen religionspädagogischen Handelns sich der historischen Genese des Schulsystems und des Religionsunterrichts einerseits sowie des Berufs Lehrer/-in und Religionslehrer/-in andererseits verdanken. Gesellschaftliche und berufliche Differenzierungen im Prozess zur Moderne führten – so die These – überhaupt erst zu einem spezifischen beruflichen religionspädagogischen Handeln in der Schule. Die Ausdifferenzierung des Religionslehrerberufs und des religionspädagogischen Handelns erfolgte dabei zuerst im Höheren Schulwesen, in den Volksschulen trat diese Entwicklung erst im 20. Jahrhundert ein. In Kapitel 3 und 4 werden, um die hintergründigen, aber das Handeln gleichwohl beeinflussenden Strukturen der Handlungssituation der Reflexion zugänglich zu machen, nicht die historischen, sondern die gegenwärtigen Konditionen und Funktionen des schul- und religionspädagogischen Handelns dargestellt. Mit Kapitel 5 »Intentionen schul- und religionspädagogischen Handelns« und Kapitel 6 »Grundoperationen schul- und religionspädagogischen Handelns« ist der zentrale Bereich einer religionspädagogischen Handlungstheorie erreicht.

Um einer Engführung des Begriffs des schulischen religionspädagogischen Handelns auf den Religionsunterricht zu begegnen, wird er in *Teil III* für die Handlungsebenen Unterricht, Schule und Schulsystem entfaltet. Dabei werde ich von einer »mehrebenenanalytischen Betrachtungsweise«[25] des Bildungswesens ausgehen und die Intentionen und die Operation auf diese Ebenen beziehen. Hier wird zwischen dem Handeln mit einer Schulklasse oder einer Lerngruppe (Mikroebene), dem Handeln der Lehrer/-innen im Rahmen der einzelnen Schule (Mesoebene) sowie dem schul- und religionspädagogischen Handeln im Bildungssystem als ganzem (Makroebene) differenziert. Zu prüfen wird insgesamt sein, ob und wie alle drei Ebenen jeweils bereits für sich Bedingung und Gegenstand des Handelns sind und ob und wie sie sich gegenseitig bedingen und beeinflussen. In Kapitel 1 wird Unterricht allgemein und Religionsunterricht, so wie er durch die Stundentafeln und Bildungspläne konstituiert und ermöglicht wird, als eine Inszenierungsform der Operation »Aneignung zumuten« interpretiert und drei didaktische Grundformen der Operation »Aneignung zumuten« werden entfaltet. In Kapitel 2 steht die These im Mittelpunkt, dass auch durch die Gestaltung und Entwicklung einer spezifischen Kultur der einzelnen Schule den Schüler/-innen Aneignungsprozesse zugemutet werden. In Kapitel 3 wird die Relation zwischen dem Handeln der Lehrer/-innen und dem Bildungssystem als Ganzem analysiert.

Teil IV »Schul- und religionspädagogisches Handeln – Ergebnisse und Perspektiven« bündelt die Ergebnisse in systematischer Weise und formuliert von diesen ausgehend weiterführende Problem- und Fragestellungen.

3.3 Formalia

Die Verweise innerhalb der Arbeit werden im laufenden Text in Klammern gegeben. Dabei beziehen sich die arabischen Ziffern auf die Kapitel und Unterkapitel im jeweiligen Teil, zum Beispiel: (3.1.2). Bezieht sich der Verweis auf ein Kapitel oder Unterkapitel in einem der drei anderen Teile, so wird eine römische Ziffer hinzugefügt, zum Beispiel: (III, 3.1.2). Bei den Verweisen auf die Literatur wird um der besseren Lesbarkeit willen jeweils innerhalb der Kapitel I bis IV bei der ersten Nennung der Volltitel und anschließend eine Kurzversion oder Ebd. angegeben. Das Literaturverzeichnis erübrigt gegebenenfalls die Suche innerhalb der Fußnoten.

---

25 H. Fend: Qualität im Bildungswesen, Weinheim u. a. 1998, S. 14.

Teil I:
Handeln als pädagogischer Grundbegriff

1 Handlung und Handeln

Bisher wurde von ›Handeln‹ und ›pädagogischem Handeln‹ gesprochen, ohne diese Begriffe zu präzisieren. Dies soll im Folgenden nachgeholt werden. Allerdings kann dabei nicht einfach auf *eine* Handlungstheorie zurückgegriffen werden. Handeln ist der Gegenstand einer Reihe von Wissenschaften mit jeweils unterschiedlichen Ansätzen und damit Thema einer kaum überschaubaren Literatur. Es ist zu berücksichtigen, dass sich die Handlungstheorie »zunächst als ein schillerndes Spektrum von Erkenntnisinteressen und Methoden, von Aspekten und Ergebnissen«[26] darstellt. Vier wesentliche Impulsgeber und Strömungen moderner Handlungstheorie können dabei unterschieden werden:[27] sozialwissenschaftliche, 1. insbesondere psychologische,[28] 2. soziologische Theorien,[29] sodann 3. die hauptsächlich auf den aristotelischen Praxisbegriff zurückgehende und durch ihn konstituierte Handlungstheorie der praktischen Philosophie,[30] 4. hand-

---

26 L. Wigger: Handlungstheorie und Pädagogik. Eine systematisch-kritische Analyse des Handlungsbegriffs als pädagogischer Grundkategorie, St. Augustin 1983, S. 13.
27 Nach Bubner bieten die »Vorstöße auf dem Gebiet soziologischer Kategorienbildung, die sprachphilosophische Deutung menschlichen Verhaltens und eine problembewußte Erneuerung der Tradition praktischer Philosophie (…) Orientierungshilfe« für die Handlungstheorie. (R. Bubner: Handlung, Sprache, Vernunft. Grundbegriffe praktischer Philosophie, Frankfurt 1982, S. 7). Ähnlich auch Wigger: Handlungstheorie und Pädagogik, S. 14. An Bubners und Wiggers Einteilung muss allerdings die Frage gestellt werden, ob sie nicht zu sehr von der philosophischen Perspektive ausgehen und dadurch die nichtphilosophischen Handlungstheorien auf die soziologischen Ansätze beschränken.
28 Zur psychologischen Handlungstheorie vgl. z. B. W. Greve: Handlungsklärung. Eine psychologische Erklärung menschlicher Handlungen, Bern u. a. 1994; B. Jürgens: Erziehungsziele, Erzieherverhalten und Autopoiese. Die Bedeutung von Erziehungszielen für die Handlungsregulation von Pädagogen, Frankfurt u. a. 1996; vgl. auch im vorliegenden Kapitel die Abschnitt 2.1 und 2.2.
29 Zur soziologischen Handlungstheorie vgl. z. B. M. Weber: Wirtschaft und Gesellschaft. Grundriß einer verstehenden Soziologie, Tübingen 5. erw. Aufl. besorgt v. J. Winckelmann 1972, S. 1 ff.; R. Döbert: Max Webers Handlungstheorie und die Ebenen des Rationalitätskomplexes. In: J. Weiß (Hg.): Max Weber heute. Erträge und Probleme der Forschung, Frankfurt a. M. 1989, S. 210–249; T. Parsons: Aktor, Situation und normative Muster. Ein Essay zur Theorie sozialen Handelns, hrsg. und übersetzt von H. Wenzel, Frankfurt a. M. 1986 (Original: Actor, Situation and Normative Pattern, Manuskript 1939); T. Parsons/E. Shils (Eds.): Toward a General Theory of Action, Cambridge, Mass. 1951; S. Brandt: Religiöses Handeln in der modernen Welt. T. Parsons' Religionssoziologie im Rahmen seiner allgemeinen Handlungs- und Systemtheorie, Frankfurt a. M. 1993; U. Oevermann: Theoretische Skizze einer revidierten Theorie professionalisierten Handelns. In: A. Combe/W. Helsper (Hg.): Pädagogische Professionalität. Untersuchungen zum Typus pädagogischen Handelns, Frankfurt 1996, S. 70–182.

lungstheoretische Ansätze im Rahmen der (sprach-)analytischen Philosophie.

Bei psychologischen Handlungstheorien stehen die handelnden Personen und die in ihnen vollzogenen Prozesse beim Handeln und dessen Zustandekommen im Vordergrund wie Kognitionen in Form von Zielen, Erwartungen, subjektive Theorie usw., oder Emotionen oder Motiven. Soziologische Handlungstheorien fokussieren mehr auf die Einbettung der Handlung in eine Situation, z. B. in eine Institution, und damit auf Rollen, Erwartungen und Situationsdefinitionen der Handelnden bzw. in makrosoziologischer Perspektive auf die gesellschaftlichen Funktionen des Handelns.

In einem ersten Schritt wird im Anschluss an Untersuchungen aus dem Umfeld der analytischen Philosophie der Handlungsbegriff näher bestimmt, um dann, über die analytische Philosophie hinausgehend, dessen implizite Voraussetzungen zu entfalten. Hierbei wird auf die Handlungstheorie im Rahmen der praktischen Philosophie rekurriert. Dann wird auf das Verhältnis der Begriffe ›Handeln‹ und ›Verhalten‹ eingegangen werden.

Die analytische Philosophie hat eine spezifische Zugriffsweise auf ihre Gegenstände. Sie hat ihre Wurzeln im logischen Positivismus des Wiener Kreises. Die hier aufgenommenen Handlungstheorien haben sich allerdings von dieser Wurzel entfernt und einige zentrale Annahmen des logischen Positivismus revidiert. Die analytische Handlungstheorie versteht sich selbst als »die gemeinsame Metatheorie der empirischen, normativen und rationalen Handlungstheorien«.[31] Sie sieht ihre Aufgabe in der Klärung der handlungstheoretischen Grundbegriffe, sodann in wissenschaftstheoretischen Fragen, z. B. im Blick auf »die Unterscheidung zwischen dem *Erklären* und dem *Verstehen* einer Handlung«.[32]

In dieser Diskussion um das adäquate Interpretationsmodell für Handlungen lassen sich im Anschluss an Wigger zwei idealtypische Positionen unterscheiden: »die sogenannten Objektivisten oder *Kausalisten,* nach deren Auffassung die Kausalität Prinzip allen Geschehens ist und sich Erklärungen von Handlungen nicht von naturwissenschaftlichen unterscheiden, und die sogenannten Mentalisten oder *Intentionalisten,* nach deren Ansicht Handlungen nicht kausal determiniert sind und es neben Erklärungen naturwissenschaftlichen Typs spezifische Erklärungsmodelle für Handlungen gibt, die auf Intentionen oder Zwecke der handelnden Subjekte rekurrieren«.[33] Die intentionalistische Position beinhaltet damit eine Revision zentraler Positionen des logischen Positivismus und einen Zeifel an dessen behavioristischen Grundlagen.

---

30 Vgl. z. B. R. Bubner: Handlung, Sprache, Vernunft; O. Höffe: Aristoteles, München 1996, S. 185–263, bes. S. 193–212.
31 G. Meggle: Einleitung. In: Ders. (Hg.): Analytische Handlungstheorie, Bd. 1. Handlungsbeschreibungen, Frankfurt a. M. 1985, S. VII.
32 Ebd., S. X.
33 Wigger: Handlungstheorie und Pädagogik, S. 15.

Ihre dritte Aufgabe sieht die analytische Handlungstheorie in der »Neuformulierung und Behandlung der traditionellerweise zur ›Metaphysik der Handlung‹ gerechneten Probleme«.[34] Neben den genannten Aufgaben soll im Folgenden in knappster Zusammenfassung die Arbeitsweise der analytischen Philosophie dargestellt werden.

Die (sprach-) analytische Philosophie versucht im Gefolge des späten Wittgenstein die Bedeutung von Worten aus ihrem alltäglichen Gebrauch zu erschließen. Dabei soll der Ausgang bei der »Betrachtung gewöhnlicher Handlungssätze«[35] zu Klärung des Begriffsinhaltes beitragen. Bedeutsam ist bei diesem Vorgehen zweierlei: 1. Mit der Alltagssprache kommen auch wieder die mit der Handlungstheorie eng verknüpften ethischen Probleme als Gegenstand der Philosophie zum Vorschein, die der frühe logische Positivismus des Wiener Kreises als ›unwissenschaftlich‹ ausgeschlossen hatte. Damit musste entweder wiederum eine bisherige Grundposition revidiert werden oder aber die »Wendung von der *Erkenntnis der Wirklichkeit* zur *Untersuchung der Sprache* bzw. des Sprechens«[36] wird beibehalten. Vom Selbstverständnis der analytischen Philosophie her werden dann nicht die ethischen Probleme selbst diskutiert, sondern im Rahmen der Sprachanalyse werden ethische Redewendungen einer Analyse unterworfen. Es handelt sich gewissermaßen in Konkretisierung der von Meggle genannten ›Metatheorie‹ um eine »*Metaethik,* das heißt der Analysen der Moral, in denen die alltägliche *und* die philosophische Ethik untersucht werden«.[37] Demgemäß geht es um die wertneutrale Analyse ethischer und handlungstheoretischer Sätze. Allerdings ist diese wertneutrale Analyse von der materialen Ethik kaum eindeutig zu trennen, so dass die analytisch orientierte Ethik sich herausgefordert sieht, eine zunehmende Öffnung zu ethischen Problemen als solchen zu vollziehen.

1.1 Was ist eine Handlung?

Umgangssprachlich verbinden wir ›Handlung‹ mit ›menschlichem Verhalten‹ und ›menschlicher Tätigkeit‹. Handlungen sind dabei das, was Menschen tun. Bei Tieren wird nicht von Handlungen gesprochen. Werden aber die folgenden Beispiele des Lehrer/-innen- und Schüler/-innenalltags analysiert, so wird deutlich, dass diese Bestimmung zu einfach ist und Verhalten, Tätigkeit und Handeln zu unterscheiden sind:
1. Der Lehrer wartet, bis die Schülerinnen ins Klassenzimmer kommen.
2. Er schreibt an die Tafel.
3. Eine Schülerin gähnt. Ihrer Nebensitzerin knurrt der Magen.
4. Eine andere hofft, die Stunde sei bald vorüber,
5. eine dritte träumt vor sich hin.

---

34 Meggle: Einleitung, S. VIIf.
35 A. I. Goldman: Die Identität von Handlungen. In: Meggle (Hg.): Analytische Handlungstheorie, S. 332–353, hier S. 343.
36 Wigger: Handlungstheorie und Pädagogik, S. 15.
37 W. Schulz: Philosophie in der veränderten Welt, Pfullingen 1972, S. 76.

6. Der Lehrer stellt eine Aufgabe.
7. Die Schülerin schläft inzwischen.
8. Der Lehrer ärgert sich, brüllt die Schülerinnen laut an, wird dabei rot und ärgert sich nochmals – jetzt aber über sich selbst.
9. Eine Schülerin muss kichern und versucht es zu verbergen. Andere Schülerinnen lachen mit.
10. Der Lehrer wird ausgelacht.
11. Er bemüht sich ruhig zu werden und teilt ein Arbeitsblatt aus.
12. Die Stunde plätschert vollends dahin. Eine Schülerin niest.
13. Nach der Stunde bleibt der Lehrer allein im Klassenzimmer zurück.

Der Tafelanschrieb scheint auf den ersten und noch unaufgeklärten Blick unzweifelhaft eine Handlung des Lehrers zu sein, aber wie verhält es sich mit seinem Warten, Ärgern und Zurückbleiben oder dem Gähnen, Träumen, Hoffen, Schlafen, unbeherrschten Lachen und Niesen der Schülerinnen oder gar seinem Ausgelacht-Werden?

Das ›Ausgelacht-Werden‹ des Lehrers ist von seinem Verhalten, Tun und Handeln zu unterscheiden, da es ein Geschehen ist, das ihm widerfährt und an dessen Zustandekommen er zwar mittelbar, aber nicht unmittelbar beteiligt ist. Er ist nicht Subjekt, sondern Objekt eines Verhaltens, Tuns oder Handelns. ›Ausgelacht-werden‹ gehört zu den Phänomenen, die – nach Rayfield – »*Dinge, die ihm widerfahren*«[38] heißen. Aber: sind damit alle Widerfahrnisse automatisch auch ein Nicht-Verhalten, Nicht-Tun bzw. Nicht-Handeln? Die Situation des ›Ausgelacht-Werdens‹ könnte vom Lehrer auch bewusst provoziert und bewusst erlitten werden, um es unterrichtlich fruchtbar zu machen. Das ›Ausgelacht-Werden‹ wäre in diesem Falle intendiert. Damit ist ein Grenzfall benannt: ein intendiertes Widerfahrnis.

Im Folgenden werden die aktiven Verhaltensweisen weiter differenziert. Dabei finden sich nach außen wirkende und damit auch äußerlich beobachtbare Verhaltensweisen, wie das ›An-die-Tafel-schreiben‹ (vgl. auch 1, 3, 6, 7, 8, 11, 12, 13) und nicht beobachtbare wie das ›Hoffen-auf-das-Ende-der-Stunde‹ (vgl. auch 5, 8 ›ärgern‹, 13 ›zurückbleiben‹). Einige Verhaltensweisen scheinen intendiert zu sein, wie das ›Warten-auf-die-Schüler‹ (vgl. auch 2, 5, 6, 9, 12, 13); andere dagegen machen einen ungeplanten und letztlich auch unplanbaren Eindruck, wie z. B. das ›Gähnen und Magenknurren‹ (vgl. 7, 8, 9, 12 niesen). Es sind Verhaltensweisen, für oder gegen die man sich nicht einmal entscheiden kann.[39] Werden die beiden Kriterien miteinander kombiniert, so ergeben sich vier mögliche Kombinationen: 1. sichtbare und unentscheidbare Verhaltensweisen, 2. sichtbare und entscheidbare, 3. nichtsichtbare und unentscheidbare und 4. nichtsichtbare und entscheidbare Verhaltensweisen.

---

38 D. Rayfield: Handlung. In: Meggle (Hg.): Analytische Handlungstheorie, 69–88, hier S. 78 (Hervorhebung im Original).
39 Formuliert in Anlehnung an Rayfield: Handlung, S. 76.

Zu den Kombinationen 1. und 2.: Zwar beinhalten Gähnen, Niesen oder auch Schüttelfrost eine Körperbewegung, sie sind ein äußerlich sicht- und feststellbares Verhalten, und damit eine Tätigkeit. Aber die Schülerinnen können sich nicht dafür entscheiden, jetzt zu gähnen, zu niesen oder Schüttelfrost zu erleiden. Diese Verhaltensweisen werden im Folgenden als ›bloßes Tun‹[40] charakterisiert. Wir sind also genötigt, zwischen ›bloßem Tun‹, Verhalten und Körperbewegungen (z. B. Gähnen, Schüttelfrost) einerseits und Verhaltensweisen, für die man sich entscheiden kann, andererseits zu unterscheiden. Letztere werden im Unterschied zu ersteren Handlungen genannt. Als ein Kriterium für eine Handlung soll daher gelten, »ob man sich in irgendeiner Situation zu einem bestimmten Verhalten X entscheiden könnte oder nicht«.[41] Reflexbewegungen oder eine Bewegung der schlafenden Schülerin sind damit zwar bloßes Tun und Verhalten, aber keine Handlungen im spezifisch herausgearbeiteten Sinn. Während ›An-die-Tafel-schreiben‹ oder ›Eine-Aufgabe-stellen‹ die bisher erarbeiteten Kriterien für Handlungen erfüllen.

Zu den Kombinationen 3. und 4.: Das ›Hoffen-auf-das-Ende-der-Stunde‹ und das ›Sich-ärgern‹ sind nicht sichtbare und auch unentscheidbare Verhaltensweisen. Sie sind keine Körperbewegungen und damit auch keine Tätigkeiten. Da sie weder eine Tätigkeit noch entscheidbar sind, sollen sie nicht zu den Handlungen gerechnet werden. Sie gehören aber zum menschlichen Verhalten.

Es wäre aber andersherum ein Irrtum anzunehmen, »dass alle Handlungen in engem Zusammenhang mit Körperbewegungen stehen. Es existieren sehr viele menschliche Verhaltensweisen, die wir als ›Handlungen‹ bezeichnen möchten, die aber dennoch keinerlei Körperbewegungen involvieren.«[42] ›Warten‹ des Lehrers bis die Schülerinnen ins Klassenzimmer kommen oder sein Zurückbleiben, als sie in die Pause gehen, kann ohne Körperbewegung geschehen. Es ist keine Tätigkeit im Sinn eines verändernden Eingriffs in die Wirklichkeit, aber es ist ein Verhalten, für das sich Lehrer/-innen entscheiden können. Sie entscheiden sich, das Hinausgehen jetzt zu unterlassen. Warten und Zurückbleiben sind Handlungen, die man als aktive Unterlassungen bezeichnen könnte. Lehrer/-innen können sich mit wohl bedachter pädagogischer Intention entscheiden, vor der ersten Schulstunde als erste im Klassenzimmer zu sein und dort auf die Schüler/-innen zu warten oder bei Schulschluss bewusst zurückzubleiben und als letzte das Klassenzimmer zu verlassen. Es liegt zwar ein Verhalten ohne äußerlich sicht- und feststellbare Körperbewegungen vor, das aber, weil darüber potenziell eine Entscheidung möglich ist, als eine »intentionale Passivität«[43] und damit als Handlung bezeichnet werden soll.

---

40 Vgl. ebd., S. 86.
41 Ebd., S. 76.
42 Ebd., S. 73.

Was hat die bisherige Analyse der Schulszenen gezeigt? Im Anschluss an Rayfield kann eine Handlung durch die beiden Kriterien vorläufig bestimmt werden: »(i) dass X etwas ist, was A tut bzw. getan hat; (ii) dass man sich zu X entscheiden könnte«,[44] wobei nicht die Körperbewegung das Tun konstituiert. Unterlassungen als intentionale Passivität sind zu den Handlungen zu rechnen. Die unentscheidbaren und nichtsichtbaren Verhaltensweisen, wie z.B. das ›Hoffen-auf-das-Ende-der-Stunde‹ (vgl. auch 8 ärgern), sind damit – entsprechend Rayfields Definition – keine Handlungen.

In einem gewissen Gegensatz hierzu steht M. Webers berühmte Bestimmung des Handelns. Nach Weber soll Handeln »menschliches Verhalten (einerlei ob äußeres oder innerliches Tun, Unterlassen oder Dulden) heißen, wenn und insofern als der oder die Handelnden mit ihm einen subjektiven *Sinn* verbinden«.[45] Weber schließt einerseits explizit ›innerliches Tun, Unterlassen und Dulden‹ und damit auch das oben als intendierte Passivität gekennzeichnete Verhalten in den Handlungsbegriff mit ein, andererseits legt seine Definition das Gewicht auf den ›subjektiven Sinn‹.

Läßt sich aber Webers Definition des *Handelns* mit Rayfields Bestimmung einer *Handlung* verbinden? Weber orientiert sich einzig und allein an dem das Handeln konstituierenden ›subjektiven Sinn‹, den die Person mit ihrer Handlung verbindet.[46] Wie verhalten sich aber Webers Kategorie des ›subjektiven Sinns‹ und Rayfields Kategorie ›wozu man sich in irgendeiner Situation entscheiden könnte‹ zueinander? Die Kategorie ›Sinn‹ wird von Weber mit großer Selbstverständlichkeit benutzt, ohne sie eindeutig zu klären. Soviel lässt sich aber festhalten: »Der Sinn soll *subjektiv* sein und also identisch zusammenfallen mit dem, was den je Handelnden wirklich leitet.«[47] Ein Verhalten wird demnach mit subjektivem Sinn verbunden, wenn das gegenwärtige Tun, Unterlassen oder Dulden vom Subjekt zu einem späteren Zustand so in Beziehung gesetzt wird, dass durch das gegenwärtige Tun, Unterlassen oder Dulden der spätere Zustand verwirklicht (oder auch verhindert) wird oder zumindest werden soll. Weber konstituiert das Handeln durch einen psychologischen Zustand, in der Regel einen Willensakt, einen Wunsch oder eine Absicht.

Im Blick auf Rayfield ist zu beachten, dass er diese Konzeption zunächst ablehnt, um dann aber positiv an sie anzuknüpfen. Nach Rayfield gibt es »viele Dinge, die wir *einfach tun*, ohne vorher entschieden, gewählt oder intendiert zu haben, sie zu tun.«[48] Er ist mit dem Sprachphilosophen Searle[49]

---

43 G. H. von Wright: Erklären und Verstehen, Frankfurt 1974, zit. nach J. Oelkers: Intention und Wirkung: Vorüberlegungen zu einer Theorie pädagogischen Handelns. In: N. Luhmann/K. E. Schorr (Hg.): Zwischen Technologie und Selbstreferenz, Frankfurt 1982, S. 139–194, hier S. 150.
44 Rayfield: Handlungen, S. 86. Rayfield unterscheidet durch zwei weitere Kriterien Handlungen noch in »gebundene und nichtgebundene Handlungen« (vgl. S. 81 ff).
45 M. Weber: Wirtschaft und Gesellschaft, Tübingen, 5. revidierte Aufl. 1972, S. 1.
46 Ähnlich Bubner: Handlung, Sprache, Vernunft, S. 16.
47 Ebd., S. 19.

einig, dass Menschen einen Satz formulieren und damit handeln können, ohne sich die Grammatik bewusst zu machen.« Vielen, wenn nicht den meisten freiwilligen und überlegten Handlungen geht kein zeitlich bestimmbares Ereignis voraus, das man als den Augenblick der Entscheidung bezeichnen könnte. Eine Handlung wird oft freiwillig und überlegt durchgeführt, ohne dass der Handelnde eigens innegehalten hat, um sich zu fragen, ob er sie durchführen soll oder nicht, und ohne dass er sich die Gründe für und gegen ihre Durchführung vergegenwärtigt hat.«[50] Da Rayfield aber nicht *individuelles Handeln*, sondern *mögliche Handlungen* im Allgemeinen zu bestimmen sucht, kann er an die intentionalistische Definition anknüpfen. Eine mögliche Handlung ist für ihn dadurch gekennzeichnet, dass man sich für sie *entscheiden könnte* und nicht dadurch, dass man sich für sie entschieden hat. Der Unterschied wird an folgendem Beispiel deutlich: »Es ist klar, dass man sich nicht dazu entscheiden kann, einen Mord im Affekt zu begehen. Trotzdem ist jedoch das Begehen eines Mordes eine Handlung, da man sich ja dazu entscheiden könnte, den Mord zu begehen.«[51] Mord ist nach seiner Terminologie eine (mögliche) Handlung, auch wenn ein konkreter Mord im Affekt kein Handeln darstellt. D. h. seine bisherigen Kriterien für Handlungen genügen für die Bestimmung konkreten Handelns nicht. Sie sind zwar notwendige aber noch keine hinreichenden Bedingungen, um ein konkretes Verhalten als Handeln charakterisieren zu können. Denn bisher hat Rayfield ›bloßes Tun‹ von möglichen Handlungen oder – wie er auch formuliert – von ›Handlungs-Kandidaten‹[52] unterschieden, die er »nichtgebundene Handlungen«[53] nennt. Weber definiert jedoch das Handeln der Personen als Vollzug und nicht als ›Handlungs-Kandidaten‹. Ob – um im Beispiel zu bleiben – ein Mord im Affekt geschieht, oder ob sich jemand für einen Mord entscheidet, entscheidet auch darüber, ob hier ein Handeln vorliegt. Diese Differenz bringt Rayfield durch die Unterscheidung von »gebundenen Handlungen« und »nichtgebundenen Handlungen«[54] zum Ausdruck. Der Unterschied wird durch die Frage bestimmt, ob der Handelnde für die Handlung »verantwortlich«[55] ist, oder ob die Handlung (der Mord, das

---

48 Rayfield: Handlung, S. 74.
49 J. R. Searle: Sprechakte – Ein sprachphilosophischer Essay, Frankfurt 1974.
50 S. Hampshire/H. L. A. Hart: Entscheidung, Absicht und Gewißheit. In: Meggle (Hg.): Analytische Handlungstheorie, S. 169–185, hier S. 171 f.
51 Rayfield: Handlung, S. 75.
52 Ebd., S. 76 u. ö.
53 Ebd., S. 81. 83 u. ö.
54 Vgl. ebd., S. 81 ff.
55 Ebd., S. 81 f. Der Begriff der Verantwortung wird von Rayfield über übliche Verteidigungsstrategien vor Gericht bzw. über die Analyse von alltäglichen Sätzen (vgl. S. 80) erschlossen. Materiale ethisch-normative Überlegungen werden dabei nicht angestrengt. Insofern bleibt seine Argumentation ganz im Rahmen der analytischen Philosophie. Die für Rayfield entscheidende Frage liegt darin, ob trotz vollzogener Tat die Verantwortung des Subjekts eingeschränkt werden kann. Die Einschränkung der Verantwortung des Handelnden wird durch die »Verfassung von A zu dem Zeitpunkt, zu dem er X tut bzw. getan hat« oder durch

Kichern der Schülerin oder das Gebrüll des Lehrers) im Affekt und d. h. mit eingeschränkter Verantwortung geschah. Alle drei bisher von Rayfield erarbeiteten Bedingungen müssen gelten, um ein bloßes Tun bzw. eine ungebundene Handlung zu einem Handeln zu machen.

Rayfield führt noch eine vierte Bedingung für eine Handlung ein, dass »A auf die Frage ›Tust du X?‹ bzw. ›Hast du X getan‹ klar mit ›Ja‹ antwortet.«[56] D. h., dass er die Handlung bzw. den Satz, der die Handlung beschreibt, nicht anficht. Bei Rayfield entscheidet die Intention des Subjekts über den Handlungscharakter eines Verhaltens. Er gehört damit zur Gruppe der so genannten Intentionalisten. Das ›Laute-Brüllen‹ des Lehrers (vgl. Bsp. 8), das unüberhörbar von ihm ausging und für das er sich auch hätte entscheiden können, ist demnach kein Handeln, wenn seine persönliche Verfassung bzw. die Natur der Umstände seine Verantwortung einschränken und er auf mildernde Umstände plädieren kann. D. h. – in der Terminologie Webers gesprochen –, wenn er mit dem ›Lauten-Brüllen‹ bewusst keinen ›subjektiven Sinn‹ verbunden hat. Der Ausgang beim intentionalistisch interpretierten *Handlungs*begriff der analytischen Philosophie führte über die Bestimmung möglicher, d. h. ungebundener Handlungen – Rayfields ›Handlungs-Kandidaten‹ – notwendigerweise zu der persönlichen, gebundenen Handlung bzw. zum *Handeln*. Webers Bestimmung des Handelns als Verhalten,

---

die »Natur der Umstände« [S. 84f] zu bestimmen gesucht. »Ist eine derartige Verteidigung möglich, ist A nicht für X verantwortlich. X wird dann dementsprechend als eine nichtgebundene Tat klassifiziert.« [84] Das Kriterium ›Verantwortung‹ hat H. L. A. Hart (The Ascription of Responsibility and Rights. In: A. G. N. Flew [Hg.]: Essays on Logic and Language, Bd. I, Oxford 1963, S. 145–166) in die analytische Handlungstheorie eingeführt. Er ging davon aus, dass alltägliche Handlungsbeschreibungen im Sinne von ›X hat A getan‹ weniger die Körperbewegung bzw. die Unterlassung des Handelnden beschreiben, sondern ihm primär Verantwortung für die Handlung zuschreiben. Diese Zuschreibung der Verantwortung in Handlungsbeschreibungen sei aber andererseits wie ein Gerichtsurteil ›anfechtbar‹. Gemeint ist damit, dass der Lehrer, der die Schülerinnen anbrüllt (vgl. oben Bsp. 8), sich gegen die Verantwortung für sein Brüllen wehren und beispielsweise darauf hinweisen könnte, dass er durch die Schülerinnen provoziert wurde, seine Ehe in der Krise ist, die Nacht davor kurz und die Getränkerechnung lang war usw. Er will damit zum Ausdruck bringen, dass es keine überlegte, vorsätzliche Verhaltensweise war und seine Verantwortung insofern eingeschränkt werden sollte. Beide Thesen Harts wurden kritisch diskutiert (vgl. z. B. J. Feinberg: Handlung und Verantwortung. In: Meggle [Hg.]: Analytische Handlungstheorie, S. 186–224 und G. Pitcher: Handlung und Verantwortung bei Hart. In: Meggle [Hg.]: Analytische Handlungstheorie, S. 225–238.) Pitcher arbeitet heraus, dass Zuschreibung von Verantwortung als primäre Funktion von Handlungsbeschreibungen im Sinne Harts nur für eine eingeschränkte Gruppe von Handlungen Gültigkeit hat. Gegen Hart hält er zu Recht daran fest, dass Handlungsbeschreibungen durchaus auch eine deskriptive und nicht nur primär eine askriptive Funktion besitzen. Rayfield hat dies in seinem ersten Kriterium berücksichtigt. Auch Harts zweite These, dass die Charakterisierung einer Verhaltensweise als Handlung anfechtbar ist, wird von Pitcher – jetzt allerdings zu Unrecht – einer Kritik unterzogen. Wird eine Handlung durch eine Intention charakterisiert, so ist sie immer ›vorsätzlich‹ und dem Vorsatz für eine Handlung ist die Verantwortung inhärent.

56 Rayfield: Handlung, S. 86.

das mit subjektivem Sinn verbunden ist, fasst die intentionalistische Interpretation knapp und treffend zusammen. Lapidar gesagt: Es gibt kein Handeln ohne Absicht, ohne Intention. Intentionen haben einen Inhalt. Sie wollen etwas bewirken im Sinn des Veränderns oder Erhaltens eines Zustandes. Oelkers sieht in »Intention – Handeln – Wirkung«[57] die grundlegende handlungstheoretische Relation.

Die Relation zwischen Intention und Handeln soll als Kausalverbindung gefasst werden. »Falls wir die Kausalverbindung zwischen Absicht und Handlung zerstören, dann handelt es sich einfach nicht mehr um das Ausführen einer Absicht.«[58] Die Absicht wird als Handeln ausgeführt. Handeln ist ein auf Intentionen zugerechnetes Verhalten, an diese schlüssige, weil quasi-tautologische Erklärung hat jüngst N. Luhmann die Pädagogik erinnert.[59] Nun können sich die die Handlung Beobachtenden wie die Handelnden selbst über die Absichten täuschen oder bewusst falsche Absichten vorbringen. Die Relation Absicht – Handlung besteht in einer »selbstdeutenden Beschreibung« und Handeln wird in dieser Perspektive zu einem »Interpretationskonstrukt«,[60] im Handlungsentwurf, der das Handeln orientiert, wird gleichsam der pädagogische Sinn des Handelns hervorgebracht.[61]

Eine Handlung wird in einer spezifischen Umwelt vollzogen, innerhalb derer sich die Deutung der Handlungssituation vollzieht. Die Situation, in der gehandelt wird, und die in ihr versammelten nicht änderbaren Bedingungen sowie die änderbaren und damit einsetzbaren Mittel sind für eine Interpretation der Handlung unerlässlich. Der handlungstheoretisch interpretierte Begriff ›Situation‹ wird entscheidend durch die Wahrnehmung der Handelnden selbst gefüllt und ist hier in einem sehr weiten Sinn gebraucht. Situation beinhaltet demnach nicht die von außerhalb des Handlungszusammenhangs wahrnehmbaren Bedingungen und Mittel, sondern die von den Handelnden selbst in ihr Kalkül einbezogenen. Dies impliziert, dass am selben Ort zur selben Zeit anwesende Personen, z.B. eine Lehrerin und 25 Schüler/-innen, jeweils unterschiedliche Situationen wahrnehmen und definieren. »Natur und Gesellschaft, Politik und Wirtschaft, Recht und Moral, Sitten und Gebräuche, Ansprüche und Erwartungen der anderen, die eigene Geschichte des Subjekts, seine Bedürfnisse und Interessen zählen zu den

---

57 J. Oelkers: Intention und Wirkung, S. 148.
58 J. R. Searle: Intentionalität: Eine Abhandlung zur Philosophie des Geistes, Frankfurt 1987, S. 116.
59 Vgl. N. Luhmann: System und Absicht der Erziehung. In: N. Luhmann/K. E. Schorr (Hg.): Zwischen Absicht und Person, Frankfurt 1992, S. 102–124, bes. S. 105–108.
60 H. Lenk: Handlung als Interpretationskonstrukt. Entwurf einer Konstituenten- und beschreibungstheoretischen Handlungsphilosophie. In: Ders. (Hg.): Handlungstheorie interdisziplinär, Bd. 2. Erster Halbband. Handlungserklärungen und philosophische Handlungsinterpretation, München 1978, S. 279–350, hier S. 298.
61 Vgl. R. Hörster: Pädagogisches Handeln. In: H. H. Krüger/W. Helsper (Hg.): Einführung in Grundbegriffe und Grundfragen der Erziehungswissenschaft, Opladen, 2. Aufl. 1996, S. 35–42, hier bes. S. 36f.

Bedingungen und *Voraussetzungen* des Handelns«,[62] aber auch, ob ein Handeln beruflich oder privat, in einer Institution oder freiberuflich, nur ausführend oder mit eigener Entscheidungsbefugnis ausgeführt wird. Kratochwil[63] hat externe (Raum, Zeit, Dauer der Handlung, in der Situation vorfindliche Mittel, Normen, Traditionen und Konventionen) und interne in der Person des Handelnden liegende Handlungsbedingungen (biologische Voraussetzungen und psychische Dispositionen) unterschieden. Situation ist »gleichsam die Gussform, in der menschliches Handeln Gestalt gewinnt und verstanden wird«.[64]

Bei der Relation zwischen Handeln und Wirkung (Handlungsfolgen) wird die Zuschreibung von Kausalität als ein Problem der Handlungstheorie akut. Handlungen können ihre intendierten oder andere als die intendierten Wirkungen zuwege bringen. Die Konkretisierung des Handlungsentwurfs kann über die Intention hinausgehende Momente aufweisen oder neben den geplanten auch ungeplante Momente zeitigen. Handlungen können auch wirkungslos sein oder ihre Ziele in weiter Zukunft erreichen, wobei dann eine eindeutige Zuschreibung der Kausalität fraglich ist. Die Relation zwischen Handeln und Handlungsfolgen ist bei vielen Handlungen, insbesondere bei Handlungen, die wie das pädagogische Handeln Wirkungen bei anderen Personen beabsichtigen, höchst unsicher. Schul- und religionspädagogisches Handeln steht damit vor der Schwierigkeit, seine Wirkungen zu bestimmen. Es hat von einer Differenz zwischen dem Handlungsentwurf und den aus dem konkretisierenden Handeln hervorgehenden Wirkungen auszugehen.[65]

1.2   Handeln und Verhalten

Die Bestimmung des Handlungsbegriffs macht deutlich, dass nicht jedes Verhalten ein Handeln und auch nicht jedes Tun ein Handeln ist. ›Verhalten‹ beinhaltet alle individuellen Verhaltensäußerungen, einschließlich psychischer Vorgänge wie kognitiver und emotionaler Prozesse. Der Begriff ›Verhalten‹ ist so weit gefasst, dass er alle vier oben mit Hilfe der Kriterien der Entscheidbarkeit und Sichtbarkeit unterschiedenen Weisen des Verhaltens umfasst. Auch wenn die Schülerin auf das Ende der Stunde hofft, verhält sie sich, aber sie tut nichts und handelt nicht. Sie übt keine Tätigkeit aus. »Nicht jedes Verhalten ist ein Tun. Wünschen, Fürchten, Erblicken sind keine Tätigkeiten. Zum Tun gehört der verändernde (oder auch erhaltende)

---

62 Wigger: Handlungstheorie und Pädagogik, S. 105.
63 Vgl. L. Kratochwil: Pädagogisches Handeln bei Hugo Gaudig, Maria Montessori und Peter Petersen, Donauwörth 1992, S. 12–15.
64 Th. Schulze: Situation, pädagogische. In: D. Lenzen (Hg.): Pädagogische Grundbegriffe, Bd. 2, Reinbek 1989, S. 1386–1391, hier S. 1386.
65 Vgl. Hörster: Pädagogisches Handeln, S. 36.

Eingriff in die Wirklichkeit.«[66] Das Tun unterscheidet sich vom Verhalten durch den sichtbaren bzw. unterlassenen Eingriff in die Umwelt des Subjektes. D.h., auch Warten oder Zurückbleiben werden als Tun zu charakterisieren sein, aber hoffen, ärgern, wünschen, fürchten sind kein Tun.

---

[66] H. P. Bahrdt: Schlüsselbegriffe der Soziologie. Eine Einführung mit Lehrbeispielen, München 3. Aufl. 1987, S. 31.

2 Handlungen – Routinen – Konventionen

2.1 Die Differenz von ›Handlungen mit vorausgehender Absicht‹ und pädagogischen Routinen als ›absichtliche Handlungen‹

Nachdem die Kriterien für Handeln erarbeitet wurden, kann auf eine in jüngster Zeit in der Schulpädagogik diskutierte Form des Handelns explizit eingegangen werden, die oben implizit bereits angesprochen wurde: ein Handeln ohne eine vorausgehende Phase der Denk- und Entscheidungsprozesse. In der Unterrichtsforschung und in Theorien zum Lehrerhandeln wird in Frage gestellt, ob jeglichem Handeln von Lehrer/-innen eine bewusste Entscheidung und eine Wahl zwischen verschiedenen Handlungsmöglichkeiten vorausgeht oder ob Lehrer/-innen im Unterricht nicht eben doch viele Dinge tun, ohne vorher verschiedene Handlungsmöglichkeiten abzuwägen und ohne sich bewusst für eine Möglichkeit zu entscheiden.

Neuweg weist auf mehrere empirische Untersuchungen hin, nach denen »Lehrer im Unterricht durchschnittlich nur etwa alle zwei Minuten eine bewusste Entscheidung treffen. Zwischen diesen Entscheidungen ergibt sich für den Lehrer offenbar aus spontanen Situationstypisierungen recht unmittelbar, was zu tun ist«.[67]

Wahl[68] hat das Lehrer/-innenhandeln als ein Handeln unter großem Druck beschrieben. Dabei wird analysiert, ob und wie bei einem Handeln unter Zeitdruck die Entscheidungsprozesse über Ziele und Handlungsmöglichkeiten ablaufen. Deutlich ist für Wahl die besondere Bedeutung der in situationsübergreifenden Plänen enthaltenen Intentionen, die aufgrund des Machtgefälles in pädagogischen Situationen auch realisiert werden können. »Trotzdem reicht die bei pädagogischen Interaktionen zur Verfügung stehende Zeit in aller Regel nicht aus, um ›vor Ort‹ neue Handlungsmöglichkeiten zu entwerfen. Sie reicht aber aus, um die Situation einer Situations(auffassungs)klasse zuzuordnen, zwischen den hierfür bewährten Handlungsmöglichkeiten abzuwägen und die davon geeignetste situationsangemessen zu verwirklichen.«[69] Wahl macht mit der routinierten Situationsauffassung und der sich an Bewährtem orientierenden Entscheidung auf eine implizite, auf eigener Erfahrung beruhende Kasuistik der Lehrer/-innen und somit letztlich auf eine spezifische Strukturierung und Organisation des beruflichen Wissens der Lehrer/-innen auf-

---

67 G. H. Neuweg: Lehrerhandeln und Lehrerbildung im Lichte des Konzepts des impliziten Wissens. In: ZfPäd 48 (2002), H. 1, S. 10–29, hier S. 13.
68 D. Wahl: Handeln unter Druck. Der weite Weg vom Wissen zum Handeln bei Lehrern, Hochschullehrern und Erwachsenenbildnern, Weinheim 1991.
69 Ebd., S. 183.

merksam. Zugleich differenziert er zwischen situationsübergreifenden Intentionen, wie sie in Bildungsplänen, Unterrichtsentwürfen und Stundenverlaufsplänen der Lehrer/-innen formuliert werden, und zwischen im Unterrichtsverlauf selbst zu treffenden Entscheidungen.

Radtke, der für das Lehrerhandeln die Analogie des Sprechens heranzieht, nimmt dagegen an, dass »z.B. komplexe Muster unterrichtlicher Interaktion als Kette von Einzelhandlungen realisiert werden, ohne dass dem fassbare, einzelne Entscheidungen oder gar Pläne vorausgingen«.[70] Im laufenden Unterrichtsgeschehen werde nicht über Lern- und Entwicklungschancen reflektiert, sondern gehandelt, so wie beim Sprechen die Grammatik nicht bewusst angewandt, sondern eben gesprochen werde.

Für die Lösung des Problems, ob im laufenden Unterrichtsgeschehen ein Handeln vorliegt, kann eine Unterscheidung von Searle aufgenommen werden. Er differenziert zwischen ›vorausgehender Absicht‹ und ›Handlungsabsicht‹. »Die charakteristische sprachliche Form des Ausdrucks einer vorausgehenden Absicht ist, ›ich werde H tun‹ oder ›ich habe vor, H zu tun‹. Die charakteristische Form des Ausdrucks einer Handlungsabsicht ist, ›ich tue H‹«.[71] Nach Searle lassen sich Handlungen, die einer vorausgehenden Absicht folgen, von absichtlichen Handlungen unterscheiden.

Die vier im Anschluss an Rayfield erarbeiteten Kriterien für Handeln (1. Handlung ist etwas, was eine Person tut; 2. zu einer Handlung kann sich eine Person entscheiden; 3. eine Handlung ist ein Tun, für das sich eine Person verantwortlich zeichnet; 4. die Person stimmt der Zuschreibung der Tat zu: ›Ja, ich habe X getan.‹) treffen auf das absichtliche Tun zu. Insofern soll im Anschluss an Searle auch im Fall, in dem keine Planungs- und Entscheidungsphase dem Tun vorangeht, von Handeln gesprochen werden, eben von absichtlichem Handeln. Absichtliches Handeln ohne vorausgehende Entscheidungsphase findet sich in vielen unterrichtlichen Interaktionen, die unter großem Zeitdruck stattfinden.

2.1.1 Die Struktur des ›Handelns in vorausgehender Absicht‹

Rayfields Kategorie der Entscheidung impliziert, dass Menschen eine Situation erkennen, bedenken und dann so oder auch anders handeln können. Das heißt, dass sie sich in einer bestimmten Situation Zwecke bzw. Ziele setzen und zu deren Verwirklichung Mittel suchen. Damit ist zum einen eine ›Struktur des Handelns‹ vage angedeutet, die im Folgenden expliziert wird (1.) und zum anderen mit der Zwecksetzung das anthropologische Problem der Freiheit und Selbstbestimmung berührt (2.).

1. Die aristotelische Handlungstheorie wird im Folgenden dargestellt, weil sie sowohl im Blick auf das Verhältnis von Allgemeinem und Konkre-

---

70 F.-O. Radtke: Wissen und Können. Die Rolle der Erziehungswissenschaft in der Erziehung, Opladen 1996, S. 67f; vgl. zum Folgenden S. 105.
71 Searle: Intentionalität: Eine Abhandlung zur Philosophie des Geistes, S. 114.

tem zentrale Einsichten der so genannten ›strukturtheoretischen Handlungs- und Professionstheorie‹ von Oevermann[72] vorwegnimmt als auch durch die damit notwendig zusammenhängenden Wissensformen des handelnden Subjekts erhellende Perspektiven auf die jüngere Diskussion des Lehrerhandelns und des hierfür notwendigen Wissens zu werfen vermag.

Zunächst ist allerdings im Blick auf die Aufnahme der ›Struktur des Handelns‹ nach Aristoteles eine Einschränkung zu machen. Die aristotelische Handlungstheorie findet sich im Rahmen seiner Ethik. Diese kann als eine eudämonistische Ethik bezeichnet werden, die als normative Dimension, das Glück bzw. das gelungene Leben beinhaltet. Diese normative Dimension entfaltet bei dem übergreifenden Ziel des Handelns ihre Wirkung. Im Folgenden wird aber nicht diese material-normative Dimension des Handelns in Form einer eudämonistischen Ethik, sondern dessen formale Struktur analysiert.

Der Grundbegriff der aristotelischen Handlungstheorie zeigt sich schon im ersten Satz der Nikomachischen Ethik: »Jede Kunst und jede Lehre, ebenso jede Handlung und jeder Entschluß scheint irgendein Gut zu erstreben.«[73] Das Streben (ὄρεξις) kann nun leidenschaftlich durch Begierde und Affekt oder vernünftig (durch das Gute) motiviert sein. Letzteres differenziert Aristoteles in ein hervorbringendes Streben (ποίησις) und ein handelndes Streben (πρᾶξις). Beiden gemeinsam ist, dass ein Raum für das Handeln und d. h. für alternative Handlungsentscheidungen besteht. Unterschieden sind sie durch ihr Ziel und die zugehörige Form des Denkens. »Das Hervorbringen hat ein Ziel außerhalb seiner selbst, das Handeln nicht.«[74] Dem Hervorbringen entspricht als Wissensform die Technik (τέχνη), dem Handeln im engen aristotelischen Sinn die Klugheit (φρόνησις). Die »zielorientierte Bewegung, das Streben«[75] bildet eine zeitliche und logische Folge verschiedener gegeneinander abgrenzbarer Sequenzen, deren Zusammenhang Wigger als Struktur des Handelns erkennt:[76] Seinen Ausgang nimmt der Weg beim gedanklich vorausgesetzten Ziel als dem Zweck des Handelns. Darauf folgt die Überlegung, die nach den möglichen Mitteln und Wegen sucht, mit denen das Ziel erreicht werden kann. Erscheinen verschiedene Mittel und Wege als möglich, so wird jenes gesucht, das den Zweck am »am leichtesten und besten verwirklicht«[77] und somit am situationsangemessensten ist. Dabei ist die Situation, in der gehandelt werden soll, zu berücksichtigen. Der folgende Handlungsentwurf (die Entscheidung) enthält nicht die mög-

---

72 Vgl. U. Oevermann: Theoretische Skizze einer revidierten Theorie professionalisierten Handelns. In: A. Combe/W. Helsper (Hg.): Pädagogische Professionalität. Untersuchungen zum Typus pädagogischen Handelns, Frankfurt 1996, S. 70–182.
73 Aristoteles: Die Nikomachische Ethik, übers. u. mit einer Einführung u. Erläuterungen versehen v. O. Gigon, 2. Aufl. 1995, 1094 a 1 f.
74 Ebd., 1140 b 7 ff.
75 Höffe: Aristoteles, S. 194.
76 Vgl. zum Folgenden Wigger: Handlungstheorie und Pädagogik, S. 27 ff.
77 Ebd., S. 28.

lichen, sondern die gewählten Mittel der Zweckverwirklichung. Die letzte Sequenz ist die Ausführung des Handlungsentwurfes.

Dieser Handlungsverlauf als sequenzielle Gliederung des Handelns ergibt eine »quasi-kreisförmige Bewegung, deren Anfang das angestrebte Ziel als gedanklich (voraus-)gesetztes und deren Ende das Ziel als praktisch verwirklichtes ist.«[78] Der Handlungsentwurf vermittelt dabei zwischen Überlegung und Handlung. Die Überlegung (βούλευσις) und der Handlungsentwurf werden entscheidend von der ›Klugheit‹ (φρόνησις) geprägt. Letztere ist aber nicht einfach mit Wissenschaftlichkeit im Sinn des theoretischen Wissens (ἐπιστήμη) zu identifizieren. Da sich die Klugheit »auf das Handeln bezieht, das Handeln aber ein konkretes Tun in einer besonderen Situation ist, ist die Klugheit nicht nur Wissen des Allgemeinen – die Kenntnis der Natur und der Güter, der politischen Gesetze und gesellschaftlichen Regeln –, sondern vor allem auch Kenntnis des Konkreten, des Einzelnen und Situativen. Angemessen zu handeln setzt die Erkenntnis der Situation in allen ihren Momenten voraus, und dazu bedarf es sowohl der Kenntnis des Allgemeinen als auch der erst im Laufe der Zeit zu erwerbenden Erfahrung (ἐμπειρία). (…) Die Zwecke des Handelns, seine angestrebten Güter, sind allgemein, demgegenüber das Handeln selbst sich im Einzelnen und Konkreten bewegt. Im konkreten Fall ist das Handeln Verwirklichung allgemeiner Ziele und Güter an bestimmten Menschen. Diese *logische Struktur* jeder Handlung, Allgemeines (Norm) und Einzelnes (Situation) zusammenzuschließen, also Konkretisierung eines Allgemeinen in einer einzelnen Situation zu sein«[79] ist eine eminent kreative und nicht nur eine vorgegebene Ziele ausführende Leistung. Die Handlungsstruktur besteht in einer situationsgemäßen Konkretisierung allgemeiner Ziele. Die Klugheit im Vollzug der Handlung erfordert neben der voluntativen Ausrichtung auf ein allgemeines Handlungsziel auch eine »Kompetenz für Einzelfälle.«[80] Handeln erfolgt aufgrund von ethischer Tugend und Klugheit. »Denn die Tugend macht, daß das Ziel richtig wird, und die Klugheit, daß der Weg dazu richtig wird«.[81] Die Klugheit ist »zwar lediglich für Mittel und Wege zuständig, dies aber nicht für beliebige Ziele«. Daher »liegt keine instrumentelle, wohl aber eine pragmatische (…) Vernunft vor.«[82] Die Reflexionen, die zum Handlungsentwurf führen, bilden eine auf Interpretationen beruhende Antizipation der Wirkung der Mittel und Wege des Handelns.

Die im Anschluss an Aristoteles erarbeitete Handlungsstruktur kann auch als Grundstruktur ›pädagogischen Handelns mit vorausgehender

---

78 Ebd., S. 28; einen modifizierten Handlungsverlauf bietet Wahl mit folgender sequenzieller Gliederung der Handelns: »Ausrichten«, »Orientieren«, »Entwerfen«, »Entscheiden« und »Kontrollieren des Ausführens« (vgl. Wahl: Handeln unter Druck, a. a. O., S. 22).
79 Ebd., S. 29.
80 Höffe: Aristoteles, S. 202.
81 Aristoteles: Die Nikomachische Ethik, 1143 a 9 ff.
82 beide Zitate Höffe: Aristoteles, S. 202.

Absicht‹ angesehen werden. Ist das Ziel pädagogischen Handelns Bildung bzw. Mündigkeit (vgl. Teil II, 5), so werden die Lehrer/-innen nach Mitteln und Wegen suchen, um in der konkreten Situation mit den Schüler/-innen im konkreten Klassenzimmer Schritte in Richtung Bildung und Mündigkeit zu gehen. Das Wissen um die allgemeine Norm und um die konkreten situativen Bedingungen, zu denen auch die Schüler/-innen gehören, muss durch Interpretationsleistungen in einem Handlungsentwurf zusammengebracht werden. Die dargestellte aristotelische Handlungsstruktur ist ergänzungsbedürftig. Die Handelnden werden sich bei der Entscheidung über die Mittel und Wege zum Ziel, und damit über den situationsangemessensten Handlungsentwurf, nicht nur am Ziel und der jeweiligen Situation orientieren können. »Die situative Eignung bestimmter Handlungen gegenüber anderen muß aber auch mit längerfristigen Absichten und größeren Plänen in Zusammenhang gebracht werden, weil sonst die biographische Kontinuität des Handelnden nicht möglich wäre.«[83] Die Situations- und die Biographieangemessenheit des Handelns kann übereinstimmen oder widersprechen.

2. Die intentionalistische Interpretation des Handelns beinhaltet implizite Annahmen, die von der analytischen Handlungstheorie wenig expliziert werden, da sie ›an der Grenze der Metaphysik‹ angesiedelt sind. Die »analytischen Techniken helfen uns, Antworten auf die vorletzten Fragen zu finden; die letzten einer *Beantwortung* gar nicht mehr zugänglichen Fragen freilich, die müssen schon irgendwo anders *gelöst* werden.«[84] Auch wenn es im folgenden nicht darum gehen kann, letzte Fragen zu lösen, so werden doch unter Aufnahme von Wiggers Handlungstheorie einige von der analytischen Handlungstheorie bewusst ausgeklammerte Themen expliziert.

Die in der analytischen Handlungstheorie gebrauchten Kategorien der Entscheidung, Verantwortung und die hinter der intentionalistischen Interpretation stehende Möglichkeit der Zwecksetzung und die Wahl der Mittel und Wege einer Handlung führen zum Problem der Freiwilligkeit der Handlung und letztlich zur Frage der menschlichen Freiheit. Die zur »Metaphysik der Handlung«[85] gehörende Frage nach der Zurechenbarkeit und Verantwortung wird in der analytischen Handlungstheorie im Sinn des Kausalitätsproblems interpretiert, ohne die Kategorie der Freiwilligkeit einzuführen. Im Gegensatz dazu steht die aristotelische Handlungsinterpretation: Eine Handlung ist dann zurechenbar, wenn die »volle Bewußtheit und Freiwilligkeit«[86] des Handlungsvollzugs vorausgesetzt werden können. »Freiwillig ist eine H. [Handlung] dann, wenn ihr Ursprung im Täter liegt (nicht außerhalb: physischer oder moralischer Zwang) und wenn der Täter

---

83 Oelkers: Intention und Wirkung, S. 149.
84 Feinberg: Handlung und Verantwortung, S. 224.
85 Meggle: Einleitung, S. VIII.
86 J. Derbolav: Handeln, Handlung, Tat, Tätigkeit. In: Historisches Wörterbuch der Philosophie, hg. v. J. Ritter, Bd. 3, Darmstadt 1994, Sp. 992–994, hier Sp. 992.

auch anders hätte handeln können (Wahlfreiheit).«[87] Freiwilligkeit der Handlung ist letztlich auch eine Bedingung für ›Verantwortung‹. Hinter der Verantwortung steht die Bewusstheit und Freiwilligkeit einer Handlung und nicht nur die Frage nach der Kausalität.

Die fundamentalanthropologische Bestimmung, dass Handeln Freiheit voraussetzt, darf aber nicht in dem Sinn idealistisch missverstanden werden, als sei mit der subjektiven Seite der Handlung, der Intention bzw. des Sinns, alles Wesentliche über die Verursachung einer Handlung gesagt. Hinzuzufügen ist, dass »die Verursachung von Handlungen auf ein komplexes Netz von Intentionalität, Bedeutungskontext, Institutionengefüge etc. verweist«,[88] die die Umwelt und die Situation des Handelns bilden. Trotz dieses Netzes wird eine letzte Freiheit, bewusst so oder anders handeln zu können, vorausgesetzt, ansonsten werden die Begriffe der Entscheidung und Verantwortung obsolet.

3. Das Modell des ›pädagogischen Handelns in vorausgehender Absicht‹ besteht aus der Entfaltung des Ziels, der Analyse der Bedingungen, dem Abwägen von Alternativen, der Handlungsentscheidung und Durchführung. Es liegt einer Vielzahl von handlungstheoretischen Forschungen zur Lehrerarbeit zugrunde.

Fast in Reinform wird es von Giesecke vertreten. Die Struktur pädagogischen Handelns wird von ihm analog zu der erarbeiteten allgemeinen Handlungsstruktur als ein zeitlicher und sachlogischer Prozess dargestellt, der in der Festlegung des Ziels, der Diagnose der Situation, der Antizipation des möglichen Ablaufs, der Prüfung des Ergebnisses und zuletzt der Korrektur des Lernprozesses[89] besteht. Giesecke sieht sich aber durch die Sozialität pädagogischen Handelns und den damit einhergehenden Sachverhalt, dass sich Subjekte mit ihren eigenen Wahrnehmungsmustern, mit eigenen Zielen und Freiheitsspielräumen begegnen, gezwungen, die quasi-kreisförmige Bewegung vom gedanklich vorgestellten zum praktisch verwirklichten Ziel um die Prüfung des Ergebnisses und die Korrektur des weiterführenden pädagogischen Handelns zu ergänzen.[90] Dabei ist nicht nur davon auszugehen, dass Ziele unvollständig erreicht werden, sondern ebenso »unwahrscheinlich ist, dass *nur* die Ziele des Lehrers erreicht werden. Während eines jeden Lernprozesses ergeben sich für die Lernenden auch andere interessante Aspekte, denen sie zumindest in ihrer Phantasie nachgehen können, deren Ergebnisse man »Nebenwirkungen« nennt.«[91]

Als kognitiv repräsentierte und anzustrebende Zustände werden Zielen psychologisch zwei Funktionen zugeschrieben: die »Funktion eines Motivationsfaktors«[92] und zugleich als »Kriterium (Standard) zum Vergleich und

---

87 Ebd., Sp. 992.
88 Oelkers: Intention und Wirkung, S. 156.
89 Vgl. H. Giesecke: Pädagogik als Beruf. Grundformen pädagogischen Handelns, 4. Aufl. 1993, S. 51–65.
90 Ebd., S. 52.
91 Ebd., S. 52; in der Grundstruktur ähnlich Kratochwil: Pädagogisches Handeln bei Hugo Gaudig, Maria Montessori und Peter Petersen, S. 12–19.
92 Jürgens: Erziehungsziele, Erzieherverhalten und Autopoiese, S. 277.

zur Beurteilung«[93] von ablaufenden Handlungen. Die handlungsregulierende Funktion der Ziele erfolgt über so genannte Feedback-Schleifen. Jürgens versteht aufgrund konstruktivistischer und pädagogisch-psychologischer Analysen das an Erziehungszielen orientierte Handeln der Lehrer/-innen als »Orientierungsverhalten in der Interaktion zweier (oder mehrerer) autopoietischer Systeme. Der Pädagoge orientiert durch (sprachliche) kommunikative Beschreibungen das Verhalten des Adressaten«.[94] ›Pädagogisches Handeln in vorausgehender Absicht‹ benötigt zum Durchlaufen der Handlungsabschnitte (Zielentfaltung, Bedingungsanalyse, Abwägen von Alternativen, Handlungsentscheidung, Durchführung mit Feedback-Schleifen) Zeit. Ein Handeln unter zeitlichem Druck lässt diese bewusst ablaufenden Sequenzen des Handelns nicht zu.

2.1.2 Pädagogische Routinen und Intuitionen als ›absichtliche Handlungen‹ und implizites Wissen

Wenn jetzt ›absichtliche Handlungen‹ und nicht ›Handlungen in vorausgehender Absicht‹ analysiert werden, wenn also davon ausgegangen wird, dass Absicht und Entscheidung für eine Handlung und die Handlung selbst in eins fallen, dann kann trotzdem vermutet werden, »dass innerpsychische Zustände/geistige Ereignisse im Spiel sind, die eine Entscheidung/Handlung als Verwirklichung dieser oder jener *Intention* erscheinen lassen.«[95] Die Frage, die dann zur Beantwortung ansteht, lautet: In welcher Form liegen diese innerpsychischen Zustände vor? Wie sind die Wissensbestände zu beschreiben, die handelnd aktualisiert werden? Zur Beantwortung soll hier nicht das psychoanalytische Gegensatzpaar ›bewusst – unbewusst‹, sondern im Anschluss an Bromme, der auf Polanyi zurückgreifend den Begriff des »impliziten Wissens (tacit knowledge)«[96] einführt, der Gegensatz ›explizit – implizit‹ aufgenommen werden. Die innerpsychischen Zustände müssen den handelnden Lehrer/-innen nicht als explizites Wissen, über das ein Subjekt verfügen und das es sprachlich unabhängig vom Handeln artikulieren kann, zu Verfügung stehen. Es kann auch als im beruflichen Sozialisationsprozess erworbene, implizit gewusste Handlungsfiguren zur Verfügung stehen, die im Unterrichtsprozess zwar gedanklich hochkonzentriert auf die Unterrichtssituation, aber ohne bewusste Entscheidung über zwei oder mehrere Alternativen aktualisiert werden. Das Verhältnis des unterrichtlichen Könnens der Lehrer/-innen zu ihrem Wissen über Unterricht lässt sich am Verhältnis Sprechen und Grammatik zeigen. Menschen können durch-

---

93 Ebd.
94 Ebd., S. 427.
95 Radtke: Wissen und Können, S. 70.
96 R. Bromme: Der Lehrer als Experte. Zur Psychologie des professionellen Wissens, Göttingen u. a. 1992, S. 121.

aus regelgerecht sprechen, ohne die Grammatik bewusst zu konsultieren oder ohne diese sogar explizit zu kennen. Das implizite Wissen der Sprecher ist in diesen Fällen nur in ihrem Sprechakt (Handeln) zu erkennen. Dies ist ein Phänomen, das sich auch im Handeln erfahrener Lehrer/-innen zeigt. »Anfänger können häufig weniger, als sie wissen; Experten dagegen können zum Teil mehr, als sie wissen«,[97] weil dem Können im Klassenzimmer »*mit zunehmender Übung immer weniger Aufmerksamkeit*« geschenkt werden muss und das Können »*auch durch Erfahrungen und durch andere Formen des Lernens* (Intuition, Verstärkung)«[98] gewonnen wird. Bromme geht wie Wahl dabei vom Grundgedanken der Verbindung von Situationsauffassung und Handlung aus. »Verfügt der Experte über solche globaleren Bedingungs-/Handlungseinheiten, dann ist keine bewußte Zuordnung von Situationselementen und Operationen/Handlungen mehr notwendig. So wird auch erklärt, daß die Regeln des Handelns dem Experten teilweise nicht mehr bewußt sind.«[99] Bei erfahrenen Lehrer/-innen liege daher »Intuitiv-improvisierendes Handeln als Normalform des Könnens«[100] vor.

Bourdieu hat zudem ein Können mit seinem Begriff des »Habitus« als einem einverleibten Handlungsmuster beschrieben. Unter Habitus versteht er dauerhafte Dispositionen von Personen »als Erzeugungs- und Strukturierungsprinzip von Praxisformen und Repräsentationen«.[101] Wird nachgängig zum Tun den vier Bedingungen Rayfields zugestimmt, so liegt ein absichtliches Handeln vor, wird jedoch eine andere Deutung des Tuns vollzogen, dieses insgesamt negiert oder die Verantwortung abgelehnt, so wird von Verhalten oder unbewusstem Verhalten gesprochen. Die Unterscheidung zwischen ›Handeln in vorausgehender Absicht‹ und ›absichtlichem Handeln‹ führte zu einer Differenzierung des Wissens in ›implizites und explizites Wissen‹, damit konnten für die Steuerung des Handelns verschiedene psychische Zustände identifiziert werden.

2.2 Psychische Regulationsebenen des Handelns

Während das ›Handeln in vorausgehender Absicht‹ durch bewusste Intentionen gesteuert wird, sind beim ›absichtlichen Handeln‹ andere psychische Steuerungen des Handelns deutlich geworden. Die nicht im voraus geplanten und trotzdem absichtlichen Handlungen äußern sich im Habitus der Person als einverleibte Handlungsmuster, dazu in Routinen und Konventionen[102] als im bisherigen Unterrichten bewährte pädagogische Handlungsfiguren und Deutungsmuster. Damit ist eine wichtige Erweiterung des hand-

---

97 Ebd., S. 131.
98 Ebd., S. 131.
99 Ebd., S. 150.
100 Neuweg: Lehrerhandeln und Lehrerbildung, S. 12.
101 P. Bourdieu: Entwurf einer Theorie der Praxis, Frankfurt 1979, S. 165.

lungstheoretischen Modells und eine weitere Komponente zum Verständnis des unterrichtlichen Handelns deutlich geworden. Im unterrichtlichen Handeln findet bei den Lehrer/-innen – so Rudow – »eine multiple psychische Regulation statt. Sie ist durch simultan und sequentiell ablaufende psychische Prozesse auf verschiedenen Regulationsebenen bestimmt«.[103]

1. Habituelle mit der Person fest verbundene und damit zugleich dauerhafte und unbewusste Erzeugungs- und Strukturierungsprinzipien pädagogischen Handelns bilden eine Regulationsebene. Die auf dieser Ebene angesiedelte Handlungsregulation, wie z. B. Reflexe, gehört gewissermaßen fest zur Person.

2. Schulpädagogische Routinen und Konventionen sind gleichsam Automatismen des Unterrichtens, wie z. B. das An-die-Tafel-schreiben, das zwar für Berufsanfänger einen großen Teil der Aufmerksamkeit beanspruchen kann, bei erfahrenen Lehrer/-innen aber beiläufig zu anderem unterrichtlichen Handeln wie »ein Unterrichtsgespräch führen«, vollzogen wird.

Die Gesprächsführung mit den Handlungselementen ›Impuls geben oder eine Frage stellen‹, ›schweigen und warten‹, ›Aufrufen der Schüler/-innen‹, ›aktiv zuhören‹, ›helfende Hinweise geben‹, ›loben oder tadeln‹ kann durch das Vollziehen eines in der Ausbildung mehrfach reflektierten und geübten Handlungsprogramms im Sinn einer Routine erfolgen, so dass die Aufmerksamkeit ganz der inhaltlichen Dimension des Unterrichts gewidmet werden kann. Nun können diese Routinen nicht nur positiv und entlastend, sondern pädagogisch auch äußerst problematisch sein, indem sie z. B. die Mädchen weniger am Gespräch beteiligen und sie so benachteiligen[104] oder schwachen Schülern gegenüber weniger Geduld geübt wird wie gegenüber den leistungsstarken Schülern.[105]

3. Daneben gibt es Handlungen, die in vorausgehender Absicht geplant, deren Sequenzen in der im Handlungsentwurf enthaltenen Reihenfolge durchgeführt werden und denen große Aufmerksamkeit in der jeweiligen Situation gilt. Sie unterliegen im Unterschied zu den Automatismen und Routinen einer durchgehend bewussten Regulation.

4. Wahl hat die Regulierung des ›Handelns unter Druck‹, zu dem er Teile des Lehrerhandelns rechnet, analysiert und ist dabei auf ›verdichtete Wissensbestände‹ gestoßen. Diese ermöglichen ein schnelles Handeln ohne längere Reflexionen. Wahl differenziert dabei zwischen »Situations(auffassungs)klassen« und »Handlungsauffassungsklassen«. Eine Situationsauffassung, z. B. ein leichter Konflikt im Unterricht, ist in der Regel – so Wahl –

---

102 Vgl. zum Begriff der ›pädagogischen Konvention‹ B. Dewe/F.-O. Radtke: Was wissen Pädagogen über ihr Können? In: ZfPäd, 27. Beiheft, 1992, S. 143–162, bes. S. 156 ff.
103 B. Rudow: Die Arbeit des Lehrers. Zur Psychologie der Lehrertätigkeit, Lehrerbelastung und Lehrergesundheit, Bern u. a. 1994, S. 23 f.
104 Vgl. hierzu M.-A. Kreienbaum: Erfahrungsfeld Schule. Koedukation als Kristallisationspunkt, Weinheim 2. Aufl. 1995, S. 40–43. Kreienbaum weist darauf hin, dass die ungleiche Aufmerksamkeitsverteilung der Lehrkräfte auch durch die Disziplinverstöße der Jungen hervorgerufen wird.
105 Vgl. hierzu H. Meyer: Unterrichtsmethoden II: Praxisband, Frankfurt 1987, S. 200 f.

mit einer bis zwei Handlungsmöglichkeiten gekoppelt. Durch die Kopplung wird der in »Situations- und Handlungsauffassungsklasse« differenzierte Wissensstand der Lehrkräfte verdichtet als *ein* Wissen aktualisiert. Erfahrene Lehrer/-innen erleben dies selbst als »weitgehend intuitiv«.[106] Die Planung der Handlung kann zeitlich abgekürzt werden. Diesem Zeitgewinn steht aber ein Verlust an Handlungsoptionen gegenüber, weil zum einen durch die Situationsauffassungsklasse das Verstehen der Schüler und der vorliegenden unterrichtlichen Situation wie auch durch die Handlungsauffassungsklasse das Handlungsrepertoire eingeschränkt wird.

5. Neben den genannten psychischen Regulationsebenen existieren für das unterrichtliche Handeln auch noch in der Institution Schule und ihren Rollen festgelegte Regulationen, die nicht psychischer sondern sozialer Natur und daher Gegenstand der soziologischen Handlungstheorie sind.

2.3 Resümee

Die Begriffe Handlung und Handeln werden durch die Intention des Handelnden konstituiert. Somit kann Handeln von anderen Formen des Verhaltens unterschieden werden. Unreflektiertes und nichtintendiertes Agieren unterliegt nicht der Steuerung durch die Person und deren Rationalität. Die Freiwilligkeit des Handelns beinhaltet die Option zu handeln oder nicht zu handeln, zweitens so oder anders zu handeln sowie drittens die Verantwortung für die Handlung. Handlungen mit vorausgehender Absicht haben eine logische und zeitliche Struktur, indem sie eine allgemeine Norm in einer spezifischen Situation konkretisieren. Dies wurde als kreatives Handeln, das der pragmatischen Vernunft unterliegt, deutlich. Von Handlungen mit vorausgehender Absicht wurden absichtliche Handlungen unterschieden. Bei Letzteren sind die Intention und die Entscheidung implizit in der Ausführung der Handlung selbst zu finden und können unter Umständen nachträglich expliziert werden. Bei erfahrenen Lehrer/-innen, die schulpädagogisch mehr können als sie explizit wissen, ist diese intuitiv-improvisierende Handlungsform die Normalform ihres beruflichen Könnens. Schulpädagogisches Handeln vollzieht sich als Ineinander von Handeln in vorausgehender Absicht und absichtlichem Handeln.

Mehr im- als explizit wurde bisher deutlich, dass in einer Handlungstheorie, die Ziel und Weg des Handelns unterscheidet, grundsätzlich eine normative und empirische Komponente sowie deren Relation identifiziert werden kann. Diese Ziel-Mittel-Relation ist für die Bestimmung des Handelns von entscheidender Bedeutung. Die Relation lässt unterschiedliche Deutungen zu. Ausführlicher wird dies unten (III, 4.2) diskutiert, hier ist zunächst Folgendes hervorzuheben.

---

106 Neuweg: Lehrerhandeln und Lehrerbildung, S. 12.

Im Anschluss an eine Rekonstruktion der Handlungstypen Webers durch Döbert kann die normative Komponente nochmals in die Handlungsmomente Werte und Ziele, die jeweils das Handeln begründen können, und die empirische Komponente in die Handlungsmomente der Konkretisierung als (Mittel-)Handlungen, der Nebenfolgenabwägung, des Kausalwissens und der tatsächlichen Handlungsergebnisse unterschieden werden.[107] Rational heißt, dass die jeweiligen Handlungskomponenten abgewogen und kontrolliert werden. Zweckrationalität wird von Döbert abermals differenziert, in eine formale und materiale Zweckrationalität. Erstere wägt ausschließlich die Mittel und das Kausalwissen ab und reflektiert somit nicht auf die normative Ebene, während letztere alle Handlungsmomente mit Ausnahme der Werte einer rationalen Prüfung unterzieht.

Die »zweckrational[e] Begründung von Handlungssequenzen bedeutet die Feststellung der Eignung von Handlungen als ›Mittel‹ für festgelegte Ziele«.[108] Dieser Definition der Zweckrationalität durch Brüggen muss aufgrund der differenzierten Darstellung Döberts die Kategorie ›formal‹ hinzugefügt werden. Handlungen werden in dieser Deutung instrumentell als Mittel für die Realisierung intendierter Zustände angesehen. Auf zwei Probleme soll hier aufmerksam gemacht werden. Wird zum einen die Relation zwischen Zwecken und Handeln als eine ungebrochene lineare Deduktion von den Zwecken hinunter zum Handeln als Mittel verstanden und werden die Ziele durch streng einzuhaltende Lehrplanvorgaben der Rationalität der Handelnden entzogen, so können die handelnden Lehrer/-innen in prekäre Situationen kommen, insbesondere wenn deren individuelle Werte und Ziele in Spannung zu denen der institutionellen Vorgaben kommen. Zum anderen hat schulpädagogisches Handeln – so wurde hervorgehoben – eine intentionale Struktur, aber diese ist nicht mit »ihrer zweckrationalen Deutung gleichzusetzen«.[109] Zwischen den Zielen und dem Handeln besteht im schulpädagogischen Handeln kein rein äußerlicher Zusammenhang. In der Didaktik wurde dies als das Verhältnis von Zielen, Inhalten und Methoden des Unterrichts oder grundlegender als das von Didaktik und Methodik diskutiert. Statt von einer deduktiven Ziel-Mittel-Relation wird diese sowohl in der kritisch-konstruktiven Didaktik Klafkis als »Interdependenz« wie auch in der vom Berliner zum Hamburger Modell veränderten Didaktik von Schulz als ein »Implikationszusammenhang«[110] gefasst. Die revidierte Didaktik wird von Schulz als Modellskizze didaktischen Handelns verstan-

---

107 Vgl. R. Döbert: Max Webers Handlungstheorie und die Ebenen des Rationalitätskomplexes. In: J. Weiß (Hg.): Max Weber heute, Frankfurt 1989, S. 210–249, hier bes. S. 229 ff.
108 F. Brüggen: Strukturen pädagogischer Handlungstheorie, Freiburg u. a. 1980, S. 307.
109 Ebd., S. 309.
110 H. Blankertz: Theorien und Modelle der Didaktik, München 9. neubearb. u. erw. Auflage 1975, S. 94; W. Klafki: Grundlinien kritisch-konstruktiver Didaktik. In: Ders.: Neue Studien zu Bildungstheorie und Didaktik, Weinheim, 2. erw. Aufl. 1991, S. 83–140, hier S. 116 f, Klafki hält zugleich am »Primat der Zielentscheidungen« (116) fest; W. Schulz: Die lehrtheoretische Didaktik. In: H. Gudjons/R. Teske/R. Winkel (Hg.): Didaktische Theorien, Braunschweig, 2. Aufl. 1983, S. 29–45, hier S. 38.

den. Alle Handlungsmomente, die Schulz nennt, die Ziele und der thematische Horizont (Zwecke), die Vermittlungsvariablen (Methoden und Medien) sowie die Ausgangslage der Schüler/-innen und die Erfolgskontrolle, bedingen und korrigieren sich gegenseitig. Jedes Handlungsmoment – auch das Ziel – wird »von jedem anderen her, das es impliziert, in Frage gestellt«.[111] Die handelnden Lehrer/-innen müssen nicht nur Methoden, Medien, und Inhalte sowie die Ausgangslage der Schüler/-innen und die tatsächlichen Ergebnisse, sondern als durch diese in Frage gestellt auch die Ziele reflektieren, konkretisieren und gegebenenfalls korrigieren.

Die »didaktische Aufbereitung eines Mediums«[112] kann dessen im Verhältnis zum Ziel überschüssigen Gehalte sichtbar werden lassen. So bringt ein Werk der bildenden Kunst, ein Bibeltext, ein Gedicht Schillers, ein Ereignis in der Geschichte, aber auch ein Ball oder ein Holzstück weitere als die intendierten Möglichkeiten des Umgangs oder Verstehens und damit andere als die intendierten Lernchancen mit sich. Letztere können durch das Medium in Frage gestellt werden.

Schulpädagogisches Handeln vollzieht sich damit als ein einheitlicher Handlungszusammenhang und gehört nicht zum rein zweckrational, das heißt rein von den Zielen her begründeten Handeln, da die Ziele selbst in Frage gestellt werden können.

Das Handlungsmodell beinhaltet zugleich eine spezifische Fassung des Theorie-Praxis-Problems. Die sich durch einen gewissen Grad an Abstraktion auszeichnende Theorie lässt, wenn die Objekte des Handelns Menschen mit eigenen Freiheitsspielräumen sind, keine einfache und immer sich gleichende Handlung zu. Nach Kant ist beim Übergang von der Theorie zur Praxis ein »Mittelglied der Verknüpfung und des Übergangs von der einen zur anderen«[113] notwendig. Was bei Aristoteles die Funktion der Klugheit einnimmt, nennt Kant »Aktus der Urteilskraft«. Diese vermittelnde Funktion wurde in der Pädagogik von Schleiermacher als »leitendes Gefühl« und von Herbart als »pädagogischer Takt« thematisiert.[114] Die Theorie-Praxis-Relation des schulpädagogischen Handelns lässt sich damit im Sinn Schleiermachers analog zur Hermeneutik und der Praktischen Theologie als Kunstlehre konzipieren. Die Inhalte einer schul- und religionspädagogischen Handlungstheorie »können nur allgemeine Ausdrücke sein, in denen die Art und Weise ihrer Anwendung auf einzelne Fälle nicht schon mit bestimmt ist (…) d.h. sie sind Kunstregeln im engeren Sinn des Wortes«.[115] In dem Begriff der Kunst und Kunstlehre wird deutlich hervorgehoben, dass

---

111 Schulz: Die lehrtheoretische Didaktik, S. 39.
112 H. Schmid: Die Kunst des Unterrichtens, München 1997, S. 95; vgl. zum Folgenden S. 95–100.
113 I. Kant: Über den Gemeinspruch: Das mag in der Theorie richtig sein, taugt aber nicht für die Praxis, hg. v. J. Ebbinghaus 1946, zit. n. H.-K. Beckmann: Lehrerseminar – Akademie – Hochschule. Das Verhältnis von Theorie und Praxis in drei Epochen der Volksschullehrerausbildung, Weinheim 1968, S. 23.
114 Vgl. H.-K. Beckmann: Lehrerseminar – Akademie – Hochschule, S. 24–37.

»das richtige Handeln in Gemäßheit der Regeln immer noch ein besonderes Talent erfordert, wodurch das Rechte gefunden werden muß«.[116] Das für den Übergang von der Theorie zur Praxis notwendige Können der Lehrer/-innen nannte Schleiermacher ›besonderes Talent‹; Prange charakterisierte es jüngst als der Ausbildung und Einübung bedürftige »Kunst«[117] und als »didaktische Phantasie«.[118] Oben wurde das schulpädagogische Handeln in vorausgehender Absicht durch Kreativität, das absichtliche schulpädagogische Handeln durch Intuition und Improvisation charakterisiert. Ausgegangen wird jeweils von einer Differenz zwischen Theorie und Praxis, die im Handeln überbrückt werden muss. Derzeit wird in der Pädagogik eine kontroverse Diskussion über den jeweiligen Beitrag von pädagogischer Theorie und Praxis für die Entwicklung des professionellen Handelns der Lehrer/-innen geführt. Die Differenzthese besagt, die Wissensformen der Pädagogik als Wissenschaft und die der Profession Lehrer/-in und ihrer Professionsmitglieder sind so unterschiedlich strukturiert, dass von zwei Bereichen ausgegangen werden muss.[119] Während die Integrationsthese[120] zwar ebenso von einer Differenz ausgeht, aber auch die Möglichkeit für eine »systematischen Anschlussfähigkeit und in diesem Sinne für die Integrationsfähigkeit der in Frage stehenden Wissensformen«[121] sieht. Die so genannte strukturtheoretische Professionstheorie Oevermanns hat jüngst auf die Professionalisierung hinsichtlich der Anwendung von Wissenschaft für eine konkrete Praxis und auf die Relationierung von wissenschaftlichen Kompetenzen und der Berücksichtigung des konkreten Falls im pädagogischen Handelns hingewiesen. Aufgrund einer empirischen Studie kommt Nölle zum Schluss, dass zumindest eine differenziertere Situationsauffassung als ein Moment pädagogischen Handelns durch »vielfältig

---

115 F. Schleiermacher: Kurze Darstellung des theologischen Studiums zum Behuf einleitender Vorlesungen, hg. v. H. Scholz, unveränd. reprogr. Nachdr. der 3. kritischen Ausgabe, Leipzig 1910, Darmstadt 1993, S. 102.
116 Schleiermacher: Kurze Darstellung des theologischen Studiums zum Behuf einleitender Vorlesungen, S. 102.
117 K. Prange: Bauformen des Unterrichts, Bad Heilbrunn, 2. durchges. Aufl. 1986, S. 9.
118 K. Prange: Die erzieherische Bedeutung der didaktischen Phantasie. In: Bildung und Erziehung 34 (1981), S. 393–407.
119 Vgl. H.-E. Tenorth: Profession und Disziplin. Bemerkungen über die krisenhafte Beziehung zwischen pädagogischer Arbeit und Erziehungswissenschaft. In: H. Drerup/E. Terhart (Hg.): Erkenntnis und Gestaltung. Vom Nutzen erziehungswissenschaftlicher Forschung in praktischen Verwendungskontexten, Weinheim 1990, S. 81–97; B. Dewe/F.-O. Radtke: Was wissen Pädagogen über ihr Können? Professionstheoretische Überlegungen zum Theorie-Praxis-Problem in der Pädagogik. In: Pädagogisches Wissen. 27. Beiheft der ZfPäd., 1991, S. 143–162.
120 Vgl. z. B. F. Bohnsack: Probleme und Kritik der universitären Lehrerausbildung. In: M. Bayer/F. Bohnsack/B. Koch-Priewe/J. Wildt (Hg.): Lehrerin und Lehrer werden ohne Kompetenz? Professionalisierung durch eine andere Lehrerausbildung, Bad Heilbrunn 2000, S. 52–123.
121 K. Nölle: Probleme der Form und des Erwerbs unterrichtsrelevanten pädagogischen Wissens. In: ZfPäd 48 (2002), S. 48–67, hier S. 50.

und systematisch vernetztes (theoretisches) Wissen über Unterricht, verbunden mit episodischen Elementen begünstigt«[122] wird. Diese Wissensform tritt in Studiengängen mit hoher Theorie-Praxis-Integration vermehrt auf.

Eine für den ersten Teil dieser schul- und religionspädagogischen Analysen genügende Bestimmung des Handlungsbegriffs wurde damit herausgearbeitet. Im folgenden Teil II werden die Merkmale und Strukturen schul- und religionspädagogischen Handelns analysiert. In Kapitel 1 wird ausgehend von der Differenz der Generationen ein Begriff des pädagogischen Handelns und seiner Strukturen und Merkmale entfaltet. Im Unterschied zu dieser allgemeinen Perspektive ist das schul- und religionspädagogische Handeln der Lehrer/-innen aber berufliches Handeln. In Kapitel 2 wird daher die Konstitution des Lehrer- und Religionslehrer/-innenberufs rekonstruiert und damit eine der zentralen Handlungsbedingungen im Rückgang auf ihre historische Entwicklung dargestellt. In den Kapiteln 3 und 4 stehen die Handlungsbedingungen, unter die auch die Funktionen des schul- und religionspädagogischen Handelns subsumiert werden, im Mittelpunkt. Kapitel 5 dient der Zielentfaltung und in Kapitel 6 wird die Grundoperation des schul- und religionspädagogischen Handelns entfaltet. Teil III stellt die Ebenen des schul- und religionspädagogischen Handelns in den Mittelpunkt, dabei werden die Handlungsmomente, Planung von Unterricht und Schulkultur als Entscheidungsprozess (Handlungsentwurf) sowie die Handlungsdurchführung und Evaluation bearbeitet. Damit werden alle Elemente einer Theorie schul- und religionspädagogischen Handelns aufgenommen.

---

122 Ebd., S. 65.

Teil II:
Merkmale und Strukturen schul- und religionspädagogischen Handelns

Einleitung

In Teil II stehen schulpädagogisches Handeln und religionspädagogisches Handeln in der Schule sowie die Schule als Handlungsort im Mittelpunkt. Um die Schule zugleich als Gegenstand und als Ort des pädagogischen Handelns darzustellen, muss auf verschiedene Theorietraditionen zurückgegriffen werden. Wie oben die Hinführung ist diese Einleitung und sind alle sieben Kapitel von Teil II in zwei Abschnitte gegliedert. Abschnitt A beinhaltet die allgemeine schulpädagogische, Abschnitt B die spezifische religionspädagogische Perspektive. Hinter der Gliederung steht die These, dass sich das religionspädagogische Handeln in der Schule als Teil des schulpädagogischen Handelns versteht oder verstehen sollte und sich im Rahmen der Schule, ihrer pädagogischen Grundlegung, ihrer Konditionen, Funktionen, Intentionen, Operationen und Handlungsebenen sowie als berufliches Handeln vollzieht. Dies schließt nicht aus, dass religionspädagogischem Handeln ein Spezifikum inhärent ist, das in Spannung zu schulpädagogischen Positionen steht oder eine eigene religionspädagogische und damit auch theologische Perspektive auf die Gegenstände der Schulpädagogik einnimmt. Trotz der religionspädagogischen Spezifika bildet das Schulsystem den institutionellen Rahmen und die Schulpädagogik neben der Theologie die zweite Bezugswissenschaft für eine Theorie des religionspädagogischen Handelns in der Schule. Aus diesem Grund sind die Abschnitte A der folgenden sieben Kapitel in der Regel umfangreicher als die religionspädagogisch geprägten Abschnitte B. Die Abschnitte B wurden dabei so formuliert, dass primär religionspädagogisch interessierte Leser/-innen diese nacheinander am Stück lesen können, um dann in die Schulpädagogik zurückzufragen.

A   Schulpädagogik

Bei der Bestimmung des schulpädagogischen Handelns ist zunächst zu konstatieren, dass es strittig ist, von pädagogischem Handeln im Singular zu sprechen und damit eine wie auch immer zu bestimmende Einheit pädagogischen Handelns naiv vorauszusetzen. Die Erziehungswissenschaft hat sich seit den 60er-Jahren in Subdisziplinen aufgefächert.[1] Dieser Prozess wurde durch folgende Einflussgrößen begünstigt:

Durch die Pädagogisierung weiterer Lebensbereiche (allgemeine Erwachsenenbildung, berufliche Fort- und Weiterbildung, Verkehrserziehung, Kulturpädagogik, Ausbau der Sozialpädagogik bzw. der Sozialen Arbeit usw.) hat sich der Gegenstandsbereich der Erziehungswissenschaft stark ausgeweitet. Dieser Ausweitung wurde durch eine Differenzierung von Studienrichtungen und letztlich durch eine Binnendifferenzierung der Erziehungswissenschaft zu entsprechen versucht. Die Verwissenschaftlichung der Lehrerinnen- und Lehrerausbildung und die Integration der Pädagogischen Hochschulen in die Universitäten, die in allen Bundesländern mit Ausnahme Baden-Württembergs durchgeführt wurde, zog die Folge nach sich, dass »sich in den sechziger Jahren allmählich die Schulpädagogik als eine der Allgemeinen Pädagogik nebengeordnete Berufswissenschaft für Lehrer/-innen etablierte, die sich in den Folgejahren dann auch im Fächerspektrum und Lehrangebot der Universitäten durchsetzte.«[2] Die Allgemeine Pädagogik selbst begann sich in Subdisziplinen zu differenzieren. Zu nennen sind die Systematische, die Historische sowie die Vergleichende Pädagogik.

Krüger stellt angesichts dieses Prozesses die Frage nach der Einheit der Erziehungswissenschaft. »Hat der Ausdifferenzierungsprozeß der Erziehungswissenschaft somit die Zersplitterung oder gar Auflösung der Gesamtdisziplin zur Folge oder bestehen nicht doch Möglichkeiten, Verbindungslinien zwischen dem Allgemeinen und dem Besonderen, zwischen der Allgemeinen und den speziellen Pädagogiken herzustellen?«[3] Diese Problematik kann im Rahmen einer schulpädagogischen Arbeit zwar nicht in notwendiger Breite diskutiert werden, sie wird im Folgenden aber insofern berücksichtigt als mit dem im Anschluss an Schleiermacher erarbeiteten Generationenverhältnis eine Verbindung zu der Allgemeinen Pädagogik gefunden wird. Das schulpädagogische Handeln wird hierbei ausgehend von Schleiermachers Bestimmung des Generationenverhältnisses anthropologisch und kulturtheoretisch auf die Erziehungs- und Lernbedürftigkeit des Menschen zurückgeführt. Die nachwachsende Generation soll – so sei hier in der Einleitung allgemein formuliert – durch schulpädagogisches Handeln unterstützt werden.

Schulpädagogik als eine erziehungswissenschaftliche Teildisziplin ist selbst wiederum eine Verbundwissenschaft[4] und entsteht durch das Miteinander von drei Einzeltheorien. Im Theorieverbund Schulpädagogik wirken

---

1 Vgl. H. H. Krüger: Erziehungswissenschaft und ihre Teildisziplinen. In: Ders./W. Helsper (Hg.): Einführung in Grundbegriffe und Grundfragen der Erziehungswissenschaft, Opladen, 2. durchges. Aufl. 1996, S. 303–318, hier bes. S. 307 f. Vgl. auch: Ders.: Allgemeine Pädagogik auf dem Rückzug? Notizen zur disziplinären Neuvermessung der Erziehungswissenschaft. In: Ders./T. Rauschenbach (Hg.): Erziehungswissenschaft. Die Disziplin am Beginn einer neuen Epoche, Weinheim 1994, S. 115–131.
2 Krüger: Erziehungswissenschaft und ihre Teildisziplinen, S. 307.
3 Krüger: Erziehungswissenschaft und ihre Teildisziplinen, S. 315.
4 Vgl. H. J. Apel/H.-U. Grunder: Die Schulpädagogik – Selbstverständnis, Entstehung, Schwerpunkte schulpädagogischen Denkens. In: Dies. (Hg.): Texte zur Schulpädagogik, Weinheim 1995, S. 7–34, hier bes. S. 8 f.

zum einen eine Theorie der Schule, die »Schule und Unterricht als gesellschaftlich bedingtes Handlungsfeld zur Verwirklichung öffentlicher und pädagogischer Aufgaben«[5] thematisiert, zum anderen die Theorie pädagogischen Handelns in der Schule und zum dritten die schulische Didaktik als Theorie des Lehrplans und Unterrichts zusammen. Dies impliziert einen spezifisch pädagogischen Ansatz einer Theorie der Schule, der die in den letzten Jahrzehnten dominierende soziologische Begründung der Schule über ihre gesellschaftlichen Funktionen zwar nicht negiert, aber in eine pädagogische Theorie integriert.[6] Die aus soziologischer Perspektive erfolgende funktionale Analyse der Schule wird unten in Kapitel 4 Funktionen der Schule und des schul- und religionspädagogischen Handelns diskutiert.

Nun bezieht sich auch eine Theorie des pädagogischen Handelns in der Schule wiederum auf verschiedene wissenschaftliche Disziplinen. Für deren Integration in eine Theorie des pädagogischen Handelns in der Schule lässt sich an das wissenschaftstheoretische Modell einer ›positiven Wissenschaft‹ anknüpfen, das F. D. E. Schleiermacher für die Theologie entwickelte. Schleiermacher sah den inneren Zusammenhang der verschiedenen Elemente einer positiven Wissenschaft und ihrer je spezifischen Methoden darin, dass »sie zur Lösung einer praktischen Aufgabe erforderlich sind.«[7] Dies Modell einer Wissenschaft, die ihre innere Mitte in der Lösung einer Aufgabe hat, bietet sich auch für die Theorie des pädagogischen Handelns in der Schule an. Die Wahrnehmung der ›praktischen Aufgabe‹ fokussiert das Interesse an den Erkenntnissen und Methoden einzelner Wissenschaften (Schulpädagogik, Soziologie, Psychologie, Ästhetik, Jura usw.). Ohne das einigende Band dieser Aufgabe hören die genannten Kenntnisse und Methoden auf eine Theorie pädagogischen Handelns in der Schule zu sein und »fallen jede der Wissenschaften anheim, der sie ihrem Inhalte nach angehören«.[8]

B   Religionspädagogik

Wird sowohl hier in der Einleitung wie auch in den Abschnitten A der folgenden Kapitel die Schule und die Schulpädagogik zum Gegenstand gemacht, so ist zu fragen, welches Verständnis von Religion in der Schule und

---

5   H.-U. Grunder/F. Schweitzer: Einführung der Herausgeber. In: Dies. (Hg.): Texte zur Theorie der Schule, Weinheim u. a. 1999, S. 7–26, hier S. 14.
6   Vgl. zu einer pädagogischen Theorie der Schule Th. Schulzes schultheoretischer Ansatz der »Schule als Lernformation« (ders.: Schule im Widerspruch, München u. a. 1980, S. 115–151); B. Adl-Amini: Grundriss einer pädagogischen Schultheorie. In: W. Twellmann (Hg.): Handbuch Schule und Unterricht, Bd. 7.1, Düsseldorf 1985, S. 63–94; L. Duncker: Lernen als Kulturaneignung. Schultheoretische Grundlagen des Elementarunterrichts, Weinheim u. a. 1994.
7   Friedrich Daniel Ernst Schleiermacher: Kurze Darstellung des theologischen Studiums zum Behuf einleitender Vorlesungen, hg. v. H. Scholz, unveränd., reprograph. Nachdruck der 3. krit. Ausgabe Leipzig 1910, Darmstadt 1993, S. 1 (§ 1).
8   Schleiermacher: Kurze Darstellung des theologischen Studiums, S. 3 (§ 6).

Religionspädagogik dem entsprechen kann. Eine ausschließlich fachdidaktische und damit nur den Religionsunterricht umgreifende Perspektive kann der schulpädagogischen Ausrichtung nicht genügen. Sie entspricht der schulischen Didaktik und damit nur einer Komponente des Theorieverbundes Schulpädagogik. Wissenschaftssystematisch kann daher die Theorie des schulischen Religionsunterrichts nicht die alleinige Bezugswissenschaft für die Teile B der folgenden Kapitel sein. Die Theorie des schulischen Religionsunterrichts wird analog zu den Fachdidaktiken anderer Schulfächer, wie z. B. der Mathematikdidaktik oder der Fachdidaktik Deutsch als Religionsdidaktik[9] bezeichnet. Da der Begriff Religionsdidaktik aber ebenso auf den Konfirmandenunterricht oder auf Erwachsenenbildungsveranstaltungen mit dem Thema Religion anwendbar ist, wird im Rahmen dieser Arbeit die Theorie des schulischen Religionsunterrichts als schulische Religionsdidaktik[10] bezeichnet.

Wenn im Folgenden das religionspädagogische Handeln in der Schule in den Mittelpunkt gestellt wird, wird ein sich mit der schulischen Religionsdidaktik zwar überschneidender, aber über diese zugleich hinausgehender Gegenstandsbereich vorausgesetzt. Neben dem Religionsunterricht gibt es noch andere Orte der Religion in der Schule: Schulgottesdienste und -andachten, Diakoniepraktika, religiöse Einkehrtage, Schulwochen usw. So wie schulpädagogisches Handeln sich nicht im Unterrichten erschöpft, sondern das Schulleben und die bewusste Gestaltung der Schule als Ganze einbezieht, so erschöpft sich religionspädagogisches Handeln in der Schule nicht im Religionsunterricht. Der hier vorzustellende Beitrag zu einer religionspädagogischen Handlungstheorie wird daher im Kontext der Schule entwickelt. Dabei werden zwar religionspädagogische Beiträge zur Theorie der Schule berührt, aber nicht explizit ausgeführt.

Wie das schulpädagogische Handeln das didaktische Handeln im schulischen Unterricht einschließt, so ist auch im Begriff der Religionspädagogik der der schulischen Religionsdidaktik und im Begriff des religionspädagogischen Handelns der des religionsdidaktischen Handelns enthalten. Nun wird aber auch außerhalb der Schule, zum Beispiel in der Familie oder der Kirchengemeinde, religionspädagogisch gehandelt. Aus diesem Grund ist der Begriffsumfang wiederum einzugrenzen. In Folge dessen wird die schulische Religionspädagogik, die die schulische Religionsdidaktik umgreift, von der außerschulischen Religionspädagogik, zu der insbesondere die Gemeindepädagogik gerechnet wird, unterschieden.

---

9 Vgl. z. B. G. Lämmermann: Grundriß der Religionsdidaktik, Stuttgart 1991, S. 8.
10 Vgl. hierzu R. Lachmann: Verständnis und Aufgaben religionsunterrichtlicher Fachdidaktik. In: G. Adam/R. Lachmann (Hg.): Religionspädagogisches Kompendium, 5. neubearbeitete Aufl. 1997, S. 15–36, hier S. 17–23.

1 Schul- und religionspädagogisches Handeln und die Aufhebung der Generationendifferenz

A Schulpädagogisches Handeln im Zusammenhang der Generationen

1.1 Pädagogisches Handeln als soziales und Kommunikation ermöglichendes Handeln

In einer ersten, aber noch nicht hinreichenden Bestimmung ist pädagogisches von nicht pädagogischem Handeln dadurch unterscheidbar, dass es ein Handeln für, mit oder an Menschen ist. Pädagogisches Handeln ist soziales Handeln, das sich vom Bearbeiten toter Materie oder vom Arbeiten mit Pflanzen und Tieren dadurch unterscheidet, dass es auf menschliche Gegebenheiten zielt. Soziales Handeln liegt nun nicht nur da vor, wo sich mindestens zwei Subjekte gegenüberstehen und direkt interagieren, sondern darüber hinaus auch dort, wo Personen ihr Handeln auf andere beziehen und sich an anderen orientieren.[11] Der Begriff des sozialen Handelns ist insofern formal und enthält keine ethisch normative Komponente. Auch bei im ethischen Sinn ›unsozialen‹ Handlungen liegt soziales Handeln vor. Pädagogisches Handeln ist ein sich als Kommunikation vollziehendes oder Kommunikation ermöglichendes Handeln. Insbesondere das schulpädagogische Handeln bedient sich dabei im Unterricht der Interaktion als einer spezifischen Kommunikationsform. Von Interaktion wird nur dann gesprochen, wenn in einer face-to-face-Situation zwei oder mehr Personen kommunizieren und sich dabei direkt wahrnehmen können. Interaktion wird hier als Kommunikation unter Anwesenden verstanden.

Pädagogisches Handeln ist trotz aller aufgrund von Absprachen, Regeln usw. erwartbaren Verhaltensweisen dadurch charakterisiert, dass sowohl direkte Interaktionspartner als auch nicht anwesende Personen, an denen das Handeln orientiert wird, ihre je eigene Biographie und Situation in die Kommunikation mitbringen. Werden nun die Lehrer/-innen als Subjekte und die Schüler/-innen ausschließlich als Objekte betrachtet, so sitzt die pädagogische Handlungstheorie einem systematischen Irrtum auf: Man kann zwar den »Lehrer als Agens und den Schüler das Material nennen, worauf gewirkt wird; aber in Wahrheit üben alle Tatsachen, welche in dem

---

[11] Vgl. hierzu oben M. Webers Bestimmung des sozialen Handelns (I, 1.1).

Geiste der Schüler präexistieren, entweder eine mitwirkende oder eine gegenwirkende Wirkung in Beziehung auf die Bemühungen des Lehrers aus«.[12] Die Klienten der pädagogischen Berufe, hier die Schüler/-innen, sind immer Mithandelnde. Als Mithandelnde bringen sie ihre eigenen Ziele und ihre Freiheit mit, die sie möglicherweise gegen die Lehrer/-innen zu verwirklichen suchen. Als Mithandelnde können sie auch zu Gegenhandelnden werden. Beide Kommunikationspartner, in meiner schulpädagogischen Argumentation die Lehrer/-innen wie auch die Schüler/-innen, haben die Möglichkeit, prinzipiell überraschend zu reagieren und zu handeln. Aufgrund des ihnen eigenen Freiheitsgrades ist damit zu rechnen, dass sie Handlungsmöglichkeiten finden und wählen, die sich vom Kommunikationspartner nicht vorhersehen lassen. Schüler/-innen können demnach die Erwartungen, die Lehrende in den Unterricht mitbringen, enttäuschen. Pädagogisches Handeln als soziales Handeln unterliegt der Kontingenz. »Kontingenz heißt praktisch Enttäuschungsgefahr und Notwendigkeit des Sicheinlassens auf Risiken«.[13] Nun können umgekehrt auch die Lehrer/-innen durch den ihnen gegebenen Handlungsspielraum die Erwartungen der Schüler/-innen, der Eltern und des Kollegiums enttäuschen. Pädagogisches Handeln als soziales sowie Kommunikation ermöglichendes und/oder realisierendes Handeln ist nicht durch einfache, sondern durch ›doppelte Kontingenz‹ bestimmt. Hieraus ergibt sich, dass das gemeinsame Verfolgen gemeinsamer Ziele auf gemeinsamen Wegen keine dem pädagogischen Handeln vorgegebene Voraussetzung ist, sondern eine mit Risiken behaftete und mit Enttäuschungen verbundene Möglichkeit, die eher die Ausnahme als die Regel darstellt. Daraus lassen sich vier Folgerungen ziehen: Zum einen müssen die Erwartungen im pädagogischen Handeln grundsätzlich solche sein, die gewärtigen, dass die Schüler/-innen sich anders verhalten können, als erwartet. Diese Erwartungsoffenheit gehört zur Grundstruktur pädagogischen Handelns. Zum anderen ist pädagogisches Handeln eine Subjekt-Subjekt-Relation. Dies impliziert auf der normativen Ebene die Anerkennung und das Ernstnehmen des Gegenübers als Subjekt. Die Subjekt-Subjekt-Relation wurde pädagogisch als Begegnung, Dialog, Gespräch oder kommunikative Praxis[14] gedeutet. Zum dritten ist die Ermöglichung von Kooperation eine Dimension pädagogischen Handelns. Zum vierten folgt aus der pädagogischen Interpretation einer Erwartungsenttäuschung eine pädagogische Anschlusshandlung und die Inszenierung eines Lernanlasses, und nicht primär die einer Sanktion.

Nicht jedes Kommunikation ermöglichende oder verwirklichende und im weiteren Sinn soziale Handeln ist auch pädagogisches Handeln. Auch

---

12 J. S. Mill: System der deductiven und inductiven Logik, übers. v. J. Schiel, 4. Aufl. 1877, S. 417f, zit. nach Oelkers: Intention und Wirkung, S. 145.
13 N. Luhmann: Soziale Systeme. Grundriß einer allgemeinen Theorie, 4. Aufl. 1991, S. 31.
14 Vgl. hierzu J. Masschelein: Kommunikatives und pädagogisches Handeln, Weinheim 1991, S. S. 196–216.

das Handeln eines Verkäufers auf dem Markt, das einer Bundestagsabgeordneten während einer Plenardebatte oder das eines Pfarrers im Gottesdienst ist soziales Handeln, das sich der spezifischen Kommunikationsform der Interaktion bedient. Die Bestimmung des pädagogischen Handelns durch soziales Handeln kann daher nicht genügen und muss durch weitere Komponenten ergänzt werden.

1.2 Pädagogisches Handeln und die Generationendifferenz

Wenn der Gegenstandsbereich des sozialen Handelns auf das pädagogische Handeln eingeschränkt werden soll, so mag Schleiermachers Bestimmung weiterhelfen, der die Erziehung und die Erziehungswissenschaft auf das Generationenverhältnis gründet. Erziehungswissenschaft ist für ihn die Theorie, »die von dem Verhältnisse der älteren Generation zur jüngeren ausgehend sich die Frage stellt: Was will denn eigentlich die ältere Generation mit der jüngeren? Wie wird die Tätigkeit dem Zweck, wie das Resultat der Tätigkeit entsprechen? Auf dieser Grundlage des *Verhältnisses der älteren zur jüngeren Generation*, was der einen in Beziehung auf die andere obliegt, bauen wir alles, was in das Gebiet dieser Theorie fällt.«[15]

Bevor auf Schleiermachers Frage eine Antwort gesucht wird, muss die Voraussetzung bedacht werden, die Schleiermacher hier einführt. Er differenziert zwischen der ›älteren und der jüngeren Generation‹, mithin zwischen der Generation der Eltern und der der Kinder. In der neuen erziehungswissenschaftlichen Diskussion erlebt das Thema ›Generation‹ eine überraschende Renaissance,[16] wo doch angesichts der Erosion von Normalbiografien und Altersrollen sich die Unterschiede zwischen Jung und Alt immer mehr relativieren und zugleich die ›Selbstsozialisation‹ der jüngeren Generation an Bedeutung zu gewinnen scheint.

Die neue Diskussion fokussiert nicht auf dem durch K. Mannheim geprägten Generationsbegriff,[17] der zur Abgrenzung und Beschreibung von Generationen und somit zur Generationenbildung analog der Klassenbildung dient, wodurch dann die »Kriegsgeneration« von der »Skeptischen Generation« (Schelsky) oder von der »überflüssigen Generation« usw. abgegrenzt werden kann. Generation in diesem Sinn meint eine Gruppe ungefähr gleichaltriger Menschen, die durch die Umstände

---

15 F. D. E. Schleiermacher: Pädagogische Schriften, Bd. 1: Die Vorlesungen aus dem Jahr 1826, unter Mitwirkung von Th. Schulze hg. v. E. Weniger, Düsseldorf 2. Aufl. 1966, S. 9.
16 Vgl. W. Hornstein: Generation und Generationenverhältnisse in der radikalisierten Moderne. In: ZfPäd 39. Beiheft, Weinheim u. a. 1999, S. 51–68; E. Liebau/Chr. Wulf (Hg.): Generation. Versuche über eine pädagogisch-anthropologische Grundbedingung, Weinheim 1996; E. Liebau: Das Generationenverhältnis. Über das Zusammenleben in Familie und Gesellschaft, Weinheim u. a. 1997; L. Winterhager-Schmid (Hg.): Erfahrungen mit der Generationendifferenz, Weinheim 2000.
17 K. Mannheim: Das Problem der Generationen. In: Kölner Vierteljahreshefte für Soziologie 7 (1928), S. 157–185. 309–330.

ihrer Lebenszeit zu einer Einheit zusammengefasst werden. Mit Generation wird in den 90er-Jahren stattdessen die Generationendifferenz, »die Beschreibung von Generationenverhältnissen bzw. -konstellationen und -konfigurationen«[18] thematisiert, da das bisherige auf der Struktur der industriellen Arbeitsgesellschaft basierende Generationenverhältnis durch die gesellschaftlichen Modernisierungsprozesse brüchig wird. Für Hornstein legt sich die »Vermutung des ›Abstraktwerdens‹ der Generationenverhältnisse (…) nahe: Die Angewiesenheit der Generationen aufeinander wird abstrakter, vermittelter, unsichtbarer«.[19] Die früh einsetzende professionalisierte Kinderbetreuung und sozialstaatliche Leistungen lassen vordergründig die Angewiesenheit der Generationen aufeinander in der Hintergrund treten.

Mit dem Begriff ›Generationendifferenz‹ ist präzisierbar, »was das Generationenverhältnis im Kern ausmacht«.[20] Die »Diskontinuität menschlichen Gattungslebens«[21] im Geborenwerden und Sterben ist die Problemstellung, die Schleiermacher in der Differenz zwischen den Generationen formuliert und mit der er Erziehung und pädagogisches Handeln begründet. Bei aller historischen, gesellschaftlichen und milieubedingten Variabilität der Phänomene Kind-Sein und Erwachsenen-Sein ist doch die Differenz zwischen den Generationen als eine Konstante festzuhalten. Die Differenz zwischen Säuglingen und Kindern einerseits und Erwachsenen, speziell ihren Eltern, andererseits liegt darin begründet, dass Säuglinge und Kinder die Fähigkeiten, ihr Leben zu erhalten und in der jeweiligen Kultur[22] zu gestalten, noch nicht erworben haben. Säuglinge und Kinder bedürfen der Pflege, um zu leben, sowie des Erwerbs von Fertigkeiten und von Wissen, um im Rahmen und im Sinn der jeweiligen Kultur ohne Pflege lebensfähig zu werden. Schleiermacher rekurriert hier bei aller historischen und kulturbedingten Variabilität auf eine anthropologisch-biologische Konstante: auf die Differenz zwischen den Generationen. Diese besteht nun nicht nur aufgrund der menschlichen Geburt als ›Frühgeburt‹ in der biologisch begründeten Angewiesenheit des Kindes auf die ältere Generation, sondern auch aufgrund der gesellschaftlich bestimmten und kulturell geformten Welt in der Angewiesenheit auf die Erschließung der Kultur. Dem Menschen ermangeln instinktgeleitete Verhaltensdispositionen, die sein Leben von Geburt an und im weiteren Lebenslauf in der ihn umgebenden Gesellschaft ermöglichen. Der Angewiesenheit der jüngeren auf die ältere Generation entspricht das päda-

---

18 Hornstein: Generation und Generationenverhältnisse, S. 55.
19 Ebd., S. 64.
20 Winterhager-Schmid: Einleitung. In: Dies. (Hg.): Erfahrung mit Generationendifferenz, S. 9.
21 M. Winkler: Erziehung. In: H.-H. Krüger/W. Helsper (Hg.): Einführung in Grundbegriffe und Grundfragen der Erziehungswissenschaft, Opladen, 2. durchges. Aufl. 1996, S. 53–69, hier S. 64.
22 Vgl. zum Begriff der Kultur J. Assmann: Das kulturelle Gedächtnis. Schrift, Erinnerung und politische Identität in frühen Hochkulturen, München, 2. Aufl. dieser Ausg. 1999, S. 140f; W. Loch: Enkulturation als anthropologischer Grundbegriff der Pädagogik. In: E. Weber (Hg.): Der Erziehungs- und Bildungsbegriff im 20. Jahrhundert, Bad Heilbrunn, 3. Aufl. 1976, S. 122–140, hier S. 127f.

gogische Handeln »als eine kulturelle Vorleistung von Älteren gegenüber Jüngeren«.[23] Das Verhältnis der Generationen zeichnet sich durch eine »Verschiedenheit und Bezogenheit der hier miteinander in Interaktion tretenden generationsdifferenten Beteiligten«[24] aus. Die Verschiedenheit der Generationen beruht auf der »zeitlich-leiblichen und historisch-kulturellen Bedingungen ihres In-der Welt-Seins«.[25]

A. Assmann hat mit Bezug auf J. Lotmann und B. Uspenski »Kultur als ein ›nicht vererbbares Gedächtnis des Kollektivs‹ [... charakterisiert und] damit die Angewiesenheit des kulturellen Gedächtnisses auf bestimmte Praktiken und Medien betont. Dieses Gedächtnis setzt sich nicht einfach fort, es muß immer neu ausgehandelt, etabliert, vermittelt und angeeignet werden. Individuen und Kulturen bauen ihr Gedächtnis interaktiv durch Kommunikation in Sprache, Bildern und rituellen Wiederholungen auf.«[26] Pädagogisches Handeln in und außerhalb der Schule ist eine der Praxen, die in der Diskontinuität der menschlichen Gattung das Geschäft der kulturellen Kontinuierung betreiben. Der Mensch ist geradezu »auf Vermittlung der Kultur durch den Mitmenschen angewiesen, denn nicht jeder neu zur Welt gekommene Mensch kann sich das kulturelle Instrumentarium, das er zum Leben benötigt, aus eigner Kraft, immer wieder von vorn anfangend, neu aufbauen.«[27] Enkulturation als Einführung in die Kultur und die dazu helfende ›Vorleistung‹ der älteren Generation ist für Loch der »*fundamentale Gegenstand der Pädagogik*«.[28] Im Prozess der Enkulturation bringen die Personen der nachwachsenden Generation als die gleichsam andere Seite der kulturellen Kontinuierung sich selbst in Auseinandersetzung mit der Umwelt hervor. Neben Loch hat auch Mollenhauer an den Begriff der Kultur im Zusammenhang des Generationenverhältnisses wieder angeknüpft. Mollenhauer weist darauf hin, dass »die Erziehungs- und Bildungsaufgabe es immer auch mit der Gesamtkultur, mit der gesellschaftlichen Formation dieser Kultur, mit ihren noch legitimierbaren überlieferten Beständen und deren Zukunftsfähigkeit zu tun hat.«[29]

Kultur wird hier nicht im normativen Sinn einer ›Hochkultur‹ verstanden, die sich in den Werken der hohen Kunst und Literatur zeigt, sondern Kultur im weiten Sinn umfasst »alle Varianten von Lebenspraxis«.[30] Kultur ist damit mehr als die bei Mollenhauer genannten »überlieferten Bestände«.

---

23 L. Winterhager-Schmid: »Groß« und »Klein« – Zur Bedeutung der Erfahrung mit Generationendifferenz im Prozeß des Heranwachsens. In: Dies. (Hg.): Erfahrung mit Generationendifferenz, S. 15–37, hier S. 31.
24 Ebd., S. 9 f.
25 Ebd., S. 10.
26 A. Assmann: Erinnerungsräume. Formen und Wandlungen des kulturellen Gedächtnisses, München 1999, S. 19.
27 Loch: Enkulturation als anthropologischer Grundbegriff der Pädagogik, S. 136.
28 Ebd., S. 138.
29 K. Mollenhauer: Vergessene Zusammenhänge. Über Kultur und Erziehung, Weinheim u. a., 4. Aufl. 1994, S. 19.

Der Kulturbegriff umfasst zum einen eine Lebensform mit ihrem Verständnis der natürlichen Lebensgrundlage und ihren technischen Möglichkeiten, mit ihren Umgangsformen und politischen Verfasstheiten, ihrem Umgang mit der Vergangenheit und der erwartbaren Zukunft, mit ihren Werten und Religionen, ihrem Verhältnis zu Arbeit und Ästhetik einschließlich ihrer subkulturellen Bestandteile in allen genannten Gebieten. Kultur ist zum anderen ein »überliefertes System von Bedeutungen (...), mit dessen Hilfe die Menschen ihr Wissen vom Leben und ihre Einstellungen zum Leben mitteilen, erhalten und weiterentwickeln«.[31] Im Blick auf moderne Industriegesellschaften kann damit der Kulturbegriff nur im Plural gebraucht werden. Unter Enkulturation kann nicht ein einseitiger Anpassungsvorgang der nachwachsenden Generation an das kulturelle »Erbe« verstanden werden. Die Relation zwischen nachwachsender Generation und Kultur ist angemessen nur als »Wechselwirkungsverhältnis«[32] zu bestimmen. Es schließen sich grundsätzlich auf der überindividuellen Ebene die Bewahrung der kulturellen Tradition und kultureller Wandel sowie auf der individuellen Ebene Kulturgebundenheit und Offenheit nicht aus.[33] Mittels der bei der Geburt vorgefundenen Kultur wird die nachwachsende Generation im Prozess der Enkulturation zur Auseinandersetzung mit den Lebensformen und Bedeutungssystemen der älteren Generation genötigt; wie auch die ältere Generation bei der Bestimmung der noch legitimierbaren und zukunftsfähigen Bestände ihrer eigenen Lebensweise ihr Verhältnis zu ihrer eigenen Kultur und ihre Intentionen bezüglich der Einführung der nachwachsenden Generation in diese Kultur klären muss. Damit ist eine weitere Komponente des pädagogischen Handelns erarbeitet worden:

Pädagogisches Handeln ist soziales, mit Risiken behaftetes und mit Enttäuschungen verbundenes Handeln, das auf die anthropologisch und kulturell notwendige Enkulturation der nachwachsenden Generation durch die Ermöglichung von Lernen reagiert.

An ›Enkulturation‹ als allgemeiner Aufgabe des pädagogischen Handelns partizipiert auch das schulpädagogische Handeln der Lehrer/-innen. Die Arbeitsteilung und funktionale Differenzierung neuzeitlicher und moderner Gesellschaften hat innerhalb der ›älteren Generation‹ Folgen gezeigt und hier neben den Eltern pädagogische Berufe hervorgebracht. Der Begriff ›ältere Generation‹ umspannt alle an der jüngeren Generation pädagogisch handelnden älteren Personen und umschließt die natürlichen oder erworbe-

---

30 J. Diederich/H.-E. Tenorth: Theorie der Schule. Ein Studienbuch zu Geschichte, Funktionen und Gestaltung, Berlin 1997, S. 84.
31 C. Geertz: Dichte Beschreibungen. Beiträge zum Verstehen kultureller Systeme, Frankfurt a. M. 1987, S. 46.
32 D. Claessens: Familie und Wertsystem. Eine Studie zur ›zweiten soziokulturellen Geburt‹ des Menschen und der Belastbarkeit der ›Kernfamilie‹, Berlin 1972, S. 138.
33 Vgl. W. R. Leenen/H. Grosch: Bausteine zur Grundlegung interkulturellen Lernens. In: Interkulturelles Lernen. Arbeitshilfen für die politische Bildung, Bonn 1998, S. 29–46, hier S. 34 f.

nen Eltern einerseits und die pädagogischen Berufe sowie Ehrenämter andererseits. Die anthropologisch und kulturtheoretisch notwendige Aufgabe der Enkulturation bildet so die Basis für eine pädagogisch-anthropologische und kulturtheoretische Begründung der Schule. Hervorzuheben ist das dynamische und interaktive Verständnis von Kultur als kulturellem Gedächtnis im Sinn von A. Assmann. Schule ist einer der Orte, an denen Enkulturation ermöglicht und planmäßig vollzogen werden soll, ein Ort, an dem Kultur nicht einfach fortgesetzt, sondern ausgehandelt, etabliert, vermittelt und angeeignet wird. Kultur bleibt von den Aushandlungen und Aneignungen nicht unberührt, sie wird nicht nur rekonstruiert sondern immer auch neukonstruiert. Kulturelle Kontinuierung wird aber auch möglich, weil es Frauen und Männer gibt, »die dafür sorgen, daß nicht alles vergessen wird, was früher war – Lehrer.«[34]

1.3 Die intentionale Struktur pädagogischen Handelns

Bisher wurde deutlich, dass die Jüngeren auf eine anthropologisch und kulturtheoretisch begründete Vorleistung der Älteren angewiesen sind. Beim Übergang vom 20. ins 21. Jahrhundert formuliert die ältere Generation »vermehrt Zweifel an der Legitimität ihrer erzieherischen Intentionen«,[35] aber auch wenn die einzelnen Intentionen fraglich werden, so ist eine Vorleistung prinzipiell notwendig und damit stellt sich die Frage nach ihrem Ziel. Im Folgenden wird die der notwendigen Vorleistung inhärente intentionale Struktur herausgearbeitet, die in Kapitel 5 »Intention des schul- und religionspädagogischen Handelns« material als Bildungstheorie entfaltet wird. Schleiermacher fragte nach dem, was die ältere Generation mit der jüngeren will, nach dem Zweck, dem die Tätigkeit – im Sprachgebrauch dieser Arbeit: dem das Handeln – entsprechen soll. Die bisherige Analyse des Handlungsbegriffs hat die Intention der Handlung als Kriterium für Handeln und für die Abgrenzung einer Handlung von einer anderen hervorgehoben. Schleiermacher sucht das Ziel des pädagogischen Handelns am Ende der Erziehung. »Wenn der Mensch mündig wird, dann hört die pädagogische Einwirkung auf; d.h. wenn die jüngere Generation, auf selbstständige Weise zur Erfüllung der sittlichen Aufgabe mitwirkend, der älteren Generation gleich steht«.[36] Das hier formulierte Ziel liegt in der Diskontinuität der menschlichen Gattung und im Wechsel der Generationen selbst begründet und wird nicht von außen herangetragen. Die Antwort nennt als Ende der Erziehung einen Zustand, der mit Mündigkeit, Selbstständigkeit und einem nichthierarchischen Verhältnis zur älteren Generation gekennzeichnet ist. Wenn

---

34 K.-O. Bauer/Chr. Burkard: Der Lehrer – ein pädagogischer Profi? In: Jahrbuch der Schulentwicklung, Bd. 7, Weinheim 1992, S. 193–226, hier S. 194.
35 Winterhager-Schmid: Einleitung. In: Dies. (Hg.): Erfahrung mit Generationendifferenz, S. 9.
36 Schleiermacher: Vorlesungen, S. 15.

der Unterschied zwischen den Generationen aufgehoben, wenn die jüngere Generation selbst zur älteren geworden ist, ist für sie – nach Schleiermacher – das Ende der Erziehung erreicht. Erziehung und pädagogisches Handeln betreibt das Geschäft der »Symmetrisierung«[37] der Generationen. Die Asymmetrie zwischen unmündig und mündig, unselbstständig und selbstständig wird durch das pädagogische Handeln mit dem Ziel seiner Aufhebung bearbeitet. Das Ende der Erziehung und die Selbstständigkeit ist erlangt, wenn die »Selbsttätigkeit der Einwirkung anderer übergeordnet wird«.[38] Pädagogisches Handeln als ein soziales, wirkunsicheres Handeln will gleichwohl eine Wirkung, die Symmetrisierung der Generationen, erzielen. Die Symmetrisierung als Ziel[39] ist strukturell im Wechsel der Generationen selbst angelegt.

Material diskutiert Schleiermacher dabei folgendes Problem: Ist es notwendig, die nachwachsende Generation, die ›an das Gesamtleben in Staat, Kirche, geselligem Verkehr und Wissenschaft abgegeben werden soll‹,[40] in diese Gebiete durch die Erziehung affirmativ einzugliedern? Geht es demnach um die Einpassung in eine vorfindliche Kultur mit ihren Werten, Normen und gesellschaftlichen Standards, die als solche die Ziele und Inhalte des pädagogischen Handelns mit sich bringt?

Diese Position wurde im 20. Jahrhundert vor allem von E. Krieck vertreten. Krieck ging davon aus, dass man nur Persönlichkeit werde, »wenn man sich den Gesetzen der Gemeinschaft unterwirft, wenn man ihren Gehalt und ihre Normen als innere Formkräfte in sich aufnimmt«.[41] Die anthropologische und kulturtheoretisch begründete Notwendigkeit der Enkulturation, d.h. hier durch Lernen kulturell bedingtes Wissen und bedingte Fertigkeiten zu gewinnen, wird bei Krieck unter Ausblendung der entstehenden Mündigkeit des Einzelnen und seiner im Prozess des Erwachsenwerdens sich ausbildenden Freiheit und Distanz gegenüber den kulturellen Vorgaben allzu konkret gedacht.

Oder soll die nachwachsende Generation gegenüber der Gesellschaft ein kritisches Verhältnis entwickeln, mithin soll die ältere Generation die »Jugend zu lauter Reformatoren erziehen«?[42]

Mollenhauer hat in seiner frühen Phase dieses konkrete Ziel in den Vordergrund gestellt, wenn er die Aufgabe der Erziehung und des pädagogischen Handelns darin

---

37 H.-E. Tenorth: Geschichte der Erziehung. Einführung in die Grundzüge ihrer neuzeitlichen Entwicklung, Weinheim u.a. 1988, S. 15.
38 Schleiermacher: Vorlesungen, S. 28.
39 Masschelein: Kommunikatives und pädagogisches Handeln, S. 196ff. Masschelein konzipiert pädagogisches Handeln als kommunikatives Handeln und lehnt dessen Konzeption als intentionales Handeln ab. »Erziehung besteht in ihrem Kern aus einer kommunikativen Praxis, die Identität und Freiheit vermittelt« (228). Allerdings ist er hinsichtlich der Ausbildung genötigt, die Intention wieder einzuführen. »Sofern Erziehung (...) Ausbildung ist, kann sie vielleicht doch in Zweck-Mittel-Strukturen (...) gedacht werden« (233).
40 Vgl. Schleiermacher: Vorlesungen, S. 29.
41 E. Krieck: Die soziale Funktion der Erziehung. In: H. Nohl/L. Pallat (Hg.): Handbuch der Pädagogik, Bd. 2, Langensalza 1929, S. 255–280, hier S. 255.
42 Schleiermacher: Vorlesungen, S. 31.

sieht, »in der heranwachsenden Generation das Potenzial gesellschaftlicher Veränderung hervorzubringen.«[43] Hier wird zwar nicht die Übernahme der ›Gesetze der Gemeinschaft‹ als Aufgabe des pädagogischen Handelns bestimmt, aber in strukturell vergleichbarer Weise wird deren Modifikation als Aufgabe herausgearbeitet. Auch hier werden, ohne die Mündigkeit der jüngeren Generation beachtend, sehr konkrete Ziele des pädagogischen Handelns bestimmt.

Schleiermachers eigene Antwort sucht einen Weg zwischen diesen Positionen. Dabei nimmt er ein Merkmal der typischen Struktur neuzeitlicher und moderner Gesellschaften auf: die Veränderbarkeit. So soll pädagogisches Handeln zweierlei leisten: »*dass die Jugend tüchtig werde, einzutreten in das, was sie vorfindet, aber auch tüchtig, in die sich darbietenden Verbesserungen mit Kraft einzugehen*«.[44] Die Antwort enthält eine Vermittlung zwischen der Sicherung dessen, das J. Assmann die »konnektive Struktur«[45] einer Kultur und einer Gesellschaft genannt hat, durch die Erschließung der Tradition (eintreten in das Vorfindliche) und einer Veränderung zu einer immer weiteren Verbesserung der menschlichen und gesellschaftlichen Zustände.

Neben diesen beiden auf das ›Gesamtleben in Staat, Kirche, Gesellschaft und Wissenschaft‹ bezogenen Zwecken der Erziehung bestimmt Schleiermacher ein weiteres Ziel der Erziehung: »die Darstellung der persönlichen Eigentümlichkeit des Einzelnen«.[46] Der einzelne Mensch ist mit seinen je eigenen Anlagen »das Maß für die Vollkommenheit seiner Entwicklung.«[47] Jeder einzelne Mensch wird in dieser Perspektive »in seiner Möglichkeit bzw. Potenzialität, in seinem posse (seinem eventuellen So-kannst-du-Sein)«[48] betrachtet. Damit wird die Begrenzung des Menschen auf seine konkrete Realität (Da-Sein) wie auch die Begrenzung auf das »So-sollst-du-Sein«[49] durch die Perspektive der Möglichkeit ergänzt. Der Vorrang der Einpassung in eine vorfindliche Gesellschaft (Krieck) und der Vorrang der Modifikation der Gesellschaft (Mollenhauer), die beide je auf ihre Weise die Perspektive des ›So-sollst-du-Sein‹ stark machen, wird durch das Recht des Individuums auf eine ihm eigene individuelle Entfaltung gebrochen.

M. Brumlik hat im Rückgriff auf die »handlungstheoretisch konzipierte Theorie der Natalität«[50] H. Arendts das Recht des Individuums auf seine

---

43 K. Mollenhauer: Erziehung und Emanzipation. Polemische Skizzen, München, 5. Aufl. 1971, S. 67.
44 Schleiermacher: Vorlesungen, S. 31 (Hervorhebung im Original).
45 J. Assmann: Das kulturelle Gedächtnis, 2. Aufl. dieser Ausg. 1999, S. 16.
46 Schleiermacher: Vorlesungen, S. 34.
47 Ebd., S. 34.
48 R. Winkel: »Der Mensch lebt nicht vom Brot allein …«. In: ZPT 1 (1998), S. 83–92, hier S. 86.
49 Ebd.
50 M. Brumlik: Zur Zukunft der pädagogischen Utopien. In: ZfPäd 38 (1992), S. 529–545, hier S. 532.

eigene individuelle Entwicklung gegenüber zugemuteten Festlegungen begründet. Mit jedem Kind kommt etwas Neues in die Welt und im Prozess des Aufwachsens entsteht Neues, ein Individuum. Zugleich kann der Entwicklungsprozess aber auch genutzt werden, um Kinder in die Gesellschaft einzupassen. Die pädagogische Perspektive auf die nachwachsenden Generationen besteht nun darin, den durch die Potenzialität der einzelnen Kinder eröffneten Raum des Neuen zu bewahren, »den Neubeginn, der sie sind, vor den Zumutungen und Ansprüchen des schon Bestehenden zu schützen«.[51] Brumlik entwickelt daraus eine normative Form des pädagogischen Handelns, »die das Heimischwerden der Fremdlinge in der Welt nicht um den Preis einer Festschreibung dieser Welt erzielt, sondern auch dem pädagogischen Handeln selbst jene Offenheit bewahrt, die ihm durch seine Konfrontation mit einem neuen Menschen vorgegeben wird.«[52] Pädagogisches Handeln ist somit dem Neuen, das jeder Mensch mit sich bringt, advokatorisch verpflichtet. Damit sind zwei gegenläufige Aufgaben formuliert: die Enkulturation als einen Prozess des Hineinwachsens in eine schon vorgefundene, aber auch veränderbare Kultur und die Herausbildung von Individualität, die als Individuierung bezeichnet werden soll. Pädagogisches Handeln vollzieht sich als Erschließen der Kultur und als advokatorisches Schützen der Individualität, als Enkulturation und Individuierung.

Die ›Geisteswissenschaftliche Pädagogik‹ hat den Vorrang der Potenzialität der Person vor den Machtansprüchen gesellschaftlicher Interessengruppen betont und damit ihre besondere pädagogische Perspektive sowie die Autonomie der Pädagogik zu begründen versucht. »Von allen Seiten wird der Mensch in Anspruch genommen für objektive Zwecke, von Staat, Kirchen und Parteien, Beruf und Wissenschaft, alle wollen sie das Subjekt eingliedern, verlangen seine Leistung und Hingabe.«[53] Dem steht die spezielle pädagogische Perspektive gegenüber, die die Potenzialität der einzelnen Person und ihr Eigenrecht gleichsam anwaltschaftlich zu Geltung zu bringen habe. »Der Mensch, jeder der fast 6 Milliarden Menschen, ist ein dynamisches, ein sich entwerfendes, ein sich entwickelndes Wesen.«[54] Maßstab für die Erziehung ist aus dieser Perspektive der Zu-Erziehende, Maßstab für das pädagogische Handeln sind die Möglichkeiten, die der Zu-Erziehende mitbringt.

Menschliche Entwicklung kann übergreifend als Bildung (vgl. Kapitel 5) interpretiert werden. Bildung integriert die beiden bisher neben einander stehenden Prozesse der Enkulturation (Einführung in Kultur) und Individuierung (Selbst- und Personwerdung). Damit wurde eine weitere Komponente des Begriffs des ›Pädagogischen Handelns‹ erschlossen:

Unter pädagogischem Handeln soll ein soziales, mit Risiken behaftetes und mit Enttäuschungen verbundenes Handeln verstanden werden, das der

---

51 Ebd., S. 543.
52 Ebd., S. 543.
53 H. Nohl: Vom Wesen der Erziehung. In: Ders.: Pädagogik aus dreißig Jahren, Frankfurt 1949, S. 279–289, hier S. 281.
54 Winkel: Der Mensch lebt nicht vom Brot allein, S. 86.

anthropologisch notwendigen Enkulturation der nachwachsenden Generation durch Ermöglichung von Lernen insofern begegnet, als dass die Kultur als potenziell veränderbare erschlossen und die individuelle Entwicklung der Person sowie deren Selbstständigkeit und Mündigkeit nach Maßgabe ihrer Möglichkeiten gefördert wird.

Bei der Begründung des schulpädagogischen Handelns und der Schule tritt neben die die Enkulturation in den Mittelpunkt stellende anthropologische und kulturtheoretische Argumentation, eine an Individuum und Kultur orientierte, letztlich bildungstheoretische Begründung. Gefragt wird, welche Bildung, welche Schule brauchen die Heranwachsenden für die Entwicklung ihrer Möglichkeiten und Fähigkeiten.

1.4 Pädagogisches Handeln und Macht

Der Ausgang bei Schleiermacher führt zu einer Differenz zwischen älterer und jüngerer Generation. Diese Differenz wurde oben als Asymmetrie näher bestimmt. Die Asymmetrie hat neben den herausgearbeiteten Dimensionen ›jünger – älter‹, ›unmündig – mündig‹, ›unselbstständig – selbstständig‹ sowie ›Hilfsbedürftigkeit – Pflege‹, ›Lernnotwendigkeit – Lernhilfe‹ auch die Dimension von ›Ohnmacht – Macht‹. Dem Generationenverhältnis und dem pädagogischen Handeln ist ein mit jeder neuen Generation neu entstehendes Machtgefälle vorgegeben. Das pädagogische Handeln wird in einer Asymmetrie zwischen Macht und Ohnmacht vollzogen und bringt diese Asymmetrie immer wieder neu hervor, weil das Generationenverhältnis »der Gesellschaft und den Erwachsenen Entscheidungen, Handeln und Verantwortung für die Kinder abverlangt und den Kindern diese Vorgaben zumutet«.[55] Mündigkeit und Selbstständigkeit, die nur durch die Enkulturation in eine Gesellschaft realisiert werden können, sowie die individuelle Entwicklung jeder einzelnen Person und jedes einzelnen Schülers sind in einem asymmetrischen Verhältnis zu erreichen, das dadurch charakterisiert ist, dass die nachwachsende Generation einer Fremdbestimmung ausgesetzt wird. »Es ist notwendig, die Kinder zu regieren, zu beherrschen, zu bevormunden in irgendeinem Maß. Es ist ein unvermeidlicher, wiewohl auch ärgerlicher Tatbestand, irgendwie ethisch dubios.«[56] Die ethische Spannung im pädagogischen Handeln, auf die Flitner hier aufmerksam macht, entsteht aus dem Respekt vor der unaufhebbaren Würde jedes Menschen – und das bedeutet immer auch vor der Würde der nachwachsenden Generation – und aus der Einsicht, dass die »Unterwerfung unter einen fremden Willen immer ein schwer zu verantwortender Eingriff in seine humane Freiheit«[57] darstellt. Wann also ist Erziehung und pädagogisches Handeln als Einfluss-

---

55 P. Fauser: Pädagogische Freiheit in Schule und Recht, Weinheim und Basel 1986, S. 23.
56 W. Flitner: Ist Erziehung sittlich erlaubt? In: ZfPäd 25 (1979), S. 499–504, hier S. 500.
57 Ebd., S. 499.

nahme auf die nachwachsende Generation und Machtausübung dieser gegenüber erlaubt? »Erlaubt ist die Fremdbestimmung (...), weil sie zur Freiheit führt, im Recht wie in der Erziehung. Man soll nicht kaschieren, daß sie Notwendigkeit ist.«[58] Mollenhauer spricht in diesem Zusammenhang von der unvermeidlichen »strukturellen Gewalt«,[59] die die Pädagoginnen und Pädagogen repräsentieren. Diese liegt in ihrer körperlichen Überlegenheit, in den von ihnen repräsentierten und kulturell geprägten Kommunikationsmitteln und in der »Zumutung, sich auf eine strukturierte Dingwelt einzulassen«.[60]

Unter pädagogischem Handeln soll ein soziales, mit Risiken behaftetes, mit Enttäuschungen verbundenes und mit einem Gefälle an Macht und Verantwortung belastetes Handeln verstanden werden, das der anthropologisch notwendigen Enkulturation der nachwachsenden Generation durch Ermöglichung von Lernen insofern begegnet, als dass die Kultur als potenziell veränderbare erschlossen und die individuelle Entwicklung der Person sowie deren Selbstständigkeit und Mündigkeit nach Maßgabe ihrer Möglichkeiten gefördert wird.

1.5 Paradoxe Struktur pädagogischen Handelns

Der Zusammenhang zwischen pädagogischem Handeln und Macht führt zum sogenannten ›pädagogischen Paradox‹, das Kant als eines »der größten Probleme der Erziehung«[61] interpretierte. Problematisch ist, Kinder einem Zwang zu unterwerfen und zugleich die Fähigkeit zu Freiheit zu intendieren: »Denn Zwang ist nötig! Wie kultiviere ich die Freiheit bei dem Zwange?«[62] Diese Grundfrage der pädagogischen Handlungstheorie bezeichnet Mette als »(normative) Grundstruktur pädagogischen Handelns«.[63] Denn – so Mette – »es muß nüchtern gesehen werden, daß zumindest der Ausgangspunkt einer solchen Interaktion ein eindeutiges Gefälle zwischen den Polen Mündigkeit und Unmündigkeit bildet und daß die vornehmliche Aufgabe pädagogischen Handelns darin gesehen wird, dieses Gefälle Schritt für Schritt zu verringern, bis sich eine Balance der Gleichheit eingestellt hat. Kommunikationstheoretisch gesehen handelt es sich also um eine paradoxe Situation, insofern der Erziehende ›von der normativen Grundstruktur von Interaktion her als *Ziel* seines Handelns das mündige Subjekt ansehen muß,

---

58 Ebd., S. 500.
59 K. Mollenhauer: Anmerkungen zur Möglichkeit von Friedenserziehung. In: G. Schreiner/J. Schweitzer (Hg.): Friedensfähigkeit statt Friedlichkeit, Frankfurt 1986, S. 53–63, hier S. 60.
60 Ebd., S. 61.
61 I. Kant: Über Pädagogik. In: Ders.: Werke in sechs Bänden, hg. v. W. Weischedel, Bd. VI, Darmstadt, 5. erneut überprüfter Nachdruck 1983, S. 691–761, hier S. 711.
62 Ebd., S. 711.
63 N. Mette: Identität in universaler Solidarität. Zur Grundlegung einer religionspädagogischen Handlungstheorie. In: JRP 6 (1989), S. 27–55, hier S. 39f.

während der zu Erziehende, im Normalfall das Kind, an Wissen, Können, Einfluß und Macht unterlegen ist. Es soll also ein Verhältnis vollständiger Gegenseitigkeit angezielt und hergestellt werden unter Bedingungen äußerster Ungleichheit.‹«[64] Dies pädagogische Paradox kann handelnd angegangen werden durch das »›Unterstellen‹ von Interaktionen, das ›Fingieren‹ des autonom handelnden Subjekts, das ›Vorgreifen‹ auf voll ausgebildete Interaktionsstrukturen««[65] durch die ältere Generation.

F. Oser hat den bei Peukert angedeuteten Umgang mit dem pädagogischen Paradox weiter ausgeführt und die das pädagogische Paradox aufnehmende »Handlungsstruktur des Zu-Trauens«[66] bzw. der Zu-Mutung als *eine* »basale pädagogische Handlungsstruktur« herausgearbeitet. Oser nimmt im Unterschied zum aristotelischen Handlungsmodell die Planungsphase nicht in sein Modell einer pädagogischen Handlungsstruktur hinein. Pädagogisches Handeln beginnt nach Oser bei der Ausführung des Handlungsentwurfs. Die pädagogische Handlungsstruktur ist durch fünf Basiselemente bestimmt, deren Kernelement die »pädagogische Präsupposition«[67] bildet. Die Zu-Mutung, die an die Schüler/-innen herangetragen wird, besteht nach Oser nicht darin, dass das Ziel erreicht wird, sondern dass »eine Person fähig ist, sich in Richtung des Zieles auf den Weg zu machen«.[68] Hinzu kommen noch folgende Basiselemente: Handlungssituation herstellen, die Lernwege der Schüler mitvollziehen, eine Fehlerkultur ermöglichen und die Schüler anregen ihre Selbstwirksamkeit zu reflektieren. Oser hat die Handlungsstruktur der Zu-Mutung für das ethische Lernen als »Zu-Mutung der Diskursfähigkeit an das Kind«[69] konkretisiert. Die Lehrenden stellen für das ethische Lernen die Handlungssituation ›Runder Tisch‹ her, indem gegebenenfalls der Unterricht unterbrochen wird. Sie beteiligen sich am ›Runden Tisch‹ als engagierte Teilnehmer und vollziehen so die Lernprozesse mit, damit unterstellen sie den Lernenden mehr Kompetenzen als diese zur Verfügung haben. Der »Diskurs erfordert von Lehrpersonen viel Energie, weil sie Vertrauen im voraus investieren müssen. Sie tun so, ›als ob‹ es keinen Unterschied zwischen den Kindern und ihnen gäbe.«[70]

---

64 N. Mette: Religionspädagogik, Düsseldorf 1994, S. 109 f.
65 U. Peukert: Psychische und soziale Bedingungen kindlicher Identität. In: Religionspädagogische Beiträge 4/1979, S. 4–22, hier S. 20.
66 F. Oser: Zu-Mutung: eine basale pädagogische Handlungsstruktur. In: N. Seibert/H. J. Serve (Hg.): Bildung und Erziehung an der Schwelle zum dritten Jahrtausend, München 1994, S. 773–800, hier S. 774. Neben der Handlungsstruktur Zu-Mutung nennt Oser als weitere basale Handlungsstrukturen »Unterstützung der Selbstwirksamkeit eines Schülers bei gleichzeitiger Stimulierung angstabbauenden Verhaltens« sowie »Ausfiltern eines Wissensstoffes bei gleichzeitiger Darstellung der Möglichkeiten seiner Bewältigung unter selektiven Leistungsgesichtspunkten« (vgl. S. 774).
67 Ebd., S. 778.
68 Ebd., S. 780.
69 F. Oser: Ethos – Die Vermenschlichung des Erfolgs. Zur Psychologie der Berufsmoral von Lehrpersonen, Opladen 1998, S. 89–102.
70 Ebd., S. 95.

Hinter Osers Kernelement der prozessorientierten pädagogischen Präsupposition als einer »Als-Ob-Unterstellung von Fähigkeiten, die nicht da sind«[71] wird eine Anthropologie erkennbar, die »dem Kind den Status eines autonomen Ko-Konstruierers seiner Person und seiner Sinngebung«[72] zuerkennt. Oser bietet mit der Handlungsstruktur der ›Zu-Mutung noch nicht vorhandener Fähigkeiten‹ für das von Mette als normative Grundstruktur pädagogischen Handelns interpretierte pädagogische Paradox einen operativen Schlüssel. Das pädagogische Paradox hat aber nicht bei jedem pädagogischen Handeln eine zentrale Bedeutung. Es verliert an Gewicht, wenn die interagierenden Personen sich im Blick auf ihr Alter oder ihre Fähigkeiten annähern und wenn damit die ›Bedingung äußerster Ungleichheit‹ (Peukert) nicht mehr gegeben ist. So ist die pädagogische Zu-Mutung in der Kleinkindererziehung und in der Grundschule bedeutsamer als in der gymnasialen Oberstufe oder in der Erwachsenenbildung. Je mehr die pädagogische Präsupposition und die Zu-Mutung zurücktreten, desto mehr können »symmetrisch-interaktive Handlungen«[73] ihre Stelle einnehmen.

Unter pädagogischem Handeln soll ein soziales, mit Risiken behaftetes, mit Enttäuschungen verbundenes und mit einem Gefälle an Macht und Verantwortung belastetes Handeln verstanden werden, das der anthropologisch notwendigen Enkulturation der nachwachsenden Generation durch die Ermöglichung von Lernen, die Präsupposition und Zumutung noch nicht vorhandener Fähigkeiten insofern begegnet, als dass die Kultur als potenziell veränderbare erschlossen und die individuelle Entwicklung der Person sowie deren Selbstständigkeit und Mündigkeit nach Maßgabe ihrer Möglichkeiten gefördert wird.

1.6 Von der neuzeitlichen zur modernen Gesellschaft: Veränderungen der Generationendifferenz

Bei der Entwicklung von der neuzeitlichen Gesellschaft Schleiermachers bis zur modernen Gesellschaftsverfassung der Industriestaaten Europas zu Beginn des 21. Jahrhunderts hat sich sowohl das Verhältnis von Tradition und gesellschaftlicher Veränderung als auch das zwischen den Generationen verändert. M. Mead entwarf eine Typologie des Generationenverhältnisses, mit der sie Kulturen in postfigurative, kofigurative und präfigurative Gesellschaften unterschied.

Mit postfigurativ charakterisiert Mead traditionale und statische Gesellschaften und deren Generationenverhältnisse, die im Grunde keine Neuerung kennen. »Die Ver-

---

71 Oser: Zu-Mutung, S. 778.
72 Ebd., S. 796.
73 K.-H. Schäfer: Aspekte der kritisch-kommunikativen Didaktik. In: Ders./K. Schaller: Kritische Erziehungswissenschaft und kommunikative Didaktik, Heidelberg 2. verb. u. erw. Auflage 1973, S. 177–220, hier S. 210.

gangenheit der Erwachsenen ist die Zukunft einer jeden neuen Generation.«[74] In den kofigurativen Gesellschaften, die Neuerungen kennen und in denen die Zukunft der Kinder sich von der Lebensform der Eltern unterscheiden wird, lernt zwar die jüngere Generation noch von der älteren, aber zugleich lernen beide Generationen je untereinander. In präfigurativen Gesellschaften schließlich, die als Gesellschaften mit rasanten Veränderungen und Entwicklungen zu bezeichnen sind, ist die Zukunft prinzipiell offen, und die jüngere Generation ist nicht erst in der Zukunft, sondern schon in der Gegenwart der älteren voraus. Hier kann sich das Generationenverhältnis der postfigurativen Gesellschaft umdrehen.

Welche Konsequenzen ergeben sich aus dieser Verschiebung?

1. Trotz der genannten Verschiebung von einem postfigurativen zu einem präfigurativen Gesellschaftstypus lässt sich zuerst festhalten, dass in anthropologischer und kulturtheoretischer Hinsicht eine Vorleistung der älteren Generation und insofern die Enkulturation der jüngeren Generation notwendig ist. Im Kindesalter bis zur Pubertät ist das Generationenverhältnis und das Gefälle zwischen der älteren und der jüngeren Generation im notwendigen Enkulturationsprozess mit Ausnahme von Familien mit Migrationshintergrund auch weithin stabil. Fragil wird das asymmetrische Verhältnis der älteren zur jüngeren Generation im sich immer mehr sowohl nach vorne wie nach hinten verlängernden Jugendalter.

2. Die nachfolgende Generation ist in der prekären Lage, immer weniger vorzufinden, das durch Tradition begründet ist. Das impliziert, dass die Jugendlichen in präfigurativen Gesellschaften mangels Traditionen und Normalitätsstandards vermehrt »in der Gestaltung ihrer Lebensentwürfe und Identitäten auf sich selbst gestellt«[75] sind. Für die Zukunft der nachfolgenden Generation stehen keine verbindlichen ›Normal-Lebensläufe‹ als Modelle zur Verfügung, sondern allenfalls Bausteine, die zu einer individualisierten Biographie zusammengefügt werden können und müssen. In modernen Gesellschaften entspricht der Vermehrung biographischer Möglichkeiten der zunehmende Zwang zur Entscheidung, zugleich steigt die Unsicherheit, ob die Entscheidungen richtig gefällt wurden und in Zukunft noch tragfähig sind.

3. Die Weitergabe der kulturellen Tradition als eines Kanons von Lebensformen, Inhalten und Fertigkeiten, die sich bei den vorhergehenden Generationen bewährt haben, lässt sich in Gesellschaften mit rasantem Wandel nicht mehr traditional begründen. Es stellt sich damit die Frage, was in einer auf die Zukunft hin offenen und durch Diskontinuität zur Vergangenheit geprägten Gesellschaft als Ziel schulpädagogischen Handelns bestimmt werden kann. Wie lässt sich das Ziel der Aufhebung der Generationendifferenz weiter entfalten und präzisieren? Deutlich ist, dass in präfigurativen Gesellschaften, die aus sich selbst und durch Migration plurale Lebensfor-

---

74 M. Mead: Der Konflikt der Generationen, Olten u. Freiburg 1971, S. 27.
75 F. Bohnsack: Veränderte Jugend – veränderte Schule. In: Ders./K. E. Nipkow: Verfehlt die Schule die Jugendlichen und die allgemeine Bildung, Münster 1991, S. 9–55, hier S. 15.

men und Kulturen beinhalten, an die Stelle einer eindeutigen kulturellen Bestimmtheit der nachfolgenden Generation eine notwendige Unbestimmtheit[76] wie auch die Fähigkeit zum Umgang mit Unbestimmtheit und Ungewissheit, Fremdsein und Mannigfaltigkeit der Lebensformen und Subkulturen tritt. Enkulturation als Aufgabe des schulpädagogischen Handelns beinhaltet, dass der Umgang mit kultureller Unbestimmtheit und Mannigfaltigkeit sowie der Umgang mit der Notwendigkeit zu Veränderung in einem durch die Schule und das schulpädagogische Handeln konstituierten und geschützten Rahmen gelernt werden kann. An die Stelle eines materialen Kanons an Wissen tritt vermehrt ein Kanon des Könnens, der als Katalog von Kompetenzen und Fähigkeiten formuliert wird.

4. In präfigurativen Gesellschaften ist das von Schleiermacher beschriebene Generationenverhältnis spätestens ab dem Jugendalter nur noch partiell gegeben. Aufgrund des sich immer mehr beschleunigenden Wandels ist die nachwachsende Generation der ihr vorausgehenden insofern zum Teil voraus, als sie zukünftige Entwicklungen und Trends vor großen Teilen der ihr vorausgehenden Generationen zu realisieren vermag. Dies zeigt sich nicht nur in neueren Kommunikations- und Datenverarbeitungstechniken, sondern auch in den jugendlichen Lebensstilen, die Vorbildcharakter für die ältere Generation bekommen können. Die Fähigkeit, sich Veränderungen zu stellen und als ältere Generation den Anschluss an den gesellschaftlichen Wandel nicht zu verlieren, erfordert ein lebenslanges Lernen. Letzteres wird ermöglicht durch ein ›Lernen des Lernens‹. »Wer zu lernen gelernt hat, kann auch umlernen. Das nach Regeln des Lernens Gelernte gehört nicht in gleichem Maße zu seinem Selbst wie die eigene Erfahrung. Es kann daher leichter abgestoßen werden«.[77]

5. Im Jugendalter nehmen – so die Reinterpretation von Jugendstudien durch Bohnsack[78] – die traditionell autoritären Beziehungen zwischen Eltern und ihren Kindern zugunsten eines partnerschaftlichen Umgangs ab, zugleich nimmt die Hinwendung der Jugendlichen zu Gleichaltrigen wie auch die Selbständigkeit der Jugendlichen zu. Die steigende Hinwendung zu Gleichaltrigen lässt die Interaktion mit der älteren Generation auf die Eltern und die pädagogischen Berufsinhaber/-innen wie Erzieher/-innen, Lehrer/-innen und Sozialpädagogen/innen schrumpfen. Pädagogisches und schulpädagogisches Handeln hat die Entwicklung zu partnerschaftlichen Beziehungen, die verstärkte Abschottung der Generationen sowie die zunehmende Selbstständigkeit Jugendlicher zu berücksichtigen.

---

76 Vgl. W. Marotzki: Bildung als Herstellung von Bestimmtheit und Ermöglichung von Unbestimmtheit. Psychoanalytisch-lerntheoretisch geleitete Untersuchungen zum Bildungsbegriff in hochkomplexen Gesellschaften. In: O. Hansmann/W. Marotzki (Hg.): Diskurs Bildungstheorie I, Systematische Markierungen, Weinheim 1988, S. 311–333.

77 N. Luhmann: Reflexive Mechanismen. In: Ders.: Soziologische Aufklärung, Bd 1, Opladen, 3. Aufl. 1972, S. 92–112, hier S. 95.

78 Vgl. F. Bohnsack: Veränderte Jugend – veränderte Schule? S. 16–21.

6. Die Symmetrisierung der Generationen als das Ende der Erziehung ist nicht das Ende des Lernens und des pädagogischen Handelns. Pädagogisches Handeln lässt sich ab der Lebensphase des frühen Erwachsenenalters nicht mehr erziehungstheoretisch im Sinn Schleiermachers begründen, da Erziehung endet, wo die Generationendifferenz in Bezug auf Mündigkeit überwunden ist. W. Loch hat daraus für den Erziehungsbegriff Konsequenzen gezogen. In präfigurativen Gesellschaften wird der Erziehungsbegriff notwendigerweise »aus der Bindung an das Generationenverhältnis gelöst, die ihm Schleiermacher gegeben hatte, und auch auf Lernhilfen anwendbar, die unter den Kulturbedingungen moderner Gesellschaften in bestimmten typischen Lagen auch Erwachsenen gegeben werden müssen, weil dort der permanente rasche Wandel der kulturellen Lebensbedingungen und -formen das Lernen zu einer lebenslänglichen Daueraufgabe macht und der für traditionsgeleitete Gesellschaften konstitutive Lernvorsprung der älteren gegenüber der jüngeren Generation relativiert wird wie das Generationenverhältnis selbst.«[79] Liebau hat dagegen die Symmetrisierung der Generationen als Grundlage der pädagogischen Theorie beibehalten und neben der erziehungstheoretischen auch eine bildungstheoretische Argumentation für notwendig erachtet. Bildungstheoretisch wird nach der »Eröffnung von Lern- und Entwicklungsmöglichkeiten für alle Menschen«[80] gefragt. Die spezifische bildungstheoretische Perspektive, unter der nach Lern- und Entwicklungsmöglichkeiten für Heranwachsende und Erwachsengewordene gesucht wird, entfalte ich unten in Kapitel 5 Bildung als Intention schulpädagogischen Handelns. Damit wurde die letzte Komponente des Begriffs des ›Pädagogischen Handelns‹ erarbeitet.

Unter pädagogischem Handeln soll soziales, mit Risiken behaftetes, mit Enttäuschungen verbundenes und mit einem Gefälle an Macht und Verantwortung belastetes Handeln verstanden werden, das sowohl der anthropologisch notwendigen Enkulturation der nachwachsenden Generation als auch der Notwendigkeit lebenslangen Lernens durch die Ermöglichung von Lernen, die Präsupposition und Zumutung noch nicht vorhandener Fähigkeiten insofern begegnet, als dass die Kultur als potenziell veränderbare erschlossen und die individuelle Entwicklung der Person sowie deren Selbstständigkeit und Mündigkeit nach Maßgabe ihrer Möglichkeiten gefördert wird. In einer Kultur, die durch radikale Pluralität gekennzeichnet ist, gehört zu Enkulturation die Fähigkeit zum Umgang mit Unbestimmtheit und Ungewissheit, Fremdheit und mannigfaltigen Lebensformen.

---

79 Loch: Enkulturation als anthropologischer Grundbegriff der Pädagogik, S. 125.
80 E. Liebau: Allgemeinbildung als Laien- und Bürgerbildung: eine Aufgabe für das Gymnasium? In: Ders./W. Mack/Chr. Scheilke (Hg.): Das Gymnasium. Alltag, Reform, Geschichte, Theorie, Weinheim u. a. 1997, S. 281–302, hier S. 287.

1.7 Schulpädagogisches Handeln und die Differenz der Generationen

Die Betonung der Generationendifferenz darf nicht mit der Rückkehr zu einem autoritären Generationenverhältnis verwechselt und auch nicht mit Generationenkonflikt gleichgesetzt werden. Die Betonung der Differenz will zur »Reflexivität von Differenz als kategorialer Bestimmung des Generationenverhältnisses beitragen«,[81] denn eine dem pädagogischen und schulpädagogischen Handeln zugrunde liegende, aber nicht reflexiv eingeholte Generationendifferenz verhindert die notwendige Selbstreflexion der Handelnden.

Im Rahmen dieser Arbeit begrenze ich die Überlegungen auf das Handeln von Lehrer/-innen in der Schule und sodann auf Religionslehrer/-innen. Damit steht nicht das pädagogische Handeln allgemein, sondern das pädagogische Handeln im Schulsystem, d. h. im Primarbereich (Grundschule, Förderschulen), im Bereich der Sekundarstufe I (Haupt-, Real-, Mittel-, Sekundar-, Regel-,[82] Gesamt- und Förderschulen sowie Gymnasium) sowie in der Sekundarstufe II (Gymnasium, berufliche Voll- und Teilzeitschulen sowie Förderschulen) im Mittelpunkt. Pädagogisches Handeln in den vorschulischen Einrichtungen des Elementarbereichs, im tertiären Sektor des Bildungssystems und in Fort- und Weiterbildungseinrichtungen wird hier nicht berücksichtigt. Damit steht zum einen die anthropologisch und kulturtheoretisch begründete Enkulturation im Kindes- und Jugendalter sowie die pädagogisch begründete Individuierung als Aufgabe des pädagogischen Handelns und nicht die Ermöglichung des Lernens im Erwachsenenalter und zum anderen auch nicht das Verhältnis der älteren zur jüngeren Generation im Allgemeinen und nicht die allgemeine Frage ›was der älteren Generation im Blick auf die jüngere obliegt?‹ im Mittelpunkt, sondern beider Spezialfall: gefragt wird nach dem Verhältnis der Lehrer/-innen zu den Schüler/-innen und ›was der Schule und dem beruflichen pädagogischen Handeln der Lehrer/-innen in der Schule im Blick auf die Schüler/-innen obliegt?‹ Dies führt zu einer doppelten Begrenzung: erstens zu einer Konzentration auf das pädagogische Handlungsfeld der Schule und damit auf das im Folgenden zu entfaltende schulpädagogische Handeln. Die zweite Begrenzung bringt das Schulfach Evangelische Religionslehre (religionspädagogisches bzw. religionsdidaktisches Handeln) mit sich. Wissenschaftssystematisch sind damit die folgenden Aussagen auf die erziehungswissenschaftlichen Subdisziplinen der Schulpädagogik und der schulischen Religionspädagogik bezogen.

---

81 Winterhager-Schmid: »Groß« und »Klein«, S. 21.
82 Den Haupt- und Realschulabschluss vergeben in Sachsen die Mittelschule, in Sachsen-Anhalt die Sekundarschule und in Thüringen die Regelschule.

Mit der Verortung des schulpädagogischen Handelns im Verhältnis der Generationen wird eine pädagogische Perspektive auf die Schule und das schulpädagogische Handeln eingenommen, die sich von einer auf den soziologischen Funktionsbestimmungen des Schulsystems fußenden Theorie der Schule abhebt. Deutlich wird dabei, dass das schulpädagogische Handeln der Lehrer/-innen »im Auftrag der älteren Generation« und »gewissermaßen stellvertretend für die ›Gesellschaft‹«[83] ausgeführt wird. Schule wird pädagogisch nicht über ihre Funktionen für die Gesellschaft begründet, sondern anthropologisch, kulturtheoretisch und advokatorisch als ein Ort der Enkulturation und Individuierung. Der »Siegeszug der Soziologie innerhalb *der* sowie über *die* Pädagogik, der etwa Mitte der 70er-Jahre begann und z. T. noch heute anhält«,[84] wird damit dank einer pädagogischen Perspektive auf die Schule relativiert. Soziologische Einsichten in den selektiven Charakter von Schule oder die Analyse ihres Beitrags für den gesellschaftlich notwendigen Qualifikationsbedarf sind dadurch jedoch nicht überflüssig, sondern durchaus notwendig. Jedoch lassen sich aus ihnen bzw. ihrer Negation – so Duncker – »keine Fundamente für ein tragfähiges Selbstverständnis der Grundschule«[85] und, so sei hinzugefügt, der Schule insgesamt gewinnen. Schule ist – so Winterhager-Schmid – der Ort in der Moderne, dessen »Existenzberechtigung auf der Tatsache der kulturellen Differenz von Altersungleichen aufbaute.«[86] Lehrer/-innen bekommen mit ihrem schulpädagogischen Handeln die »professionelle Pflicht zur nachhaltigen Erbringung der kulturellen Vorleistung«[87] gegenüber den Kindern und Jugendlichen. Zugleich scheinen sich in gegenläufiger Bewegung die Lehrer/-innen dem Handeln unter den Bedingungen der Generationendifferenz zu entziehen. Die Arbeit in der Schule – so Hornstein – erfolge in der Weise, »als wären die Beteiligten gar nicht Angehörige verschiedener Generationen. Es gibt kein generationelles Gegenüber.«[88] Lehrer/-innen erscheinen ihren Schüler/-innen als »bloß ausführende Organe anonym bleibender Mächte und Zuteiler von Bildungsnachweisen (…) sie erscheinen selber als Opfer eines Systems und einer Ordnung, mit denen man eher Mitleid haben müßte und denen gegenüber zumindest ein gewisses Maß an Verständnis angebracht ist. Dies verbindet Lehrer und Schüler und führt zum Arrangement des Sich-gegenseitig-in-Ruhe-Lassens. Die Generationenauseinandersetzung läuft leer, sie fällt aus.«[89]

---

83 A. Flitner: Schule. In: H. H. Krüger/W. Helsper (Hg.): Einführung in Grundbegriffe und Grundfragen der Erziehungswissenschaft, a. a. O., S. 167–176, hier S. 168 u. 169.
84 R. Winkel: Theorie und Praxis der Schule oder: Schulreform konkret – im Haus des Lebens und Lernens, Hohengehren 1997, S. 40.
85 L. Duncker: Lernen als Kulturaneignung. Schultheoretische Grundlagen des Elementarunterrichts, Weinheim u. a. 1994, S. 236.
86 Winterhager-Schmid: »Groß« und »Klein«, S. 20.
87 Ebd., S. 17.
88 Hornstein: Generation und Generationenverhältnisse in der radikalisierten Moderne, S. 65.
89 Ebd., S. 65.

B Religionspädagogisches Handeln im Zusammenhang der Generationen

Das religionspädagogische Handeln in der Schule unterliegt den in »A: Schulpädagogisches Handeln im Zusammenhang der Generationen« herausgearbeiteten Merkmalen, die hier nochmals knapp zusammengefasst und religionspädagogisch reformuliert oder in Frage gestellt werden.

1.8 Religionspädagogisches Handeln und die Generationendifferenz

Schulisches religionspädagogisches Handeln ist ein soziales Handeln, bei dem die Schüler/-innen immer Mit- oder Gegenhandelnde sind. Es unterliegt hinsichtlich der Planbarkeit einer strukturellen Erwartungsoffenheit und muss gewärtigen, dass Schüler/-innen anders handeln als erwartet. Insofern ist es strukturell mit Risiken behaftet und mit Enttäuschungen verbunden. Wird diese strukturelle Bedingung im Handlungszusammenhang bewusst gehalten, so können, wenn z. B. im Religionsunterricht Erwartungen der Lehrer/-innen durch die Schüler/-innen enttäuscht werden, religionspädagogisch reflektierte Anschlusshandlungen an Stelle von unreflektiertem Verhalten in Form von Sanktionen treten. Religionspädagogisches Handeln antwortet auf Erwartungsenttäuschungen mit der Inszenierung weiterer Lernanlässe.

Schulisches religionspädagogisches Handeln gründet in der Diskontinuität der Gattung Mensch, also im Wechsel und in der Differenz der Generationen. Religionen, die sich – wie das Judentum und in seinem Gefolge Christentum und Islam – auf in der Geschichte sich ereignende Offenbarungen ihres Gottes beziehen, sind auf eine Vergegenwärtigung der Erfahrungen vergangener Generationen mit Gott angewiesen, die deren Selbst- und Weltverständnis änderten und ihnen zur Offenbarung Gottes wurden. Im Judentum und in der christlichen Religion, die im Folgenden in der protestantischen Konfession im Mittelpunkt steht, werden die religiöse Erziehung und die Aneignung der verdichteten Erfahrungen vorhergehender Generationen schon in der Hebräischen Bibel als je besondere Aufgabe der Generationen herausgestellt, ohne dass dort allerdings besondere Bildungseinrichtungen hervorgehoben werden. In Psalm 78, 3 ff wird der mehrere Generationen übergreifende Zusammenhang religiöser Erziehung prägnant zum Ausdruck gebracht:

»Ich will meinen Mund auftun zu einem Spruch
und Geschichten verkünden aus alter Zeit.
Was wir gehört haben und wissen
und unsere Väter uns erzählt haben,

das wollen wir nicht verschweigen ihren Kindern (...)
Er [Gott] richtete ein Zeugnis auf in Jakob
und gab ein Gesetz in Israel
und gebot unseren Vätern,
es ihre Kinder zu lehren,
damit es die Nachkommen lernten,
die Kinder, die noch geboren würden;
die sollten aufstehen
und es auch ihren Kindern verkündigen,
daß sie setzen auf Gott ihre Hoffnung
und nicht vergäßen die Taten Gottes,
sondern seine Gebote hielten« (Ps 78, 3–4.5–7).

Deutlich wird die religionspädagogische Vorleistung der jeweils älteren und die Angewiesenheit der jeweils jüngeren Generation hervorgehoben. Was der älteren Generation erzählt wurde, soll der jüngeren nicht verschwiegen werden. Was die eine Generation erfahren hat, soll sie den Kindern lehren, damit die nachkommende Generation es lernt. Gott kann nicht verschwiegen werden. Psalm 78 macht deutlich, was J. Assmann als die »konnektive Struktur«[90] einer Kultur erkennt. Sie verbindet Menschen in »der Sozialdimension und der Zeitdimension (...) dadurch, daß sie als symbolische Sinnwelt (...) einen gemeinsamen Erfahrungs-, Erwartungs- und Handlungsraum bildet (...) Sie bindet aber auch das Gestern ans Heute, indem sie die prägenden Erfahrungen und Erinnerungen formt und gegenwärtig hält (...) und dadurch Hoffnung und Erinnerung stiftet.«[91] Die symbolische Sinnwelt des jüdischen und christlichen Glaubens benötigt Medien, Praktiken und Organisationsformen der Kontinuierung, in denen die christliche Tradition ›nicht einfach fortgesetzt, sondern immer neu ausgehandelt, etabliert, vermittelt und angeeignet wird‹ (A. Assmann). Die nachwachsende Generation ist auf die leibliche Versorgung, auf die Erschließung der Kultur sowie auf die hinter der christlichen Tradition stehenden Erfahrungen früherer Generationen mit Gott angewiesen. Dieser Angewiesenheit der nachwachsenden muss die Vorleistung der älteren Generation entsprechen, wie auch immer diese religionspädagogisch und -didaktisch institutionalisiert und gestaltet wird.

In alttestamentlicher Zeit fallen sowohl die Vorleistungen hinsichtlich der Ausbildung handwerklichen Könnens als auch hinsichtlich der religiösen Erziehungsaufgaben vor allem der naturwüchsigen Erziehung zu. Religiöse Bräuche wie das Passahfest (vgl. Ex 13,8; Ex 12,25 ff; 13,14 f; Dtn 6,20 ff) oder das Opfer der Erstgeburt werden – so J. Assmann – »als primäre Organisationsformen des kulturellen Gedächtnisses«[92] konzipiert; sie sind als Ort des Fragens und der erzählenden religiösen Unterweisung ein Ort der Erinnerung als Wiederholung und Vergegenwärti-

---

90 Assmann: Das kulturelle Gedächtnis, S. 16.
91 Ebd., S. 16.
92 Ebd., S. 56.

gung:[93] »Und wenn dich heute oder morgen dein Sohn fragen wird: Was bedeutet das?, sollst du ihm sagen: Der HERR hat uns mit mächtiger Hand aus Ägypten, aus der Knechtschaft geführt.« (Exodus 13,14) Neben religiösen Bräuchen können auch besondere Steinformationen, die zum Nachdenken und Nachfragen anregen, als ›Denk-Mal‹ diese Funktion übernehmen (vgl. z. B. Josua 4,1–6.20–24). Das Deuteronomium mit seinen häufigen Mahnungen zum Erinnern ist für Assmann »das Paradigma kultureller Mnemotechnik«.[94]

Über Schulen und andere Bildungseinrichtungen erfahren wir aus alttestamentlicher Zeit wenig. Zumindest die Söhne aus dem Königshaus wurden besonderen Personen anvertraut. So wurde Salomo als Kind »unter die Hand des Propheten Nathan« (2. Samuel 12,25) gegeben. In 2. Könige 10,1.5 werden »Vormünder« für die Söhne Ahabs genannt. »Indirekt sind die Weisheitssprüche ein Beweis für die Praxis des Unterrichts«.[95] Eine Schule scheint es – so H. W. Wolff – nur am Jerusalemer Hof gegeben zu haben, »die vielleicht in nachexilischer Zeit als Tempelschule weiter existierte«.[96] Im Neuen Testament wird in den Evangelien und den Briefen des Paulus das Lehren als Aufgabe genannt.

Die Lehre ist gleichzeitig eine Aufgabe der Eltern und eine Lebensäußerung der religiösen Gemeinschaft. So entwickelte Martin Luther den Kleinen Katechismus nicht nur für den institutionalisierten Unterricht und die berufsmäßigen Lehrer, sondern auch für den Unterricht in den Familien, im Haus, wie Luther noch sagt. Für das Lehren des Kleinen Katechismus sind daher nicht nur Pfarrer und Lehrer, sondern auch die Hausväter verantwortlich.[97] Der Katechismus soll »auff der Cantzel/ zu ettlichen zeytten odder teglich wie das die not foddert/fur gepredigt werde/ daheymen ynn heusern/des abents und morgens/den kindern und gesinde/so man sie wil Christen machen/fur gesagt odder gelesen werde.«[98] Luther hat nicht nur die Erziehung durch den Hausvater und den Gottesdienst, sondern auch den Religionsunterricht in der Schule als Organisationsform des religionspädagogischen Handelns und als spezifische Vorleistungen der älteren Generation angesehen (vgl. hierzu Kapitel 2).

Die mit Veränderungen verbundene Kontinuierung der jüdisch-christlichen Tradition als ein durch Erinnerung und Hoffnung konstituierten und somit Vergangenheit und Zukunft verbindenden Zusammenhang hat Nipkow als die bleibend wichtige »traditionelle Aufgabe«[99] der Religionspädagogik

---

93 Ebd., S. 17f.
94 J. Assmann: Die Katastrophe des Vergessens. Das Deuteronomium als Paradigma kultureller Mnemotechnik. In: A. Assmann/D. Harth (Hg.): Mnemosyne – Formen und Funktionen der kulturellen Erinnerung, Frankfurt 1991, S. 337–355.
95 D. Michel: Art. Bildung II Altes Testament. In: Theologische Realenzyklopädie, hg. v. G. Krause u. G. Müller Bd. 6, Berlin, New York 1980, S. 582–584, hier S. 584.
96 H. W. Wolff: Anthropologie des Alten Testaments, München 3. Aufl. 1977, S. 299.
97 Vgl. das bei allen drei Hauptstücken des Kleinen Katechismus in der Überschrift stehende »...wie sie ein Hausvater seinem Gesinde einfältiglich fürhalten soll« (M. Luther: Kleiner Katechismus. In: Die Bekenntnisschriften der evangelisch-lutherischen Kirche: hrsg. im Gedenkjahr der Augsburg. Konfession 1930, Göttingen, 8. Aufl. 1979, S. 507ff.)
98 M. Luther: Vorrede zur deutschen Messe (1526). In: Luthers Werke in Auswahl, unter Mitwirkung v. A. Leitzmann hg. v. O. Clemen, 3. Bd., Berlin 1950, S. 294–309, hier S. 297f.
99 K. E. Nipkow: Bildung in einer pluralen Welt, Bd. 2: Religionspädagogik im Pluralismus, Gütersloh 1998, S. 28.

beschrieben. Sie besteht in der »Weitergabe des Glaubens in der eigenen Glaubensgemeinschaft«.[100]

Theologisch ist jedoch die bisherige Perspektive auf die Lernnotwendigkeit der jüngeren Generation zu erweitern und eine Nivellierung der Generationendifferenz zu konstatieren. Gott ist es, der durch Mose und die Propheten sein ganzes Volk – Erwachsene und Kinder – belehrt (vgl. Dtn 31, 9–13) und die »Gemeinschaft der Jünger auf dem Weg Jesu ist eine lernende Gruppe. Sie sind ›mathetes‹ (μαϑητής) – Lernende«.[101] Darüber hinaus ist zum anderen auch »eine völlige *Umkehrung der Lehr-Lern-Situation*«[102] zu beachten, wenn Jesus in Mt 18,3 die Erwachsenen als die von den Kindern lernende Generation beschreibt: »Wenn ihr nicht umkehrt und werdet wie die Kinder, so werdet ihr nicht ins Himmelreich kommen.« Das in die Asymmetrie der Generationen eingebundene religionspädagogische Handeln der Lehrer/-innen ist hierdurch herausgefordert mit und von den Heranwachsenden zu lernen. Die Religionsunterrichtsgruppe einschließlich der Lehrenden wird unter theologischer Perspektive eine Lerngemeinschaft mit dem Ziel, gemeinsam leben und glauben zu lernen.

1.9 Die moderne Intention religionspädagogischen Handelns

Schleiermacher hat in seinen pädagogischen Vorlesungen zwei Ziele des pädagogischen Handelns herausgearbeitet. Die Symmetrisierung der Generationen ist erreicht, wenn die nachwachsende Generation mündig und selbstständig geworden ist. Hierzu ist es notwendig, in den kulturellen Zusammenhang einzutreten und diesen gegebenenfalls zu verbessern. Das andere Ziel besteht in der Förderung der Individualität der einzelnen Heranwachsenden nach Maßgabe ihrer Möglichkeiten. Als Theologe hat Schleiermacher diesen Gedankengang seinen religionspädagogischen Überlegungen zu Grunde gelegt. Schon vor ihm hat jedoch Luther das subjektive Moment des Glaubens hervorgehoben.

Martin Luther hat den Sinn des Katechismus und des Gottesdienstes in seiner Vorrede zur Deutschen Messe (1526) darin gesehen, dass die »eynfeltigen« und das »iunge volck« in der Schrift »geschickt/leufftig und kündig drynnen werden/yhren glauben zuuertretten/und andere mit der zeyt zu leren und das reych Christi helfen mehren«.[103] Hier werden zwei übereinander liegende Zielebenen deutlich. Das naheliegende Ziel besteht darin, dass das junge Volk in der Bibel kundig werden soll, um dadurch zum ferner liegenden Ziel zu kommen: den Glauben selbst vertreten, andere lehren und

---

100 Nipkow: Religionspädagogik im Pluralismus, S. 28.
101 P. Lehmann: Vom Lernweg eines Dozenten. In: ZPT 52 (2000), S. 407–423, hier S. 416.
102 H.-R. Weber: Jesus und die Kinder, Hamburg 1980, S. 74.
103 Luther: Vorrede zur Deutschen Messe, S. 295.

das Reich Christi mehren zu können. Für Luther muss der Glaube von der Person selbst verantwortet und geglaubt werden. In seiner Invokavitpredigt (1522) hat er dies nachdrücklich deutlich gemacht, denn nicht nur die Klugheit des Lebens, sondern das selige Sterben stehe hiermit auf dem Spiel. »Wir seindt allsampt zu dem tod gefodert/und wirt keyner für den andern sterben. (...) Aber ein yeglicher muß für sich selber geschickt sein in d'zeyt des todts/ich würd denn nit bey dir sein/noch du bey mir. Hierjn so muß ein yederman selber die hauptstück so einen Christen belange/wol wissen und gerüst sein (...) Allhie solten wir alle in der Bibel wol geschickt sein/und mit vilen sprüchen gerüst dem teüffel fürhalten.«[104] Im Glauben kann kein Mensch für den anderen eintreten, sondern ›yederman selber muss wol wissen und gerüst sein‹. Dies in der Reformation wieder deutlich gewordene subjektive Moment der Unvertretbarkeit zieht die Selbständigkeit der Person und des Glaubens notwendig nach sich. Letztere kam in der Aufklärung und bei Schleiermacher vollends zum Durchbruch und zur begrifflichen Schärfe.

Schleiermacher hat im Abschnitt zum ›Kirchlichen Religionsunterricht‹ in seiner Praktischen Theologie eine analoge Argumentation entwickelt. Der Zweck des Unterrichts ist die »religiöse Selbständigkeit«[105] bzw. wie Schleiermacher schon formuliert die ›religiöse Mündigkeit‹.

Religiöse Mündigkeit legt er in mehrfacher Hinsicht aus: 1. Die Jugend soll »als selbständiges Gemeindeglied angesehen [werden], als tüchtig dazu Theil zu nehmen am evangelischen Cultus«. Aber mit der Fähigkeit zur Teilnahme am Gottesdienst ist die religiöse Mündigkeit nach Schleiermacher unterbestimmt. Dazu kommt 2., dass das Gemeindeglied »die Gemeine, der er angehört, ihre Gesinnungen und Lebensansichten« im familiären und bürgerlichen Leben repräsentieren kann und 3. dass die Jugend »für sich selbst verantwortlich sein und im Stande sein muß, sich das Maaß ihrer Handlungen zu setzen, sich die Normen zu geben; sie muß reif sein, um überall ein christliches Urtheil zu fällen über Recht und Unrecht«. Neben Gottesdienst, Gemeinderepräsentation und Ethik ist 4. ein eigenes Urteil über die Gruppierungen, die in der Kirche miteinander ringen, notwendig. »Die Kirche ist nach unserer Ansicht in Bewegung; der Laie muß die Kraft haben mit eigener Ueberzeugung sich diesen Bewegungen hinzugeben und auf sie einzuwirken; jeder Laie muß sich selbst dabei berathen können und seine eigene persönliche Selbständigkeit behaupten [...] d.h. er muß die bewegten Parteien beurtheilen können und ihre Principie erkennen, ob es

---

104 Luther: Acht Sermon geprediget zu Wittenberg in der Fasten (9.–16. März) 1522. In: Luthers Werke, Bd. 7, S. 362–387, hier S. 363.
105 F. D. E. Schleiermacher: Die praktische Theologie nach den Grundsätzen der evangelischen Kirche im Zusammenhange dargestellt, zit. nach K. E. Nipkow/F. Schweitzer (Hg.): Religionspädagogik. Texte zur evangelischen Erziehungs- und Bildungsverantwortung seit der Reformation. Bd. 1: Von Luther bis Schleiermacher, München 1991, S. 287–304, alle Zitate S. 300–304.

ein christliches ist oder nicht«. Schleiermacher hat mit der religiösen, hier noch binnenkirchlich bestimmten Pluralität als Herausforderung religiöser Mündigkeit schon einen soziologischen Sachverhalt vorweggenommen, der durch die Pluralisierungsprozesse im 20. Jahrhundert nicht nur an Evidenz gewonnen hat, sondern als Element religiöser Mündigkeit unabdingbar geworden ist. Das Ziel der religiösen Selbstständigkeit in den oben genannten Lebensbereichen beruhe auf der Fähigkeit zum selbstständigen Umgang mit der Bibel. »Die christliche Jugend muß daher in den Stand gesetzt werden die Schrift selbst zu gebrauchen«, denn das unmittelbare Verhältnis des evangelischen Christen zur Bibel ist – so Schleiermacher – das »Förderungsmittel des religiösen Lebens«. Neben der Bibel nennt Schleiermacher als zweiten Hauptbestandteil des Unterrichts den »Complexus der religiösen Vorstellungen«. Gemeint sind damit die Glaubens- und Sittenlehre, also Dogmatik und Ethik, auch in ihren populären Formen. Sie seien notwendig, um »Klarheit (...) über die Principien des christlichen Lebens« zu erlangen. Nun ist das Verhältnis zur Tradition (Bibel, Dogmatik und Ethik) in der modernen Religionspädagogik neu zu fassen.

Die so genannte Kontextdidaktik erschließt die Tradition im Lebenszusammenhang der Schüler/-innen, dabei kann der Ausgang bei beiden genommen werden: der Weg kann sowohl von den Schüler/-innen hin zur Tradition oder von der Tradition hin zu den Schüler/-innen gegangen werden.[106] Beuscher/Zillessen sehen die Aufgabe der Religionspädagogik im Arrangement eines Gesprächs mit christlichen und anderen religiösen Traditionen. Das Gespräch »bedarf eines offenen Dialogs, das heißt der Begegnung und Auseinandersetzung«.[107]

»Selbständigkeit und Mündigkeit meinen nicht eine freischwebende Subjektivität, sondern eine Subjektivität mit einem Standort, den Schleiermacher mit der Rede vom christlichen Prinzip andeutet«,[108] letzteres verweist auf Dogmatik und Ethik. Die Förderung religiöser Selbstständigkeit und Mündigkeit ist theologisch (Luther) und religionspädagogisch (Schleiermacher) begründet und wird von Nipkow in Abhebung von der traditionellen als die »*moderne Aufgabe* der Religionspädagogik«[109] bezeichnet.

---

106 Vgl. schon K. E. Nipkow: Problemorientierter Religionsunterricht nach dem Kontexttypus. In: Ders.: Schule und Religionsunterricht im Wandel, Heidelberg 1971, S. 264–279, bes. S. 272 ff.
107 B. Beuscher/D. Zilleßen: Religion und Profanität. Entwurf einer profanen Religionspädagogik, Weinheim 1998, S. 143.
108 Nipkow: Religionspädagogik im Pluralismus, a. a. O., S. 30.
109 Ebd., S. 28.

1.10 Paradoxe Struktur religionspädagogischen Handelns

Die im religionspädagogischen Handeln vorauszusetzende und reflexiv einzuholende Differenz der Generationen besteht in einer Asymmetrie der jeweiligen Eigenschaften. Zu der Asymmetrie gehören eine ganze Reihe von Elementen wie jünger – älter, unmündig – mündig, Ohnmacht – Macht. Dem Generationenverhältnis ist aufgrund dessen eine ›strukturelle Gewalt‹ (Mollenhauer) inhärent, die den Heranwachsenden die kulturell geprägten Kommunikationsmittel wie Muttersprache und Schrift, Bilderbücher und Computerprogramme, aber auch die Lebensform, die religiöse Tradition, den Glauben oder den Atheismus der älteren Generation zumutet. Analog zum pädagogischen kann auch ein religionspädagogisches Paradox formuliert werden, das in dem Handlungsproblem besteht, religiöse Selbstständigkeit und Mündigkeit in einem asymmetrischen und von struktureller Gewalt gekennzeichneten Verhältnis zu ermöglichen. In Teil A dieses Kapitels wurde die von Oser herausgearbeitete Handlungsstruktur der ›Zu-Mutung‹ in Form des ›Zu-Trauens‹ als operativer Schlüssel für das pädagogische Paradox interpretiert. Die Unterstellung von Fähigkeiten, die (noch) nicht bei den Heranwachsenden vorhanden sind, bezieht Oser auch ausdrücklich auf den Glauben und die Gottesbeziehung. »Obgleich viele Kinder keine Gottesbeziehung haben, handeln wir so, als ob sie schon eine solche Beziehung lebten. Wir nehmen sie auf diese Weise unmittelbar mit hinein in das Geschichtenerzählen, in das Beten bei Tisch, in das musikalische Verarbeiten der Erfahrung, in das Klagen über das Leid der Menschen. Wir geben ihnen gleichsam einen Glaubensvorsprung oder einen Glaubensvorschuß und unterstellen den Kindern zudem, dass auch sie schon die Bibel auslegen können«.[110] Oser geht davon aus, dass das »wichtigste pädagogische Unterstützungsmittel«[111] in dem Zutrauen und der Zumutung an das Kind liege, die sich als »das ehrliche, spontane Tun-als-ob es in seinem Glauben schon reif sei«[112] manifestieren. Die religionspädagogische Präsupposition unterstellt Fähigkeiten, Zugänge zur christlichen Tradition und Praxis, letztlich Glaube, um so den Heranwachsenden eine Basis zu bieten, auf der sie ihre Position im Einklang mit oder gegen die religionspädagogische Intention entwickeln können.

---

110 F. Oser: Die Entstehung Gottes im Kinde. Zum Aufbau der Gottesbeziehung in den ersten Schuljahren, Zürich 1992, S. 49.
111 Ebd.
112 Ebd.

1.11 Religionspädagogisches Handeln und die Veränderungen der Generationendifferenz

Die Generationendifferenz und deren Asymmetrie hat sich in präfigurativen Gesellschaften und hier vor allem im Jugendalter verändert. Zudem sind in religiös plural strukturierten Gesellschaften die religiösen Verbindlichkeiten und Traditionen strukturell in Frage gestellt, da scheinbar feststehende Wahrheiten neben anderen scheinbar feststehenden Wahrheiten stehen. »Was früher Schicksal war, wird heute zu einem Arsenal von Wahlmöglichkeiten. Oder: Schicksal hat sich in Entscheidung verwandelt.«[113] Auch Religion unterliegt dieser Bedingung, sie wandert aus dem Bereich des Schicksals aus und es entsteht ein Zwang zur Wahl und Entscheidung, ein »Zwang zur Häresie« (Berger). Die Plausibilität von Religion kann immer weniger gesellschaftlich und muss dadurch vermehrt individuell durch religiöse Mündigkeit gewonnen werden. Traditionen als geronnene Erfahrungen früherer Generationen mit Gott müssen gewissermaßen wieder verflüssigt werden, um als Erfahrung[114] Plausibilität zu gewinnen. Diese Einsicht hat zum einen die didaktische Pointe, die dem Erfahrungsbegriff eine zentrale Stellung in der neueren Religionspädagogik einräumt, die hier allerdings unbehandelt bleiben muss. Zum anderen zeitigt die strukturelle Relativierung von Tradition, Religion und Glaube Einfluss auf das religionspädagogische Handeln der älteren Generation, denn auch deren Glaube, religiöse Einstellungen und religionspädagogisches Handeln werden relativiert. Diese Relativierung infolge der pluralen Struktur der Gesellschaft kann auf die Zweifel der älteren Generation an der ›Legitimität ihrer religionspädagogischen Intention‹ verstärkend wirken. Hornstein hat herausgearbeitet, dass in der Schule die Generationendifferenz immer wieder unterlaufen wird. Er erkennt »eine faktische Art der Beziehung, die so aussieht, als wären die Beteiligten gar nicht Angehörige verschiedener Generationen«,[115] was dem grundsätzlichen theologischen Status der Schüler/-innen und Lehrer/-innen als Lernende und der Religionsgruppe einschließlich der Lehrer/-in als Lerngemeinschaft entspricht. Mit dem dadurch drohenden Verlust des generationellen Gegenübers im religionspädagogischen Handeln in der Schule wird das Gespräch zwischen den Generationen schwieriger. Religionspädagogisches Handeln in der Schule ist in dialektischer Weise beides zugleich: die auf die Diskontinuität der Gattung Mensch antwortende Vorleistung der älteren Generation und als solche Teil der konnektiven Struktur einer Gesellschaft *und* einer Religionsgemeinschaft, es ist aber auch Lerngemeinschaft aller am Religionsunterricht beteiligten Personen.

---

113 P. Berger: Der Zwang zur Häresie. Religion in der pluralistischen Gesellschaft, Frankfurt 1980, S. 29 f.
114 Vgl. ebd., S. 139 f.
115 Hornstein: Generation und Generationenverhältnisse, S. 65.

Das religionspädagogische Handeln, das sich nicht wie eine Religionskunde zur Neutralität verpflichtet weiß, kann aber »weder auf die authentische Stellungnahme der Lehrer und Lehrerinnen verzichten noch auf eine lebendige Erschließung der religiösen Tradition. Nicht im Glaskasten musealer Präparation und auch nicht für den distanzierten Betrachter, sondern im persönlichen Gespräch zwischen den Generationen begegnet Religion so, daß sie Bildung ermöglicht«.[116] Das persönliche Gespräch zwischen den Generationen, und das heißt hier zwischen Religionslehrer/-innen und Schüler/-innen, ist angesichts des veränderten, unter dem Verdacht des Leerlaufs stehenden Generationenverhältnisses eher schwieriger als leichter geworden. Der durch die gesellschaftliche Entwicklung bedingte Plausibilitätsverlust des religionspädagogischen Handelns und seiner Inhalte erfordert – so wurde bereits deutlich – eine im Lebens- und Erfahrungszusammenhang der Schüler/-innen sich vollziehende Erschließung der Tradition sowie authentische Stellungnahmen der Religionslehrer/-innen. Ihr Handeln muss von ihrer Person getragen und gedeckt sein. Darauf wird noch einzugehen sein.

Unter religionspädagogischem Handeln soll soziales, mit Risiken behaftetes, mit Enttäuschungen verbundenes und mit einem theologisch in Frage gestellten Gefälle an Macht und Verantwortung belastetes Handeln verstanden werden, das sowohl der anthropologisch notwendigen Enkulturation der nachwachsenden Generation und Erschließung der hinter der christlichen Tradition stehenden Erfahrungen früherer Generationen mit Gott, seinen Offenbarungen oder seinen Bezeugungen als auch der Notwendigkeit lebenslangen Lernens durch die Ermöglichung von Lernen, die Präsupposition und Zumutung noch nicht vorhandener religiöser Fähigkeiten insofern begegnet, als dass Religion, christliche Tradition und hiervon beeinflusste Kultur als potenziell veränderbare erschlossen und die individuelle Entwicklung der Person sowie deren religiöse Selbstständigkeit und Mündigkeit nach Maßgabe ihrer Möglichkeiten gefördert werden. In einer Kultur, die durch radikale Pluralität gekennzeichnet ist, gehört zu Enkulturation die Fähigkeit zum Umgang mit religiöser Unbestimmtheit und Ungewissheit, Fremdheit und mannigfaltigen anderen Religionen und Lebensformen.

---

116 F. Schweitzer: Schule – Religionsunterricht – Identität. In: K. Goßmann/Chr. Scheilke (Hg.): Religionsunterricht im Spannungsfeld von Identität und Verständigung, S. 71–87, hier S. 76.

2 Konstitution schul- und religionspädagogischen Handelns als Beruf

In diesem Kapitel werde ich nicht die Geschichte des Lehrer/-innen- und Religionslehrer/-innenberufs mit all ihren Facetten und in allen regionalen Besonderheiten vorstellen. Im Mittelpunkt steht die Phase der Konstitution des eigenständigen Lehrer/-innen- und Religionslehrer/-innenberufs in Preußen. Die Abschnitte A und B dieses Kapitels unterscheiden sich von der Struktur der sonstigen Kapiteleinteilung, die die Schulpädagogik unter der Perspektive des Allgemeinen und die schulische Religionspädagogik als dessen mit Besonderheiten versehenem Spezifikum betrachtet. Im historischen Prozess kehrt sich dies Verhältnis gewissermaßen um. Bis in das 18. Jahrhundert wurde »der ›Schullehrer‹ wesentlich als Religions-Lehrer verstanden«.[117] Auf der Ebene der über Prüfungen geregelten Berufszugangsmöglichkeiten zeigt sich die Spezialisierung der Lehrer/-innen auf besondere Fächer erst im 19. und 20. Jahrhundert. Im Bereich des niederen Schulwesens sind fast alle Lehrer/-innen bis weit ins 20. Jahrhundert hinein immer auch Religionslehrer/-innen, da das Fachlehrerprinzip hier erst spät Eingang gefunden hat. An den Grundschulen ist es nie konsequent durchgeführt worden. Im Zuge neuerer Überlegungen wird es auch in der Sekundarstufe wieder in Frage gestellt. Neben dem Sachverhalt, dass alle Lehrer/-innen über weite Strecken der deutschen Schulgeschichte auch Religionslehrer/-innen waren, gilt aber auch der komplementäre Sachverhalt: Religionslehrer/-innen sind immer auch Lehrer/-innen. Einmal per definitionem, zum anderen unterrichten sie meist nicht nur das Fach Evangelische oder Katholische Religionslehre, sondern noch mindestens ein weiteres Schulfach. Sprachlich wird dies mittels der Schreibweise (Religions-) Lehrer/-in zum Ausdruck gebracht. Daher wird in Abschnitt »A: Die Konstitution des (Religions-) Lehrer/-innenberufs« die gemeinsame Geschichte und Konstitution des Berufs (Religions-) Lehrer/-in thematisiert. In Teil »B: Die Konstitution des eigenständigen Religionslehrer- und Religionslehrerinnenberufs« wird der Ausdifferenzierungsprozess des (Religions-) Lehrer/-innenberufs in Fachlehrer/-innen und damit die Etablierung des spezifischen Religionslehrer/-innenberufes dargestellt. Das Kapitel »Konstitution schul- und religionspädagogischen Handelns als Beruf« bietet keine umfassende Berufsgeschichte der Lehrer/-innen und der Religionsleh-

---

117 G. Grave: Schularbeit. Untersuchungen zur vorindustriellen Tradition des Lehrerberufes mit besonderer Rücksicht auf Deutschland im 16. bis 18. Jahrhundert, Frankfurt u. a. 1982, S. 241.

rer/-innen, sondern es steht deren Konstitution als eines eigenständigen Berufs im Mittelpunkt. Aus Raumgründen kann der Konstitutionsprozess nicht in eine Geschichte der Pädagogik und Religionspädagogik eingeschrieben werden.

A Die Konstitution des (Religions-) Lehrer/-innenberufs

Lange vor der Neuzeit gab es in der Antike und im Mittelalter Unterricht und den Unterricht organisierende und zusammenfassende Schulen. Schulpädagogisches Handeln in einem Schulsystem, das eine langjährige Schulzeit für alle Heranwachsenden vorsieht, ist jedoch ein neues Phänomen. Die weitgehende Realisierung dieses Programms erfolgte im Deutschen Reich erst im ausgehenden 19. Jahrhundert. Das schulpädagogische Handeln unterliegt hier besonderen Handlungsbedingungen, die sich der eigenständigen Entwicklung des Schulwesens im Prozess der Moderne verdanken. Die Entwicklung wird im folgenden knappen historisch-systematischen Gedankengang dargestellt.

2.1 Schule und schulpädagogisches Handeln im Prozess zur Moderne

Die Kloster-, Dom- und Stiftschulen des Mittelalters bereiteten eine kleine Minderheit der Jungen auf den Kleriker- und, was weitgehend in eins fiel, auf den Gelehrtenstand vor. Eine Organisation der Klerikerausbildung in Schulen ist jedoch vor dem 10. Jahrhundert kaum gelungen.[118] Eine noch kleinere Gruppe von Mädchen erhielt in den ›inneren und äußeren Schulen‹ der mittelalterlichen Frauenklöster, die einen wichtigen Aspekt in der Geschichte der Frauenbildung darstellen, eine literarische Bildung.[119] Es waren insbesondere adelige Frauen, die eine Schulbildung erhielten. »Was der Ritter für sich verachtete, die literarische Bildung, wurde zum Bildungsideal der wirtschaftlich weitgehend gesicherten adeligen Frau.«[120] Für die Laien waren die Bildungswege im Mittelalter primär nicht an der Schriftkultur orientiert. Die ritterliche wie auch die handwerkliche Erziehung entwickelte keine Schulen im Sinn von Bildungsanstalten, sondern die Ausbildung

---

[118] Vgl. H.-E. Tenorth: Geschichte der Erziehung, Weinheim u.a. 2. durchges. Aufl. 1992, S. 51.
[119] Vgl. M. Liedtke: Männersache Bildung. Der weite Schulweg der Mädchen – Historische Wurzeln einer Benachteiligung. In: E. Glumpler (Hg.): Mädchenbildung – Frauenbildung. Beiträge der Frauenforschung für die LehrerInnenbildung, Bad Heilbrunn 1992, S. 62–92, hier S. 76f.
[120] Ebd., S. 78.

erfolgte durch Vorbild und Mittun über je drei Ausbildungsstufen: Page – Knappe – Ritter bzw. Lehrling – Geselle – Meister. »Weder die regierenden Fürsten noch der Adel, weder die Ritter noch die Kaufmannschaft waren bis zum 13. Jahrhundert in nennenswertem Ausmaß des Schreibens und Lesens kundig«.[121] Da die Landbevölkerung und die Handwerker keine schulische Ausbildung erhielten, ist mit einer flächendeckenden Verbreitung der Schulen nicht zu rechnen.

Die Zeit vom 14. bis 16. Jahrhundert bringt mit dem Humanismus und der Reformation eine Wende in der Bildungs- und Schulgeschichte. Im späten Mittelalter begann in Deutschland eine erste Phase der Universitätsgründungen (Prag 1348, Wien 1365, Heidelberg 1386). Die spätmittelalterlichen Studenten waren bei der Immatrikulation durchschnittlich 16 Jahre alt und hatten in der Regel davor eine gewisse Zeit eine Lateinschule besucht. In der Artistenfakultät wurden die »größtenteils halbwüchsigen Schüler«[122] unterrichtet. Die Fakultät stellte insofern »ein universitätsinternes Gymnasium dar«.[123] Im 14. Jahrhundert verbreitete sich unter den städtischen Kaufleuten der schriftliche Verkehr, zuerst in lateinischer und dann in deutscher Sprache. In den Städten entwickelten sich Schulen, die von den Städten oder einzelnen Lehrern getragen wurden. Zwei städtische Schulformen können unterschieden werden: die Lateinschule als das höhere Schulwesen und die deutschsprachigen Lese- und Schreibschulen als die so genannten niederen Schulen. Während erstere Vorläufer der heutigen Gymnasien sind, bilden letztere eine der Quellen des Volksschulwesens. An den genannten Bildungseinrichtungen partizipierten am Ende des Mittelalters neben den Kaufleuten auch andere Teile der städtischen Bevölkerung. Der größte Teil der Bevölkerung lebte aber auf dem Land. »Das Bauerntum bildete von seiner Entstehung im Neolithikum bis ins 19. Jahrhundert das Fundament der europäischen Sozialstruktur und wurde in diesen Jahrtausenden vom Strukturwandel der politischen Formen der Oberschichten in seiner Substanz wenig berührt.«[124] Die Landbevölkerung durchlief auch noch im ausgehenden Mittelalter keine schulische Ausbildung. Die »überwältigende Mehrheit der Kinder erhielt im Mittelalter weder eine lateinisch-literarische noch eine ritterliche, noch eine handwerkliche oder kaufmännische Bildung.«[125]

Die bis zur Neuzeit vorherrschende Lebensform wird als das »Ganze Haus« charakterisiert, das die Arbeit in Landwirtschaft und Handwerk sowie Konsum, Lernen, Religion etc. unter seinem ›großen Dach‹ einer

---

121 Tenorth: Geschichte der Erziehung, S. 52.
122 A. Seifert: Das höhere Schulwesen. Universitäten und Gymnasien. In: N. Hammerstein (Hg.): Handbuch der deutschen Bildungsgeschichte Bd. 1, 15.–17. Jahrhundert, München 1996, S. 197–374, hier S. 204.
123 Ebd., S. 205.
124 O. Brunner: Das »ganze Haus« und die alteuropäische »Ökonomik«. In: Ders.: Neue Wege der Verfassungs- und Sozialgeschichte, Göttingen 3. Aufl. 1980, S. 103–127, hier S. 107.
125 H. Blankertz: Die Geschichte der Pädagogik. Von der Aufklärung bis zur Gegenwart, Wetzlar 1982, S. 18.

Mehrgenerationenfamilie einschließlich des Gesindes zu organisieren und zu gestalten wusste. Es zerfällt in einem langwierigen Prozess in einzelne, aufgrund ihrer besonderen Leistungen bestimmte Einheiten. Die alteuropäische Ökonomik des ›Ganzen Hauses‹ »erscheint unter modernen Gesichtspunkten als ein Komplex von Lehren, die der Ethik, der Soziologie, der Pädagogik, der Medizin, den verschiedenen Techniken der Haus- und Landwirtschaft«[126] und – so sei hinzugefügt – der Theologie angehören, denn in der Hausväterliteratur des 17. Jahrhunderts wurde auch das Verhältnis des Menschen zu Gott thematisiert. Am Ausgang des Mittelalters und zu Beginn der Neuzeit lässt sich auch bei M. Luther hinsichtlich der religiösen Erziehung beides aufweisen: die Bedeutung des »Ganzen Hauses« einerseits und die auf die besondere Funktion Lehren und Lernen hin konzipierte Schule sowie die Kirche andererseits. So entwickelte Luther den Kleinen Katechismus nicht nur für den institutionalisierten Unterricht und die berufsmäßigen Lehrer, sondern auch für den Unterricht im Haus, wie Luther noch sagt, da der Terminus ›Familie‹ erst im 18. Jahrhundert in die Umgangssprache eindringt. Für das religionspädagogische Handeln sind daher nicht nur Pfarrer und Lehrer, sondern – wie aus dem Kleinen Katechismus deutlich wird – auch die Hausväter verantwortlich. Der Katechismus soll ›auf der Kanzel gepredigt oder daheim in den Häusern vorgesagt oder gelesen werden‹.[127] Neben der religiösen Unterweisung im Rahmen des »Ganzen Hauses« und der Kirche fordert Luther zugleich in seinen Schulschriften den Aufbau eines öffentlichen Schulwesens und darin auch die religiöse Erziehung. In der Ratsherrenschrift[128] wie auch in der Schulpredigt zeigt er im jeweils die ganze Schrift übergreifenden Argumentationsgang die Notwendigkeit der (höheren) Schule für die Vorbereitung auf Berufe mit ihren funktionalen Zuständigkeiten. Luther unterscheidet in beiden Schriften »den geistlichen odder ewigen nutz und schaden« sowie »den zeitlichen odder weltlichen«[129] Nutzen der Schule. Luther findet diesen Nutzen jeweils in der Ausbildung zu Berufen, die den jeweiligen Nutzen befördern. »Pfarr ampt/Lerer/Prediger/Leser/Priester (die man Capplan nennet) küster/Schulmeister« fördern den ewigen Nutzen. »Zeitlichen und vergenglichen frieden recht und leben«[130] wird dagegen durch die Berufsgruppe der Juristen erhalten (»Cantzler/schreiber/Richter/Fursprecher/Notarius«).[131] Die (höhere) Schule wird funktional mit der Lernnotwendig-

---

126 Brunner: Das »ganze Haus«, S. 104. Vgl. zu Hausväterliteratur ebd.
127 Vgl. M. Luther: Vorrede zur deutschen Messe (1526). In: Luthers Werke in Auswahl, unter Mitwirkung v. A. Leitzmann hg. v. O. Clemen, 3. Bd., Berlin 1950, S. 294–309, hier S. 298.
128 M. Luther: An die Ratsherrn aller Städte deutsches Lands, dass sie christliche Schulen aufrichten und halten sollen (1524). In: Luthers Werke in Auswahl, unter Mitwirkung v. A. Leitzmann hg. v. O. Clemen, 2. Bd., Berlin 1950, S. 442–464.
129 M. Luther: Eine Predigt, dass man Kinder zur Schulen halten sollen (1530). In: Luthers Werke, S. 144–178, hier S. 150.
130 Ebd., S. 162.
131 Ebd., S. 165.

keit für diese Berufe und damit als Schule für Jungen begründet. Die gleichsam erwähnte Mädchenbildung und Forderung »die aller besten schulen beyde für knaben und meydlin an allen ortten auff zu richten«[132] wird analog dazu mit den Aufgaben der Frauen im Haus begründet. Nun ist es mehr Melanchthon als Luther, der auf der Ebene der Schulwirklichkeit die Lateinschulen in den Städten reorganisiert und daher den Titel eines Praeceptor Germaniae erhält. In der Folgezeit entwickelte sich ein vielgestaltiges höheres Schulwesen, das allein in Preußen noch »um die Mitte des 18. Jahrhunderts nicht weniger als rund 400 lateinische Schulen unterschiedlichster Größe und Qualität umfaßte«.[133] Die preußischen Reformen im ausgehenden 18. und beginnenden 19. Jahrhundert setzten ein Mindestniveau der Schule fest und so gingen in einem Vereinheitlichungsprozess aus dem zersplitterten Lateinschulwesen »bis 1810 nur 91 als Gymnasien klassifizierte gelehrte Schulen hervor.«[134]

Neben der Forderung, Lateinschulen einzurichten und zu erhalten, steht noch ein weiterer reformatorischer Impuls für den Ausbau des Schulwesens: Damit alle Menschen in den elementaren Glaubenslehren unterrichtet werden und selbst ohne vermittelnde Instanzen sich über ihren Glauben informieren und die Bibel selbst lesen können, ist der Schulbesuch aller – auch der Mädchen[135] – an einer ›Deutschen Schule‹ notwendig. An den im Gefolge der Reformation entworfenen Kirchenordnungen, die in der Regel eine Schulordnung enthielten, kann diese Programmatik deutlich gemacht werden.

Die auf Bugenhagen zurückgehende Braunschweigische Kirchenordnung von 1528 und die in ihr enthaltene Schulordnung bestimmt als Ziel der deutschen Jungenschule, »Gutes zu lehren aus dem Worte Gottes, die zehn Gebote, den Glauben, das Vaterunser, von den beiden durch Christus eingesetzten Sakramenten mit kurzer Deutung und christliche Gesänge etc.«[136] Die Mädchen sollen bis zu einer Dauer von zwei Jahren ein bis höchstens zwei Stunden pro Tag die »Jungfrauenschule« besuchen und dort brauchen sie »nur lesen zu lernen, sie hören einige Deutungen der Zehn Gebote Gottes, aus dem Glauben und Vaterunser, was die Taufe und das Sakrament des Leibes und Blutes Christi ist; sie lernen auswendig aufsagen einige Sprüche aus dem Neuen Testament ...«[137] Allerdings bleibt Bugenhagens Intention,

---

132 Luther: An die Ratsherrn aller Städte deutsches Lands, S. 456.
133 H.-G. Herrlitz/W. Hopf/H. Titze: Deutsche Schulgeschichte von 1800 bis zur Gegenwart, Weinheim u. a. 1993, S. 37.
134 Herrlitz/Hopf/Titze: Deutsche Schulgeschichte, S. 37.
135 Vgl. M. Luther: An den christlichen Adel deutscher Nation von des christlichen Standes Besserung. In: Luthers Werke in Auswahl, unter Mitwirkung v. A. Leitzmann, hg. v. O. Clemen, 1. Bd., Berlin 1950, S. 362–425, hier S. 416: »und wollt Gott/ein yglich stadt het auch ein maydschulen/darynnen des tags die meydlin ein stund das Euangelium horetenn/es were zu deutsch odder latinisch«.
136 Braunschweigische Schulordnung. In: Th. Dietrich/J.-G. Klink (Hg.): Zur Geschichte der Volksschule, Bd. I: Volksschulordnungen 16.–18. Jahrhundert, 2. erw. Aufl. Bad Heilbrunn 1972, S. 14.
137 Ebd.

neben der Reorganisation der städtischen Lateinschulen auch eine allgemeine deutsche Schule zu etablieren, die Breitenwirkung versagt.[138]

Die Württembergische Kirchenordnung von 1559 enthielt eine umfangreiche Schulordnung, die für die deutsche Schule das Lesen, Schreiben und den Katechismus vorschrieb, letzterer sollte »den Kindern eingebildet und sie daran gewöhnt werden, daß sie denselben auswendig lernen, üben, recht verstehen und begreifen tun«.[139] Eine deutsche Schule sollte an allen Orten, an denen eine Mesnerei bestand, eingerichtet werden. In den meisten württembergischen Pfarrdörfern ist um 1600 eine deutsche Schule nachzuweisen.[140]

Nun sind die Schulordnungen Programme, von denen sich die Schulwirklichkeit erheblich unterschied. Obwohl sie regional, z.B. in Württemberg, wesentliche Impulse für den Auf- und Ausbau des Schulwesens gegeben haben, hat sich in der unmittelbaren Folgezeit der Reformation ein allgemeines Schulwesen nicht durchgesetzt. Der Einfluss der Reformation verlief regional unterschiedlich, zum Teil eher indirekt über einen sich weitgehend etablierenden kirchlichen Sonntagsunterricht, der von Küstern erteilt wurde. »Erst über die Kirchengemeindeschulen entwickelte sich dann im ausgehenden 17. Jahrhundert ein tatsächliches Volksschulwesen«.[141]

Die Auflösung der Klöster führte in den reformatorischen Ländern zu einer Verschlechterung der Mädchenbildung.[142] Dies war schon den protestantischen Visitatoren selbst deutlich. Die Pommersche Kirchenordnung bestimmte 1569, einige Frauenklöster für die Erziehung der Mädchen bestehen zu lassen, und die Göttinger Kirchenordnung formuliert bei der Einrichtung einer Mädchenschule 1593:

»... und nach dem es auch christlich und hoch von nöthen ist, das eine teütsche jungkfrauenschule bei unß aufgerichtet und darzu eine erbare redliche frau verordnet werde, welche die kinder schreiben und lesen lehrne zu Gottes forcht, guten sitten und tugenden mit lehr und ihrem wandel anführe, wollen wir auch eine jungfrauenschule haben, besonderlich weil wir wissen, das die jungfrauencloster vor zeiten solche zuchtschulen gewesen seindt ...«[143]

---

138 Vgl. G. Lämmermann: Religion in der Schule als Beruf. Der Religionslehrer zwischen institutioneller Erziehung und Persönlichkeitsbildung, München 1985, S. 146.
139 Württembergische Schulordnung. In: Zur Geschichte der Volksschule, S. 15–25, hier S. 20.
140 Vgl. hierzu L. Bauer: Die große Kirchenordnung: Konzeption und Aufbau eines Bildungswesens unter Herzog Christoph. In: 450 Jahre Kirche und Schule in Württemberg, hg. v. Pädagogisch-theologischen Zentrum in Württemberg, Stuttgart 2. Aufl. 1985, S. 46–73, hier S. 46.
141 Lämmermann: Religion in der Schule als Beruf, S. 145.
142 Vgl. E. Paul: Geschichte der christlichen Erziehung, Bd. 2. Barock und Aufklärung, Freiburg u. a. 1995, S. 85; vgl. zur Entwicklung des Mädchenschulwesens schon H. Lange: Entwicklung und Stand des höheren Mädchenschulwesens in Deutschland, Berlin 1893.
143 Göttinger Kirchenordnung zit. n. A. Conrad: »Jungfraw Schule« und Christenlehre. Lutherische und katholische Elementarbildung für Mädchen. In: E. Kleinau/C. Opitz (Hg.): Geschichte der Mädchen- und Frauenbildung. Bd. 2: Vom Vormärz bis zur Gegenwart, Frankfurt u. a. 1996, S. 175–188, hier S. 175; vgl. zur Pommerschen Kirchenordnung ebd., S. 176.

Auf katholischer Seite waren es neben anderen Orden vor allem die Ursulinen, gegründet 1535 für den Jugendunterricht und die Krankenpflege, und die Englischen Fräulein (Institutum Beatae Mariae Virginis), gegründet um 1611 für die »Unterweisung der Mädchen im Glaubensleben und im Katechismus«,[144] die Schulen, insbesondere Mädchenschulen, unterhielten. Die Ordensschulen waren einer der »unmittelbaren Vorläufer der ›Höheren Töchterschulen‹, die zu Beginn des 20. Jhs. die rechtliche Gleichstellung mit den entsprechenden Jungenschulen erreichten.«[145]

Die oben genannten vorreformatorischen deutschen Lese- und Schreibschulen in den Städten finden sich auch im 16. und 17. Jahrhundert und sind eine weitere Quelle des Elementarschulwesens. Sie dienen der Ausbildung von Schreibern und darüber hinaus von Stadtbewohnern, die für ihr Handwerk elementare Schreib- und Rechenkenntnisse benötigen. Ihre Kunden sind Heranwachsende und Erwachsene. Sie sind handwerklich organisiert und Teil der Zünfte. Spätestens ab 1613 existiert für sie in Nürnberg eine Zunftverfassung. Wer im »17. Jahrhundert in Nürnberg deutscher Schulmeister werden wollte, der mußte sich einer geregelten mehrjährigen Ausbildung unterziehen. Gewöhnlich mit dem 18. Lebensjahr (Meistersöhne mit dem 16.) trat der Lehrjunge bei einem Schreib- und Rechenmeister in die Lehre, die 6 Jahre dauerte. Danach meldete sich der als Schreiber bezeichnete Lehrling bei der städtischen Schulaufsichtsbehörde, der Ratsdeputation und bei den Vorgehern der Zunft zum Examen.«[146] Diese Schulmeister haben Teil am Ansehen, das die Mitglieder anderer Zünfte haben.

In Brandenburg-Preußen finden sich in der Zeit nach dem Dreißigjährigen Krieg Landschulen, deren Gründung deutlich früher lag. Neugebauer weist aufgrund landesgeschichtlicher Studien darauf hin, dass in Preußen »nach den Zerstörungen, Verwüstungen und sozialen Folgeerscheinungen des Krieges gerade das Dorfschulwesen *von Adel und Geistlichkeit* als Instrument auf- und ausgebaut worden ist, um die entwurzelte und demoralisierte Landbevölkerung in die ständische Sozial- und Herrschaftswelt zu reintegrieren«.[147] Die Landschulen verdankten sich weniger den Aktivitäten der staatlichen Zentralgewalt sondern lokalen Kräften. Neben den Lateinschulen und den deutschen Schulen finden sich für die Adelskinder noch die Erziehung durch Hofmeister oder spezielle Ritterakademien.

Im ausgehenden 17. und beginnenden 18. Jahrhundert ist der Hallische Pietismus, der »sich zutiefst als pädagogische Strömung verstand«,[148] ein wesentlicher Impulsgeber für das preußische Schulwesen. Wirkungsge-

---

144 E. Paul: Geschichte der christlichen Erziehung, Bd. 2, S. 56.
145 Liedtke: Männersache Bildung, S. 81.
146 H. Titze: Die Politisierung der Erziehung, Frankfurt 1973, S. 44.
147 W. Neugebauer: Das Bildungswesen in Preußen seit der Mitte des 17. Jahrhunderts. In: O. Büsch (Hg.): Handbuch der preußischen Geschichte, Bd. 2, Berlin u. a. 1992, S. 605–798, hier S. 613, vgl. auch zum Folgenden.
148 Ebd., S. 623.

schichtlich wird sein Einfluss im Blick auf das gesamte preußische Schulwesen von Neugebauer mittels des Begriffs »Reforminseln«[149] charakterisiert. Im 18. Jahrhundert wird vermöge der Pädagogik der Aufklärung eine »Neuordnung des Bildungswesens«[150] eingeleitet. Pädagogische Reformer gründen private Schulen als so genannten ›Anstalten der Menschenfreunde‹ (Philanthropine) oder Industrieschulen, die jedoch ebenso ein inselhaftes Dasein führten. Eine durchschnittliche Landschule war durch die agrarische Arbeitssituation des ›Ganzen Hauses‹ geprägt. Dies bedeutet, dass »Schule *Winterschule* war«,[151] deren Unterrichtszeit sich für viele Kinder auf einige Wochen im Jahr begrenzen konnte. Der Unterricht musste in jedem Winter »neu begonnen werden, so daß er über die Vermittlung elementarer Kenntnisse des Lesens, schon seltener des Schreibens oder noch seltener des Rechnens schwerlich gedeihen konnte. Gelernt wurde am Text von Katechismus und bisweilen der Bibel, der religiöse Gehalt war stets präsent«.[152] Aufgrund des unregelmäßigen Schulbesuchs hatten die Schulmeister ein schwankendes Einkommen, das sie zwang noch ein Handwerk auszuüben. Ihre Kenntnisse, Fähigkeiten und die Qualität des Unterrichts war entsprechend niedrig. Neben den öffentlichen Schulen gab es die nicht mittels Visitationen kontrollierten Winkelschulen, die bis ins 19. Jahrhundert nachweisbar sind.

Infolge der gesellschaftlichen Entwicklung im 18. Jahrhundert führten neue Produktionstechniken notwendig zu einer Spezialisierung der Tätigkeiten, die nicht mehr innerhalb der dem ›Ganzen Haus‹ zugehörigen Personen organisiert werden konnte. Diese Spezialisierungen entwickelten ihr jeweils eigenes spezifisches Wissen, das notwendig einer Tradierung bedarf. Neue Berufe entstehen, deren Erlernen nicht mehr einfach mittels Mittun und Kopieren der Eltern geschieht. Neue Biographien wurden an diesem Morgen des Industriezeitalters und am Beginn des Kapitalismus geprägt. Selbst bisher von Rousseau beeinflusste und eingeschworene Schulgegner und Zeitzeugen der Anfänge dieser Entwicklung wie J. H. Pestalozzi[153] haben sich aufgrund der gesellschaftlichen Wandlungsprozesse und der daraus entstehenden neuen Bedürfnisse im Blick auf die Institutionalisierung der Erziehung umstimmen lassen. Pestalozzis Meinungswandel wird in den folgenden Zeilen aus dem dritten Teil seines Erziehungsromans Lienhard und Gertrud von 1785 deutlich:

»Ihr kommet mit allem, was ihr thun könnt doch nicht zu euerem Zwek wenn ihr nicht den Kerl, den man Schulmeister heißt, fortjaget (…) es hat sich sint 50 Jahren

---

149 Ebd., S. 625.
150 Tenorth: Geschichte der Erziehung, S. 81.
151 Neugebauer: Das Bildungswesen in Preußen seit der Mitte des 17. Jahrhunderts, S. 630.
152 Ebd., S. 630 f.
153 Vgl. z. B. die einschlägigen Stellen für die Ablehnung der Schule in der ›Abendstunde eines Einsiedlers‹ J. H. Pestalozzi: Abendstunde eines Einsiedlers. In: Pestalozzi Sämtliche Werke, hg. v. A. Buchenau/E. Spranger/H. Stettbacher, Berlin u. a. 1927 ff, 1. Bd., S. 265–281, hier bes. S. 267 f.

so alles bey uns geändert, daß die alte Schulordnung gar nicht mehr auf die Leuthe, und auf das was sie werden müssen, paßt. Vor altem war alles gar einfältiger, und es mußte Niemand bey etwas anderm als bey'm Feldbau sein Brod suchen. Bey diesem Leben brauchten die Menschen gar viel weniger geschulet seyn – der Bauer hat im Stall, im Tenn, im Holz und Feld, seine eigentliche Schul (...) dass er so zu reden ohne alle Schul das recht werden kann, was er werden muß – Aber mit den Baumwollspinner-Kindern (...) ist es ganz anderst. (...) dass man in der Schul Einrichtungen mache, die ihnen das ersezen, was sie von ihren Eltern nicht bekommen; und doch so unumgänglich nöthig haben.«[154]

An den »Baumwollspinner-Kindern« wird die Etablierung industrieller Fertigungsverfahren deutlich, damit entstehen gesellschaftliche Funktionsbereiche, in denen für Heranwachsende weder Zeit noch Raum ist. Kinder und Jugendliche stören die Effizienz industrieller Fertigungsverfahren und werden daher aufgrund der funktionalen Differenzierung aus der Produktion ausgegrenzt oder die Tätigkeit führte zur Verelendung. Pestalozzi erkennt in diesem gesellschaftlichen Wandel ein entstehendes Defizit an Lernmöglichkeiten, dem die bisherige Schule und ihr Schulmeister nicht gerecht werden. Das Lernen und Lehren, das vor dem – in den Baumwollspinner-Kindern als Personifikation des Industriezeitalters deutlich werdenden – gesellschaftlichen Wandel gleichsam neben anderen oder durch andere Tätigkeiten in Stall und Feld hindurch geschah, wird jetzt nicht nur für eine kleinere privilegierte Gruppe der städtischen Bevölkerung, sondern auch für die Mehrheit der Bevölkerung zu einer besonderen, eigenständigen Aufgabe. Die Aufgaben des Lernens und Lehrens werden hierbei weiter aus dem Bereich des im Zerfall begriffenen ›Ganzen Hauses‹, und damit dem der umfassenden Produktion und Reproduktion, herausgenommen und das Lehren besonderen Personen übertragen, die einen Beruf daraus machen und Lehrer werden. Mittels der Institutionalisierung des Lehrens soll dem aufgrund gesellschaftlicher Veränderungen entstehenden Lernbedarf entsprochen werden. Natürlich wird weiterhin auch außerhalb der Schule gelernt, aber das schulische Lernen, das sich durch die Trennung vom übrigen Lebenszusammenhang auszeichnet, bekommt für die Integration in eine komplexer werdende Gesellschaft eine besondere Bedeutung. Die in einer sich funktional differenzierenden Gesellschaft heranwachsenden Mädchen und Jungen benötigten für einen immer größeren Lernbedarf einen anderen Unterricht und eine andere Schule. Das preußische Allgemeine Landrecht von 1794 verstaatlichte das Schulwesen und stellte seinen Ausbau und seine Vereinheitlichung unter gesamtstaatliche Kontrolle. »Erst im 19. Jahrhundert wurde aus Reformprojekten Verwaltungshandeln, aus einem von lokalen Bedingungen und Kräften getragenen Schulwesen ein ›Schulsystem‹«.[155]

---

154 J. H. Pestalozzi: Lienhard und Gertrud. Ein Buch für's Volk. Dritter Theil. In: Pestalozzi Sämtliche Werke, 3. Bd., S.14f.
155 Neugebauer: Das Bildungswesen in Preußen seit der Mitte des 17. Jahrhunderts, S.696.

Zunächst hatte die deutsche Schule für die meisten Heranwachsenden nur eine ergänzende Bedeutung, auf die manche Eltern auch verzichten zu können glaubten.[156] Ihre Aufgabe war es, die Kenntnisse und Fertigkeiten zu vermitteln, die die Heranwachsenden nötig haben: Lesen, Schreiben, Rechnen und elementare Glaubenslehre, die in der Familie nicht in genügendem Umfang erworben werden konnten. Lesen wurde vermöge des Buchstabierens und Silbenzusammensetzens am Katechismus oder der Bibel gelernt und geschah so im Medium christlicher Inhalte. Daneben wurde in Handwerk und Landwirtschaft durch Mittun und Nachvollzug gelernt. »Man wuchs in ein besonderes Können hinein, wie man auch in seinen Stand, seine Sprache, seine Religion hineinwuchs. In der Folgezeit wurde ein Lernen aufgrund von Mittun immer weniger möglich. Mit der Trennung von Familie und Arbeit und mit der Einrichtung von ›Schule‹ änderten sich also die Lebens- und Erziehungsbedingungen ebenso wie die des Lernens.«[157] Die Trennung von Arbeit und Haushalt wurde aufgrund der Industrialisierung vorangetrieben, die von Lernen, auf das sich die Schule spezialisierte, und die von Lernen in außerschulischen Lebensbereichen folgte ihr notwendigerweise auf dem Fuß.

2.2 Die Konstitution von Beruf und Lehrer/-innenberuf

Die Entwicklung von den ständischen zu den funktional differenzierten Gesellschaften der Moderne als übergreifender Prozess der Differenzierung gesellschaftlicher Funktionssysteme führt dazu, dass das Lernen und Lehren in einem besonderen Funktionssystem, dem Bildungswesen, institutionalisiert und das pädagogische Handeln in der Schule durch den Lehrerberuf ausgeübt wird. Grundlage des Lehrerberufs wiederum ist die Herausbildung und Durchsetzung des historisch entstandenen Phänomens »Beruf« an sich. »Während für die Stände des alten Europa galt, dass ihnen zwar in einer zweiten Beschreibung Funktionen zugeordnet wurden, aber die funktionalen Unterscheidungen von bereits etablierten Rangunterschieden abhingen und diesen gemäß gestaltet wurden, entstehen jetzt *Berufsstände mit funktionaler Zuständigkeit,* deren Hierarchie (…) von der wahrgenommenen Wichtigkeit der von ihnen eingenommenen Funktionen abhängt.«[158] Mit der allmählichen Etablierung der Berufsidee hat sich ein grundlegender Wandlungsprozess ereignet. An ›Beruf‹ sind im Unterschied zu ›Stand‹ drei Komponenten hervorzuheben: Berufe sind zum einen wählbar. Damit sind sie nicht ein mittels Geburt zugeschriebener sozialer Status. Zum anderen

---

156 Vgl. A. Leschinsky/P. M. Roeder: Schule im historischen Prozeß, Stuttgart 1976, S. 109f.
157 Fauser: Pädagogische Freiheit in Schule und Recht, S. 202.
158 R. Stichweh: Professionen in einer funktional differenzierten Gesellschaft. In: A. Combe/ W. Helsper (Hg.): Pädagogische Professionalität. Untersuchungen zum Typus pädagogischen Handelns, Frankfurt 1996, S. 49–69, hier S. 52.

kann aufgrund der Berufswahl ein sozialer Status erlangt werden, der vermöge Geburt nicht erreicht werden konnte. Zum dritten ruhte nach frühneuzeitlicher Annahme die Wahl des Berufs auf einer »inneren Berufung, die später als ›Anlage‹, ›Begabung‹ etc. säkularisiert werden kann«.[159] Auch der Lehrer- und Religionslehrerberuf unterliegt, wenn er sich als eigenständiger Beruf konstituiert hat, dieser Struktur. Er ist wählbar, vermittelt einen sozialen Status und er unterliegt infolge der Aufnahmebedingungen in die Ausbildung, der Ausbildung für den Beruf selbst und deren Abschlüsse bestimmten Zugangsbeschränkungen, die als Feststellung der Anlage, der Begabung oder der Kompetenzen und Qualifikationen interpretiert werden können.

Hinsichtlich der »Konstitution des Lehrerberufs«[160] ist zwischen den Lehrern an Lateinschulen und den an deutschen Schulen mit jeweils unterschiedlicher Position in der Hierarchie der Berufe sowie zwischen Männern und Frauen im Lehrberuf zu unterscheiden. Zwischen Religionslehrern und Lehrern mit anderen Fächern muss bis ins 18. Jahrhundert letztlich nicht differenziert werden, da die Schule christliche Schule und ein »annexum religionis«[161] war. Der Unterricht in dieser Zeit war »im Grunde nichts anderes als ein ausdifferenzierter Religionsunterricht, der die materiale und formale Seite religiöser Bildung berücksichtigt (…) Der *Lehrer* ist unter diesen Bedingungen Religionslehrer und gehört deshalb sachlich wie rechtlich zu den kirchlichen Ämtern«.[162]

---

159 Ebd., S. 51.
160 H.-E. Tenorth: Lehrerberuf und Lehrerbildung. In: Handbuch der deutschen Bildungsgeschichte, Bd. III 1800–1870. Von der Neuordnung Deutschlands bis zur Gründung des Deutschen Reiches, hg. v. K.-E. Jeismann/P. Lundgreen, München 1987, S. 250–270, hier S. 252; vgl. auch S. F. Müller/H.-E. Tenorth: Professionalisierung der Lehrertätigkeit. In: Enzyklopädie Erziehungswissenschaft, Bd. 5, Stuttgart 2. Aufl. 1997, S. 153–171, bes. S. 155 ff; vgl. zur Geschichte des Lehrerberufs: G. Grave Schularbeit. Untersuchungen zur vorindustriellen Tradition des Lehrerberufes; U. Walz: Eselsarbeit für Zeisigfutter. Die Geschichte des Lehrers, Frankfurt a. M. 1988; J. G. von Hohenzollern; M. Liedtke (Hg.): Schreiber, Magister, Lehrer. Zur Geschichte und Funktion eines Berufsstandes, Bad Heilbrunn 1989.
161 Leschinsky/Roeder: Schule im historischen Prozeß, S. 428.
162 Lämmermann: Religion in der Schule als Beruf, S. 149.

2.2.1 Männer im Lehrberuf

2.2.1.1 Männer als Lehrer an Höheren Schulen

Das Unterrichten an den Lateinschulen stellte keinen lebenslangen Beruf dar. Die *Lateinschul- und Gymnasiallehrer* waren entweder Absolventen der Theologie, die an den Lateinschulen unterrichteten, bis sie eine Pfarrstelle besetzen konnten oder sie suchten den Weg zurück an die Universität. Das Theologiestudium war der eigentliche berufsqualifizierende Teil des Studiums. Letzteres lässt sich nicht nur auf kirchliche Einflussnahme auf das Bildungswesen zurückführen, sondern hängt damit zusammen, dass »die Universitäten nur im Rahmen der theologischen Fakultäten philologische, begrenzt auch pädagogische Ausbildungsmöglichkeiten boten«.[163] Noch 1765 wird konstatiert: »Die meisten Lehrer entschließen sich eine Bedienung in der Schule anzunehmen, weil sie noch zu keinem anderen Amt haben gelangen können. Ihre Absicht ist nur, sich einige Zeit mit dem Unterricht aufzuhalten, bis ihnen die Umstände eine bessere und bequemere Versorgung verschaffen (…) Sie sind Schullehrer aus Not, und jedermann begreift leicht, daß junge Leute davon unendlich Schaden zu fürchten haben.«[164] Die Lehrtätigkeit als vorübergehende Tätigkeit wird hier einer Kritik unterzogen. Bei der Entwicklung zum Lebensberuf gingen die Rektoren den Lehrern ihrer Schule voran. Paulsen zeigt, dass »bis zur Mitte des 17. Jahrhunderts auch das Amt des Rektors nur als Durchgangsstufe zum geistlichen Amt gilt, seit dem aber zum Lebensberuf wird«.[165]

Die grundlegende Reform der Lehrerbildung zu Beginn des 19. Jahrhunderts hatte in der zweiten Hälfte des 18. Jahrhunderts ihre Vorgeschichte. In Halle wurde 1778 der erste pädagogische Lehrstuhl eingerichtet und von E. Chr. Trapp besetzt. Trapp sollte die pädagogische und schulpraktische Ausbildung der Theologen verbessern. Er verließ aber schon 1782 die Universität. Sein Nachfolger Friedrich August Wolf gründete 1787 ein neuhumanistisch geprägtes philologisches Seminar, um an der Universität befähigte Schulmänner für die oberen Klassen der Lateinschulen und Gymnasien auszubilden. Im gleichen Jahr errichtete F. Gedicke in Berlin am Friedrich-Werderschen Gymnasium ein Seminar, in dem unter anderem auch Absolventen von Wolfs Seminar für die Schule ausgebildet wurden. 1787 wurde in Preußen mit dem Oberschulkollegium auch die erste rein

---

163 C. Führ: Gelehrter Schulmann – Oberlehrer – Studienrat. Zum sozialen Aufstieg der Philologen. In: W. Conze/J. Kocka (Hg.): Bildungsbürgertum im 19. Jahrhundert, Teil I: Bildungssystem und Professionalisierung im internationalen Vergleich, Stuttgart, 2. Aufl. 1992, S. 417–457, hier S. 420.
164 Zitiert nach Lämmermann: Religion in der Schule als Beruf, S. 167.
165 F. Paulsen: Geschichte des gelehrten Unterrichts auf den deutschen Schulen und Universitäten vom Ausgang des Mittelalters bis zur Gegenwart, 1. Bd., Leipzig 3. erw. Aufl. 1919, S. 335.

staatliche Bildungsverwaltung eingerichtet und damit eine Unabhängigkeit vom Konsistorium erreicht.

Nach diesen punktuellen Reformansätzen der Lehrerbildung erfolgte eine fundamentale Reform im Zusammenhang der staatlichen Reorganisation nach den napoleonischen Kriegen. 1809 wurde in Bayern (»Instruction zur Prüfung der zum Lehramte an den Studienschulen oder Studieninstituten sich anmeldenden Candidaten«) und 1810 in Preußen (examen pro facultate docendi) – hier im Rahmen der Reformen Humboldts – die wissenschaftliche Prüfung für das Lehramt eingeführt. Sie bildet eine formale Zugangsbeschreibung für den Lehrerberuf in den oberen Klassen der Gymnasien mittels eines generellen Fähigkeitsnachweises aller angehenden Lehrer für alle Stellen.

Im examen pro facultate docendi mussten sich die Kandidaten einer »allgemein-pädagogischen Prüfung« unterziehen und dabei »philologische, historische und mathematische«[166] Kenntnisse sowie Lehrgeschicklichkeit durch eine Probelektion nachweisen. Die Prüfung erstreckte sich über alle Fächer und die Lehrer wurden für alle Fächer qualifiziert. 1824 wurde für alle Kandidaten noch eine theologische Prüfung verpflichtend gemacht.[167] Die Frage nach dem Verhältnis zwischen einer allgemeinbildenden und fachwissenschaftlichen Ausbildung und Prüfung wird hier unter Einfluss des sich an einer Idee der Allgemeinbildung orientierenden Neuhumanismus zugunsten der Allgemeinbildung entschieden. In der weiteren Entwicklung des 19. Jahrhunderts nehmen die allgemeinbildenden Anteile ab und die fachspezifischen zu.

Lundgreen sieht im examen pro facultate »ein Musterbeispiel für die ›Konstruktion‹ eines Berufes durch staatliche Ausbildungs- und Prüfungsvorschriften«.[168] Im weiteren Verlauf des 19. Jahrhunderts wurde diese »höchste Qualifikationsnorm von oben nach unten verallgemeinert (…) und auf das gesamte wissenschaftliche Lehrpersonal an höheren Schulen ausgedehnt«.[169] Die Gymnasiallehrer wurden damit einem Vereinheitlichungsprozess unterzogen und zu wissenschaftlich qualifizierten Fachlehrern, auch »wenn Vorrechte der Theologen bzw. ein Dispens von der Philologenprüfung in Württemberg oder Bayern bis 1848 bzw. 1853 erhalten bleiben«.[170] Vermöge des geforderten Examens wurde eine entscheidende Konstitutionsbedingung für den eigenständigen Lehrerberuf erfüllt. Mit den Prüfungsordnungen wurde der Lehrerberuf am Gymnasium als lebenslange Tätigkeit begründet.

---

166 Beide Zitate L. v. Rönne: Das Unterrichts-Wesen des Preußischen Staates, 2. Bd.: Die höheren Schulen und die Universitäten des Preußischen Staates, Berlin 1855, S. 24.
167 Ebd., S. 43 f.
168 P. Lundgreen: Zur Konstituierung des ›Bildungsbürgertums‹: Berufs- und Bildungsauslese der Akademiker in Preußen. In: W. Conze/J. Kocka (Hg.): Bildungsbürgertum im 19. Jahrhundert, a. a. O., S. 79–108, hier S. 83.
169 H. Titze: Lehrerbildung und Professionalisierung. In: Handbuch der deutschen Bildungsgeschichte Bd. IV 1870–1918. Von der Reichsgründung bis zum Ende des Ersten Weltkriegs, hg. v. Chr. Berg, München 1991, S. 345–370, hier S. 347.
170 Tenorth: Lehrerberuf und Lehrerbildung, S. 255.

Die in ihrer Biographie zeitweise in der Schule unterrichtenden Theologen wurden ersetzt durch »fachmäßig ausgebildete Philologen, Mathematiker, Historiker (...) die das Lehramt als Lebensberuf treiben«.[171] Zugleich differenzierte sich der Lehrerberuf hierdurch endgültig in die ›gelehrten Schulmänner‹ und die Lehrer an niederen Schulen. Im 19. Jahrhundert wurde in Preußen mittels der Prüfungsordnungen von 1831 und 1866[172] der im Rahmen der Altertumswissenschaft ausgebildete »gelehrte Schulmann« durch Fachwissenschaftler ersetzt.

Im ›Reglement des Ministeriums der geistlichen, Unterrichts- und Medizinal Angelegenheiten vom 20. April 1831 für die Prüfungen der Kandidaten des höheren Schulamts‹[173] wird hervorgehoben, dass jeder Kandidat über mindestens einen der »vorgeschriebenen Hauptlehrgegenstände« (§ 5) der Schulen geprüft werde. Zu diesen gehörten 1) die alten Sprachen und Deutsch, 2) Mathematik und Naturwissenschaften sowie 3) Geschichte und Geographie (vgl. § 16). 1838 wurde noch Theologie und Hebräisch zum vierten Hauptlehrgegenstand des Examens erhoben, 1841 jedoch wieder zurückgenommen und als besondere Prüfung geführt (vgl. hierzu unten Teil B dieses Kapitels). In einer mündlichen Prüfung hatten alle Kandidaten »philologische, mathematische, historische, naturwissenschaftliche, theologische und philosophische Kenntnisse in einem für den Zweck des höheren Schulunterrichts genügenden Maaße und Umfange« (§ 12) zu zeigen. Die Prüfung, die sich auf schriftliche Arbeiten, mündliche Prüfungen und Probelektionen erstreckte, schloss mit dem Zeugnis der »unbedingten facultas docendi« oder der »bedingten facultas docendi« (vgl. § 16–22) ab. Mit dieser Prüfung sollte sowohl der Allgemeinbildung entsprochen als auch den Anforderungen der Fachdisziplin Genüge getan werden.

Die aufgrund der Prüfungsordnung von 1866 reformierte Prüfung »erstreckt sich 1) auf die allgemeine Vorbildung (...) 2) auf die speciellen wissenschaftlichen Fächer, in denen der Candidat zu unterrichten beabsichtigt«.[174] Die allgemeine Bildung umfasste die Religionslehre der Konfession des Kandidaten, Philosophie und Pädagogik, Geschichte, Geographie und Sprachkenntnisse. Die facultas docendi konnte in drei Zeugnisgraden, die für den Unterricht in den oberen, mittleren und unteren Klassen berechtigen,[175] und in vier Fächern erworben werden:

»1. das philologisch-historische Fach;
2. das mathematisch-naturwissenschaftliche Fach;
3. Religion und Hebräisch;
4. die neueren Sprachen«[176]

1898 wurden die Fachgruppen zugunsten von 15 Fächern aufgegeben, für deren mögliche Kombination ein System entworfen wurde. Die Allgemeinbildung

---

171 F. Paulsen: Geschichte des gelehrten Unterrichts auf deutschen Schulen und Universitäten, 2. Bd., Leipzig 3. erw. Aufl. 1921, S. 390.
172 Vgl. zu den Prüfungsordnungen auch Führ: Gelehrter Schulmann – Oberlehrer – Studienrat, S. 426–430.
173 Zitiert nach Rönne: Die höheren Schulen und die Universitäten des Preußischen Staates, S. 26–57.
174 Centralblatt für die gesammte Unterrichts-Verwaltung in Preußen, hg. v. Stiehl, Berlin 1867, S. 13–35, hier S. 16.
175 Ebd., 1867, S. 19.
176 Ebd., S. 16.

beschränkte sich auf Philosophie, Pädagogik, deutsche Literatur und Religion. Die Prüfung konnte in zwei Stufen als Erwerb der Lehrbefähigung bis zur Untersekunda oder für alle Klassen abgelegt werden.[177] 1917 wurde neben den Fächern und ihren Wissenschaften nur noch Philosophie gewissermaßen als Rest der Allgemeinbildung geprüft.

Im 19. Jahrhundert erfolgte eine »allmählich zunehmende Pädagogisierung des Oberlehrerberufs«,[178] der sich dadurch auch vom Gelehrten ausdifferenzierte und zu einem primär didaktischen Beruf entwickelte. Deutlich wird dies an der Einführung des Probejahres 1824 in Bayern und 1826 in Preußen. Die zweiphasige Ausbildung wurde in Preußen 1890 im Gleichklang mit anderen akademischen Karrieren (Theologen 1898, Mediziner 1901) etabliert.[179] In der Ausbildung wird damit zwischen der auf das Fach bezogenen wissenschaftlichen Ausbildung an den Universitäten und der auf Schule und Unterricht bezogenen pädagogischen Ausbildung institutionell unterschieden. Damit war das bis heute maßgebende Modell des Lehrerberufs an Gymnasien entwickelt und durchgesetzt worden. Nach der Konstitution des Oberlehrerberufs wuchs die Berufsgruppe zwischen 1870 und 1918 um beinahe das Dreifache an.[180] Diese Lehrer, »amtlich Oberlehrer, intern Philologen – also: Liebhaber des Wortes – genannt, sind (...) wissenschaftlich gebildete Lehrer, mit einer Ausbildung an der Universität, mit einem eigenen Vorbereitungsdienst, dem Referendariat, wie es auch die angesehensten Staatsbeamten, die Juristen ableisten, und – gegen Ende des 19. Jhs. – mit einer Besoldung, die den höheren Staatsbeamten angeglichen ist. Nach 1918 erhalten sie mit der Bezeichnung ›Studienrat‹ auch den begehrten Titel dieser Statusgruppe.«[181] Die Amtsbezeichnung Oberlehrer konnte sich in Süddeutschland nicht durchsetzen. Die Lehrer der oberen Gymnasialklassen wurden in Baden, Bayern und Württemberg (Gymnasial-) Professoren genannt. In Württemberg hießen die Unterstufenlehrer Präzeptoren und die der Mittelstufe Oberpräzeptoren.

Zusammenfassend lässt sich festhalten, dass das berufliche schulpädagogische Handeln an Lateinschulen und Gymnasien als eines wählbaren, durch eine wissenschaftliche Ausbildung, ein besonderes Lehrerexamen sowie eine spezifische Kompetenzzuschreibung abgrenzbaren Berufs sich nach einer Vorgeschichte in der zweiten Hälfte des 18. Jahrhunderts zuerst in Bayern und Preußen zu Beginn des 19. Jahrhunderts zuletzt in Württemberg (1865) konstituierte. Die Konstitution als eines eigenständigen lebenslangen Berufs erfolgte im Rahmen des Staates aufgrund dessen Ausbildungs- und

---

177 Vgl. Ordnung der Prüfung für das Lehramt an höheren Schulen vom 12. September 1898. In Zentralblatt 1898, S. 688–711.
178 Müller/Tenorth: Professionalisierung der Lehrertätigkeit, S. 156.
179 Vgl. Ordnung für die praktische Ausbildung der Kandidaten für das Lehramt an höheren Schulen vom 15. Mätz 1890. In: Centralblatt für die gesammte Unterrichts-Verwaltung, 1892, S. 612 ff.
180 Vgl. Titze: Lehrerbildung und Professionalisierung, S. 345.
181 J. Diederich/H.-E. Tenorth: Theorie der Schule, Berlin 1997, S. 53.

Prüfungsvorschriften und führte in einem langwierigen Prozess zur Ersetzung der Theologen zuerst nur durch Philologen, dann durch wissenschaftlich gebildete Lehrer verschiedener Fachrichtungen. Die fachorientierte Verwissenschaftlichung in der universitären Ausbildung bei gleichzeitiger Pädagogisierung der Berufstätigkeit[182] führen zu der Ambivalenz des Berufes, die als »Typus des spezialisierten Unterrichtsbeamten«[183] charakterisiert wird.

2.2.1.2 Die deutschen Schulen und Volksschulen

Der Lehrerberuf an den deutschen Schulen war, wie aus dem bisherigen deutlich ist, entweder ein Beruf im Rahmen der Zünfte oder eng mit dem Amt des Küsters verbunden oder er wurde von Inhabern anderer Berufe ausgeübt. Während der Beruf der Gymnasiallehrer sich aus einer zeitlich befristeten Phase der Berufsbiographie von Theologen und Gelehrten hin zum didaktischen Lebensberuf entwickelte, verlief die Entwicklung zum Beruf des Volksschullehrers »von der Teilzeitarbeit zum Vollzeitberuf mit starker kirchlicher Bindung«.[184] Die Vorgeschichte des Volksschullehrerberufs liegt in der unterrichtlichen Nebentätigkeit von Schreibern, Küstern und Handwerkern. Die Situation der Lehrer unterschied sich dabei nochmals zwischen Stadt- und Landschulen. Nur in größeren Städten wurden Schulmeister – zumeist im Nebenamt – dauerhaft eingestellt. Gedicke berichtet im Jahr 1800 über die Situation der »Schulhalter«[185], wie er die Schulmeister nennt:

»In vielen Dörfern wird zwar Schule gehalten, aber nicht von einem vorbereiteten, geprüften, förmlich angesetzten und besoldeten Lehrer, sondern die Gemeinde mietet sich, für drei oder vier Wintermonate, irgend einen leicht zu befriedigenden Schneidergesellen, der dann mit seiner Schule wöchentlich von einem Haus zum anderen wandert (...) In der Altmark und in Pommern pflegt man diese wandernden Lehrer, die immer nur für das nächste Jahr gemietet werden, Gang- oder Laufschulmeister zu nennen. Oft hütet dann ein und derselbe Mann im Sommer das Vieh, im Winter die Jugend des Dorfs«.[186]

---

182 In der zweiten Hälfte des 19. Jahrhunderts nehmen die wissenschaftlichen Publikationen der Oberlehrer deutlich ab (vgl. H. Titze: Die soziale und geistige Umbildung des preußischen Oberlehrerstandes von 1870–1914. In: U. Herrmann [Hg.]: Historische Pädagogik, Weinheim 1977, S. 107–128, hier S. 118–120).
183 Lämmermann: Religion in der Schule als Beruf, S. 238.
184 H. Fend: Qualität im Bildungswesen. Schulforschung zu Systembedingungen, Schulprofilen und Lehrerleistung, Weinheim u. a. 1998, S. 337.
185 F. Gedicke: Beantwortung der Frage: Hat der preußische Staat zu wenig oder zu viele Schulen? In: Ders.: Annalen des preußischen Schul- und Kirchenwesens, 1. Bd., Berlin 1800, S. 405–453, hier S. 407.
186 Ebd., S. 408.

Die Situation der Dorfschulen mit den beklagten Laufschulmeistern ist in Preußen noch nicht die schlechteste, da es auch Dörfer gibt, »die bis izt noch gar keine Gelegenheit zum Unterricht der Jugend haben«.[187] Hinsichtlich des Lehrerberufs stellt Gedicke der Realität der Laufschulmeister das Modell des vorbereiteten, geprüften, förmlich eingesetzten und auch bezahlten Lehrers gegenüber. Er fordert ein schulpädagogisches Handeln auf einer fachlich nachgeprüften und finanziell soliden Basis.

Lehrerausbildung durch Vorbild und Mittun: das Handwerkermodell

Zuweilen gingen die angehenden Schulmeister, die selbst nur Dorfschulen besucht hatten, bei den aktiven Lehrern in die Lehre oder der Beruf wurde entsprechend der Gesellschaftsstruktur des ›Ganzen Hauses‹ vom Vater auf den Sohn vererbt. Die Ausbildung entsprach der von Handwerkern. Zwischen 1791 und 1795 werden in Württemberg nacheinander vier synodale Beschlüsse zur Ausbildung der Lehrer gefasst, die einen Ausbildungsgang aufbauen. Konfirmierte Volksschüler müssen vom Dekan und Ortsgeistlichen für tauglich gehalten werden, dann können sie als so genannte Inzipienten mindestens zwei Jahre zu einem fähigen Schulmeister in die Lehre gehen. Vermöge einer Prüfung beim Dekan werden sie Gesellen (Provisoren). Die Schulmeistergesellen gehen auf Wanderschaft und warten auf eine freie Stelle.[188] Der handwerklich ausgebildete Lehrer verfügte weder über die inhaltlichen und pädagogischen noch »über die grundlegenden Voraussetzungen für eine theoretische Selbstreflexion seiner eigenen Berufspraxis«.[189] Die Ausbildung, die Kenntnisse und die soziale Lage der Lehrer war unzureichend.

Lehrerausbildung durch Schulung: das Seminarmodell

Bei der notwendigen Etablierung und der Änderung der Lehrerausbildung wurde der Seminarausbildung den Vorzug gegeben. Die Konzeption der Seminare entsprach im 19. Jahrhundert dem politischen Willen, dass »der Lehrer zwar sachgerecht ausgebildet, nicht jedoch gebildet sein soll«.[190] Als eigenständiger Beruf wurde der Lehrerberuf im niederen Schulwesen jedoch mit Hilfe der »Einrichtung und Durchsetzung der Seminarausbildung konstituiert«,[191] wobei zwischen der Einrichtung der ersten Seminare und der

---

187 Ebd., S. 409.
188 Vgl. G. Friedrich: Die Volksschule in Württemberg im 19. Jahrhundert, Weinheim u. a. 1979, S. 80 f. Zur Lehrerausbildung in Ostfriesland vgl. R. Vandré: Schule, Lehrer und Unterricht im 19. Jahrhundert. Zur Geschichte des Religionsunterrichts, Göttingen 1973, S. 51–73.
189 Lämmermann: Religion in der Schule als Beruf, S. 209.
190 Ebd., S. 214.
191 Müller/Tenorth: Professionalisierung der Lehrertätigkeit, S. 161.

Durchsetzung ihres Besuchs als Bedingung für den Eintritt in den Lehrberuf unterschieden werden muss. Die ersten Seminargründungen gingen auf nicht-staatliche, private Initiativen zurück. »Bis zur Mitte des 18. Jahrhunderts handelte es sich [in Preußen, N.C.] um Gründungen pietistischer Geistlicher«.[192]

Bereits 1707 richtete A. H. Francke in Halle eine Lehrerbildungseinrichtung, das »Seminarium selectum Praeceptorium« ein. 1737 wird in Preußen im Kloster Bergen ein Lehrerseminar mit Unterstützung des Königs eingerichtet: »daß bey euch jederzeit ein Seminarium von jungen Leuten angetroffen werde: aus welchem man geschickte Schulmeister nehmen könnte«.[193] Für dieses Lehrerbildungsseminar, das institutionell seiner Zeit voraus war, werden schon klare Aufnahmebedingungen formuliert.

Erst im letzten Drittel des 18. Jahrhunderts werden die Seminargründungen mittels staatlicher Initiativen angeregt. Die Lehrerseminare wurden in den deutschen Ländern in der ersten Hälfte des 19. Jahrhunderts (Bayern 1809, Württemberg 1811 in Esslingen, Ostfriesland Dezember 1852) eingerichtet, aber erst später ihr Abschluss als Zugangsvoraussetzung für den Beruf durchgesetzt. Humboldt hat die Reform der Elementarbildung in Preußen mit der Aufnahme von Pestalozzis ›Methode‹ verbunden. Karl August Zeller, ein Pestalozzianer, wurde nach Preußen berufen und junge Lehrer wurden nach Yverdon geschickt, um bei Pestalozzi selbst geschult zu werden. In Süverns Gesetzentwurf von 1819,[194] der nicht Gesetz wurde, aber »recht gut die damalige Auffassung über Lehrerbildung«[195] wiedergibt, wird zwar zur Einrichtung weiterer Seminare geraten, aber die »Vorbereitung zum Lehrerstande soll (...) nicht auf die Seminare beschränkt sein« (§ 60). Nicht nur die Vorbereitung durch Geistliche oder Lehrer wird erlaubt, sondern »fähig zur Anstellung in einem öffentlichen Schulamte ist überhaupt jeder Mann von gesetztem Alter« (§ 60), der dem Amt und seinen Pflichten gewachsen ist. In Preußen wurde mit dem Circular-Rescript vom 1. 6. 1826 für die Abgänger der Lehrerseminare ein Entlasszeugnis mit drei Notenstufen vorgeschrieben.[196] Die Absolventen mit der besten Notenstufe wurden ohne weitere Prüfung dauerhaft in den Schuldienst übernommen, die anderen hatten

---

192 Neugebauer: Das Bildungswesen in Preußen seit der Mitte des 17. Jahrhunderts, S. 663.
193 G. Petrat: Schulunterricht. Seine Sozialgeschichte in Deutschland 1750–1850, München 1979, S. 205.
194 Zit. n. G. Giese: Quellen zur deutschen Schulgeschichte seit 1800, Göttingen 1961, S. 93 ff.
195 H.-K. Beckmann: Lehrerseminar – Akademie – Hochschule. Das Verhältnis von Theorie und Praxis in drei Epochen der Volksschullehrerausbildung, Weinheim u. a. 1968, S. 47.
196 Vgl. Circular-Rescript des Königl. Ministeriums der Geistlichen-, Unterrichts- und Medizinal-Angelegenheiten v. 1. Juni 1826, an sämmtl. Königl. Provinzial-Schul-Kollegien, betr. die Prüfung und Anstellungsfähigkeit der Schulamtskandidaten und das Verhältnis der Schullehrer-Seminarien zu dem Schulwesen der Provinz, zit. n. L. v. Rönne: Das Unterrichts-Wesen des preußischen Staates 1. Bd.: Allgemeiner Theil. Privat-Unterricht. Volksschulwesen, Berlin 1855, S. 411–413, hier S. 412.

nach einer Probezeit eine zweite Prüfung abzulegen, dabei sollte »ganz besonders die praktische Tüchtigkeit und Gewandtheit erprobt werden«.[197] Die zweite Prüfung wurde in der Folgezeit generalisiert, ohne einen zweiten Ausbildungsabschnitt zu begründen, da die berufspraktische Ausbildung durch Sozialisation im Seminarunterricht selbst und durch eigenen Unterricht an der mit den Seminaren verbundenen Übungsschule vollzogen wurde. In Preußen sichert die Abschlussprüfung der Seminare ab 1828 Vorrechte gegenüber ungeprüften Bewerbern.[198] Die äußere Normierung der Ausbildung in den Seminaren und der damit langfristig vollzogene Ausschluss anderer Berufe aus dem Unterricht konstituierte den Lehrerberuf an Elementarschulen.

Mit dem ersten der drei Stiehlschen Regulative (1854) wird in den bisher sehr unterschiedlich geprägten Schullehrer-Seminaren zwar »für den Unterricht der Sem. auf dem Grunde der gewonnenen Erfahrungen gemeinsame Normen aufgestellt«,[199] aber die Präparandenausbildung, der das 2. Regulativ[200] gilt, bleibt in Preußen weithin ungeregelt.

Für die Präparanden werden keine besonderen Anstalten eingerichtet, sondern sie sollen weiterhin dezentral von Lehrern und Pfarrern unterrichtet werden, an deren Schul- und Konfirmandenunterricht teilnehmen und durch »vorsichtig geordneten und geleiteten Gehülfendienst in der Schule«[201] für die Seminarausbildung präpariert werden.

Die Regulative generalisieren Standards für die Lehrerseminare und die Elementarschule, aber – und infolgedessen wurden sie in der pädagogischen Historiographie bekannt – in restaurativer Weise auf die Revolution von 1848 reagierend.

Das erste Regulativ bestimmt, dass die »angehenden Lehrer zum einfachen und fruchtbringenden Unterricht in der Religion, im Lesen und in der Muttersprache, im Schreiben, Rechnen, Singen, in der Vaterlands- und Naturkunde – sämmtliche Gegenstände in ihrer Beschränkung auf die Grenzen der Elementarschule – theoretisch und praktisch befähigt werden«.[202] Das Regulativ lehnt die Verwissenschaftlichung der Ausbildung wie auch die allgemeine Bildung der Zöglinge genannten Seminaristen ab und institutionalisiert weiterhin eine religiös geprägte Lehrerausbildung.[203] So ist die Seminarausbildung geprägt durch »eine Traditionsbindung und ein obrigkeitliches Ausbildungskonzept«.[204]

---

197 Ebd.
198 Tenorth: Lehrerberuf und Lehrerbildung, S. 253.
199 Die drei Regulative vom 1., 2. und 3. Okt. 1854 über die Einrichtung des evang. Seminar-, Präparanden- und Elementarschul-Unterrichts, zit. n. L. v. Rönne: Das Unterrichts-Wesen des Preußischen Staates, 1. Bd., S. 896–926, hier S. 896.
200 Ebd., S. 915–919.
201 Ebd., S. 916.
202 Ebd., S. 897.

Die Regulative Stiehls wurden 1872 durch die so genannten »Allgemeinen Bestimmungen«[205] abgelöst. Die dreijährige Seminarausbildung, wie sie 1872 in den ›Allgemeinen Bestimmungen‹ vorgeschrieben wird, bleibt trotz einiger Öffnungen auf einem niedrigen Niveau, da auch hier »nur die Unterrichtsinhalte vorgesehen sind, die der Lehrplan für die Volksschule vorsieht«.[206] Erst in der Prüfungsordnung vom 1. Juli 1901 erhalten die Seminare die Aufgabe, »die allgemeine Bildung der Zöglinge zum Abschluss zu bringen und ihnen die für die Verwaltung eines Schulamtes erforderliche Fachbildung zu vermitteln«.[207] Aufgrund des Lehrermangels stieg die Zahl der Seminare zwischen 1872 und 1914 von 64 auf 204.

Die Seminare rekrutieren ihren Nachwuchs aus der Volksschule und waren deshalb vom höheren Bildungswesen und von den bürgerlichen Bevölkerungsschichten getrennt. Die Abschlüsse der Lehrerbildungsseminare beinhalteten auch keine Hochschulzugangsberechtigung. Die Lehrerschaft entwickelte trotzdem schon in der ersten Hälfte des 19. Jahrhunderts »ein beruflich-ständisches Selbstbewußtsein«,[208] das sich auf »das Faktum der Verselbständigung beruflicher Qualifizierung«[209] zurückführen lässt. Die Volksschullehrer blieben jedoch der Schulaufsicht durch Geistliche, die diese im Nebenamt innehatten, unterstellt, was in der Lehrerschaft weithin als Zumutung empfunden wurde.

Lehrerausbildung durch pädagogische und wissenschaftliche Bildung: das Akademie- und Hochschulmodell

»Die Lehrerbildung ist nach den Grundsätzen, die für das höhere Schulwesen allgemein gelten, für das Reich einheitlich zu regeln.« Mit dieser Bestimmung von Art. 143 (2) der Weimarer Reichsverfassung wurde die Allgemein- und Berufsausbildung für Lehrer getrennt. Damit war das Ende der bisherigen Seminarausbildung gekommen, da die Allgemeinbildung an höheren Schulen vermittelt wurde. Ein Reichsgesetz zu Art. 143 wurde jedoch nicht verabschiedet, so dass es wiederum länderspezifische Regelungen

---

203 Auch in Württemberg erfolgte 1854 und 1855 eine inhaltliche Beschränkung der seminaristischen Lehrerausbildung (vgl. Friedrich: Die Volksschule in Württemberg im 19. Jahrhundert, S. 93 f.).
204 Tenorth: Lehrerberuf und Lehrerbildung, S. 254.
205 Allgemeine Bestimmungen des Königl. Preuß. Ministers der geistlichen, Unterrichts- und Medicinal-Angelegenheiten vom 15. October 1872, betreffend das Volksschul-Präparanden- und Seminarwesen. In: Centralblatt für die gesammte Unterrichtsverwaltung, 1872, S. 585–646, bes. S. 617–633.
206 Beckmann: Lehrerseminar – Akademie – Hochschule, S. 52 f.
207 Die preußischen Lehrpläne für Präparandenanstalten und Lehrerseminare und Prüfungsordnung der zweiten Lehrerprüfung, der Prüfung der Lehrer an Mittelschulen und der Rektoren vom 1. Juli 1901, Langensalza 1901, S. 1.
208 Tenorth: Lehrerberuf und Lehrerbildung, S. 255.
209 Ebd., S. 255.

gab. In Preußen und Baden wurden ab 1926 die von E. Spranger empfohlenen Pädagogischen Akademien als spezielle Hochschulen der Lehrerbildung[210] gegründet; in einigen Ländern (Thüringen, Sachsen, Hessen, Hamburg u.a.) wurde die Volksschullehrerbildung an die Universitäten oder Technischen Hochschulen verlegt. Bayern und Württemberg behielten eine verbesserte Seminarform bei. Mit der Akademisierung der Ausbildung stellte sich das Folgeproblem, wie die berufspraktische Ausbildung durchgeführt werden sollte. Diese wurde weiterhin in das Studium integriert, indem die Schulpraxis ein Übungs- und Experimentierfeld für die angehenden Lehrer/-innen bildete. In der Weimarer Republik gelang weitgehend die Anhebung der Ausbildung der Volksschullehrerschaft auf akademisches Niveau und damit eine weitere Statusveränderung, wenn auch die Wissenschaftlichkeit der Ausbildung der Lehrer/-innen an den Pädagogischen Akademien weithin auf die Pädagogik und angrenzende Wissenschaften beschränkt bleibt, während die Unterrichtsinhalte nicht auf dem Niveau der entsprechenden Fachwissenschaften an der Akademie gelehrt wurden.[211] Nach 1945 wurde nach und nach in allen Bundesländern die Ausbildung der Lehrer/-innen auf Universitäten oder Pädagogische Hochschulen übertragen. Infolge der Verlängerung des Studiums konnte die wissenschaftliche Ausbildung gerade auch in den den Unterrichtsfächern zugrunde liegenden Fachwissenschaften intensiviert werden. Hamburg hat seit 1967 als erstes Bundesland das Referendariat für Volks- und Realschullehrer, das mit einer zweiten Prüfung abschließt. Die anderen Länder haben diese Entwicklung nachvollzogen. Der Lehrer/-innenberuf hat damit seine jetzt gültige Ausbildungsstruktur erhalten.

2.2.2 Frauen im Lehrberuf

Im Unterschied zu den Lehrern zeigt sich für die Lehrerinnen bis ins beginnende 20. Jahrhundert eine Durchlässigkeit der Laufbahnen von Lehrerinnen an den niederen und höheren Schulen. In Preußen wurde 1908 mit der Trennung der Lehrerinnenausbildung für die Volksschule und für das höhere Schulwesen der langwierige Prozess der Differenzierung der Lehrerinnenlaufbahnen offiziell zu Ende gebracht und entsprechend der Lehrerausbildung organisiert.[212] Daher wird im Folgenden mit einer beide Schul-

---

210 Vgl. E. Spranger: Gedanken über Lehrerbildung, Leipzig 1920, hier S. 40–58. Spranger bezeichnete diese besondere Hochschulform als »Bildnerhochschule« oder »Pädagogische Hochschule«.
211 Vgl. Beckmann: Lehrerseminar – Akademie – Hochschule, S. 113–126.
212 Vgl. M. Nieswandt: Lehrerinnenseminare: Sonderweg zum Abitur oder Bestandteil höherer Mädchenbildung? In: Kleinau/Opitz (Hg.): Geschichte der Mädchen- und Frauenbildung, S. 174–188, hier S. 185 f.

formen übergreifenden Darstellung begonnen, bevor auf die sich etablierten Spezifika beider Laufbahnen eingegangen wird.

2.2.2.1 Auf der Spurensuche: Lehrerinnen im 16.–18. Jahrhundert

Ein Teil der Kirchen- und Schulordnungen im Gefolge der Reformation griffen Luthers Forderungen, Mädchenschulen einzurichten, auf. 40 Schulordnungen enthalten vielgestaltige »Anweisungen für den Unterricht von Mädchen«.[213] Die Ordnungen sehen für die Mädchenschulen Lehrer/-innen vor. Luther selbst hat 1523 in der »Ordnung eines gemeinen Kastens der Gemeinde zu Leisnig« für die Erziehung der Mädchen eine »ehrliche/ betagte/untadeliche weibs person«[214] gefordert. In der Göttinger Kirchenordnung wird, wie oben deutlich wurde, für die »teütsche Jungkfrauenschule (...) eine erbare redliche Frau verordnet«. Auch im Mädchenschul-Lehrplan von A. Muskulus werden nur Frauen als Lehrerinnen vorgesehen,[215] während in Göttingen 1593 der Organist und seine Frau als Lehrpersonal eingestellt werden. Die Wittenberger Schulordnung von 1533 spricht dagegen von einem Schulmeister für die Mädchenschule. Die Realisierung der in den Schulordnungen vorgesehenen Schulen und die ›Verordnung‹ von Lehrerinnen gestaltet sich – soviel lässt sich trotz der ungenügenden Forschungslage sagen – für Mädchenschulen schwieriger als für Jungenschulen. Zum einen hielt die Einrichtung von Mädchenschulen »nicht Schritt mit der von Knabenschulen, und die höhere Bildung blieb generell den Jungen vorbehalten.«[216] Zum anderen waren die Mädchenschulen teilweise nicht von Dauer, wie Westphal am Beispiel der »Medlins Schul« in Neuburg (Pfalz) zeigen kann. 1552 lässt sich hier eine Mädchenschule nachweisen, die aber 1561 nicht mehr erwähnt wird. 1588 wird wieder eine Mädchenschule von Michel Kürnerr, der den Unterricht mit seiner Frau teilt, gegründet, 1594 wird auch diese Schule nicht mehr existiert haben und die Mädchen besuchen die beiden anderen Schulen der Stadt.[217]

Die Lebens- und Bildungswege der Schulmeisterinnen des 16. Jahrhunderts sind wenig erforscht. Bekannt ist Magdalena Heymaierin, deren Mann ebenfalls Schulmeister war, weil sie als Schulbuchautorin in den Vorworten

---

213 S. Westphal: Reformatorische Bildungskonzepte für Mädchen und Frauen – Theorie und Praxis. In: E. Kleinau/C. Opitz (Hg.): Geschichte der Mädchen- und Frauenbildung, Bd. 1. Vom Mittelalter bis zur Aufklärung, Frankfurt u.a. 1996, S. 135–151, hier S. 142 (mit Hinweis auf F. Roth: Weibliche Erziehung und weiblicher Unterricht im Zeitalter der Reformation, Diss. Leipzig 1892).
214 M. Luther: Ordnung eines gemeinen Kastens der Gemeinde zu Leysnick. In: Luthers Werke in Auswahl, unter Mitwirkung v. A. Leitzmann hg. v. O. Clemen, 2. Bd., Berlin 1950, S. 404–422, hier S. 418.
215 Vgl. Conrad: »Jungfraw Schule« und Christenlehre, S. 178.
216 Westphal: Reformatorische Bildungskonzepte für Mädchen und Frauen, S. 144.
217 Ebd., S. 145.

ihrer Bücher autobiographische Notizen mitteilt. Sie unterrichtete zuerst Kinder im Haus von deren Eltern, bevor das Ehepaar von 1564 bis vermutlich 1570 eine Schulmeisterstelle in Cham erhielt. Dann ist Magdalena Heymaierin »Teutsche Schulmeisterin in Regenspurg«. 1586 unterrichtet sie adelige Kinder als Hofmeisterin. Nicht nur im ausgehenden 16. Jahrhundert sondern auch um 1770 lässt sich nachweisen, dass die Ehefrauen der Schulmeister die Mädchen oder einen Teil der Schüler unterrichteten.[218]

2.2.2.2 Lehrerinnenausbildung durch Schulung: das Seminarmodell

Gedicke konstatiert 1800 für Preußen einen Mangel an zweckmäßigen Töchterschulen. Gemeint sind damit nur Schulen »in den Städten für die Töchter der gebildetern Klassen«.[219] Der koedukative Unterricht in den städtischen und ländlichen Elementarschulen schien ihm dagegen bedeutungslos zu sein. Der Unterricht an den Töchterschulen wird als Erwerbszweig für gebildete und wenig begüterte Frauen empfohlen. »Ich kenne für solche Personen kein anständigeres und verdienstvolleres Geschäft als die Bildung der heranwachsenden Generation ihres eigenen Geschlechts.«[220] In Konsequenz forderte Gedicke die Einrichtung von Lehrerinnenseminaren. Seine Forderung wurde in Preußen erst 32 Jahre später eingelöst und ab 1832 wurden staatliche Lehrerinnenseminare eingerichtet, die eine Vorgeschichte in den durch die katholische Kirche getragenen, so genannten ›Normalkurse‹ in Paderborn und Münster hatten.

Th. Fliedner gründete 1844 das erste evangelische Seminar für Elementarlehrerinnen, das ab den 50er Jahren auch Lehrerinnen für das höhere Schulwesen ausbildete und 1859 als ›Kaiserswerther ev. Lehrerinnenseminar für Kleinkinder-, Elementar-, Industrie- und höhere Töchterschulen‹ ein umfassendes Angebot bietet. Außerhalb Preußens wurde zu Beginn des 19. Jahrhunderts staatlicherseits begonnen die Ausbildung von Frauen für das Elementarschulwesen mittels der Einrichtung von Seminaren zu fördern. In Bayern wurde 1814 als erstem deutschem Staat »ein Seminar eröffnet, in dem Mädchen zu Lehrerinnen ausgebildet werden können.«[221] Die Schließung 1826 und die Neueröffnung eines Seminars 1836 weist auf die noch instabile Lage hin.

Bis Anfang der 70er-Jahre hatten die meisten Staaten Lehrerinnenseminare eingerichtet. Neben diesen staatlichen Einrichtungen gab es eine größere Zahl von privaten Lehrerinnenseminaren. Dazu waren im 19. Jahrhundert Lehrerinnenseminare »häufig in Form von Aufbauklassen mit einer höheren

---

218 Vgl. z. B. die bei Petrat: Schulunterricht, S. 40 f mitgeteilte Situation einer Stadtschule.
219 Gedicke: Beantwortung der Frage: Hat der preußische Staat zu wenig oder zu viele Schulen? S. 419.
220 Ebd., S. 421.
221 J. Albisetti: Professionalisierung von Frauen im Lehrberuf. In: E. Kleinau/C. Opitz (Hg.): Geschichte der Mädchen- und Frauenbildung. Bd. 2: Vom Vormärz bis zur Gegenwart, Frankfurt u. a. 1996, S. 189–200, hier S. 191.

Mädchenschule verbunden. Das höhere Mädchenschulwesen erfüllte somit neben allgemeinbildenden auch berufsbildende Aufgaben. Es bildete Lehrerinnen aus, die nach bestandenem Examen wiederum in höheren Mädchenschulen, seltener Volksschulen, unterrichteten.«[222] Eine Zugangsberechtigung zum Beruf wurde in Form von Prüfungsordnungen und Examina nach und nach in den einzelnen Landesteilen Preußens ab 1837 und in den anderen Ländern (z. B. Württemberg 1858, Sachsen 1859, Baden 1865, Braunschweig 1868) eingeführt. In Preußen wird »bereits seit 1845 ein Elementar- und ein höheres Lehrerinnenexamen«[223] unterschieden. Mit der Befähigungsprüfung war jedoch nicht notwendig der Besuch eines Seminars verpflichtend verbunden. Damit ist zu dieser Zeit der Berufszugang zwar an eine Prüfung, nicht jedoch an eine Ausbildung gebunden. Für die bereits in den Schulen arbeitenden ungeprüften Frauen wurde die Befähigungsprüfung zu einem Problem. Noch die »Prüfungs-Ordnung für Lehrerinnen und Schulvorsteherinnen«[224] von 1874 ging von einer seminaristischen Ausbildung der Lehrerinnen aller Schularten, die auch ein Teil einer höheren Mädchenschule sein konnte, und einer vergleichbaren Prüfung aus. Für die Lehrerinnen an höheren Schulen wurden zwar bessere Noten und weitergehende Kenntnisse in Englisch und Französisch sowie Geschichte und Deutsch gefordert.[225] Aber dass viele der für das höhere Mädchenschulwesen ausgebildeten Lehrerinnen in städtischen Volksschulen unterrichteten, weist auf die nicht getrennten Laufbahnen, aber auch auf den Lehrermangel an Volksschulen in der zweiten Hälfte des 19. Jahrhunderts hin.

Lehrerinnen waren in fast allen Ländern bis zur Weimarer Reichsverfassung zur Ehelosigkeit verpflichtet. So wurde in Preußen 1880 per Erlass geregelt, dass bei beamteten Lehrerinnen im Fall der Heirat das Dienstverhältnis unmittelbar aufgehoben wurde. Im Zuge einer angestrebten Professionalisierung der Frauen im Lehrberuf vertraten die Lehrerinnen und ihre Verbände selbst diese Position bis in die Zeit des 1. Weltkrieges.[226]

Höhere Schulen und Lyzeen

Das höhere Mädchenschulwesen entwickelte sich im 19. Jahrhundert in Preußen weitgehend außerhalb der staatlichen Trägerschaft und war in sich außerordentlich vielgestaltig. Seit 1874 konnten Frauen die Prüfung für Elementarschulen mittels einer Zusatzprüfung in Deutsch, Französisch, Englisch und Geschichte erweitern und sich damit für die mittleren und höheren

---

222 E. Kleinau: Bildung und Geschlecht. Eine Sozialgeschichte des höheren Mädchenschulwesens in Deutschland vom Vormärz bis zum Dritten Reich, Weinheim 1997, S. 207.
223 Nieswandt: Lehrerinnenseminare: Sonderweg zum Abitur oder Bestandteil höherer Mädchenbildung?, S. 177.
224 Vgl. Centralblatt für die gesammte Unterrichts-Verwaltung in Preußen, 1874, S. 334–342.
225 Ebd., S. 340.
226 Vgl. Kleinau: Bildung und Geschlecht, S. 220.

Mädchenschulen qualifizieren. Die weitergehende Professionalisierung der Lehrerinnen an höheren Schulen wurde vom »Verein deutscher Lehrerinnen und Erzieherinnen« vorangetrieben, der bereits 1873 forderte, was Helene Lange in ihrer als »Gelbe Broschüre« bekannt gewordenen Schrift »Die höhere Mädchenschule und ihre Bestimmung« 1887 formulierte:

»1. daß dem weiblichen Element eine größere Beteiligung an dem wissenschaftlichen Unterricht auf Mittel- und Oberstufe der öffentlichen höheren Mädchenschulen gegeben und namentlich Religion und Deutsch in Frauenhand gelegt werden.
2. daß von Staatswegen Anstalten zur Ausbildung wissenschaftlicher Lehrerinnen für die Oberklassen der höheren Mädchenschulen mögen errichtet werden.«[227]

1894 wurde in Preußen ein »Erlaß betr. die Prüfungen für die Lehrerinnen« und 1900 eine neue »Ordnung der Wissenschaftlichen Prüfung für Lehrerinnen (Oberlehrerinnenprüfung)«,[228] jedoch kein examen pro facultate docendi erlassen und zugleich festgelegt, dass mindestens in einer der drei Klassenstufen der höheren Mädchenschulen eine Frau Klassenlehrerin sein soll.[229] Bald wurden auch Frauen als Gasthörerinnen und dann vermöge der Immatrikulation als ordentliche Studierende an den Universitäten zugelassen. In Preußen konnten Frauen seit 1904 das examen pro facultate docendi ablegen, damit hatten sie die *Möglichkeit* in der Ausbildung und hinsichtlich der Berufszugangsberechtigung formal mit den Männern gleichzuziehen. Die Lehrerinnenausbildung an Seminaren lief parallel dazu weiter. 1908 wurde das höhere Mädchenschulwesen in Preußen als ein System von Mädchenschultypen institutionalisiert. Auf das zehnjährige Lyzeum folgte das Oberlyzeum, das neben der zweijährigen Frauenschule aus dem vierjährigen Höheren Lehrerinnenseminar bestand. Mit den unterschiedlichen Ordnungen für die Prüfung an Oberlyzeen, in denen Lehrerinnen für die mittleren und höheren Schulen ausgebildet wurden, und für die Volksschullehrerinnen vom 11. Januar 1911[230] wurde die Trennung zwischen beiden Ausbildungen endgültig vollzogen. Der Prozess der Trennung zwischen der Ausbildung von Lehrerinnen für die Volksschule und für das höhere Schulwesen kam damit zu seinem Abschluss.[231] Allerdings gab es in der Berufswirklichkeit der Oberlehrerinnen, die seit der Weimarer Republik Studienrätinnen heißen, weiterhin Benachteiligungen gegenüber ihren männlichen Kollegen.

---

227 H. Lange: Die höhere Mädchenschule und ihre Bestimmung. Begleitschrift zu einer Petition an das preußische Unterrichtsministerium und das preußische Abgeordnetenhaus (1887). In: Dies.: Kampfzeiten. Aufsätze und Reden aus vier Jahrzehnten, Berlin 1928, S. 7–58, hier S. 7.
228 Vgl. Centralblatt für die gesammte Unterrichts-Verwaltung 1894, S. 483 ff; 1900, S. 618 ff.
229 Vgl. Albisetti: Professionalisierung von Frauen im Lehrberuf, S. 196.
230 Vgl. Zentralblatt für die gesammte Unterrichts-Verwaltung (1911), S. 222–255.
231 Vgl. K. Ehrich: Städtische Lehrerinnenausbildung in Preußen, Berlin u. a. 1995, S. 115–125.

Die deutschen Schulen und Volkschulen

Als 1908 in Preußen die Ausbildung der Volksschullehrerinnen mit der ihrer männlichen Kollegen parallelisiert wurde, trat die Prüfungsordnung für Lehrerinnen und Schulvorsteherinnen von 1874 außer Kraft. Für die Lehrerinnen galten in geringfügig modifizierter Weise die Regelungen der 1. Prüfung für die Lehrerseminare vom 1. Juli 1901. »Der Besuch des dreijährigen Volksschullehrerinnenseminars setzte die abgeschlossene Volksschule und den Besuch des dreijährigen Präparandinnenseminars voraus oder den Besuch der unteren und mittleren Klassen einer höheren Schule.«[232] 1911 wurden in Preußen die Volksschullehrerinnen zur Befähigungsprüfung und auch zur Rektoratsprüfung wie die Männer zugelassen.

2.2.2.3 Lehrerinnenausbildung durch pädagogische und wissenschaftliche Bildung: das Akademie- und Hochschulmodell

Seit 1904 wurden Frauen in Preußen zum examen pro facultate docendi aufgrund eines Gasthörerinnenstatus zugelassen, seit 1908 im Rahmen eines ordentlichen Studiums auf der Grundlage der Immatrikulation.[233] Als 1913 die Oberlehrerinnenprüfung abgeschafft wurde, war das examen pro facultate der einzige Zugangsweg zum höheren Lehramt.

Die Volksschullehrerinnenseminare wurden 1926 in die Pädagogischen Akademien integriert und damit auf ein akademisch-wissenschaftliches Niveau angehoben.

Zusammenfassend kann festgehalten werden: die Konstitution des Lehrer- und dem zeitlich und sachlich folgend des Lehrerinnenberufs als eines eigenständigen Berufs mit spezifischen Ausbildungen als Zulassungsvoraussetzungen erfolgte im 19. Jahrhundert. Voraussetzung war die partielle Ausdifferenzierung des pädagogischen Handelns aus dem ›Ganzen Haus‹ und dessen Institutionalisierung im Bildungswesen. Die Entstehung des deutschen Schulwesens und des schulpädagogischen Handelns darin ist historisch-systematisch im Rahmen des umfassenden Prozesses zur Moderne zu verstehen. Dieser beinhaltet neben der Institutionalisierung auch die Verberuflichung des schulpädagogischen Handelns im Lehrerberuf. Sowohl die Institutionalisierung wie auch die Verberuflichung vollzogen sich als ein komplexer, in sich uneinheitlicher und langer historischer Prozess. Im Prozess der Institutionalisierung ist mit großen Zeitverzögerungen, z. B. zwischen städtischen und ländlichen Regionen, zwischen Mädchen und Jungen, zwischen der schulpädagogischen Programmatik und der schulischen Realität und damit mit der ›Gleichzeitigkeit des Ungleichzeitigen‹ zu rechnen.

---

232 M. Nieswandt: Lehrerinnenseminare: Sonderweg zum Abitur oder Bestandteil höherer Mädchenbildung?, S. 186.
233 Vgl. Albisetti: Professionalisierung von Frauen im Lehrberuf, S. 196.

Die Schulgeschichte und die Entwicklungen des Unterrichtsbesuchs[234] spiegeln dies für die Schule zwischen dem 16. und 20. Jahrhundert wider. Erst mit dem beginnenden 20. Jahrhundert war die Entstehung des staatlichen, von der Kirche relativ unabhängigen Bildungswesen flächendeckend weitgehend abgeschlossen. Der Aufbau des modernen Schulwesens in der Bedeutung des mehrjährigen Schulbesuchs aller Kinder war somit erst Ende des 19. Jahrhunderts im Deutschen Reich sichergestellt. Weltweit liegt derzeit ein regelmäßiger Unterrichtsbesuch aller Kinder in ferner Zukunft.

Die Verberuflichung des schulpädagogischen Handelns und die Konstituierung des Lehrerberufs ließ zwei getrennte Gruppen entstehen: die Gymnasiallehrer/-innen und die Volksschullehrer/-innen. Beide hatten eine unterschiedliche Vorgeschichte. Während die Gymnasiallehrer/-innen sich aus dem Stand der Gelehrten und dem geistlichen Amt ausdifferenzierten, konstituierte sich der Volksschullehrerberuf aus einer Nebentätigkeit von Handwerkern, Küstern, Bauern usw.

B Die Konstitution des eigenständigen Religionslehrer- und Religionslehrerinnenberufs

2.3 Die Ausdifferenzierung des Religionslehrer/-innenberufs

Die Entwicklung zum und die Konstitution des Religionslehrer/-innenberufs als eines wählbaren, mit einer spezifischen Ausbildung und besonderen Berufszugangsmöglichkeiten verbundenen Berufs wird im Folgenden ebenso am Beispiel Preußens dargestellt. Die Ausdifferenzierung des Religionslehrer/-innenberufs und des Lehrer/-innenberufs mit anderen Fächern aus dem (Religions-)Lehrerberuf vollzieht sich in einem komplexen Prozess. Um allzu viele Doppelungen oder Verweise zu vermeiden, wird die Gliederung von Abschnitt A dieses Kapitels hier in Abschnitt B nicht analog abgebildet. Die Religionslehrerinnen und -lehrer an Volks- bzw. Grund- und Hauptschulen werden gemeinsam diskutiert.

---

234 Vgl. Leschinsky/Roeder: Schule im historischen Prozeß; und das umfängliche nicht nur auf die Schule bezogene Handbuch der deutschen Bildungsgeschichte, hg. v. Chr. Berg u.a., München 1987ff.

2.3.1 Religionslehrer und Religionslehrerinnen an höheren Schulen

2.3.1.1 Religionslehrer an höheren Schulen

Im den Lehrerberuf an höheren Schulen als Lebensberuf konstituierenden examen pro facultate docendi wird Religion als ein Prüfungsgebiet nicht erwähnt. Die Stellung des Religionsunterrichts an höheren Schulen war in der durch den Neuhumanismus geprägten Schulreform um 1810 zunächst unklar. Im Lehrplan des Gymnasiums von 1816 wie auch in dem von 1837 wird jedoch Religion in allen Klassen zweistündig erteilt.[235] Ein Bedarf an religionspädagogischem Handeln ist damit in allen Gymnasien gegeben, aber wurde dies auch als Bedarf von speziellen Religionslehrern verstanden? Die Ausbildung und Prüfung von Religionslehrern berührt dabei auch das Verhältnis des Religionslehrerberufs zur Ausbildung der Theologen für den Pfarrberuf, die traditionell auch die Schulämter einnahmen. Es stellt sich damit das Problem, ob der Religionslehrerberuf an höheren Schulen trotz der bereits vorhandenen Spezialisten sich parallel zum Lehrerberuf zu einem selbstständigen Lebensberuf konstituieren konnte. Eine Reihe von Erlassen des preußischen Ministeriums regelt die Prüfung der theologischen Bildung der ganzen Lehrerschaft (Theologie als Beitrag zur Allgemeinbildung) sowie die der spezifischen Ausbildung für den Religionsunterricht.

Das Cirkular=Reskript vom 21. 8. 1824 der »Unterrichts=Abteilung des Ministeriums der geistlichen, Unterrichts= und Medizinal=Angelegenheiten«[236] erlässt eine theologische Prüfung, damit die Studierenden »nicht länger die für jeden Gymnasiallehrer unentbehrlichen theologischen Disziplinen vernachlässigen.«[237] Die Prüfung wird jedoch nicht wie das examen pro facultate docendi von königlich wissenschaftlichen Prüfungskommissionen, sondern von den königlich kirchlichen Konsistorien abgenommen. Das Reskript unterscheidet dabei zwischen Lehrern, die Religionsunterricht erteilen, und solchen, die ihn nicht erteilen wollen. Im Sinn der allgemeinbildenden Prüfung müssen zwar beide Gruppen eine theologische Prüfung, aber mit jeweils unterschiedlichem Anspruchsniveau ablegen. Die angehenden Religionslehrer werden im Alten und Neuen Testament, in Dogmatik, Ethik und Kirchengeschichte geprüft, während die die Allgemeinbildung nachweisende Prüfung hauptsächlich die Glaubens- und Sittenlehre zum Thema hat.

Im Erlass über den Religionsunterricht von 1826 wird bereits der Fachlehrer für Religion, der Religion in verschiedenen Klassen unterrichtet, in Umrissen deutlich. Da »in der Regel nur vorzüglich der eine oder andere Lehrer zur Erteilung des Religionsunterrichts geeignet ist, [muss, N. C.] diesem also derselbe in mehreren Klassen übertragen werden.«[238] Trotz eines durch eine Prüfungsordnung nicht festgeschriebenen Fachlehrerprinzips entwickelt sich in den Schulen und auf dem Weg der Erlasse das Stellenprofil des evangelischen Religionslehrers.

---

235 Vgl. Giese (Hg.): Quellen zur deutschen Schulgeschichte seit 1800, S. 88–90, 127f.
236 Zit. n. Rönne: Die höheren Schulen und die Universitäten des Preußischen Staates, S. 42f.
237 Ebd., S. 42.
238 Zit. n. Giese: Quellen zur deutschen Schulgeschichte seit 1800, S. 115–116, hier S. 115.

Die mittels des Reglements vom 20. April 1831 in Kraft gesetzte Prüfungsordnung[239] »ist die erste differenzierte Prüfungsordnung für das höhere Schulfach in Deutschland überhaupt«.[240] Theologie und hebräische Sprache wird zwar nicht zu den Hauptlehrgegenständen der Gymnasien gerechnet, jedoch wird die theologische Prüfung jetzt im Rahmen des examens pro facultate docendi von den zuständigen Kommissionen abgenommen. Dabei wird wiederum für das Anspruchsniveau der Prüfung zwischen Lehrern, die Religion in allen Klassen erteilen wollen, und solchen, »welche entweder gar nicht, oder nur in den unteren Klassen Religions=Unterricht ertheilen wollen«[241], unterschieden.

Der angehende Religionslehrer muss in der Prüfung nachweisen, ob er die Bibel, zumindest das Neue Testament, in der Ursprache interpretieren kann, mit Regeln der biblischen Kritik, der Hermeneutik und den Einleitungsfragen (Geschichte und Verfasser der biblischen Bücher) vertraut ist, die christliche Dogmatik und Moral in ihren Hauptmomenten entwickeln kann sowie in der Kirchengeschichte eine allgemeine Übersicht und eine nähere Kenntnis über die für seine Konfession wichtigen Phasen besitzt. Wird dazu noch das Fach Hebräisch gewählt, so kommen weitere notwendige alttestamentliche Kenntnisse hinzu. Die allgemeinbildende Prüfung in Theologie beschränkt sich dagegen auf »die Bekanntschaft mit dem Inhalte der heil. Schrift und diejenige Kenntnis der christl. Glaubens- und Sittenlehre, so wie der bestehenden kirchl. Verhältnisse« (§ 21).

Beide Prüfungen unterscheiden sich nicht nur in der Quantität sondern auch in der Qualität der Prüfungsinhalte. Während zur Allgemeinbildung der ganzen Lehrerschaft – um die Biblische Theologie herauszugreifen – die Kenntnis der Bibel gehört, ist für Religionslehrer – wie die Begriffe ›Interpretation‹, ›Regeln der biblischen Kritik und Hermeneutik‹ oder ›Geschichte der biblischen Bücher‹ zeigen – die *Fähigkeit zum wissenschaftlichen Umgang* mit der Bibel eine Voraussetzung des Berufs. Der Vergleich beider Prüfungen macht deutlich, dass 1831 für den Zugang zum Religionslehrerberuf an höheren Schulen eine wissenschaftlich-theologische Expertise vorausgesetzt und im Rahmen des üblichen examen pro facultate docendi geprüft wird. Die ›königlich wissenschaftlichen Prüfungskommissionen‹ wurden hierzu um ein fünftes Mitglied erweitert.[242]

---

239 Zit. n. Rönne: Die höheren Schulen und die Universitäten des Preußischen Staates, S. 26–57.
240 Führ: Gelehrter Schulmann – Oberlehrer – Studienrat, S. 427.
241 Rönne: Die höheren Schulen und die Universitäten des Preußischen Staates, S. 43.
242 Vgl. hierzu das Promemoria des Ministeriums vom 3. 5. 1832 zit. n. Rönne: Die höheren Schulen und die Universitäten des Preußischen Staates, S. 201–202, hier S. 202.

Der Preußische Landtag wünscht 1832 die Anstellung wissenschaftlich ausgebildeter Lehrer, die zugleich »religiös anerkannte Geistliche sind«.[243] Mit diesem Ansinnen würde das berufliche religionspädagogische Handeln an höheren Schulen zu einem Teil der pfarramtlichen Aufgaben und der Religionslehrerberuf könnte keine Eigenständigkeit gewinnen. Die Antwort des Ministeriums macht deutlich, dass in dieser Zeit Pfarrer und Lehrer den evangelischen Religionsunterricht erteilen. Das Ministerium meldet gegenüber der ausschließlichen Anstellung Geistlicher als evangelische Religionslehrer gewichtige Bedenken an. Neben praktischen Erwägungen, »daß nicht alle evang. Ortsgeistlichen zur Ertheilung dieses Unterrichts geschickt oder geneigt sind, und daß nicht alle Gymn. im Stande sind, (...) einen besonderen Lehrer geistlichen Standes anzustellen«,[244] treten grundsätzliche pädagogische Gründe. Mit dem Religionsunterricht würde den Lehrern das beste Mittel genommen, »sittlich=religiös bildend auf ihre Schüler einzuwirken, in eine innerr (sic!) Seelengemeinschaft mit ihnen zu treten, und so auf ihr ganzes Leben einen segensreichen Einfluß zu gewinnen.«[245]

Am 3. Februar 1838 wird in einem Circular=Reskript, das der »oberflächlichen Mittelmäßigkeit«[246] der Berufstätigkeit nicht weniger Kandidaten durch eine Verschärfung der Prüfungsordnung begegnen will, auch Theologie und Hebräisch zu den Hauptlehrgegenständen des Gymnasiums erhoben. Am 16. 5. 1838 wird dies bestätigt und den Theologen, die beide ›Konsistorial=Prüfungen‹ bestanden haben, der Zugang zum Lehramt erleichtert, indem diese nur eine philosophische Prüfung und Probelektionen abzulegen haben.[247] Damit wurden zum einen die theologischen Inhalte und das Fach aufgewertet, zum anderen wurde das examen pro facultate docendi als Berufszugangsmöglichkeit für den Religionslehrerberuf faktisch abgewertet. 1841 wurde in einem Circular=Reskript des Ministeriums[248] Theologie und Hebräisch der Status eines Hauptfaches im Rahmen des examen pro facultate docendi wieder aberkannt. Daraus ergibt sich, dass »ein Kand., welcher in der Prüfung pro fac. doc. bloß in den theolog. Wissenschaften den gesetzl. Anforderungen entspricht, in den übrigen Lehrfächern dagegen die Bedingungen (...) nicht erfüllt, abzuweisen ist.«[249] Theologen mit den beiden Examina für den Pfarrberuf mussten damit den allgemeinen Bedingungen der Prüfungsordnung von 1831 genügen und so wurde ihr Zugang zum höheren Lehramt wieder erschwert. Nur über eine besondere »Prüfung pro loco« konnte für sie ein Zeugnis über die Fähigkeit, Religionsunterricht an höheren Schule zu erteilen, ausgestellt werden. 1853 wurde die Vergabe der bedingten Facultas docendi an Theologen und damit deren Zugang zum Religionslehrerberuf wieder erleichtert, um »für das Lehramt an den Gymn. Männer zu

---

243 Ebd., S. 201.
244 Ebd., S. 202.
245 Ebd.
246 Ebd., S. 44.
247 Vgl. Reskript des Königlichen Ministeriums der geistlichen, Unterrichts und Medizinal Angelegenheiten an das Königliche Provinzial Schulkolleg zu Münster. Ebd., S. 46.
248 Ebd., S. 58.
249 Circular-Reskript des Ministeriums vom 28. April 1842, zit. n. Rönne: Die höheren Schulen und die Universitäten des Preußischen Staates, S. 58, vgl. auch zum folgenden.

gewinnen, welche durch gründliche theol. Bildung zur Ertheilung des Religions=Unterrichts befähigt sind, zugleich aber, durch Übernahme von anderen Unterrichtsfächern, in die Reihe der ordentl. Lehrer einzutreten Beruf und Neigung haben«.[250] Mit der Öffnung wird das Interesse deutlich, Theologen in der Schule zu beschäftigen und ihnen zugleich keinen Sonderstatus in der Schule zuzuweisen, sondern sie als ›ordentliche Lehrer‹ zu integrieren.

Am 14. Dezember 1866 wurde die Prüfungsordnung von 1831 durch ein grundlegend neues »Reglement für die Prüfungen der Candidaten des höheren Schulamts«[251] ersetzt. Religion und Hebräisch gehören nun fest zu den vier wissenschaftlichen Fächern, in denen eine in drei Grade unterschiedene Fakultas erworben werden konnte.

Aus den Fächern wurde 1898 ein System von Haupt- und Nebenfächern gebildet.

Ein Zeugnis des ersten Grades in Religion und Hebräisch setzte neben der immer geprüften allgemeinen Bildung, die Befähigung in Religion und Hebräisch »durch alle Classen, außerdem aber entweder im Deutschen, oder im Französischen, oder in der Geschichte ebenfalls bis incl. Prima, im Lateinischen und Griechischen aber, oder in der Mathematik und Physik, in den mittleren Klassen zu unterrichten«,[252] voraus. Ein Zeugnis zweiten Grades befähigte zum Religionsunterricht in den mittleren Klassen (Unter- und Obertertia, Untersekunda) und zur Kombination mit den beiden alten Sprachen oder Deutsch oder Französisch oder Geschichte und Geographie oder Mathematik und Physik. Mit dem Zeugnis dritten Grades konnte nur in den unteren Klassen Unterricht erteilt werden. Der Prüfungsgegenstand für das Examen 2. und 3. Grades war Inhalt und Zusammenhang der Bibel, die kirchliche Lehre und die Hauptmomente der Kirchengeschichte, wobei für das Examen 2. Grades das Neue Testament Griechisch gelesen und interpretiert werden musste. Für die oberen Klassen wurden die Bestimmungen der Ordnung von 1831 weitgehend übernommen, wobei Biblische Archäologie als Prüfungsgegenstand hinzukam. Für Theologen wurden auch 1866 Sonderregelungen (vgl. § 27) erlassen.

Bei der Analyse der preußischen Prüfungsordnungen wurde deutlich, dass das Fach Religion sich nach der Unsicherheit zu Beginn des 19. Jahrhunderts stabilisierte und damit die Notwendigkeit eines abgegrenzten und spezifischen religionspädagogischen Handelns an Gymnasien als Aufgabe des Religionslehrerberufs entstand. 1824 wird eine zwar außerhalb des examen pro facultate docendi liegende theologische Prüfung für Religionslehrer eingerichtet und von der die Allgemeinbildung aller Lehrer nachweisenden Prüfung in Theologie unterschieden. Beide Prüfungen lassen sich in den Prüfungsordnungen und ministeriellen Reskripten bis 1917 – als die allgemeinbildende Prüfung auf Philosophie geschrumpft war – finden. Theologie und Hebräisch wurden zwischen 1838 und 1841 sowie ab 1866 bis zur Auf-

---

250 Circular-Reskript des Ministeriums vom 10. August 1853, zit. n. Rönne: Die höheren Schulen und die Universitäten des Preußischen Staates, S. 59–60, hier S. 59.
251 Centralblatt für die gesammte Unterrichts-Verwaltung in Preußen (1867), No. 1, S. 13–35.
252 Ebd., S. 20; vgl. zum Folgenden S. 21.

lösung der Fachgruppen 1898 als eigene Fachgruppe anerkannt. Davor und dazwischen konnte, mittels einer eigenen Prüfung, die Fähigkeit zum Religionsunterricht nachgewiesen werden. Als 1898 der Prüfungsordnung Fächer zugrunde gelegt und die Fachgruppen aufgelöst wurden, bekam der Religionsunterricht die Stellung eines Faches. Der Religionslehrerberuf wurde im 19. Jahrhundert zu einem wählbaren Beruf mit eigenständiger wissenschaftlicher Expertise und einer besonderen Prüfung als Voraussetzung des Berufszugangs. In der Zeit zwischen 1839 und 1863 haben jährlich Kandidaten mit dem Hauptfach Theologie das examen pro facultate bestanden. Von den 2583 examina pro facultate docendi (1807 ev., 736 kath. und 40 jüdische Kandidaten) wurden zusammen 225 mit dem Hauptfach ev. und kath. Religion abgelegt.[253] Zugleich konnten Pfarrer der evangelischen und katholischen Kirche, die über eine vergleichbare theologische Expertise verfügten, zum einen Religionsunterricht erteilen, zum anderen in den Lehrerberuf zum Teil unter vergleichsweise erleichterten Bedingungen überwechseln, ohne zusätzlich das examen pro facultate ablegen zu müssen. Für das religionspädagogische Handeln in den höheren Schulen Preußens liegen damit bei der Konstruktion des Religionslehrerberufs zwei latent miteinander konkurrierende Zugangsmöglichkeiten vor. Keiner der beiden Berufsgruppen gelang es in dieser Zeit das religionspädagogische Handeln zu monopolisieren.

Die Situation in der Gegenwart ist – wie eine eigene Umfrage bei den Kultusministerien und landeskirchlichen Verwaltungen zeigte – sowohl in den Bundesländern als auch in den Landeskirchen sehr unterschiedlich (vgl. 2.4.2).

---

253 Vgl. L. Wiese (Hg.): Das höhere Schulwesen in Preußen. Historisch-statistische Darstellung, Berlin 1864, S. 555.

2.3.1.2 Religionslehrerinnen an höheren Schulen

Die Lehrerinnen-Prüfungsordnung von 1874 sah für den Religionsunterricht ein einheitliches Anspruchsniveau für Volksschulen und für mittlere und höhere Mädchenschulen vor. Die Prüfungsordnung bewegt sich dabei in dem von den »Allgemeinen Bestimmungen« von 1872 gesetzten didaktischen Rahmen.

Die zentrale religionsdidaktische Tendenz der ›Allgemeinen Bestimmungen‹ lag darin, dass – so Bloth – ein theologisch reflektierter Maßstab für die Auswahl der biblischen Texte in den Hintergrund und die Rede vom »religiösen und sittlichen Inhalt in einer Geist und Gemüt bildenden Weise«[254] in den Vordergrund trat.

Die Prüfungsordnung für die seminaristisch ausgebildeten Religionslehrerinnen setzte die »allgemeine Bekanntschaft mit den Lehrinhalten der heiligen Schrift und der heiligen Geschichte alten und neuen Testaments in ihrem Zusammenhange sowie mit den Hauptthatsachen der Kirchengeschichte«,[255] den Katechismus und eine Anzahl auswendig gelernter Lieder als erwartbaren Inhalt voraus. Die Religionslehrerin sollte dazu eine biblische Geschichte im Anschluss an die Ausdrucksweise der Bibel frei erzählen und über die religiösen und sittlichen Inhalte Auskunft geben können. Der Vergleich mit der Prüfung der Religionslehrer an höheren Schulen zeigt, dass von den seminaristisch ausgebildeten Religionslehrerinnen eine wissenschaftliche Expertise nicht erwartet wurde, sondern dass neben der ›allgemeinen Bekanntschaft mit Inhalten‹ unterrichtspraktische Kompetenzen wie das Erzählen geprüft wurden.

Die »Ordnung der wissenschaftlichen Prüfung für Lehrerinnen«[256] aus dem Jahr 1894 ist ein wichtiger Zwischenschritt zum examen pro facultate docendi für Religionslehrerinnen. An dieser Prüfung, mit der die Befähigung zur Leiterin oder Oberlehrerin an einer höheren Mädchenschule erlangt werden konnte, durften nur Lehrerinnen teilnehmen, die bereits eine Prüfung entsprechend der Ordnung von 1874 abgelegt hatten. Dabei war nachzuweisen, dass die Lehrerin »sich fortgebildet und die Befähigung erworben hat, in wissenschaftlicher Weise selbständig weiter zu arbeiten«.[257] Das Fach Religion kann dabei mit Deutsch, Französisch, Englisch, Geschichte, Geographie, mathematische Wissenschaften und Naturwissenschaften kombiniert werden. Deutlich wird hier die doppelte Ausdifferenzierung der Religionslehrerinnen an höheren Schulen aus dem allgemeinen

---

254 Allgemeine Bestimmungen betreffend das Volksschul-, Präparanden- und Seminarwesen. In: Centralblatt für die gesammte Unterrichts-Verwaltung in Preußen 1872, S. 598 f; vgl. hierzu P. C. Bloth: Religion in den Schulen Preußens, Heidelberg 1968, S. 132 f.
255 Prüfungs-Ordnung für Lehrerinnen und Schulvorsteherinnen. In: Centralblatt für die gesammte Unterrichts-Verwaltung in Preußen, 1874, S. 334–342, hier S. 338.
256 Centralblatt für die gesammte Unterrichts-Verwaltung in Preußen, 1894, S. 487–489.
257 Ebd., S. 487.

(Religions-) Lehrerinnenberuf infolge der geforderten wissenschaftlichen Expertise für die höhere Schule und wegen der Spezialisierung als Religionslehrerin aufgrund der Wählbarkeit des Faches.

2.3.2 Religionslehrer und Religionslehrerinnen an Volksschulen bzw. an Grund- und Hauptschulen

Die Volksschullehrer/-innen waren im 19. Jahrhundert immer auch Religionslehrer/-innen. Der Religionsunterricht nahm in 19. und beginnenden 20. Jahrhundert sowohl quantitativ als auch qualitativ eine wichtige Stellung in der Volksschule ein.

Die Stiehlschen Regulative sahen sechs Religionsstunden pro Woche vor. In der als Teil der Allgemeinen Bestimmungen von 1872 veröffentlichten ›Allgemeinen Verfügung über Einrichtung, Aufgabe und Ziel der preußischen Volksschule‹ wurden für die Unterstufe vier, die Mittelstufe der einklassigen Volksschule fünf, der mehrklassigen vier, und die Oberstufe der einklassigen Volksschule fünf, der mehrklassigen vier Religionsstunden in der Woche vorgeschrieben. Hinzu kommt der Musikunterricht, in dem sich Choräle und Volkslieder abwechseln sollen. Die Zahl der Religionsstunden an den Volksschulen der anderen Länder bewegten sich 1910 sich zwischen zwei und sieben Religionsstunden pro Woche.[258]

In den restaurativen Stiehlschen Regulativen wird der Religionsunterricht »als Vermittlungsinstanz für eine christlich-patriotische Gesinnung«[259] und für die Abwehr liberaler Gedanken in Anspruch genommen. Hier wird für die Elementarschule (3. Regulativ) und für die Volksschullehrerausbildung (1. Regulativ) eine Religionspädagogik verordnet, die sich nicht an der religiösen Selbstständigkeit des Kindes oder des Lehrers, sondern an beider Disziplinierung orientiert.

Der vor den Regulativen an den Seminaren erteilte Religionsunterricht wird zwar in Katechismusunterricht umbenannt,[260] aber er wird inhaltlich und methodisch nicht ganz auf die Elementarschule begrenzt. Ansatzweise wird hier nicht nur Fachschulung für den späteren Unterricht, sondern religiöse Bildung der Zöglinge angestrebt, aber zugleich jeder Hauch der Wissenschaftlichkeit wie das Fach »Einleitung in die heil. Schrift«[261] ausgeschlossen und so die grundsätzlich mögliche Ausweitung wieder zurückgenommen. Inhalt des Unterrichts ist der Kleine Katechismus Luthers oder der reformierte Heidelberger Katechismus, ein wenig Kirchengeschichte und vor allem die biblische Geschichte. Letztere ist in praxisnaher Weise im Seminar zu behandeln, so dass die Seminaristen die Geschichten erzählen und unterrichtlich

---

258 Vgl. E. Oppermann: Die Zahl der Religionsstunden in den deutschen Volksschulen. In: Monatsblätter für den Ev. Religionsunterricht, 3 (1910), S. 140f.
259 Lämmermann: Religion in der Schule als Beruf, a. a. O., S. 219; vgl zum Folgenden S. 223.
260 Vgl. Das 1., 2. und 3. Regulativ 1854, S. 901.
261 Ebd., S. 904.

behandeln können. Der Tagesablauf des Seminars ist mit einem geistlichen Leben verknüpft und stellt »im Ganzen eine evang.-christl. Lebensgemeinschaft«[262] dar.

Die Ausbildung für den Religionsunterricht auf den Seminaren war im Unterschied zur universitären Ausbildung der Gymnasiallehrer nicht wissenschaftlich sondern unterrichtspraktisch angelegt. Nicht die theologisch-religionspädagogische Bildung der Religionslehrer, sondern deren bloß handwerkliche Fähigkeit, feststehende Inhalte und Methoden anzuwenden, war die Intention des 1. Regulatives. Die Allgemeinen Bestimmungen von 1872 hoben die Beschränkung nicht wie die Regulative hervor, in der Sache blieb der Religionsunterricht in den Lehrerseminaren aber weitgehend auf den Inhalt der Elementarschule begrenzt.

Die Allgemeinen Bestimmungen sahen in den Lehrerseminaren in den beiden unteren Klassen je vier und in der oberen Klasse zwei Wochenstunden Religionsunterricht vor. Ein wissenschaftlicher Anspruch wird nicht formuliert. Inhalt ist vor allem die biblische Geschichte, Kirchenlied und -jahr sowie Gottesdienstordnung, systematische Theologie (Religionslehre durch den Katechismus), Kirchengeschichte und Methodik des Religionsunterrichts.

Die Berufszugangsmöglichkeiten für Religionslehrerinnen an Volkschulen im Jahr 1874 wurden oben bereits diskutiert, ab 1908 waren die Religionslehrerinnen den Lehrern gleichgestellt, so dass sich hier nach diesem Zeitpunkt keine spezifischen, hervorzuhebenden Besonderheiten der Ausbildung und der Berufszugangsmöglichkeiten zeigen.

Erst die Weimarer Reichsverfassung (Art. 149) beschied, dass die Erteilung des Religionsunterrichts der Willenserklärung der Lehrer überlassen bleibt. Ab dieser Zeit gab es Volksschullehrer, die nicht gleichzeitig auch Religionslehrer waren. Die Ausbildung der Religionslehrer/-innen erfolgte in Preußen in den Pädagogischen Akademien und damit auf wissenschaftlichem Niveau. Die Entwicklung der generalistisch ausgebildeten Volksschullehrer/-innen hin zu Grund- und Hauptschullehrer/-innen und zum spezialisierten Fachlehrer, der in der Regel zwei Fächer studiert hat, vollzog sich in den 60er-Jahren. Mit der Umgestaltung der Volksschule zur Grund- und Hauptschule, die als der »entscheidenste Einschnitt«[263] in der Geschichte der Volksschule seit dem Beginn des 19. Jahrhunderts charakterisiert wird, wird für die Hauptschule »das Leitbild des Allround-Lehrers im Prinzip aufgegeben [... es] droht sich faktisch – entgegen der deklarierten Intention – in das Leitbild der isoliert nebeneinander arbeitenden *Fachlehrer* (ähnlich wie auf Gymnasium und Realschule) aufzulösen«.[264] Dieser ambivalente Prozess war eingebettet in die zunehmende Wissenschaftsorientierung des

---

262 Ebd., S. 905.
263 R. Keck: Zur Geschichte der Hauptschule als Sekundarschule (1959–1970). In: W. S. Nicklis (Hg.): Hauptschule. Erscheinung und Gestalt, Bad Heilbrunn 1980, S. 28–45, hier S. 28.
264 G. Wehle: Lehrer, Lehrerbildung. In: J. Speck/G. Wehle (Hg.): Handbuch pädagogischer Grundbegriffe, Bd. II, München 1970, S. 1–36, hier S. 19.

Unterrichts. Die »Spezialisierung im Lehrberuf«[265] wurde in den ausgehenden 60er-Jahren intensiv diskutiert. Dabei wurde von den Lehrer/-innen selbst, wie eine empirische Studie in Schleswig-Holstein deutlich macht, die »Spezialisierungsbedürftigkeit«[266] des Religionsunterrichts als nicht überaus hoch eingeschätzt. Er rangiert in der Skala von 17 Fächern auf Rang 11 zwischen Geschichte und Mathematik. Während für Hauswirtschaft, Biologie, Englisch und Handarbeit am dringendsten spezialisierte Lehrer/-innen für notwendig befunden wurden, ist in Heimatkunde und Deutsch die Spezialisierungsbedürftigkeit am niedrigsten. Im Zuge der fortschreitenden Säkularisierung und religiösen Pluralisierung sind hier von neueren Untersuchungen wohl veränderte Zahlen zu erwarten. Aus der Studie von K. Kürten kann nicht die angenommene Spezialisierungsbedürftigkeit, wohl aber die erfolgte Spezialisierung des religionspädagogischen Handelns im Religionslehrerberuf in Niedersachsen 1981 gezeigt werden. Von 569 Religionslehrer/-innen unterrichteten 389 Religion als Klassenlehrer/-in und 394 als Fachlehrer/-in Religion. Die 389 Klassenlehrer/-innen verteilen sich auf die Grundschule (223), die Orientierungsstufe (76), die Sekundarstufe I (88) sowie die Sekundarstufe II (2).[267] »Aus diesen Zahlen wird deutlich, daß Klassenlehrer auch als Fachlehrer (…) Religionsunterricht erteilen.«[268] Von den Fachlehrer/-innen unterrichten 267 in zwei, 100 in drei und vier, 18 Religionslehrer/-innen in mehr als vier Klassenstufen Religion.[269] Die Tendenz dieser Untersuchung wird von der von Feige 1985 durchgeführten Befragung bestätigt. Bei 57% der Religionslehrer/-innen liegt die Zahl der Religionsstunden pro Woche zwischen 1 und 5. »Diese Verteilung variiert mit der Schulstufe: der Anteil derer, die weniger als 6 Stunden geben, ist in der Grundschule und der Orientierungsstufe höher, in der Sekundarstufe I und II jeweils geringer und umgekehrt.«[270] Aus der die Religion bei ReligionslehrerInnen in den Mittelpunkt stellenden neusten niedersächsischen empirischen Studie wird vollends deutlich, dass 46% der niedersächsischen Religionslehrer/-innen keine entsprechende Fakultas besitzt. In den Grundschulen (50%), den Grund- und Hauptschulen (51%) und den Sonderschulen (65%) liegt dieser Anteil außerordentlich hoch, während an Gymnasien umgekehrt 98% der Religionslehrer/-innen über eine im Studium oder mittels eines Weiterbildungskurses erworbene Fakultas verfügen.[271]

---

265 J. Dieckmann/P. Lorenz: Spezialisierung im Lehrberuf, Heidelberg 1968.
266 Ebd., S. 97, vgl. zum Folgenden S. 97 f.
267 An der Untersuchung haben nur 20 Religionslehrer/-innen des Gymnasiums (3,7% der Stichprobe) teilgenommen, so dass diese Zahl wenig aussagekräftig ist.
268 K. Kürten: Der evangelische Religionslehrer im Spannungsfeld von Schule und Religion, Neukirchen-Vluyn 1987, S. 66.
269 Ebd., S. 65 f.
270 A. Feige: Christliche Tradition auf der Schulbank. Über Arbeitsbedingungen und Funktionsvorstellungen bei evangelischen Religionslehrern im Kontext ihrer Eingebundenheit in volkskirchliche Strukturen. Eine empirische Untersuchung aus Niedersachsen. In: Ders./K. E. Nipkow: Religionslehrersein heute, S. 5–61, hier S. 11.

Aus dem Volksschullehrer, der als Klassenlehrer alle Fächer und somit auch Religion unterrichtete und in der seminaristischen Ausbildung darauf vorbereitet wurde, wurde so der wissenschaftlich ausgebildete Religionslehrer, der neben Evangelischer Theologie noch mindestens ein weiteres Fach studiert hat und unterrichtet. Daneben gibt es aber zumindest an den niedersächsischen Grund-, Haupt- und Sonderschulen eine große Zahl Lehrer/-innen, die ohne Studium oder abgeschlossenen Weiterbildungskurs Religionsunterricht erteilt. Pfarrer und andere kirchliche Angestellte konnten und sollten im 19. und beginnenden 20. Jahrhundert auch Religionsunterricht an Volksschulen erteilen.

2.4 Zwischenresümee und Ausblick auf die Gegenwart

2.4.1 Resümee

In Kapitel 2 »Konstitution des schul- und religionspädagogischen Handelns als Beruf« wurde deutlich, dass die Unterscheidung des schul- vom religionspädagogischen Handelns eine in der deutschen Schulgeschichte junge Differenzierung darstellt, da schulisches Lernen sich im Medium des Christlichen vollzog. Lesen wurde am Katechismus und der Bibel, Singen an den Chorälen gelernt, dazu nahm der Religionsunterricht in der Stundentafel der Volksschule einen großen Raum ein.

Das schul- und religionspädagogische Handeln wurde in Grund-, Haupt-, Real- und Gesamtschule sowie an Gymnasien zu einem Lebensberuf. Der Gymnasiallehrerberuf hat historisch seine Wurzeln in einer Phase der Berufsbiographie von Pfarrern, der Grund- und Hauptschullehrerberuf in der Nebentätigkeit von Küstern und Handwerkern. Die Verstaatlichung der Schule im Prozess zur Moderne hat die Lehrer/-innen in die staatliche Beamtenschaft eingegliedert. In der Ausbildung und in der Schulrealität entwickelten sich die Gymnasiallehrer vom generalistischen ›gelehrten Schulmann‹ zum fachwissenschaftlich spezialisierten Studienrat. Auf den gesamtgesellschaftlichen Verwissenschaftlichungsprozess des 19. und 20. Jahrhunderts reagierend und diesen wiederum beschleunigend hat sich auch die Ausbildung der Volksschullehrer/-innen verwissenschaftlicht und spezialisiert. Es wurde auch für die Real-, und zuletzt für die Hauptschule das Fachlehrer/-innenprinzip in der Ausbildung durchgesetzt und in der Schule in den Vordergrund gerückt, ohne die Allroundlehrer/-innen, die in der Grundschule dominieren, endgültig zu verabschieden. Das religionspädagogische Handeln aller Lehrer/-innen wurde in diesem Prozess zu einem gewichtigen Teil in den Religionslehrer/-innenberuf ausdifferenziert, dessen

---

271 Vgl. A. Feige/B. Dressler/W. Lukatis/A. Schöll: ›Religion‹ bei ReligionslehrerInnen. Religionspädagogische Zielvorstellungen und religiöses Selbstverständnis in empirisch-soziologischen Zugängen, Münster 2000, S. 206 f.

Inhaber in der Schule zu mit wissenschaftlicher Expertise versehenen Spezialisten für Theologie, christlichen Glauben und Religionen wurden. Voraussetzung des religionspädagogischen Handelns in der gegenwärtigen Schule ist nun, dass die Lehrer/-innen ein wissenschaftliches Studium erfolgreich absolviert haben sowie durch wissenschaftliche und schulpraktische Examina geprüft und förmlich in ihr Amt eingesetzt sind. Mit der Eingliederung der Schule in die Zuständigkeit des Staates kann sich der schulische Religionsunterricht und die ihn erteilenden Religionslehrer/-innen nicht mehr ausschließlich von der Kirche her, sondern er muss sich primär von der Schule her verstehen.

2.4.2 Ausblick

Die Ambivalenz der Entwicklung zum wissenschaftlich und schulpraktisch examinierten Fachlehrer zeigt sich daran, dass in jüngster Zeit die »Wiederentdeckung des Klassenlehrerprinzips«[272] gefordert wird. Allerdings ist damit nicht eine vollständige Rückkehr zur Klassenlehrerin bzw. zum Klassenlehrer intendiert, sondern die Klassenlehrer/-innen sollen ungefähr die Hälfte der Stunden ihrer Klasse übernehmen. Mithin wird eine moderate »Entspezialisierung der Lehrer«[273] gefordert.

Mit der Frage des Fach- oder Klassenlehrerprinzips verbunden ist die nach der Zugangsmöglichkeit zum religionspädagogischen Handeln in der Schule. Für die Situation an den höheren Schulen Preußens wurde festgestellt, dass neben den ›gelehrten Schulmännern‹ respektive Oberlehrern oder Studienräten auch anerkannte Geistliche, also evangelische und katholische Pfarrer sowie Rabbiner, Religionsunterricht erteilen oder in den Lehrerberuf wechseln konnten. Hinsichtlich der aktuellen Situation kommen für den evangelischen Religionsunterricht drei Berufsgruppen in Frage: Religionslehrer/-innen, Pfarrer/-innen und andere kirchliche Lehrkräfte. Aufgrund bislang fehlender Untersuchungen wurde eine eigene Umfrage bei den Kultusministerien und landeskirchlichen Verwaltungen durchgeführt.

Da die Grenzen der 16 Bundesländer und der 24 Evangelischen Landeskirchen nicht übereinstimmen und weil zum einen innerhalb eines Bundeslandes mehrere Kirchen bestehen können, wie z.B. in Niedersachsen (Ev. Landeskirchen von Braunschweig, Hannover, Oldenburg, Schaumburg-Lippe und die Reformierte Kirche), oder zum anderen Kirchen, wie z.B. die Rheinische Kirche, sich über mehrere Bundesländer erstrecken (Nordrhein-Westfalen, Rheinland-Pfalz, Saarland und Hessen), war im Vorfeld nicht abzusehen, ob die Regelungen innerhalb eines Bundeslandes einheitlich sind. Aus diesem Grund wurde ein Fragebogen an die kirchlichen (Rücklauf 20 von 24, keine Angaben machten die Evangelischen Kirchen Anhalts, der schlesischen

---

272 P. Struck: Die Schule der Zukunft. Von der Belehrungsanstalt zur Lernwerkstatt, Darmstadt 1996, S. 203.
273 Ebd., S. 203.

Oberlausitz, Schaumburg-Lippe sowie die Kirchenprovinz Sachsen) und staatlichen (Rücklauf 7 von 16) Organe gesandt. Werden die Fragebögen an die Kirchen und Bundesländer zusammengesehen, dann liegen für alle Regionen Fragebogen zur Auswertung vor.

Neben den Lehrer/-innen gibt es zum einen die Berufsgruppe der Pfarrer/-innen bzw. Pastoren/-innen sowie zum anderen eine durch ihre Ausbildung und Anstellung heterogene Gruppe der kirchlich angestellten Religionslehrerinnen und -lehrern, die nicht Pfarrerinnen und Pfarrer sind. Die Darstellung der Ergebnisse wird noch erschwert, weil beide Gruppen, die Pfarrerschaft und die anderen kirchlichen Religionslehrkräfte, die fortan kirchliche Religionspädagoginnen und -pädagogen[274] genannt werden, jeweils haupt- und nebenamtlich Religion an der Schule unterrichten können.

Die Situation in der Gegenwart ist sowohl in den Bundesländern als auch in den Landeskirchen sehr unterschiedlich. Eine hier nur mögliche zusammenfassende Darstellung der Umfrageergebnisse zeigt, dass im Gebiet aller Landeskirchen mit Ausnahme der beiden Hansestädte Bremen und Hamburg staatlich ausgebildete und angestellte Lehrerinnen und Lehrer wie auch kirchlich ausgebildete und angestellte Lehrkräfte (Pfarrer/-innen und Religionspädagogen/-innen) das Fach Ev. Religionsunterricht unterrichten dürfen. Dies beinhaltet jedoch nicht, dass die staatlichen und kirchlichen Berufsgruppen dies in den Landeskirchen auch in etwa gleichem Umfang tun. Wenn die Sondersituation in Berlin-Brandenburg (98% des Religionsunterrichts wird durch kirchliche Lehrkräfte erteilt) und in Bremen und Hamburg (keine kirchlichen Lehrkräfte) einmal unbeachtet bleiben, dann zeigt sich für den durch kirchliche Lehrkräfte erteilten Religionsunterricht eine Spanne zwischen 40% und darüber in den Landeskirchen Baden, Bayern und Württemberg und gegen 0% gehend in der Landeskirche Hannovers. In 18 Landeskirchen können Pfarrer/-innen hauptamtlich Religionsunterricht erteilen. Es kommt noch hinzu, dass in den genannten süddeutschen Landeskirchen Baden, Bayern und Württemberg zusätzlich Pfarrer/-innen in ein staatliches Angestellten- oder Beamtenverhältnis wechseln können. Die Badische Landeskirche hatte auch den Anteil des Religionsunterrichts der in den Staatsdienst gewechselten Pfarrer/-innen zur Verfügung. Werden die Pfarrer/-innen, die in Baden in den Landesdienst übernommen werden und 36% des Religionsunterrichts erteilen, zu dem von kirchlichen Lehrkräften gegebenen Religionsunterricht hinzugerechnet, so liegt der Anteil kirchlich ausgebildeter oder angestellter Lehrkräfte

---

274 Die Bezeichnung der genannten Berufsgruppe mit dem Begriff ›Religionspädagogen‹ gewinnt ihre Rationalität durch den Begriffsumfang von ›Religionspädagogik‹. Der Begriff umfasst nicht nur die Theorie des Praxisfeldes schulischer Religionsunterricht, sondern auch die der Praxisfelder am Lernort Gemeinde, wie z. B. die kirchliche Kinder- und Jugendarbeit, Erwachsenenbildung usw. (Vgl. hierzu K. E. Nipkow: Grundfragen der Religionspädagogik, Bd. 3, Gütersloh 1982, S. 234–240; u. ders.: Bildung als Lebensbegleitung und Erneuerung, Gütersloh 1990, S. 15 ff.) Ein Großteil der Berufsgruppe arbeitet gleichzeitig in diesen Praxisfeldern oder ist zumindest dafür ausgebildet.

am Religionsunterricht im Gebiet der Badischen Landeskirche bei 75%. Die an Pädagogischen Hochschulen und Universitäten studierenden und das Referendariat als 2. Phase der staatlichen Lehrerausbildung absolvierenden und staatlich angestellten Religionslehrerinnen und -lehrer unterrichten innerhalb des Gebietes der badischen Landeskirche ca. 25% des Religionsunterrichts. Dies sind bemerkenswerte Zahlen. Von einer Dominanz oder gar Monopolisierung des Religionsunterrichtes durch die Leitprofession des Erziehungssystems, die Lehrerschaft, kann zumindest in den süddeutschen Landeskirchen nicht gesprochen werden.

Da die kirchlich angestellten Religionspädagogen/-innen zumeist neben der Pfarrerschaft weniger beachteten werden, ist es notwendig diesen Beruf in aller Kürze zu skizzieren. Religionspädagogen/-innen sind pädagogische Mitarbeiter der Kirchen, die in inner- und außerschulischen Tätigkeitsbereichen arbeiten. Im Berufsfeld Religionsunterricht können sie wiederum hauptamtlich oder nebenamtlich tätig sein. Hauptamtlich meint, dass sie von den Landeskirchen primär zur Erteilung des Religionsunterrichts angestellt sind, auch wenn ihr Dienstauftrag nur in Teilzeit (z. B. 75% oder 50%) ausgeübt wird. Diese Gruppe wird auf Grund ihrer primären Tätigkeit als ›kirchliche Religionslehrerinnen und -lehrer‹[275] bezeichnet. Die nebenamtlichen im Religionsunterricht arbeitenden kirchlichen Religionspädagogen sind Gemeindediakone, Gemeindepädagoginnen, Jugendreferenten und Kantorinnen, die im Rahmen ihres Dienstauftrags oder neben ihrem Dienst her noch eine bestimmte Wochenstundenzahl Religion unterrichten. Die Anstellungsmodi, der Umfang des verpflichtenden oder freiwilligen Deputates sowie die Ausbildung und die für notwendig erachteten Abschlüsse sind von Landeskirche zu Landeskirche verschieden.

Die Entscheidung, den Ausgang der vorliegenden Arbeit zuerst beim schulpädagogischen, sodann beim religionspädagogischen Handeln und zuletzt beim Religionslehrer/-innenberuf zu nehmen, bewährt sich, weil aufgrund dessen der »fachfremd«, ohne Studium und Lehrbefähigung erteilte Religionsunterricht oder das nicht durch Religionslehrer/-innen religiös gestaltete Schulleben in den Blick kommt. Denn auch die Lehrer/-innen, die fachfremd Religion unterrichten oder Schulgottesdienste gestalten, handeln religionspädagogisch in der Schule.

---

[275] Die Berufsgruppe der kirchlichen Religionslehrerinnen und -lehrer firmiert in den einzelnen Landeskirchen unter verschiedenen Namen, so z.B. in Berlin als ›Katecheten‹, in Württemberg als ›Religionspädagogen‹ ...

3 Konditionen schul- und religionspädagogischen Handelns

A Konditionen schulpädagogischen Handelns

Bei der Konstitution des schulpädagogischen Handelns als Beruf im Prozess der Institutionalisierung des Schulwesens entstehen zugleich spezifische Bedingungen des schulpädagogischen Handelns, die für das pädagogische Handeln außerhalb der Schule in dieser Weise nicht vorhanden sind. Unter den Konditionen schulpädagogischen Handelns werden hier die dem Handeln zwar zu Grunde liegenden, im direkten Handlungsvollzug jedoch nicht zu ändernden Elemente der Handlungssituation verstanden. Bei der Darstellung gehe ich nicht von einem theoretischen schul- und religionspädagogischen Text, sondern von einem 1782 veröffentlichten Augenzeugenbericht[276] über eine Landschule aus. Beim Zugriff über die schulpädagogische Programmatik würde zwar intendiertes, aber nicht notwendig vollzogenes Handeln deutlich; beim hier gewählten Zugang wird dagegen das Handeln selbst und dessen Bedingungen analysierbar.

»Die Schulstube war die einzige im Hause; zwar geräumig genug: aber für das, was sie alles fassen sollte, doch immer zu klein. (...) Das erste, was wir erblikten, war ein Hünerhan, und, weiterhin zwei Hüner und ein Hund. Am Kamin stand ein Bet, worauf ein Spinrad, ein Brod, und allerlei zerrisne Kleidungsstükke lagen. Zunächst am Bette stand eine Wige; darneben sas die Hausfrau und besänftigte ihr schreiendes Kind. An der einen Wand war eine Schneiderwerkstäte aufgeschlagen (...) Den übrigen Raum namen die Schulkinder an einem Tisch und auf mehreren Bänken ein. Es waren ihrer über 50, von verschidnem Alter und Geschlecht (...) Am Ende des Schultisches erblikten wir den Lehrer. Er war eben beschäftigt, die Lektion der Kinder (...) zu überhören (...) Das gelernte Pensum war ein Stük aus dem Katechismus, und der Reihe nach die 7-te Bitte (...) Darauf eine ausfürliche Entwiklung in Frag und Antworte mit biblischen Sprüchen ausgestopft, wie folgt:
Frage: Wie vilerlei ist das Uebel?
Antwort: Virerlei: 1) Das Uebel des Leibes; 2) der Sele; 3) des Guts, und 4) der Ehren. (...)
Dis Pensum nun plapperten die Kinder mit einem unausstehlichen Tone nach der Reihe her«.[277]

---

[276] Zur Wahl eines in der entstehenden pädagogischen Fachpresse veröffentlichten Augenzeugenberichtes anstelle eines Visitationsberichts vgl. G. Petrat: Schulunterricht. Seine Sozialgeschichte in Deutschland 1750–1850, München 1979, S. 22–27.

Der Bericht schildert die Situation einer Landschule und die 1782 herkömmliche Art des Schulehaltens, von der die »neue Lehrart«[278] repräsentiert durch die Schule Rochows in Reckan abgehoben wird.

3.1 Bedingungen schulpädagogischen Handelns

3.1.1 Räumliche Trennung

Wie der Bericht zeigt, etabliert sich eine vollständige räumliche Trennung zwischen Schule und außerschulischen Lebensbereichen erst allmählich. Zwar kommen die Kinder in einem Raum zusammen, zwar sind sie aus dem Zusammenhang des ›Ganzen Hauses‹ herausgenommen, aber sie sind nicht vom ›Ganzen Haus‹ des Schulmeisters getrennt. Dieser betreibt im selben Raum noch eine Schneiderwerkstatt, hält darin sein Federvieh und das Klassenzimmer dient auch als Wohn- und Schlafraum. Worin liegt nun der Vorzug, den die Etablierung des schulischen Lernens mittels der räumlichen Trennung versprach? Zum einen wird die Trennung pädagogisch als Verhütung von negativen äußeren Einwirkungen auf die Kinder interpretiert. Die Verhütung kann – so Schleiermacher – »nicht anders bewirkt werden, als durch ein relatives Isoliertwerden des Zöglings«.[279] Zum anderen soll eine gezielte »Strategie der ›Umweltvereinfachung‹«,[280] die zwar hier aufgrund des Hühnerstalls, der Werkstatt und der Familie des Schulmeisters noch nicht ganz zum Ziel gekommen ist, ein spezifisches Lernen eines bestimmten Personenkreises in einer eigens dafür aufgebauten und die Umwelt selektierenden Organisation ermöglichen. Das Schulhaus und das Klassenzimmer als geschlossene Räume reduzieren die wahrnehmbare Umwelt und vergrößern hierdurch das für das schulische Lernen wichtige Aufmerksamkeitspotenzial. Zugleich erlaubt die Umweltvereinfachung eine inhaltliche Konzentration. Schule und Unterricht zeichnen sich dazu noch dadurch aus, dass »die Mitglieder der Klasse oder des Kurses zu einer bestimmten Zeit an einem bestimmten Ort für eine bestimmte Dauer zusammenkommen, meist *wieder* zusammenkommen werden.«[281] So kann eine große Gruppe Heranwachsender unterrichtet werden. Jedoch führt die Strategie

---

277 Ein Schulbesuch in B. im Januar 1782. In: J. B. Basedow/J. H. Campe (Hg.): Pädagogische Unterhandlungen, 5. Jg., 1. Quartal, Dessau 1782, S. 93–101, zit. n. Petrat: Schulunterricht, a. a. O., S. 44; vgl. hierzu die Interpretation durch J. Diederich/H.-E. Tenorth: Theorie der Schule. Ein Studienbuch zu Geschichte, Funktionen und Gestaltung, Berlin 1997, S. 22–24.
278 Petrat: Schulunterricht, S. 32.
279 F. D. E. Schleiermacher: Pädagogische Schriften, Bd. 1: Die Vorlesungen aus dem Jahr 1826, unter Mitwirkung von Th. Schulze hg. v. E. Weniger, Düsseldorf 2. Aufl. 1966, S. 67.
280 G. L. Huber: Innerschulische Aspekte von Schulöffnung. In: Schule öffnet sich, Birkacher Beiträge für Bildung und Erziehung 3 (1999), S. 118–122, hier S. 118.
281 J. Diederich: Didaktisches Denken. Eine Einführung in Anspruch und Aufgabe, Möglichkeiten und Grenzen der Allgemeinen Didaktik, Weinheim und München 1988, S. 103.

der Umweltvereinfachung wegen der hierbei entstehenden Schulklasse innerhalb des Klassenzimmers zugleich zu einer Komplexitätssteigerung.

3.1.2 Die Schüler/-innen und die Schulklasse als soziale Gruppe

Mit der räumlichen ist auch eine soziale Trennung von den Eltern und den anderen damals dem ›Ganzen Haus‹, heute der Familie, zugehörigen Personen gegeben. Im schulischen Unterricht entsteht in dieser frühen, gewissermaßen noch nicht reinen Form schon eine vom Alltag unterschiedene Sozialstruktur. Die Schüler/-innen bilden eine der wesentlichsten Bedingungen schulpädagogischen Handelns. Der angestrebte Schulbesuch aller Kinder macht es notwendig, die Heranwachsenden zu Lerngruppen und Schulklassen zusammenzufassen. Auch wenn im Schulhaus noch weitere erwachsene Personen anwesend sind, so steht den 50 Kindern nur eine erwachsene Person als Lehrer gegenüber. Dass *eine* Lehrkraft zugleich mit *einer größeren Zahl* Kinder arbeitet, ist eine der augenscheinlichsten Folgen der Institutionalisierung des Unterrichts in der Schule und eine das schulpädagogische Handeln im Unterricht besonders prägende Kondition. Hieraus ergibt sich eine »scharfe Polarisierung zwischen den Schülern (...) einerseits und dem einzelnen Lehrer andererseits, der ein Erwachsener ist und die Welt der Erwachsenen ›repräsentiert‹«[282] oder zumindest repräsentieren soll. Die Polarisierung verliert an Schärfe, wenn die Lehrer/-innen die Position des ›generationellen Gegenübers‹ nicht mehr einnehmen.

Die oben herausgearbeitete ›doppelte Kontingenz‹ zwischen Interaktionspartnern (vgl. 1.1) führt infolge der großen Anzahl der Interaktionspartner in einer Schulklasse dazu, dass Unterricht »für alle Teilnehmer an ihm (...) weitgehend intransparent ist«.[283] Die Intransparenz der sozialen Situation Unterricht schließt sowohl die Ausgangslage des Unterrichts wie auch dessen Prozess ein. Die Lehrkraft kann die Voraussetzungen der Lernenden, die sich aus deren Freiheitsspielräumen ergebenden (Re-)Aktionen während des Unterrichts wie auch die Wahrnehmung und Interpretation der Inhalte und der sozialen Situation Unterricht durch die Schüler/-innen nicht komplett einholen. Erhöhen lässt sich aber die notwendigerweise reduzierte Komplexität bei der Wahrnehmung der unterstellten Bedingungen und Faktoren der unterrichtlichen Interaktion. Deutlich wurde, dass es für das pädagogische Handeln eine »qualitative Differenz bedeutet, ob der Lehrer – z. B. als Hauslehrer – ein einzelnes Kind oder – wie in der Schule – eine ganze Gruppe unterrichtet«.[284]

---

282 T. Parsons: Die Schulklasse als soziales System. Einige ihrer Funktionen in der amerikanischen Gesellschaft. In: C. F. Graumann/H. Heckhausen (Hg.): Pädagogische Psychologie, Grundlagentexte 1: Entwicklung und Sozialisation, Frankfurt 1973, S. 348–375, hier S. 353.
283 N. Luhmann/K. E. Schorr: Das Technologiedefizit der Erziehung und die Pädagogik. In: Dies. (Hg.): Zwischen Technologie und Selbstreferenz, Frankfurt 1982, S. 11–40, hier S. 28.

Unter dem Einfluss der bildungstheoretischen Prämisse, dass Bildung immer auch Bildung zu Individualität sei, hat die pädagogische Reflexion das Verhältnis von Schulklasse und Bildung als »Gegensatz von Bildung zur Individualität und öffentlicher Erziehung, d. h. aber letztlich (...) den Widerspruch zwischen der gesellschaftlichen Prämisse für den Beruf und der Berufsideologie verkündet.«[285] Der Aufbau der vorliegenden Arbeit impliziert, die Schulklasse nicht als Grund für den Gegensatz zwischen Bildung und öffentlicher Erziehung, sondern als Kondition schulpädagogischen Handelns zu thematisieren. Damit ist keine neue Perspektive eröffnet, sondern es wird an eine, insbesondere wegen der Dominanz von Strömungen der geisteswissenschaftlichen Pädagogik verdrängte Perspektive erinnert. So sah sich schon Trapp vor die Frage gestellt: wie Erziehung gestaltet werden kann, »besonders (...) bei einem Haufen Kinder, deren Anlagen, Fähigkeiten, Fertigkeiten, Neigungen, Bestimmungen verschieden sind, die aber doch in einer und derselben Stunde von dir erzogen werden sollen?«[286]

Lehrer/-innen haben es also nicht mit einzelnen Kindern zu tun, wie häufig beim pädagogischen Handeln im Rahmen der Familien, sondern in aller Regel mit weitgehend altershomogenen Schulklassen bzw. Lerngruppen. Der einzelne Schüler ist Mitglied einer Gruppe. Dies hat großen Einfluss auf die Lehrer-Schüler-Beziehung, die Wissensvermittlung und auch auf die Erziehung. Wenn in einem Klassenzimmer gleichzeitig eine größere Zahl Schüler und eine Lehrperson anwesend sind, dann macht dies den Unterrichtsprozess anfällig für Konflikte und erfordert Rücksicht. »Der Unterricht in der Klasse verlangt als dauerndes Zwischenziel die Herstellung der Aufmerksamkeit und eines halbwegs geregelten Kommunikationsablaufs.«[287] Das schulpädagogische Handeln in einer Schulklasse hat somit unter anderem die Aufgabe, die Bedingungen für die Möglichkeit von Aufmerksamkeit der Lernenden auf einen Inhalt vermittels eines geregelten Kommunikationsablaufs zu gewährleisten.

Schulpädagogisch wird die Differenz zwischen den Schüler/-innen einer Klasse zum einen als Belastung und zum anderen als Chance wahrgenommen. Aus den beiden Wahrnehmungsvarianten ergeben sich damit verbundene Handlungsvarianten.

1. Die Schulklasse und die Heterogenität der Schüler/-innen wird primär als eine Belastung wahrgenommen. Der Wahrnehmung von Differenz in der Schulklasse wurde schulpädagogisch entsprochen, indem die Homogenität der Lerngruppen mit Hilfe des Jahrgangsprinzips hinsichtlich des Alters,

---

284 Diedrich/Tenorth: Theorie der Schule, S. 95.
285 H.-E. Tenorth: »Lehrerberuf s. Dilletantismus« Wie die Lehrprofession ihr Geschäft verstand. In: N. Luhmann/K. E. Schorr (Hg.): Zwischen Intransparenz und Verstehen. Fragen an die Pädagogik, Frankfurt 1986, S. 275–321, hier S. 285.
286 E. C. Trapp: Versuch einer Pädagogik, Berlin 1780, Nachdruck Paderborn 1977, S. 25.
287 K. Ulich: Beruf: Lehrer/-in. Arbeitsbelastungen, Beziehungskonflikte, Zufriedenheit, Weinheim u. a. 1996, S. 42.

durch getrennte Schulen für Jungen und Mädchen hinsichtlich des Geschlechts, dank der Dreigliedrigkeit des Schulwesens hinsichtlich der Leistung und aufgrund eines konfessionellen Schulwesens hinsichtlich der Religions- und Konfessionszugehörigkeit erreicht werden sollte. Die Homogenität in der Schulklasse wurde mittels äußerer Differenz zu erreichen gesucht. Die Zusammenfassung der Kinder zu Lerngruppen oder Schulklassen erfolgt derzeit[288] in Form der Jahrgangsklasse, die im dreigliedrigen Schulsystem nach der vierten Klasse in drei Leistungsniveaus differenziert, aber innerhalb der weiterführenden Schulen im Grunde erhalten bleibt.

Der weitgehend übliche Klassenunterricht beinhaltet dazu noch die immanente Normierung, dass »alle Schüler die gleichen Anforderungen (...) in gleicher Zeit und unter im wesentlichen gleichen Bedingungen bewältigen sollen«.[289] Demgegenüber gilt aber: »Die sogenannte Jahrgangsklasse ist keine homogene Lerngruppe!«[290] Sie besteht, um die aktuelle Koedukationsdiskussion aufzunehmen, aus Mädchen und Jungen. Dem Anspruch auf Gleichbehandlung aller steht das Recht auf differenzierte Beachtung der einzelnen Mädchen und Jungen gegenüber. Die zur Lösung dieses Problems häufig vorgeschlagene Differenzierung – hier des besonderen naturwissenschaftlichen Unterrichts für Jungen und Mädchen – hat statt der möglichst großen Gleichbehandlung aller Schüler/-innen einer Klasse eine unterschiedliche Behandlung zum Ziel, um somit die nicht legitimierbaren, vermöge des Schulsystems zu erlangenden Vorteile der Jungen und die Nachteile der Mädchen auszugleichen.

Die Vermittlung zwischen dem Recht der einzelnen Lernenden auf individuelle Förderung und dem Anspruch der Schulklasse auf Gleichbehandlung stellt sich den Lehrer/-innen gewissermaßen stündlich im Unterrichtsalltag, wenn die einen Schüler/-innen einen Inhalt nicht verstehen, die anderen aber längst ungeduldig zappeln, weil sie sich schon langweilen. Beginnen die Lehrer/-innen erneut mit den einen zu arbeiten, so ist der Lernfortschritt der anderen unterbrochen und deren Zeit wird – im Ideal – mit anderen weiterführenden Aufgaben ausgefüllt. Der Unterrichtsprozess

---

288 Nicht immer wurde die Jahrgangsklasse und damit das Alter der Schüler zum Einteilungskriterium der Heranwachsenden erhoben. Ph. Melanchthon (Unterricht der Visitatoren an die Pfarrherrn im Kurfürstentum zu Sachsen, 1528. Zit. nach: Religionspädagogik. Texte zur evangelischen Erziehungs- und Bildungsverantwortung seit der Reformation, Bd. 1, hg. u. eingeführt v. K. E. Nipkow u. F. Schweitzer, München 1991, S. 86–89) hat die Fähigkeit der Kinder als Einteilungskriterium für die drei »Haufen« gewählt. »Der erste Haufen sind die Kinder, die lesen lernen. (...) Der andere Haufen sind die Kinder, so lesen können und sollen nun die Grammatik lernen. (...) Wo nun die Kinder in der Grammatica wohl geübet sind, mag man die Geschicktesten auswählen und den dritten Haufen machen« (S. 86–89).

289 W. Klafki: Innere Differenzierung des Unterrichts. In: Ders.: Neue Studien zu Bildungstheorie und Didaktik. Zeitgemäße Allgemeinbildung und kritisch-konstruktive Didaktik, Weinheim 2. erw. Aufl. 1991, S. 173–208, hier S. 175; vgl. auch die bei Klafki S. 204–208 genannte zahlreiche Literatur.

290 Ebd., S. 176.

erzeugt immer wieder neu diese dilemmatische Handlungssituation, deren Hintergrund die Gleichbehandlungsforderung darstellt. Diese wird virulent, wenn die Lehrer/-innen vor die Alternative gestellt sind, ihr Handeln am Lernen der Schwächeren oder der Stärkeren zu orientieren. Schon hier und nicht erst bei der Vergabe von Zensuren stellt sich für die Lehrer/-innen das Problem der Gerechtigkeit innerhalb der Klasse.[291]

2. Die Differenz der Schüler/-innen in einer Schulklasse kann aber nicht nur als Belastung des schulpädagogischen Handelns, die weitgehend vermieden werden sollte, sondern auch als Chance wahrgenommen werden. In diesem Sinn haben M. Montessori und P. Petersen altersheterogene Lerngruppen vorgeschlagen. Montessori hat die 4–6-Jährigen, die 7–9-Jährigen und die 10–12-Jährigen gerade nicht als Notlösung, sondern als den Jahrgangsklassen überlegene Form einer Lerngruppe zusammengefasst, weil sie »eine der Grundlagen der Selbsterziehung«[292] der Schüler/-innen realisieren. Montessori ging davon aus, dass die Kinder »voneinander lernen und dabei wachsen und sich entwickeln«.[293] Die älteren Kinder eignen sich aufgrund des Lehrens der jüngeren die Inhalte genauer an und werden zugleich zum Weiterlernen motiviert. Auch Petersen hat seinem Jena-Plan keine Jahrgangsklassen, sondern altersheterogene aus drei Jahrgängen zusammengesetzte Stammgruppen[294] zugrunde gelegt. Die Altersunterschiede der Kinder werden als für den Unterricht produktive Bildungsunterschiede interpretiert, die eine »vermehrte geistige und allgemein menschliche Anregung und Förderung für die ganze Gruppe«[295] mit sich bringen. Hinter der Argumentation Montessoris und Petersens verbirgt sich die Intention, Schüler/-innen von Schülern/-innen lernen zu lassen und das direkte schulpädagogische Handeln der Lehrer/-innen zugunsten dieses Lernens zurückzunehmen. Aufgabe des schulpädagogischen Handelns ist, für dieses Lernen der Schüler/-innen von Schülern/-innen Strukturen bereitzustellen. Das Lernen in altersgemischten Gruppen[296] wird auch in neuen schulreformerischen Überlegungen als eine innovative Chance und nicht nur als notwendige Antwort auf den Geburtenrückgang, besonders in den neuen Bundesländern, oder auf Neugestaltungen der Schuleingangsphase in der

---

291 Dass dies ein hochsensibler Bereich ist, zeigt der Umstand, dass Gerechtigkeit bei Schülern und Eltern im Blick auf die gewünschten Eigenschaften der Lehrer an erster Stelle steht (vgl. hierzu B. Gerner: Lehrer sein heute – Erwartungen, Stereotype, Prestige, Darmstadt 1981, S. 37 ff; zum Problem der Gerechtigkeit auch K. E. Nipkow: Religionsunterricht in der Leistungsschule, Gütersloh 1979).
292 Grundgedanken der Montessori-Pädagogik, zusammengestellt v. P. Oswald u. G. Schulz-Benesch, Freiburg u. a. 6. erw. Aufl. 1980, S. 98.
293 M. Montessori: Über den Grundriß der Montessori-Schule. In: Dies.: Spannungsfeld Kind – Gesellschaft – Welt, aus nachgelassenen Texten hg. v. G. Schulz-Benesch, Freiburg u. a. 1979, S. 78–88, hier S. 87.
294 Vgl. P. Petersen: Der kleine Jena-Plan, Weinheim u. a. 56.–60. Aufl. 1980, S. 26 f., 38 ff.
295 ebd., S. 38.
296 Vgl. R. Laging (Hg.): Altersgemischtes Lernen in der Schule, Hohengehren 1999.

Grundschule herausgearbeitet. Trotz des produktiven Umgangs mit Differenz wird sich auch hier das Handlungsdilemma zwischen Förderung des Einzelnen und Gleichbehandlung aller und damit die Gerechtigkeitsfrage im Unterricht stellen.

3.1.3 Inhaltliche Konzentration und zeitliche Strukturierung

Im 1782 veröffentlichten Augenzeugenbericht wird auf das Lernen eines spezifischen Inhaltes mittels einer »Lektion« hingewiesen, die hier in der 7. Bitte des Vaterunsers »erlöse uns von dem Übel« besteht. Der Begriff »Übel« wird im Unterricht vierfach entfaltet und das Lernpensum wird von den Kindern hergeplappert. Auch wenn hier im Sinn des Visitators eine defizitäre Form von Schule und Unterricht vorliegt, so sind doch zentrale Bedingungen und Elemente von Unterricht erkennbar: Deutlich ist, dass die Heranwachsenden zusammenkommen oder – wenn man so will – in zweifacher Weise in einem Raum zusammengezwängt werden, um ihnen allen ein spezifisches Lernen zu ermöglichen. Inhalt der »Lektion« ist nicht das Rechnen, Lesen oder die Zehn Gebote, sondern das Vaterunser und hiervon wiederum die 7. Bitte. Die raumzeitliche Trennung zwischen dem schulischen Unterricht und den anderen Lebensbereichen ist die Bedingung, dass im Unterricht »absichtlich manches Lernen zugunsten anderen Lernens ausgeschlossen wird, um die Wahrscheinlichkeit dieses anderen (...) zu Lasten des ersten (...) Lernens zu erhöhen«.[297] Die raumzeitliche Trennung ermöglicht die Fokussierung der Aufmerksamkeit auf einzelne Themen sowie eine Überschreitung der Alltagserfahrung der Lernenden, um durch die in den Unterricht aufgenommenen Erfahrungen anderer die eigenen Erfahrungs- und Lernprozesse abzukürzen. Aus der strukturellen Umweltvereinfachung ergibt sich zwingend folgendes Handlungsproblem für die Lehrer/-innen: mit welchen Inhalten und Gegenständen soll der konstituierte Sozialraum Unterricht und Schule ausgestattet werden? Was soll und kann bei der begrenzt zur Verfügung stehenden Zeit im Unterricht wann gelernt werden? Wichtiges muss von Unwichtigem getrennt und das als wichtig Deklarierte in eine gewisse Ordnung und Systematik gebracht werden. Die didaktischen Prinzipien, wie Schüler-, Wissenschafts-, Problem- oder Erfahrungsorientierung, aufgrund derer die Differenz lernenswert – nicht lernenswert konstituiert wird, müssen dazu noch bestimmt werden. Die Trennung des schulischen vom außerschulischen Lernen ermöglicht eine inhaltliche Konzentration, da Ort und Zeit der Schule gleichsam einen abgeschlossenen Raum bilden, der die Objekte der Wahrnehmung und Erfahrung reduziert und selektiert. Zu der oben beschriebenen räumlichen und sozialen Trennung von schulischem Unterricht und anderen Lebensbereichen kommt eine *inhaltliche* und *thematische* Trennung in Form einer inhaltlichen Kon-

---

297 Diederich: Didaktisches Denken, S. 58.

zentration hinzu, die eine intendierte Erfahrungserweiterung ermöglicht. Die inhaltliche Konzentration hat eine Sachdimension (1) und eine temporale Dimension (2).

1. Der in der Schule möglichen Fokussierung der Aufmerksamkeit auf spezifische Gegenstände folgte eine weitere, jetzt aber schulinterne Differenzierung, die gemeinhin in der Struktur der Unterrichtsfächer abgebildet wird, obgleich auch andere Strukturierungsprinzipien, wie z. B. epochen- oder problemorientierter Unterricht denkbar sind und praktiziert werden. Letztlich werden durch die Unterrichtsfächer auf einer grundlegenden Ebene Wissensbereiche ein- oder ausgeschlossen und auf einer darüber liegenden Ebene Inhalte den Fächern zugeordnet oder aus ihnen sowie den hinter ihnen stehenden Wissenschaften entwickelt. Die Fächer haben die Funktion eines Ordnungsprinzips für die Inhalte. Vor allem im Bereich der Sekundarstufe I und II, eingeschränkt auch in der Grundschule, bilden die Unterrichtsfächer ein zentrales Strukturierungsprinzip der Schule, das dem schulpädagogischen Handeln als Bedingung vorgegeben ist. Hinter der Strukturierung des schulischen Bildungsangebotes mittels Fächer stehen folgende Gründe:[298] 1) Lehrer/-innen können die Kompetenz einer Wissenschaft in ihr Handeln einbringen. 2) Die von konkreten Lebenssituationen abgehobene Qualifikation, die im Fach vermittelt wird, ist mit einem hohen Maß an Übertragbarkeit auf andere Situationen verbunden. 3) Probleme oder konkrete Lebenssituationen sind häufig unübersichtlich und vielschichtig und erfordern für ihre Bewältigung verschiedenste Qualifikationen, die in einer einzigen Lehr-Lern-Situation nicht gleichzeitig darstellbar und lernbar sind. Die Strukturierung des schulischen Lernens nach Fächern beinhaltet nun ihrerseits Nachteile und Gefahren: 1) die Tendenz zu gegenseitiger Abgrenzung fördert die Überschätzung des eigenen und die Unterbewertung der anderen Fächer. So können sich in den Unterrichtsfächern nebeneinanderstehende und abgegrenzte Wissensbereiche entwickeln, für die einzelne Lehrer/-innen zuständig sind. 2) Der Zusammenhang mit der Lebenssituation geht zu sehr verloren und es fehlt neben dem Wissen das Können zur Bewältigung einer Lebenssituation. 3) Der auf eine wissenschaftliche Disziplin bezogene Fachunterricht fördert weniger ein mehrperspektivisches Denken als ein auf mehrere Wissensbereiche fokussierender Lernprozess. Mithin gerät schulisches Lernen, wenn es sich ausschließlich unter den Bedingungen des Fachunterrichts vollzieht, in Gefahr, seiner Problem- oder Handlungsbezogenheit verlustig zu gehen.

Die in der Schule vollzogene Reduktion der Wahrnehmung und Erfahrung von natürlichen und sozialen Objekten erfordert ein intendiertes Wahrnehmen-Lassen[299] oder Zeigen[300] von Inhalten. Anstelle des Zeigens oder Wahrnehmen-Lassens wird unten der Begriff »Aneignung zumuten«

---

298 Vgl. W. Memmert: Der schulische Fächerkanon – eine heilige Kuh? In: N. Seibert/H. J. Serve (Hg.): Bildung und Erziehung an der Schwelle zum dritten Jahrtausend, München 1994, S. 1102–1123, hier S. 1104

als grundlegende schulpädagogische Operation herausgearbeitet. Aneignung zumuten kann grundsätzlich in einem individualisierten Unterricht spezifische Inhalte und Aneignungsformen für einzelne Schüler/-innen bereithalten oder auch für alle Schüler/-innen zur selben Zeit dasselbe Lernarrangement vorsehen.

2. Schulischer Unterricht entwickelt auf der temporalen Dimension gestufte Lernangebote für die Schüler/-innen auf der Basis des Prinzips der »konsekutiven didaktischen Bewegung, die vom Einfachen einen linearen und ungebrochenen Bezug auf das nachfolgend Komplexere erwartet«.[301] Auch wenn die hohe Erwartung des linearen und ungebrochenen Bezugs des vorhergehenden auf den nachfolgenden Unterricht notwendigerweise enttäuscht wird und das schulpädagogische Handeln auch hier der Erwartungsoffenheit unterliegt, so bildet doch der vorhergehende Unterricht zwar nicht *die eine* aber doch *eine* Bedingung für den folgenden Unterricht. Schulisches Lernen ist aufgrund der konsekutiven Bewegung zeitlich gebunden. Die Zeit der Schule ist in Schuljahre gegliedert, die ihrerseits durch Wochen (Wochenplanunterricht) oder durch Unterrichtsstunden strukturiert werden.

Zugleich bietet schulisches Lernen eine Zeitersparnis, da es einerseits die Lernanlässe in künstlicher Weise bereitstellt und nicht warten muss, bis sie vielleicht in einer Alltagssituation eintreten, und andererseits für die in den Lernanlässen liegenden Probleme Lösungen anbietet und so Erfahrungswege abkürzt. Unterricht kann so über längere Zeiträume geplant und im Rahmen einer Unterrichtsstunde, eines Schuljahres oder einer bis zu 13-jährigen Schulzeit *zeitlich strukturiert* werden, indem die Abfolge der intendierten Lernprozesse nach didaktischen Prinzipien festgelegt wird. Schulisches Lernen hat neben der räumlichen, sozialen, personellen und inhaltlichen auch »eine temporale Dimension«.[302] Schulpädagogisches Handeln ist ein Handeln in der Zeit und kann über die Zeit gestaltet werden. Als Handeln in der Zeit hat das schulpädagogische Handeln mit einer Schulklasse ein Ende, damit ist die berufliche Interaktion und die berufliche Beziehung zu den Schüler/-innen auf Auflösung hin angelegt.

---

299 Vgl. R. Koerrenz: Stufentheorie der Erziehung. Studien zur Theorie der Erziehung unter besonderer Berücksichtigung der operativen Grundlage und strukturellen Gestaltungsmöglichkeiten von Erziehung, Habilitationsschrift Tübingen, 1995, S. 161.

300 Vgl. zum »Zeigen« K. Mollenhauer: Vergessene Zusammenhänge. Über Kultur und Erziehung, München 4. Aufl. 1994, S. 68; K. Prange: Über das Zeigen als operative Basis der pädagogischen Kompetenz. In: Bildung und Erziehung 48, 1995, S. 145–158.

301 J. Oelkers: Schule heute im Spannungsfeld gesellschaftlicher Widersprüche. In: H.-P. Burmeister/B. Dressler (Hg.): Lebensraum Schule, Loccumer Protokolle 14/95, Loccum 1996, S. 9–33, hier S. 13.

302 K. Prange: Schul-Zeit. Gewinne und Verluste. In: ders.: Die Zeit der Schule, Bad Heilbrunn 1995, S. 60–68, hier S. 61.

3.1.4 Mediale Repräsentation der Inhalte

Infolge der räumlichen, sozialen und zeitlichen Trennung von Schule und außerschulischer Lebenswelt wird das spezifische, einer konsekutiven didaktischen Bewegung folgende Lernen im Unterricht ermöglicht. Die Ausdifferenzierung von Lernen in so großem Umfang, wie es in der Schule vorliegt, ist an eine weitere Bedingung gebunden: »nämlich an die Entstehung und Entwicklung von Zeichensystemen. Erst mit Hilfe der Schrift (...) ist eine vollständige Ausgliederung von Lernen aus Lebens- und Handlungszusammenhängen möglich, weil sich erst mit Hilfe der schriftlichen Sprache die Wirklichkeit beliebig und umfassend vergegenwärtigen läßt«.[303] Zu den kulturell geprägten elementaren Zeichensystemen gehört neben der Schrift noch das Zahlensystem. Die Gegenstände des Lernens, seien sie naturwissenschaftlicher, sozialer oder religiöser Art, werden in der Regel nicht an ihren natürlichen oder sozialen Umwelten und Kontexten aufgesucht, sondern sie werden als Lernanlass in das Klassenzimmer gebracht. Darüber hinaus kommen sie zumeist auch nicht real, sondern in Zeichensystemen medial repräsentiert als Texte, Zahlen oder Bilder in den Unterricht. Hier bietet Comenius mit dem von ihm herausgegebenen orbis sensualium pictus[304] ein Beispiel, das einen Meilenstein einer sich immer weiter ausbreitenden Entwicklung der medialen Repräsentation von Welt in schulischen Lernprozessen darstellt. »Mit Comenius begann die pädagogische Moderne: die Welt noch einmal, abgebildet und erläutert in pädagogischen Büchern und Instruktionen, in einer rechten Ordnung, die der Verwirrung der Lebensformen im 17. Jahrhundert entgegengesetzt werden konnte und als Spiegel gelten sollte, in dem sich nicht das Falsche spiegelt, sondern die wahre Ordnung.«[305] Die – infolge der raumzeitlichen Trennung der Schule von der Alltagswirklichkeit hervorgerufene – mediale Repräsentation der Lerngegenstände ermöglicht nicht nur Lernen im großen Maßstab, sondern verändert es auch und gibt dem Unterricht, der Schule und dem schulischen Lernen den Charakter der Künstlichkeit.[306] Diese Künstlichkeit der Schule ist eine Kondition schulpädagogischen Handelns. Die Differenz zwischen der ›Künstlichkeit des Unterrichts‹ und dem ›wirklichen Leben‹, zwischen eigener Erfahrung und über Bücher zubereiteter Lernstoff, zwischen Wissen aus erster und zweiter Hand ist ein die Schulgeschichte begleitender Brennpunkt der schulpädagogischen Diskussion.

---

303 Th. Schulze: Schule im Widerspruch. Erfahrungen, Theorien, Perspektiven, München 1980, S. 124.
304 J. A. Comenius: Orbis sensualium pictus, hg. von J. Kühnel, Leipzig 1910 (Faksimile der Ausgabe von 1658).
305 Mollenhauer: Vergessene Zusammenhänge, S. 71 f, vgl. S. 52 ff.
306 Vgl. H. Rumpf: Die künstliche Schule und das wirkliche Leben, München 1986.

3.1.5 Der latente Zukunftsbezug des schulpädagogischen Handelns

Schleiermacher sah schon, dass »jede pädagogische Einwirkung (...) ihre Richtung zugleich auf die Zukunft berechnet, und deren Wert in dem besteht, was in der Zukunft daraus hervorgehen soll«.[307] Schule und Unterricht bekommen dank der räumlich-zeitlichen und sozialen Trennung von der sie umgebenden gesellschaftlichen Praxis sowie mittels der zeitlichen Strukturierung und medialen Repräsentation der Inhalte eine über den bei Schleiermacher genannten grundlegenden Zukunftsbezug pädagogischen Handelns hinausgehende Zukunftsorientierung. Schulischer Unterricht gerät in Gefahr, sich auf die Zukunft der Schüler/-innen auszurichten. Schulisches Lernen wurde aus diesem Grunde als ›Vorbereitung‹ thematisiert. Schule hat – so der Grundgedanke der Curriculumtheorie[308] – die Aufgabe der Vorbereitung von Heranwachsenden auf das nach der Schule folgende Leben.

In der Schule sollen die Heranwachsenden zur Bewältigung von Lebenssituationen ausgestattet werden. Nun gilt es bei der Curriculumkonstruktion, die späteren Lebenssituationen zu erheben, die dort benötigten Qualifikationen zu identifizieren und die Inhalte und Themen für den Unterricht zu suchen, mittels deren diese Qualifikationen erlangt werden können.

Mit der Kategorie der Vorbereitung erhält das schulpädagogische Handeln der Lehrer/-innen wie auch das Lernen der Schüler/-innen einen expliziten Zukunftsbezug. Die kulturelle Erfindung schulischer Unterricht ermöglicht – so Giesecke – »die an und für sich diffus bleibende Realität in geordnete Vorstellungen zu bringen und diese für künftige, noch unbekannte Verwendungssituationen zur Verfügung zu halten.«[309] Die sich in den letzten Jahrzehnten biographisch immer mehr ausdehnende Schulzeit verlängert die als ›Vorbereitung‹ charakterisierte Zeit. Gegenwärtig hat sich dies Grundproblem pädagogischen Handelns nicht nur aufgrund der verlängerten Schulzeit, sondern auch wegen einer zu beobachtenden Gegenwartsorientierung und eines Anspruchs auf schnelle Bedürfnisbefriedigung in allen Lebensbereichen bei Jugendlichen verschärft.[310] Schulpädagogischem Handeln stellt sich hier die Herausforderung, trotz seines latenten Zukunftsbezuges die Gegenwart der Heranwachsenden nicht einseitig der Zukunft zu opfern. Schleiermacher hat dies klassisch formuliert: »Die Lebenstätigkeit, die ihre Beziehung auf die Zukunft hat, muß zugleich auch ihre Befriedigung in der Gegenwart haben; so muß auch jeder pädagogische Moment, der als solcher

---

307 Schleiermacher: Vorlesungen, S. 45.
308 Vgl. zur Curriculumtheorie die grundlegende Arbeit von S. B. Robinson: Bildungsreform als Revision des Curriculum, Neuwied, Berlin 1967.
309 H. Giesecke: Wozu ist die Schule da? Die neue Rolle von Eltern und Lehrern, Stuttgart 2. Aufl. 1997, S. 199 vgl. auch S. 235.
310 Vgl. hierzu F. Bohnsack: Veränderte Jugend – veränderte Schule? In: Ders./K. E. Nipkow: Verfehlt die Schule die Jugendlichen und die allgemeine Bildung?, Münster 1991, S. 9–55, hier S. 30f.

seine Beziehung auf die Zukunft hat, zugleich auch Befriedigung sein für den Menschen, wie er gerade ist.«[311]

3.1.6 Die Schulpflicht

Die Institutionalisierung von Lernen und Lehren in Unterricht und Schule wird rechtlich mit Hilfe der Schulpflicht gesichert. Wie das allgemeine Bildungswesen, so ist auch die allgemeine Schulpflicht einer Entwicklung unterworfen.

Die Weimarische Schulordnung von 1619[312] fordert unter Androhung von Strafe die ganzjährige Schulpflicht vom 6.–12. Lebensjahr und hierin eine tägliche Schulzeit von vier Stunden, die Gothaische von 1642[313] lässt die ganzjährige Schulpflicht im fünften Lebensjahr beginnen. Am 28. 9. 1717 wurde von Friedrich Wilhelm I. mit der »Verordnung, daß die Eltern ihre Kinder zur Schule, und die Prediger Catechisationes, halten sollen« die gesetzliche Regelung der allgemeinen Schulpflicht für Preußen erlassen. Allerdings galt dies nur für Orte, an denen bereits Schulen bestanden. In Preußen wird im General-Land-Schul-Reglement von 1763 und im Allgemeinen Landrecht von 1794 die Schulpflicht bekräftigt. »Einer Täuschung verfiele, wer aus den Proklamationen der allgemeinen Schulpflicht, wie sie die preußischen Könige mit Beginn des 18. Jahrhunderts verkündigten, direkt auf die Erziehungswirklichkeit schließen wollte.«[314] 1816 knapp 100 Jahre nach der Proklamation der Schulpflicht besuchten etwa 60% der schulpflichtigen Kinder eine öffentliche Schule, wobei der Schulbesuch regional sehr unterschiedlich ausgeprägt war. Eine allgemeine Schulpflicht, die die adligen Vorschulen abschaffte, gibt es für Reichsbürger erst in der Weimarer Reichsverfassung und für alle Kinder erst in der Bundesrepublik.[315]

In Baden-Württemberg kann nach einem zehnjährigen Schulbesuch die Beendigung der Schulpflicht auch ohne Abschluss festgestellt werden. [Vgl. § 75 (2) und (3) SchG]. Die Schule bekommt vermöge der Schulpflicht das Recht, von den schulpflichtigen Kindern und Jugendlichen die regelmäßige Teilnahme am Unterricht von in der Regel vier bis acht Stunden sowie an den übrigen verbindlichen Veranstaltungen der Schule zu fordern [vgl. § 85 (1) SchG] und dazu noch die außerschulische Zeit mittels Hausaufgaben zu strukturieren. Erfüllen Schulpflichtige die Schulpflicht nicht, so können sie »der Schule zwangsweise zugeführt werden« (§ 86 SchG). Schulpädagogisches Handeln vollzieht sich in einem erzwingbaren Sozialraum. Das schulpädagogische Handeln muss den in der subjektiven Sicht der Schüler/-innen

---

311 Schleiermacher: Vorlesungen, S. 48.
312 Vgl. Weimarische Schulordnung. In: Th. Dietrich,/J.-G. Klink (Hg.): Zur Geschichte der Volksschule, Bd. I: Volksschulordnungen 16.–18. Jahrhundert, 2. erw. Aufl., Bad Heilbrunn 1972, S. 37f.
313 Vgl. Gothaische Schulordnung. In: Dietrich/Klink: Zur Geschichte der Volksschule, Bd. 1, S. 63–115, hier S. 64f.
314 A. Leschinsky/P. M. Roeder: Schule im historischen Prozeß, Stuttgart 1976, S. 137.
315 Vgl. § 72 (1) Schulgesetz für Baden-Württemberg. Im Folgenden abgekürzt (SchG).

zwischen Freiwilligkeit und Zwang oszillierenden Schulbesuch möglichst in einen freiwilligen überführen, da sich Lernen ohne die Mitwirkung der Heranwachsenden nicht vollzieht.

3.1.7 Überbürdete Schule und Schüler

Annähernd alles, was das beiläufige Lernen im Alltag nicht (mehr) kann, sollen der systematisch und rational geplante schulische Unterricht und die Lehrer/-innen können. Die bei Pestalozzi (vgl. oben 2.1) deutlich werdende Argumentationsstruktur zeigt sich in der Schulgeschichte bis heute: gesellschaftliche Probleme werden in neue und weitere Aufgaben schulischen Unterrichts umgemünzt. »Was die Gesellschaft politisch nicht zu bearbeiten die Kraft findet, verweist sie an die Schule.«[316] Die Schule und das pädagogische Handeln in der Schule ist – so Grunder – eine aufgrund ihrer vielfältigen Aufgaben »überbürdete Schule«.[317] Giesecke hat mit seiner These, dass sich die Schule »wieder auf den Unterricht konzentrieren und beschränken muß«[318] und Familie sowie Jugendhilfe die anderen notwendigen pädagogischen Interventionen leisten sollen, die Diskussion über die Überforderung der Schule und des schulpädagogischen Handelns neu belebt.

Schule beansprucht einen beträchtlichen Teil der Lebenszeit von Heranwachsenden für sich. Deutlich wird dies schon an dem Programm der pädagogischen Reformer des 17. Jahrhunderts wie Comenius und Ratke. »Jeden Tag, jede Stunde kann man etwas lernen, wenn es nur richtig dargeboten wird: Vom Nahen zum Fernen, vom Einfachen zum Komplizierten, immer dem Alter und dem Verständnis entsprechend, hygienisch über den Tag, die Woche, das Jahr verteilt, mit Bewegung und mit Vergnügen gemischt – kurz: das ganze Leben der Kinder als eine ›Didactica magna‹ arrangiert.«[319] Die Schule als Ort planmäßig gestalteten Unterrichts nimmt dank dieser Entwicklung im Leben der Kinder viel Zeit und Raum ein. Neben die Perspektive auf die ›überbürdete Schule‹ tritt die auf die ›überbürdeten Schüler‹. »Schule überbürdet Heranwachsende, was Präsenzzeit an einem Ort, vielfach Inhalte und öfter soziales Arrangement betrifft.«[320]

---

316 H.-U. Grunder: Schule als Überbürdung – überbürdete Schule: und die Schulpädagogik? In: H. J. Apel/Ders. (Hg.): Texte zur Schulpädagogik, Weinheim, München 1995, S. 259–273, hier S. 267.
317 ebd., vgl. bes. S. 265–268.
318 H. Giesecke: Wozu ist die Schule da? Stuttgart 2. Aufl. 1997, S. 324.
319 A. Flitner: Schule. In: H. H. Krüger/W. Helsper (Hg.): Einführung in Grundbegriffe und Grundfragen der Erziehungswissenschaft, Opladen 2. durchges. Aufl. 1996, S. 167–176, hier S. 168.
320 Grunder: Schule als Überbürdung – überbürdete Schule, S. 264.

3.1.8 Schulpädagogisches Handeln als personales Handeln

Die raumzeitliche Verselbstständigung des Lernens konstituiert die Schule und den Lehrer/-innenberuf. Schule bildet einen Raum, der spezifische Beziehungen und Modi des Umgangs ermöglicht und erfordert. Zugleich haben diese immer auch Anteil am unspezifischen Umgang der Erwachsenengeneration mit den Heranwachsenden und vor allem am unspezifischen Umgang der Heranwachsenden untereinander. Lehrer/-innen und Schüler/-innen sind nicht nur in ihrer Rolle, sondern immer auch als Person in der Schule anwesend. Nachdem dies in der schulpädagogischen Diskussion längere Zeit in den Hintergrund trat, sprechen Stephan 1988 und Aurin 1994 von der »Wiederentdeckung des Lehrers«[321], von dessen Person und Subjektivität. Lehrer/-innen sind Teil des Unterrichts und der Schule, sie stehen mitten im Geschehen und sind nicht wie Beobachter hinter einer Glasscheibe verborgen. Die Bedeutung der Person der Lehrer/-innen für das schulpädagogische Handeln wird in dreifacher Sicht unter den Perspektiven der Verstrickung, der Verwicklung und der konstitutiven Bedeutung beschrieben.

Schulpädagogisches Handeln als soziales Handeln mit einer Schulklasse führt zu einer intransparenten Situation (vgl. 3.1.2), die dazu noch eine hohe Interaktionsdichte aufweist. Lehrer/-innen sind bei der hohen Interaktionsdichte des Unterrichts zu schnellen und ständigen Entscheidungen herausgefordert und handeln unter Druck. Die oben herausgearbeiteten psychischen Regulationsebenen des schulpädagogischen Handelns, insbesondere die als Habitus, Routinen und Konventionen bezeichneten Ebenen, die weithin intuitiv, unbewusst und unreflektiert erfolgen, machen die Verstrickungen der Person der Lehrer/-innen in die schulische Interaktion deutlich. Handlungen, die auf diesen Regulationsebenen beruhen, werden als persönliche Stellungnahmen oder persönliche Stärken und Schwächen von den Schüler/-innen und den Lehrer/-innen selbst wahrgenommen. Hinzu kommt, dass Lehrer/-innen den möglichen Widerspruch zwischen ihren eigenen und den Intentionen der Schüler/-innen bewältigen müssen. »Hier entstehen nicht zuletzt ganz persönliche Probleme. Lehrer werden von den Heranwachsenden in verschiedenartiger Weise affektiv besetzt.«[322] Lehrer/-innen dürfen den aus der Gruppe der Schüler/-innen »an sie herangetragenen affektiven Stürmen« nicht erliegen. Dies ist am ehesten möglich,

---

321 G. Stephan: Der Lehrer als Vorbild? Theologische Überlegungen zu einer pädagogischen Herausforderung. In: G. Büttner/J. Thierfelder (Hg.): Religionspädagogische Grenzgänge, Stuttgart 1988, S. 168–177, hier S. 169; K. Aurin: Erziehung zur Humanität – Bewahren und Erneuern im Prozeß der Erziehung. In: N. Seibert/H. J. Serve (Hg.): Bildung und Erziehung an der Schwelle zum dritten Jahrtausend, München 1994, S. 542–568, hier S. 545.
322 G. Lenhardt: Schulentwicklung und Lehrerethos. In: Neue Sammlung 34 (1994), S. 277–296, hier S. 289.

wenn sie die Verstrickungen reflektieren und über ihre »eigenen regressiven Neigungen autonom verfügen«[323] können.

Die Person der Lehrer/-innen hat noch eine weitere Bedeutung. Deutlich wurde oben, dass die intergenerationellen Kontakte vermehrt nur noch durch Eltern sowie die pädagogischen Berufe gewährleistet werden. Aufgrund der Trennung der Schule von der gesellschaftlichen Umwelt wird die ältere Generation in der Schule »noch nahezu ausschließlich durch die Lehrer/-innen zugleich präsentiert und repräsentiert«.[324] Für die Präsentation benötigen die Lehrer/-innen ein Wissen, das sie in ihrem fachwissenschaftlichen Studium erwerben, sowie eine didaktische Kompetenz. Die Wirksamkeit dieser Kompetenzen lässt sich, das wurde bereits deutlich, nicht ohne personale Anteile realisieren. Die Konstruktion eines schulpädagogischen Handlungsentwurfs durch die Lehrer/-innen orientiert sich zudem nicht nur an der Schüler/-innen- und Situationsangemessenheit der gewählten Ziele, Inhalte und Mittel des Handelns, sondern auch – so wurde oben im Anschluss an Oelkers formuliert – an der Biographieangemessenheit der Lehrer/-innen selbst. Lehrer/-innen werden sich beim Handlungsentwurf auch an ihren längerfristigen Absichten, dem eigenen Unterrichtskonzept und das heißt, an ihrer berufsbiographischen Kontinuität orientieren.

Schulpädagogisches Handeln fordert weiterhin zu persönlichen Stellungnahmen sowohl zum Inhalt wie zu den Schüler/-innen und ihrem Verhalten heraus. Für das schulpädagogische Handeln als einem interaktionalen Handeln ist eine Beziehung zu den Schüler/-innen grundlegend. Schüler/-innen sind auf Anerkennung ihrer Person angewiesen. Grundlage der Anerkennung ist nicht eine aus der Elternliebe abgeleitete pädagogische Liebe sondern Enkulturation und Individuierung als Aufgabe der Schule. Vor allem bis zur Pubertät werden von den Schüler/-innen die Inhalte des Unterrichts und die Person der Lehrer/-innen kaum getrennt. »Das Alltagswort, Kinder lernten für ihre Lehrerin, weist treffend auf die konstitutive Bedeutung hin, die der Personalität von Bildung zukommt. Lehrer/-innen bilden für das Lernen der Kinder einen tragenden Grund oder schwankenden Boden«.[325]

Hinzu kommt die Repräsentation der Erwachsenenwelt in der Welt der Heranwachsenden, auf die schon Parsons (vgl. oben 3.1.2) aufmerksam machte. Der zum Teil über mehrere Jahre währende, trotz Fachlehrerprinzip regelmäßige und trotz der quantitativen Lehrer/-innen-Schüler/-innen-Relation, intensive Kontakt macht erstere für letztere zu herausgehobenen Personen. Lehrer/-innen sind für die Schüler/-innen wegen der Abschot-

---

323 Beide Zitate ebd.
324 E. Liebau: Allgemeinbildung als Laien- und Bürgerbildung: eine Aufgabe für das Gymnasium? In: Ders./W. Mack/Chr. Scheilke (Hg.): Das Gymnasium. Alltag, Reform, Geschichte, Theorie, Weinheim u. a. 1997, S. 281–302, hier S. 290; vgl. zum folgenden S. 291 f.
325 P. Fauser: Grundsatzdiskussion IV. Die pädagogische Freiheit von Lehrern und Lehrerinnen. In: D. Haarmann (Hg.): Handbuch Grundschule, Bd. 1, Weinheim u. a. 2. erg. Aufl. 1994, S. 268–281, hier S. 274.

tung der Generationen ein immer wichtigeres, weil selteneres Modell für ein verantwortliches Erwachsensein. Für Liebau zeigt sich die Professionalität der Lehrer/-innen nicht nur in der notwendigen fachwissenschaftlichen und didaktischen Kompetenz, sondern auch in der »Glaubwürdigkeit, mit der er oder sie sich begründet als erwachsene, öffentlich berufstätige, im Gemeinwesen beruflich wie außerberuflich verantwortlich handelnde Person darstellen kann«.[326] Die Repräsentation des glaubwürdigen Erwachsenseins ist nun nicht eine besondere Aufgabe des schulpädagogischen Handelns, sondern eine sich in der Interaktion vollziehende Dimension des Lehrer/-innenhandelns. Gerade in der kompetenten Ausführung der Aufgaben der Lehrer/-innen von der Gesprächsführung, in der »sachliche Fehler keine menschlichen Enttäuschungen nach sich ziehen müssen«,[327] über die Verbindung von Wissenschaft und Schülerwelt bis hin zur Pünktlichkeit »repräsentieren sie für ihr Klientel eine menschliche, eine mitbürgerliche Perspektive (...) Diese Vorbildwirkung (...) sollten wir nicht Autorität nennen«.[328] Die Lehrer/-innen haben an dieser Dimension der Repräsentation Teil, ob sie es wollen oder nicht. Dieser Zusammenhang wurde von der Pädagogik traditionell mit dem Begriff des ›Vorbildes‹ thematisiert. Die Psychologie bevorzugt dagegen den Begriff des Modells und des Modelllernens.[329] Die pädagogische Diskussion des Lehrer/-innenberufs zeigt jedoch seit den 60er-Jahren eine Zurückhaltung, den Lehrer/-innen die Position des Vorbildes anzusinnen.[330] Selbst wenn den Lehrer/-innen eine Vorbildfunktion zugeschrieben wird, geschieht dies in gebrochener Weise, indem die »Ambivalenz des Vorbilds«[331] hervorgehoben wird. Die Kategorie ›Vorbild‹ wird mit der »gefährlichen Tendenz zu einer idealistischen Überhöhung und Selbstüberschätzung«[332] verbunden, die bei sich realistisch einschätzenden Lehrer/-innen Entmutigung bewirken kann. Indem Schavan die Kategorie ›Vorbild‹ nicht nur von den Lehrer/-innen, sondern auch von den Schüler/-innen aus interpretiert, nimmt sie ihm die idealistisch-moralische

---

326 Liebau: Allgemeinbildung als Laien- und Bürgerbildung, S. 291.
327 W. Schulz: Fragwürdige Autorität im pädagogischen Dialog. In: G.-B. Reinert/R. Dietrich (Hg.): Theorie und Wirklichkeit. Studien zum Lehrerhandeln zwischen Unterrichtstheorie und Alltagsroutine, Frankfurt 1987, S. 25–31, hier S. 29.
328 Ebd., S. 29.
329 Vgl. A. Bandura: Sozial-kognitive Lerntheorien, Stuttgart 1979, S. 31 ff.
330 Vgl. G. Wehle: Die Bedeutung des Vorbildes in der Erziehung der Gegenwart. In: Der katholische Erzieher 5 (1963), S. 230–243, hier bes. S. 230. Anders Lenhardt: Schulentwicklung und Lehrerethos, S. 290. Für Lenhardt ist die Aufgabe der Schule, den formalen gesellschaftlichen Normen Geltung zu verschaffen; sie ist nicht der Ort, wo die »zufälligen persönlichen Eigenheiten von Lehrern oder Schülern ausgelebt werden dürfen«. Trotzdem ist das Persönliche »legitim, sofern es diesen Normen Ausdruck verschafft. In dem Begriff des Vorbilds (...) wird diese Verschränkung von Persönlichem und Allgemeinem treffend zusammengefaßt«.
331 A. Schavan: Zur Ambivalenz des Vorbilds. In: Vierteljahresschrift für wissenschaftliche Pädagogik 61 (1985), S. 213–226.
332 Stephan: Der Lehrer als Vorbild, S. 171.

Komponente. »Für wen jemand Vorbild ist, liegt nicht primär in seinem Wollen begründet, sondern in der Wahl des Zu-Erziehenden aufgrund der (...) glaubwürdigen Weise der Daseinsgestaltung des Erziehers«.[333]

Dabei werden zwei Phasen der Vorbildwirkung unterschieden. Bis zum 10. Lebensjahr können Eltern und Lehrer/-innen ein »noch nicht reflektiertes Vorbild des Kindes werden« während das Jugendalter als »Phase des reflektierten Vorbildes«[334] angesehen wird. Daneben wurde in nahezu allen empirischen Studien deutlich, dass im Jugendalter die »Vorbildneigung markant zurückgeht«.[335]

Im Vorbild wird in »ganzheitlich personaler Weise (...) ein Bild zu Anschauung gebracht«.[336] Die Vorbildwirkung kann infolge einer unglaubwürdigen Haltung ausgeschlossen werden. Vorbild ist damit eine Kategorie, die aufgrund von Glaubwürdigkeit primär Personen aus dem sozialen Nahbereich zugeschrieben wird, damit sind Lehrer/-innen zumindest potenzielle Vorbilder. Die konkrete Zuschreibung ist aber für die Lehrer/-innen ein Widerfahrnis (vgl. Teil I, Kapitel 2), an dessen Zustandekommen sie nur mittelbar durch ihre Glaubwürdigkeit beteiligt sind. Die Vorbildwirkung als ein Widerfahrnis kann daher im Unterschied zu Präsentation und Repräsentation als einem Handeln für eine Bestimmung des schul- und religionspädagogischen Handelns nicht weiterführen.

Schulpädagogisches Handeln ist als personales Handeln keine defizitäre Form, die es zu überwinden gilt, sondern die *Verstrickung* der Person unter dem Ereignisdruck der Interaktionsdichte, die *Verwicklung* der Person in die Präsentation der Inhalte und die damit zusammenhängende *konstitutive Bedeutung* der Person für das Lernen der Heranwachsenden sowie für die glaubwürdige Repräsentation der Erwachsenenwelt ist von der Unbewusstheit in die Bewusstheit überzuführen. Schulpädagogisches Handeln als personales Handeln benötigt eine reflexive Einholung des Persönlichen, nur insofern liegt Handeln und nicht unbewusstes und damit unkontrollierbares Verhalten vor. Da die Person in den Unterricht verstrickt und verwickelt ist und dieser deren Einsatz unumgänglich macht, werden »Mißerfolge als persönliches Scheitern auf der ganzen Linie wahrgenommen (...). Lehrer müssen erst lernen, zwischen ihren beruflichen Bemühungen und ihrer Gesamtpersönlichkeit zu trennen.«[337] Erst diese Distanz ermöglicht es Lehrer/-innen ihre eigene Person als eine Bedingung ihres eigenen schulpädagogischen Handelns zu erkennen.

---

333 Schavan: Zur Ambivalenz des Vorbilds, S. 221.
334 Ebd., S. 222 u. 223.
335 A. Bucher/S. Montag: Vorbilder: Peinliche Überbautypen oder nach wie vor notwendig? Bericht über zwei aktuelle empirische Untersuchungen. In: Religionspädagogische Beiträge 40 (1997), S. 61–81, hier S. 76.
336 Schavan: Zur Ambivalenz des Vorbilds, S. 220.
337 K. O. Bauer: Kindern was beibringen müssen, auch wenn sie keine Lust auf Schule haben – Überblick über den Stand der Lehrerforschung. In: Jahrbuch der Schulentwicklung; Bd. 6, 1990; S. 237.

3.2 Die Trennung von Schule und Leben: Problemverkürzende Wahrnehmungen

Die gesellschaftliche Differenzierung und die damit notwendig gewordene Institutionalisierung pädagogischer Praxis mit den in 3.1 dargestellten Konditionen ist eine Grundlage des schul- und religionspädagogischen Handelns. In der Erziehungswissenschaft wird sie in ihrer ganzen Ambivalenz wahrgenommen. Im Folgenden werden im Anschluss an Benner zwei idealtypische Positionen[338] der Wahrnehmung von Schule dargestellt: Aus schulkritischer Perspektive wird die mit negativen Folgen verbundene Verschulung des Lernens hervorgehoben und als Konsequenz daraus, die »Entschulung der Gesellschaft«[339] bzw. die Entinstitutionalisierung des Lernens gefordert. Diese Wahrnehmung der Schule gipfelt in dem »Verzweiflungsvorschlag, die Schule überhaupt abzuschaffen«[340] (1). Zum anderen wird die Schule als ein für die Gesellschaft notwendiger Leistungs- und Rationalitätsgewinn gesehen, der ohne die Ausgrenzung des Lernens und der Verberuflichung des Lehrens nicht zu haben wäre (2).

1. I. Illich, ein Impulsgeber der Forderung nach Entinstitutionalisierung des Lernens, wirft die Frage auf, »wie mit modernen Mitteln Erziehung abgebaut werden kann, um menschenbildende Subsistenz, also das Gegenteil von Erziehung zu fördern«.[341] Die Forderung nach »Entinstitutionalisierung der pädagogischen Praxis«[342] speist sich aus der Kritik an der Institution Schule. Maßstab für diese Kritik wiederum bilden – nach Benner – die pädagogischen Prinzipien der ›Bildsamkeit‹ und der ›Aufforderung zur Selbsttätigkeit‹. Bildsamkeit fußt auf der organisch vorgegebenen Plastizität des Menschen als dessen, im Vergleich zur Tierwelt, außerordentlich großer Erfahrungs- und Lernfähigkeit und damit auf der Möglichkeit zu individueller Entwicklung. Der von Benner mit dem Begriff der Bildsamkeit interpretierten Potenzialität des Menschen als eines sich selbst entwerfenden Wesens entspricht in der Theorie des schulpädagogischen Handelns, »dass die Heranwachsenden in der pädagogischen Interaktion als an der Aneig-

---

338 Dazwischen gibt es vielfältige Vermittlungsversuche, die die Notwendigkeit der Schule anerkennen, die negativen Folgen der Verschulung des Lernens aber minimieren bzw. aufheben wollen.
339 I. Illich: Entschulung der Gesellschaft, München 1972; vgl. z. B. auch W. Sachs: Schulzwang und soziale Kontrolle, Frankfurt a. M. 1976.
340 K. Prange: Schul-Zeit. Gewinne und Verluste. In: Ders.: Die Zeit der Schule, Bad Heilbrunn 1995, S. 60–68, hier S. 66.
341 I. Illich: Erziehung am Ausgang des Industriezeitalters, in: H. Heid (Hg.): Das politische Interesse an der Erziehung und das pädagogische Interesse an der Gesellschaft. 17. Beiheft der ZfPäd, Weinheim 1981, S. 41–48.
342 D. Benner: Allgemeine Pädagogik. Eine systematisch-problemgeschichtliche Einführung in die Grundstruktur pädagogischen Denkens und Handelns, Weinheim u. a. 2. Aufl. 1991, S. 167.

nung ihrer Bestimmung mitwirkende Subjekte anzuerkennen sind«.[343] Werden nun die Schüler/-innen als Subjekte ihrer eigenen Entwicklung anerkannt, so muss die Schule und das schulpädagogische Handeln ihnen Möglichkeit und Anregung hierfür bieten. Kivelä fasst die Argumentationsstruktur zusammen: »Das Prinzip der Bildsamkeit wird zur konkreten Bildsamkeit in einer Interaktion, in der das Prinzip der Bildsamkeit anerkannt und seine Realisierung, also Selbsttätigkeit, gefordert wird«.[344] Damit wurde neben der Anerkennung der Bildsamkeit als ein zweites Prinzip die »Fremdaufforderung zur Selbsttätigkeit«[345] herausgearbeitet (vgl. unten Kap. 6). Die Institution Schule beinhalte aber als »Folgen der Verschulung des Lernens«[346] – so die Kritiker pädagogischer Institutionen –, dass die pädagogische Interaktion beschränkt und die Mitwirkung der Schüler an ihrer Bestimmung und ihre Selbsttätigkeit stranguliert werde, so dass ausgehend von den genannten konstitutiven pädagogischen Prinzipien eine Entinstitutionalisierung gefordert werden müsse. Die aus pädagogischen Prinzipien argumentierende Kritik an der Schule als Institution ist in ihrer ganzen Schärfe anzuerkennen, allerdings werden die in den Baumwollspinnerkindern deutlich gewordenen gesellschaftlichen Voraussetzungen der Institutionalisierung kaum berücksichtigt. Illichs Begriff der ›menschenbildenden Subsistenz‹ weist – in zwar kritischer Absicht im Blick auf die ambivalenten Folgen in der Entwicklung der Moderne – auf die vorneuzeitliche ›Subsistenzwirtschaft‹ hin und nimmt damit die typisch neuzeitlichen Voraussetzungen und Bedingungen pädagogischen Handelns nicht auf. Benner spricht daher im Blick auf die Entinstitutionalisierungsforderungen von »reduktionistischen Theorien«,[347] die gezwungen sind, Problemverkürzungen vorzunehmen.

2. Eine zweite Wahrnehmung der Institution Schule und des in ihr institutionalisierten pädagogischen Handelns sieht diese nicht nur für die Kinder als unumgänglich nötig an, sondern auch als einen für die Gesellschaft notwendigen Leistungs- und Rationalitätsgewinn, der ohne die Ausgrenzung des Lernens und der Verberuflichung des Lehrens nicht zu haben wäre. Unter der soziologischen Perspektive einer ausdifferenzierten Gesellschaft und der notwendigen Entlastung der Gesellschaft von der Pflicht zum pädagogischen Handeln wird die Institution Schule ausschließlich wegen ihrer

---

343 D. Benner: Systematische Pädagogik und historische Rekonstruktion. Zur Bedeutung der Strukturprinzipien pädagogischen Denkens und Handelns für die Verständigung über pädagogische Fragen und die Geschichtsschreibung der Pädagogik. In: Ders.: Studien zur Theorie der Erziehungswissenschaft. Pädagogik als Wissenschaft, Handlungstheorie und Reformpraxis, Weinheim u. a. 1994, S. 295–318, hier S. 307. Vgl. auch Benner: Allgemeine Pädagogik, a. a. O., S. 56–63.
344 A. Kivelä: Gibt es noch eine Theorie pädagogischen Handelns? In: ZfPäd 44 (1998), S. 603–616, hier S. 610f.
345 Benner: Allgemeine Pädagogik, S. 65.
346 Sachs: Schulzwang und soziale Kontrolle, S. 97 ff.
347 Benner: Systematische Pädagogik, S. 312; ähnlich ders.: Allgemeine Pädagogik, S. 167 ff.

gesellschaftlichen Funktionen legitimiert. Allerdings wird hier die Schule »ohne Grundbegriffe pädagogischen Denkens und Handelns und ohne Berücksichtigung erziehungs- und bildungstheoretischer Fragestellungen«[348] begründet. Diese wiederum reduktionistische Argumentation wurde im bisherigen Gang der Arbeit vermieden, indem die Schule anthropologisch und kulturtheoretisch als ›Ort der Enkulturation und Individuierung‹ bestimmt wurde. Damit zeigen beide Theorien pädagogischer Institutionen Problemverkürzungen: Die Entinstitutionalisierungstheorien leiden unter soziologischer Unaufgeklärtheit, während die soziologisch primär nach der Funktion der Schule für die Gesellschaft fragenden Theorieansätze die anthropologische Bestimmung der Schule als ›Ort der Enkulturation und Individuierung‹ und die pädagogischen Prinzipien der Bildsamkeit und der Selbsttätigkeit unberücksichtigt lassen.

3.3 Die Differenz von Schule und Nicht-Schule als Herausforderung schulpädagogischen Handelns

Die Logik der bisherigen Darstellung geht von einer Differenz zwischen den Generationen aus, die mit einer Differenz des Alters, der Mündigkeit, der Selbstständigkeit, der Verantwortung und der Macht verbunden ist. Schulpädagogisches Handeln hat das Ziel, die Differenz zwischen den Generationen und die Differenz ihrer Kompetenzen durch Erschließung der Kultur und Förderung der individuellen Entwicklung der Heranwachsenden aufzuheben. In den funktional differenzierten Gesellschaften ist ein Defizit an Lernmöglichkeiten entstanden, dem aufgrund der Institutionalisierung des Lernens und Lehrens in Schule und Unterricht zu begegnen ist. Hinzu kommt ein »Mangel an gesellschaftlich relevanten Aufgaben, die in einer industriellen und postindustriellen Gesellschaft noch von Heranwachsenden verantwortlich wahrgenommen werden könnten.«[349] Bei der Institutionalisierung des Lernens und Lehrens wurde eine temporale Binnendifferenzierung nach Jahrgangsklassen oder Stammgruppen und eine inhaltliche nach Unterrichtsfächern vollzogen. Nun hat diese Institutionalisierung selbst und insbesondere spezifische Formen der Institutionalisierung für das Lernen negative Folgen und die Forderung nach einer Entinstitutionalisierung, das heißt nach einer Aufhebung der Differenz zwischen Schule und anderen Lebensbereichen nach sich gezogen. Da die grundlegende Generationendifferenz und das neuzeitliche Defizit an Lernmöglichkeiten und gesellschaftlich relevanten Aufgaben für Jugendliche mittels einer Entschulung der Gesellschaft nicht aufgehoben wäre, ist für die Enkulturation und die individuelle Förderung der Heranwachsenden nicht die Einebnung der

---

348 Benner: Allgemeine Pädagogik, S. 169.
349 J. Ramseger: Was heißt durch Unterricht erziehen? Erziehender Unterricht und Schulreform, Weinheim, Basel 1991, S. 229.

Differenz zwischen Schule und anderen Lebensbereichen anzustreben, sondern die Gestaltung der Differenz ist als Aufgabe schulpädagogischen Handelns zu betrachten. Deutlich ist, dass die als Trennung von Schule und anderen Lebensbereichen markierte Differenz zwischen Schule und Nicht-Schule als die nicht hintergehbare Bedingungen schulpädagogischen Handelns anzusehen ist. Die Differenz zwischen Schule und den außerschulischen Lebensbereichen bildet zwar eine Grenze, aber sowohl die Schule wie auch die Grenze zwischen Schule und Nicht-Schule sind schulpädagogisch gestaltbar. »Das künstliche Lernen, wie es unsere Zivilisation fordert, kann nicht aufgegeben werden – und zugleich muß versucht werden, auf künstlichem Weg etwas von der sonst so unterdrückten Spontaneität, Neugier und dem wilden Weltzugriff zu retten«.[350] Schulpädagogisch wird daher an der Notwendigkeit der Differenz zwischen Schule und anderen Lebensbereichen wie auch an *einer*, wenn auch nicht notwendig an *der* im deutschen Schulsystem institutionalisierten temporalen und sachlichen Binnendifferenzierung des Lernens und Lehrens festgehalten. Zugleich wird der Umgang mit diesen als Grenze zwischen Schule und Nichtschule sowie als Grenze zwischen den Unterrichtsfächern und Klassenstufen interpretierten Differenzierungen unter der Perspektive der »Öffnung« thematisiert. ›Öffnung‹ und ›Offenheit‹ wurden als schulpädagogische Kategorien zuerst in Zusammenhang mit der innerschulischen Organisation pädagogischen Handelns verwandt (1), bevor der Schwerpunkt der Diskussion das Außenverhältnis von Schule mit einbezog (2), um die »Isolierung und Verinselung der Schule gegenüber ihrer Nachbarschaft aufzuheben«.[351]

1. Zu Beginn der 70er-Jahre wurde mit dem Begriff des »Offenen Curriculums«[352] ein institutionskritisches Konzept entwickelt, das inzwischen von den Konzeptionen des ›Offenen Unterrichts‹[353] oder des ›Offenen Lernens‹ abgelöst wurde. Angestrebt wird jeweils der »Abbau restringierender schulischer Strukturen, die etwa die kindliche Entwicklung einengen«.[354] Unterricht kann sich methodisch, thematisch und institutionell öffnen.[355] Die methodische Öffnung zielt auf erweiterte »Mitwirkungsmöglichkeiten und -leistungen des Lernenden an seinem eigenen Lernprozeß«; die thematische Öffnung hat zum Ziel, dass die Inhalte unterrichtlicher Erfahrungserweiterung »im Kontext der je vorhandenen Welterfahrung und der daraus resultierenden Fragen des Lernenden bestimmt und in der Vielfalt und Komplexität möglicher außerunterrichtlicher Handlungsbezüge für den Lernenden dargestellt und angeeignet werden«. Die institutionelle Öffnung

---

350 Rumpf: Die künstliche Schule und das wirkliche Leben, S. 20.
351 K. Reinhardt: Öffnung der Schule. Community education als Konzept für die Schule der Zukunft?, Weinheim u. a. 1992, S. 15.
352 Vgl. schon A. Garlichs u. a. (Hg.): Didaktik offener Curricula, Weinheim 1974.
353 W. Wallrabenstein: Offene Schule – Offener Unterricht, Reinbek 4. akt. Aufl. 1994.
354 Reinhardt: Öffnung der Schule, S. 14.
355 Vgl. Ramseger: Was heißt durch Unterricht erziehen? S. 62 ff., 77 ff., 107 f.

ermöglicht Organisationsstrukturen von Lernprozessen, in denen »Unterricht nicht nur an die Erfahrungen der Lernenden anknüpft, um diese zu erweitern, sondern zugleich Übergänge in außerunterrichtliche Handlungssituationen anbietet wie auch umgekehrt außerunterrichtliche Erfahrungssituationen in unterrichtlich angeleitete Erfahrungserweiterung überführt«.[356] Die thematische und institutionelle Öffnung des Unterrichts führt zu einer Entspezialisierung des Fachunterrichts und zu fächerübergreifendem Lernen und Lehren.

2. Die institutionelle Öffnung des Unterrichts berührt die von ihr nicht zu trennende, aber zu unterscheidende Öffnung der Schule.[357] Schulpädagogisch geht es dabei um eine Öffnung in zwei Richtungen: zum einen können außerschulische Lernmöglichkeiten für die Heranwachsenden erschlossen werden, indem Schüler/-innen und Lehrer/-innen die Schule für bestimmte Erfahrungs- und Lernprozesse verlassen, und zum anderen, indem das die Schule umgebende Gemeinwesen mit seinen Einrichtungen und Aktivitäten in die Schule kommt. Eine Mehrfachnutzung des Gebäudes durch Schule einerseits und Stadtbibliothek, Erwachsenenbildung, Begegnungsstätte für Senioren, Kirchengemeinden, Vereine, kommunale oder kirchliche Jugendarbeit andererseits bietet die Chance, die Schüler/-innen an diesen Einrichtungen und deren Aktivitäten teilhaben zu lassen.

In den beiden letzten Kapiteln wurde der übergreifende Zusammenhang der Institutionalisierung des pädagogischen Handelns unter der Perspektive der Konstituierung des Religionslehrer/-innenberufs (Kap. 2) und der mit der Institutionalisierung entstandenen Konditionen schulpädagogischen Handelns (Kap. 3) herausgearbeitet. Schulpädagogisches Handeln ist pädagogisches Handeln, das sich als berufliches Handeln von spezifisch ausgebildeten und beauftragten Personen in einer Institution vollzieht, die Schule genannt wird. Dies heißt unter den Bedingungen der Institution Schule und auf die Schule sowie auf deren Grenze zu Nicht-Schule einwirkend. Eine pädagogisch reflektierte Öffnung des Unterrichts und der Schule vermittelt »den Schülern außerschulische Teilhabe- und Mitwirkungsmöglichkeiten als Lerngelegenheiten«.[358] Insofern ist sie auf eine ihr entgegenkommende Öffnung der außerschulischen gesellschaftlichen Praxen hin zu Schule und Unterricht angewiesen.

---

356 Alle drei Zitate ebd., S. 63.
357 Vgl. hierzu das anregende Themaheft »Das Leben in die Schule holen« der Zeitschrift Pädagogik 2/1996.
358 Liebau: Allgemeinbildung als Laien- und Bürgerbildung, S. 289.

B Konditionen religionspädagogischen Handelns in der Schule und Zwischenresümee

3.4 Bedingungen religionspädagogischen Handelns in der Schule

Im Rahmen des Konstitutionsprozesses der allgemeinbildenden Schule wurde auch das berufliche religionspädagogische Handeln der Lehrer/-innen aus dem ›Ganzen Haus‹ ausdifferenziert und verselbstständigte sich in der Schule. Obwohl sich schulisches Lernen weitgehend an christlichen Inhalten vollzog (vgl. Kap. 2), wurde im Prozess der schulischen Binnendifferenzierung zugleich ein eigenständiger Religionsunterricht ausdifferenziert. Als religionspädagogisches Handeln im schulischen Religionsunterricht unterliegt es den oben herausgearbeiteten Konditionen schulpädagogischen Handelns. Religionspädagogisches Handeln in der Schule ist von der es umgebenden Lebenspraxis und der religiösen Praxis in Familie und Kirche getrennt (vgl. 3.1.1). Es findet in weitgehend altershomogenen Schulklassen als Fachunterricht statt, wobei im Religionsunterricht aufgrund der Einteilung der Lerngruppen nach Konfessionen häufiger als in anderen Fächern klassen- oder klassenstufenübergreifende Lerngruppen gebildet werden. Letzteres gilt vor allem für die Schulen, in denen eine Diasporasituation vorausgesetzt werden muss. Dies erfordert verstärkt Phasen der Gruppenfindung und macht den Religionsunterricht konfliktanfälliger, bietet zugleich aber auch die Chance für soziales Lernen (vgl. 3.1.2) sowie für ein Lernen der Schüler/-innen von Schülern/-innen.

Religionspädagogisches Handeln in der Schule ist ein berufliches Handeln, das spezifische Kompetenzen benötigt und auch dem Einkommenserwerb der Religionslehrer/-innen dient. Religionslehrer/-in ist ein »Interaktionsberuf«,[359] der sich in einem auf Auflösung der pädagogischen Beziehung angelegten und damit zeitlich befristeten Handeln vollzieht. Die Beziehung zu den *einzelnen* Schüler/-innen und die der Schüler/-innen zu den Lehrer/-innen wird dabei zumeist nicht freiwillig eingegangen. Dies resultiert daraus, dass die Religionslehrer/-innen eine Lerngruppe für ein Schuljahr übernehmen, ohne die Heranwachsenden zu kennen. Wird eine schon bekannte Klasse weiter unterrichtet, so kann in der Regel nicht ein Teil der Schüler/-innen an eine andere Lerngruppe abgegeben werden.

Religionsunterricht ist über die verschiedenen Klassenstufen hinweg, innerhalb eines Schuljahres und auch innerhalb einer Schulstunde oder eines Projektes, durch eine zeitliche Strukturierung und eine inhaltliche Konzentration geprägt. Er folgt einer konsekutiven didaktischen Bewegung (vgl. 3.1.3). Die Inhalte und Gegenstände des Religionsunterrichts werden wie

---

359 Ulich: Beruf: Lehrer/in, S. 10.

in anderen Schulfächern zumeist medial in Form von Bildern und Texten im Unterricht präsentiert (vgl. 3.1.4). Der latente Zukunftsbezug des Unterrichts gefährdet auch die notwendige Gegenwartsorientierung des Religionsunterrichts und beinhaltet die Gefahr, die Gegenwart der Schüler/-innen ihrer Zukunft zu opfern (vgl. 3.1.5).

Hinsichtlich der Schulpflicht (vgl. 3.1.6) hat der Religionsunterricht allerdings eine Sonderstellung im Kreis der Schulfächer. Nach Art. 7 Grundgesetz ist Religionsunterricht zwar »ordentliches Lehrfach«, zugleich wird den Schüler/-innen oder deren Eltern eine Abmeldemöglichkeit eingeräumt. Die Schulgesetze der Länder konkretisieren diese Sonderstellung. Das Schulgesetz des Landes Baden-Württemberg sieht den Religionsunterricht als Pflichtfach vor. Das Recht zur Abmeldung hebt den Religionsunterricht »zwar aus den übrigen Pflichtfächern heraus, macht ihn aber nicht zu einem Wahlfach im Sinne der allgemeinen schulrechtlichen Terminologie«.[360] Zwar ist eine Abmeldung juristisch nur aus Glaubens- und Gewissensgründen möglich und darf nicht dazu dienen, »einem nicht attraktiven Unterricht auszuweichen«.[361] Faktisch können Schüler/-innen aber auf Antrag ihrer Eltern und nach der Religionsmündigkeit im 14. Lebensjahr auch selbstständig dem Religionsunterricht ausweichen und ein Ersatzfach besuchen. In den Bundesländern Berlin, Brandenburg und Bremen, die keinen Religionsunterricht nach Art. 7 GG kennen, liegt eine je spezifisch andere Situation vor. Die Schulpflicht als Kondition religionspädagogischen Handelns ist dadurch zwar nicht aufgehoben, aber sie ist mittels der Abmeldemöglichkeit faktisch gebrochen. Religionslehrer/-innen können so in die Situation kommen, dass Schüler/-innen aufgrund eines wenig attraktiven Unterrichts oder Stundenplans oder aufgrund eines fehlenden Ersatzfaches nicht weiter am Religionsunterricht teilnehmen. Religionslehrer/-innen wurden daher als »LehrerInnen ohne Absatzgarantie«[362] bezeichnet.

Zugleich ist jedoch zu beachten, dass der Anteil der vom Religionsunterricht abgemeldeten Schüler/-innen insgesamt gering[363] und der Anteil der nicht evangelischen Heranwachsenden, die freiwillig am Religionsunterricht teilnehmen, beachtlich

---

360 W. Holfelder/W. Bosse: Schulgesetz für Baden-Württemberg. Handkommentar für Schulpraxis und Ausbildung mit Sonderteil Lehrerdienstrecht, Stuttgart u.a., 12. völlig neu bearb. Aufl. 1998, S. 279.
361 Ebd., S. 286.
362 G. Denk/R. Kissinger/G. Wagner: LehrerInnen ohne Absatzgarantie. Eine Studie zur Abmeldung vom Evangelischen Religionsunterricht in der Oberstufe der Wiener Allgemeinbildenden Höheren Schulen, Wien 1996.
363 In Baden-Württemberg haben sich durchschnittlich 6% in Nordrhein-Westfalen 5,8% der evangelischen oder römisch-katholischen Schüler/-innen an Gymnasien vom Religionsunterricht abgemeldet. Im Gebiet der Ev. Kirche in Hessen-Nassau sind 2,89% aller evangelischen Schüler/-innen der Klassen 1–10 aus dem Religionsunterricht ausgetreten. Vgl. hierzu R. Degen/Chr. Scheilke: Zur aktuellen Lage des Religionsunterrichts. Fakten und Tendenzen. In: Chr. Scheilke (Hg.): Religionsunterricht in schwieriger Zeit, Münster 1997, S. 9–26, hier S. 16–19.

ist.³⁶⁴ Auch wenn die vorliegenden Zahlen vorsichtig interpretiert werden müssen, so zeigt sich z. B. in den Grundschulen Niedersachsens, »daß weit mehr Kinder im Grundschulalter am Religionsunterricht teilnehmen, als evangelisch getauft sind.«³⁶⁵ Die Situation in den östlichen Bundesländern ist durch den Aufbau des Religionsunterrichts geprägt. Auch wenn hier auf bisher insgesamt niedrigem Niveau ein Ansteigen der Teilnahmezahlen in den 90er-Jahren zu beobachten ist, so sind bisher verallgemeinernde Interpretationen unzulässig.

Schulpädagogisches Handeln als personale Praxis wurde oben als ein Zusammenhang von Verstrickung, Verwicklung und konstitutiver Bedeutung der Person für den Unterricht thematisiert (vgl. 3.1.8, zum Religionsunterricht bes. unten [III, 1.4]). Religionspädagogisches Handeln in der Schule als Beruf findet im Raum der Öffentlichkeit statt und die Religionslehrer/-innen werden, ob sie wollen oder nicht, mit Kirche, Christentum, Religion und Glaube identifiziert. Auch das religionspädagogische Handeln ist eine personale Praxis. Neben den *Verstrickungen* der Person der Religionslehrer/-innen in die unterrichtliche und schulische Interaktion muss auch hier die *Verwicklung* der Person sowohl in der Phase der Unterrichtsplanung, die oben als Biographieangemessenheit des Handlungsentwurfs bezeichnet wurde, wie auch im Unterricht selbst vermöge persönlicher Stellungnahmen der Lehrenden zum Inhalt des Unterrichts und zu den Schüler/-innen beachtet werden. Religionslehrer/-innen sind nicht nur aufgrund der Abschottung der Generationen eines der wenigen Modelle für die Schüler/-innen, sondern auch aufgrund der Tabuisierung von Glaube und Religion in der Öffentlichkeit. Heranwachsende treffen aus diesem Grund wenig glaubwürdige Modelle für ein erwachsenes Christsein. Bartholomäus spricht darüber hinausgehend vom »Primat des Personalen« im Religionsunterricht, denn das Christsein als Inhalt des Religionsunterrichts sei »keine Sache. Es ist nicht sächlich. Es ist, obwohl es sich in Texten, Riten und Objekten versachlicht hat, nur durch personale Vermittlung in den Lernprozess einzubringen«.³⁶⁶ Was hier mit der Chiffre Christsein versehen wird, beschreibt Nipkow als subjektive religiöse Wahrheit, die »nicht in derselben Weise wie objektiv Existierendes ›mitgeteilt‹ werden kann, sondern allein dort faßbar wird, wo sie sich subjektiv vollzieht«.³⁶⁷ Aufgrund des besonderen Inhalts des Religionsunterrichts – so der Kern des Arguments – ist die Person der Religionslehrer/-innen, ihre Subjektivität besonders gefordert, damit ist jedoch noch nicht deutlich, ob und wie die Religionslehrer/-innen diese persönliche Herausforderung auch übernehmen. Die *konstitutive Be-*

---

364 Vgl. hierzu F. Schweitzer: Religiöse Bildung als Aufgabe der Schule. In: G. Adam/R. Lachmann (Hg.): Religionspädagogisches Kompendium, S. 104–120, hier S. 113.
365 Degen/Scheilke: Zur aktuellen Lage des Religionsunterrichts, S. 14.
366 Beide Zitate W. Bartholomäus: Religionslehrer zwischen Theorie und Praxis. In: Katechetische Blätter (1978), S. 164–175, hier S. 168.
367 K. E. Nipkow: Bildung in einer pluralen Welt, Bd. 2: Religionspädagogik im Pluralismus, Gütersloh 1998, S. 247.

deutung der Person der Religionslehrer/-innen für die Repräsentation eines glaubwürdigen erwachsenen Umgangs mit Religion und Christsein wird vor allem in der katholischen Religionspädagogik mit der Kategorie des Vorbildes, aber auch mit der des Zeugen interpretiert.

Wie in der Schulpädagogik so wird auch in der neueren Religionspädagogik der Begriff des *Vorbildes* in ambivalenter Weise auf die Religionslehrer/-innen bezogen. Bartholomäus betont die Wichtigkeit der Person der Religionslehrer/-innen, zugleich warnt er vor der Gefahr von deren Idealisierung. Nicht die vorbildlichen Religionslehrer/-innen als ideale Repräsentanten des Christseins sondern deren reales mit Zweifeln und Unsicherheiten belastetes Leben gehe in den Religionsunterricht ein. Im Anschluss an Mieth/Mieth erkennt er in den Religionslehrern/-innen ein »problematisches Vorbild, das zu denken gibt«.[368] Reales Christsein sei ›immer schmerzlich angeknackst‹, daher wird es auch »nur in Auseinandersetzung mit dem gebrochen realisierten Christsein«[369] gelernt.

Adam hat – zwar in Auseinandersetzung mit Bartholomäus aber die Begriffe des Modells und Vorbildes meidend – die Person der Religionslehrer/-innen als das »wesentlichste Curriculum«[370] des Religionsunterrichtes charakterisiert. Entfaltet wird dies in der unterrichtsmethodischen Dimension als überzeugende Person der Religionslehrer/-innen und in der didaktisch-theologischen Dimension tritt neben die Interpretationen der Sache Jesu in Geschichte und Gegenwart sowie deren kulturelle Anverwandlungen auch die individuelle Anverwandlung durch die Religionslehrer/-in, mithin die »eigene Stellungnahme des Lehrers bzw. der Lehrerin als eine wesentliche Stimme«.[371] Für diesen in den Religionsunterricht einzubringenden eigenen Standpunkt der Religionslehrer/-innen wird von Adam der Begriff »konfessorische Rede«[372] eingeführt, ohne diesen hier weiter zu explizieren. Konfessorische Rede kann als explizite persönliche Stellungnahme im Sinne eines »Ich denke …« oder »Ich glaube …« oder auch als autobiographische Erzählung erfolgen. Davon unterschieden wird die im Vollzug des Unterrichts beiläufig und indirekt erfolgende Mitteilung der subjektiv religiösen Wahrheit der Religionslehrer/-innen.

Eine empirisch-qualitative fallanalytische Bearbeitung des Zusammenhangs von gelebter und gelehrter Religion bei Religionslehrer/-innen kann hier zu einer Präzision der doppelten These beitragen, dass zum einen zwischen der Biographie und der Unterrichtskonzeption der Religionslehrer/-innen ein Passung bestünde und zum anderen »die persönliche Vorbild-

---

368 Bartholomäus: Religionslehrer zwischen Theorie und Praxis, S. 168. Grundsätzlicher formulieren G. Biemer/A. Biesinger (Hg.): Christwerden braucht Vorbilder, Mainz 1983.
369 Ebd.
370 G. Adam: Religionslehrer: Beruf und Person. In: Ders./Lachmann (Hg.): Religionspädagogisches Kompendium, S. 163–193, hier S. 191.
371 Ebd., S. 191.
372 Ebd., S. 192.

funktion der Unterrichtenden von ausschlaggebender Bedeutung [für den Religionsunterricht] sei«,[373] bzw. »dass eine personale Zeugenschaftsrolle eingenommen und im Interesse größtmöglicher ›Wirksamkeit‹ nahezu bruchlos in die Unterrichtssituation eingetragen werden soll«.[374] Die Fallanalysen der Studie von Schöll u. a. zeigen, dass die Religionslehrer/-innen zwar eine Beziehung zwischen gelebter und gelehrter Religion realisieren und »ihre ›gelebte‹ Religion *habituell* als Unterrichtsgegenstand in den Unterricht einbringen. (…) Der Zugriff vollzieht sich nicht unvermittelt, sondern (…) über individuell geleistete Reflexionsprozesse«.[375] Den interviewten Religionslehrer/-innen scheint es über einen Reflexionsprozesse zu gelingen, eine Distanz zwischen ihrer gelebten Religion und ihrem religionspädagogischen Handeln zu schaffen und ihre Subjektivität nicht ungebrochen in den Religionsunterricht einfließen zu lassen. Hierzu benötigen sie eine doppelte Reflexion. »Die Reflexion ihrer religiösen Praxis – so wie jedes Individuum seine Praxis mehr oder weniger reflektiert – und die Reflexion dieser reflektierten Praxis zum Zweck der didaktischen Umsetzung«.[376] Für die Distanz zwischen gelebter und gelehrter Religion wurden die Formen der ›Trennung‹, ›Spannung‹ und ›Identität‹ herausgearbeitet.[377] Eine religionsdidaktische und interaktionsanalytische Prüfung dieser Ergebnisse im Religionsunterricht der Lehrer/-innen selbst fand allerdings nicht statt, sondern die Ergebnisse sind ausschließlich auf die Selbstwahrnehmung der Religionslehrer/-innen selbst bezogen sowie auf deren Analyse mittels der Methode der objektiven Hermeneutik.[378]

Im Unterschied zur evangelischen Religionspädagogik, in der der Begriff des *Zeugen* seit der religionsdidaktischen Konzeption der Evangelischen Unterweisung nicht mehr aufgenommen wird, bildet in der neueren katholischen Religionspädagogik diese Kategorie für den Beruf Religionslehrer/-in ein wichtiges Deutungsmuster.

---

373 A. Schöll/B. Dressler/A. Feige u. a.: ›Religion‹ in biographischen Erfahrungszusammenhängen: Zur Daseinshermeneutik bei Religionslehrerinnen und Religionslehrern. Analyseergebnisse berufsbiografischer Interviews. In: A. Feige/B. Dressler/W. Lukatis/A. Schöll: ›Religion‹ bei ReligionslehrerInnen. Religionspädagogische Zielvorstellungen und religiöses Selbstverständnis in empirisch-soziologischen Zugängen, Münster 2000, S. 33–204, hier S. 201; (vgl. auch Teil III, 4.3.3.4).

374 A. Feige/B. Dressler: Zusammenfassung: ›Bildungsreligion‹ zwischen Sakralraum Kirche und pluralisierter Lebenswelt. Die religionskulturelle Vermittlungssituation des Schulischen Religionsunterrichts im Spiegel der Selbstbeschreibungen der ev. ReligionslehrerInnenschaft. In: Feige/Dressler/Lukatis/Schöll: ›Religion‹ bei ReligionslehrerInnen, S. 443–469, hier S. 455.

375 Ebd.

376 Schöll/Dressler/Feige: ›Religion‹ in biographischen Erfahrungszusammenhängen, S. 40.

377 Ebd., S. 178–190.

378 Vgl. F. Schweitzer: Selbstauskunft oder Unterrichtsbeobachtung? In: ZPT 53 (2001), H. 4, S. 320–326, vgl. insgesamt das Themenheft ›Religionslehrerinnen und Religionslehrer‹.

Die Studie Exelers »Der Religionslehrer als Zeuge«[379] öffnete die mit dem kerygmatischen Religionsunterricht verbundene Kategorie des Zeugen auch für die korrelationsdidaktische Konzeption und hatte einen großen Einfluss auf die Diskussion der 80er-Jahre.[380] Mönnich interpretiert den Begriff des Glaubenszeugen als »personales Medium«. Notwendig hierfür seien individuelle Voraussetzungen der Religionslehrer/-innen wie »besondere Charismen, Ausstrahlung, Persönlichkeitsmerkmale, typische Verhaltensformen (…), Teilkompetenzen des Bezeugens (…) und Erfahrungen mit dieser Kommunikationsform«.[381] Pissarek-Hudelist hat Exelers Bestimmung aufgenommen und dabei auch auf die schwierige Position der »Religionslehrerin als Zeugin«[382] in der katholischen Kirche aufmerksam gemacht.

Ob die Religionslehrer/-innen zum Vorbild der Schüler/-innen werden, ist von der Wahl der Schüler/-innen abhängig. Zeuge sein ist – auch dies wurde deutlich – keine Form des religionspädagogischen Handelns, wohl aber bedarf es spezifischer Handlungsformen wie die der konfessorischen Rede. Zu religionspädagogischem Handeln in der Schule kann die konfessorische Rede als spezifische Handlungsform gerechnet werden. Ein reflektierter und damit distanzierender Zugriff auf die eigene ›gelebte Religion‹ kann religiöse Bildungsprozesse anregen, insbesondere wenn ein »relativ unkomplizierter und unverkrampfter Zugriff auf die eigene Religiosität«[383] der Religionslehrer/-innen möglich ist.

3.5 Öffnung von Schule und Religionsunterricht als Herausforderung religionspädagogischen Handelns

Die im Prozess der Moderne sich vollziehende Differenzierung von Schule und Religionsunterricht einerseits und anderen gesellschaftlichen Bereichen andererseits sowie die temporale (Klassenstufen) und sachliche (Unterrichtsfächer) Binnendifferenzierung der Schule selbst ist eine zentrale Kondition religionspädagogischen Handelns, der nicht mit einer reduktionistischen Entinstitutionalisierungsforderung sondern mit einer religionspädagogisch reflektierten Öffnung von Schule und Religionsunterricht (vgl. oben 3.3) begegnet werden soll. Eine religionspädagogisch reflektierte Öffnung von Schule und Religionsunterricht ist eine für das religionspädagogische Handeln durchgehend zu beachtende Aufgabe und wird daher unten noch mehrfach reflektiert und zwar unter bildungstheoretischer

---

379 A. Exeler: Der Religionslehrer als Zeuge. In: KatBl 106 (1981), S. 3–14.
380 Vgl. hierzu A. Mönnich: Der Religionslehrer. Glaubenszeuge als personales Medium im Religionsunterricht der Sekundarstufe II, Altenberge 1989, hier bes. S. 1–7.
381 Ebd., S. 205.
382 H. Pissarek-Hudelist: »Der Religionslehrer als Zeuge«. Dreifach Begegnung mit einem Postulat A. Exelers. In: A. Schnider/E. Renhart (Hg.): Treue zu Gott – Treue zum Menschen, Graz u. a. 1988, S. 45–63, hier S. 54 ff.
383 Schöll/Dressler/Feige u.a.: ›Religion‹ in biographischen Erfahrungszusammenhängen, S. 202.

(5.3.1), unterrichtsdramaturgischer (III, 1.1) und die Schulkultur gestaltender (III, 1.2 und III, 2.5) Perspektive.

1. Eine Öffnung des Religionsunterrichts hin zum Gemeinwesen und zu Orten, Institutionen und Personen gelebten Glaubens, Christseins oder anderer religiöser Orientierung hat ihren primären Ansprechpartner in der Religionsgemeinschaft der eigenen Konfession, d.h. hier in den evangelischen Kirchen und insbesondere ihren Kirchengemeinden mit ihren differenzierten Angeboten für Kinder, Jugendliche und Erwachsene. Zu den vielfältigen Lernorten in den verfassten evangelischen Landeskirchen und in der Evangelischen Kirche in Deutschland tritt aber auch der Bereich des Protestantismus, der direkt oder indirekt gelebten Glauben repräsentiert. So ergibt sich ein großes Spektrum von Möglichkeiten der religionspädagogisch reflektierten Öffnung von Schule und Religionsunterricht hin zu:
- Kirchengemeinden mit ihren Angeboten für Kinder und Jugendliche, für Familien und alte Menschen, mit ihren Personen und Kirchengebäuden, ihren Gottesdiensten und Andachten, ihren weltweiten oder örtlichen ökumenischen Kontakten, ihren Krabbelgruppen, Kindergärten und Hausaufgabenbetreuungen, ...;
- Kirchenkreisen oder Dekanaten mit ihren Jugendwerken oder Jungen Gemeinden, den diakonischen Beratungs- und Verwaltungsstellen, ...;
- Freikirchen wie die Methodistische Kirche und pietistisch geprägte Gemeinschaften, die ein spezifisches evangelisches Profil repräsentieren;
- Einrichtungen der Diakonie auf der Ebene der Kirchengemeinden, Kirchenkreisen oder Dekanaten sowie die selbstständigen Diakoniewerke mit ihren differenzierten Angeboten der Nächstenliebe;
- Christlich motivierte Initiativen für Gerechtigkeit, Frieden und Bewahrung der Schöpfung mit ihren prophetisch-politischen Aktionen;
- Bildungseinrichtungen wie Evangelische Akademien, Kreisbildungswerke und Familienbildungsstätten.

Hinzu kommt die religionspädagogisch reflektierte Öffnung zu anderen Konfessionen und Religionen, um diese selbst und deren Religionsausübung kennen- und beurteilen zu lernen und sich über die dabei geschehenden Begegnungen selbstständig religiös orientieren zu lernen.

2. Die Öffnung des Religionsunterrichts, die auf die sachliche Binnendifferenzierung des Schulsystems antwortet, wird mit Hilfe des fächerübergreifenden Unterrichtens realisiert. Grundsätzlich kommen alle anderen Unterrichtsfächer für das fächerübergreifende Arbeiten in Frage, wobei zum katholischen, jüdischen und islamischen Religionsunterricht sowie Ethikunterricht eine besondere Nähe besteht. Für die konfessionelle Kooperation wurden in jüngster Zeit in der Religionspädagogik verschiedene Modelle[384] erarbeitet.

---

384 Vgl. die umfassende Zusammenstellung und Diskussion von U. Böhm: Ökumenische Didaktik. Ökumenisches Lernen und konfessionelle Kooperationen im Religionsunterricht deutschsprachiger Staaten, Göttingen 2001, bes. S. 135 ff.

4 Funktionen der Schule sowie des schul- und religionspädagogischen Handelns

A Schule und schulpädagogisches Handeln

Die funktionale Analyse des Schulsystems ist für eine Bestimmung des schulpädagogischen Handelns von Belang, weil zum einen die realen gesellschaftlichen Funktionen der Schule mit den Intentionen der Schulpolitik, des Schulrechtes, der Schulpädagogik und der Didaktik sowie auch der dort arbeitenden Lehrer/-innen nicht notwendig übereinstimmen müssen, gleichwohl aber dem schulpädagogischen Handeln untergründig zugrunde liegen. Unreflektiert gegenüber seinen Funktionen kann das intentionale schulpädagogische Handeln »illusionär bleiben und möglicherweise gerade das Gegenteil des eigentlich Intendierten bewirken«.[385] Zum anderen können aber die gesellschaftlichen Funktionen der Schule in sich selbst widersprüchlich sein und so eine mehrfach dilemmatische Handlungssituation bedingen. Eine funktionale Analyse der Schule kann die Bedingungen, Grenzen und Spielräume schulpädagogischen Handelns verdeutlichen.

Das Bildungswesen wird unter der soziologischen Perspektive seiner Funktionen zunächst von außen betrachtet. Analysiert werden die Wechselwirkungen zwischen dem Schulsystem als einem Teilsystem der Gesellschaft, das spezifische Leistungen erbringt, und der Gesellschaft als ganzer mit ihren anderen Teilsystemen, wie Ökonomie, Politik, Kirche usw. Damit liegt eine System-Umwelt-Differenz vor. Das System (Schulsystem) erbringt für seine Umwelt (für die Gesellschaft mit ihren Teilsystemen, sowie für die die Gesellschaft bildenden Personen) bestimmte Leistungen (Funktionen). Es stellt sich die Frage, welcher Art die Leistungen des Schulsystems sind. Wird diese Außenperspektive auf die Schule verlassen und gleichsam eine Binnenperspektive eingenommen, so wird gefragt, wie die Funktionen der Schule erbracht werden. Die Außen- und die Binnenperspektive werden im Folgenden verbunden.

Parsons hat in seiner Studie ›Die Schulklasse als soziales System‹ zwei Funktionen unterschieden und gezeigt, »wie die Schulklasse funktioniert, um bei den Schülern die Bereitschaft und Fähigkeit zur erfolgreichen Erfüllung ihrer späteren Erwachsenenrolle zu verinnerlichen, und (...) wie sie funktioniert, um diese menschlichen Ressourcen innerhalb der Rollenstruktur der Erwachsenengesellschaft zu verteilen«.[386] Der erste Zusammenhang

---

[385] H. Fromm: Lehrplan, heimlicher. In: Enzyklopädie Erziehungswissenschaft, Bd. 3 Ziele und Inhalte von Erziehung und Unterricht, Stuttgart 1983, S. 524–528, hier S. 526.

beschreibt die Sozialisationsfunktion, der zweite die Selektionsfunktion. Die Sozialisationsfunktion wurde in der folgenden Zeit unterschieden in die Vermittlung von Wissen und Fertigkeiten (Qualifikation) und die Vermittlung von Werten, Normen und Motiven (Erziehung). Auch Fend hat die Funktion des Bildungswesens in doppelter Weise als »Reproduktion der Gesellschaft« und als »Aufbau der Persönlichkeit«[387] bestimmt. Die Reproduktion wiederum kann in drei Teilfunktionen entfaltet werden: erstens die Qualifikations-, zweitens die Selektions- oder Allokationsfunktion sowie drittens die Integrations- oder Legitimationsfunktion. Jüngst wurde von Klafki eine vierte Funktion gesellschaftlicher Reproduktion, die »Funktion der Kulturüberlieferung«[388] hinzugefügt. Klafki kann hier nur zum Teil gefolgt werden. Die bloß additiv anmutende Erweiterung der inzwischen fast klassisch zu nennenden drei Funktionen um die ›Funktion der Kulturüberlieferung‹ wird nicht nachvollzogen, obwohl die Aufnahme des Kulturbegriffs einige bisher im Rahmen der Funktionsanalyse der Schule wenig beachtete Leistungen berücksichtigt. Die »kulturelle Funktion der Schule«[389] wird hier demgegenüber als übergreifend und die Qualifikations- und Erziehungsfunktion integrierend interpretiert. Des Weiteren impliziert Klafkis Begriff der »Kulturüberlieferung« ein auf die Vergangenheit bezogenes Kulturverständnis. Kultur wurde oben als Inbegriff der Lebensformen einer Gesellschaft verstanden und umfasst so nicht nur eine aus der Vergangenheit kommende, überlieferungswerte Kultur sondern auch neu entwickelte oder eingewanderte kulturelle Formen. Kulturen – auch die eingewanderten – haben jedoch einen durch die Anforderungen des Alltags geprägten Vordergrund und einen »Hintergrund, den das kulturelle Gedächtnis bereithält«.[390] Die Anforderungen des Alltags nötigen – so Assmann –, Grundsatzentscheidungen und Grundlagenreflexionen auszublenden, die nicht vergessen, sondern gewissermaßen in den Hintergrund abgedrängt werden.[391] Wird dieser kulturelle Hintergrund verloren, so wird die Moderne »um die andere Dimension ihrer Wirklichkeit verkürzt« und es verstärkt sich die Tendenz zur »›Eindimensionalität‹ der modernen Welt«.[392]

---

386 T. Parsons: Die Schulklasse als soziales System. Einige ihrer Funktionen in der amerikanischen Gesellschaft. In: C. F. Graumann/H. Heckhausen (Hg.): Pädagogische Psychologie, Grundlagentexte 1: Entwicklung und Sozialisation, Frankfurt 1973, S. 348–375, hier S. 343.
387 H. Fend: Gesellschaftliche Bedingungen schulischer Sozialisation, Weinheim 1974, S. 11–22.
388 W. Klafki: Schule: Regelschule, Reformschule, Privatschule. In: H.-H. Krüger/T. Rauschenbach (Hg.): Einführung in die Arbeitsfelder der Erziehungswissenschaft, Opladen 2. durchges. Aufl. 1997, S. 29–59, hier S. 43.
389 Vgl. J. Diederich/H.-E. Tenorth: Theorie der Schule, Ein Studienbuch zu Geschichte, Funktion und Gestaltung, Berlin 1997, S. 92.
390 J. Assmann: Das kulturelle Gedächtnis. Schrift, Erinnerung und politische Identität in frühen Hochkulturen, München 2. Aufl. dieser Ausgabe 1999, S. 85. Assmanns Studie enthält in ihrem Grundlagenteil einen instruktiven Beitrag zu einer allgemeinen Kulturtheorie sowie im folgenden Teil Fallstudien zu frühen Hochkulturen.

Das kulturelle Gedächtnis ist jedoch nicht nur auf den gesellschaftlichen Hintergrund begrenzt, sondern kann – so Assmann, der hier einen Begriff von G. Theißen aufnimmt, – als »kontrapräsentische Erinnerung«[393] in Widerspruch zur Gegenwart treten und dabei »die Funktion der Befreiung durch Erinnerung«[394] wahrnehmen.

4.1 Kulturelle Funktion – Kanonisierung der Inhalte, Qualifizierung und Erziehung der Schüler/-innen

4.1.1 Qualifizierung der Schüler/-innen und Kanonisierung der Inhalte

Fend hat die Qualifikationsfunktion der Schule als »Reproduktion kultureller Systeme«[395] charakterisiert. Die Qualifizierung mit Hilfe des Bildungssystems wird von ihm zwar als Vermittlung von Fertigkeiten und Kenntnissen beschrieben, die sowohl zur Arbeit im Teilsystem Ökonomie wie auch zur »Teilhabe am gesellschaftlichen Leben erforderlich sind«.[396] In seiner weiteren Entfaltung tritt allerdings die Qualifikationsfunktion für das Berufs- und Beschäftigungssystem sowie die Legitimationsfunktion stark hervor und der Aspekt der über die Ökonomie hinausgehenden Teilhabe am gesellschaftlichen Leben tritt demgegenüber zurück.[397]

Fend interpretiert zwar die »Schule als kulturelles Lernfeld« und sieht in der Analyse der »›kulturellen Sozialisation‹ (...) das Herzstück einer umfassenden Theorie der Schule«,[398] spricht jedoch nicht von einer kulturellen Funktion der Schule. Auch die für und im Bildungswesen notwendig zu treffenden Auswahlentscheidungen im Blick auf die systematische Kulturtradierung wird thematisiert, allerdings wird auch hierin keine Funktion des Bildungswesens erkannt.

---

391 Vgl. hierzu auch die von J. Habermas (Ders.: Theorie des kommunikativen Handelns, Bd. 2 Zur Kritik der funktionalistischen Vernunft, Frankfurt a. M., 4. Aufl. 1987) in Auseinandersetzung mit Husserl eingeführte Unterscheidung zwischen Handlungssituation und Lebenswelt. Lebenswelt wird dabei »durch einen kulturell überlieferten und sprachlich organisierten Vorrat an Deutungsmustern repräsentiert« (S. 189). »In gewisser Weise ist die Lebenswelt (...) stets präsent; aber doch nur so, daß sie den Hintergrund für eine aktuelle Szene bildet.« (188)
392 Beide Zitate Assmann: Das kulturelle Gedächtnis, S. 85.
393 Ebd., S. 24.
394 Ebd., S. 85.
395 H. Fend: Theorie der Schule, München u. a., 2. durchges. Aufl. 1981, S. 15.
396 Ebd., S. 16.
397 Ebd., S. 19–29.
398 Ebd., S. 128 u. 129, vgl. zum Folgenden ebd.

Die genannten neueren Studien von Klafki und Diederich/Tenorth nehmen hier eine Akzentverschiebung vor und betonen eine eigenständige »kulturelle Funktion der Schule«. Wie lässt sich diese Verschiebung in die Theorieentwicklung einordnen? In den 60er- und frühen 70er-Jahren wurde die Qualifikationsfunktion der Schule primär aufgrund ihrer Leistungen für die Ökonomie begründet. Die bundesrepublikanische Wirtschaft der 60er-Jahre schien wegen der niedrigen Bildungsabschlüsse in der internationalen Konkurrenzsituation nicht bestehen zu können. Eine »Bildungskatastrophe« wurde prognostiziert. Um diese abzuwenden, sollten die »Bildungsreserven« mobilisiert werden. Die Diskussion machte jedoch Mitte der 70er-Jahre deutlich, dass für die Entwicklung der Ökonomie ein großer Teil des in der Schule vermittelten Wissens uninteressant war. Es wurden für die Ökonomie wichtige Sockelqualifikationen herausgearbeitet, zu denen vor allem die Fächer Deutsch (Lesen, Schreiben) und Mathematik (Rechnen) beitragen, die sich schnell zu beruflichen Qualifikationen ausbauen lassen, sowie allgemeine Haltungen und Normen, wie Fleiß oder Pünktlichkeit.

Die breite Diskussion über die Ergebnisse der so genannten PISA-Studie, insbesondere über das schlechte Abschneiden der deutschen Schüler/-innen, belegt die Qualifikationsfunktion der Schule auch zu Beginn des 21. Jahrhunderts nachhaltig. Das »Programme for International Student Assessment« (PISA),[399] das international die basalen Kompetenzen von 15-Jährigen erfasst, um den OECD-Mitgliedsländern vergleichbare Daten über die Ressourcen, die Nutzung sowie die Funktions- und Leistungsfähigkeit ihrer Bildungssysteme zur Verfügung zu stellen, hat im Jahr 2000 die Lesekompetenz, mathematische und naturwissenschaftliche Grundbildung erhoben.

Damit stellte sich das Problem, zu welcher Qualifikation die anderen Fächer beitragen. Bei der Suche nach einer Antwort kann an drei Zusammenhänge angeknüpft werden: zum einen an den oben bei der Bestimmung des pädagogischen Handelns (3.1.2) aufgenommenen Begriff der Kultur und die von Assmann eingeführte Differenz zwischen dem gesellschaftlichen Vordergrund (Alltag) und dessen Hintergrund (kulturelles Gedächtnis).

Die kulturelle Funktion der Schule darf nicht auf die Anforderungen des Alltags und damit auf den Vordergrund der Gesellschaft beschränkt werden wie auch eine den Alltagshorizont ausklammernde und ausschließlich Grundfragen, Grundsatzentscheidungen und das kulturelle Gedächtnis thematisierende Schule ihrer kulturellen Funktion nicht gerecht wird. In ihrer kanonisierenden Funktion hält sie den Vorder- und Hintergrund der Kultur bereit und so »gewinnt das menschliche Leben eine Zweidimensionalität oder Zweizeitigkeit«.[400]

---

[399] J. Baumert u. a. (Hg.): PISA 2000. Basiskompetenzen von Schülerinnen und Schülern im internationalen Vergleich, Opladen 2001.
[400] Assmann: Das kulturelle Gedächtnis, S. 84.

Zum anderen an Fends Diktum ›der Qualifizierung zur Teilhabe am gesellschaftlichen Leben‹. Zum dritten ist an die sich verselbstständigende Struktur der Schule zu erinnern.

Sie »schließt bestimmte Inhalte, Methoden, Verhaltensweisen, Lernerfahrungen, bestimmtes Wissen etc. aus, während sie andere dafür verbindlich vorschreibt. (…) Nur noch bestimmtes Lernen, bestimmtes Wissen, bestimmte Erfahrungen, wenige Kompetenzen etc. mag die Schule vermitteln.«[401]

Das Schulsystem bekommt damit die Funktion, Qualifikationen zu definieren, die für die kompetente Teilhabe am gesellschaftlichen Leben, mithin am Vorder- und Hintergrund der Kultur dienlich sind oder zumindest sein sollen. Die Qualifikationen werden – so Diederich/Tenorth – schulisch kanonisiert und damit für die Gesellschaft universalisiert.[402] Die Qualifikationen – und hier liegt die zweite Pointe – bestehen nicht nur in den zu lernenden Inhalten, sondern auch »im Gebrauch des Schulwissens liegt (…) seine qualifizierende Funktion«.[403] Eine weitere Leistung der Schule kann darin erkannt werden, dass sie »auch einen bestimmten Habitus sozialisiert, d.h. einen Stil prägt und im günstigsten Fall auch kultiviert, indem die Lernenden lernen, die Welt reflexiv aufzufassen und begründet zu gestalten«.[404] Die kulturelle Funktion der Schule liegt damit 1) in ihren Inhalten, die sie zur Bearbeitung bereithält, und 2) in der Art des Umgangs mit den Inhalten und der Auffassung derselben. Dabei trägt die Schule 3) zur Kanonisierung und Universalisierung von Inhalten und Umgangsweisen mit den Inhalten und mit Personen in einer Gesellschaft bei und wird 4) selbst »als ein Medium der Kanonisierung von Regeln der Weltauffassung interpretierbar«.[405] Der in der Schule kanonisierte Umgang mit Inhalten besteht in kulturspezifischen Formen

1. des Erkennens, also in spezifischen Formen der Wissensgewinnung, -systematisierung und -parzellierung, die für unsere Kultur mit der Chiffre ›Wissenschaften‹ versehen und als im Unterschied zu animistischen Denkweisen als rationale Grundeinstellungen beschrieben werden können,[406] sowie der Wissensdarstellung in verschiedenen Medien und Symbolisierungen. Die kulturspezifische Darstellung des Wissens in Medien ist derzeit durch die Verbreitung von Computern und die Zugänge zum Internet einem schnellen Wandel unterworfen, den die Schule zwar nach-

---

401 M. Graf: Schule als Ort der Strukturierung von Erfahrung und Bewußtsein, 1988, zit. nach L. Böhnisch: Pädagogische Soziologie, Weinheim, München 1996, S. 207.
402 Vgl. Diederich/Tenorth: Theorie der Schule, S. 88.
403 Ebd., S. 89.
404 Ebd., S. 92.
405 Ebd., S. 92.
406 Th. Wilhelm hat in diesem Sinne die »Sachlichkeit als eines Erfordernisses in einer verwissenschaftlichten Welt« herausgearbeitet (Ders.: Theorie der Schule. Hauptschule und Gymnasium im Zeitalter der Wissenschaften, Stuttgart 1967, S. 214).

vollziehen muss, um ihre kulturelle Funktion zu erfüllen, aber sie kann diese auch nicht gegenüber anderen Bereichen präferieren.
2. der sozialen Bearbeitung der Inhalte und Themen in der Schulklasse, die die Grundlagen der kulturell anerkannten Kommunikation insgesamt sowie die spezifische Kommunikation über die einzelnen Wissensgebiete vermitteln. Dabei soll eingeschlossen werden, dass auch die Kommunikation und ihre Grundlagen dem kulturellen Wandlungsprozess unterworfen sind.
3. des emotionalen Verhältnisses zu Inhalten und Themen, das sich vermöge eines auf Vernunft beruhenden Konsens, des Gesprächs und einer gewissen Distanz zum Inhalt auszeichnet und so Lernfähigkeit im Sinn eines möglichen Verlernens und Neulernens ermöglicht. Das nicht aufgrund von Erfahrungen sondern aufgrund eines bewussten Lernens Gelernte »gehört nicht in gleichem Maße zu seinem Selbst wie die eigene Erfahrung. Es kann daher leichter abgestoßen werden, und eine Kritik durch andere trifft nicht so persönlich wie die Widerlegung eines Wissens, das als eigene Erfahrung dargestellt wurde.«[407] Lernfähigkeit als bewusstes und damit reflexives Lernen, als Lernen des Lernens kann und soll »einen zwanglosen, sachlichen Diskussionsstil«[408] fördern.

4.1.2   Erziehungs- und Integrationsfunktion

Die Schule als Institution kann »in der Arbeit am Wissen Einstellungen und Verhaltensweisen erzeugen [Sachlichkeit und rationale Grundeinstellung], Normen und Haltungen [anerkannter Kommunikation] vermitteln, Erwartungen und Selbsteinschätzungen fördern«[409] sowie das Lernen des Lernens als grundlegende Fähigkeit ermöglichen. In der Arbeit am Wissen hat der Unterricht eine erziehende Dimension. Die Schule erzieht allerdings nicht nur mittels der Arbeit am Wissen, sondern auch vermöge ihrer Strukturen. Hier findet sich eine tiefgreifende Verbindung zwischen der Schule als einer sozialen Situation mit ihrer spezifischen Struktur von Organisations- und Interaktionsmerkmalen und den dabei stattfindenden hintergründigen Lernprozessen, dank derer die Werte und Normen übernommen werden. Dieser Zusammenhang wurde unter verschiedenen theoretischen Perspektiven analysiert. Das Schulsystem und die schulische Interaktionsstruktur ist unter psychoanalytischer,[410] unter interaktionaler und kulturanthropologi-

---

407 N. Luhmann: Soziologische Aufklärung, Bd. 1, Opladen 3. Aufl. 1972, S. 95.
408 Ebd., S. 95. Vgl. dort auch zu ›Lernfähigkeit‹ und ›Lernen des Lernens‹.
409 Diederich/Tenorth: Theorie der Schule, S. 93; ähnlich schon Schäfer/Schaller: Kritische Erziehungswissenschaft und kommunikative Didaktik, S. 183.
410 F. Wellendorf: Schulische Sozialisation und Identität. Zur Sozialpsychologie der Schule als Institution, Weinheim u. a. 1973; M. Muck: Psychoanalyse und Schule, Stuttgart 1980, bes. S. 126 ff;

scher,[411] unter feministischer[412] sowie unter strukturfunktionalistischer Perspektive analysiert worden. Im Anschluss an Arbeiten von Parsons haben vor allem Dreeben[413] und Fend eine funktionale Binnenanalyse der Schule betrieben, um deren Wirkungen zu analysieren. Wie bereits deutlich wurde, spricht Fend in diesem Zusammenhang von den »erzieherischen Wirkungen der Schule«.[414] Ausgehend von der Systemtheorie Luhmanns hat Treml eine Theorie struktureller Erziehung[415] entworfen. Die Pointe dieser Arbeiten liegt darin, dass nicht nur das schulpädagogische Handeln der Lehrer/-innen, sondern die Organisation Schule mit ihren Strukturen erzieht. Strukturen erziehen – so Treml –, »weil sie Erfahrungen ermöglichen, indem sie sachliche, soziale und zeitliche Komplexität vernichten«.[416] Die Schule als Organisation mit ihren spezifischen oben dargestellten Organisationsmerkmalen wie der Jahrgangsklasse, der Unterrichtsfächer, der Zeitstruktur, des schulpädagogischen Handelns als Beruf, der medialen Repräsentation der Inhalte, der Schulpflicht kommt damit nicht nur als eine Lernen und Lehren ermöglichende Organisation, sondern auch als mittels ihrer Strukturen und Organisationsmerkmale selbst erziehende in den Blick. Schulstrukturen ermöglichen spezifische Erfahrungen und darin – so weiter Treml – »tritt die zentrale Eigenschaft von Strukturen deutlich hervor, ihre Selektivität«.[417] Die Selektivität der Strukturen des schulischen Unterrichts schließt spezifische Erfahrungsmöglichkeiten der Schüler/-innen ein – und andere aus. Dreeben weist nun darauf hin, dass die Schule mittels ihrer Struktur die Heranwachsenden zur Ausbildung von Verhaltensprinzipien nötigt, die für das Leben in modernen, auf funktionaler Differenzierung beruhenden Gesellschaften notwendig sind:[418]

– Unabhängigkeit (selbst zu handeln und persönliche Verantwortung dafür zu übernehmen);
– Leistung (Aufgaben nach bestimmten Gütestandards zu erfüllen);
– Universalismus (das Recht anderer anzuerkennen und sie entsprechend zu behandeln);

---

411 Vgl. hierzu J. Zinnecker (Hg.): Der heimliche Lehrplan, Weinheim u. a. 1975.
412 Vgl. hierzu U. Enders-Dragässer/C. Fuchs-Münseler: Der heimliche Lehrplan der Geschlechtererziehung in der Schule am Beispiel der Interaktion. In: A. Prengel (Hg.): Schulbildung und Gleichberechtigung, Frankfurt (Eigenverlag) 1987, S. 187–201; M. A. Kreienbaum: Der heimliche Lehrplan der Geschlechtererziehung. In: Dies./S. Metz-Göckel (Hg.): Koedukation und Technikkompetenz der Mädchen. Der heimliche Lehrplan der Geschlechtererziehung und wie man ihn ändert, Weinheim u. a. 1992, S. 51–70.
413 R. Dreeben: Was wir in der Schule lernen, Frankfurt 1980.
414 Fend: Theorie der Schule, S. 328 ff.
415 A. Treml: Theorie struktureller Erziehung. Grundlagen einer pädagogischen Sozialisationstheorie, Weinheim 1982.
416 Ebd., S. 134.
417 Ebd., S. 134.
418 Vgl. zum folgenden Dreeben: Was wir in der Schule lernen, S. 59–83.

– Spezifizität (die Fähigkeit zum Rollenhandeln, andere in außerfamiliären Situationen aufgrund weniger für die Situation wichtiger Merkmale und nicht aufgrund ihrer ganzen Merkmalskonstellation zu behandeln).

Die Argumentationsstruktur von Dreeben findet sich bereits bei Kant, der den augenscheinlichsten Vorteil der öffentlichen Erziehung in der Schule darin sieht, dass sie »das beste Vorbild des künftigen Bürgers«[419] gibt. Denn in der Schule »lernet man seine Kräfte messen, man lernet Einschränkung durch das Recht anderer. Hier genießt keiner Vorzüge, weil man überall Widerstand fühlt, weil man sich nur dadurch bemerklich macht, daß man sich durch Verdienst hervortut«,[420] mithin in der Schule wird »die Neigung zur Arbeit kultiviert«.[421] Der Zwang, den die Schule auflegt, – so Kant – soll paradoxerweise das Kind zu Unabhängigkeit und somit »zum Gebrauche seiner eigenen Freiheit«[422] führen (vgl. zum pädagogischen Paradox oben Teil II, 1.4 und 1.5). Die dargestellte Argumentationsstruktur wurde von A. Scheunpflug[423] aufgenommen. Während Kant die angemessene Funktionalität der Schule für die entstehende bürgerliche Gesellschaft des ausgehenden 18. Jahrhunderts hervorhob, tat dies Dreeben für die Berufswelt moderner Industriegesellschaften und für das (amerikanische) demokratische Gemeinwesen, darüber hinaus arbeitet Scheunpflug die angemessene Funktionalität der Schule, ihrer Struktur und der dort erworbenen Einstellungen und Fähigkeiten für das Leben in der Weltgesellschaft heraus. Sie geht von der These aus, dass schulischer Unterricht sich weltweit nur durchsetzen konnte, weil er einen entscheidenden Vorteil bietet: die »Einübung in die Form des Lebens losgelöst von einem konkreten Inhalt«.[424] Die Schule leistet sowohl die Enkulturation in die Weltgesellschaft mit ihren Kommunikationsformen, Werten und Anforderungen als auch in die konkrete Kultur vor Ort mittels ihrer Inhalte. Die weltweit Vorteil bietende Lebensform wird in der Struktur des schulischen Unterrichts simuliert und so wird in diese mit vermindertem Risiko des Scheiterns eingeführt. Für die spezifische Kultur machen dagegen die über die Inhalte der Grundschule (Lesen, Schreiben, mathematische Grundlagen sowie Grundelemente der sozialen und natürlichen Umwelt) hinausgehenden Inhalte der Sekundarstufe anschlussfähig.[425] Die Weltgesellschaft als ein globalisierter Kommunikationszusammenhang erfordert die »Fähigkeit, an beliebige Kontexte in sach-

---

419 I. Kant: Über Pädagogik. In: Ders.: Werke in sechs Bänden, hg. v. W. Weischedel, Bd. VI, Darmstadt, 5. erneut überprüfter Nachdruck 1983, S. 691–761, hier S. 712.
420 Ebd., S. 712.
421 Ebd., S. 731.
422 Ebd., S. 711.
423 A. Scheunpflug: Weltbürgerliche Erziehung durch den heimlichen Lehrplan des Schulsystems. In: S. Görgens/A. Scheunpflug/K. Stojanow (Hg.): Universalistische Moral und weltbürgerliche Erziehung, Frankfurt (im Druck), Manuskript S. 1–11.
424 Ebd., S. 3.
425 Vgl. ebd., S. 8f.

licher, sozialer und zeitlicher Hinsicht anknüpfen zu können«.[426] Ähnlich – allerdings mit kritischem Impetus – erkennt Rumpf in den schulischen Unterrichtsstunden und ihrer Zeitdisziplin »den Aufbau von Umgangsformen mit der Welt, die universalen Normen genügen und vom Sog des einzelnen (...) befreien«.[427] Schulischer Unterricht simuliert die Notwendigkeit der Anpassung an wechselnde soziale und thematisch geprägte (Unterrichts-) Situationen sowie die Erweiterung der eigenen Erfahrung mittels der Erfahrungen anderer und damit die Fähigkeit zu Abstraktion und fördert ein zugleich auf Kooperation und Konsens beruhendes Sozialverhalten. Scheunpflugs funktionale Analyse des schulischen Unterrichts sowie seiner raumzeitlichen und sozialen Strukturen im Kontext einer weltbürgerlichen Erziehung können die Schule und ihre angemessene Funktionalität für die doppelte Enkulturation begründen – allerdings unter Vernachlässigung des pädagogischen Prinzips der Bildsamkeit und der oben herausgearbeiteten schulpädagogischen Aufgabe der Individuierung als der Förderung der individuellen Entwicklung der Person nach Maßgabe ihrer eigenen Möglichkeiten. Die Studie Scheunpflugs bietet zwar einen weiterführenden Beitrag zur Analyse der Bedingungen des schulpädagogischen Handelns, wird sie aber als Begründung oder Verteidigung der Schule und ihrer Strukturen verstanden, so muss von einer reduktionistischen Theorie gesprochen werden.

Im folgenden greife ich die beiden Themen Disziplin und Leistung heraus, um dann im Anschluss an Arbeiten zum heimlichen Lehrplan der Geschlechtererziehung den Beitrag funktionaler Analysen zu einer Theorie des schul- und religionspädagogischen Handelns zu skizzieren. Die Zusammenfassung der Schüler zu Jahrgangsklassen führt dazu, dass der einzelne Schüler immer Mitglied einer Gruppe ist. Daraus ergibt sich eine Komplexitätssteigerung und die Notwendigkeit, die komplexe Sozialform Schulklasse zu gestalten. Der Unterricht in der Klasse verlangt die Möglichkeit zu Aufmerksamkeit und zu einem halbwegs geregelten Kommunikationsablauf. Die Jahrgangsklasse nötigt so die Schüler/-innen zu einem spezifischen Kommunikationsverhalten und die Lehrer/-innen zu Handlungen, ein Kommunikationsverhalten mit den Schüler/-innen aufrechtzuerhalten und einzuüben, mittels dessen für 20 bis 30 Personen in einem Raum eine sachorientierte Interaktion über ein Thema möglich wird. Die positiven Wirkungen des Unterrichts auf die Entwicklung von »Ich-Fähigkeiten« beschränken sich – so Muck – auf eine »eng umgrenzte Auswahl von Fähigkeiten: Gedächtnis, Kontaktfähigkeit und die Fähigkeit, sich passiv anzupassen«.[428] Die Schulstruktur nötigt die Schüler/-innen – so Jackson –, mit Verzögerungen, Versagungen und Unterbrechungen umzugehen. »Was man lernen muß, um in der Schule überleben zu können, ist – neben der

---

426 Ebd., S. 3.
427 H. Rumpf: Abschied vom Stundenhalten. In: A. Combe/W. Helsper (Hg.): Pädagogische Professionalität, Frankfurt 1996, S. 472–500, hier S. 478.
428 Muck: Psychoanalyse und Schule, S. 151.

Fähigkeit, geduldig auf die Erfüllung seiner Wünsche zu warten – die Fähigkeit, auf seine Wünsche ganz zu verzichten«.[429] Kontakt- und Anpassungsfähigkeit sowie Geduld und Wunschverzicht tragen zur Disziplin als einer Bedingung der unterrichtlichen Kommunikation und der späteren Berufstätigkeit bei. Scheunpflug interpretiert denselben Sachverhalt als »Beitrag zu Verhaltenserziehung in der Weltgesellschaft«,[430] in der konkurrierender Eigennutz und kooperierendes Arbeiten in einer stabilen Gruppe geübt werden.

Die Jahrgangsklasse bietet auch die Gelegenheit zum Leistungsvergleich mit anderen Gleichaltrigen und dazu, sich von Lehrer/-innen auf dieser Basis beurteilen zu lassen. »Jeder Schüler kann also mit allen anderen verglichen werden und kann sich selbst mit ihnen vergleichen (...) Da viele schulische Aktivitäten öffentliche Beurteilung erfahren, wird der Schüler mit Botschaften bombardiert, die ihm sagen, wie gut oder wie schlecht er abgeschnitten hat«.[431] Die positiv oder negativ gefärbten Leistungserfahrungen lehren die Schüler, allgemeine überpersönliche Leistungsstandards zu akzeptieren und Aufgaben entsprechend zu erfüllen.[432] Die beiden hier exemplarisch herausgegriffenen, sich aus der Struktur der Jahrgangsklasse ergebenden Effekte (Disziplin und Leistung) gehören zum ›heimlichen Lehrplan‹.

Das schulpädagogische Handeln muss nun nicht nur den offiziellen Lehrplan einhalten und sensibel die Effekte des heimlichen Lehrplans beachten und gegebenenfalls zu vermeiden trachten, sondern die Lehrer/-innen müssen wahrnehmen, dass es nicht nur einen heimlichen Lehrplan gibt. Die Koedukation bietet auf der offiziellen Ebene des Schulrechts und der Lehrpläne eine Gewährleistung gleicher Bildungschancen für Mädchen und Jungen. Eine die Differenz der Geschlechter beachtende schulpädagogische Forschung hat jedoch durch Inhalts-, Struktur- und Interaktionsanalysen der Schule einen »heimlichen Lehrplan der Geschlechtererziehung«[433] herausgearbeitet, der Geschlechterstereotype und ihre Hierarchie fortschreibt. Kritisiert wird, dass eine »gedankenlose Koedukation (...) Geschlechterstereotypen verfestigt«.[434] Angesichts dieser gedankenlosen und sich hintergründig auswirkenden Koedukation wird von Faulstich-Wieland eine »reflexive Koedukation«[435] gefordert. Eine reflexive Koedukation setzt voraus, die Mechanismen und Effekte des heimlichen Lehrplans zu durchschauen. »Die Reflexion darüber, welche Vorstellungen von ›Weiblichkeit‹

---

429 Ph. W. Jackson: Einübung in die bürokratische Gesellschaft: Zur Funktion der sozialen Verkehrsformen im Klassenzimmer. In: J. Zinnecker (Hg.): Der heimliche Lehrplan, S. 19–34, hier S. 25.
430 Scheunpflug: Weltbürgerliche Erziehung durch den heimlichen Lehrplan des Schulsystems, S. 7.
431 Dreeben: Was wir in der Schule lernen, S. 39f.
432 Ebd., S. 67–71.
433 M. A. Kreienbaum: Der heimliche Lehrplan der Geschlechtererziehung, a. a. O.
434 E. Matthes: »Kampfzeiten«. Der Weg der Mädchen zur gymnasialen Bildung. In: Liebau/Mack/Scheilke (Hg.): Das Gymnasium, S. 203–217, hier S. 213 f.

und ›Männlichkeit‹ bei einem selbst vorhanden sind, wie man selbst die Geschlechterverhältnisse sieht, erlaubt zunächst einmal, überhaupt wahrzunehmen, ob und wie sich Benachteiligungen für Mädchen, aber auch für Jungen herstellen.«[436] Die Sensibilisierung mittels der Reflexion ist die Voraussetzung, um unbewusstes Verhalten in schulpädagogisches Handeln zu transformieren. Vermöge der Sensibilisierung können Mädchen und Jungen sowie beider Interessen zum einen auf der Ebene der Didaktik, zum anderen bei der Gestaltung der Schule und zum dritten bei der Interaktion im Klassenzimmer und in der Schule berücksichtigt werden.

Jacksons berühmte Formulierung muss damit in den Plural gesetzt werden: ›Diese heimlichen Lehrpläne besitzen auch eine goldene Mitte‹: »den Grundkurs in den sozialen Regeln, Regelungen und Routinen.«[437] Ein ›Grundkurs in den sozialen Regeln‹ der Schule und letztlich der jeweiligen Gesellschaft gehört zu den Phänomenen, die als Erziehung bezeichnet werden. Haben die Heranwachsenden diesen ›Grundkurs‹ gelernt und sind sie fähig und bereit, das Gelernte zu realisieren, dann haben sie die Fähigkeit für eine »verantwortliche Mitbürgerschaft in der Schulgemeinschaft«[438] erworben. Eine Fähigkeit, die auch – so Dreeben – für die Integration in die Berufswelt und das politische Gemeinwesen und – so Scheunpflug – in die Weltgesellschaft wichtig ist. Daher kann die Erziehungsfunktion der Schule auch als Integrationsfunktion verstanden werden.

4.2 Selektionsfunktion durch Leistungsbewertung und Schulstruktur

Schulen qualifizieren die Heranwachsenden nicht für die kompetente Teilhabe am gesellschaftlichen Leben, sondern sie messen und bewerten auch die Leistung der Schüler/-innen. Die Noten entscheiden über die Versetzung in die nächste Klasse und bilden die Grundlage für Schullaufbahnentscheidungen und spätere Schulabschlüsse. Dies wird als Selektionsfunktion des Schulsystems bezeichnet. Mit den Schulabschlüssen sind in modernen Gesellschaften Zugangsmöglichkeiten zu Berufsausbildungen, -tätigkeiten und zum Studium gegeben, während in ständischen Gesellschaften die Geburt über die Betätigungsmöglichkeiten und den sozialen Status entschied. Mit dem Wandel von der traditional-ständisch zu einer Gesellschaft mit bürokratischer Verwaltung und demokratischer Herrschaft ist der Schule die Selektionsfunktion erst im 19. und 20. Jahrhundert zugewachsen.

---

435 H. Faulstich-Wieland: Reflexive Koedukation. Zur Entwicklung der Koedukationsdebatte in den Bundesländern. In: Jahrbuch für Pädagogik 1994, Frankfurt a. M. u. a. 1994, S. 325–342.
436 Ebd., S. 338.
437 Jackson: Einübung in eine bürokratische Gesellschaft, S. 29.
438 Parsons: Die Schulklasse als soziales System, S. 356.

»Der Nachweis bestimmter Leistungen in der Schule, der Abschluß bestimmter Schullaufbahnen wird nämlich erst im 19. Jahrhundert in immer stärkerem Maße zur Voraussetzung dafür, bestimmte Berufsbildungswege einschlagen, bestimmte gesellschaftliche Positionen einnehmen zu können; und zwar gilt dies zunächst vor allem für anspruchsvolle berufliche und gesellschaftliche Positionen. Dieser Prozeß setzt sich dann schrittweise auch für die unteren Positionen der sozialen Hierarchie durch; für die größte Zahl der Berufe, die keine Real- oder Gymnasialbildung voraussetzen, erst im 20. Jahrhundert.«[439] Das Prinzip, auf dem die Selektions- und Allokationsfunktion der Schule fußt, ist die Leistung. Im historischen Prozess ist dies als geschichtlicher Fortschritt »der sich entwickelnden bürgerlichen Gesellschaft im Kampf gegen tradierte Vorrechte, gegen ständische, insbesondere adelige Privilegien (...) und Willkür obrigkeitlicher Begünstigung«[440] zu verstehen. Der Adel wurde im 19. Jahrhundert vom Bürgertum ins Examen gezwungen, zugleich ergab sich aber eine Abgrenzung gegenüber kleinbürgerlichen und proletarischen Schichten.

Berufe sind zugleich mit einem bestimmten Einkommen und gesellschaftlichen Status verbunden. Schulen sind damit über ihre Abschlüsse an der Verteilung von Lebenschancen beteiligt, auch wenn hier noch andere Momente wie soziale Herkunft, Durchsetzungsfähigkeit und Ähnliches mitspielen. Sie stellen »ein Allokationssystem, d.h. ein Regelsystem der Zuweisung unterschiedlich hoch bewerteter Positionen«[441] dar. Die auf Leistung beruhende Selektionsfunktion ist für eine demokratische Gesellschaft verglichen mit den Prinzipien Vermögen, Herkunft, Stand, Geschlecht, Religionszugehörigkeit und ähnliche neben dem Selektionsprinzip der Wahl ein angemessenes Prinzip. Nun stellt sich bei der Verteilung von Lebenschancen nach Leistung die Frage nach der Gerechtigkeit, die bildungspolitisch als Chancengleichheit der Kinder bei der Vergabe von Schulabschlüssen formuliert wurde. Die Chancengleichheit ist nur bei gleichen Startbedingungen, oder bei einem Ausgleich der differenten Bedingungen in der Schule für die Kinder gegeben. Da die Ausgangsbedingungen der Kinder beim Eintritt in die Schule different sind, stellt sich die Frage, welche Differenzen der vor- und außerschulischen familiären Wirklichkeit über den Erfolg in der Schule mit entscheiden. »Die Aussagekraft der sozialversicherungsrechtlichen Kategorien (Arbeiter, Angestellte, Beamte, Selbständige) hat in den vergangenen Jahrzehnten immer weiter abgenommen.«[442] Eine Ausnahme bilden hier allerdings die Arbeiterkinder, die eine weitgehend homogene Gruppe bilden. Dagegen lässt sich bei den Kindern von Angestellten, Beamten und Selbstständigen ein deutlicher Zusammenhang zwischen dem Schulabschluss der Eltern und der Schullaufbahn der Kinder empirisch nachweisen. Kinder, deren Eltern selbst schon eine Hochschulreife erworben haben,

---

439 Klafki: Sinn und Unsinn des Leistungsprinzips in der Erziehung. In: Ders.: Neue Studien zu Bildungstheorie und Didaktik, S. 209–247, hier S. 212.
440 Ebd., S. 213.
441 Fend: Theorie der Schule, S. 46.
442 P. Müssig-Trapp: Heute wie vor 50 Jahren: Schule sichert die soziale Hierarchie. In: Pädagogik 52 (2000) H. 4, S. 48–52, hier S. 49; vgl. zum Folgenden S. 49 ff.

bringen bessere Startbedingungen für einen möglichen Schulerfolg mit. »Die außerschulische Ungleichheit überträgt sich auf die Ungleichheit in der Schule.«[443] Diese bringt wiederum differente Abschlüsse hervor. Zwar hat die Expansion des Bildungswesens und die Verdreifachung des Schulbesuchs über die Hauptschulzeit hinaus zwischen 1960 und 1994 die Bildungsbenachteiligung der ländlichen Regionen und der Mädchen aufgehoben und letztere zu deutlichen Gewinnerinnen der Bildungsexpansion gemacht.[444] Dies ist ein nicht zu unterschätzender Befund und weist darauf hin, dass »das Grundmuster herkunftsbedingter Bildungsungleichheiten relativ stabil, aber nicht unveränderbar ist«.[445] Bei Arbeiter- und Migrantenkindern lassen sich jedoch wenig Veränderungen finden. Sie sind in ihrer Mehrheit weiterhin als Bildungsverlierer anzusehen. Baumert/Schümer heben hervor, dass Deutschland zu den Ländern gehört, in denen »die engste Kopplung von sozialer Herkunft und Kompetenzerwerb nachweisbar ist«.[446] Die soziale Ungleichheit hat sich in der Bundesrepublik mittels des Bildungssystems in den letzten Jahrzehnten nicht nur nicht aufheben lassen, sondern die Selektion ist hier zu Lande im internationalen Vergleich besonders stark ausgeprägt. »PISA hat die Illusion der verwirklichten Chancengleichheit gestört.«[447] Deutlich wurde dabei, dass »das Bildungswesen nicht Gleichheit herstellt, sondern die Unterschiede manchmal vergrößert oder zumindest ihre Fortdauer rechtfertigt; denn sie erscheinen jetzt als Ergebnis der individuellen Lernprozesse in einem Bildungssystem, das sich anstrengt, die Lernenden bis zur Grenze ihrer Leistungsmöglichkeiten zu fördern.«[448] Diederich/Tenorth machen auf einen Sachverhalt aufmerksam, der als Legitimationsfunktion des Bildungssystems interpretiert wird. Das Bildungswesen macht mit Hilfe des Leistungsprinzips die Selektion der Schüler/-innen und die Allokation gesellschaftlicher Positionen vordergründig einsichtig und legitimiert diese.

Schulpädagogisches Handeln wirkt an der Selektions- und Allokationsfunktion der Schule aufgrund der Leistungsbewertung mit. Grundsätzlich gilt dies überall, wo in der Schule Leistung gemessen sowie in Noten umgesetzt wird, und diese mit Hilfe der Zeugnisse über die weitere Schullaufbahn entscheiden oder anderen gesellschaftlichen Funktionssystemen zur Verfügung gestellt werden. »In der Forschung ist man sich mittlerweile (...) einig, dass die entscheidenden Situationen der Entstehung von Bildungsungleich-

---

443 Fend: Theorie der Schule, S. 36.
444 Vgl. die bei Diederich/Tenorth: Theorie der Schule, S. 206f genannten Statistiken.
445 J. Baumert/G. Schümer: Familiäre Lebensverhältnisse, Bildungsbeteiligung und Kompetenzerwerb. In: Deutsches PISA-Konsortium (Hg.): PISA 2000. Basiskompetenzen von Schülerinnen und Schülern im internationalen Vergleich, Opladen 2001, S. 323–407, hier S. 355.
446 Ebd., S. 402.
447 R. Geissler: Das Schweigen zur schichtspezifischen Benachteiligung – von PISA gestört. In: Pädagogik 55 (2003), Heft 2, S. 10–15, hier S. 14.
448 Diederich/Tenorth: Theorie der Schule, S. 122.

heiten die Gelenkstellen von Bildungskarrieren sind«.[449] Im deutschen Bildungswesen können Gelenkstellen identifiziert werden, an denen die Selektionsfunktion besonders deutlich wird. Der erste strukturell ins Bildungswesen implementierte Übergang liegt am Ende der Grundschule oder der sich daran anschließenden zweijährigen Orientierungsstufe, wo eine weitreichende, wenn auch revidierbare Entscheidung über die weitere Schullaufbahn getroffen wird. Mit Ausnahme des Gymnasiums ist am Ende der Sekundarstufe I für die Schüler/-innen ein zweiter Übergang zu bewältigen. Wird mit dem erworbenen Abschlusszeugnis eine Schule gewählt, die einen Hochschulzugang ermöglicht, wird eine Berufsausbildung im dualen System begonnen oder ohne Schulabschluss und als ungelernte Arbeitskraft das Bildungssystem verlassen. Die dritte Gelenkstelle liegt beim Erwerb einer Hochschulzugangsberechtigung oder eines Berufsabschlusses; die vierte besteht in der Realisierung der mit dem Abschluss erworbenen Arbeits- oder Studienberechtigung. Zu beachten ist zudem, dass sich durch die Reihe der Gelenkstellen ein kumulativer Effekt ergibt, denn die an den genannten »Gelenkstellen von Bildungslaufbahnen auftretenden sozialen Disparitäten addieren sich über die Bildungskarriere hinweg«.[450] Im Bildungssystem wird die Selektionsfunktion zwar in den jeweiligen Gelenkstellen deutlich, sie wirkt dauerhaft jedoch auch über die Versetzungsordnungen und jährlichen Zeugnisse. Mit der an einem allgemeinen Leistungsmaßstab sich orientierenden Selektionsfunktion und der gleichzeitigen Aufgabe, die Person nach Maßgabe ihrer individuellen Möglichkeiten zu fördern, wurden zwei gegenläufige Momente des schulpädagogischen Handelns herausgearbeitet. Das schulpädagogische Handeln ist – so Nipkow – in ein gesellschaftliches Strukturproblem eingebunden, das darin besteht, dass »Lernen und Leistung in das Verhältnis von Ausbildungssystem und Beschäftigungssystem eingespannt sind – auf dem Hintergrund des Verhältnisses von Schulpolitik und Wirtschaftspolitik. Beide Systeme sind über das Berechtigungswesen miteinander verkoppelt«.[451]

4.3 Familienergänzende Funktion der Schule

Von der Schule wird aus familien- und frauenpolitischen Gründen zunehmend eine zeitlich verlässliche Betreuung der Heranwachsenden und damit eine »familienergänzende oder gar -ersetzende Funktion«[452] erwartet. Die

---

449 Baumert/Schümer: Familiäre Lebensverhältnisse, Bildungsbeteiligung und Kompetenzerwerb, S. 354.
450 Ebd., S. 359.
451 K. E. Nipkow: Rollenkonflikte und Identitätskrisen des Lehrers in der Schule von heute. In: Biermann, R. (Hg.): Interaktion – Unterricht – Schule, Darmstadt, 1985, S. 296–324, hier S. 313 f.
452 P. Struck: Die Schule der Zukunft. Von der Belehrungsanstalt zur Lernwerkstatt, Darmstadt 1996, S. 44.

stärkere Beachtung der schwierigen Situation Alleinerziehender und die zunehmende Berufstätigkeit von Frauen machen auf die gesellschaftlich notwendigen Reproduktionsleistungen der Betreuung und Erziehung der Heranwachsenden aufmerksam, die bisher weitgehend innerhalb der Familie und dort weitgehend durch die Frauen erbracht wurden.[453] Die Erwartungen an die Schule – allein oder in Zusammenarbeit mit der Jugendhilfe –, familienergänzende bisher außerschulische Aufgaben zu übernehmen, macht auf eine Funktion der Schule aufmerksam, die sie bisher schon, wenn auch in geringerem Maße innehatte: die Betreuung und Beaufsichtigung der Heranwachsenden für eine bestimmte Zeit, mithin ihre kustodiale Funktion. Neben anderem wird Schule aufgrund dessen zur »zuverlässigen und einrechenbaren ›Aufbewahrungsanstalt‹«[454] mit festen Öffnungszeiten. Diese zunehmend an Gewicht gewinnende Funktion nötigt die Schule, sich gegenüber klassisch sozialpädagogischen Arbeitsgebieten zu öffnen. Im internationalen Vergleich wird in entsprechenden Staaten dieser Funktion stärker mittels des Angebots von Ganztagsschulen Rechnung getragen.

Die familienergänzende Funktion der Schule nimmt mit dem Alter der Heranwachsenden und der damit unterstellten Selbstständigkeit ab. Die Erwartungen an die Grundschulen sind daher am ausgeprägtesten formuliert und werden grundschulpädagogisch reflektiert, indem »additive Konzepte wie die ›Betreuungsschule‹ oder ›Hort in der Schule‹«[455] abgelehnt und die »Ganze Halbtagsschule« gefordert wird. Der Grundschule komme heute »die Funktion einer gesellschaftlichen ›Basisinstitution‹ zu: Für die Zeit des Schulbesuchs ist sie die zentrale Lebens- und Lernstätte der Kinder«.[456] Wird nicht nur die Grundschule, sondern das ganze Schulsystem betrachtet, so wird für die familienergänzende Funktion der Schule eine schulstufenspezifische Integration aus unterrichtlichen und außerunterrichtlichen Arbeits- und Betreuungsformen für notwendig erachtet, deren Spektrum von der klassischen Ganztagsschule über eine Ganze Halbtagsschule bis hin zu Freizeitaktivitäten im Schulgebäude reicht. Die über den Unterricht hinausgehenden Angebote werden nicht nur von Lehrer/-innen, sondern in Kooperation mit der Jugendhilfe als Schulsozialarbeit auch von sozialpädagogischen Fachkräften angeboten.

Wird der Blickwinkel abermals ausgeweitet und das Schulsystem als Teil der älteren Generation sowie das schulpädagogische Handeln als Teil des Handelns der älteren Generation interpretiert, so wird deutlich, dass der gleichsam naturwüchsige Kontakt zwischen den Generationen schrumpft

---

453 Vgl. K. Böllert/M.-E. Karsten/H.-U. Otto: Familie: Elternhaus, Familienhilfen, Familienbildung. In: Krüger/Rauschenbach (Hg.): Einführung in die Arbeitsfelder der Erziehungswissenschaft, a. a. O., S. 15–27, hier S. 20–22.

454 C. Müller: Denkstile im Schulalltag. Pädagogisches Handeln an der Grundschule, Weinheim 1998, S. 24.

455 G. Faust-Siehl/A. Garlichs/J. Ramseger/H. Schwarz/U. Warm: Die Zukunft beginnt in der Grundschule. Empfehlungen zur Neugestaltung der Primarstufe, Reinbek 1996, S. 191.

456 Ebd., S. 14.

und an dessen Stelle im Generationenverhältnis die ältere Generation zunehmend beruflich repräsentiert wird. Das Bildungssystem und die darin handelnden Lehrer/-innen können auf dieses veränderte Generationenverhältnis nicht nur mit außerunterrichtlichen Betreuungsformen reagieren, sondern der Unterricht selbst wird aufgrund der familienergänzenden oder -ersetzenden Funktion zu Veränderungen genötigt. Im Anschluss an Schorbs Studie zu »Unterricht und Sprache« kann zuerst auf die interaktive Dimension dieser Veränderung hingewiesen werden. Schorb interpretiert den Unterricht selbst als ein Verständigungssystem und zwar als eine – neben anderen Formen praktizierte – kulturelle Kommunikation der Gesellschaft mit ihrem Nachwuchs. In der intergenerationellen Kommunikationsform Unterricht werden die Heranwachsenden den Forderungen und Zielen der älteren Generation direkt unterstellt. Unterricht »verliert den Charakter der Unterredung, wird zur Rede, zum ständigen Einreden auf die Jungen.«[457] Dies ist – so Schorb – nur erträglich, wenn Unterricht in das weite, freie und humane Gespräch der Generationen eingebettet ist. »Schrumpft der Kontakt zwischen Erwachsenen und Jungen und verkümmert im sozialen Wandel das allgemeine, unbestimmte und tragende zweiseitige große Gespräch zwischen den Generationen (...) so muß die Schule als Organ der Verständigung, der Unterricht als Sprache sich wandeln. Er nimmt eine andere Grundgeste an: Das Einreden macht weithin einem offenen Gespräch Platz, den Schülern wird für Von-sich-aus-Sprechen Raum gegeben, Unterricht als Sprache wird weiträumiger, freilich unbestimmter.«[458] Zugleich kann für die Qualifikationsfunktion der Schule nicht mehr soviel Zeit in Anspruch genommen werden, da der »Aufbau von Fähigkeiten und Fertigkeiten, die nicht mehr vorausgesetzt werden können,«[459] diese in Anspruch nimmt. Die Betreuung und Beaufsichtigung der Heranwachsenden ist damit nur ein Aspekt der übergreifenden familienergänzenden Funktion der Schule. Schulpädagogisches Handeln ist als Teil des ›humanen Dialogs der Generationen‹ wegen der Veränderungen in der Generationenbeziehung zu eigenen Änderungen herausgefordert. Zugleich kann auch der von Schorb hervorgehobene humane Dialog nicht auf seine sprachlichen Aspekte beschränkt werden. Ihre familienergänzende Funktion lässt Schule sich wandeln zu einem »Lern- und Lebensraum«.[460] Giesecke hat dieser neuen Funktionszuweisung an die Schule widersprochen und die Frage »Wozu ist die Schule da?« oder »Wozu Schule?«[461] dahingehend beantwortet, dass der »eigentliche Auftrag der Schule das Unterrichten ist, (...) sie

---

457 A. O. Schorb: Unterricht und Sprache – Vier Formen ihres Zusammenhangs. In: W. L. Höffe (Hg.): Sprachpädagogik – Literaturpädagogik, Frankfurt 1969, S. 84–91, hier S. 85.
458 Ebd., S. 85.
459 Müller: Denkstile im Schulalltag, a. a. O., S. 24.
460 Bildungskommission NRW: Zukunft der Bildung – Schule der Zukunft. Denkschrift der Kommission »Zukunft der Bildung – Schule der Zukunft« beim Ministerpräsidenten des Landes Nordrhein-Westfalen, Neuwied u. a. 1995, S. 77.

dabei die grundlegenden öffentlichen Verhaltensweisen einzuüben hat, (...) ein darüber hinausgehender Erziehungsauftrag historisch überholt ist«.[462]

In einer multikulturellen Gesellschaft führen die familienergänzende und die kulturelle Funktion in eine dilemmatische Situation. Das Dilemma des schul- und religionspädagogischen Handelns ist nun darin begründet, dass in multikulturellen Gesellschaften Heranwachsende in zwei oder mehreren Kulturen aufwachsen, die sich jeweils in einen Vorder- und Hintergrund differenzieren. Schulpädagogisches Handeln soll sich familienergänzend auf die Kultur der Herkunftsfamilie beziehen und zugleich um der Integrationserfordernisse der Gesellschaft und um der Schüler/-innen und deren Lebenschancen in der konkreten Gesellschaft willen kanonisierend die dominante Kultur der Gesellschaft repräsentieren, um damit diese Kultur bereitzuhalten für die schulischen Prozesse des Aushandelns, Etablierens, Vermittelns und Aneignens.

B   Funktionen von Religion und des religionspädagogischen Handelns in der Schule

4.4   Kulturelle Funktion – Kanonisierung der Inhalte, Qualifizierung und Erziehung der Schüler/-innen

Religionspädagogisches Handeln in der Schule hat – anders als Diederich/Tenorth[463] beschreiben – nicht nur eine Integrations- und Legitimationsfunktion, sondern eine diese Funktion zwar umschließende aber zugleich darüber hinausgehende kulturelle Funktion. Aus ›weltbürgerlicher‹ Perspektive (vgl. Scheunpflug) liegt bei allen Weltreligionen und damit auch beim Christentum nicht nur eine regionale, sondern auch eine weltbürgerliche Kulturerschließung vor. Die kulturelle Funktion des Religionsunterrichts liegt damit zum einen in der Vergegenwärtigung eines großen Teils des kulturellen Hintergrundes der lokalen, deutschen, europäischen und weltweiten Gesellschaft, zum zweiten in der Kanonisierung von Religionen und ihrer Inhalte, zum dritten in der Qualifikation für die Auseinandersetzung mit der christlichen Religion und deren Konfessionen, die in der Lebenswelt der Kinder und Jugendlichen vorkommen, und in der Qualifikation für die Ausübung der eigenen Konfession, zum vierten in den für das Zusammenleben mit Menschen anderer Religionen notwendigen Qualifikationen und zum fünften in der Erziehungs- und Integrationsfunktion.

---

461   H. Giesecke: Wozu ist die Schule da? 2. Aufl. Stuttgart 1997; Ders.: Wozu Schule? In: A. Wenger-Hadwig (Hg.): Der Lehrer – Hoffnungsträger oder Prügelknabe der Gesellschaft, Innsbruck u. a. 1998, S. 9–23.
462   Ebd., S. 10.
463   Vgl. Diederich/Tenorth: Theorie der Schule, S. 86.

Das Verhältnis von Religion und Kultur ist dabei über die Zeit nicht konstant. Neben einer engen Verbindung beider wird auch ein Gegensatz deutlich. Israel findet ein entscheidendes Datum seiner Religion in der Situation der Konfrontation mit der es umgebenden Kultur Ägyptens. Jahwe hat Israel aus Ägypten geführt, durch die Wüste geleitet und ihm am Sinai – so die biblische Tradition – die Tora offenbart und einen Bund mit Israel geschlossen. Der mit der Selbsterschließung Gottes gestiftete Bund ermöglicht »über alle kulturellen Wandlungen, Überfremdungen und Assimilationen«[464] hinweg eine individuelle und kollektive Identität,[465] denn »jeder Generation war es aufgegeben, in Kontinuität mit der Überlieferung erst selber zu Israel zu werden«.[466] Das erinnerte Exodusgeschehen führte in Israel zu einer für seine Umwelt »untypischen Trennung von Religion, Kultur und politischer Herrschaft und prägte die Erinnerungsfigur des Exodus-Geschehens als Widerstandsmotiv«.[467] Religion und die sie tragenden Individuen und Kollektive, die zwar Teil einer Kultur sind, können sich von der sie umgebenden dominanten fremden oder eigenen Kultur abheben und letztlich in Spannung zu dieser treten. Historisch differenzierte sich so in Israel die sich durchsetzende Richtung der Religion von Kultur aus, indem sie gegen die eigene Kultur opponierte.

4.4.1 Vergegenwärtigung des kulturellen Hintergrundes, Kanonisierung und Qualifikation als Elemente der kulturellen Funktion des Religionsunterrichts

1. Neben anderen Inhaltsbereichen und Unterrichtsfächern der Schule hat der evangelische Religionsunterricht an der Darstellung und der Aufhellung des kulturellen Hintergrundes teil, den das »kulturelle Gedächtnis« (Assmann) aufbewahrt und bereitstellt. »Die allgemeine Funktion von Religion ist es, durch Erinnern, Vergegenwärtigen und Wiederholen Ungleichzeitiges zu vermitteln.«[468] So ist Religion, so sind die Kirchen mit ihren Festen und Gottesdiensten und so ist der Religionsunterricht ein Teil der Gedächtniskultur einer Gesellschaft. Diesem Gedächtnis – das heißt in einem religionspädagogischen Argumentationsgang, dem Umgang mit der Religion – kommt eine »selbstbildformende und handlungsleitende Bedeutung, die [es, N. C] für eine Gegenwart hat,«[469] zu. Evangelischer, katholischer, jüdischer und islamischer Unterricht stellen je für sich diesen die Gegenwart

---

464 Assmann: Das kulturelle Gedächtnis, S. 196.
465 Ebd., S. 130 ff.
466 G. von Rad: Theologie des Alten Testaments, Bd. 1, München 7. Aufl. 1978, S. 239.
467 A. Greve: Erinnern lernen. Didaktische Entdeckungen in der jüdischen Kultur des Erinnerns, Neukirchen-Vluyn 1999, S. 78.
468 H. Canzik/H. Mohr: Erinnerung/Gedächtnis. In: Handbuch religionswissenschaftlicher Grundbegriffe, Bd. 2, Stuttgart 1990, 299–323, hier S. 311.

fundierenden oder kontrapräsentisch in Frage stellenden Hintergrund der Kultur heraus. Dies Argument beinhaltet zwar eine kulturgeschichtliche Aufgabe des Religionsunterrichts, die darin besteht, dass die Kulturgeschichte Europas mit ihren Werten und kulturellen Objektivationen ohne eine Kenntnis des Judentums, lokal auch des Islam und insbesondere des Christentums schlicht nicht verstehbar ist.[470] Zugleich beinhaltet es die theologische Aufgabe, bei der Deutung gegenwärtiger Wirklichkeit an die jüdisch-christlichen Traditionen als Hintergrund der Kultur und an die Verheißungen Gottes zu erinnern und so als kontrapräsentische Erinnerung die ›Funktion der Befreiung durch Erinnerung‹ (Assmann) wahrzunehmen. Die christliche Tradition geht nicht nur bruchlos im kulturellen Vorder- und Hintergrund der Gesellschaft auf. Mit dem die Gottesfrage verschärfenden ersten Gebot, dem der Nächsten- und Feindesliebe, mit der Identifizierung Gottes mit dem toten Jesus von Nazareth[471] und letztlich mit der Selbsterschließung Gottes in Leben, Sterben und Auferstehung dieses Menschen sowie der christologisch begründeten Anerkennung des Menschen jenseits seiner Werke (Rechtfertigungslehre) hebt sich – um nur einige zentrale Topoi zu nennen – die christliche Tradition von der Kultur ab. Religionspädagogisch wird nicht nur ein musealer, sondern ein das Selbstbild und Handeln der Person konstituierender, in den gesellschaftlichen Vorder- und Hintergrund gegliederter Raum entworfen und unterrichtlich aktualisiert. Das Ethos moderner Gesellschaften, das durch Freiheit und solidarisches Zusammenleben bestimmt sein sollte, kann als Erbe der jüdischen Gerechtigkeit und der christlichen Liebesethik bezeichnet werden, zu deren kritischer Aneignung und Neuinterpretation bis heute keine Alternative deutlich ist. Die jüdisch-christliche Tradition und ihre Gerechtigkeits- und Liebesethik bilden einen Teil des im Religionsunterricht anzueignenden kulturellen Hintergrunds. Identität wird aufgebaut in Auseinandersetzung mit der kulturellen Umwelt. »Ein Ich wächst von außen nach Innen.«[472]

Die konnektive Struktur verbindet nicht nur Gestern und Heute (Zeitdimension) sondern auch Menschen mit ihren gegenwärtigen Mitmenschen (Sozialdimension) und konstituiert so einen »gemeinsamen Erfahrungs-, Erwartungs- und Handlungsraum, der durch seine bindende und verbindliche Kraft Vertrauen und Orientierung stiftet«.[473]

Als Beispiel sei hier auf die Strukturierung von Zeit hingewiesen. Der alle sieben Tage wiederkehrende Sonntag als wöchentliche Osterfeier und Feiertag der Auferstehung Jesu[474] und das daraus folgende Gliederungsprinzip der Woche mit einem arbeits-

---

469 Assmann: Das kulturelle Gedächtnis, S. 79.
470 Vgl. z. B. G. Faust-Siehl/F. Schweitzer: Religion in der Grundschule: Zur pädagogischen Begründung und Gestaltung von Religionsunterricht. In: Dies. (Hg.): Religion in der Grundschule, Hannover 1994, S. 12–25, hier bes. S. 13 f.
471 Vgl. E. Jüngel: Gott als Geheimnis der Welt, Tübingen 3. durchges. Aufl. 1978, S. 495–505.
472 Assmann: Das kulturelle Gedächtnis, S. 130.
473 Ebd., S. 16.

freien Tag hat seine Wurzel in der jüdisch-christlichen Tradition. Das Kirchenjahr (hier in evangelischer Prägung) mit seinen Festzeiten Advent und Weihnachten, Passion, Ostern und Himmelfahrt, Pfingsten und Trinitatis, Buß- und Bettag und Ewigkeitssonntag gliedern den Jahreslauf und geben den Zeiten eine inhaltliche Füllung.

Der Religionsunterricht geht damit über die Legitimations- und Integrationsfunktion (Diederich/Tenorth) wie auch über die an der Vergangenheit orientierten Funktion der Kulturüberlieferung (Klafki) hinaus.

Die Differenzierung von Kultur in einen kulturellen Vorder- und Hintergrund sowie die Einsicht in die vergegenwärtigende Funktion von Religion weisen darauf hin, dass religionspädagogisches Handeln auch für die Interkulturelle Pädagogik eine wichtige Aufgabe zu erfüllen hat: den kulturellen Hintergrund, mithin die kulturellen Grundsatzentscheidungen und Grundlagenreflexionen der verschiedenen Kulturen miteinander ins Gespräch zu bringen.

2. Die kulturelle Funktion des evangelischen, katholischen und jüdischen Religionsunterrichts besteht daneben in der Kanonisierung von kulturell anerkannten und dem Ausschluss von nicht anerkannten Inhalten der jeweiligen Religion und den Regeln der Religionsauffassung. Wird nun diese kanonisierende Funktion des Religionsunterrichts zum Ausgang genommen, dann stellt sich das in den letzten Jahren in der Religionspädagogik diskutierte Problem der Konfessionalität des Religionsunterrichts in doppelter Weise dar: Zum einen bedeutet die Einrichtung oder Ablehnung eines evangelischen, katholischen, jüdischen, muslimischen oder auch allgemeinen Religionsunterrichts schon auf der Ebene des Faches eine gesellschaftlich legitimierte Kanonisierung von Religion sowie der einzelnen Religion oder Konfession. Die Brisanz der öffentlichen und politischen Debatte um die Einführung eines Islamischen Religionsunterrichts an den Schulen wird auf diesem kultur- und schultheoretischen Hintergrund verstehbar, denn bei der Einführung eines muslimischen Religionsunterrichts wird der Islam als Teil der legitimierbaren und zukunftsfähigen Bestände der Kultur anerkannt. Ist zum zweiten eine Entscheidung über das Fach oder die Fächer getroffen, dann stellt sich die weitergehende Frage nach der Kanonisierung der Inhalte innerhalb der Fächer. Auf dieser Ebene entsteht eine neuerliche Brisanz bei der Frage, ob die Religionsgemeinschaften an der Kanonisierung der Inhalte mitwirken können und ob ihnen die Möglichkeit »für sich selbst zu sprechen und ihre religiösen Auffassungen selbst zur Auslegung zu bringen«[475] zugestanden wird. Das »Prinzip der Selbstinterpretation der Religionen«[476] wird sowohl bei der Einrichtung eines konfessionellen Religionsunterrichts,

---

474 Vgl. K.-H. Bieritz: Das Kirchenjahr. Feste, Gedenk- und Feiertage in Geschichte und Gegenwart, München 1994, S. 38.

475 F. Schweitzer: Schule – Religionsunterricht – Identität. In: K. Goßmann/Chr. Scheilke (Hg.): Religionsunterricht im Spannungsfeld von Identität und Verständigung, Münster 1995, S. 71–87, hier S. 82.

wie auch bei der Thematisierung der jeweils eigenen Religion im jeweils anderen Religionsunterricht bedeutsam.

3. Die Qualifikationsfunktion des evangelischen Religionsunterrichts als Teil seiner kulturellen Funktion beinhaltet zum einen das Verstehen der christlichen Religion und ihrer evangelischen Interpretation sowie die mögliche Teilhabe an den Formen evangelischer Frömmigkeitspraxis. Warum ist dies notwendig? Kinder und Jugendliche heißen Miriam und Eva, Luca und Jakob; sie nehmen an Kasualgottesdiensten wie Trauungen und Beerdigungen Teil; der Jahreslauf mit seinen gesetzlichen Feiertagen ist ein Resultat der kirchlichen Feste; Literatur und bildende Kunst Europas sind ohne die Kenntnis der jüdisch-christlichen Symbole, Themen und Erzählungen nicht verstehbar; Wegkreuze, Kirchengebäude und Glockengeläut wollen verstanden werden; jugendliche Musik und auch zunehmend die Werbung nehmen religiöse Praktiken und Metaphern auf und transformieren diese in neue Formen. Neben den christlichen Konfessionen sind zunehmend durch Migration und Globalisierung andere zeitgenössische Religionen Teil der Lebenswelt von Heranwachsenden. Es gibt muslimische und jüdische Mitschüler/-innen sowie solche mit anderen, sich nicht auf Abraham beziehende Religionen. In Städten entstehen Moscheen und die Ausübung verschiedener Religionen wird sichtbar. Hieraus ergibt sich eine notwendige Qualifizierung zum Umgang mit der eigenen und mit anderen Konfessionen und Religionen. Die Integration in eine multireligiöse Weltgesellschaft und die damit verbundene ›Fähigkeit an beliebige Kontexte sachlich und sozial anknüpfen zu können‹ (Scheunpflug) erfordert Kompetenzen für das interreligiöse Gespräch.

4.4.2 Erziehungs- und Integrationsfunktion des religionspädagogischen Handelns

Oben wurde als ein Element der kulturellen Funktion der Schule die bei der Arbeit *am* Wissen entstehenden Einstellungen und Normen herausgearbeitet. Für den Religionsunterricht impliziert dies zum einen, dass bei den Schüler/-innen in der Arbeit an den Inhalten des Religionsunterrichts allgemeine Einstellungen, Verhaltensweisen, Normen, Haltungen, Erwartungen und Selbsteinschätzungen gefördert werden. Daneben treten nun aber zum anderen grundlegende kulturspezifische, jüdisch-christliche und spezifisch evangelische Formen des Erkennens Gottes und der Kommunikation über ihn und mit ihm. In der sozialen Bearbeitung der Inhalte des Religionsunterrichts werden Grundlagen der schulisch und gesellschaftlich anerkannten Kommunikation über Religion und über Gott den Schüler/-innen oft mehr im- als explizit vermittelt und von den Schüler/-innen angeeignet.

Neben die im Religionsunterricht praktizierte Kommunikation über die eigene Religion tritt auch die Kommunikation über andere Religionen. Zur

---

476 Ebd., S. 81

Erziehungsfunktion des religionspädagogischen Handelns gehört, sensibel zu werden für die mittels der Kommunikationsformen und -inhalte des Unterrichts transportierte Achtung oder Missachtung von religiöser Differenz. Für die Funktion der Integration in eine multireligiöse Weltgesellschaft bilden Kommunikationsregeln[477] einen wichtigen Baustein.

Bei der Arbeit am Wissen werden auch Formen des emotionalen Verhältnisses zu den Inhalten präsentiert und repräsentiert. Das religionspädagogische Handeln hat hier eine große Bandbreite emotionaler Verhältnisse zu berücksichtigen. Neben Fachwissen und fachlichen Differenzierungen, die vermöge des Weiterlernens auch wieder verlernt werden müssen, kann ein Wissen treten, das für sich bleibende Verbindlichkeit beansprucht. Es kann eine Spannung zwischen dem oben im Anschluss an Luhmann mit Distanz und emotionaler Neutralität charakterisierten Verhältnis zu schulischen Inhalten und dem in theologischen Texten selbst als Bekenntnis beschriebenen Verhältnis deutlich hervortreten.

So bestimmt, um ein Beispiel aus dem 20. Jahrhundert herauszugreifen, die »Theologische Erklärung zur gegenwärtigen Lage der Deutschen Evangelischen Kirche« der Bekenntnissynode von Barmen 1934 das Verhältnis zu Jesus Christus und damit zum Wort Gottes auf eine höchste Verbindlichkeit und eben nicht emotionale Distanz beanspruchende Weise: »Jesus Christus (...) ist das eine Wort Gottes, das wir zu hören, dem wir im Leben und im Sterben zu vertrauen und zu gehorchen haben.«[478] Bei der unterrichtlichen Erschließung dieses Textes und seines historischen Kontextes kann kirchengeschichtliches Wissen gelernt und bisheriges Wissen in Frage gestellt und verlernt werden. Es kann herausgearbeitet werden, dass eine Gruppe evangelischer Christen damit ihr Selbstverständnis in einer polemischen Situation und ein theologisches und zugleich politisches Manifest formulierte. In der unterrichtlichen Arbeit an dem Inhalt kann auch das darin enthaltene Selbstverständnis heutiges Selbstverständnis in Frage stellen und dieses der Reflexion zugänglich machen sowie bei den Schüler/-innen nun auch ein anderes emotionales Verhältnis zum Inhalt herausfordern.

Mit dem Problem des emotionalen Verhältnisses zu den Inhalten wird auch das Verhältnis von Glauben und Lernen angesprochen. Glaube impliziert ein Verbindlichkeit gewährendes und beanspruchendes Verhältnis zu Gott; schulisches Lernen ist ein auf Neulernen und Verlernen gegründetes Lernen. Symbole und Gleichnisse für Gott können gelernt und verstanden werden, die Entwicklung des Gottesverständnisses im Lebenslauf kann durch religionspädagogisches Handeln angeregt werden, Glaube im Sinn des Vertrauens kann – darauf hat die Reformation wieder aufmerksam gemacht – nicht gelernt werden, er ist nicht ein Produkt des intentionalen religionspädagogi-

---

477 Vgl. hierzu die von Nipkow formulierten Kommunikationsregeln für interreligiöse und interkonfessionelle Verständigung. In: K. E. Nipkow: Bildung in einer pluralen Welt, Bd. 2: Religionspädagogik im Pluralismus, Gütersloh 1998, S. 112–123.
478 Die Barmer Theologische Erklärung. Einführung und Dokumentation, hg. v. A. Burgsmüller u. R. Weth, Neukirchen-Vluyn 3. Aufl. 1984, S. 34.

schen Handelns in der Schule, sondern ein Geschenk des Heiligen Geistes, der durchs Evangelium beruft.[479] Glaube wird – auch dies ist in Luthers Auslegung deutlich – nicht im gleichsam luftleeren Raum, sondern mittels des Evangeliums geschenkt. Aus der fachlichen Analyse und der Kenntnis von Texten, Bildern, Plastiken und Personen, in denen das Evangelium sichtbar wird, kann Glaube erwachsen, er muss es aber nicht. Luther hat an anderer Stelle daraus die Konsequenz für das pädagogische und religionspädagogische Handeln gezogen. Auch wenn Kinder das Evangelium nicht annehmen, sollen sie nicht verlassen oder verstoßen, sondern umgekehrt gepflegt, versorgt und ihr Glaube Gott anbefohlen werden. »Denn äusserlichem bößen weßen und wercken sollen und können die elltern weren und straffen. Dem unglauben und innerlichem bößen weßen kan niemant weren und straffen, denn Gott alleine.«[480] So wie in der schul- und religionspädagogischen Arbeit am Wissen Einstellungen entstehen können, so kann in der schulischen religionspädagogischen Arbeit am Evangelium ein emotionales Verhältnis zu Gott im Sinn des Vertrauens sich eröffnen und Glaube kann geschenkt werden.

Der Religionsunterricht der verschiedenen Konfessionen teilt mit dem Ethikunterricht die explizite Aufgabe der Erziehung. »Der Religionsunterricht ist der Ort in der Schule, wo Wert- und Normfragen ebenso thematisiert werden wie Sinnprobleme und -antworten, die unsere Gesellschaft prägen.«[481] In der Geschichte der Schule des 19. und in der ersten Hälfte des 20. Jahrhunderts lässt sich die Inanspruchnahme von Religion für die Stabilisierung und Legitimation der staatlichen Ordnung und für die Verankerung von Sittlichkeit und Ethos in den Individuen deutlich erkennen.[482] Für die Gegenwart weist schon die Einführung des Ethikunterrichts und nicht die eines primär religionswissenschaftlich orientierten Faches als Ersatzfach für den Religionsunterricht auf dessen erzieherische Funktion[483] hin. Deutlich ist, dass der Religionsunterricht eine ethische Funktion hat und an die Religionslehrer/-innen seit langem staatlicherseits sehr spezifische Erwartungen gerichtet werden.

---

479 Vgl. hierzu M. Luthers Erklärung des 3. Glaubensartikels im Kleinen Katechismus: »Ich gläube, daß ich nicht aus eigener Vernunft noch Kraft an Jesum Christ, meinen Herrn, gläuben oder zu ihm kommen kann, sondern der heilige Geist hat mich durchs Evangelion berufen, mit seinen Gaben erleuchtet, im rechten Glauben geheiliget und erhalten ...« In: Die Bekenntnisschriften der evangelisch-lutherischen Kirche, hg. im Gedenkjahr der Augsburgischen Konfession 1930, Göttingen 8. Aufl. 1979, S. 511 f.
480 M. Luther: Das siebente Kapitel S. Pauli zu den Corinthern ausgelegt (1523). In: D. Martin Luthers Werke. Kritische Gesamtausgabe (Weimarer Ausgabe) 12. Bd., Weimar 1891, S. 88–142, hier S. 122.
481 K. Wegenast: Religionsdidaktik Sekundarstufe I, Stuttgart u. a. 1993, S. 34.
482 Vgl. Nipkow: Grundfragen der Religionspädagogik, Gütersloh 2. Aufl. 1978, S. 41–51.
483 Vgl. P. Kunig: Rechtsfragen ethischer und religiöser Erziehung in der Schule. In: G. Adam/ F. Schweitzer (Hg.): Ethisch erziehen in der Schule, Göttingen 1996, S. 301–312, hier bes. S. 309 f.

4.5 Selektionsfunktion des religionspädagogischen Handelns

Über die versetzungserhebliche Notengebung hat das Fach Ev. Religionslehre und das religionspädagogische Handeln in der Schule grundsätzlich Teil an der allgemeinen Selektions- und Allokationsfunktion der Schule. Wie ein Blick in die nahe Vergangenheit zeigt, ist dies aber keine notwendige Funktion des Religionsunterrichts. Die Versetzungserheblichkeit des Faches wurde z.B. in Baden-Württemberg erst mit der Einführung der Oberstufenreform festgestellt.[484] Zugleich gilt: »Die Schulfächer sind offensichtlich seit längerem in unterschiedlicher Weise auf die Auslese- und soziale Zuteilungsfunktion der Schule bezogen«.[485] Neben den Fächern wie Musik, Kunst und Sport wird auch im Religionsunterricht »milder zensiert«.[486] Auch hier ist jedoch die pädagogische Funktion der Beurteilung der Leistungen der Schüler/-innen von der Verwendung der in Noten umgesetzten Beurteilung zu unterscheiden.

Für die Religionslehrer ist trotzdem die Notengebung ein als brisant wahrgenommenes Problem. Zwei neuere empirische Untersuchungen aus Niedersachsen weisen darauf hin, dass die Zensurenvergabe unter Religionslehrern umstritten ist. Nach A. Feiges Untersuchung[487] lehnen 27% der Religionslehrer die Zensurenvergabe ›völlig‹ ab, während 35% ohne Einschränkung für die Zensurenvergabe votieren und 18% für einen differenzierten Einsatz plädieren. Bei K. Kürten[488] wird deutlich, dass 29% der Religionslehrer meinen, auch im Religionsunterricht komme es überwiegend auf einen messbaren Erfolg an, wobei hier Gymnasial-, Gesamtschul- und Hauptschullehrer Zahlen von über 40% erreichen. Leider werden in beiden Untersuchungen keinerlei Gründe für die Probleme mit der Zensurenvergabe erfragt, so dass sowohl theologische, z.B. der Widerspruch zwischen Unterrichtsinhalt und Zensurenvergabe, wie auch pädagogische Gründe vermutet werden können. Die Zensurenvergabe und damit die Selektionsfunktion muss als Konfliktbereich des religionspädagogischen Handelns festgehalten werden.

---

484 Vgl. hierzu die Diskussion bei der Einführung der Versetzungserheblichkeit, die z.T. gebündelt wurde in K. E. Nipkow: Religionsunterricht in der Leistungsschule, Gütersloh 1979.
485 Ebd., S. 35.
486 Ebd., S. 35.
487 Vgl. A. Feige: Christliche Tradition auf der Schulbank. Über Arbeitsbedingungen und Funktionsvorstellungen evangelischer Religionslehrer im Kontext ihrer Eingebundenheit in volkskirchliche Strukturen. In: A. Feige/K. E. Nipkow: Religionslehrer sein heute, Münster 1988, S. 5–61, hier S. 16.
488 Vgl. K. Kürten: Der evangelische Religionslehrer im Spannungsfeld von Schule und Religion, Neukirchen-Vluyn 1987, S. 94.

4.6 Familienergänzende Funktion des religionspädagogischen Handelns

Die familienergänzende Funktion schulpädagogischen Handelns wurde oben in zwei Richtungen entfaltet. Die neue Situation der Familien macht eine zunehmende zeitliche Betreuung der Heranwachsenden und eine Halb- oder Ganztagsschule notwendig. Diese Familiensituation lässt den naturwüchsigen Kontakt zwischen den Generationen schrumpfen und das religionspädagogische Handeln in der Schule sollte um des umfassenden und humanen Dialogs zwischen den Generationen willen den Unterricht öffnen.

Als Spezifikum des schulpädagogischen Handelns hat das religionspädagogische Handeln Teil an der Gestaltung der Halb- oder Ganztagsschule mit ihren unterrichtlichen und außerunterrichtlichen Arbeits- und Betreuungsformen. Religionspädagogisches Handeln realisiert hierdurch seine diakonische, die Heranwachsenden und ihre Familien in ihrem Alltag unterstützende Dimension.[489]

Die zweite Dimension der familienergänzenden Funktion des Religionsunterrichts besteht im Ausgleich für das schrumpfende offene Gespräch zwischen den Generationen, mithin in einer notwendigen qualitativen Veränderung des Religionsunterrichtes selbst. Der Religionsunterricht setzte, seit die Evangelische Unterweisung in den Hintergrund trat und aufgrund neuerer religionsdidaktischer Konzeptionen abgelöst wurde, traditionell religiöse Praxis und religiöse Erziehung in und durch die Familien und die Kirche voraus.

Für M. Stallmann bildet das Verstehen die Grundlage des Religionsunterrichts. In ihm soll die Tradition des Christentums verständlich gemacht werden. »Es handelt sich also um einen Unterricht über die von der Verkündigung herkommende Tradition.«[490] Th. Wilhelm ordnet den Religionsunterricht ganz in die Aufgabe der Schule als Ordnung der Vorstellungswelt ein. Sein Ziel bestand für die Schüler/-innen darin, »zu einem einigermaßen geordneten religiösen Vorstellungszusammenhang zu gelangen«, indem der Religionsunterricht »zur Reflexion über die christlich-abendländische Tradition anleitet«.[491] Individuelle Religiosität und Glaube können in Familie, Gottesdienst oder Kirche erworben werden, für die Systematisierung und Erweiterung der religiösen Vorstellungen »ist Schule [gemeint ist bei Wilhelm Unterricht, N.C.] unerläßlich«.[492] Andacht und andere christliche Praxis gehören daher nicht in den Religionsunterricht, wobei sie für Wilhelm im Schulleben einen Ort haben. Der Religionsunterricht konnte sich in diesem Sinn als weitgehend kognitiver, der Refle-

---

489 Vgl. hierzu z.B. H. Dam/H. Zick-Kuchinke (Hg.): Evangelische schulnahe Jugendarbeit – weil sich das Leben nicht im 45-Minutentakt verhandeln läßt, Gütersloh 1996; M. Weingardt: Lebensräume öffnen. Neue Schritte zum kreativen Miteinander von Schule – Jugendarbeit – Gemeinde. In: Lehren und Lernen 20 (1994), H. 8, Stuttgart, S. 1–30.
490 M. Stallmann: Christentum und Schule, Stuttgart 1958, S. 190.
491 Th. Wilhelm: Theorie der Schule. Hauptschule und Gymnasium im Zeitalter der Wissenschaften, Stuttgart 1967, S. 308 u. 309.

xion dienender Zusatz zur naturwüchsigen religiösen Sozialisation verstehen. Lämmermann versteht im Rahmen der kritisch-konstruktiven Didaktik »*Glauben als eine Form der Reflexion, mithin als denkenden, kritischen Glauben.* Aufgabe des RUs ist deshalb, das Denken im Glauben anzuleiten und nicht zu einer neuen naiven Unmittelbarkeit zu führen«.[493]

Nun stellt sich die Frage, ob die hier gemachten Voraussetzungen noch stimmen. Kennen die Schüler/-innen christliche Praxis aus der Familie und sind sie durch die Verkündigung der Kirche zum Glauben gerufen und so zumindest bruchstückhaft mit der christlichen Tradition vertraut? Ist das berufliche schulische religionspädagogische Handeln eingebettet in das offene und weite religiöse Gespräch zwischen den Generationen (Schorb) oder ist dieses auf jenes zusammengeschrumpft? Traditionsabbruch, Säkularisierung im Sinn der Entkirchlichung und nachlassende religiöse Erziehungsbemühungen der Familien einerseits und die Renaissance der Religionen andererseits deuten auf den Rückzug gelebter und damit für die heranwachsende Generation erlebbarer christlicher Praxis bei gleichzeitig boomender religiöser Literatur und Rockmusik sowie der Transformation christlicher Inhalte in andere Bereiche (Filme, Werbung ...) hin. Nimmt das religionspädagogische Handeln die familienergänzende Funktion wahr, so können zwei, sich nicht notwendig ausschließende Konsequenzen gezogen werden: Zum einen werden die modernen Transformationen von Glaube und Religion zunehmend zum Gegenstand des Religionsunterrichts.[494] Zum anderen kann christliche und religiöse Praxis im Religionsunterricht selbst ihren Platz finden. »Wenn es keine gelebte Religion mehr gibt, die im Klassenzimmer kritisch zu reflektieren wäre, dann muß offensichtlich erst einmal erlebt werden, was dann reflektiert werden kann«.[495] Hinsichtlich der religiösen Praxis Jugendlicher hält die Shell Studie Jugend 2000 ein weiteres Absinken fest.

Nach der 13. Shell Jugendstudie haben 13% der evangelischen männlichen und 14% der weiblichen, aber 21% und 29% der katholischen und 46% und 38% der islamischen Jugendlichen in den letzten vier Wochen vor der Befragung einen Gottesdienst besucht.[496] Dasselbe Gefälle zeigt sich auch beim Beten. Es beten evangelisch männliche 22%, weibliche 34%, katholisch männliche 26%, weibliche 44%, islamisch männliche 49%, weibliche 55%.[497] Im Vergleich mit dem Jahr 1984 ist, auch wenn dem Vergleich nur die alten Bundesländer zu Grunde gelegt werden, durchgehend ein Rückgang zu konstatieren. Von den deutschen Jugendlichen wollen 33% ihre Kinder religiös erziehen.[498]

---

492 Ebd., S. 308.
493 G. Lämmermann: Grundriß der Religionsdidaktik, Stuttgart u. a. 1991, S. 169.
494 Vgl. B. Beuscher/D. Zilleßen: Religion und Profanität. Entwurf einer profanen Religionspädagogik, Weinheim 1998.
495 M. Meyer-Blanck: Religion und Reflexion. Zur Frage liturgischer Elemente und religiöser Praxis im Klassenzimmer. In: M. Wermke (Hg.): Rituale und Inszenierungen in Schule und Unterricht, Münster 1997, S. 60–74, hier S. 60.
496 Vgl. Deutsche Shell (Hg.): Jugend 2000, Bd. 1, Opladen 2000, S. 158 u. 162f.
497 Ebd., S. 158 u. 164f.

Religionspädagogisches Handeln in der Schule ist infolge der neuesten Entwicklung nicht nur ein *Zusatz* zum religionspädagogischen Handeln der Familie und der Kirche, sondern für viele Heranwachsende dessen *Ersatz*. Eine Funktion des Religionsunterrichts ist dadurch nicht nur die Lehre, die Vorstellungen ordnet und klärt, sondern das offene Gespräch, das Rede und Antwort steht, erzählt und zuhört, sowie die christliche Praxis mit Singen und Beten, mit Aktionen der Nächstenliebe und politisch-prophetischen Einmischungen in die Gesellschaft. Nun kann die Praxis wiederum medial repräsentiert in Texten, Filmen und anderem in den Unterricht eingebracht werden. Meyer-Blank rät aber – um einen Bereich exemplarisch herauszugreifen – zu einem liturgischen Experimentieren im Religionsunterricht, das nicht affirmativ der Einpassung in die Gottesdienste dient. »Texte, Lieder, Bilder, Bewegungen und Begehungen sind probeweise, quasi experimentell zu inszenieren, damit ihr Gebrauch verstehbar, nachvollziehbar und kritisierbar wird«.[499] So wie die Didaktik des Sportunterrichts nicht nur über Fußball oder Weitsprung spricht, sondern selbst empfiehlt einen Fußball in den Mittelkreis des Feldes zu legen oder in die Grube zu springen, so wie Musikunterricht, das Singen und Musizieren zeigt und übt, so kann der Religionsunterricht christliche Praxis zeigen, experimentell üben und mit Reflexion verbinden. Religionspädagogisches Handeln zielt damit nicht auf eine naive Unmittelbarkeit, sondern die Praxis bildet die Grundlage für die notwendige Reflexion. Im Wechsel von Erfahrung und Reflexion gestaltet das religionspädagogische Handeln den Religionsunterricht und die Schule als ein »Feld religiösen Probedenkens und Probehandelns«,[500] hierin liegt neben der diakonischen, gewissermaßen äußeren seine innere familienergänzende Funktion.

---

498 Ebd., S. 172.
499 Meyer-Blank: Religion und Reflexion, a.a.O., S. 66.
500 B. Dressler: Leben! Handeln! – Der Religionsunterricht im Haus des Lernens. In: Wermke (Hg.): Rituale und Inszenierungen in Schule und Unterricht, S. 75–98, hier S. 86.

4.7 Zwischenresümee: Die funktionale Analyse der Schule und ihr Beitrag zu einer Theorie schul- und religionspädagogischen Handelns

Die funktionale Betrachtung der Schule ist mit dem Anspruch soziologischer Aufklärung angetreten, um – so Fürstenau – die »Institutionsblindheit der pädagogischen Ideologie«[501] zu überwinden. Die Lehrer/-innen sollten über die Grundlagen ihres Berufs sowie die realen Spielräume und Effekte ihres Handelns aufgeklärt werden. Analysiert werden die Bedingungen und Funktionen des schulpädagogischen Handelns. Die Außenperspektive einer funktional-analytisch argumentierenden Erziehungswissenschaft klärt mehr das Umfeld schulpädagogischen Handelns, als dass sie direkte Handlungsorientierung gibt. Die Binnenperspektive beschreibt die Struktur der Schulklasse und des Schulsystems sowie deren heimliche Effekte, um deutlich zu machen, mittels welcher Mechanismen sie Effekte hervorbringen, die den gesellschaftlichen Funktionen entsprechen.

Es bieten sich auf der Handlungsebene unterschiedliche Konsequenzen an. Zum einen hat Gutte ausgehend von der funktionalen Analyse den Lehrerberuf einer Prüfung unterzogen. Pädagogische Reflexionen oder individuelle Intentionen des Lehrers seien irrelevant, »was zählt sind die Funktionen, die er zu erfüllen hat«.[502] Gutte reduziert Schul- und Religionspädagogik auf eine ›staatlich-hoheitliche Pädagogik‹, und die Lehrer/-innen auf »staatliche Funktionsträger«,[503] die sie *auch* sind, wenn er den »›Erziehungsauftrag von hoher staatspolitischer Bedeutung‹ (…) wie den Auftrag zur Auslese und Sortierung des Nachwuchses nach seiner ›Leistungsfähigkeit‹«[504] als zentrale Grundlage des Berufs interpretiert. Die funktionale Analyse bietet hier die Grundlage für ein vermeintlich realistisches Berufsverständnis und für pädagogischen Utopieverzicht.

Zum anderen können Lehrer/-innen aber auch vermöge der Kenntnis der Funktionen des Schulsystems und seiner Interaktionsstrukturen für deren Effekte sensibilisiert werden. Dies bietet die Grundlage, um ihren eigenen Beitrag zur Disziplinierung, Leistungsbeurteilung und Stereotypisierung von Kindern und Jugendlichen reflexiv einzuholen. Damit ist eine Bedingung gegeben, um unbewusstes Verhalten der Lehrer/-innen zu intendiertem schul- und religionspädagogischem Handeln werden zu lassen. Hinzu kommt die Reflexion pädagogischer und religionspädagogischer Ziele. Stehen die heimlichen Lehrpläne den schul- und religionspädagogischen Intentionen entgegen, so bietet sich erst aufgrund beider Kenntnis die Möglich-

---

[501] P. Fürstenau: Zur Psychoanalyse der Schule als Institution (1964). In: Zur Theorie der Schule, Weinheim u. a. 1969, S. 9–25, hier S. 22.
[502] R. Gutte: Lehrer – ein Beruf auf dem Prüfstand, Reinbek 1994, S. 48.
[503] Ebd., S. 202.
[504] Ebd.

keit, durch die Gestaltung der schulischen Interaktion die heimlichen Lehrpläne zu verändern. Notwendig ist mithin für ein reflexives schul- und religionspädagogisches Handeln sowie für die Erarbeitung der dazu erforderlichen theoretischen und praktischen Kompetenzen der Lehrer/-innen eine funktionale Analyse der Schule. »›Realistisch‹ ist ein Selbstbild des Lehrers nicht da, wo es sich der Wirklichkeit und den gegebenen sozialen Erwartungen wie den gesellschaftlichen Funktionszuschreibungen blind unterwirft, sondern die *eigenen Zielvorstellungen an der nach aktueller Geltung und historischer Genese unterschiedenen Wirklichkeit überprüft.*«[505]

Regionale Kulturerschließung und Integration in die (Welt-) Gesellschaft, Selektion und Allokation sowie die familienergänzende Betreuung und Gestaltung des Generationenverhältnisses als gesellschaftliche Funktionen der Schule und des schul- und religionspädagogischen Handelns machen auch für die Gegenwart deutlich, was für die Vergangenheit festzustehen scheint: »Das Tätigkeitsfeld der Lehrer war nie primär nach pädagogisch-reformorientierten Standards gestaltet, sondern diente immer mehr als nur pädagogischen Zwecken und blieb entsprechend immer politisiert.«[506] Die Situation des schul- und religionspädagogischen Handelns bleibt infolge dieser Merkmalsgegensätze und Widersprüche zwiespältig und belastet.

Das religionspädagogische Handeln hat Teil an der Funktion den kulturellen Hintergrund der Gesellschaft in der Schule darzustellen und aufzuhellen. Der kulturelle Hintergrund mit den zugehörigen Grundsatzentscheidungen hat nicht nur eine Vergangenheits-, sondern auch eine Gegenwartsdimension, da er – wie am Beispiel der christlich geprägten Zeitstruktur gezeigt wurde – einen gemeinsamen Erfahrungs- und Handlungsraum stiftet. Zur kulturellen Funktion religionspädagogischen Handelns gehört es diese Grundsatzentscheidungen zu erschließen. Beim Ein- oder Ausschluss von Religionen und ihrer Inhalte wird eine Kanonisierung von Religion auf der Ebene der in den Stundentafeln berücksichtigten Fächer wie auch auf der Ebene der die Fächer inhaltlich entfaltenden Bildungs- oder Lehrpläne vollzogen. Die dritte Dimension der kulturellen Funktion besteht in der Qualifizierung im Umgang mit der eigenen, in der bisherigen Biographie eventuell fremdgebliebenen Konfession und Religion, wie auch in der Qualifizierung für das interkonfessionelle und interreligiöse Gespräch. Die Erziehungs- und Integrationsfunktion des religionspädagogischen Handelns hat eine allgemeine, die gesellschaftlichen Wert- und Normfragen thematisierende Dimension. Daneben steht die spezifisch religionspädagogische Erziehungs- und Integrationsfunktion, in der die impliziten Normen der Kommunikation über Gott und Religionen vermittelt werden. Bei der Arbeit an den Inhalten, beim Lernen der Schüler/-innen kann Glaube, als ein auch die Emotion zu den Inhalten umfassendes Verhältnis, geschenkt werden. Analog zum schulpädagogischen Handeln wurde

---

505 Lämmermann: Religion in der Schule als Beruf, S. 26.
506 Müller/Tenorth: Professionalisierung der Lehrertätigkeit, S. 169.

eine doppelte familienergänzende und -ersetzende Funktion des religionspädagogischen Handelns herausgearbeitet. Entspricht das religionspädagogische Handeln dieser Funktion, so muss es sich sowohl der diakonischen wie auch der grundlegenden Aufgabe der christlichen Alphabetisierung stellen sowie den Religionsunterricht für die christliche Praxis öffnen, um das schrumpfende Gespräch zwischen den Generationen ansatzweise zu ergänzen oder zu ersetzen.

Wird versucht den Funktionen des schulpädagogischen Handelns Leitbilder für die handelnden Lehrer/-innen an die Seite zu stellen, so entspricht der kulturellen Funktion das Leitbild des Lehrers als Repräsentant der Erwachsenengeneration mit den Komponenten des wissenschaftlichen Fachmanns (Qualifikationsfunktion) und des glaubwürdigen Zeitgenossen (Erziehungs- und Integrationsfunktion). Der Selektionsfunktion entspricht der Beamte mit hoheitlichen Aufgaben. »Indem Lehrer prüfen, Noten geben, über Versetzungen entscheiden, die Disziplin in der Schule aufrechterhalten, üben sie hoheitliche Funktionen aus.«[507] Der familienergänzenden Funktion entspricht der sozialpädagogisch und diakonisch orientierte Betreuer und offene Gesprächspartner. Religionspädagogisch entspricht der kulturellen Funktion der theologisch kompetente Fachmann bzw. die Fachfrau und somit Religionslehrer/-innen, die – wenn auch in gebrochener Weise – ein erwachsenes Christsein glaubwürdig leben. Der familienergänzenden oder -ersetzenden Funktion entsprechen zum einen die diakonisch orientierten Religionslehrer/-innen, die sich an der Betreuung der Schüler/-innen über den Religionsunterricht hinaus engagieren, zum anderen aber die den Religionsunterricht und ihr Handeln für die christliche Praxis öffnenden Religionslehrer/-innen, die mit Hilfe des religiösen Probehandelns und Probedenkens das sich verengende Gespräch der Generationen öffnen. Der immanente Widerspruch zwischen den Leitbildern verschärft sich, wenn neben die Funktionen die Intentionen schulpädagogischen Handelns treten.

---

[507] H. Avenarius/H. Heckel: Schulrechtskunde. Ein Handbuch für die Praxis, Rechtsprechung und Wissenschaft, Neuwied, 7. neubearb. Aufl. 2000, S. 288.

5 Intentionen schul- und religionspädagogischen Handelns: Bildung ermöglichen

A Bildung als Intention schulpädagogischen Handelns

In einer Theorie der Bildung werden – so Benner – die Aufgaben, Zwecke und Ziele pädagogischen Handelns diskutiert.[508] Nun stellen sich aber, bevor im Zusammenhang der vorliegenden Arbeit bildungstheoretische Überlegungen in die Handlungstheorie aufgenommen werden können, zwei Probleme. Es gibt zum einen in der Pädagogik und Didaktik wie auch in der Religionspädagogik keinen einheitlichen Bildungsbegriff und zum anderen schien der Begriff der Bildung vor nicht allzu langer Zeit aussichtslos verbraucht zu sein. Beide Probleme sollen im Folgenden diskutiert werden.

5.1 Schulpädagogische und didaktische Ziel- und Leitkategorien

Der Bildungsbegriff wurde Ende der 60er-Jahre aus der pädagogischen Diskussion weitgehend verabschiedet. Zum einen trat er als normativer Begriff mit der stärkeren Betonung empirischer Erziehungswissenschaft in den Hintergrund, zum anderen war er eng mit der geisteswissenschaftlichen Pädagogik verbunden, die »am Ausgang ihrer Epoche«[509] zu stehen schien. Auch in der Schulpädagogik und Didaktik wurden statt Bildung die schlichteren Ausdrücke wie Unterricht und ›Lernen‹[510] vorgezogen und neben die bildungstheoretische trat die so genannte lerntheoretische Didaktik.

Zwar hat W. Schulz 1965 in seiner Programmschrift »Unterricht – Analyse und Planung«[511] nicht auf den Bildungsbegriff verzichtet und Unterricht als »Bildungshilfe«[512] interpretiert, aber er gebrauchte Bildung als Bezeichnung einer »gesellschaftlich wünschenswerten Zuständlichkeit des zu Erziehenden, zu Belehrenden, zu Unterrichtenden (...) In diesem wertfreien und nicht allein auf eine bestimmte historische Lage bezogenen Sinne kann auch die Didaktik den Ausdruck *Bildung*

---

508 Vgl. D. Benner: Allgemeine Pädagogik. Eine systematisch-problemgeschichtliche Einführung in die Grundstruktur pädagogischen Denkens und Handelns, Weinheim u. a. 2. Aufl. 1991, S. 122 f.
509 I. Dahmer/W. Klafki (Hg.): Geisteswissenschaftliche Pädagogik am Ausgang ihrer Epoche – Erich Weniger, Weinheim 1968.

verwenden: als Bezeichnung der Grundlage für die Anpassungsleistungen, die innerhalb einer Gesellschaft oder gesellschaftlichen Gruppe als optimale Anpassungsleistungen angesehen werden und deshalb auch Ziel ihrer Erziehungs- und Unterrichtsbemühungen bzw. funktionaler Wirkungen sind.«[513] Ausgehend von dieser wertfreien Definition sah die lerntheoretische Didaktik ihre vordringliche Aufgabe darin, mit Hilfe von sechs Strukturmomenten eine »formale Struktur« von Unterricht und ein »wertfreie(s) Beschreibungsmodell«[514] herauszuarbeiten. Darin lag zugleich ihre Stärke und ihre Schwäche. Die Strukturanalyse des Unterrichts mit ihren Entscheidungs- und Voraussetzungsfeldern wurde als erste Ebene didaktischer Reflexion entworfen, um den Misserfolg oder Erfolg des didaktischen Handelns rational durchsichtig zu machen. Darüber wurde eine zweite Ebene didaktischer Reflexion gelegt: die Normenkritik. Beide Ebenen sollen auf empirisch-analytische Weise rational aufgeklärt werden. Nun sind beim schulpädagogischen und didaktischen Handeln Entscheidungen zu treffen, diese lassen sich zwar aufklären, aber sie lassen sich in einem wertfreien Modell schwerlich über die Zweck-Mittel-Relation hinaus auf der Ebene der Ziele von Unterricht und Erziehung als Ganzes inhaltlich begründen. »Nach Durchlaufen der lerntheoretischen Analyse werden sie [die Entscheidungen, N.C.] nicht mehr vorwissenschaftlich-naiv sein, wohl aber nachwissenschaftlich-privat.«[515] Das der lerntheoretischen Didaktik zu Grunde liegende empirisch-analytische Wissenschaftsverständnis zeigt sich hier mit seiner ganzen Ambivalenz. Der im Sinn von Schulz verwandte Bildungsbegriff als ›Bezeichnung einer gesellschaftlich wünschenswerten Zuständlichkeit des zu Erziehenden‹ bzw. als ›Bezeichnung der Grundlage für die Anpassungsleistungen‹ hat nicht nur infolge des ausschließlich formalen Charakters seine kritische pädagogische Potenz verloren. Ein ausschließlich formaler, die gesellschaftlich wünschenswerte Zuständlichkeit des zu Erziehenden betonender Bildungsbegriff lässt die Frage nach dem Ziel von Unterricht entweder offen oder beantwortet sie primär aus der Sicht der Gesellschaft.

---

510 Vgl. die Arbeiten zur Begründung und Ausgestaltung der so genannten ›Lerntheoretischen Didaktik‹. Im Besonderen: P. Heimann/G. Otto/W. Schulz: Unterricht – Analyse und Planung, Hannover (1965) 5. bearb. Aufl. 1970. Vgl. insbes. P. Heimanns Diktum »Die Begriffsbildung orientiert sich weniger an einer bildungstheoretischen als an einer schlichten lerntheoretischen Auffassung von Unterricht« (Ders.: Didaktik 1965. In: Ders./Otto/Schulz: Unterricht – Analyse und Planung, a.a.O., S. 7–12, hier S. 9). Eine modifizierte Form dieses didaktischen Modells legte Schulz in den 80er-Jahren vor. Vgl. Schulz: Die lehrtheoretische Didaktik. In: H. Gudjons/R. Teske/R. Winkel (Hg.): Didaktische Theorien, Braunschweig 2. Aufl. 1983, S. 29–45.
511 Schulz: Unterricht – Analyse und Planung. In: Heimann/Otto/Schulz (Hg.): Unterricht – Analyse und Planung, S. 13–47.
512 Ebd., S. 18.
513 Ebd., S. 20f.
514 Ebd., S. 23 u. 24. Die sechs Strukturmomente gliedern sich in die vier Momente »Intentionalität«, »Thematik«, »Methodik« und »Medienwahl« (vgl. S. 25–36), die den Entscheidungen der Lehrer/-innen obliegen, und in »bewußte oder instinktiv angenommene *anthropogene* bzw. *sozial-kulturelle Voraussetzungen*« (S. 24).
515 H. Blankertz: Theorien und Modelle der Didaktik, München, 9. neubearb. u. erw. Aufl. 1975, S. 114.

An der lerntheoretischen Didaktik der 60er-Jahre wurde deutlich, dass die an sich begrüßenswerte Bescheidung auf realistischere Ziele nicht von Überlegungen entbindet, zu welchem Ziel Unterricht und Schule veranstaltet werden sollen. Eine übergreifende pädagogische Zielbestimmung ist notwendig, »wenn die pädagogischen Bemühungen (...) nicht in ein unverbundenes Nebeneinander oder gar Gegeneinander von zahllosen Einzelaktivitäten auseinanderfallen soll, wenn vielmehr pädagogisch gemeinte Hilfen, Maßnahmen, Handlungen und individuelle Lernbemühungen *begründbar und verantwortbar* bleiben oder werden sollen«.[516] Die Kategorie Bildung erlaubt es unter ihrem Dach das schulpädagogische Handeln der Lehrer/-innen und das Lernen der Schüler/-innen zu thematisieren. Der Bildungsbegriff hat die systematische Funktion den Zusammenhang des pädagogischen Handelns und den der Theoriebildung zu gewährleisten.[517] Schulz hat auf dem Weg vom Berliner zum Hamburger didaktischen Modell Emanzipation im Sinn der »Förderung möglichst weitgehender Verfügung aller Menschen über sich selbst«[518] als Ziel- und Leitvorstellung in sein didaktisches Modell integriert. So traten mit übergreifenden Zielen wie ›Emanzipation‹[519] oder auch ›Identität‹[520] zwar inhaltlich differente, aber zugleich funktional äquivalente Bestimmungen[521] an die Stelle des Bildungsbegriffs als schulpädagogischer Ziel- und Leitkategorie. Seit den 80er-Jahren wird ein jetzt kritisch vergegenwärtigter und interpretierter Bildungsbegriff als schulpädagogische Leitkategorie erneut intensiv diskutiert.[522] Auch von Hentig knüpft wieder an Bildung an, nachdem er in den 60er-Jahren riet, für die nächsten Jahrzehnte auf den Bildungsbegriff zu verzichten, denn Bildung habe »ein Schicksal, an

---

516 W. Klafki: Grundzüge eines neuen Allgemeinbildungskonzepts. Im Zentrum: Epochaltypische Schlüsselprobleme. In: Ders.: Neue Studien zu Bildungstheorie und Didaktik, 2. erw. Aufl. Weinheim u. a. 1991, S. 43–81, hier S. 44.
517 Vgl. R. Preul: Religion – Bildung – Sozialisation, Gütersloh 1980, S. 12.
518 Schulz: Die lehrtheoretische Didaktik, S. 44.
519 Die sich emanzipatorisch-kritisch verstehende Erziehungswissenschaft hat mit Recht auf Freiheit und Selbstbestimmung als Ziele pädagogischen Handelns hingewiesen, aber es blieb die Frage unbeantwortet »Unabhängigkeit und Freiheit wozu?« (K. E. Nipkow: Grundsätze evangelischer Bildungspolitik im Wandel. In: Bildung und Kirche, Münster 1985, S. 37–73, hier S. 58).
520 Vgl. zur Diskussion des Identitätsbegriffs in der Pädagogik F. Schweitzer: Identität und Erziehung. Was kann der Identitätsbegriff für die Pädagogik leisten?, Weinheim u. a. 1985. In der religionsdidaktischen Diskussion hat der Identitätsbegriff in den letzten Jahren erneut an Bedeutung gewonnen. Vgl. (die Debatte stark anregend) Identität und Verständigung. Standort und Perspektiven des Religionsunterrichts in der Pluralität, eine Denkschrift der EKD, Gütersloh 1994; F. Schweitzer: Identitätsbildung durch Beheimatung oder durch Begegnung. Religion als pädagogische Herausforderung in der pluralen multireligiösen Gesellschaft. In: EvErz 49 (1997), S. 266–279; K. Goßmann: Identität und Verständigung. Aufgaben und Probleme einer am Subjekt orientierten Religionspädagogik. In: EvErz 49 (1997), S. 252–265.
521 Vgl. O. Hansmann: Kritik der so genannten ›theoretischen Äquivalente‹ von ›Bildung‹. In: O. Hansmann/W. Marotzki (Hg.): Diskurs Bildungstheorie I: Systematische Markierungen, Weinheim 1988, S. 21–54.

das man lieber nicht rührt. Klarheit wird einem von da nicht zuteil«.[523] Nun hält er eine »›Rückkehr‹ zur Bildung«[524] pädagogisch für geboten.

Hentig empfiehlt diese Rückkehr, weil er seine schulreformerischen Überlegungen verkürzt rezipiert sah. Vor »zwei Jahren habe ich meine Vorstellungen von der Schule als Lebens- und Erfahrungsraum zusammengefaßt (…); an den Reaktionen hierauf habe ich mit Schrecken gemerkt, wie bereitwillig man diesem Programm zuliebe (mit dem man dem Erziehungsnotstand in der Schule beizukommen hofft) die Sache der ›Bildung‹ aufzugeben bereit ist; ich nahm wahr, wie viele Mitmenschen und Pädagogen das Heil ausschließlich in der anderen Richtung suchten: beim offenen, freien, situativen Lernen, bei Sinnlichkeit, Ästhetik, Spiel, im Projekt, in der ›Produktionsschule‹, in Outward-bound-Abenteuern.«[525]

Neben Hentig hat auch Schulz[526] den Bildungsbegriff erneut als schulpädagogische und didaktische Ziel- und Leitkategorie aufgenommen. Auch in Studien zu Schulstufen und Schularten wird der Bildungsbegriff wieder bemüht. Für die Grundschule wird als übergreifende Zielkategorie die »grundlegende Bildung«[527] herausgearbeitet. Für die Realschule wird Humboldts Bildungsbegriff fruchtbar gemacht.[528] Das gymnasiale Bildungsverständnis hat Liebau als »Laien- und Bürgerbildung«[529] interpretiert. Mit Bildung ist die Allgemeinheit des allgemeinen Schulwesens darstellbar oder zumindest thematisierbar. Bildung wird nicht als Alternative zu Lernen oder zu Emanzipation oder zu Identität gesehen, sondern der Bildungsbegriff vermag die Perspektiven der neueren Theorien zu verbinden und wird so seiner im Anschluss an Preul formulierten Funktion gerecht.

---

522 Vgl. z.B. Benner: Allgemeine Pädagogik, S. 122–165; die vielfältigen Beiträge zur Theorie der Bildung in: N. Seibert/H. J. Serve (Hg.): Bildung und Erziehung an der Schwelle zum dritten Jahrtausend, München 1994, S. 21–512; Klafki: Neue Studien zu Bildungstheorie und Didaktik; H.-E. Tenorth (Hg.): Allgemeine Bildung. Analysen zu ihrer Wirklichkeit, Versuche über ihre Zukunft, Weinheim u. a. 1986; Ders.: »Alle alles zu lehren«. Möglichkeiten und Perspektiven allgemeiner Bildung, Darmstadt 1994.
523 H. von Hentig: Systemzwang und Selbstkontrolle, Stuttgart 2. Aufl. 1969, S. 146.
524 H. von Hentig: Bildung, München 1996, S. 55.
525 Ebd., S. 56.
526 Vgl. W. Schulz: Didaktische Einblicke, Weinheim 1995, S. 155 ff.
527 Vgl. J. Hendricks: Grundlegende Bildung. In: W. Wittenbruch (Hg.): Das pädagogische Profil der Grundschule, Heinsberg 1989; H. Glöckel: Grundsatzdiskussion VI: Grundlegende Bildung. In: D. Haarmann (Hg.): Handbuch Grundschule, Bd. 2, Weinheim u. a. 2. erg. Aufl. 1994, S. 328–342.
528 Vgl. H. Wollenwerker: Die Realschule in Geschichte und Gegenwart, Köln u. a. 1997, S. 97–108, 145 ff.
529 E. Liebau: Allgemeinbildung als Laien- und Bürgerbildung: eine Aufgabe für das Gymnasium?. In: Ders./W. Mack/Chr. Scheilke (Hg.): Das Gymnasium. Alltag, Reform, Geschichte, Theorie, Weinheim u. a. 1997, S. 281–302; vgl. auch die Beiträge von H. Heid, L. Huber, Chr. Scheilke und F. Schweitzer in diesem Band.

5.2 Bildung: Subjektwerdung, Handlungsfähigkeit und Enkulturation

Bildung steht in der Spannung zwischen formatio und forma und ist damit eine Kategorie, die sowohl als Prozess wie auch als Resultat des Prozesses verstanden werden kann. Im einen Fall sprechen wir von Bildung in einem normativen, im anderen in einem prozessualen Sinn. Bei der folgenden normativ inhaltlichen Bestimmung von Bildung soll kein Persönlichkeitsideal oder gar ein Modell der oder des Gebildeten konstruiert werden, nach dessen Maßen dann die Heranwachsenden zu formatieren sind. Bildung meint auch nicht nur einen Kanon von Wissen und Werten, Formeln und Sprachen, auch wenn dieser Sprachgebrauch nicht völlig falsch ist und im Begriff der Grundbildung seine Berechtigung findet.[530] Bildung soll hier als Subjektwerdung und als Gewinnung von Identität und Handlungsfähigkeit[531] verstanden werden. Bildung als Subjektwerdung und Identitätsgewinnung geht auf eine Fundamentalunterscheidung von Person und Subjekt zurück.

»Subjekt muß der Mensch im Prozeß seiner Bildung erst werden, Person ist er immer schon.«[532] Die Würde der Person wird im Grundgesetz als unantastbar vorausgesetzt. Die Voraussetzung kann als naturrechtliches Erbe interpretiert werden, auf jeden Fall spielt sie in ein metaphysisches Denken hinein. Masschelein arbeitet die Intersubjektivität als vorgängig und das Subjekt demgegenüber als nachgängig heraus. Ein Subjekt konstituiert sich, indem es »angesprochen wird und sich angesprochen weiß«.[533] Das Personsein des Menschen wird von Biehl in theologischer und anthropologischer Argumentation durch das »Ereignis des den Menschen anredenden Wortes Gottes begründet«.[534] Als Person kommt dem Menschen zwar grundsätzlich das Vermögen zu, Subjekt zu werden und eine Identität zu finden, allerdings kann die Möglichkeit der Subjektwerdung beschnitten werden. Die Unterscheidung von Person und Subjekt ermöglicht sensibel zu werden für Gefährdungen des Subjekts in der Situation gesellschaftlicher Entfremdung, ohne die jedem Menschen zukommende Würde des Personseins in Frage zu stellen. Diese kritische Unterscheidung muss auch auf pädagogische Institutionen und Handlungen selbst bezogen werden. Bildung wollte in der Zeit der Spätaufklärung, des Neuhumanismus und der Romantik »Entfremdung überwinden; sie ist jedoch als institutionalisierte, verschulte Bildung

---

530 Vgl. hierzu Th. Schulze: Das Allgemeine der Bildung und das Spezielle der Fächer. In: K. Lehmann (Hg.): Der Beitrag der Unterrichtsfächer zur Allgemeinbildung, 1990, S. 16–38, hier S. 30.
531 Vgl. R. Preul: Bildung. In: G. Bitter/G. Miller (Hg.): Handbuch religionspädagogischer Grundbegriffe, München 1986, S. 67–74, hier S. 72f.
532 P. Biehl: Die Gottebenbildlichkeit des Menschen und das Problem der Bildung. In: Ders.: Erfahrung, Glaube und Bildung. Studien zu einer erfahrungsbezogenen Religionspädagogik, Gütersloh 1991, S. 124–223, hier S. 156. Biehl bezieht sich in diesem Zusammenhang auf I.U. Dalferth/E. Jüngel: Person und Gottebenbildlichkeit. In: Christlicher Glaube in moderner Gesellschaft, Bd. 24, Freiburg u.a. 1981, S. 58–99.
533 J. Masschelein: Kommunikatives und pädagogisches Handeln, Weinheim 1991, S. 210.
534 Biehl: Die Gottebenbildlichkeit des Menschen und das Problem der Bildung, S. 157.

selbst zu *entfremdeter Bildung* und damit zur Mitursache für die Entfremdung des Menschen geworden.«[535]

Unter Aufnahme der Diskussion zur allgemeinen Bildung wird Bildung als Gewinnung von Handlungsfähigkeit nicht unter der Perspektive des Ideales und des Maximums sondern als notwendiges »Minimum an Fähigkeiten und Fertigkeiten«,[536] die zum Handeln notwendig sind, interpretiert. Dabei wird im Anschluss an Kapitel I, 1 ein weiter Handlungsbegriff zu Grunde gelegt, der auch Sprechakte als Handlungen versteht.

Mit dem Minimum an Fertigkeiten und Fähigkeiten wird nicht eine Restriktion von Bildungswünschen der Heranwachsenden vertreten, aber eine Reduktion des den Heranwachsenden und der Schule zugemuteten Lernstoffes zugunsten eines vertiefenden und bildenden Denkens. Der Bildungsbegriff war in weiten Teilen seiner Geschichte und ist in der Gegenwart ein Kampfbegriff gegen unverstandene Vielwisserei. Zugleich ergänzt Tenorth das für alle Heranwachsenden generalisierte Bildungsminimum, das nach seiner Vorstellung in einer einheitlichen »Volksschule für 10 Jahre«[537] organisiert werden könnte, durch eine weitergehende Bildung mit dem Ziel der »Kultivierung der Lernfähigkeit«.[538]

5.2.1 Bildung als Individuierung und Zusammenhang von Fähigkeiten

5.2.1.1 Bildung und Subjektivität – die Fähigkeit zu Mündigkeit und Selbstbestimmung

Als ein Moment von Bildung wurde seit der Aufklärung in einem breiten Strom bildungsphilosophischer Argumentation die »Befähigung zu vernünftiger Selbstbestimmung«[539] herausgearbeitet. Ausgegangen wird dabei von Kants Antwort auf die Frage »Was ist Aufklärung?«: »Aufklärung ist der Ausgang des Menschen aus seiner selbstverschuldeten Unmündigkeit. Unmündigkeit ist das Unvermögen, sich seines Verstandes ohne Leitung eines anderen zu bedienen«.[540]

Aufklärung als ein Moment von Bildung ist hier zentral durch die Selbst-

---

[535] K. E. Nipkow: Bildung und Entfremdung. Überlegungen zur Rekonstruktion der Bildungstheorie. In: U. Herrmann (Hg.): Historische Pädagogik. Studien zur Historischen Bildungsökonomie und zur Wissenschaftsgeschichte der Pädagogik (ZfPäd 14. Beiheft), Weinheim u. a. 1977, S. 205–229, hier S. 207.

[536] Tenorth: »Alle alles zu lehren«, S. 167.

[537] Ebd., S. 184.

[538] Ebd., S. 168 f.

[539] W. Klafki: Die Bedeutung der klassischen Bildungstheorien für ein zeitgemäßes Konzept allgemeiner Bildung. In ders.: Neue Studien zu Bildungstheorie und Didaktik, S. 15–41, hier S. 19.

[540] I. Kant: Beantwortung der Frage: Was ist Aufklärung?. In: I. Kant: Werke in sechs Bänden, hg. v. W. Weischedel, Bd. VI, Darmstadt 5. erneut überprüfter Nachdruck 1983, S. 53–61, hier S. 53.

ständigkeit des Denkens bestimmt. Schulpädagogisches Handeln, das auf Bildung zielt, unterscheidet sich damit grundlegend von einer Beeinflussung, die pädagogische und psychologische Mittel massiv nutzt, um eine Meinung hervorzurufen, deren Geltung nicht auf selbst eingesehenen Gründen ruht. Letzteres Handeln wird gemeinhin als Indoktrination bezeichnet. Es unterscheidet sich auch von der bloßen Anhäufung von Wissen. Die Selbstständigkeit des Denkens benötigt dagegen die Fähigkeit, selbst Fragen zu stellen, Informationen zu dem befragten Thema beschaffen zu können, dieses zu systematisieren und daraus eigene Schlüsse zu ziehen. In einer aufgrund der starken Zunahme von Informationen auf Spezialisten und Experten angewiesenen und von ihnen abhängigen Gesellschaft gehört zu der Fähigkeit des selbständigen Denkens nicht nur die Informationsbeschaffung und -beurteilung, sondern auch die Konsultation von Experten, ohne dabei an diese die Selbstständigkeit zu verlieren. Diese Dimension der Selbstständigkeit hat Kant mit Hilfe des Wahlspruchs der Aufklärung umschrieben: »Habe Mut, dich deines eigenen Verstandes zu bedienen!«[541] Das Ziel schulpädagogischen Handelns kann sich damit nicht auf Wissensvermittlung und ›Lernen ermöglichen‹ beschränken, wenngleich dies auch notwendig ist, sondern muss darüber hinaus um der Selbstständigkeit willen zu einem kritischen Umgang mit dem Wissen, auch mit dem Schulwissen, anleiten. Die in der Schule vermittelten »Inhalte dürfen mit ihren Ansprüchen den Educandus nicht determinieren, sondern als bildende Lehre müssen sie so verwandt werden, daß sie zugleich kritische Vernunft entbinden, die sich, potentiell jedenfalls, auch gegen die Inhalte selbst muß richten können.«[542] Ein an Bildung orientiertes schulpädagogisches Handeln hat die Aufgabe, das Subjekt zu stärken und – so Adorno – die »Kraft zur Reflexion, zur Selbstbestimmung, zum Nicht-Mitmachen«[543] zu fördern.

Zu der Selbstständigkeit des Denkens ist auch die des ethischen Urteilens zu rechnen. Sitte, Moral und Ethik werden zwar häufig verstanden als »gängelnde oder repressive Festlegung auf das (...), was ›die‹ Autoritäten oder ›die‹ Gesellschaft für ›normal‹ und für ›anständig‹ halten.«[544] Gegenüber diesem landläufigen Vorurteil wird davon ausgegangen, dass zu Bildung die Fähigkeit gehört, »in sozialen Konflikten autonom, mündig und damit zugleich verantwortungsbewußt zu urteilen«[545] und – um über den Bereich des selbstständigen Denkens hinauszugehen – auch mündig zu handeln.

Persönliche Mündigkeit und ethische Selbstverantwortung erfordern eine eigene Orientierungs- und Urteilsfähigkeit. Den Prozess zu vernünfti-

---

541 Ebd., S. 53.
542 Blankertz: Theorien und Modelle der Didaktik, a. a. O., S. 41.
543 Th. W. Adorno: Erziehung nach Auschwitz. In: Ders.: Erziehung zur Mündigkeit, Frankfurt 1971, S. 88–104, hier S. 93.
544 F. Oser/W. Althof: Moralische Selbstbestimmung. Modelle der Entwicklung und Erziehung im Wertebereich, Stuttgart 1992, S. 12.
545 Ebd.

ger Selbstbestimmung, Mündigkeit und individueller Orientierungs- und Urteilsfähigkeit, also die Subjektwerdung des Menschen, schulpädagogisch zu fördern, zu begleiten und zu stärken, wird daher als Ziel einer sich auf Bildung beziehenden Schulpädagogik und Didaktik angesehen. Die aufgrund des entdeckenden Lernens (vgl. unten III, 1.2) selbst erarbeitete und selbst eingesehene Geltung von Wissen sowie ethischen Urteilen und Handeln entsteht aus »der sprachlichen Vernunft, die Lehrern und Schülern gemeinsam ist«.[546] Das an der Bildung der Schüler/-innen orientierte Handeln der Lehrer/-innen muss dem Anspruch genügen, sachlich und sittlich »Vernünftiges in Geltung zu setzen«.[547]

Wird Bildung primär als Theorie der Subjektivität entwickelt und mit einer Gesellschaftsanalyse kombiniert, die für das Subjekt keinen Spiel- und Entscheidungsraum mehr erkennt, dann erhält Bildungstheorie die Aufgabe, den »Widerspruch von Bildung und Herrschaft«[548] zu bearbeiten.

5.2.1.2 Bildung und Gemeinschaft ...

Kulturen bilden in der Zeit- und Sozialdimension eine verbindende Struktur aus. Diese ›konnektive Struktur‹ (J. Assmann) verknüpft das Gestern mit dem Heute und den Menschen mit seinen Zeitgenossen. Gemeinschaft wird dank der Verknüpfung und Verbindung ermöglicht.

... mit Vergangenen – die Fähigkeit des Erinnerns

Niemand lebt nur aus sich selbst und im Hier und Jetzt. Aufgrund der Enkulturation als Vorleistung der älteren Generation ist Kultur als Gewordene und als in längeren Zeiträumen auch Veränderbare eine fundamentale Voraussetzung des menschlichen Lebens. Man kann eben nicht – so Brumlick – »einen Lebensstil und eine Kultur gerade so auswählen wie ein paar neue Hemden«,[549] da sie die Identität der Einzelnen berühren. Kulturen entwickeln eine konnektive Struktur; sie bindet »das Gestern ans Heute, indem sie die prägenden Erfahrungen und Erinnerungen formt und gegenwärtig hält, indem sie in einen fortschreitenden Gegenwartshorizont Bilder und Geschichten einer anderen Zeit einschließt und dadurch Hoffnung und Erinnerung stiftet«.[550]

---

546 V. Ladenthin: Der Lehrer. Vom Grad der Bildung her betrachtet. In: A. Wenger-Hadwig (Hg.): Der Lehrer – Hoffnungsträger oder Prügelknabe der Gesellschaft, Innsbruck u. a. 1998, S. 24–53, hier S. 29.
547 Ebd.
548 Vgl. H. J. Heydorn: Über den Widerspruch von Bildung und Herrschaft. Bildungstheoretische Schriften 2, Frankfurt 1979.
549 M. Brumlik: Zur rationalen Lösung von Kulturkonflikten. In: D. Kiesel/R. Wolf-Almanasreh (Hg.): Die multikulturelle Versuchung, Frankfurt 1991, S. 17–27, hier S. 22.
550 Assmann: Das kulturelle Gedächtnis, S. 16.

Hentig hat daraus als Maßstab für Bildung ein »Bewußtsein von der Geschichtlichkeit der eigenen Existenz«[551] gefolgert. Gemeint ist damit ein Bewusstsein der Notwendigkeit von zeitlich relativ konstanten Formen des Rechts, der Sprache, der Architektur, der Zeitrhythmen, der Religion, aber auch von ererbten Vorstellungen des Gemeinwohls, sowie von übertragenen Aufgaben und Rücksichten. Im individuellen Erinnern und im kollektiven Gedenken wie auch im Vergessen und Weglassen wird Vergangenheit aus der Gegenwart heraus konstruiert. Die Gegenwart verdankt sich der Vergangenheit und zugleich verdankt sich erinnerte Vergangenheit der Gegenwart. »Erinnern und Vergessen tragen wesentlich zur Herausbildung kultureller Identität«[552] und mittels deren zu individueller Identität bei.

... mit Gegenwärtigen – die Fähigkeit zu Verständigung, Mitbestimmung und Selbstverpflichtung

Aber genügen die Begriffe der ›Selbständigkeit‹ und ›Mündigkeit der Person‹ sowie das Bewusstsein der Geschichtlichkeit zur Bestimmung von Bildung in einer vielgesichtigen modernen Industriegesellschaft? Um diese Frage einer Beantwortung näher zu bringen, werde ich im Folgenden zuerst das Verhältnis von Individualisierung und Konformität im Anschluss an die (kultur-)soziologischen Überlegungen von G. Schulze herausarbeiten, bevor auf dieser Basis die bildungstheoretischen Überlegungen weitergeführt werden.

Eines der Gesichter moderner Industriegesellschaften ist durch hochgradige Arbeitsteilung, zunehmende funktionale Differenzierung und durch gleichzeitige Globalisierung gekennzeichnet. Hierbei wird die gegenseitige, wenn auch indirekte über den Markt, der einen wichtigen, wenn nicht zentralen Mechanismus der Vergesellschaftung darstellt, vermittelte Angewiesenheit des Menschen auf den Menschen immer mehr verstärkt. Diese gegenseitige Angewiesenheit und Abhängigkeit vollzieht sich gleichsam hinter dem Rücken der Individuen. Im bewussten Erleben stehen dagegen eher die Freisetzungsprozesse aus traditionalen Bindungen im Vordergrund. Die Freisetzungsprozesse zeigen das andere Gesicht der janusköpfigen modernen Industriegesellschaft. Sie ziehen notwendig eine Individualisierung der Lebensführung nach sich. Folgende vier Aspekte der Individualisierungsthese wurden in den letzten Jahren herausgearbeitet:
- »Erstens abnehmende Sichtbarkeit und schwindende Bindungswirkung traditioneller Zusammenhänge (Schicht und Klasse, Verwandtschaft, Nachbarschaft, religiöse Gemeinschaft);
- zweitens zunehmende Bestimmtheit des Lebenslaufs und der Lebenssituation durch individuelle Entscheidungen;
- drittens Hervortreten persönlicher Eigenarten – Pluralisierung von Stilen, Lebensformen (...);

---

551 H. v. Hentig: Bildung, S. 85 ff.
552 A. Greve: Erinnern lernen. Didaktische Entdeckungen in der jüdischen Kultur des Erinnerns, Neukirchen-Vluyn 1999, S. 33.

– viertens Eintrübung des Gefühlslebens: Einsamkeit, Aggressionen, Zynismus, Orientierungslosigkeit.«[553]

Zu ergänzen ist, dass die hier hervorgehobenen Freiheitsmomente oft nur eine scheinbare Freiheit darstellen. Medial erzeugte Bedürfnisse und und die Grenzen der eigenen materiellen, intellektuellen und sozialen Ressourcen schränken die Spielräume der Freiheit ein. Der Schein der Gestaltbarkeit übersteigt die tatsächlichen Möglichkeiten. Hinsichtlich der Frage nach dem Verhältnis von Selbstbestimmung und individuellen Entscheidungen einerseits und Orientierung an anderen und Integration in Gemeinschaften andererseits hat Schulze unter Aufnahme des Individualisierungstheorems die »Gleichzeitigkeit von Individualisierung und Kollektivität«[554] herausgestellt:

»1. Dem *Rückgang der Bedeutung traditioneller Sozialzusammenhänge* steht das Hervortreten neuer Sozialzusammenhänge gegenüber. (...) Regional diffuse soziale Milieus und Szenen (...) sind Vergesellschaftungsformen am Ende des 20. Jahrhunderts (...).

2. Durch die *Zunahme der Optionen* wird das Subjekt zwar immer mehr auf sich selbst als wählende Instanz zurückverwiesen. Mit dem Entscheidungsbedarf wächst aber auch der Orientierungsbedarf, so dass an die Stelle des äußeren Orientierungsdrucks der innere tritt. Wir registrieren Konformitätsbereitschaft ohne Zwang und Sanktionen. (...)

3. Am offensichtlichsten manifestiert sich Individualisierung in der *Pluralisierung der Existenzformen.* (...) [Aber:] Selbst evidente Entstandardisierung, der Versuch völliger Eigenständigkeit, schlägt in eine neue Gemeinsamkeit um – Individualisierung wird in paradoxer Weise zur uniformen Ungleichartigkeit. (...)

4. Gefühle der Einsamkeit und Orientierungslosigkeit scheinen den Zusammenbruch sozial konstruierter Wirklichkeit anzuzeigen, doch sind sie nur psychische Begleiterscheinungen einer individualisierten sozialen Wirklichkeit. Der Mensch ist auf sich selbst verwiesen (...). Vor viele Wahlen gestellt, in Selbstverantwortung entlassen, erlebt er sich getrennt von anderen, verunsichert durch Anforderungen, etwas aus seinem Leben zu machen, oft heimlich im selben Maß enttäuscht, wie er sich für das Projekt seines Lebens engagiert. Weder Kollektivität noch Individualität sind grenzenlos. Wie erzwungene Gemeinsamkeit eine Individualisierungstendenz erzeugt, so die Entgrenzung des Lebens eine Bereitschaft zur Gemeinsamkeit.«[555]

Schulze hat herausgearbeitet, dass auch in der modernen durch Individualisierung geprägten Industriegesellschaft des ausgehenden 20. Jahrhunderts neben der unverkennbaren Tendenz zu Individualität die ›Bereitschaft zur Gemeinsamkeit‹ – allerdings unter den Bedingungen der Individualisierung und nicht hinter sie zurückgehend – deutlich wird. Die Sozialität menschlicher Existenz tritt hier in anderer als traditionell gewohnter Form zu Tage. Sie ist dem Individuum immer weniger vorgegeben und in den Bereich der individuellen Wahl ausgewandert. »Mit der stärkeren Beteiligung des Individuums sinkt nicht notwendig die Verbindlichkeit sozialer Strukturen. Mög-

---

553 G. Schulze: Die Erlebnisgesellschaft. Kultursoziologie der Gegenwart, Frankfurt u.a. 1993, S. 75.
554 Ebd., S. 76.
555 Ebd., S. 76–78.

lich ist sogar das Gegenteil: Selbstverpflichtung kann größere normative Kraft entfalten als der Zwang der Verhältnisse.«[556] Die Ambivalenz dieser Entwicklung moderner Gesellschaften zeigt sich in den von Schulze beschriebenen Phänomenen der ›Konformitätsbereitschaft‹ und ›Selbstverpflichtung‹. *Zum einen* können sie, um den Gefühlen der Einsamkeit und Orientierungslosigkeit zu entgehen, zu Selbstunterwerfung und damit zu einem höchstens punktuell selbstbestimmten, aber sich dauerhaft auswirkenden Verzicht auf den Verstandesgebrauch ohne Leitung eines anderen führen. Fundamentalistische Neigungen, wie sie sich auf unterschiedliche Weise in Sekten oder auch neonazistischen Gruppen zeigen, können als Rückzug aus dieser individualisierten und pluralisierten Gesellschaftsform interpretiert werden. »Sie sind eine Flucht davor, unter diesen Bedingungen erwachsen werden zu müssen.«[557] *Zum andern* scheint aber eine Selbstverpflichtung unter dauerhaftem Einschluss vernünftiger Selbstbestimmung nicht nur möglich, sondern auch nötig zu sein. Diese Form des Sich-Bindens ist eine reflexive Form und kann als solche potenziell immer wieder aufgelöst werden. Sie wird im Folgenden als Selbstverpflichtung entfaltet.

Individualisierung und Selbstverpflichtung lassen sich mit der bisher diskutierten bildungstheoretischen Tradition verbinden. Im bildungstheoretischen Zusammenhang kann es sich aber gerade nicht um eine Selbstunterwerfung, sondern um eine Fähigkeit zu Gemeinschaft und *Selbst*verpflichtung handeln. Sie ermöglicht, die Geltung von Bindungsangeboten, die von Einzelnen oder einer Gemeinschaft ausgehen, selbstständig zu beurteilen und selbst Bindungsangebote zu machen.

Mit der Kategorie der ›Selbstverpflichtung‹ wird dem ersten Moment von Bildung, der vernünftigen Selbstbestimmung und Mündigkeit Rechnung getragen. Selbstverpflichtung ist aufgrund der Opposition zu Bindung durch äußeren Zwang gekennzeichnet. Sie kann dabei nicht als einmaliger, freiwilliger und dauerhaft verpflichtender Akt der Bindung an eine Gruppe oder Gemeinschaft und der damit beginnenden Unterwerfung unter deren Erwartungen verstanden werden, wenn Selbstverpflichtung auf Dauer mit vernünftiger Selbstbestimmung verbunden ist. Selbstverpflichtung an eine Gemeinschaft, ohne Verlust der vernünftigen Selbstbestimmung, erfordert die Möglichkeit der Mitbestimmung bei gemeinsamen Angelegenheiten auf Seiten des Kollektivs und den Willen sowie die Fähigkeit zu Orientierung, Verständigung und Mitbestimmung auf Seiten des Individuums.

Der schulpädagogischen Intention, die Fähigkeit zu Verständigung und Mitbestimmung zu fördern, lässt sich nicht nur mittels des im Rahmen einer Klassengemeinschaft stattfindenden Unterrichts, sondern auch vermöge der pädagogischen Gestaltung der Institution Schule begegnen. Die Möglichkeit der realen Mitbestimmung bei gemeinsamen Angelegenheiten bietet hier ein weites Feld.

---

556 Ebd., S. 76.
557 H. Giesecke: Wozu ist die Schule da? Stuttgart, 2. Aufl. 1997, S. 116.

Combe/Helsper[558] haben ausgehend vom Fall des verlorengegangenen Heftes des Drittklässlers Vijay und dem darauf antwortenden Handeln der Lehrerin auf die *Selbstverpflichtung auf Regeln* in einer Klassengemeinschaft hingewiesen. Das Konzept der ›Klassengemeinschaft‹ beinhaltet, dass alle die gleichen Rechte und Pflichten haben. »Die Entschiedenheit, mit der die Lehrerin ihre Erwartungen und Ansprüche an Vijay heranträgt, gründet dabei nicht in irgendwie gearteten persönlichen oder privaten Vorstellungen oder direkten Eingriffen; zwischen ihr und der Klasse steht gleichsam ein Bereich gemeinsam erarbeiteter, für alle verbindlicher und verpflichtender Regeln und Ziele.«[559] Für das schulpädagogische Handeln im Unterricht ist die Aufstellung, Verdeutlichung und Einhaltung der Vereinbarung und der darin enthaltenen Regeln eine zentrale Aufgabe. Für bildendes Lernen ist hier die oben gewonnene Einsicht fruchtbar zu machen. »Die Etablierung und Einhaltung von Regeln kann weniger denn je durch Anrufung einer mit Autorität ausgestatteten Sanktionsgewalt überzeugend vermittelt werden. Zu ihrer ›vernünftigen Begründung‹ gehört in der Moderne einmal der Modus der Selbstverpflichtung – und zwar für alle Beteiligten. Des Weiteren impliziert die Entwicklung des Rechtsempfindens das Ernstnehmen des anderen als einer moralisch zurechnungsfähigen Person«.[560] Für die Schüler/-innen bietet der Regeln generierende, die Vereinbarung erstellende Prozess die Möglichkeit des bildenden Lernens, in dem die Fähigkeiten zu Verständigung, Mitbestimmung und Selbstverpflichtung zugemutet und gewonnen werden können.

Wird die Gefahr der ›individuellen Willkür‹ berücksichtigt, so können die zu Bildung gehörenden Grundfähigkeiten nicht nur die Fähigkeiten zu individueller Mündigkeit und vernünftiger Selbstbestimmung einerseits und zu Selbstverpflichtung und Mitbestimmung andererseits umgreifen. Die Möglichkeit und Fähigkeit individueller Selbst- und Mitbestimmung ist aufgrund des Gleichheitsgrundsatzes grundsätzlich allen Schüler/-innen zuzusprechen. Der eigene individuelle Anspruch auf Selbstbestimmung und Mitbestimmung darf nicht rücksichtslos und unter Leugnung der Selbst- und Mitbestimmung anderer durchgesetzt werden, sondern er kann – so Klafki – nur insofern gerechtfertigt werden, wenn er »nicht nur mit der Anerkennung, sondern mit dem Einsatz *für* diejenigen und dem Zusammenschluß *mit* ihnen verbunden ist, denen eben solche Selbst- und Mitbestimmungsmöglichkeiten«[561] nur teilweise zugestanden oder ganz versagt werden. Gegen die in der Selbstbestimmung liegende Gefahr der ›individuellen Willkür‹ hat Klafki die hierzu komplementäre Fähigkeit zu Solidarität gestellt. Der Bildungsbegriff überwindet so das Erbe der individualistischen Verengung. »Das Projekt ›Bildung‹ (…) gilt zugleich auch der ›Welt‹, die nicht so bleiben kann, wie sie ist.«[562]

---

558 A. Combe/W. Helsper: Was geschieht im Klassenzimmer? Perspektiven einer hermeneutischen Schul- und Unterrichtsforschung. Zur Konzeptualisierung der Pädagogik als Handlungslehre, Weinheim 1994, S. 47–59.
559 Ebd., S. 55 f.
560 Ebd., S. 56.
561 Klafki: Grundzüge eines neuen Allgemeinbildungskonzepts, S. 52.

Werden die bisher herausgearbeiteten Merkmale von Bildung zusammen betrachtet, so wird folgendes deutlich: »Im Zentrum der Theorie der Bildung steht das Problem der Vermittlung zwischen der individuellen und der gesellschaftlichen Bestimmung des Menschen, die die Individuen weder der Gesellschaft [bzw. der Gemeinschaft N.C.] opfert, noch die menschliche Gesamtpraxis auf ein Spielfeld individueller Willkür reduziert.«[563]

5.2.1.3 Bildung und Utopie – Fragment, Hoffnung und die Fähigkeit sich letzten Fragen zu stellen[564]

Utopie wird in der pädagogischen Diskussion unter zwei Perspektiven thematisiert. Zum einen stellt sich die Frage nach dem Gehalt der Utopie oder radikaler gefragt, ob nach dem allgemein konstatierten Verdunsten politischer Utopien überhaupt pädagogische Utopien begründbar oder wie in der Vergangenheit in Form der Kategorie ›Vollendung‹ aus der Theologie entlehnbar[565] sind. Zum anderen wird diskutiert, dass pädagogisches Handeln selbst einen Zukunftsbezug hat, selbst an der Entstehung des Neuen beteiligt ist und dabei die Zukunft des einzelnen und der Gesellschaft antizipiert, ohne über die Zukunft verfügen zu können.

1. Nipkow hat im Rahmen der erstgenannten Perspektive über den neuzeitlichen Rahmen der Bildungstheorie hinausgehend darauf hingewiesen, dass der Bildungsbegriff von Anfang an ein »utopisches Potential«[566] mit sich geführt hat, das aus griechischen und christlichen Wurzeln erwächst. Während Platon von einer überindividuellen rationalen Ordnung, einem objektiven Logos ausging, an dem der einzelne durch den ihm eigenen subjektiven Logos teilhat, bekennt das Christentum den Anbruch des Gottesreiches, dessen Ziel, ein neuer Himmel und eine neue Erde, allerdings noch aussteht. Die Zuwendung Gottes zur Welt hat Hoffnung geweckt und in den biblischen Texten »einen Reichtum an Hoffnungssprache evoziert«.[567] Diese eschatologische Hoffnung und ihre Sprache lebt im Christentum und in säkularisierter und vielfach modifizierter Form auch in der aufklärerischen Hoffnung auf eine humanere und menschlichere Zukunft und in Gesellschaftsutopien marxistischer Herkunft. Das utopische Potenzial von Bildung verweist auf das noch ausstehende Ganze menschlicher Einsicht und Bewusstseinserhellung (griechisches Erbe) und auf das noch ausstehende

---

562 H. Luther: Sache oder Subjekt? In: Pädagogik (1989), H.3, S. 52–57, hier S. 55.
563 Benner: Allgemeine Pädagogik, S. 123.
564 Die Überschrift wurde in Anlehnung an Nipkow: Bildung als Lebensbegleitung und Erneuerung, Gütersloh 1990, S. 34 und Hentig: Bildung, a.a.O., S. 94 formuliert.
565 Vgl. hierzu J. Oelkers: Vollendung. Theologische Spuren im pädagogischen Denken. In: N. Luhmann/E. Schorr (Hg.): Zwischen Anfang und Ende, Frankfurt 1990, S. 24–72.
566 Nipkow: Bildung als Lebensbegleitung und Erneuerung, S. 34.
567 P. Biehl: Zukunft und Hoffnung in religionspädagogischer Perspektive. In: JRP 10 (1993), S. 125–158, hier S. 143.

Ganze menschlichen (Zusammen-) Lebens (christliches Erbe). Menschliche Einsicht und menschliches (Zusammen-) Leben können nur bruchstückhaft einlösen, was das utopische Potenzial von Bildung impliziert. Bildung des Einzelnen ist und bleibt Fragment. Gerade als Fragment weist es auf das noch ausstehende Ganze hin.

2. Utopien, als Entwürfe einer besseren Welt, können Antworten auf Fragen nach Sinn und Ziel der Welt beinhalten. Diese Fragen gehen zurück auf den »fundamentalanthropologischen ›Tatbestand‹ ideologischer Bedürftigkeit«,[568] dieser entspricht der dem Menschen »angeborenen transzendierenden Fragehaltung (...) und transzendierender Sinnsuche«.[569] Diese Fragen werden vor allem in der Jugendzeit, die Erikson als eine im neutralen Sinn verstandene ideologiebedürftige Lebenszeit charakterisiert hat,[570] aber nicht nur dort virulent. Nach von Hentig gehört die »Wachheit für letzte Fragen«[571] zu den möglichen Maßstäben der Bildung, weil sie gleichwohl unvermeidlich sind. »Wir können nicht aufhören sie zu stellen, und sie schon gar nicht von vornherein unterlassen: Gibt es Gott – d. h. einen Schöpfer des Universums und Herrn der Geschichte? Hat die Welt einen Sinn, einen Plan? (...) Warum bin ich? Warum bin ich ich?«[572] Kant spricht von solchen Fragen als einer »Naturanlage der Vernunft«.[573] Wenn es eine Affinität zu diesen Fragen zumindest in der Lebensphase Jugend gibt, stellt sich dem schulpädagogischen Handeln das Problem, wie der Umgang mit der Frage nach Gott, nach dem Ziel der Welt und nach den Zukunftsbildern von Welt aussehen kann. Gefordert ist eine Kompetenz für religiöse Fragen. Die philosophischen und religiösen Fragen offen- und auszuhalten, ohne in eine totalitäre Ideologie oder fundamentalistische Deutung von Religion zu fliehen, sowie auf existenzieller und kognitiver Ebene religiöse und philosophische Selbst- und Weltdeutungen sich zu erschließen, ist eine weitere Dimension des sich an Bildung orientierenden schul- und religionspädagogischen Handelns.

3. Der Zusammenhang von Bildung und Utopie kann in einer Gegenbewegung von der prozesshaften Dimension des Bildungsbegriffs erschlossen werden, um der Gefahr, den Einzelnen der Utopie zu unterwerfen, zu entgehen. Gefragt wird jetzt: Welche Utopie liegt im Bildungsprozess selbst? M. Brumlik, der an Hannah Arendts Theorie der Natalität erinnert (vgl. oben Kap. 1.3), argumentiert auf dieser Linie. Seine zentrale These lautet:

---

568 G. Adam/R. Lachmann: Begründungen des schulischen Religionsunterrichts. In: Dies. (Hg.): Religionspädagogisches Kompendium, Göttingen, 5. neubearb. Aufl. 1997, S. 121–137, hier S. 126. Adam/Lachmann weisen auf empirische Studien im Rahmen der Psychologie hin.
569 Ebd.
570 Vgl. E. Erikson: Das Problem der Ich-Identität. In: Ders.: Identität und Lebenszyklus, Frankfurt 1973, S. 123–212, hier S. 201 ff.
571 Hentig: Bildung, S. 94.
572 Ebd., S. 95.
573 I. Kant: Prolegomena zu einer jeden künftigen Metaphysik zit. n. Hentig: Bildung, S. 95.

»*In Bildungsprozessen geht es um das Entstehen des Neuen in seiner ausgeprägtesten Form, nämlich in der Form von Individualitäten, ja von Individuen – womöglich besteht das Problem pädagogischer Utopien darin, dem Prozeß des Entstehens dieses Neuen aus durchaus honorigen Gründen nicht trauen zu können und deshalb eher auf dessen Herstellung zu setzen.*«[574] Zur Verhältnisbestimmung von Schulpädagogik und Utopie wird hier nicht mit dem Bildungsmaximum und der Suche nach dem besten zu verwirklichenden gesellschaftlichen Zustand eingesetzt, zu dessen Realisation Kinder, Jugendliche und Erwachsene zu erziehen sind, sondern umgekehrt kommt mit jeder Geburt etwas Neues, eine konkrete Utopie in die Welt und es käme im schulpädagogischen Handeln »nicht so sehr darauf an, die Neuankömmlinge so oder anders zu formieren, der Heraufkunft der besten aller Welten zu dienen, sondern vielmehr darauf, den Neubeginn, der sie sind, vor den Zumutungen und Ansprüchen des schon Bestehenden zu schützen.«[575]

5.2.2 Bildung als Enkulturation: Das Kanonproblem

Bildungstheorien stellen – das wurde implizit bereits deutlich – Bezüge zu Kulturtheorien her. Im Mittelpunkt steht im Folgenden die Frage, welche Qualifikationen sind für das Leben und Handeln in einer Gesellschaft notwendig und an welchen Inhalten können die Fähigkeiten gewonnen werden. Gibt es bestimmte, benennbare Bereiche von Nicht-Ich, die sich als Bildungsanlässe besonders eignen?

Angeblich hat »jedes Geschäft des Lebens«[576] Einfluss auf die innere Bildung. So kann Hentig die Frage »Was bildet den Menschen?« lapidar mit »Alles«[577] beantworten. Diese optimistische Antwort ist jedoch zuhöchst zeit- und kontextbedingt. Es gibt durchaus Lebenssituationen und schulpädagogische Arrangements, die die genannten Fähigkeiten von Menschen mehr mindern als anregen. Einer schulpädagogischen Handlungstheorie ist mit der doch allzu vagen Antwort von Hentigs nur insofern weitergeholfen, als dass sich damit eine vorschnelle Engführung verbietet.

»Da das Ideal enzyklopädischer B. [Bildung …] ohnehin illusorisch geworden ist«,[578] ist es als Antwort ebenso wenig hilfreich. In einer auf Fähigkeiten des Subjekts basierenden Bildungstheorie, die sowohl auf anthropologische wie kulturelle und gesellschaftliche Einsichten rekurriert, liegen dagegen mehrfache Begründungsfiguren des Kanons vor. Bildung als Sub-

---

574 M. Brumlik: Zur Zukunft pädagogischer Utopien. In: ZfPäd, 38. (1992), S. 529–545, hier S. 531.
575 Ebd., S. 543.
576 W. von Humboldt: Theorie der Bildung des Menschen. In: Ders.: Werke in fünf Bänden, hg. v. A. Flitner u. K. Giel, Bd. I, Darmstadt 3. Aufl. 1980, S. 234–240, hier S. 238.
577 Hentig: Bildung, S. 15.
578 Preul: Bildung, S. 73.

jektwerdung und als Fähigkeit zu Mündigkeit, Selbstbestimmung sowie sich letzten Fragen zu stellen führt zu einer »spekulativen Begründung«[579] in einer philosophischen und theologischen Anthropologie. Die Fähigkeit zur Orientierung in einer Kultur und die Einführung in diese (Enkulturation) stellt zum anderen eine historisch-hermeneutische Argumentationsfigur[580] in den Vordergrund. Zum dritten wurde eine als »pragmatische Variante der Kanonbegründung«[581] charakterisierte Argumentationsfigur herausgearbeitet. Der die Inhalte der Schule hervorbringende Gesichtspunkt ist hierbei der der Dringlichkeit in einer besonderen Zeitspanne, wobei bildungstheoretisch sowohl Inhalte wie auch Fähigkeiten hervorgehoben werden sollen. Pragmatisch ist die Suche nach dem Bildungsminimum als das, »was für alle Heranwachsenden in unserer Gesellschaft zu lernen notwendig und unentbehrlich ist«[582] sowie die Bildung als notwendige Handlungsfähigkeit. Hierzu gehört der »Erwerb der zivilisatorischen Basisqualifikationen«[583] als Grundbildung im Sinn der Fähigkeit zu Kommunikation mittels Sprache (inklusive einer Fremdsprache) sowie die Möglichkeit über Medien zu kommunizieren (Lesen, Schreiben, Datenverarbeitung mit Hilfe von Computer und Internet) sowie Rechnen. Nach Benner ist es das Ziel der Elementarstufe des allgemeinbildenden Schulwesens zu lernen, »mit Weltinhalten und Mitmenschen im Medium der Schriftsprache umzugehen.«[584] Darüber liegt eine historisch-hermeneutisch begründbare Ebene grundlegender Zugänge zu Kultur und Welt, in denen jeweils Orientierung und Grundkategorien mittels der »Begegnung mit zentralen Gegenständen unserer Kultur«[585] gewonnen werden sollen, um die Welt zu verstehen. Der Kanon der Weltzugänge[586] wird, je konkreter er formuliert ist, desto strittiger. Die natürliche Lebensgrundlage kann dank eines *naturwissenschaftlichen Weltzugangs* erschlossen werden. Kultur und Gesellschaft werden als Gewordene durch den *historischen* und als Gegenwärtige durch *politische* und *gesellschaftswissenschaftliche Weltzugänge* dargestellt. Welt- und Lebensdeutungen machen *religiöse* und *philosophische Weltzugriffe* erforderlich. Welt-, Kulturgestaltung und deren Darstellung sowie die Entscheidung über

---

579 K. Prange: Bauformen des Unterrichts, Bad Heilbrunn 2. durchges. Aufl. 1986, S. 62.
580 Ebd., S. 64–68.
581 Ebd., S. 68.
582 Tenorth: »Alle alles zu lehren«, S. 168.
583 Liebau: Allgemeinbildung als Laien- und Bürgerbildung, a. a. O., S. 292.
584 D. Benner: Die Struktur der Allgemeinbildung im Kerncurriculum moderner Bildungssysteme. Ein Vorschlag zur bildungstheoretischen Rahmung von PISA. In: ZfPäd 48 (2002), S. 68–90, hier S. 77.
585 J. Baumert/P. Stanat/A. Demmrich: PISA 2000: Untersuchungsgegenstand, theoretische Grundlagen und Durchführung der Studie. In: Deutsches PISA-Konsortium (Hg.): PISA 2000. Basiskompetenzen von Schülerinnen und Schülern im internationalen Vergleich, Opladen 2001, S. 15–68, hier S. 20.
586 Vgl. zum folgenden Kanon Tenorth: »Alle alles zu lehren«, S. 173–180; Liebau: Allgemeinbildung als Laien- und Bürgerbildung, S. 292–299; Benner: Die Struktur der Allgemeinbildung im Kerncurriculum moderner Bildungssysteme, a. a. O., S. 73–78.

eine erste Berufswahl erfordern *handwerkliche, technische* und *ästhetische Kompetenzen.* Die Weltzugänge beziehen sich auf verschiedene Wissenschaften, deren Inhalt wird aber durch das schulpädagogische Handeln didaktisch gebrochen, so dass dieser selbst nicht mehr »wissenschaftsförmig ist, sondern zwischen Umgangswissen und wissenschaftlichem Wissen steht«.[587] Neben diesen Zugängen zu Welt und Kultur sind die *Basisqualifikationen Kommunikation* aufgrund der Sprachen, der Medien sowie der Mathematik auch über die Elementarschule hinaus zentrale Bestandteile des Kanons. Der Körper des Menschen ist in allen bisher genannten Weltzugängen die Basis für einen leiblich-sinnlichen Weltzugriff. Die Differenz zwischen Umgangswissen und wissenschaftlichem Wissen ist selbst Teil des bildungstheoretisch reflektierten und sich auf Mündigkeit beziehenden Kanons. Die Orientierung am Bildungsminimum, das allen Heranwachsenden garantiert werden muss, fordert bei der Umsetzung in Bildungspläne nur das Unverzichtbare aufzunehmen. Der hier formulierte Kanon und die Bildungs- oder Lehrpläne sind nicht identisch. Kanon bezeichnet – so Tenorth in seiner spezifischen bildungstheoretischen Perspektive – »die Bauprinzipien schulischer Lehrpläne, (...) Lehrpläne sind dann historische und insofern kontingente, in kurzen Wellen erzeugte Artikulationsformen des (...) nur in langen Wellen veränderbaren Kanons«.[588] Der Kanon wird in jüngster Zeit – zum Teil im kanonkritischen Jargon – als Lernbereiche reformuliert. Aber auch der hier umrissene Kanon, die Weltzugänge, Basisqualifikationen und Fähigkeiten müssen an Inhalten gewonnen werden.

5.3 Bildung als Prozess

5.3.1 Die Wechselwirkung von Ich und Nichtich in Form von Entfremdung und Rückkehr

Bildung als Subjektwerdung und Gewinnung von Handlungsfähigkeit vollzieht sich als Prozess in Auseinandersetzung mit materialen Inhalten, Personen und Problemen, allgemeiner als Wechselwirkung von Ich und Nichtich. Der Bildungsprozess ist prinzipiell nicht abschließ- und beendbar, er vollzieht sich lebenslang in und außerhalb der Schule. Der Weltbezug darf für die Menschen nicht äußerlich bleiben, sonst hat er seine bildende Wirkung verfehlt. Beschäftigt sich ein Mensch mit Nichtich, so kommt es darauf an, »dass er in dieser Entfremdung nicht sich selbst verliere, sondern vielmehr von allem, was er ausser sich vornimmt, immer das erhellende Licht und die wohltätige Wärme in sein Inneres zurückstrahle«.[589] Eine bildende

---

587 Benner: Die Struktur der Allgemeinbildung im Kerncurriculum moderner Bildungssysteme, S. 79.
588 Tenorth: »Alle alles zu lehren«, S. 124f.
589 Humboldt: Theorie der Bildung des Menschen, S. 235.

Wechselwirkung von Ich und Nichtich wird von Humboldt als Entfremdung und Rückkehr interpretiert.

Schulpädagogisch ist dies von zentraler Bedeutung. Sowohl die innerschulischen Arbeitsformen, wie Unterricht als Lektion oder das Üben, als auch die methodische, thematische und institutionelle Öffnung von Schule und Unterricht können die Gefahr in sich bergen, sich in Aktion und Produktion, in Erlebnis und Abenteuer zu erschöpfen. Im Anschluss an Humboldts Bildungstheorie wird jedoch deutlich, dass eine Person sich und ihre Fähigkeiten bildet, wenn ihr Handeln, ihr Weltbezug auf die Person und ihre Fähigkeiten zurückwirkt. Schulpädagogisch ist bei der notwendigen ›Hinwendung zu Welt‹ die ›Rückkehr zum Ich‹, also die reflexive Verarbeitung von Übungen, Aktion, Arbeit, Erlebnis und Wissen eine zentrale Aufgabe, um bildende Prozesse für die Heranwachsenden zu ermöglichen. Bildung ist mehr als ein unbewusster Niederschlag von Übungen oder Erlebnissen, sie ist ein der sich bildenden Person bewusster oder bewusst werdender, auf selbst eingesehener Geltung beruhender Lernprozess und damit Denken.

Im Rahmen seiner bildungstheoretischen, aber auch der diese ablösenden kritisch-konstruktiven Didaktik weist Klafki in analoger Weise wiederholt darauf hin, dass ein Subjekt Bildung »nur in Aneignungs- und Auseinandersetzungsprozessen mit einer Inhaltlichkeit, die zunächst *nicht* ihm selbst entstammt,«[590] gewinnt. Fähigkeiten entwickelt eine Person nicht im luftleeren Raum, sondern in der Auseinandersetzung mit und der Aneignung von materialen Frage- und Problemstellungen. Bildung als Prozess vollzieht sich nicht als reine Entwicklung bereits vorhandener Anlagen, die keiner Anregung von außen bedürfen. Mit zwei aufeinanderbezogenen Begriffen wird das Problem, welche Inhalte sich für Bildungsprozesse eignen, zur Darstellung gebracht: der Theorie der kategorialen Bildung und des Elementaren einerseits sowie dem exemplarischen Lehren und Lernen andererseits.

1. Im Rahmen der Bildungstheorie der 60er Jahre hat Klafki die Begriffe der ›kategorialen Bildung‹ und des ›Elementaren‹ untersucht.

Mit dem Begriff der kategorialen Bildung wurde die Problemverkürzung formaler und materialer Bildungstheorien überwunden. Während erstere alle materialen Inhalte nur als »Stoff« ansah, der der Bildung und Übung menschlicher Fähigkeiten und Kräfte diente, und so das Subjekt der sich Bildenden in den Mittelpunkt stellte, hatte letztere einen Kanon bestimmter kultur- und naturwissenschaftlicher Inhalte oder Qualifikationen hervorgehoben, wobei die Schüler/-innen als Träger der Inhalte oder Qualifikationen gesehen wurden. Klafki sah beide in den jeweiligen Bildungstheorien hervorgehobenen Sachverhalte als »zwei Aspekte des in sich einheitlichen Phänomens bzw. Vorganges der Bildung«.[592] Bildung ist daher »Erschlossensein einer dinglichen und geistigen Wirklichkeit für einen Menschen (objektiver

---

590 Klafki: Die Bedeutung der klassischen Bildungstheorien, S. 21.
591 Vgl. W. Klafki: Das pädagogische Problem des Elementaren und die Theorie der kategorialen Bildung, Weinheim 3./4. durchgeseh. u. erg. Aufl. 1964, bes. S. 293–309.
592 Ebd., S. 293.

Aspekt), aber das heißt zugleich: Erschlossensein dieses Menschen für diese seine Wirklichkeit (subjektiver Aspekt)«.[593] Werden für den sich Bildenden in der Wirklichkeit allgemeine Zusammenhänge deutlich, so bedeutet dies gleichzeitig, dass die sich bildende Person Kategorien gewinnt.

Für eine bildungstheoretische Didaktik stellt sich die Frage, wie eine solche doppelseitige Erschließung gelingen kann? In den 60er-Jahren interpretierte Klafki Bildung als Begegnung der Schülerinnen und Schüler mit einer bestimmten ›dinglichen oder kulturellen Wirklichkeit‹, die zu der genannten Erschließung in der Lage ist. Zur Beschreibung dieser Wirklichkeit entwickelte Klafki die Theorie des Elementaren.

»Das Elementare ist das doppelseitig Erschließende.«[594] Für diese Erschließung ist ein spezifisches Verhältnis von ›Besonderem‹ und ›Allgemeinem‹ notwendig: »Das pädagogisch Elementare ist immer ein Besonderes, von dem her ein Allgemeines sichtbar und verständlich wird, aber es ist zugleich eben dieses Allgemeine, das nicht nur ein Besonderes, sondern jeweils eine ganze Reihe von Besonderen erschließt.«[595] Letzteres dadurch, weil an ihm Kategorien gewonnen werden, die auf verschiedene ›besondere Fälle‹ angewendet werden können. Mit Hilfe des Begriffs des Elementaren können aus der Menge der möglichen Inhalte die für den bildenden Prozess geeigneten gewählt werden. Der Kreis der Inhalte war damit material aber noch nicht bestimmt.

Hinsichtlich der Fragestellung, wie bildende Inhalte gewonnen werden können, hat Klafki seine Theorie des Elementaren weiterentwickelt. Im neuen Theorierahmen der konstruktiv-kritischen Didaktik soll Bildung sich im Medium des ›Allgemeinen‹ vollziehen. Hier stellt sich die Frage, wie ›das Allgemeine‹ inhaltlich bestimmt werden kann. Klafki versucht bei seiner Antwort nicht einen abgeschlossenen Kanon von Inhalten, sondern einen offenen Kanon von zentralen und alle Menschen betreffenden Problemen der Gegenwart und der sich abzeichnenden Zukunft zu erarbeiten. Probleme, die den Kriterien – von übernationaler Bedeutung zu sein und gleichwohl jeden einzelnen zu betreffen[596] – genügen, werden ›Schlüsselprobleme‹ genannt. Da solche Schlüsselprobleme keinen überzeitlichen Charakter haben, sind sie immer wieder neu zu bestimmen. Deshalb wird von »epochaltypischen Schlüsselproblemen«[597] gesprochen.

2. Die Konzeption des exemplarischen Lehrens und Lernens ist im Rahmen der Theorie der kategorialen Bildung zu verstehen und hat ihren Kern darin, dass »sich der Lernende an einer begrenzten Zahl von ausgewählten Beispielen [Exempeln] aktiv allgemeine, genauer: mehr oder minder weitreichend verallgemeinerbare Kenntnisse, Fähigkeiten, Einstellungen erarbeitet, m. a. W.: Wesentliches, Strukturelles, Prinzipielles, Typisches, Gesetzmä-

---

593 Ebd., S. 297.
594 Ebd., S. 322.
595 Ebd., S. 387.
596 Vgl. Klafki: Grundzüge eines neuen Allgemeinbildungskonzepts, S. 60.
597 Ebd., S. 56 u. ö.

ßigkeiten, übergreifende Zusammenhänge«.[598] Die Schüler/-innen sollen sich nicht viel Wissen aneignen, sondern am »prägnanten Fall«[599] Kategorien gewinnen, mit denen sie sich selbständig weitere Inhalte erschließen können. Der ›prägnante Fall‹ wirkt in der eben genannten Bedeutung kategorial. Exemplarisches Lernen hat ein Gefälle zum selbstständigen Weiterlernen. Bildungstheoretisch konsequent interpretiert – und hier wird mit Klafki gegen Klafki argumentiert – kann Unterricht sowie schul- und religionspädagogisches Handeln nicht das Ziel haben, im Sinn von Comenius alles zu wissen (materialer Aspekt) und im Sinn von Klafki alles zu können (Allseitige Bildung und formaler Aspekt), sondern das Ziel kann nur darin bestehen, »an dem Besonderen das Allgemeine zu zeigen«.[600] Diese Reduktion bedeutet einen Zeitgewinn, der neben und nach der Lektion und dem Üben, der Aktion und dem Erlebnis, der Arbeit und dem Wissen zum Denken und zur selbstständigen Geltungsprüfung genutzt werden kann. Der theoretische Kern von Klafkis kategorialer Bildung und des exemplarischen Lehrens und Lernens besteht nicht in einem Kanon von Inhalten (materiale Bildungstheorie) oder von Fähigkeiten (formale Bildungstheorie) sondern gerade darin, dass zum einen die Spannung zwischen beiden als Problem beschreibbar wird und zum anderen in der Analyse wie die Spannung in verschiedenen Zeiten, Gesellschaften, Schulsystemen und Curricula gelöst wurde. Hierin liegt die zentrale Pointe der deskriptiven Version der Bildungstheorie. Die deskriptive Version ermöglicht dem schul- und religionspädagogischen Handeln sowohl auf der Ebene der Lehrplankonstruktion als auch auf der Ebene des konkreten Unterrichts die jeweils aktualisierte Variante der Spannung zwischen materialer und formaler Bildung reflexiv einzuholen und mit anderen Varianten zu vergleichen. In der handlungsorientierenden und präskriptiven Version wird ein spezifischer Umgang mit dieser Spannung mit dem Unterrichtsprinzip des exemplarischen Lehrens und Lernens vorgeschlagen.

5.3.2   Der Modus der Bildung

Die Bildungstheorien diskutieren – so wurde dies Kapitel begonnen – die Aufgaben, Zwecke und Ziele des schulpädagogischen Handelns. Diese Beschreibung des Gegenstandsfeldes einer Bildungstheorie im Rahmen einer schulpädagogischen Handlungstheorie ist aber insofern ergänzungsbedürftig, als dass der inhaltlich präzisierte Bildungsbegriff einen über die deskriptive und präskriptive Version der Bildungstheorie mit ihren Ziel-

---

598 W. Klafki: Exemplarisches Lehren und Lernen. In: Ders.: Neue Studien zu Bildungstheorie und Didaktik, S. 141–161, hier S. 143 f.
599 Klafki: Das pädagogische Problem des Elementaren und die Theorie der kategorialen Bildung, S. 3 u. ö.
600 Diederich: Didaktisches Denken, S. 250.

und Inhaltsaspekten hinausgehenden weiteren Aspekt enthält, der im Folgenden als Modus der Bildung entfaltet werden soll.

Wird Bildung als Prozess passivisch im Sinn des ›Gebildetwerdens‹ interpretiert, so werden die Zubildenden zu Objekten. Aber dies Subjekt-Objekt-Modell und die damit formulierte passivische Position der Zubildenden wird weder dem menschlichen Erkenntnis- und Wahrnehmungsprozess (1.) noch dem Bildungsbegriff (2.) gerecht.

1. Einfache Versuche, wie sie z. B. von den Neurophysiologen H. Maturana/F. Varela[601] beschrieben werden, zeigen, dass in menschlichen Wahrnehmungen nicht einfach ein Abbild der ›äußeren Welt‹ entsteht. Bei der Wahrnehmung und Erkenntnis als Rezeption von Nichtich hat das erkennende Subjekt im strengen Sinn nicht eine dies Nichtich abbildende, sondern – worauf schon I. Kant[602] aufmerksam gemacht hat – eine dies Nichtich konstruierende Rolle, wobei die dabei entstandenen Konstruktionen wiederum anderen konstruktiven Rezeptionen (Wahrnehmungen und Erfahrungen) zugrunde liegen. Die Konstruktion liegt dabei in der Selektion und in der Ordnung der auf das Individuum einströmenden Informationen. Die Konstruktion von Wirklichkeit »besteht bei Zecken, Libellen, Gorillas und Menschen letzten Endes darin, dass *selbstorganisiert* ausgewählt wird, was als Information wahrgenommen wird, dass also das Bild (...) selbst gemalt wird und dabei immer mehr weggelassen wird. (...) Selbstorganisation (oder ›Autopoiesis‹) bedeutet, dieses Weglassen autonom zu organisieren.«[603] Menschliche Erkenntnis besteht in einer selektiven und auch (de-) formierenden Assimilation oder wie Thomas von Aquin sich ausdrückt: »quidquid recipitur, secundum modum recipientes recipitur (Was auch immer rezipiert wird, wird gemäß dem Rezipienten rezipiert)«.[604]

Die konstruktivistische Erkenntnistheorie hat eine fundamentale Bedeutung für eine Bildungstheorie und für eine Theorie des schulpädagogischen Handelns. Bei der sprachlichen Kommunikation werden beim Sprechen Worte »aus Bedeutungen heraus erzeugt«[605] und in Schallwellen umgewandelt, die zum Ohr der Hörenden bzw. beim Lesen als visuelle Reize zum Auge der Lesenden gelangen. Bei diesem Vorgang des Hörens oder Lesens ist zu beachten, dass – wie Aebli etwas pathetisch formuliert – der Hörende »jede einzelne Vorstellung und jeden Begriff, jedes Gefühl und jedes Werterlebnis aus dem Grunde seiner eigenen Seele hervorrufen muß.«[606] Die Infor-

---

601 H. Maturana/F. Varela: Der Baum der Erkenntnis. Die biologischen Wurzeln des Verstehens, Bern 1987, S. 19 ff.
602 Vgl. I. Kant: Kritik der reinen Vernunft, Werkausgabe Bd. 2, hg. v. W. Weischedel, Frankfurt, 5. erneut überprüfter reprograph. Nachdruck 1983, S. 25 f.
603 A. Treml: Einführung in die Allgemeine Pädagogik, Stuttgart u. a. 1987, S. 31.
604 Thomas von Aquin zit. n. A. Bucher/F. Oser: »Wenn zwei das gleiche Gleichnis hören ...«. In: ZfPäd 33 (1987), S. 167–183, hier S. 167.
605 H. Aebli: Zwölf Grundformen des Lehrens. Eine Allgemeine Didaktik auf psychologischer Grundlage, Stuttgart 1983, S. 37.
606 Ebd., S. 43.

mation kann dabei nicht einfach übernommen, sondern muss vom Empfänger im Verstehensprozess geradezu aktiv hervorgebracht werden. Eine Information aufnehmen ist ein aktives Verhalten, die Inhalte werden dabei eigenständig (re-)konstruiert. Was hier im Anschluss an Aebli kommunikationstheoretisch beschrieben wurde, führt zu einer konstruktivistischen Auffassung von Lernen. Für den Unterricht kann daraus folgende Konsequenz gezogen werden: »Lernen kann jeder und jede nur selbst, darum ist das Lernen im Kern ein Prozeß individuellen Aneignens.«[607] Bildungstheorie und Konstruktivismus koinzidieren in der Betonung des Subjekts. Didaktiken, die sich dem radikalen Konstruktivismus verdanken, zentrieren auf das Wirklichkeit konstruierende Subjekt,[608] allerdings entschärfen sie zugleich die schulkritische Position des radikalen Konstruktivismus.[609]

2. Die passivische Interpretation von Bildung gerät auch in Spannung zu der oben herausgearbeiteten inhaltlichen Bestimmung von Bildung als Selbstbestimmung und Mündigkeit. Es stellt sich hier die Frage, ob dem bildungstheoretisch herausgearbeiteten Ziel der Selbstbestimmung und Subjektwerdung die Behandlung der Zubildenden als Objekte des pädagogischen Handelns entspricht, oder ob nicht vielmehr das Ziel der Subjektwerdung einen Modus der Bildung impliziert, der die Kinder und Jugendlichen als Subjekte ihres Bildungsprozesses anerkennt. Werden Kinder und Jugendliche als Subjekte ihres Bildungsprozesses erkannt, dann liegt eine reflexive Interpretation des Bildungsprozesses vor. Bildung vollzieht sich als Prozess im Modus der Selbstbildung. Wird von Bildung als Selbstbildung ausgegangen, so verbietet sich der Sprachgebrauch: Person X bildet Person Y.

B Religiöse Bildung als Intention religionspädagogischen Handelns

Religionspädagogik kann sich – so Preul[610] – in doppelter Weise auf Bildung beziehen, zum einen als eine religionspädagogische Bildungstheorie, die grundlegend die Beziehungen zwischen Religion und Bildung thematisiert, und zum anderen als eine Theorie religiöser Bildung, die die Theorie für den sich auf Religion beziehenden Teil des Bildungsprozesses darstellt. Eine religionspädagogische Bildungstheorie überschreitet den Rahmen einer Theo-

---

607 Bildungskommission NRW: Zukunft der Bildung – Schule der Zukunft, Neuwied u. a. 1995, S. 94.
608 Vgl. E. Kösel: Die Modellierung von Lernwelten. Ein Handbuch zur Subjektiven Didaktik, Elztal-Dallau 3. Aufl. 1997, S. 39 f; R. Werning: Konstruktivismus. Eine Anregung für die Pädagogik? In: Pädagogik 7/8 (1998), S. 39–41, hier S. 40.
609 Vgl. S. Beetz: Beunruhigend beruhigende Botschaften. Erziehungswissenschaftliche Glättungsversuche in konstruktivistischen Didaktikentwürfen. In: ZfPäd 46 (2000), S. 439–451, bes. 449 f.
610 Vgl. Preul: Religion – Bildung – Sozialisation, S. 14.

rie der religiösen Bildung. Da bereits theologische und religionspädagogische Überlegungen in den Teil A dieses Kapitels eingeflossen sind, kann sich Teil B auf den Bereich einer Theorie religiöser Bildung beschränken. Zugleich müssen in diesem Teil bereits an anderer Stelle aufgenommene bildungstheoretische Überlegungen nur noch zusammenfassend gebündelt werden.

5.4 Religiöse Bildung als Individuierung

5.4.1 Religiöse Bildung und Subjektivität – die Fähigkeit zu Selbstständigkeit und Mündigkeit

Religiöse Selbstständigkeit und Mündigkeit wurde oben (1.9) als protestantische Grundkategorie theologisch von Luther und religionspädagogisch von Schleiermacher her begründet. Sie stellen die moderne Intention des religionspädagogischen Handelns dar. Religiöse Selbständigkeit und Mündigkeit bzw. die Mündigkeit des Glaubens besteht darin, sich seiner Religion bewusst zu werden, sie zu reflektieren und zu gestalten. Wobei zu religiöser Mündigkeit auch die begründete Ablehnung von Religion gehören kann. Selbstbestimmung benötigt eine auf einen christlichen Standpunkt bezogene theologische Urteilsfähigkeit, die die Fähigkeit einschließt, die Bibel und andere religiöse Texte interpretieren und moralische Urteile selbst fällen zu können sowie eine Handlungsfähigkeit als Fähigkeit dem Glauben entsprechend zu handeln. In Anlehnung an Kants Formulierung lässt sich die Dimension religiöser Bildung mit ›Habe Mut, dich deines eigenen Glaubens zu bedienen!‹ beschreiben. Das Neben-, Mit- und Gegeneinander von Religionen, Konfessionen und nichtreligiösen Selbst- und Weltverständnissen bedeutet für die Gegenwart die Zunahme religiöser Optionen. Der daraus resultierende Entscheidungsbedarf führt bei nachlassender Traditionsbindung und äußerer Orientierung zu einem erhöhten inneren, durch die Person selbst gesteuerten religiösen Orientierungsbedarf. Religionspädagogisches Handeln muss sich der orientierenden Einführung in eigene und fremde Religion als eine Bedingung der Fähigkeit zu religiöser Selbständigkeit stellen, wobei bildungstheoretisch wiederum die Geltung aufgrund eigener Einsicht das entscheidende Kriterium darstellt. Der Religionsunterricht sollte – so formuliert die EKD-Denkschrift programmatisch – »in Zukunft noch mehr als bisher ein Beitrag zur persönlichen religiösen Orientierung und Bildung sein«.[611] Die Schüler/-innen der Sekundarstufe I bestätigen dem Katholischen Religionsunterricht mehrheitlich, dass dies auch im Religionsunterricht erreicht wird.[612]

---

611 Evangelische Kirche in Deutschland (Hg.): Identität und Verständigung. Standort und Perspektiven des Religionsunterrichts in der Pluralität, Gütersloh 1994, S. 36.

5.4.2 Religiöse Bildung und Gemeinschaft – die Fähigkeit zu Erinnerung, Verständigung, Zusammenleben und Selbstverpflichtung

1. Erinnerung

»In jedem Zeitalter ist der Mensch verpflichtet, sich vorzustellen, er sei selbst mit aus Ägypten gezogen.«[613] Dieser Grundsatz der jüdischen Kultur des Erinnerns und Lernens verdeutlicht eine Aufgabe religiöser Erziehung in einer sich auf Gottes Mitsein und Gottes befreiendes Handeln zentral beziehenden Religion wie der jüdischen und – so am jüdischen Rockzipfel hängend – auch der christlichen. Die eindringliche biblische Mahnung zu Erinnern und Gedenken, wie sie in deuteronomisch-deuteronomistischen Kreisen, insbesondere im Deuteronomium (Dtn 4,2–10; 6,4–9; 6,20–24 u. ö.) zu finden ist, wird zur Pflicht gemacht. »Dabei wird an Gottes heilvolles Handeln als der Basis gegenwärtiger Existenz erinnert.«[614] Das Christentum hat über die Hebräische Bibel und die im Neuen Testament enthaltenen Mahnungen »zum Gedächtnis« (vgl. Lk 22, 19) Teil an dieser Gedächtniskultur. Die Erinnerung, die Juden aller Zeiten an der Knechtschaft und am Auszug aus Ägypten sowie Christen aller Zeiten am Leben, Sterben und an der Auferstehung Jesu beteiligt sein lässt, vollzieht eine »*Horizontverschmelzung* zwischen Erinnerung einer vergangenen Erfahrung und gegenwärtiger Lebens- und Konfliktsituation«.[615] Die Wirkung des erinnerten Geschehens reicht bis in die Gegenwart. Erinnert wird insbesondere mit Hilfe des Erzählens und die Horizontverschmelzung vollzieht sich über »ästhetische Erfahrung«[616] und spielerische Identifikation mit den erzählten

---

612 Vgl. A. A. Bucher: Religionsunterricht zwischen Lernfach und Lebenshilfe. Eine empirische Untersuchung zum katholischen Religionsunterricht in der Bundesrepublik Deutschland, Stuttgart 2000, S. 61 ff und die Tabelle S. 62.

	sehr richtig	richtig	teils/teils	falsch	ganz falsch
Im RU lernte ich viel über andere Religionen.	18 %	38 %	29 %	10 %	5 %
Im RU habe ich gelernt, selbstständig über meinen Glauben nachzudenken.	15 %	33 %	30 %	14 %	8 %
Unser RU hat meine Allgemeinbildung erweitert.	10 %	30 %	39 %	14 %	7 %
Ohne RU würde mir das Wissen von Gott fehlen.	15 %	22 %	32 %	17 %	14 %

613 Die Pessach-Haggadah, Tel Aviv 1990, zit. n. Greve: Erinnern lernen, S. 62.
614 H. Delkurt: Erziehung im Alten Testament. In: Glauben und Lernen 16 (2001), S. 26–39, hier S. 38.
615 M. Klessmann: Erinnerung und Erwartung. Dimensionen christlicher Praxis aus pastoralpsychologischer Sicht. In: Evangelische Theologie 4 (1995), S. 306–321, hier S. 318.
616 H. R. Jauß: Ästhetische Erfahrung und literarische Hermeneutik, Frankfurt, 2. Aufl. 1984, vgl. bes. S. 39 f. Vgl. hierzu N. Collmar: Die Lehrkunst des Erzählens: Expression und Imagination. In: P. Fauser/E. Madelung (Hg.): Vorstellungen bilden. Beiträge zum imaginativen Lernen, Seelze 1996, S. 177–191.

Menschen der Vergangenheit und damit als Probehandeln und Probedenken. Erinnern als Horizontverschmelzung mit diesen schmerzlichen, die Schwere des Lebens bewahrenden aber zugleich überwindenden Erfahrungen, »unterbricht das selbstverständliche Hinnehmen gegebener Verhältnisse«[617] und entbindet Hoffnung auf Gottes gegenwärtiges und zukünftiges Handeln. Greve hat den Zusammenhang zwischen Erinnern und Hoffen hervorgehoben. Erinnern und Hoffen, »Urzeit und Endzeit verbünden sich quasi gegen die Faktizitäten und Selbstverständlichkeit der gegenwärtigen Verhältnisse«.[618] Religionspädagogisches Handeln wird unter der Perspektive des Erinnerns zu einer »Form der Sisyphusarbeit im Kampf gegen Vergehen und Vergessen, gegen die ersatzlose Streichung dessen, was war. Das ist viel mehr als die Weitergabe von Informationen; denn die Kunst des Lehrers besteht darin, das, was war, wieder lebendig zu machen.«[619]

2. Verständigung, Zusammenleben und Selbstverpflichtung

Oben wurden die Fähigkeiten zu Verständigung, Mitbestimmung und Selbstverpflichtung als die auf die grundlegende Sozialität menschlicher Existenz und deren typisch moderner Realisierung antwortenden Fähigkeiten bestimmt. Im Unterschied zu den mittelalterlichen und frühneuzeitlichen durch starke Traditionsbindung und überwiegend religiöse Homogenität sich auszeichnenden Gesellschaften wird das religionspädagogische Handeln in der Moderne infolge der schwindenden Bindungswirkung religiöser Traditionen und Gemeinschaften und durch eine religiöse Pluralität in spezifischer Weise herausgefordert. Die religiöse Pluralität einer Gesellschaft und die religiös plurale Schule bringen die Begegnung zwischen Heranwachsenden mit verschiedenen Konfessionen und Religionen notwendig mit sich. Die Aufgabe des religionspädagogischen Handelns liegt nun darin, einen Dialog zwischen den verschiedenen konfessionellen und religiösen oder religiös neutralen Heranwachsenden mit dem Ziel der Verständigung zu ermöglichen, ohne den den Religionen inhärenten Wahrheitsanspruch aufzugeben und die religiösen Traditionen nivellierend und sich relativierend gleichgültig nebeneinander zu stellen. Zu religiöser Bildung gehört in modernen und pluralistischen Gesellschaften die »Fähigkeit zu Verständigung und Zusammenleben«[620] unter Anerkennung gegenläufiger Wahrheitsansprüche in der Schule, der Gesellschaft und darüber hinausgehend im Haus der einen Welt.

In jüngster Zeit wird die Notwendigkeit religiöser »Bildung zur Bindung«[621] hervorgehoben. An diese Überlegungen kann angeknüpft werden,

---

617 Greve: Erinnern lernen, S. 17, vgl. bes. auch S. 78 ff.
618 Ebd., S. 80.
619 K.-O. Bauer; Chr. Burkard: Der Lehrer – ein pädagogischer Profi? In: Jahrbuch der Schulentwicklung, Bd. 7, Weinheim 1992, S. 193–226, hier S. 194.
620 K. E. Nipkow: Bildung in einer pluralen Welt, Bd. 2: Religionspädagogik im Pluralismus, Gütersloh 1998, S. 112.

jedoch ist eine Bindungs- und Verpflichtungsfähigkeit im Zusammenhang einer bildungstheoretischen Argumentation nur in Verschränkung mit der Fähigkeit zur religiösen Mündigkeit möglich. In religiösen Bildungsprozessen kann sich entwickelnde Bindung nur unter Einschluss von sich entwickelnder Selbstbestimmung gedacht werden. Insofern wird der oben entfaltete Begriff der Selbstverpflichtung, der die dauerhafte Selbstbestimmung einschließt, anstelle des Begriffs ›Bindung‹ vorgeschlagen. Was ist nun mit der Fähigkeit zu religiöser Selbstverpflichtung gemeint? Zum einen könnte sie die Selbstverpflichtung auf religiöse Gemeinschaften, zum anderen die Zuwendung, Unterstützung und Begleitung anderer als »Praxis der Solidarität«[622] bedeuten.

Religionssoziologische Untersuchungen geben Aufschluss über die Bedingungen einer Fähigkeit zu Selbstverpflichtung. Sie zeigen, dass in der Realität der Heranwachsenden ein »selbstbestimmt-pragmatisches Verhältnis zu den Kirchen«[623] vorherrscht. Wenn auch die Mitgliedschaft selten aufgekündigt wird, so wird sie als ein von Fall zu Fall individuell zu aktivierendes Moment der Lebensgeschichte verstanden. Im Jugendalter spricht A. Feige unter der Voraussetzung von gelingenden Prozessen des Einladens von »einem aktiven, partizipatorischen und meist nur zeitweiligen Mittun, dem nicht die Vorstellung von der lebenslang unauflöslichen Schicksalsgemeinschaft, sondern der aufkündbaren Wahlvergemeinschaftung zugrunde liegt«.[624] Religionspädagogisches Handeln kann die Fähigkeit zu Selbstverpflichtung an einen Inhalt oder eine Gemeinschaft nicht hinter die Individualisierung zurückgehend, sondern nur unter den Bedingungen der Individualisierung, die sich hier in der Vergesellschaftungsform der ›Wahlvergemeinschaftung‹ äußert, unterstützen.

Die Fähigkeit zur Selbstverpflichtung an eine religiöse Gemeinschaft impliziert die Prüfung der religiösen Bindungsangebote auf ihnen inhärente offene oder sublime Abhängigkeitsstrukturen sowie auf die Möglichkeiten zur Mitbestimmung im Rahmen der religiösen Gemeinschaft.

Mette interpretiert die ›Bildung zur Bindung‹ darüber hinausgehend als Praxis der Solidarität und als Miteinander-Teilen. »Die Fähigkeit zum Miteinander-Teilen neu zu erlernen (...) sowohl im materiellen als auch im existenziellen Sinne, das ist wohl die größte epochale Herausforderung für religiöse Erziehung und Bildung und ihr vorrangiges Bewährungsfeld.«[625] Die Fähigkeit zur Selbstverpflichtung wird damit inhaltlich als Fähigkeit zum

---

621 N. Mette: Individualisierung und Enttraditionalisierung als (religions-)pädagogische Aufgabe. In: U. Becker/Chr. Scheilke (Hg.): Aneignung und Vermittlung, Gütersloh 1995, S. 69–84, hier S. 82.
622 Ebd., S. 84.
623 Ebd., S. 72.
624 A. Feige: Gesellschaftliche Bedingungen religiöser Curricula. In: GVEE-Informationen (1994), H. 1, S. 5–27, hier S. 18, zit. n. Mette: Individualisierung und Enttraditionalisierung als (religions-)pädagogische Aufgabe, S. 79.
625 Mette: Individualisierung und Enttraditionalisierung als (religions-)pädagogische Aufgabe, S. 84.

Miteinander-Teilen (materiell) und Sich-Mitteilen (existenziell und religiös) interpretiert. Mit der von Mette eröffneten Perspektive ist die Fähigkeit zum Einsatz für die, denen nicht nur Selbst- und Mitbestimmungsmöglichkeiten, sondern auch die elementarsten Lebensmöglichkeiten verwehrt sind, angesprochen. In der jüdisch-christlichen Tradition ist das Prinzip der Solidarität in Israel hervorzuheben, als »füreinander handeln (aktive Solidarität), aufeinander hören (kommunikative Solidarität) und aneinander denken (intentionale Solidarität). Diese drei Aspekte bilden die Grundlage für das Miteinander-Leben.«[626] Das Miteinander-Leben wurde bundestheologisch zunächst gegenüber den Mitgliedern der eigenen Gemeinschaft (Israel) erwartet, »darüber hinaus schöpfungstheologisch auf alle Menschen bezogen«.[627] Der bindende Zusammenhang und die »universale Ausbreitung von Recht, Erbarmen und Gotteserkenntnis«[628] und die sie aufgreifenden alt- und neutestamentlichen messianischen Verheißungen machen deutlich, dass ein »öffentlich eingespieltes, geregeltes glaubwürdiges Gottesverhältnis nicht denkbar ohne die Ausbreitung von Recht und Erbarmen im beschriebenen Zusammenhang«[629] ist. Grundlage für das Miteinander-Teilen und Miteinander-Leben ist eine ethische Urteils- und Handlungsfähigkeit als Element religiöser Bildung.[630]

5.4.3 Religiöse Bildung und Gottesfrage – Fähigkeit zu Selbst- und Weltdeutung unter der Perspektive des Reiches Gottes

Die oben als Teil der Bildung herausgearbeitete Fähigkeit sich letzten Fragen zu stellen und Selbst- und Weltdeutungen existenziell und kognitiv zu reflektieren, ist anschlussfähig für eine Theorie religiöser Bildung. Auch wenn die doppelte Gleichung Sinnfragen = religiöse Fragen = christliche Fragen nicht aufgeht, da sich nicht alle Sinnsuchenden als religiös und nicht alle Religiösen als Christen verstehen, wie es auch umgekehrt theologische Traditionen gibt, die Glauben und Theologie als Kritik der Religion verstehen, so bietet doch der christliche Glaube eine Antwort auf diese Fragen. Diese Antwort ist »sprachlich verfasst. Der bestimmte, auf Befreiung gerichtete Sinn des Evangeliums teilt sich in, mit und unter den Formen religiöser, poetischer und alltäglicher Sprache mit«.[631]

---

626 B. Janowski: Die Tat kehrt zum Täter zurück. Offene Fragen im Umkreis des Tun-Ergehen-Zusammenhangs. In: ZThK 91 (1994), S. 247–271, hier S. 258.
627 R. Koerrenz: Sozialpädagogik. In: TRE XXXI, Berlin u. a. 2000, S. 556–559, hier S. 557.
628 M. Welker: Gottes Geist. Theologie des Heiligen Geistes, Neukirchen-Vluyn, 2. Aufl. 1993, S. 109.
629 Ebd., S. 111.
630 Vgl. Biehl: Die Gottebenbildlichkeit des Menschen und das Problem der Bildung, S. 187 f; K. E. Nipkow: Grundfragen der Religionspädagogik Bd. 2, Gütersloh, 2. Aufl. 1978, S. 143 ff.
631 Biehl: Die Gottebenbildlichkeit des Menschen und das Problem der Bildung, S. 188.

Analog zu der kulturellen Basisqualifikation der Kommunikation mittels Sprache und der Nutzung der Kommunikationsmedien wird hier der religiösen Basisqualifikation der Kommunikation in Form von religiöser Sprache und mit Hilfe anderer Medien religiöser Inhalte eine besondere Bedeutung zugemessen. Dies hat nicht nur kommunikationstheoretische, sondern vor allem theologische Gründe. Christliche, insbesondere evangelische Theologie hat ihren Grund in der Selbsterschließung Gottes und versteht Gott als Redenden, als sich der Welt Mitteilenden. Dies lässt sich christologisch explizieren. »Gottes Menschlichkeit führt sich erzählend in die Welt ein. Jesus erzählte in Gleichnissen von Gott, bevor er dann selber als Gleichnis Gottes verkündigt wurde.«[632] Eine religionspädagogische Grundaufgabe besteht neben der Fähigkeit des Erinnerns darin, die Heranwachsenden »zu befähigen, die gemeinsame Lebenswelt mit Hilfe von Symbolen, Metaphern und Erzählungen unter der Perspektive der Verheißung Gottes zu deuten«.[633] Hier geht es um zwei Aspekte: zum einen darum die Selbsterschließung Gottes – die in der jüdisch-christlichen Tradition geronnenen Erfahrungen mit Gott oder die in die Kultur und den Alltag Jugendlicher hinein vollzogenen Transformationen der christlichen Tradition – selbstständig zu verstehen und zu beurteilen. Theologisch und religionspädagogisch angemessen lässt sich dieser erste Aspekt nur dialektisch formulieren als selbstständiges menschliches Verstehen der Selbsterschließung Gottes. Zum anderen darum mit Hilfe der jüdisch-christlichen Tradition einschließlich ihrer Transformationen das eigene Leben, die religiöse Praxis und die Gesellschaft zu deuten. Es geht mithin nicht nur um ein Reflektieren *über den christlichen Glauben und seine Äußerungen und Objektivationen*, sondern auch um eine *Selbst- und Weltdeutung vom christlichen Glauben aus*. Religiöse Bildung beinhaltet die Fähigkeit zu eigenständiger Selbst- und Weltdeutung aufgrund elementarer theologischer Einsichten und Erfahrungen.

Biehl hat den Verheißungen Gottes die menschliche Möglichkeit zu Hoffnung als eine Dimension menschlicher Zukunftsfähigkeit an die Seite gestellt. »Die religionspädagogische Grundaufgabe besteht also darin, durch ein entsprechendes Angebot von Hoffnungssprache die in der frühen Kindheit ausgebildete Hoffnung so zu stärken und zu erneuern, dass die Gegenkräfte möglichst stärker werden als die Grundängste, die unser Leben mitbestimmen.«[634] Religionsdidaktische Arrangements in diesem Sinn haben sowohl Biehl im Rahmen der Symboldidaktik wie auch Baldermann im Zusammenhang der Bibeldidaktik[635] vorgelegt.

---

632 E. Jüngel: Gott als Geheimnis der Welt, Tübingen, 3. durchges. Aufl. 1978, S. 413; vgl. zum Vorhergehenden, S. 203–227 (§ 11 Das Wort als Ort der Denkbarkeit Gottes).
633 P. Biehl: Die Gottebenbildlichkeit des Menschen und das Problem der Bildung, S. 189.
634 Biehl: Zukunft und Hoffnung in religionspädagogischer Perspektive, a. a. O., S. 144.
635 Vgl. P. Biehl: Symbole geben zu Lernen, Bd. I–III, Neukirchen-Vluyn 1989 ff; I. Baldermann: Gottes Reich – Hoffnung für Kinder. Entdeckungen mit Kindern in den Evangelien, Neukirchen-Vluyn 2. Aufl. 1993; ders.: Auferstehung sehen lernen. Entdeckendes Lernen an biblischen Hoffnungstexten, Neukirchen-Vluyn 1999.

5.5 Religiöse Bildung als Enkulturation

Auf dem bisherigen Hintergrund ist hier nur noch eine knappe Zusammenfassung dessen, was als religionspädagogischer Kanon gelten kann, notwendig.

Religiöse Bildung erfordert eine Basisqualifikation, die in einer Sprachlehre des Glaubens besteht. Diese hat ihren Kern in einer Kommunikation über und mit dem sich der Welt zuwendenden und sich in Jesus von Nazareth offenbarenden Gott. Ein kompetenter und erfahrungsorientierter Umgang mit der Bibel als der Ur-Kunde jüdisch-christlicher Tradition ist ebenso aus kulturtheoretischer Perspektive wegen ihres Einflusses auf die Geschichte und Kultur Europas, notwendig. Dies kann ausgehend von der anzustrebenden Selbstständigkeit und Mündigkeit nicht auf der Basis musealer Präparation (Schweitzer) oder einer autoritativ legitimierten Tradition, sondern gleichsam nur »als Erschließung von innen her [... erfolgen,] nur wenn jene Erinnerungen (...) sich als sinnstiftend und heilsam, vielleicht sogar ›not-wendig‹ für jeden einzelnen erweisen«,[636] erwächst eine dem Gegenstand entsprechende Sprache.

Zugleich ist der Unterricht für Transformationen religiöser und theologischer Inhalte in Kunst, Literatur und vor allem im Alltag zu öffnen. Die Fähigkeit zu Verständigung und selbstständiger Orientierung erfordert neben der eigenen auch andere Konfessionen, Religionen und nichtreligiöse Welt- und Lebensdeutungen als Themen des Unterrichts. Für die Fähigkeit zu Selbst- und Weltdeutung unter der Perspektive der Verheißungen Gottes muss die Lebensgeschichte der Schüler/-innen und ›die Welt‹ Thema des Religionsunterrichts werden. Die Gestaltung von Religion und Glaube als Probehandeln und leiblich-sinnlichen Zugang bedarf der ästhetischen Formen (Musik, Theater, Tanz, Architektur, Poetik), die zudem auf ihre liturgische Bedeutung zugespitzt werden können.

Ziebertz hat ausgehend von der religionssoziologischen Analyse der Gegenwart als einer pluralen Situation zwischen Säkularisierung und religiösen Revitalisierungsprozessen festgehalten, dass eine »simple methodische Fortsetzung religiöser Erziehung in der Schule im Sinne einer Einführung und Vertiefung in den christlichen Glauben«[637] für sich allein nicht mehr möglich ist. Er beschreibt das religionspädagogische Handeln statt dessen mit dem Begriff der »Moderation«.[638] Seine Konzeption von Moderation »setzt sowohl einen eigenen Standpunkt voraus, als auch Offenheit im Zugehen auf die faktisch vorhandene Vielfalt«.[639] Er versteht Moderation

---

636 Greve: Erinnern lernen, S. 62.
637 H.-G. Ziebertz: Moderation religiöser Kommunikationsprozesse. In: Ders. u. a. (Hg.): Religionsstile Jugendlicher und moderne Lebenswelt, München 1996, S. 231–251, hier S. 233.
638 Ebd., S. 234.

als ›ein Maß setzend und lenkend‹. Das religionspädagogische Handeln moderiert im Unterricht die verschiedenen religiösen Sinnwelten, die die Schüler/-innen mit in den Unterricht bringen, um so religiöse Kommunikationsprozesse zwischen ihnen anzuregen. In diesen Kommunikationsprozessen bekommt religionspädagogisches Handeln die Aufgabe, allgemeine Religiosität, christlich-jüdische Tradition und ihre geschichtlichen Transformationen, Versuche gegenwärtigen Christseins und die verfasste Kirche zu verbinden. Zur Aufgabe der Aufrechterhaltung der religiösen Kommunikation zwischen den Schüler/-innen kommt für das religionspädagogische Handeln demnach noch das Moment hinzu, christliche Traditionselemente in die Kommunikation einzubeziehen. Religionspädagogisches Handeln geht so über Moderation hinaus und umgreift notwendig auch die Handlungsform der Darbietung und der erinnernden Lehre.

5.6 Zwischenresümee

Im Rückblick auf die hier dargestellte Bildungstheorie können folgende Bestimmungen für eine Theorie schulpädagogischen Handelns festgehalten werden. Bildung als Selbstbildung vollzieht sich in und außerhalb, vor, während und nach der Schule. Dies kann zu einer entlastenden Einsicht werden. Der Bildungsbegriff mit seiner Betonung von Mündigkeit und vernünftiger Selbstbestimmung, von Selbstverpflichtung und kritischer Urteilskraft, von Erinnerungs- Mitbestimmungs- und Solidaritätsfähigkeit gibt der Person der sich Bildenden gegenüber der Gesellschaft und dem Staat mit ihren Ansprüchen einen Vorrang (formale Dimension der Bildung), ohne die kulturelle Funktion der Schule außer Kraft zu setzen (materiale Dimension). Kultur wird dabei im Prozess des schul- und religionspädagogischen Handelns einer Geltungsprüfung aufgrund selbst eingesehener Urteile unterzogen. Bildung bewahrt die die vorfindliche Realität übersteigenden Traditionen durch Erinnern, indem sie die Wachheit für letzte Fragen stärkt, und ist sich dabei des fragmentarischen Charakters menschlicher Einsicht und menschlichen Lebens überhaupt bewusst. Vollendung ist Gottes nicht des Menschen und seines Handelns Sache. Die Allgemeine wie auch die Schul- und Religionspädagogik haben mit dem »Bildungsbegriff eine *gemeinsame* normative pädagogische Kategorie, die die Unverfügbarkeit der Person im Prozeß der Menschwerdung des Menschen sichert«.[640]

Schulpädagogisches Handeln, das sich dem Ziel ›Bildung‹ verpflichtet weiß, steht in der Spannung zwischen der anthropologisch und kulturtheoretisch notwendigen Kontinuierung der Kultur, die sich im nur in langen Zeiträumen verändernden Kanon als Bauprinzip der Lehrpläne spiegelt,

---

639 Ebd., S. 242.
640 P. Biehl: Die Gottebenbildlichkeit des Menschen und das Problem der Bildung, S. 126.

und des Bewahrens des Neubeginns, den die nachwachsende Generation darstellt. Hiermit wird eine weitere Antinomie schul- und religionspädagogischen Handelns deutlich: es hat sich an kulturellen Basisqualifikationen sowie den Grundkompetenzen für verschiedene Weltzugänge wie auch an den Kindern und Jugendlichen, an ihren Fähigkeiten und an ihrer Subjektivität zu orientieren. Im Sinne des generalisierten Bildungsminimums für alle Heranwachsenden steht nicht die Bildung von Experten und der Stoffmaterialismus, sondern die Bildung von Laien und das Lernen des Lernens im Vordergrund. Die bildungstheoretische Didaktik hat mit der Theorie der kategorialen Bildung und des exemplarischen Lehrens und Lernens die Basis für die Darstellung des Problems und für dessen Lösungen erarbeitet (deskriptiver Aspekt von Bildung). Ein sich auf den reflexiven Prozess des Selbstbildens beziehendes schulpädagogisches und didaktisches Handeln kann sich nur in einem Modus vollziehen, der der Bildung als Selbstbildung entspricht.

Eine religionspädagogische Bildungstheorie ist ein Beitrag zum allgemeinen Bildungsdiskurs, während eine Theorie religiöser Bildung den religiösen Bildungsprozess reflektiert. Die Selbsterschließung Gottes im Menschen Jesus von Nazareth und in Gottes Geschichte mit Israel, deren kulturell bedingte Transformationen sowie deren Aneignung und Anverwandlung durch die Schüler/-innen einerseits, sowie die Selbst- und Weltdeutung unter der Perspektive der Verheißungen Gottes andererseits, stellt den inhaltlichen Kern dieses Bildungsprozesses dar. Religionspädagogisches Handeln in der Schule intendiert den religiösen Bildungsprozess anzuregen, zu begleiten und zu fördern, indem unter der Perspektive der Bürger- und Laienbildung christliche und religiöse Weltzugänge und Horizontverschmelzungen zwischen Gegenwart und Tradition ermöglicht, experimentell erprobt und reflektiert werden. In einer religiös pluralen Gesellschaft ist dabei die Verständigung mit anderen Konfessionen, Religionen und nichtreligiösen Welt- und Lebensdeutungen nicht einfach ein zusätzlicher abgrenzbarer Inhaltsbereich sondern eine alle Bildungsprozesse begleitende Dimension religionspädagogischen Handelns und Lernens.

Bildung als Intention schul- und religionspädagogischen Handelns kann das Leitbild des Lehrer/-innenberufs als Lernberater/-in[641] für Basisqualifikationen und elementare Weltzugänge sowie als Coach für zugleich persönlich und langfristig zu entwickelnde Kompetenzen entsprechen.

Zu den Leitbildern des Lehrers als Repräsentant der Erwachsenengeneration mit den Komponenten des wissenschaftlichen Fachmanns (Qualifikationsfunktion) und des glaubwürdigen Zeitgenossen (Erziehungs- und Integrationsfunktion), des Beamten mit hoheitlichen Aufgaben (Selektionsfunktion) und des sozialpädagogisch und diakonisch orientierten Betreuers und offenen Gesprächspartners (familienergänzenden Funktion) kommt der

---

641 Vgl. P. Struck/I. Würtl: Vom Pauker zum Coach. Die Lehrer der Zukunft, München u. a. 1999, S. 213.

sich an einzelnen Schüler/-innen orientierende Lernberater für Basisqualifikationen und elementare Weltzugänge sowie der Coach für individuell zu gewinnende Kompetenzen.

6 Grundoperation schul- und religionspädagogischen Handelns: Aneignung zumuten

Die bildungstheoretischen Überlegungen sind eingebettet in den Rahmen einer schulpädagogischen Handlungstheorie. Dabei wurde Bildung als übergreifendes Ziel schulpädagogischen Handelns vorgeschlagen. Der als Selbstbildung herausgearbeitete Modus der Bildung führt zu einer weiteren Bedeutung der Bildungstheorie. Sie ist neben dem Ziel auch das Regulativ schulpädagogischen Handelns, sie reguliert zum einen die Zwecke und zum anderen das Verfahren seiner Praxis. Unter dem Anspruch von Bildung »gehören Ziel und Mittel zusammen«.[642] Die Bildungstheorie zieht für eine schulpädagogische Handlungstheorie finale und modale Konsequenzen nach sich. Im folgenden Kapitel wird eine schul- und religionspädagogischen Operation dargestellt, die der Kategorie Bildung als Handlungsnorm entspricht.

Der Begriff der Operation wie auch der der Grundoperation ist von K. Prange entlehnt, der diese in verschiedenen Zusammenhängen entfaltet hat. So hat er mit den »Bauformen des Unterrichts« eine »operative Didaktik«[643] vorgelegt und das »Zeigen als operative Basis pädagogischer Kompetenz«,[644] mithin als deren »Grundoperation«[645] hervorgehoben.

Prange bestimmt die Phänomene Erziehung und pädagogisches Handeln insgesamt über deren ›operative Basis‹. Gemeint ist damit, dass Erziehung als überzeitliches Phänomen nicht über das Ziel des Handelns bestimmt werden kann, da – wie sich in der Geschichte der Pädagogik unschwer zeigen lässt – die Ziele pädagogischen Handelns variabel sind. Demgegenüber wird Erziehung auf eine oder mehrere formale Operationen zurückgeführt.[646] Prange geht damit einen anderen Weg als er oben eingeschlagen wurde. Nun ist es Prange deutlich, dass im pädagogischen Han-

---

642 M. Heitger: Lehren und Erziehen als Beruf; zur Dialektik des Lehrerseins. In: A. Wenger-Hadwig (Hg.): Der Lehrer – Hoffnungsträger oder Prügelknabe der Gesellschaft, Innsbruck u. a. 1998, S. 70–86, hier S. 79.
643 K. Prange: Bauformen des Unterrichts, Bad Heilbrunn 2. Aufl. 1986, S. 18.
644 K. Prange: Über das Zeigen als operative Basis der pädagogischen Kompetenz. In: Bildung und Erziehung 48 (1995), S. 145–158; vgl. zum »Zeigen« schon K. Mollenhauer: Vergessene Zusammenhänge. Über Kultur und Erziehung, München 4. Aufl. 1994, S. 68.
645 Ebd., S. 151; Vgl. auch O. Hansmann: Operative Pädagogik. Anlässe zur Reflexion für die Lehrberufe, Weinheim 1998.
646 Vgl. auch K. Prange: Der Zeitaspekt des Formproblems in der Erziehung. In: ZfPäd 45 (1999) 3, S. 301–312, hier S. 301, 307.

deln Ziele eine wichtige Rolle spielen, aber deren Überbetonung habe dazu geführt, »daß der Aspekt der Realisierung vernachlässigt und als cura posterior behandelt wird«.[647] Handlungstheoretisch gesprochen wurde – so Prange – der Lehre von den Formen des pädagogischen Handelns gegenüber den Zielformulierungen zu wenig Beachtung geschenkt. Die Konkretisierung der Ziele im Handeln ist jedoch für das berufliche pädagogische Handeln die Basis der Berufsausübung. In diesem Sinn geht es Prange »um das erzieherische Können selbst, d. h. um diejenigen Operationen, die als erzieherisch identifiziert, wiederholbar dargestellt und in Variationen wieder neu inszeniert werden können«.[648] Während Giesecke mit Unterrichten, Informieren, Beraten, Arrangieren und Animieren fünf Grundformen pädagogischen Handelns,[649] die zusammen »die pädagogische Profession fundieren«,[650] bestimmt, hat Prange mit dem ›Zeigen‹ eine Grundoperation herausgearbeitet.

Koerrenz hat gegenüber dem Zeigen das Wahrnehmen-Lassen[651] als erzieherische Grundoperation vorgeschlagen, um sowohl die beiden Subjekte wie auch zwei zueinander passende Handlungen, das Wahrnehmen der Schüler/-innen und das Wahrnehmen-Lassen der Lehrer/-innen hervorzuheben. Diese Linie werde ich hier – allerdings im Rahmen bildungstheoretischer Analysen und auf das schulpädagogische Handlungsfeld beschränkt – weiterverfolgen und »Aneignung zumuten« als grundlegende schul- und religionspädagogische Operation herausarbeiten.

A Grundoperation schulpädagogischen Handelns: Bildung ermöglichen als Aneignung zumuten

6.1 Bildung ermöglichen

Bildung, die sich im reflexiven Prozess der Selbstbildung und nicht im passiven ›Erdulden‹ des Gebildetwerdens vollzieht, impliziert, dass die Heranwachsenden in der schulischen Interaktion als die Entwicklung ihrer Fähigkeiten bewirkende Subjekte anerkannt werden. Die beiden Subjekte, Lehrende und Lernende, nötigen dazu zwei Handlungen zu unterscheiden. Die pädagogische Interaktion ist »*eine bi-subjektive Tätigkeit,* die sich in all ihren Erscheinungsformen als Koaktivität ihrer beiden Subjekte darstellt.«[652] Eine Bedingung schulpädagogischen Handelns ist das Mithandeln

---

647 Prange: Über das Zeigen als operative Basis der pädagogischen Kompetenz, S. 150.
648 Ebd., S. 149.
649 H. Giesecke: Pädagogik als Beruf. Grundformen pädagogischen Handelns, Weinheim 4. Aufl. 1993, S. 66.
650 Ebd., S. 99.
651 Vgl. R. Koerrenz: Stufentheorie der Erziehung. Studien zur Theorie der Erziehung unter besonderer Berücksichtigung der operativen Grundlage und strukturellen Gestaltungsmöglichkeiten von Erziehung, Habilitationsschrift Tübingen, 1995, S. 161.
652 W. Sünkel: Generation als pädagogischer Begriff. In: E. Liebau (Hg.): Das Generationenverhältnis, Weinheim und München 1997, S. 195–204, hier S. 199.

der Schüler/-innen, die zentrale Aufgabe besteht darin, bei den Schüler/-innen eine spezifische Aktivität zu stimulieren oder aufrechtzuerhalten.

Die Lehrer/-innen haben keine Möglichkeit, die Schüler/-innen im eigentlichen Sinn des Wortes zu ›formen‹. Schulpädagogisches Handeln hat damit zwar in den Schüler/-innen noch ein Objekt, aber keines das unabhängig vom Mitwirken des Objekts selbst durch pädagogisches Handeln verändert wird. Es ist nicht in der Lage, »seine Intention über eine eindeutig kontrollierte Handlung so umzusetzen, dass sie beim Heranwachsenden nur diese Wirkung auslösen kann.«[653] Nach Dohmen lässt eine bildungstheoretisch argumentierende schulpädagogische Handlungstheorie »nur begrenzte pädagogische Hilfestellungen von außen zu. Diese wären höchstens denkbar als je-individuelle und ganzheitlich unmittelbare, d. h. nicht planmäßig veranstaltbare Entwicklungsanreize und -förderungen.«[654] Dohmens Hinweise zur Lösung (Entwicklungsanreize und -förderungen) sind bedenkenswert, auch wenn seine insgesamt pessimistische Einschätzungen aufgrund des schulischen Lernens seiner Zeit geprägt scheint. Notwendig ist eine Didaktik sowie eine schulpädagogische Theorie zur Gestaltung der Schule und ihrer Strukturen, die von den Lernenden als Subjekt ausgeht und die – so Kösel – die biographisch bei den Individuen ausgebildeten »subjektiven Strukturen berücksichtigt und sich an diesen orientiert«.[655]

Schulpädagogisches Handeln kann Lernprozesse initiieren und anregen. Ob und wie diese Anregungen wahrgenommen, gedeutet und verarbeitet werden, liegt zum einen in der aktuellen Motivation, zum anderen in den auf den Sozialisationsprozess zurückgehenden Erfahrungen, zum dritten in den die Wahrnehmung und Verarbeitung steuernden kognitiven Strukturen und affektiven Deutungsmustern der Heranwachsenden und zum vierten in den sozialen Bedingungen der Schulklasse. Die Frage nach dem Verhältnis zwischen dem schulpädagogischen Handeln und seinen Wirkungen kann nur so beantwortet werden, dass die beobachtbaren Wirkungen »nicht die Konsequenzen der intendierten Handlungen [sind], sondern das Ergebnis der Verarbeitung der anderen Person (...) die Verknüpfung der Wirkung mit der Intention ist unsicher, denn sie hängt ab von den Interpretationsprozessen, mit denen beide Beteiligten ihre Erfahrungen aufarbeiten.«[656] Handlungstheoretisch haben Luhmann/Schorr daraus auf ein Technologiedefizit geschlossen, da es aufgrund fehlender Kausalgesetzlichkeit »keine objektiv

---

653 W. Helsper: Pädagogisches Handeln in den Antinomien der Moderne. In: H.-H. Krüger/ W. Helsper (Hg.): Einführung in die Grundbegriffe und Grundfragen der Erziehungswissenschaft, Opladen, 2. durchges. Aufl. 1996, S. 15–34, hier S. 18.
654 G. Dohmen: Bildung und Schule. Die Entstehung des deutschen Bildungsbegriffs und die Entwicklung seines Verhältnisses zur Schule, Bd. 1. Der religiöse und organologische Bildungsbegriff, Weinheim 1964, S. 217.
655 E. Kösel: Die Modellierung von Lernwelten. Ein Handbuch zur Subjektiven Didaktik, Elztal-Dallau, 3. unveränd. Aufl. 1997, S. 67.
656 J. Oelkers: Erziehen und Unterrichten. Grundbegriffe der Pädagogik in analytischer Sicht, Darmstadt 1985, S. 240 f.

richtige Technologie, die man nur erkennen und dann anwenden müßte«,[657] gibt. Das Technologiedefizit schulpädagogischen Handelns soll ausschließlich im hier dargestellten grundsätzlichen Sinn einer fehlenden kausalgesetzlichen Relation zwischen Handeln und Wirkung verstanden werden. Schulpädagogisches Handeln kennt dagegen Routinen und Konventionen, Verfahren und Operationen, Methoden und Medien, die eine Wirkung zwar erwarten lassen, diese aber nicht garantieren können.

Diederich weist in diesem Zusammenhang zum einen auf eine »Asymmetrie von Erfolg und Mißerfolg« bei der Bestimmung der Kausalität des Lehrer/-innenhandelns hin. Während »sich Erfolg nicht garantieren läßt, lassen sich Maßnahmen, Situationen usf., welche den Erfolg gefährden könnten, ausschließen (…) Verbote sind aus dem gleichen Grund in der Erziehung so häufig anzutreffen: sie schließen (falls sie eingehalten werden) Mißerfolge aus – allerdings ohne den Erfolg zu garantieren. Wirksamer als Verbote (…) schließen Vergegenständlichungen, Arrangements, Anlagen, also alle Beeinflussungen von Randbedingungen (…) unerwünschte Ereignisse aus«.[658] Zentrale Entscheidungen schulpädagogischen Handelns wandern damit aus der Face-to-face-Situation des Unterrichtsverlaufs in die Phase der Planung und der Vorbereitung der Lernumwelt. Technologische Kausalität lässt sich, wenn auch hier nur eingeschränkt, als Ausschluss unerwünschter Ereignisse fassen. Zum anderen weist er darauf hin: in der Rationalität des Lehrer/-innenhandelns werden hinsichtlich seiner Kausalität »ganze Bedingungskomplexe und Ereignisfolgen erwogen (Globalität) und nur selten oder gar nicht einzelne Relationen«.[659]

Damit ist trotz des Technologiedefizites als einer fehlenden kausalgesetzlichen Relation die Suche nach schulpädagogischen Operationen weiterhin sinnvoll. An Bildung orientiertes schulpädagogisches Handeln vollzieht sich in der Weise, dass es Selbst-Bildung ermöglicht und die Rekonstruktion von Nicht-Ich durch die Schüler/-innen anregt. ›Lehren‹ in diesem Sinn bedeutet, Lernen und zwar immer selbstständiger werdendes Lernen zu ermöglichen. Die bildungstheoretische Argumentation lässt sich hier mittels einiger Ergebnisse der pädagogischen Psychologie fundieren. Weinert/Helmke weisen auf empirische Befunde hin, dass die Qualität des Lehrerhandelns entscheidend davon abhängt, »ob es dem Pädagogen durch sein Handeln gelingt, die Schüler zu aktivieren, zu eigenen Denkanstrengungen zu bewegen, sie bei der produktiven Überwindung von Schwierigkeiten und Fehlern zu unterstützen, sie vor Sackgassen und Holzwegen zu bewahren, ihnen beim Aufbau einer geordneten Wissensbasis behilflich zu sein und ihnen notwendig werdende remediale Unterstützung zukommen zu lassen.«[660]

---

657 N. Luhmann/K. E. Schorr: Das Technologiedefizit der Erziehung und die Pädagogik. In: Dies. (Hg.): Zwischen Technologie und Selbstreferenz, Frankfurt 1982, S. 11–40, hier S. 19.
658 J. Diederich: Bemessene Zeit als Bedingung pädagogischen Handelns. In: Luhmann/Schorr (Hg.): Zwischen Technologie und Selbstreferenz, S. 51–86, hier S. 82.
659 Ebd., S. 83.
660 F. E. Weinert/A. Helmke: Der gute Lehrer: Person, Funktion oder Fiktion? In: Die Institutionalisierung von Lehren und Lernen. Beiträge zu einer Theorie der Schule, hg. v. A. Leschinsky (ZfPäd 34. Beiheft), Weinheim u. a. 1996, S. 223–233, hier S. 225.

6.2 Von Lernhilfe zu Zumutung

Das das Lernen der Schüler/-innen ermöglichende Handeln der Lehrer/-innen wird in der neueren schulpädagogischen Theorie über Forschungs- und Theorietraditionen hinweg mit dem Begriff ›Hilfe‹ beschrieben.

Klafki sieht die allgemeine Intention des Unterrichts darin, »den Lernenden Hilfen zur Entwicklung ihrer Selbstbestimmungs- und Solidaritätsfähigkeit« zu geben; Lehren ist mithin »Hilfe zu einem (...) Lernprozeß«.[661] Giesecke hat das pädagogische Handeln als ›Lernen ermöglichen‹ und die Pädagogen/innen als »Lernhelfer«[662] charakterisiert. Das schulpädagogische Handeln der Lehrer/-innen wird von Giesecke als »planmäßige Lernhilfe«[663] interpretiert.

Der Begriff der Hilfe impliziert, dass Schüler/-innen lernen wollen, mit dem Lernen selbstständig beginnen und – so Koerrenz – »erst dann, wenn Schwierigkeiten auftauchen, die Notwendigkeit der Hilfe signalisieren«.[664] Wenn unterrichtliches Handeln Lernhilfe ist, so ist es ein reaktives Handeln, das auf das Lerninteresse und die sich ergebenden Lernschwierigkeiten der Kinder und Jugendlichen reagiert. Im Modell der ›Hilfe‹ geht das erste Handeln von den Heranwachsenden aus, die zu lernen beginnen, dabei an Grenzen kommen, die sie alleine nicht überschreiten können. Dann tritt entweder aufgrund einer von den Schüler/-innen explizit erbetenen Hilfe oder aufgrund der vom Lernhelfer beobachteten Lernschwierigkeiten das schulpädagogische Handeln in Aktion. Im ersten Fall tritt die Lernhilfe nur in Kraft, wenn explizit von den Schüler/-innen dazu aufgefordert wurde, im zweiten Fall, dem der beobachteten Lernschwierigkeiten als Auslöser der Lernhilfe, kann die von den Lehrer/-innen angetragene Hilfe auch dankend abgelehnt werde. Ohne die Möglichkeit der Ablehnung kann schwerlich von Hilfe gesprochen werden. Im Hilfemodell arbeiten Lehrer/-innen reaktiv in der Rolle von Lernberatern auf der Basis der Freiwilligkeit der Schüler/-innen. Das konsequent zu Ende gedachte Hilfemodell ist weder mit der Asymmetrie der Generationen und des pädagogischen Handelns noch mit der anthropologisch und kulturellen Lernbedürftigkeit bruchlos zu verbinden.

Die Kategorie der Hilfe kann allein als Beschreibung für den Modus des schulpädagogischen Handelns schwerlich genügen, da die Schüler/-innen

---

661 W. Klafki: Zur Unterrichtsplanung im Sinne kritisch-konstruktiver Didaktik. In: Ders.: Neue Studien zu Bildungstheorie und Didaktik, Weinheim u. a., 3. Aufl. 1991, S. 251–284, hier S. 256 u. 257.
662 Giesecke: Pädagogik als Beruf, S. 21. 66. Mit der Bestimmung des pädagogischen Handelns als Lernhilfe nimmt er eine Formulierung von W. Loch auf (vgl. W. Loch: Lebenslauf und Erziehung, Essen 1979, S. 21).
663 Ebd., S. 98.
664 Koerrenz: Stufentheorie der Erziehung, S. 147; vgl. auch zum Folgenden.

aktiv zum Lernen angeregt und herausgefordert werden, um ihnen die Bildung zu ermöglichen, die für ein weitgehend selbstbestimmtes Leben in einer hochkomplexen und kulturell zerklüfteten Gesellschaft notwendig ist (Enkulturation) und um die Kompetenzen der Heranwachsenden entsprechend ihren Möglichkeiten zu fördern. Die Lehrer/-innen werden aufgrund des Gefälles an Wissen und Einsicht in den Sinn des Lernens sowie an Verantwortung und Macht selbst Lernanlässe offerieren, Lernprozesse initiieren und Lernwege inszenieren. Dabei sind die Lehrer/-innen genötigt, stellvertretend für die Schüler/-innen Entscheidungen zu treffen, um in einem langen Prozess – aber immer sobald als möglich – das Gefälle nicht nur an Macht und Verantwortung, sondern auch an Einsicht in den Sinn des Lernens zu überwinden und eine symmetrische Interaktion und eine symmetrische Einsicht in den Sinn des Gelernten zu realisieren. Was ist mit der ›Einsicht in den Sinn des Gelernten‹ gemeint? »Es ist eine Eigenheit aller Lehr-Lernprozesse, daß der Sinn des Gelernten erst nach dem Gelernt-haben erkannt werden kann.«[665] Die Frage, ob das konkrete Lernen dieses oder jenes Gegenstandes, die Ausbildung dieser oder jener Fähigkeit sinnvoll ist und lohnt, sollte idealerweise vor dem Lernen den Schülern/-innen deutlich werden, aber sie lässt sich zwar nicht immer, wie Ladenthin meint, aber zumindest manchmal auch erst nach dem Lernen beantworten. Die Frage nach dem Sinn des konkreten Lernens kann zwar verbal beantwortet werden, wobei die Schüler/-innen auch dann nicht wissen, ob es sich für sie selbst lohnt. Lernen kann erfordern, die Frage nach dem Sinn des Lernens aufzuschieben. Hierdurch bekommt die Beziehung zwischen Lehrer/-in und Schüler/-in einen besonderen Aspekt. »Der Lernende unterstellt nämlich dem Lehrenden, daß er etwas einleitet oder vollzieht, was für den Lernenden sinnvoll ist. Und der Lehrende erwartet, daß der Lernende ihm dieses Vertrauen vorschießt«.[666] Nun kann Vertrauen enttäuscht oder missbraucht werden. Der Sinn des Lernens, zu dem die Schüler/-innen aufgefordert werden, sollte, um die Gefahr einer Enttäuschung oder eines Vertrauensmissbrauchs zu minimieren, sobald als möglich nachgewiesen werden. Bei der Initiierung solcher Lernprozesse handeln die Lehrer/-innen stellvertretend für die Schüler/-innen, indem sie die Frage nach dem Sinn des Lernens stellvertretend übernehmen. Der Lehrer »muss so handeln, wie der Lerner handeln würde, wenn er schon behandelt hätte, was er sich doch erst vom Lehrer erhandeln soll«.[667] Zuletzt werden die Heranwachsenden nach der derzeitigen Rechtslage aufgrund der Schulpflicht zum Besuch der Schule und dort wegen der Bildungspläne zu einem spezifischen Lernen angehalten. Die Anregung von Lernprozessen erfolgt in einem Kontinuum, das

---

665 V. Ladenthin: Der Lehrer. Vom Grund der Bildung her betrachtet. In: A. Wenger-Hadwig (Hg.): Der Lehrer – Hoffnungsträger oder Prügelknabe der Gesellschaft, Innsbruck u. a. 1998, S. 24–53, hier S. 46.
666 Ebd., S. 47.
667 Ebd.

von Hilfe über die Initiierung von Lernprozessen und stellvertretender Übernahme von Entscheidungen bis zu Nötigung reicht. Für die Bestimmung der Grundoperation schul- und religionspädagogischen Handelns soll an den oben (vgl. Kap. 1.5) aufgenommenen Handlungsmodus der »Zu-Mutung«[668] angeknüpft werden. Zumuten hat nach dem Grimmschen Wörterbuch zwei Bedeutungen: erstens »zuschreiben, zutrauen« und zweitens »etwas von jemand verlangen, dasz er etwas thue«.[669] Zumuten als pädagogische Kategorie soll neben den beiden genannten hier noch eine dritte Bedeutung erhalten: ›Mut machen‹ und ermutigen.

1. Zumutung als Ermutigung unterstützt die Schüler/-innen, indem diese ›mit Mut erfüllt werden‹.[670] Sie versucht die Aktivität der Schüler/-innen anzuregen, ihnen Motivation zu verleihen und sie zu bestärken. Zumutung als Ermutigung hat eine unterstützende Struktur.

2. Die Begriffe »zuschreiben« und »zutrauen« können als Objekte die Fähigkeiten von Menschen haben. Sie werden in dem Sinn verwendet, dass Menschen Fähigkeiten und Eigenschaften für etwas zugetraut und zugeschrieben werden. Diese zweite Bedeutung von Zumutung besteht in dem Zutrauen »auf das, was einer zu leisten und zu sein verspricht«.[671] Zutrauen orientiert sich an den Personen und an ihren Möglichkeiten. Um einen Zuwachs an Fähigkeiten oder Wissen zu fördern, wird mehr unterstellt, als schon vorhanden ist. Zumutung meint eine Haltung des »›Als ob‹ (...) Das Kind wird kontrafaktisch behandelt, nämlich so, als ob es schon kompetent wäre.«[672] Dieses Mehr muss zu dem aktuellen Fähigkeitsstand der Schüler/-innen in einem sinnvollen Abstand stehen. Die schulpädagogische Präsupposition von noch nicht vorhandenen Fähigkeiten macht es notwendig, die aktuellen Fähigkeiten wahrzunehmen, um den Abstand sinnvoll akzentuieren zu können.

3. Der Inhalt der dritten Bedeutung von Zu-Mutung hat einen deutlich anderen Akzent: ›etwas von jemand verlangen‹. Dem ›Verlangen‹ ist die Aufforderung und Forderung inhärent. Verlangen hat einen höheren Grad von Verbindlichkeit, der Fremdbestimmung und situativen Zwang beinhalten kann. Wie aber kann Fremdbestimmung und Zwang mit der auf der Geltung selbst eingesehener Gründe basierenden Selbstbestimmung verbunden werden. Zwang setzt Macht voraus. Lehrer/-innen haben die ohnmächtige Macht des zwingenden Arguments[673] und die »Bitte, die zwingt, ohne

---

668 Vgl. F. Oser: Zu-Mutung: eine basale pädagogische Handlungsstruktur. In: N. Seibert; H. J. Serve (Hg.): Bildung und Erziehung an der Schwelle zum dritten Jahrtausend, München 1994, S. 773–800.
669 J. Grimm/W. Grimm: Deutsches Wörterbuch, 16. Bd., Leipzig 1914, Sp. 544.
670 Vgl. J. Grimm/W. Grimm: Deutsches Wörterbuch, Neubearbeitung, 8. Bd., Stuttgart 1999, Sp. 1994f.
671 Grimm/Grimm: Deutsches Wörterbuch, 16. Bd., Sp. 869.
672 F. Oser: Ethos – Die Vermenschlichung des Erfolgs. Zur Psychologie der Berufsmoral von Lehrpersonen, Opladen 1998, S. 96.
673 Vgl. Heitger: Lehren und Erziehen als Beruf; zur Dialektik des Lehrerseins, S. 82.

gewaltsam zu sein (Jüngel)«,[674] zur Verfügung. Hinzu kommt der Bezug auf gemeinsam mit den Schüler/-innen erarbeitete und verpflichtend gemachte Regeln der Klassengemeinschaft und Ziele des Lernens. Die Zumutung von Aneignung als stellvertretende Entscheidung ruht hier auf der Selbstverpflichtung der Heranwachsenden. Zumutung als Zwang und Fremdbestimmung kann sich zeitlich befristet, jedoch auch als Durchsetzung noch nicht eingesehener Regeln oder inhaltlicher Vorgaben vollziehen.

Es stellt sich nun die Frage, was das schulpädagogische Handeln als Zu-Mutung den Schüler/-innen zutrauen, zu was es sie ermutigen und auffordern sowie was es von ihnen verlangen kann. Im Unterschied zu Oser[675] soll das, was zugetraut wird, durchaus material verstanden werden. Zugetraut werden Fähigkeiten, die noch nicht ausgebildet sind, also z.B. die Fähigkeit lesen zu können, einen Dreisatz zu lösen, ein biblisches Gleichnis zu verstehen oder bei der Lösung von Konflikten mitzuarbeiten. Die Zumutung im Sinn des Ermutigens und Verlangens wird dagegen prozessual interpretiert. Das Zutrauen von Fähigkeiten ermutigt und bestärkt die Schüler/-innen in ihrem Lernprozess. Ermutigt werden alle Schüler/-innen und verlangt wird von allen Schüler/-innen sich in Richtung eines Zieles auf den Weg zu machen. Lehrer/-innen »müssen nur von ihnen positiv erwarten, dies zu tun und ihnen die Möglichkeit dazu geben, ohne daß sie dabei (...) alleingelassen werden«.[676] Hierbei können auch andere Wege zu anderen Zielen ausgeschlossen werden. Ihnen wird, um die Formulierung Schleiermachers aufzunehmen, gegengewirkt.[677] Schulpädagogisches Handeln als Zumutung in der Bedeutung des Verlangens schließt das Gegenwirken ein. Dabei ist zu beachten: Zugemutet – im Sinn von ermutigt und verlangt – kann nur werden, was auch zugemutet – im Sinn von zugetraut – wird. Die *Fähigkeit* kann mittels des schulpädagogischen Handelns unterstellt, zu der *Aktivität,* die Fähigkeit zu entwickeln, kann ermutigt und aufgefordert, sie kann verlangt werden. Zumutung ist ein »Vertrauensvorschuß. Vor allem die sogenannten ›schlecht angepaßten‹ Kinder und Erwachsenen und diejenigen, welche als weniger ›kognitiv begabt‹ angesehen werden, müssen das Gefühl haben, daß sie ernst genommen werden und daß von ihnen erwartet wird, daß sie eine wichtige Rolle spielen. Das Prinzip der Zumutung (...) muß auf diese Weise wirksam werden.«[678] Positive Zumutung eignet sich nicht nur als schulpädagogischer Handlungsbegriff, weil seine Bedeutung zwischen dem mutmachenden Zutrauen und dem nötigenden Verlangen oszilliert, sondern gerade weil die Fähigkeiten, die mutmachend zugetraut wer-

---

674 K. E. Nipkow: Grundfragen der Religionspädagogik, Bd. 2. Das pädagogische Handeln der Kirche, Gütersloh 1978, S. 175.
675 Vgl. Oser: Zu-Mutung, S. 780.
676 Oser: Ethos – die Vermenschlichung des Erfolgs, S. 96.
677 F. D. E. Schleiermacher: Pädagogische Schriften, Bd. 1: Die Vorlesungen aus dem Jahr 1826, unter Mitwirkung von Th. Schulze, hg. v. E. Weniger, Düsseldorf, 2. Aufl. 1966, S. 78–98.
678 Oser: Ethos – die Vermenschlichung des Erfolgs, S. 94.

den, und eine Tätigkeit, die nötigend verlangt wird, aufeinander bezogen sind. Dies lässt den Begriff für eine Beschreibung des schulpädagogischen Handelns tragfähig erscheinen. Mit der Kategorie der positiven Zumutung wurde erst die eine Hälfte der Bestimmung Gieseckes, die Hilfe, revidiert. Bei der pädagogischen Interaktion als einer »Ko-Aktivität« (Sünkel) stellt sich die Frage, welche Fähigkeit und Aktivität den Schüler/-innen im doppelten Sinn zugemutet wird.

Hierfür wird die Aktivität ›Aneignen‹ vorgeschlagen. Aneignen wird wie der pädagogische Bildungsbegriff überwiegend reflexiv gebraucht in der Bedeutung von: »sich etwas zu eigen machen«.[679] Als reflexives Verb kann es »materiell als Heranholen eines Gegenstandes (Besitz ergreifen), mental als Konstruktion oder Einordnen aufgefasst werden«.[680] Sowohl Gegenstände wie auch Kenntnisse, Wissen, Fähigkeiten und Fertigkeiten können angeeignet werden. Im pädagogischen Verständnis der Aneignung macht sich ein Subjekt etwas zu eigen und bringt sich dadurch im Bildungsprozess selbst hervor.

Der Begriff verdankt sich in der gegenwärtigen religionspädagogischen Diskussion der Opposition von Vermittlung. Goßmann formuliert programmatisch, es reiche die religionspädagogische »Denkbewegung von den Inhalten zu einer altersspezifischen Verarbeitung durch die Schüler/-innen (Hermeneutik der Vermittlung) nicht mehr aus. Sie muß vielmehr von den Schüler/-innen her auf die Inhalte hin im Sinn einer Hermeneutik der Aneignung erfolgen«.[681] Der spezifische Sinn von Goßmanns Unterscheidung liegt nicht nur darin, dass die Schüler/-innen Subjekte der Aneignung sind, denn darauf gründet auch eine die Vermittlung in den Mittelpunkt stellende Religionspädagogik. Eine Hermeneutik der Aneignung stellt die Sinndeutung und die Lebenswelt der Heranwachsenden an den Ausgang des didaktischen Denkens und konstituiert von dort her die Inhalte. Nun ist im oben aufgenommenen Begriff der Enkulturation, als Erschließung einer potenziell veränderbaren Kultur, die Aufgabe der Vermittlung und damit auch eine Hermeneutik der Vermittlung implizit enthalten. Auf Vermittlung kann nicht verzichtet werden. Schweitzer hat in der Auseinandersetzung mit Dewey und Coe unterschieden »zwischen einer Aufgabe der Vermittlung, die für alle Zivilisations- und Kulturleistungen grundlegend ist, und den schulischen und unterrichtlichen Vermittlungsformen«.[682] Die schulpädagogische Grundaufgabe der Vermittlung könne nicht gänzlich durch Aneignung allein ersetzt werden,[683] zugleich seien die schulischen Formen der Vermittlung jedoch nicht von der vorgegebenen Kultur abzuleiten. Aneignung nimmt ihren Ausgang bei den Sinndeutungen der Schüler/-innen und wird als kreativer Rekonstruk-

---

679 Grimm/Grimm: Deutsches Wörterbuch, Neubearbeitung, 2. Bd., Stuttgart 1998, Sp. 831.
680 R. Oerter: Kultur, Ökologie und Entwicklung. In: Ders./L. Montada (Hg.): Entwicklungspsychologie, 3. vollst. überarb. Aufl., Weinheim 1995, S. 84–127, hier S. 98.
681 K. Goßmann: Die gegenwärtige Krise des Religionsunterrichts in Westdeutschland. In: Ders. (Hg.): Religionsunterricht in der Diskussion. Zur Situation in den jungen und alten Bundesländern, Münster 1993, S. 119–128, hier S. 123.
682 F. Schweitzer: Religiöses Lernen als kreative Rekonstruktion. In: U. Becker/Chr. Scheilke (Hg.): Aneignung und Vermittlung, Gütersloh 1995, S. 35–42, hier S. 41.

tionsprozess verstanden, indem sich die Schüler/-innen die sie umgebende Kultur zu eigen machen.

Die Zumutung von Aneignung traut den Heranwachsenden die Fähigkeit zu, in den kreativen Rekonstruktionsprozess der potenziell veränderbaren und sich auch faktisch verändernden Kultur einzutreten. Die Zumutung von Aneignung verlangt zugleich von den Heranwachsenden mit der Aktivität des Aneignens zu beginnen, um sich dabei – um eine Denkfigur Klafkis aufzunehmen – die Kultur zu erschließen und von dieser erschlossen zu werden.

6.3 Aneignung zumuten

6.3.1 ... als Zu-trauen und Lebensbegleitung

1. Aneignung zumuten als Zutrauen kann den Heranwachsenden nicht nur Wissen und Fähigkeiten, sondern letztlich auch Identität und Personsein unterstellen. Diesen Aspekt hat ausgehend von Habermas und Peukert jüngst Mette hervorgehoben. Die Habermas, Peukert und Mette gemeinsame grundlegende Argumentationsfigur für die Bestimmung pädagogischen Handelns besteht in der notwendigen »Vorgabe der Erziehenden«.[685] Die Vorgabe ermöglicht es den Heranwachsenden in einem Schonraum und »unvertretbar für sich selbst zu handeln (...) eben: unter der Obhut vorgeschossener Mündigkeit mündig zu werden«.[686] Habermas arbeitet die dialektische Struktur pädagogischen Handelns explizit heraus, da es das, »auf was es sich doch immer schon stützen muß, erst hervorbringt«.[687] Mettes Interpretation des pädagogischen Handelns als Umgang mit dem Kind basiert auf dessen »Anerkennung als eines eigenständigen und beziehungsfähigen Wesens, auch wenn es über die dafür erforderlichen Kompetenzen noch nicht oder erst anfanghaft verfügt und darum vielfach stellvertretend und advokatorisch für es gehandelt werden muß«.[688] Zumutung als mutmachendes Zutrauen noch nicht vorhandener Fähigkeiten gründet in der Struktur des pädagogischen Paradoxes. Schulpädagogisches Handeln als Zumutung nimmt nicht nur die sich entwickelnde Fähigkeit zu Selbstbe-

---

[683] Ähnlich R. Koerrenz: Religionspädagogik zwischen Aneignung und Vermittlung? Anmerkungen zu einer unzulänglichen Alternative. In: Becker/Scheilke (Hg.): Aneignung und Vermittlung, a.a.O., S. 43–56; D. Fischer: Aneignungsprozesse im Religionsunterricht unterstützen. In: Becker/Scheilke (Hg.): Aneignung und Vermittlung, a.a.O., S. 165–173.
[684] Vgl. W. Klafki: Das pädagogische Problem des Elementaren und die Theorie der kategorialen Bildung, Weinheim 3./4. durchgeseh. u. erg. Aufl. 1964, bes. S. 297.
[685] J. Habermas: Pädagogischer »Optimismus« vor Gericht einer pessimistischen Anthropologie. In: Ders.: Arbeit, Erkenntnis, Fortschritt, Amsterdam 1970, S. 188.
[686] Ebd., S. 188.
[687] Ebd., S. 189.
[688] N. Mette: Religionspädagoik, Düsseldorf 1994, S. 110.

stimmung als Teil der *Subjektwerdung* des Menschen auf, die oben als Moment der Bildung beschrieben wurde, sondern traut bereits ein *Subjektsein* zu.

2. Mutmachendes Zutrauen als schulpädagogisches Handeln kann sich in Form der »Begleitung« vollziehen. Das Konzept der Begleitung enthält – und das soll hier als polare Ergänzung zu Zumutung als Aufforderung und Verlangen hervorgehoben werden – eine »Selbstbegrenzung der pädagogischen Interventionsabsichten«.[689] Begleitung spricht der Person, die begleitet wird, einen Freiraum und Entscheidungsfreiheit zu. Der Handlungsmodus der Begleitung passt sich der eigenständigen Entwicklung und dem Weg der Person, die begleitet wird, an. Der Bildungsprozess kann aber hinter den in ihn gesetzten Erwartungen zurückbleiben oder über diese hinaus gehen. Schulpädagogisches Handeln als Begleitung kann als Mitvollzug des Bildungsprozesses der Schüler/-innen interpretiert werden, es orientiert sich an der Entwicklung, am Lebenslauf und der Lebenswelt der Heranwachsenden und interpretiert diese als Bildungschancen.

6.3.2 ... als Fremdaufforderung zu Selbsttätigkeit

Zumutung von Aneignung wäre aber missverstanden, wenn sie sich ausschließlich als Zutrauen, im ›Unterlassen von Vorgaben‹ und im ›Gewährenlassen‹ erschöpfen würde. Zumutung als Aufforderung zu und Verlangen von Aneignung kann einen nötigenden Charakter bekommen. Das Verständnis kann anknüpfen an Benners Interpretation des pädagogischen Handelns als »Fremdaufforderung zur Selbsttätigkeit«.[690] Die paradoxe Formulierung meint, dass Schüler/-innen »durch die pädagogische Interaktion zur selbsttätigen Mitwirkung an [... ihrem] Bildungsproceß ausdrücklich aufgefordert«[691] werden. Die Kategorie ›Aufforderung zu Selbsttätigkeit‹ entspricht somit der Grundstruktur der Operation ›Aneignung zumuten‹, da die Handlung der Lehrenden eine Handlung der Schüler/-innen hervorrufen will. Das Prinzip der Selbsttätigkeit geht im pädagogischen Diskurs auf Fichte[692] zurück.

»Die Aufforderung zur freien Selbsttätigkeit ist das, was man Erziehung nennt. Alle Individuen müssen zu Menschen erzogen werden, außerdem würden sie nicht Men-

---

689 K. E. Nipkow: Bildung als Lebensbegleitung und Erneuerung, Gütersloh 1990, S. 261.
690 D. Benner: Allgemeine Pädagogik. Eine systematisch-problemgeschichtliche Einführung in die Grundstruktur pädagogischen Denkens und Handelns, Weinheim u. a. 2. Aufl., 1991, S. 65.
691 Ebd., S. 64.
692 Vgl. zur pädagogischen Interpretation von Fichtes Begriff die Diskussion zwischen A. Langewand (ders.: Über die Schwierigkeit, Erziehung als Aufforderung zur Selbsttätigkeit zu begreifen. In: ZfPäd 49 (2003), S. 274–289) und D. Benner (ders.: Über die Unmöglichkeit, Erziehung allein vom Grundbegriff der »Aufforderung zur Selbsttätigkeit« her zu begreifen. In: ZfPäd 49 (2003), S. 290–304).

schen«.[693] Benner stellt neben die handlungstheoretische eine interaktionstheoretische Analyse des Begriffs. Für die pädagogische Interaktion ist konstitutiv, dass Lehrende (Ego) und Lernende (Alter) nicht in einem reziproken, sondern einem asymmetrischen Verhältnis stehen und Lehrende den Lernenden zu etwas auffordern, was der Lernende noch nicht kann »und dass der Erfolg dieser Aufforderung gerade nicht davon abhängt, dass Alter lediglich genau das tut, wozu er aufgefordert wird, sondern dass er vermittels der Aufforderung etwas für ihn Neues tut«.[694]

Eingeschult wurde das Prinzip der ›Aufforderung zu Selbsttätigkeit bereits bei A. Diesterweg und H. Gaudig.[695] Das Handeln der Lehrer/-innen fordert zu Aneignung mit dem Ziel der Selbstbildung auf, um sich dadurch selbst überflüssig zu machen. Der Bildungsprozess ist dabei eher als Zickzackkurs zwischen Mündigkeit und Hilfsbedürftigkeit, denn als ein sach- und kontextunabhängiger linearer Aufstieg zu betrachten, bei dem einmal und für alle Lebens-, Glaubens- und Sachbereiche Mündigkeit erlangt wird. Auch Erwachsene werden immer wieder in bestimmten Situationen des pädagogischen Handelns und damit der Fremdaufforderung bedürfen, so wie umgekehrt Kinder und Jugendliche, ohne mittels des pädagogischen Handelns aufgefordert zu werden, selbst sich aktiv die Welt erschließen und mündig sein können. So kann jeweils in einer einzigen pädagogischen Interaktion zwischen Lehrer/-innen und Schüler/-innen kurz nacheinander beides verfehlt werden: zum einen die bereits vorhandene Bildung durch allzu viel Aufforderung, allzu große inhaltliche Vorgaben und allzu starke Steuerung des Lernprozesses und zum anderen die noch vorhandene Unmündigkeit, die sich erst im Bildungsprozess in Mündigkeit verwandelt, aufgrund einer pädagogischen Unterlassung. Je nach Situation sind im Sinn der stellvertretenden Entscheidung Aufforderung, Vorgaben und Hilfestellungen oder auch deren Unterlassen als defizitäres pädagogisches Handeln zu identifizieren. »Darum gehört es zu den größten Fehlformen pädagogischen Handelns, einen der Erziehung noch Bedürftigen bereits als der pädagogischen Praxis nicht mehr bedürftig anzusehen oder einen der Erziehung nicht mehr Bedürftigen weiterhin pädagogisch zu betreuen.«[696] Benners bemerkenswerte Unterscheidung zwischen den dem pädagogischen Handeln ›noch Bedürftigen‹ und den diesem Handeln ›nicht mehr Bedürftigen‹ ist aber nicht ausschließlich biographisch, sondern darüber hinaus situativ zu verstehen. »Bis zum Tod hin kann es Situationen geben, in denen wir der pädagogischen Praxis, im Sinn einer Fremdaufforderung zur Selbsttätig-

---

693 J. G. Fichte: Grundlage des Naturrechts (1798). In: Ders.: Ausgewählte Werke in sechs Bänden, hg. v. F. Medicus, Bd. 2, Darmstadt, S. 43; vgl. auch ders.: Reden an die deutsche Nation (1807/08). In: Ders.: Ausgewählte Werke, Bd. 6, S. 399 f.
694 Benner: Über die Unmöglichkeit, Erziehung allein vom Grundbegriff der »Aufforderung zur Selbsttätigkeit« her zu begreifen, S. 296.
695 Vgl. A. Diesterweg: Diesterweg's Wegweiser zur Bildung für Deutsche Lehrer, Bd. 1: Das Allgemeine, Essen 1873, S. 202; H. Gaudig: Die Schule im Dienst der werdenden Persönlichkeit, Bd. 1, Leipzig, 2. Aufl. 1922, S. 93 ff.
696 Benner: Allgemeine Pädagogik, S. 73.

keit, bedürfen.«[697] Die Fremdaufforderung zu Selbsttätigkeit werde ich im Folgenden durch die Differenzierung von indirekter und direkter Fremdaufforderung weiter entfalten.

6.3.2.1 Zumutung als direkte Fremdaufforderung zu Selbsttätigkeit

Die Fremdaufforderung zu Selbsttätigkeit geschieht im hier vorgestellten Fall mittels einer *direkten* verbalen oder nonverbalen Aufforderung in Face-to-face Situationen. Indem z. B. nicht vermittelt über Medien, sondern direkt durch die Lehrperson eine Arbeitsanweisung gegeben, eine Frage gestellt und eine Schülerin aufgerufen wird, indem zwei Texte zum Vergleich nebeneinander gestellt oder eine Schulklasse zur Diskussion eines Themas aufgefordert wird, indem die Lehrerin oder der Lehrer selbst eine biblische Geschichte erzählt, ein Lied vorsingt, das Bruchrechnen erklärt oder auf den wichtigen Sachverhalt eines Themas hinweist. Die Differenz zur indirekten Fremdaufforderung (vgl. 6.3.2.2) liegt darin, dass die Lehrperson auf vielfältige Weise direkt die Lernenden zur Selbsttätigkeit auffordert oder zeigt, was wichtig, was der Aneignung wert ist. Wird diese direkte Fremdaufforderung zur Selbsttätigkeit an die ganze Klasse gegeben, so wird versucht, einen zeitlich und inhaltlich einheitlichen Ablauf des Bildungsprozesses zu konstituieren. Es entsteht ein gebundener Unterricht, »der an alle Schüler die *gleichen Anforderungen* stellt, die sie im Prinzip in *gleicher Zeit* und unter im Wesentlichen *gleichen Bedingungen* bewältigen sollen.«[698]

Zumutung als begleitendes Zutrauen und als Aufforderung unterliegt der oben beschriebenen Relation zwischen Intention und Wirkung schulpädagogischen Handelns: die Wirkung der Handlung Zumutung von Aneignung ist unsicher, da sie vom Mithandeln der Schüler/-innen, ihrem Aneignen abhängt. Dies bedeutet, der Lehrer muss »mit Veränderungsabsichten handeln, ohne über Ursache-Wirkungs-Zusammenhänge verfügen zu können und mit ungewollten Nebenwirkungen rechnen, die seine Absicht durchkreuzen können«.[699] Das zumutende Handeln der Lehrer/-innen ist damit durch eine grundlegende und nicht hintergehbare Unsicherheit gekennzeichnet. Hinsichtlich der Wirkungen ihres Handelns müssen Lehrer/-innen eine Erwartungsoffenheit pflegen, die nicht immer einfach auszuhalten ist.

---

697 Ebd., S. 72 f.
698 W. Klafki: Innere Differenzierung des Unterrichts. In: Ders.: Neue Studien zu Bildungstheorie und Didaktik, S. 173–208, hier S. 175.
699 Helsper: Pädagogisches Handeln in den Antinomien der Moderne, S. 18 f.

6.3.2.2 Zumutung als indirekte Fremdaufforderung durch die Gestaltung und den immanenten Anspruch von Lernumwelten

Die indirekte Fremdaufforderung besteht in Kommunikationsstruktur- und Inhaltsvorgaben, mithin in der Inszenierung von Erfahrungs- und Lernsituationen. Als solche schließen sie unerwünschte Ereignisse aus – ohne den Erfolg zu garantieren (Diederich). Mittels ihres profilierten, verdichteten und konzentrierten Inhalts und durch die in ihnen enthaltenen Lern- und Arbeitsanreize fordern sie die Schüler/-innen *indirekt* zur Selbsttätigkeit auf. M. Montessori, die hier als Beispiel genügen möge, hebt die »vorbereitete Umgebung in der Schule«[700] als Aufgabe des schulpädagogischen Handelns besonders hervor. Die mit einer pädagogischen Intention ›vorbereitete Umgebung‹ im Verständnis Montessoris lässt sich analytisch in zwei Bereiche differenzieren: Zum einen nennt Montessori »alle Dinge der Umgebung, nicht nur Tisch und Stuhl und Hausgerät, sondern auch die Größenmaße der Räume, der Türen und Fenster«.[701] Die außen- und innenarchitektonische Gestaltung der Schule, ihre räumliche Struktur ist hier ein Mittel der pädagogischen Intention. Zum anderen gehört zu dieser Umgebung das ›Material‹. »Wir bieten dem Kind mit dem *Material* geordnete Reize an und lehren also nicht direkt, (…) sondern vielmehr durch eine Ordnung, die im Material liegt und die das Kind sich selbständig erarbeiten kann.«[702] Die indirekte Fremdaufforderung zur Selbsttätigkeit besteht nach Montessori darin, dass die Schüler/-innen Arbeitsmaterialien vorfinden und auswählen können, die »die Mittel zur Selbsterziehung enthalten.«[703] Der Unterricht wird methodisch und thematisch geöffnet.

Dem pädagogischen Grundproblem der ›Passung‹ zwischen dargebotenem Inhalt und aneignenden Schüler/-innen, das didaktisch als Entwicklungs- und Situationsangemessenheit des Unterrichts reformuliert wird, wird aufgrund der zumindest potenziell interessegeleiteten Wahlmöglichkeiten auf Seiten der Schüler/-innen die Schärfe genommen. Bei der mit Wahlmöglichkeiten verbundenen indirekten Form der Fremdaufforderung zu Selbsttätigkeit sind nicht nur die Lehrer/-innen, sondern auch die Schüler/-innen für das Problem der Passung verantwortlich. Die Wahl der verschiedenen Arbeitsmaterialien und die individuell selbst bestimmbare Zeit der Bearbeitung lässt im Unterricht eine Gleichzeitigkeit sehr unterschiedlicher Aktivitäten entstehen.

Die Vorbereitung der Umgebung und die Vorauswahl der Materialien werden von den Lehrer/-innen bewusst vollzogen und nicht dem Zufall

---

[700] M. Montessori: Schule des Kindes, Freiburg, 4. Aufl. 1991, S. 135.
[701] M. Montessori: Grundlagen meiner Pädagogik (1934). In: Grundgedanken der Montessori-Pädagogik, zusammengestellt v. P. Oswald u. G. Schulz-Benesch, Freiburg, 11. Aufl. 1991, S. 25–45, hier S. 34.
[702] Ebd, S. 33.
[703] Montessori: Schule des Kindes, S. 74.

überlassen. Die Lehrenden gestalten mit den stofflich-materialen Lerngegenständen eine Lernumwelt, die den Schüler/-innen eine Auseinandersetzung mit dem Inhalt zumutet, den sie sich selbsttätig erarbeiten. Insofern sind die Schüler/-innen nicht sich selbst überlassen und auch von ›bloßem Gewährenlassen‹ kann keine Rede sein. Die Zumutung als Aufforderung zu Selbsttätigkeit vollzieht sich indirekt, aber »nicht weniger wirksam und zugleich auch nicht weniger manipulativ«.[704] Je nach Anzahl sowie inhaltlicher und methodischer Variation der Lerngegenstände in der vorbereiteten Umgebung nehmen die Wahlmöglichkeiten für die Lernenden quantitativ und qualitativ zu. Hierdurch entstehen für die Schüler/-innen Freiräume für ihre eigene, für den Prozess der Selbst-Bildung notwendige Leistung. Ausgehend von der Unterscheidung einer indirekten und direkten Fremdaufforderung kommt die didaktische Aufgabe einer zeitlichen und räumlichen Strukturierung des Unterrichts in den Blick.

Das im Klassen- bzw. Frontalunterricht enthaltene Prinzip der Gleichzeitigkeit des Lernens aller Schüler/-innen einer Schulklasse ist mit einer bildungsorientierten Didaktik nicht zu begründen, wenngleich diese die Gleichzeitigkeit zulässt. Werden die lernenden Subjekte in den Vordergrund gestellt, so verliert Unterricht zumindest partiell seinen einheitlichen, monochronen Zeitablauf, da die Lernleistungen, -interessen und -geschwindigkeiten auch in Jahrgangsklassen höchst unterschiedlich sind. Kösel beschreibt das Phänomen des individuellen Lernens mit Hilfe des Begriffs der »Chreode«[705] und legt dies seiner Theorie einer subjektiven Didaktik zu Grunde.

Unter Chreode wird die durch die lebensgeschichtlich erworbenen Persönlichkeitsstrukturen vorgezeichnete Entwicklungslinie einer Person verstanden. Dieser Begriff wird gewählt, »weil damit der Weg eines Lernenden ganzheitlich – im Sinn einer kanalisierten Entwicklung auf Grund innerer Entwicklungslinien und seiner Struktur – (…) dargestellt werden kann. Wir werden deshalb diese individuelle jeweilige aktuelle Entwicklungslinie in einer Lern-Situation *Lern-Chreode* nennen.«[706] Gestalten Lehrer/-innen nun die Lernumwelt der Schüler/-innen, indem sie entsprechend ihren eigenen oder mit den Schüler/-innen gemeinsam entwickelten Zielen Inhalte, Methoden und Medien auf direkte oder indirekte Weise die Kommunikation bestimmen lassen, so wird damit Unterricht in einer bestimmten Form konstituiert (Kösel spricht hier von ›didaktischer Morphembildung‹),[707] und es treffen diese Kommunikationsstruktur- und Inhaltsangebote auf die einzelnen Schüler/-innen. Die zeitlich, räumlich, inhaltlich, sozial und mittels Kommunikationsnormen gebildete und begrenzte Interaktionszone, in der sich Lehrende und Lernende bewegen (driften), wird »Didaktische Driftzone«[708] genannt. Lernkulturen werden nun von

---

704 J. Oelkers: Reformpädagogik. Eine kritische Dogmengeschichte, Weinheim u. München, 3. vollst. bearb. u. erw. Aufl., 1996, S. 180.
705 Kösel: Die Modellierung von Lernwelten, S. 245 ff. Der Begriff wurde aus dem griechischen χρή – ›notwendig‹ und ὁδόσ – ›Straße, Weg‹ gebildet.
706 Kösel: Die Modellierung von Lernwelten, S. 247.
707 Ebd., S. 243 ff.

Kösel nach der Größe der Driftzone in rigide und kommunikative Kulturen eingeteilt. »In herkömmlichen Lernkulturen besteht ein entscheidender Unterschied zwischen dem Driften des *Lernenden* und dem des *Lehrenden:* Der Lehrende hat in der Driftzone eine weitaus größere *Definitionsmacht* über die Situation als der Lernende«.[709] Letztere werden als autopoietische Systeme zu ihrer ›Ko-Aktivität‹ angeregt. In Interaktion mit allen hier einfließenden Komponenten des Systems Schule und Unterricht einschließlich der Person der Lehrenden entstehen je individuelle Lern-Chreoden. Das Handeln der Lehrer/-innen besteht in der Morphembildung sowie in einer Führungskompetenz, die als »beratende und sachkundige *Begleitung*« sowie als »*Normierung,* die Lehrende in manchen Situationen (...) vornehmen müssen«,[710] entfaltet wird.

Die Gleichzeitig- und Gleichartigkeit des Lernens ist immer nur partiell zu erreichen und daher als normative Grundform des Unterrichts in Frage zu stellen. Neben den Formen des ›gebundenen Unterrichts‹ sind Formen der Freiarbeit, als sich durch große Driftzonen auszeichnende Unterrichtskonzeptionen, notwendig. Das Prinzip der Gleichzeitigkeit und Gleichartigkeit des Lernens aller Schüler/-innen impliziert auch eine monokulturelle Strukturierung des Lernraumes. Der Lernraum muss bei einem lehrerzentrierten Unterricht für die Lehrenden übersichtlich sein und die Aufmerksamkeit der Lernenden auf die *eine* gemeinsame Sache hin strukturieren. Dies ist eine der Funktionen des Tafelanschriebs im Frontalunterricht. Entsprechend den unten (vgl. Teil III, 2.1) unterschiedenen Typen von Klassenzimmern liegt eine monokulturelle Strukturierung des Lernraumes im Hörsaal- und Sitzungssaal-Typ vor. Anstelle dieser lehrerzentrierten und von monokulturellen Zeit- und Raumstrukturierungen dominierten Didaktik schlägt Kösel die »Modellierung von Lernwelten«[711] als eine Aufgabe schulpädagogischen Handelns vor, mit denen den Lernbedürfnissen autopoietischer Systeme besser entsprochen werden kann. Handlungstheoretisch analysiert, erfolgt die ›Modellierung von Lernwelten‹ – insbesondere die indirekte Fremdaufforderung zur Selbsttätigkeit – primär als ›Handeln in vorausgehender Absicht‹. Das Driften der Lehrer/-innen während des Unterrichts vollzieht sich dagegen als ›absichtliches Handeln‹ (vgl. Teil I, Kap. 2.1). Sowohl die direkte als auch die indirekte Fremdaufforderung lassen sich unter der Kategorie ›Aneignung zumuten‹ als Grundoperation schulpädagogischen Handelns subsumieren.

Dieses Kapitel kann in Anlehnung an eine Formulierung Pranges zusammengefasst werden. Als Grundoperation des schulpädagogischen Handelns wurde ›Aneignung zumuten‹ in dem Sinn herausgearbeitet, dass damit zwar

---

708 Ebd., S. 239.
709 Ebd., S. 241.
710 Ebd., S. 244.
711 Vgl. ebd.; E. Kleber: Gestaltung von Handlungssystemen – Die neue Lehrerrolle in der ökologisch-phänomenologischen Erziehungswissenschaft. In: R. Voß (Hg.): Die Schule neu erfinden. Systemisch-konstruktivistische Annäherungen an Schule und Pädagogik, Neuwied, Berlin, 2. Aufl. 1997, S. 129–152.

nicht schon das ganze schulpädagogische Handeln beschrieben wäre, wohl aber, dass in jeder besonderen schulpädagogischen Handlungsform immer auch die Figur des Aneignung-Zumutens enthalten ist.[712]

B Die Grundoperation religionspädagogischen Handelns: Religiöse Bildung ermöglichen durch Aneignung zumuten

In der Religionspädagogik ist die Kategorie der Operation und der Grundoperation bislang nicht aufgenommen worden. Stattdessen werden die Begriffe der Grundform,[713] der »Grundmodelle des unterrichtlichen Handelns«[714] oder der »Lern-Wege religiöser Erziehung«[715] bevorzugt.

Während ›Grundform‹ bei Otto zentrale religionsdidaktische Kategorien wie Verkündigung oder Auslegung meint, sind die ›Grundmodelle unterrichtlichen Handelns‹ bei Schmid Modelle der Artikulation für den unterrichtlichen Umgang mit Medien, Texten, Erzählungen, Bildern, Filmen, Liedern und fürs Memorieren. Da unter der Grundoperation ›Aneignung zumuten‹ eine Handlung verstanden wird, die in allen einzelnen schulischen religionspädagogischen Handlungsformen enthalten ist, können die Grundmodelle von Schmid nicht auf derselben Ebene liegen, sondern in ihnen als »reflektierte Handlungsmuster«[716] muss sich die Figur ›Aneignung zumuten‹ identifizieren lassen. Heimbrocks Begriff des Lernwegs fokussiert auf die »Verständigungsarbeit über das ›Wie‹ religiöser Erziehung.«[717] Dabei wird das Lernverständnis und die ihm entsprechende Gestaltung des Religionsunterrichts in Geschichte und Gegenwart rekonstruiert.

Im Folgenden werden die religionsdidaktischen Konzeptionen des 20. Jahrhunderts unter handlungstheoretischer Perspektive auf die in ihnen enthaltenen und präferierten Operationen hin analysiert. Dabei werden ›Verkündigung‹, ›Auslegung (Interpretation)‹, ›Denken lehren‹ und ›Religiöse Erfahrung ermöglichen‹ als Operationen religionspädagogischen Handelns rekonstruiert. Zuerst aber wird gefragt, ob ›Zumutung‹ auch für das religionspädagogische Handeln eine angemessene Kategorie darstellen kann.

---

712 Vgl. Prange: Über das Zeigen als operative Basis der pädagogischen Kompetenz, S. 151.
713 Vgl. G. Otto: Schule Religionsunterricht Kirche. Stellung und Aufgabe des Religionsunterrichts in Volksschule, Gymnasium und Berufsschule, Göttingen 3. stark erw. Aufl. 1968, S. 79 ff; F. Schweitzer: Grundformen ethischen Lehrens und Lernens in der Schule. In: G. Adam/F. Schweitzer (Hg.): Ethisch erziehen in der Schule, Göttingen 1996, S. 62–80.
714 H. Schmid: Die Kunst des Unterrichtens. Ein praktischer Leitfaden für den Religionsunterricht, München 1997, S. 12 u. ö.
715 H.-G. Heimbrock: Lern-Wege religiöser Erziehung. Historische, systematische und praktische Orientierung für eine Theorie religiösen Lernens, Göttingen 1984.
716 Schmid: Die Kunst des Unterrichtens, S. 12.
717 Heimbrock: Lern-Wege religiöser Erziehung, S. 10.

6.4 Zumuten als religionspädagogische Operation in der Schule?

Zumuten als Grundoperation schulpädagogischen Handelns beinhaltet drei Bedeutungen: ermutigen, zutrauen und verlangen. Diese wurden entfaltet als unterstellendes Zutrauen, als Lebensbegleitung sowie als direkte oder indirekte Fremdaufforderung zu Selbsttätigkeit, wobei die Fremdaufforderung zu Selbsttätigkeit auch das Gegenwirken einschließt. Religionspädagogisches Handeln als Lebensbegleitung ist eine in der Religionspädagogik vielfältig vertretene Operation,[718] die eine seelsorgerliche Dimension beinhaltet. Vor allem die Bedeutung ›verlangen‹ kann sowohl auf der normativen als auch auf der Handlungsebene das schulische religionspädagogische Handeln in ein Dilemma führen. Mehr als in anderen Fächern scheint vielen Lehrer/-innen Handeln im Religionsunterricht mit der Komponente des Verlangens nicht vereinbar zu sein. Verlangt werden kann von den Schüler/-innen zwar nicht eine Fähigkeit, diese wird ermutigend unterstellt, aber die Aktivität des Aneignens und somit eine von den Schüler/-innen zu erbringende Leistung. Der Religionsunterricht aber – so eine Argumentation – sollte nicht die Leistung der Aneignung zumuten sondern den Schüler/-innen (1) und dem Evangelium (2) Raum geben.

1. Eine neue empirische Untersuchung macht deutlich, dass hier im Blick auf die Schüler/-innen ein Missverständnis vorliegt. Die Akzeptanz des Religionsunterrichts bei den Schüler/-innen – so ein Ergebnis von Bucher – steht und fällt mit seinem Binnengeschehen.[719] Religionsstunden können den Ruf einer Erholungsstunde im Schultag bekommen, ihr Sinn wird dann von einem 15-jährigen Hauptschüler darin gesehen, dass »man Leberkäs essen und Hausaufgaben machen kann«.[720] Bei den von Bucher befragten Schüler/-innen des katholischen Religionsunterrichts gewinnt der Religionsunterricht hierdurch jedoch mehrheitlich nicht an Akzeptanz und wird nicht beliebter. Für die Sekundarstufe I fasst Bucher seine Ergebnisse für das religionspädagogische Handeln der Lehrer/-innen zusammen. »Wer Religionsunterricht so arrangiert, dass Schüler/-innen vor allem ausspannen können und nicht gefordert werden, mindert die Akzeptanz und erhöht die Wahrscheinlichkeit von Disziplinstörungen, die mit ›Abschalten und Erholen‹ signifikant korrelieren«.[721] Auch auf der Sekundarstufe II erlangt der

---

718 Vgl. K. E. Nipkow: Grundfragen der Religionspädagogik, Bd. 2, S. 101–130; ders.: Bildung als Lebensbegleitung und Erneuerung; F. Schweitzer: Kind und Religion – Religiöse Sozialisation und Entwicklung. In: Ders./G. Faust-Siehl (Hg.): Religion in der Grundschule. Religiöse und moralische Erziehung, Frankfurt 1994, S. 38–47, hier S. 44.
719 Vgl. A. A. Bucher: Religionsunterricht zwischen Lernfach und Lebenshilfe. Eine empirische Untersuchung zum katholischen Religionsunterricht in der Bundesrepublik Deutschland, Stuttgart u. a. 2000, S. 143.
720 Zit. n. Bucher: Religionsunterricht zwischen Lernfach und Lebenshilfe, S. 12.
721 Ebd., S. 74, vgl. bes. 71 ff.

Religionsunterricht keine größere Akzeptanz, wenn er »bloß erholsamer Unterricht«[722] ist. Die Grundoperation »Aneignung zumuten« mit ihren Bedeutungen von ermutigen, zutrauen und verlangen wird mehrheitlich von den Schüler/-innen des katholischen Religionsunterrichtes nicht als dem Sinn des Religionsunterrichtes entgegenstehend angesehen. Die Zumutung von Aneignung mutet den Schüler/-innen Leistung zu, »die auch in der Religionspädagogik mitunter suspekt betrachtet wurde, obschon erwiesen ist, dass ein beliebter Lehrer einer ist, ›der die Schüler/-innen zu Leistungen motiviert und zugleich Orientierungssicherheit durch Verhaltenskonstanz vermittelt‹«.[723]

2. Kann das religionspädagogische Handeln Aneignung zumuten und damit eine Leistungsbereitschaft und die Leistung der Aneignung fordern, wenn sich doch die »Menschlichkeit des Menschen (…) der Annahme des Menschen durch Gott im Leben und Sterben Jesu Christi, d. h. der Erlösung des Menschen von seiner Eigengesetzlichkeit«[724] verdankt? Bei der Identifikation des Geschehens, in dem Gott Menschen anerkennt, ihnen Selbstwert, Freiheit und Zukunftsperspektive jenseits von hierfür zu erbringenden Leistungen gibt und Glaube geschenkt wird, mit dem religionspädagogischen Handeln in der Schule liegt eine Verwechselung der soteriologischen und religionspädagogischen Perspektive vor.[725] Aneignung zumuten kann mit seinen drei Bedeutungen ›Ermutigen‹, unterstellendes ›Zutrauen‹ und ›Verlangen‹ die religionspädagogische Grundoperation darstellen.

6.5 Operationen religionspädagogischen Handelns

Dieses Kapitel steht in großem inneren Zusammenhang zum Kapitel »Didaktische Morpheme zur Inszenierung der Operation Aneignung zumuten« (III, 1.2). Die hier vorzustellenden Analysen zu den ›Operationen religionspädagogischen Handelns‹ arbeiten Grundformen heraus, für die mit jenen schulpädagogisch geprägten Überlegungen didaktische Morpheme als unterrichtliche Inszenierungsformen dargestellt werden; hier steht die Operation, dort beim didaktischen Morphem die Artikulation über die Zeit mit Hilfe von Lehr-Lern-Methoden im Vordergrund. Im Kapitel »Religionsunterricht als Handlungsraum und Gestaltungsaufgabe – Religionspädagogisches Handeln als Aneignung zumuten im Religionsunterricht«

---

722 Ebd., S. 101.
723 Ebd., S. 28 mit Bezug auf W. Fichten: Unterricht aus Schülersicht, Frankfurt 1993.
724 Chr. Scheilke: Leistungsbeurteilung im Religionsunterricht der Grundschule. In: F. Schweitzer/G. Faust-Siehl (Hg.): Religion in der Grundschule. Religiöse und moralische Erziehung, Frankfurt 1994, S. 167–177, hier S. 170.
725 Vgl. Chr. Bizer: Glaube und Leistung. Theologische Rechtfertigungslehre als Orientierung für unterrichtliches Handeln. In: EvErz 31 (1979), S. 119–131.

(III, 1.4) werden die religionspädagogischen Operationen und die didaktischen Morpheme aufeinander bezogen.

Die Begriffe Operation und Morphem berühren sich mit der Frage nach den Unterrichtsmethoden. Lachmann hat die »Methoden im Kontext religionspädagogischer Konzeptionen«[726] analysiert, dabei aber die hier hervorgehobenen Fragen nach den Grundformen (Morphemen) und deren Inszenierung mittels Sozialformen, Lehr-Lern-Methoden ausgeklammert, sondern vorrangig den Einsatz der Lehr-Lern-Methoden analysiert.

6.5.1 Verkündigung als Operation religionspädagogischen Handelns

Verkündigung ist ein vielschichtiger religionspädagogischer Begriff, er wurde sowohl auf der Ebene der Intentionen wie der Operationen religionspädagogischen Handelns verwandt. Im Folgenden wird Verkündigung als eine Operation religionspädagogischen Handelns interpretiert und damit das verkündigende Handeln hervorgehoben. Verkündigung tritt damit neben andere religionspädagogische Operationen wie z. B. das Katechetisieren, die Auslegung oder das Denken lehren.

Verkündigung als Operation des religionspädagogischen Handelns steht vor allem im Rahmen der religionsdidaktischen Konzeption der Evangelischen Unterweisung im Mittelpunkt. Bei M. Rang bildet das Kapitel »Religionsunterricht als Verkündigung« den Ausgangspunkt seines zweibändigen bibeldidaktischen Handbuchs.[727] Verkündigung habe die Aufgabe »im biblischen Wort Gottes Wort zu hören und zu Gehör zu bringen«.[728] Das Handeln der Lehrer/-innen spielt dabei im Sinne Rangs nur eine vermittelnde Rolle, gleichsam durch es hindurch wirke das Wort Gottes. Allerdings ist das Handeln der Lehrer/-innen deshalb nicht belanglos, denn es ist kein »›objektives‹, ›neutrales‹ Weitergeben«[729] sondern an das Bekenntnis der Religionslehrer/-innen gebunden. Verkündigung ist damit zum einen mittels der konfessorischen Stellungnahme der Religionslehrer/-innen im Unterschied zu einer neutralen Darstellung bestimmt. Die Person der Lehrenden verbürgt in der konfessorischen Rede die Wahrheit des Inhaltes und mutet diesen den Schüler/-innen zu. Verkündigung ist zum anderen von der sachlichen Einführung in die Tradition insofern zu unterscheiden, als sie sich nicht damit begnügen kann, die Bibel als kulturgeschichtlich oder für Kirche und Glaube bedeutsame Texte und somit »als sachliche Autorität hinzustellen, sondern muß versuchen ihn [den Schüler] in seiner kindlichen Existenz

---

726 R. Lachmann: Methodische Grundfragen. In: G. Adam/R. Lachmann (Hg.): Methodisches Kompendium für den Religionsunterricht, Göttingen 1993, S. 15–38, hier bes. S. 23 ff.
727 Vgl. M. Rang: Handbuch für den biblischen Unterricht, 1. Hbd., Tübingen (1939), 2. Aufl. 1947, S. 17 ff.
728 Ebd., S. 18.
729 Ebd., S. 20.

(…) unmittelbar anzureden«.[730] Verkündigung als Operation beinhaltet somit zum dritten die Sprachform der unmittelbaren und direkten Anrede der Schüler/-innen. Sie werden direkt von den Religionslehrer/-innen in der zweiten Person angesprochen, wie der Prophet Nathan am Ende seiner Parabel zu David sagt: »Du bist der Mann« (2. Sam 12,7), du bist mit der erzählten Parabel selbst gemeint.

Während Rang die Arbeit an den biblischen Geschichten betont und dem unmittelbar in die Gegenwart der Schüler/-innen und in ihr persönliches Leben Hineinsprechen als Regelfall des Religionsunterrichtes zögerlich gegenübersteht,[731] wird dies in der Praxis der Evangelischen Unterweisung in einer spezifischen Phase des Unterrichts, der so genannten Stufe der Anwendung hervorgehoben. G. Schmidt[732] arbeitet dabei mit folgender Artikulation des Unterrichts: 1. Zielangabe für die Lektion, 2. Vorbereitung der Schüler/-innen auf den neuen Inhalt, 3. Begegnung mit der Sache, mit dem neuen Stoff, 4. Besprechung und 5. Anwendung. Die Stufe der Anwendung wurde in eine formale Verwertung des Inhalts (das durchgesprochene Lied wird gesungen, der Psalm gebetet, ein Bild zur Geschichte gemalt usw.) sowie eine inhaltliche Anwendung, die Verkündigung, differenziert. »Wir beziehen das heute Gehörte, das Gebot, die Verheißung, den Trost oder das Gerichtswort ganz auf uns und unsere Lage und versuchen es zu beherzigen. Also bei Mk 10,13 ff.: So wie diese Kindlein, die man zum Heiland brachte, hat der Herr Jesus auch dich in seine Arme genommen und gesegnet. Das ist geschehen in der hl. Taufe!«[733] Die Verkündigung besteht in der Anwendung des Gelernten auf die Schüler/-innen selbst, ihnen wird explizit häufig in der grammatischen Form der 2. Person zugesprochen, dass auch sie selbst mit dem Gelernten gemeint sind. »Der Schritt der Verkündigung bewahrt unsere Unterweisung davor, im Historischen stecken zu bleiben.«[734] In ähnlicher Weise findet sich bei K. Frör eine fünfstufige Artikulation des Unterrichts (1. Vorbereitung mittels Anknüpfung, 2. Zielangabe, 3. Darbietung, 4. Besinnung und 5. Anwendung), wobei die Anwendung wiederum den Inhalt in verkündigender Weise auf die Schüler/-innen bezieht. So sollen in einer Unterrichtsstunde zu Moses Berufung (Ex 3) die Schüler/-innen direkt gefragt werden: »Ob Gott uns auch einmal brauchen kann zu einem besonders schweren Dienst (Missionar, Diakonisse)? Ob wir dann auch sagen: das kann ich nicht?«[735] Verkündigung als spezifische Operation des religionspädagogischen Handelns auf der Stufe der Anwendung findet sich – auch

---

730 Ebd., S. 23.
731 Ebd., S. 35.
732 Vgl. G. Schmidt: Katechetische Anleitung, München 2. Aufl. 1947, S. 20–23.
733 Ebd., S. 23
734 Ebd., S. 23.
735 K. Frör: Die Mosegeschichten im Unterricht. In: Neue Wege im kirchlichen Unterricht, hg. v. K. Frör, München 1949, S. 22–33, hier S. 27.

wenn sie immer wieder einer Kritik unterzogen wurde[736] – in weiteren Ausarbeitungen für die Evangelische Unterweisung.[737]

Werden die genannten Entwürfe der Evangelischen Unterweisung schulpädagogisch interpretiert, so wird deutlich, dass Aneignung zumuten als Verkündigung sich im gängigen Rahmen der Inszenierung von Unterricht als Lektion bewegt (vgl. hierzu ausführlich III, 1.2.1) und bei der Artikulation von Verkündigung die Modelle der Herbartianer Ziller und Rein aufgenommen wurden. Werden die Entwürfe theologisch gelesen, so zeigt sich, dass im Rahmen der Evangelischen Unterweisung der Unterricht insgesamt – insbesondere aber aufgrund einer spezifischen Operation auf der Stufe der Anwendung – den Schüler/-innen ermöglichen soll, selbst zu Offenbarungsempfängern zu werden, indem sie Gottes Wort in den Inhalten der Unterweisung hören. Es geht darum, »zu hören, was Gott hier zu mir und meinen Kindern redet«.[738] Heimbrock fasst seine kritische religionspädagogische Analyse der Lernwege der Evangelischen Unterweisung, für die exemplarisch die Methodik christlicher Unterweisung von Rinderknecht/Zeller[739] steht, wie folgt zusammen: »Lernen läßt sich hier in seiner praktischen Realisierung erkennen a) als Abwickeln eines mehr oder weniger festen Programms des Lehrers, b) als dominant rezeptive Abfolge von Schülertätigkeiten und c) in beidem als Herstellung einer erwünschten Gesinnung«.[740]

Die Evangelische Unterweisung geht mit ihrer Operation der Verkündigung hinter die in der Bibel veralltäglichte Offenbarung zurück, damit Gottes Wort sich gegenwärtig ereigne. Dies blieb theologisch nicht unwidersprochen. K. Barth ist gegenüber der Bestimmung des Religionsunterrichts als Verkündigung kritisch, er vermisst die notwendige Nüchternheit und betont die Fachschulung, wenn er dem Unterricht die Aufgabe der Vorbereitung und des Unterbaus der Verkündigung gibt. Die Rede von Gott im Unterricht ist »sehr schlicht Unterweisung, Belehrung über das, was die Kirche bis jetzt (...) als den rechten Glauben erkannt und bekannt hat, Bekanntmachung mit den wichtigsten Elementen der Überlieferung«.[741]

---

736 Vgl. z.B. F. Schmid: Vergegenwärtigung als theologisches und pädagogisches Problem. In: H. K. Berg: Die Methodik der Evangelischen Unterweisung, Berlin 1966, S. 152–161, bes. S. 156 ff.
737 Vgl. G. Schmidt: Das alte Testament im kirchlichen Unterricht, München, 2. völlig neubearb. Aufl. 1953, bes. S. 43; L. Gengnagel (Hg.): Mein kirchlicher Lehrauftrag im 5. Schuljahr, Unterrichtshilfen für den kirchlichen Unterricht. Bd. 5, Stuttgart 1958, S. 27. 35. 40 u. ö.
738 H. Kittel: Vom Religionsunterricht zur Evangelischen Unterweisung, Hannover, 3. durchges. Aufl. 1957, S. 24.
739 H.-J. Rinderknecht/K. Zeller: Kleine Methodik christlicher Unterweisung, 2. erw. Aufl. 1939.
740 H.-G. Heimbrock: Lern-Wege religiöser Erziehung, Göttingen 1984, S. 69.
741 K. Barth: Die Kirchliche Dogmatik, I,1 (1932), Zollikon-Zürich 7. Aufl. 1955, S. 51.

6.5.2 Auslegung und Interpretation als Operation religionspädagogischen Handelns

Die Operation Aneignung zumuten als Verkündigung wurde bereits in der Nachkriegszeit bei E. Weniger sowie in der Diskussion zwischen R. Lennert und H. Kittel[742] einer kritischen Analyse unterzogen. Wenigers didaktisches Anliegen lag in einer »hermeneutischen, deiktischen Form der christlichen Unterweisung«.[743] Um der schon von Barth formulierten theologischen Überforderung des religionspädagogischen Handelns zu begegnen, wies er darauf hin, dass dieses »zunächst Lehre, Zeugnis, Hinweis auf die Sache, nicht aber die Sache selbst«[744] sei. Hermeneutisch wird der Unterricht genannt, weil er nicht das Wort Gottes selbst sondern das Selbstverständnis von Kirche und Gemeinde zum Inhalt hat, deiktisch, weil er als zeigender Unterricht hinweist »auf die lebendigen Zeugen und auf die wirkungsmächtigen Zeugnisse«.[745] Ein Lehrer, der auf die lebendigen Zeugen hinweist, muss selbst kein solcher sein. Die Operation des Zeigens und Hinweisens ermöglicht den Unterricht auch Lehrern/innen, »die sich nicht im Besitz der Glaubensgewißheit fühlen und doch wahrhaftig und glaubwürdig in ihren Aussagen sein wollen«.[746]

Lennert argumentierte gegen Kittel sowie gegen die Evangelische Unterweisung und für einen Religionsunterricht, der »ganz schlicht weiter nichts [ist] als Interpretation der Bibel und ihrer Wirkungen in der Geschichte – aber nicht als einer Sache, die mich nichts angeht, sondern die mir fürs Leben und Sterben wichtig ist –, aber welcher Deutschlehrer etwa, hielte es denn länger als zwei Stunden aus, etwas zu unterrichten, das ihn ›nichts angeht‹? Darin ist also kein Unterschied zwischen dem Religionsunterricht und jeder anderen Art von ›Unterweisung‹«.[747]

Auf dem Hintergrund dieser frühen Diskussion sah M. Stallmann die Aufgabe der Schule darin, dass »sie das Überlieferungsgut auslegt«[748] und die Aufgabe des Religionsunterrichts in der »Interpretation der überlieferten Religion«,[749] mithin des Christentums und im Verstehen der Tradition. G. Otto, dessen Konzeption im Folgenden exemplarisch für die sich hermeneutisch verstehende Religionspädagogik vorgestellt wird, hat in der »Auslegung der Bibel als didaktische Grundform des Religionsunterrichts«[750]

---

742 Vgl. Die Sammlung 3 (1948), S. 695–704; 6 (1951), S. 249 ff.
743 E. Weniger: Glaube, Unglaube und Erziehung (1949). In: H. Gloy (Hg.): Evangelischer Religionsunterricht, Göttingen 1969, S. 42–61, hier S. 56.
744 Ebd., S. 57.
745 Ebd., S. 58.
746 Ebd., S. 58.
747 R. Lennert: Immer noch: der evangelische Religionsunterricht in der Schule. In: Die Sammlung 6 (1951), S. 249–254, hier S. 252.
748 M. Stallmann: Christentum und Schule, Stuttgart 1958, S. 186.
749 Ebd., S. 191.
750 Otto: Schule – Religionsunterricht – Kirche, S. 79.

dessen alle Schularten und Altersstufen übergreifende Form gesehen. Sowohl Stallmanns wie Ottos Bestimmung beinhalten eine Operation ›Interpretation‹ einerseits und ›Auslegung‹ andererseits und einen Gegenstandsbereich ›Christentum‹ einerseits und ›Bibel‹ andererseits. Die Diskussion des Gegenstandsbereiches wird hier zugunsten der Operation zurücktreten. Beide, Stallmann und Otto, nehmen mit ihrer Operation dem Religionsunterricht seine Sonderstellung, da die Schule als ganze gemäß der hermeneutisch geprägten Pädagogik der 50er-Jahre die Überlieferung, zu der das Christentum in unserer Kultur gehört, verantwortlich auslegt, um »dem Schüler Bedingungen, Situationen und Möglichkeiten menschlichen Existierens«[751] zu zeigen. Auslegung sollte die historischen Ursprünge und deren Wirkungsgeschichte für die Gegenwart erschließen. Religionsunterricht als Auslegung will den Schüler/-innen Verstehen eröffnen und einen sachgemäßen selbstständigen Umgang mit der Bibel einüben. Auslegung wird dabei von Otto durch fünf Charakteristika[752] beschrieben: 1. Bereits in der Unterrichtsvorbereitung legen die Religionslehrer/-innen die Bibel aus. 2. Jeglicher Umgang mit der Bibel im Unterricht (auch die Lehrererzählung) ist Auslegung und zielt auf Verstehen. 3. Mittels der Operation Auslegung sollen die Schüler/-innen selbst »Grundbegriffe und -techniken des Auslegens«[753] einüben und damit eine »überholte ›gläubige Naivität‹«[754] überwinden. 4. Auslegung hat schon andere Auslegungen hinter und neue vor sich. Es kann also nicht um die Mitteilung der richtigen Auslegung und auch nicht nur um »biblische Sachkunde«[755] gehen. 5. In die unterrichtliche Auslegung werden nichtbiblische Stoffe einbezogen, wenn sie einem tieferen Verständnis biblischer Texte dienen. Bei Auslegung als Operation religionspädagogischen Handelns geht es darum, »sich literarisch fixierten Aussagen zu stellen, sich um ihr Verständnis zu bemühen und darin immer zugleich und unvermeidlich sich selbst gefordert und gefragt zu erkennen im Blick auf Gott, sich selbst und die Welt«.[756] Nicht der verkündigende Satz des Propheten Nathan »Du bist der Mann« sondern die Frage des Apostels Philippus an den Jesaja lesenden Kämmerer aus Äthiopien »Verstehst du auch, was du liest?« (Acta 8,30) und die folgende Auslegung ist das hier zugrunde liegende Paradigma. Auslegung als Operation religionspädagogischen Handelns ist mit der Operation in sprachlichen Fächern, insbesondere mit dem schulpädagogischen Handeln im Deutsch- und Geschichtsunterricht, wo es ebenso um Auslegung und Verstehen geht, eng verwandt.[757] Auslegung kann – so Otto – nicht in distanzierter oder neutraler Haltung

---

751 Ebd., S. 43.
752 Vgl. ebd., S. 80 f.
753 Ebd.., S. 80.
754 G. Otto: Handbuch des Religionsunterrichts, Hamburg 1964, S. 23.
755 Otto: Schule – Religionsunterricht – Kirche, S. 86.
756 Ebd., S. 82.
757 Vgl. Otto: Handbuch des Religionsunterrichts, S. 21 f; vgl. ders.: Schule – Religionsunterricht – Kirche, S. 105 f.

vollzogen werden, sondern die Religionslehrer/-innen sind engagierte Interpreten, die bereit sind, sich selbst »vom Wort überführen zu lassen und sich der Anrede stellen«.[758]

Otto unterscheidet im Vollzug der Auslegung zwei Vorgänge. Zum einen werden Texte, also Sprache, methodisch sauber ausgelegt, um sie zu verstehen. Auslegung als religionspädagogische Operation bedeutet »mit eigenen Worten nachsprechen müssen, was da geschrieben steht«,[759] womit nicht die bloße Wiedergabe und auch nicht eine stärker historisierende Erklärung sondern die Herausarbeitung des Sinnes intendiert ist. Zum anderen wird im Vorgang der Auslegung die auslegende Person selbst in Frage gestellt. Letzteres geschieht beiläufig und indirekt, wenn die Schüler/-innen »die Entdeckung des unmittelbaren Selber-Gemeintseins«[760] machen. Hierbei kann sich Verkündigung ereignen »als Überführt- und Betroffenwerden von Zusage und Anspruch Gottes, wie sie in biblischen Texten je auf ihre Weise deutlich werden können. Verkündigung ist Geschehen, das widerfährt.«[761] Die Schüler/-innen können aber auch den in der Operation des Auslegens deutlich werdenden Sinn biblischer Texte als weltfremd oder abstrus und so nicht als unmittelbar sie selbst meinende Anrede Gottes verstehen. Verkündigung ist damit keine mit einer Intention durchgeführte Operation religionspädagogischen Handelns in der Schule, sondern ein Widerfahrnis. Im handlungstheoretischen Grundlagenteil (Teil I, 1) wurden Widerfahrnisse nicht unter den Begriff ›Handlung‹ gefasst, da die Lehrer/-innen an ihrem Zustandekommen höchstens mittelbar beteiligt sind. Der Umschlag von der intendier- und operationalisierbaren Auslegung (existenziale Interpretation) zur sich ereignenden und widerfahrenden Verkündigung (existenzielle Interpretation) ist – so Otto im Anschluss an H. Stocks Formulierung »Verkündigung durch Auslegung!«[762] und im Widerspruch zu M. Stallmann[763] – im Unterricht zwar möglich, als intendierte Operation des religionspädagogischen Handelns komme aber nur die zeigende und hinweisende Auslegung in Frage. Hiermit wird die Grundlage für Ottos Ablehnung der Verkündigung auf der Stufe der Anwendung bereits deutlich. Verkündigung als Anwendung ist – so Otto – »aus theologischen Gründen methodisch nicht vertretbar«,[764] da es den biblischen Texten als kerygmatischen, in die jeweilige Gegenwart sprechen wollenden Texten

---

758 Ebd., S. 23.
759 Otto: Schule – Religionsunterricht – Kirche, S. 88.
760 Ebd., S. 111.
761 Ebd., S. 110.
762 H. Stock: Verkündigung durch Auslegung! In: Die Sammlung 7 (1952), S. 441–447. Stock geht hier davon aus, dass Religionsunterricht »indirekt Verkündigung sei, Verkündigung voraussetze und zu ihr hinführe, Verkündigung verstehen lehre« (S. 442).
763 Vgl. Otto: Schule – Religionsunterricht – Kirche, S. 115 f.
764 G. Otto: Methodik des evangelischen Religionsunterrichts als theologisches Problem (1958). In: H. K. Berg (Hg.): Die Methodik in der Evangelischen Unterweisung, Berlin 1966, S. 144–151, hier S. 151.

unangemessen sei, heutigen Schüler/-innen zuerst als Vergangenheit erklärt und dann in einem weiteren Schritt in die Gegenwart gebracht zu werden. In der ganzen Auslegung und nicht mittels einer besonderen Stufe wird »das Vergangene zum Geschehen der Gegenwart, meiner Zeit, meines Lebens (…). Im ausgelegten Wort wird Jesus Christus mir gleichzeitig«.[765] Nun stellt sich die Frage, wie Aneignung zumuten als Auslegung mit Hilfe des religionspädagogischen Handelns der Lehrer/-innen realisiert werden kann. Unterricht als Auslegung habe – so Otto – von zwei zusammenhängenden Fragestellungen auszugehen. Diese seien »keine neuen ›Formalstufen‹; sie erscheinen nicht einfach als Aufbau der Unterrichtsstunde, aber sie bezeichnen die *innere Bewegung* des Umgangs mit der Bibel. Sie lauten: *Was steht* da geschrieben – und: *Was bedeutet* das, was da so und nicht anders geschrieben steht?«[766] 1. In der ersten Frage geht es darum, wie neue Inhalte bei einer erste Kenntnisnahme kennen gelernt werden.

Hierfür biete sich – so Otto – die aus dem Arbeitsunterricht stammende Form der Erarbeitung (vgl. unten III, 1.2.2) nicht an, »weil die biblische Überlieferung als stets vorgegebener Grundinhalt des Unterrichts im Ansatz der Kenntnisnahme nicht erarbeitet werden kann, sondern erfahren werden muß« (S. 41). Gleichwohl wird in den folgenden Didaktischen Modellen des Handbuchs immer wieder die Form der »Erarbeitung« vorgeschlagen. Die Darbietung des Textes erfolgt in der Grundschule mittels einer Erzählung, zu Beginn der Sekundarstufe (für 10–13-Jährige) durch Erzählung, Verlesung des Luthertextes und eigene Leseversuche und für 13–18-Jährige in Form der Verlesung, der Lektüre oder der Arbeit am Text durch die Schüler/-innen.

2. Zeitlich nach der Darbietung folgt als zweiter Schritt der Auslegung ein Ausdrücken, Festhalten oder Analysieren.

In der Grundschule wird vor allem memoriert, gemalt, gezeichnet und gesungen, aber auch gesprochen. Zu Beginn der Sekundarstufe wird in die damalige Lebenssituation eingeführt und ein ›klärendes Gespräch‹ geführt. Ab 13 Jahren wird nach der ersten Kenntnisnahme eine weitere Lektüre unter einer spezifischen Fragestellung bzw. ein Textvergleich durchgeführt, dabei wird die Form des Textes berücksichtigt.

Eine über diese zwei Schritte hinausgehende Artikulation wird von Otto nicht dargestellt. Die Operation Auslegung will den Schüler/-innen immer neben der Aneignung der Inhalte auch die eines Könnens, die Fähigkeit zu eigener Auslegung, zumuten.

Die religionspädagogische Operation der Auslegung kann aber nicht auf die in den 50er- und 60er-Jahren dominierende Hermeneutik der historisch-kritischen Auslegung und die ihr zugeordnete existenziale Interpretation beschränkt werden. Weitere hermeneutische Modelle[767] sowie Ergebnisse der Rezeptionsästhetik[768] wurden für das Verstehen der Bibel und für die

---

765 Ebd., S. 150.
766 Otto: Handbuch des Religionsunterrichts, S. 18; vgl. zum Folgenden S. 41 ff.
767 Vgl. zusammenfassend H. K. Berg: Ein Wort wie Feuer. Wege lebendiger Bibelauslegung, München u. a. 1991.

unterrichtliche Texterschließung fruchtbar gemacht, um den Schüler/-innen eigene Deutungen biblischer Texte und somit deren Aneignung zuzumuten. D. Dormeyer hat hierbei im Rahmen der so genannten Interaktionalen Auslegung[769] die Interaktion zwischen Bibeltext und Leser/-innen hervorgehoben und für den Akt des Lesens drei Phasen, für die jeweils spezifische Methoden genannt werden, unterschieden: 1. die Phase der Annäherung und der Entdeckungen, 2. die der Distanzierung des Textes vom Leser indem seine Spezifika herausgearbeitet werden, 3. die Phase des Verstehens und der kreativen Übertragung. Die drei Phasen muten den Schüler/-innen Aneignung durch Auslegung zu, dabei soll stärker als in den 50er- und 60er-Jahren gewährleistet sein, dass der Prozess der Auslegung neben der Bibel auch den Schüler/-innen gerecht wird.

Nun könnte in den meisten bibeldidaktischen Unterrichtsformen die Operation Auslegung identifiziert werden. Neuere Modelle von Baldermann stellen jedoch die Auslegung zugunsten der Operation ›Erfahrung erschließen‹ in den Hintergrund. Dabei soll im Sinn von Klafkis doppelseitiger Erschließung die Erfahrung hinter den Texten für die Schüler/-innen sowie die Schüler/-innen durch die Erfahrungen erschlossen werden.[770] In Baldermanns neurer Bibeldidaktik steht die Operation ›Religiöse Erfahrung erschließen‹ im Vordergrund. An der Operation Auslegung wird auch in neuesten religionsdidaktischen Arbeiten festgehalten; sie wird aber anders artikuliert und vermöge veränderter Lehr-Lern-Methoden als in den 60er-Jahren inszeniert.

6.5.3 Denken lehren als Operation religionspädagogischen Handelns

1. In der Weiterentwicklung seiner hermeneutischen Religionsdidaktik hat Otto sowohl den Gegenstandsbereich – die Bibel – als auch die Operation – die Auslegung – verändert. Nicht mehr Auslegung im Sinn der existenzialen Interpretation sondern Denken lehren wird nun die grundlegende Operation religionspädagogischen Handelns. Otto/Dörger/Lott formulieren 1972 programmatisch im gemeinsam verfassten ›Neuen Handbuch des Religionsunterrichts‹, dass »es auch im RU um nichts anderes geht als um die Einführung in sachgerechtes Denken, um Lernen des Denkens, bezogen auf die eigene Lebenssituation«.[771] Dabei gehen sie davon aus, dass »Denken lehr- und lernbar ist«,[772] sich mittels Unterricht beeinflussen lässt und auf

---

768 Vgl. A. A. Bucher: Gleichnisse verstehen lernen, Freiburg (Schweiz) 1990; ders.: Bibel-Psychologie, Stuttgart u. a. 1992, S. 103 ff.
769 Vgl. D. Dormeyer: Handlungstheoretische Hermeneutik biblischer Texte. In: E. Arens (Hg.): Gottesrede – Glaubenspraxis. Perspektiven theologischer Handlungstheorie, Darmstadt 1994, S. 6–28; ders.: Die Bibel antwortet. Einführung in die interaktionale Bibelauslegung, München u. a. 1978; H. K. Berg: Ein Wort wie Feuer, a. a. O., S. 169–195.
770 Vgl. I. Baldermann: Gottes Reich – Hoffnung für Kinder, Neukirchen-Vluyn, 2. Aufl. 1993, bes. S. 31.

Verhalten zurückwirkt. Der Religionsunterricht habe die Aufgabe, »Heranwachsende unter konstitutiver Beachtung ihrer eigenen Lebenssituation in die Reflexion des komplexen Zusammenhangs von Religion und Gesellschaft einzuführen. Verschiedenartigste Inhalte, von Fall zu Fall nichtchristliche ebenso wie christliche, Überlieferung ebenso wie Gegenwartsproblematik, fungieren dabei als Vehikel, mit deren Hilfe Vorstellungen geklärt, Denkprozesse initiiert und Lebensverhältnisse sowohl kritisch hinterfragt wie ggf. verändert werden können«.[773] Deutlich ist, dass hier die primäre Operation nicht ein direkt-Angesprochen-werden durch die Tradition (Verkündigung) oder ein auf Interpretation beruhendes Verstehen derselben sein soll, da die Tradition hier als Mittel (Vehikel) ›fungiert‹. Hinter Ottos neuer Operation steht die Schulpädagogik Th. Wilhelms, der die »zentrale Funktion des Denkens«[774] für die Ordnung der Vorstellungen als der übergeordneten Aufgabe der Schule herausgearbeitet hat. Nun kann auch für die Operation ›Denken lehren‹ die der Interpretation notwendig sein, da weiterhin die Inhalte des Religionsunterrichts – im Sinn des Neuen Handbuches – die »Welt- und Lebensdeutungen für den Unterricht vorzugsweise in sprachlicher Gestalt erreichbar werden«.[775] Konsequent wird daher die Operation ›Auslegung‹ einer doppelten Korrektur unterworfen. Der Begriff des Verstehens wird zum einen unter Einfluss der Philosophie von K. Marx politisch gefasst, damit »kann der komplexe Zusammenhang zwischen Religion und Gesellschaft folgenreich aufgedeckt werden«.[776] Zum anderen wird Auslegung nicht mehr im Rahmen der hermeneutischen Theorietradition W. Diltheys mit Hilfe der Begriffe des »Nacherlebens« sowie der »Begegnung, Betroffenheit, Getroffensein, Subjektivität, Unverfügbarkeit (…) Entscheidung«[777] und damit zumindest affektiv getönt interpretiert, sondern wiederum im Anschluss an Th. Wilhelm als rationale Aufgabe, mithin als Nachkonstruieren und Nachdenken.[778] Die Operation ›Denken lehren‹ klärt und ordnet religiöse Vorstellungen, bildet Begriffe und reflektiert Zusammenhänge und leitet so »zur *Reflexion über die christlich-abendländische Tradition*«[779] an. Die Schüler/-innen als Subjekte des Denkens benötigen die religionspädagogische Operation des Lehrens, um denkend ihre »religiöse Vorstellungswelt zu überprüfen, zu differenzieren und zu ordnen«.[780] Ein Reden *über* bereits Vorhandenes, über Glaube, christliche Tra-

---

771 G. Otto/H. J. Dörger/J. Lott: Neues Handbuch des Religionsunterrichts, Hamburg 1972, S. 52.
772 Ebd., S. 52.
773 Ebd., S. 21.
774 Th. Wilhelm: Theorie der Schule. Hauptschule und Gymnasium im Zeitalter der Wissenschaften, Stuttgart 1967, S. 229 ff; vgl. zum folgenden S. 222–244.
775 Otto/Dörger/Lott: Neues Handbuch des Religionsunterrichts, S. 322.
776 Ebd., S. 324; vgl. zum Vorhergehenden ebd.
777 Ebd., S. 323 u. 322.
778 Vgl. ebd., S. 326.
779 Wilhelm: Theorie der Schule, S. 309.

dition und Religionen einerseits und über Gegenwartsprobleme und nichtreligiöse Welt- und Lebensdeutungen andererseits bilden den Kern der Operation. Die Gegenstände werden damit zu Objekten.

2. Die Religionspädagogik der ausgehenden 60er- und beginnenden 70er-Jahre, für die hier exemplarisch das ›Neue Handbuch des Religionsunterrichts‹ steht, stellte mit der Operation ›Denken lehren‹ die Rationalität (der modernen Welt) in den Vordergrund. Theologisch hat sich schon R. Bultmann und seine Schule der Thematik von antik-mythologischem und neuzeitlichem Weltbild mit dem Programm ›Glauben und Verstehen‹ gestellt. Wenn nun aber nach Oser »Theologisch denken lernen«[781] zur Aktivität der Schüler/-innen und entsprechend ›Theologisch denken lehren‹ zur religionspädagogischen Operation werden sollte und die Schüler/-innen dabei als Subjekte wahrgenommen wurden, dann musste der spezifischen Rationalität der Heranwachsenden besondere Aufmerksamkeit geschenkt werden. Die genetische Perspektive auf das ›Theologisch denken lernen‹ führte zur Aufnahme insbesondere der kognitiv-strukturellen aber auch der psychoanalytischen Entwicklungstheorien. Die kognitiv-strukturelle Entwicklungspsychologie J. Piagets bot zum Teil vermittelt über L. Kohlbergs Theorie des moralischen Urteils die Basis für Theorien zur Entwicklung des Glaubens und des religiösen Urteils,[782] die eine spezifische Form der religionspädagogischen Operation Denken lehren herausfordert, die Schweitzer als entwicklungsbezogene religiöse Erziehung[783] charakterisiert, während Heimbrock sie im Anschluss an Kohlberg als »der Entwicklung unter die Arme greifen«[784] beschreibt. Die entwicklungsbezogene religiöse Erziehung wird im religionspädagogischen Handeln durch den Handlungsmodus der Begleitung (vgl. oben 6.3.1) vollzogen. Begleitung wahrt die Eigenständigkeit der Entwicklung, indem sie mit den Heranwachsenden auf ihrem Entwicklungsstadium verweilt. Zugleich können Lernangebote, die im Religionsunterricht gemacht werden, zu früh oder zu spät kommen, deshalb gehört zur Operation Denken lehren deren »Pünktlichkeit«,[785] um eine »produktive Verbindung lebensgeschichtlicher Erfahrungen und religiöser Lernprozesse«[786] zu ermöglichen.

---

780 Ebd., S. 310.
781 Vgl. die weithin unbeachtete Schrift von F. Oser: Theologisch denken lernen. Zum Aufbau kognitiver Strukturen im Religionsunterricht, Olten 1975.
782 Vgl. schon L. Goldman: Religious thinking from childhood to adolescence, London 1964; J. Fowler: Stufen des Glaubens. Die Psychologie der menschlichen Entwicklung und die Suche nach Sinn, Gütersloh 1991; F. Oser/P. Gmünder: Der Mensch – Stufen seiner religiösen Entwicklung. Ein strukturgenetischer Ansatz, Zürich u. a. 1984; zusammenfassend F. Schweitzer: Lebensgeschichte und Religion. Religiöse Entwicklung und Erziehung im Kindes- und Jugendalter, Gütersloh, 4. überarb. u. erw. Aufl. 1999.
783 Schweitzer: Lebensgeschichte und Religion, S. 260 ff; vgl. zum Folgenden ebd.
784 Heimbrock: Lern-Wege religiöser Erziehung, S. 167.
785 R. Englert: Glaubensgeschichte und Bildungsprozess. Versuch einer religionspädagogischen Kairologie, München 1985, S. 29.

3. Unter die religionspädagogische Operation »Denken lehren« kann das religionsdidaktische Programm »Theologisieren mit Kindern«[787] und – so sei hinzugefügt – auch das mit Jugendlichen subsumiert werden. Unter »Theologisieren mit Kindern« wird eine religionsdidaktische Operation gefasst, die »das eigenständige Fragen und Denken der Kinder nicht nur als Ansatzpunkt für Bildungs- und Lernprozesse«[788] nutzt, sondern von den Frageprozessen der Kinder ausgeht, diese in den Mittelpunkt stellt und moderierend weiterführt. Hierdurch werden die Kinder als Subjekte ihres Lernens und Theologisierens ernstgenommen. An einer Unterrichtssequenz des Religionsunterrichts einer 5. Klasse zum Thema ›Freier oder unfreier Wille‹ kann die Operation verdeutlicht werden.

Nachdem die Lehrerin mit Hilfe einer Erzählung über eine zerstörerische Handlung im Affekt, das Thema erfahrungsnah für die Schüler/-innen erschlossen hat, beschäftigt diese die Frage »Was treibt den Menschen zu solchen unüberlegten Handlungen im Affekt?«[789] Nun erläutert die Lehrerin Luthers Bild des Menschen als eines Pferdes, das entweder von Gott oder vom Teufel geritten wird. Luthers Bild wird aber nicht im Sinn einer feststehenden, den Schüler/-innen zu vermittelnden Lehre, sondern als eine zu prüfenden Problemlösung vorgestellt. Im Unterrichtsgespräch wird in zwar verschiedenen Variationen, aber dennoch konsequent der eine Gesprächsimpuls gegeben: »Ist das 'ne gute Erklärung und/oder würdet ihr des einfach anders erklären?«[790]

Die Kinder werden so zum Nachdenken und Fragen, mithin zum eigenen Theologisieren herausgefordert. Sie erleben den Mut, »zu denken, Fragen zu stellen, Spannungen in Logik und Erfahrung nicht nur auszuhalten, sondern vielleicht sogar eine spielerische Lust daran zu gewinnen«.[791] Hierbei wird im Religionsunterricht ihr Selbst- und Weltverständnis, ihr »Grundlebensgefühl [... als] die Person tragende Grundgewissheiten oder Ungewissheiten«[792] berührt. So thematisieren die Schüler/-innen von sich aus in und

---

786 Schweitzer: Lebensgeschichte und Religion, S. 261.
787 Vgl. G. Büttner/H. Rupp (Hg.): Theologisieren mit Kindern, Stuttgart 2002.
788 H. Schmidt: Kinderfrage und Kindertheologie im religionspädagogischen Kontext. In: Büttner/Rupp (Hg.): Theologisieren mit Kindern, S. 11–19, hier S. 11. Schmidt, der die reformpädagogischen Didaktiken zum Vergleich heranzieht, bezieht sich dabei aber gerade nicht auf arbeitsunterrichtliche Ansätze, wie z. B. H. Gaudig, der von der Schule fordert, dass sie »ihre Schüler zur freien geistigen Tätigkeit auf dem religiösen Lebensgebiet erziehen« muss. [Ders: Arbeitsgemeinschaft (Christliche Lebenslehre). In: R. Koerrenz/N. Collmar (Hg.): Die Religion der Reformpädagogen, Weinheim 1994, S. 146–149, hier S. 146].
789 Freier oder unfreier Wille? Ein Unterrichtsprotokoll. In: Büttner/Rupp (Hg.): Theologisieren mit Kindern, S. 53–69, hier S. 53.
790 Ebd., S. 55, Nr. 12 vgl. Nr. 10, 16, 24; vgl. zur Gesprächsführung der Lehrerin H.-B. Petermann: Wie können Kinder Theologen sein?. In: Büttner/Rupp (Hg.): Theologisieren mit Kindern, S. 95–127, bes. S. 123.
791 D. von Choltiz: Kommentar zu meinem Unterricht über den freien bzw. unfreien Willen. In: Büttner/Rupp (Hg.): Theologisieren mit Kindern, S. 71–78, hier S. 78; vgl. auch Petermann: Wie können Kinder Theologen sein? S. 125 f.

sogar vor der nächsten Religionsstunde die Frage »Ist Gott lieb oder nicht und was, wenn nicht?«[793]

Für die religionspädagogische Operation Theologisieren mit Kindern bieten sich verschiedene Medien und Methoden,[794] wie das sokratische Gespräch, Dilemma-Geschichten, mythologische,[795] biblische und literarische Erzählungen sowie die die Eigentätigkeit voraussetzende Freiarbeit an. Immer aber geht es darum, dass die Kinder ausgehend von eigenen Fragen und mittels eigener Fragen durch selbstständiges Nachdenken ein theologisches Problem bearbeiten und ihnen dabei eine relativ große Driftzone, die eigene Deutungen zulässt, zugemutet wird.

6.5.4 Christliche Erfahrung erschließen als Operation religionspädagogischen Handelns

Im Zuge neuerer oder wiederaufgegriffener reformpädagogischer Ansätze wird in jüngster Zeit eine neue religionspädagogische Operation für die Schule gefordert. Zwar habe – so die These W. Lochs zur Verkündigungskonzeption der Evangelischen Unterweisung – die Reformpädagogik des ausgehenden 19. und beginnenden 20. Jahrhunderts den Unterricht neu zu verstehen gesucht »›als Gespräch‹, ›als Arbeit‹, ›als Spiel‹ – so wurde und wird er in der modernen theologischen Pädagogik ›als Verkündigung‹ verstanden«,[796] aber neuere reformpädagogische Einflüsse am Ende des 20. Jahrhunderts haben die schulische Religionspädagogik nicht zu einer Reanimation der Operation Verkündigung geführt. Zugleich wird aber in den letzten Jahren das ausschließliche Reden *über* Glaube, Religionen und Gegenwartsprobleme in Frage gestellt (vgl. zum Folgenden auch 4.6). Die Kategorie der Erfahrung scheint hier einen neuen gangbaren Weg zu bieten, um die dem Unterricht unterstellte Lebens- und Erfahrungsferne zu überwinden und das reformpädagogische Erbe wieder zu gewinnen. Der Begriff der Erfahrung und seine didaktischen Konsequenzen treten in der schulischen Religionspädagogik seit Mitte der 70er-Jahre stark in den Vordergrund. Im Folgenden unterscheide ich zwei Operationen, die sich auf religiöse oder christliche Erfahrung beziehen. Im ersten Modell werden gegenwärtige Erfahrungen mit den in biblischen Texten oder biblisch-christlichen Symbolen gewissermaßen komprimierten christlichen Erfahrungen anderer Personen oder Generationen in Beziehung gesetzt (Symbol-

---

[792] Ebd., S. 78.
[793] Ebd., S. 77.
[794] Vgl. zum Folgenden Schmidt: Kinderfrage und Kindertheologie im religionspädagogischen Kontext, S. 17–19; Petermann: Wie können Kinder Theologen sein? S. 127.
[795] Vgl. H. Rupp: Kinder brauchen Mythen. In: Büttner/Rupp (Hg.): Theologisieren mit Kindern, S. 79–93.
[796] W. Loch: Die Verkündigung in der Erziehung. In: H. Diem/W. Loch: Erziehung durch Verkündigung, Heidelberg 1959, S. 26–86, hier S. 71.

didaktik, Biblische Didaktik Baldermanns und Elementarisierung), im anderen Modell (6.5.5) wird versucht, im Religionsunterricht selbst religiöse oder christliche Erfahrungen zu ermöglichen.

1. Die Kategorie der Erfahrung beruft sich »gegen das bloß Überlieferte, Ungeprüfte, nicht selbst Gedachte (...) auf das unmittelbare Dabeisein des Menschen, (...) gegen das bloß Gedachte (...) auf die Wirklichkeit selbst«.[797] Die unmittelbare Begegnung mit der Wirklichkeit selbst kann Aneignungsprozesse auslösen. Diese vollziehen sich aber nicht voraussetzungslos, sondern im Rahmen schon gemachter Erfahrungen, die wiederum kulturell und gesellschaftlich vermittelt sind. Eine Wahrnehmung oder ein Erlebnis »wird mit Hilfe eines *Interpretations- und Referenzrahmens*, also durch sprachlich geleitete oder vermittelte Erschließung, in den Zusammenhang der bisherigen Erfahrungen eingeordnet«.[798] In diesem Prozess kann der Interpretationsrahmen bestätigt oder auch in Frage gestellt werden. Was aber sind auf diesem Hintergrund religiöse Erfahrungen? Im Unterschied zu religiöser Lehre haben religiöse Erfahrungen eine starke individuelle Komponente, die sich aus ihrem Charakter der Unmittelbarkeit herleitet. Religiöse Erfahrungen zeichnen sich dadurch aus, dass »sie in der alltäglichen Lebenswelt auftreten, aber diese auf ihre Grenze hin überschreiten«.[799] Sie gründen »im Widerfahrnis des Heiligen«[800] und überschreiten den Referenz- und Interpretationsrahmen des Alltags und der Alltagssprache. Spezifisch christliche Erfahrungen, als unmittelbare Grenz- und Erschließungserfahrungen mit Widerfahrnis- und Geschenkcharakter, können dagegen »nur mit Hilfe christlicher Symbole und Metaphern identifiziert werden«,[801] die in der Selbsterschließung Gottes in Jesus von Nazareth begründet sind. Nun soll in diesem ersten Modell die religionspädagogische Operation nicht die unmittelbare religiöse oder christliche Erfahrung bewirken, sondern nach Biehl und der Symboldidaktik als einer ›kritischen Symbolkunde‹[802] können Symbole eine »Brücke zwischen der Überlieferung und der gegenwärtigen Situation darstellen«,[803] weil spezifische Symbole sowohl menschliche Grund- und Alltagserfahrungen als auch religiöse und christliche Erfahrungen auf spannungsvolle Weise miteinander in Beziehung setzen können.[804] Biehl nennt dies die »*expressive Wirkung*«[805] der Symbole,

---

797 P. Biehl: Was ist Erfahrung? Erfahrung als hermeneutische, theologische und religionspädagogische Kategorie. In: Ders.: Erfahrung, Glaube und Bildung, Gütersloh 1991, S. 15–52, hier S. 16.
798 Ebd., S. 18.
799 Ebd., S. 25.
800 P. Biehl: Symbole geben zu lernen. Einführung in die Symboldidaktik anhand der Symbole Hand, Haus und Weg, Neukirchen-Vluyn, 2. durchges. Aufl. 1991, S. 22.
801 Biehl: Was ist Erfahrung? S. 30.
802 Biehl: Symbole geben zu lernen, S. 166 ff.
803 Ebd., S. 62.
804 Vgl. P. Biehl: Symbole geben zu lernen II. Zum Beispiel: Brot, Wasser und Kreuz: Beiträge zur Symbol- und Sakramentendidaktik, Neukirchen-Vluyn 1993, S. 288–298.

die darin liege, dass sich in den Symbolen Erfahrungen, die biblischen Texten zugrunde liegen, verdichtet haben. Diese Symbole, wie Brot, Wasser, Hand, Haus und Weg, haben die Kraft, die Lebenswirklichkeit der Heranwachsenden und die in der christlichen Überlieferung komprimierte Erfahrung einander gegenseitig zu erschließen.

Symbole können so Schüler/-innen befähigen, »sich ihre Wünsche, Ängste und Hoffnungen (…) sprachlich, bildnerisch, gestisch und musikalisch wieder anzueignen und zum Ausdruck zu bringen«. Die expressive Wirkung kann am Symbol Hand verdeutlicht werden: »Die Schüler entdecken die Ausdruckskraft ihrer Hände, indem sie mit ihnen spüren, fühlen, tasten, Ton oder Gips gestalten, ein Handschattenspiel oder ein Fadenspiel inszenieren. Sie bringen darin sich selbst zur Sprache, verleiblichen ihre Gefühle«.[806] Zugleich werden ganzheitliche, d. h. erfahrungsgesättigte Zugänge zu biblisch-christlichen Glaubenssymbolen und zu christlicher Lehre gewonnen. Letztere wird hierdurch resymbolisiert. Die Symbolkunde hat die religionsdidaktische Möglichkeit, »zu Formeln erstarrte christliche Lehrinhalte wieder zu *resymbolisieren*, also den Weg von den Formeln zum Leben zurückzufinden«,[807] um die Schüler/-innen in die von den Symbolen repräsentierte ›Sache selbst‹ zu verstricken. Die Rückführung in die Erschließungssituation gehe aber bei den zentralen christlichen Symbolen nur über die Erzählung, wobei »es wieder zu einer ›originalen Begegnung‹ (H. Roth) mit der Erfahrung kommt, die zu ihrer Bildung geführt haben«.[808]

Die Symboldidaktik als kritische Symbolkunde bezieht die ganzheitliche Wahrnehmung und eine existenzielle Beteiligung der Schüler/-innen einerseits und analysierendes, begriffliches Denken andererseits aufeinander. Die unterrichtliche Inszenierung der kritischen Symbolkunde bedarf des »meditativen Verstehens religiöser Symbole ebenso wie der Strenge des Begriffs«.[809] Ersteres ermöglicht es den Schüler/-innen, sich indirekt selbst mitteilen zu können und so ihr Selbstverständnis im Kontext christlicher Symbole experimentell auszudrücken und zu reflektieren. Auf diese Weise kann es verstanden und als reflexives Selbstverständnis angeeignet werden. Die Erfahrung der Schüler/-innen wird vermöge des Überschusses an Verheißung, der christlichen Symbolen eigen ist, aber zugleich »vertieft u. erweitert, durchbrochen u. überboten«,[810] insofern findet eine Erfahrungserweiterung oder eine Infragestellung des bisherigen Referenzrahmens von Erfahrung statt. Die Symbolmeditation besteht in der Vorbereitung mittels Entspannung, der Meditationsphase des Symbols selbst sowie in der Abschlussphase als dem darbietenden Austausch der Erfahrungen, in der es »kein ›richtig‹ oder ›falsch‹ gibt und man sich gleichwohl über subjektive

---

805 Ebd., S. 178.
806 Beide Zitate aus Biehl: Symbole geben zu lernen, S. 179.
807 Ebd., S. 191.
808 Ebd., S. 192.
809 Ebd, S. 168.
810 P. Biehl: Symboldidaktik. In: Lexikon der Religionspädagogik, hg. v. N. Mette u. F. Rickers, Neukirchen-Vluyn 2001, Bd. 2, Sp. 2074–2079, hier Sp. 2075.

Wahrheit intersubjektiv verständigen kann«.[811] Aus der Rekonstruktion von Biehls Darstellung[812] lässt sich folgende Artikulation der symboldidaktischen Operation Aneignung zumuten als religiöse Erfahrung erschließen gewinnen: 1) Einstimmung/Hinführung, 2) Symbolmeditation bzw. -analyse eventuell über die erzählte Erschließungssituation, 3) Gestaltung und Darbietung des aufgrund des Symbols den Schüler/-innen zugeeigneten bzw. von diesen angeeigneten Sinnes (mit kreativen ästhetischen Formen), 4) Gespräch als intersubjektive Verständigung über die nur subjektiv zu gewinnende Wahrheit. Dies symboldidaktische Grundmodell hat Biehl 1999 als die idealtypische »Bauform symboldidaktisch konzipierter Lernprozesse« bzw. »symboldidaktische Struktur«[813] entfaltet: 1) In einem ganzheitlichen oder handlungsbezogenen Zugang sollen die Schüler/-innen über lebensweltliche Phänomene staunen bzw. ein religiöses Symbol wahrnehmen und ihre (Vor-)Erfahrungen mit dem Symbol darstellen. 2) Die lebensweltlichen Phänomene werden auf menschliche Grunderfahrungen konzentriert und 3) wird in diesen der Zugang zur religiösen Dimension menschlicher Erfahrung aufgesucht. 4) Das anthropologisch und religiös erschlossene Symbol soll in einem kreativen Prozess seinen spezifisch theologischen Sinn zeigen. 5) Die gewonnenen Einsichten und Erfahrungen werden in einer Gestaltungsaufgabe oder Handlung »›aufgehoben‹ (Transfer)«.[814] Deutlich ist, dass der »*Verlauf von der ganzheitlichen Erschließung des Symbolsinns zur kritischen Interpretation und von einem interaktiv-interpretierenden Umgang zurück zu einer Gestaltungsaufgabe oder einem Handlungsvollzug*«[815] primär eine die einzelne Stunde übergreifende Inszenierungsform darstellt, wenn gleich sie auch für die Bauform einer Unterrichtsstunde Anregung bieten kann. Symboldidaktik kann aufgrund der deutlich gewordenen handlungsbezogenen und kreativ-ästhetischen Momente von Bucher als »Gefäß der Reformpädagogik«[816] interpretiert werden. Zugleich wird das analysierende begriffliche Denken und die Strenge des Begriffs eine andere Inszenierung der kritischen Symbolkunde erfordern. Biehl selbst weist auf eine wissensvermittelnde und lehrgangsartige Struktur hin, zum Beispiel als »›Grundkurs‹ über die symbolische Bedeutung der Formen und Farben«.[817]

Die religiösen Erfahrungen bedürfen für ihre reflexive Verarbeitung und für ihre Kommunikation besonderer Fähigkeiten, die Biehl als »*Kompetenz,*

---

811 Biehl: Symbole geben zu lernen, S. 186.
812 Vgl. auch P. Biehl: Festsymbole. Zum Beispiel: Ostern. Kreative Wahrnehmung als Ort der Symboldidaktik, Neukirchen-Vluyn 1999, S. 135.
813 Beide Zitate Biehl: Festsymbole. Zum Beispiel: Ostern, S. 106; vgl. zum Folgenden S. 106–108.
814 Ebd., S. 107.
815 Ebd., S. 108.
816 A. A. Bucher: Symbolerziehung. In: F. Schweitzer/G. Faust-Siehl (Hg.): Religion in der Grundschule, Frankfurt 1994, S. 118–125, hier S. 122.
817 Biehl: Symbole geben zu lernen, S. 175.

Erfahrung symbolisch zu deuten und zu verarbeiten«,[818] bestimmt. Dabei kann auf allgemein-anthropologische, lebensgeschichtlich ausgebildete (individuelle) und auf überlieferte religiöse Symbole zurückgegriffen werden. Auch für die christliche Erfahrung ist eine symbolisierende Kompetenz erforderlich. Für das religionspädagogische Handeln ergibt sich daraus die Aufgabe, »*das Wort ›Gott‹ an Erfahrung, die prinzipiell jeder machen könnte, sinnvoll und verständlich auszulegen*«[819] sowie die Schüler/-innen zu »befähigen, die gemeinsame Lebenswelt mit Hilfe von Symbolen, Metaphern und Erzählungen unter der Perspektive der Verheißungen Gottes zu deuten«.[820] In dieser Formulierung wird ein durch das religionspädagogische Handeln intendiertes Können der Schüler/-innen beschrieben. Die Erschließung von Symbolen intendiert ein reflexives und somit verändertes Selbstverständnis der Schüler/-innen aber auch neues Wissen und Können und hierzu werden entsprechende Formen des Religionsunterrichts vorgeschlagen; gleichwohl »haben Formen ganzheitlicher Kommunikation Vorrang vor diskursiven Formen«.[821]

2. I. Baldermann hat die religionspädagogische Operation ›Religiöse Erfahrung erschließen‹ als spezifische Weise der Auslegung konkretisiert. Ihm geht es darum, Sätze in der Bibel zu finden, »zu denen Kinder einen direkten Zugang finden können, ohne historisch-kritische Erläuterungen von unserer Seite, Sätze, die sie sich selbst aneignen können«.[822] Dies ist bei Texten gewährleistet, in deren Inhalt sich die Kinder mit ihren Wahrnehmungen und Empfindungen wiederfinden. Er sieht dies gewährleistet in den elementaren Worten der Klage und des Lobes in den Psalmen, da diese offen sind für die eigenen Erfahrungen der Kinder,[823] aber auch in den Seligpreisungen der Bergpredigt als notwendigen Gegen-Sätzen zu den von Medien übermittelten Bildern der Friedlosigkeit und zu den eigenen unmittelbaren Erfahrungen der Gewalt als auch in den Grundformen prophetischer Rede, die Erfahrungen des Machtmissbrauchs der Großen gegen die Kleinen ausdrücken.[824] Die Erfahrungen, die in den Texten gleichsam geronnen vorliegen, können mit ähnlichen Erfahrungen der Kinder angereichert werden. Hierdurch – so die These Baldermanns – wird zum einen der Graben der Jahrtausende zwischen biblischen Traditionen und den Kindern

---

818 Biehl: Was ist Erfahrung?, S. 27; vgl. zum folgenden ebd.
819 Ebd., S. 45.
820 Biehl: Symbole geben zu lernen II, S. 291; vgl. ders.: Die Gottebenbildlichkeit des Menschen und das Problem der Bildung. In: ders.: Erfahrung, Glaube und Bildung, Gütersloh 1991, S. 124–223, hier S. 186–189.
821 Biehl: Symboldidaktik, Sp. 2079.
822 I. Baldermann: Wer hört mein Weinen? Kinder entdecken sich selbst in den Psalmen, Neukirchen-Vluyn 4. Aufl. 1993, S. 11. Vgl. auch ders.: Gottes Reich – Hoffnung für Kinder; ders.: Auferstehung sehen lernen. Entdeckendes Lernen an biblischen Hoffnungstexten, Neukirchen-Vluyn, 1999.
823 Vgl. Baldermann: Wer hört mein Weinen? S. 37.
824 Vgl. I. Baldermann: Einführung in die Biblische Didaktik, Darmstadt 1996, S. 71 ff. 135 ff.

heute überwunden und die Kinder eignen sich einen Teil der Bibel an; zum anderen gewinnen sie eine Sprachfähigkeit für ihre Erfahrungen und Emotionen und zum dritten entstehen einfache eigene Wahrnehmungen der Kinder, die sie jenseits der theoretischen Alternative, ob es Gott gibt oder nicht, für die Gottesfrage gesprächsfähig werden lassen.[825] Für die Auslegung werden den Kindern nach der Darbietung der Sätze und einem »assoziierenden Gespräch«,[826] dem eine Beurteilung der Äußerungen in richtig oder falsch, besser oder schlechter nicht angemessen sei, kreative »Formen der Aneignung«[827] zugemutet, in denen sie ihre Empfindungen ausdrücken und sich gleichsam selbst aussprechen können. Neben dem Rollenspiel haben hier Pantomime, das Verklanglichen als Übersetzung in Töne sowie das Arbeiten mit Bildern ihren Platz. Baldermann mutet den Kindern die Aneignung biblischer Texte durch die Operation ›Religiöse Erfahrung erschließen‹ zu.

3. Neben der Symboldidaktik Biehls und der Bibeldidaktik Baldermanns ist die Erschließung von Erfahrungen eine der vier Fragerichtungen der religionsdidaktischen Elementarisierung (vgl. ausführlich unten III, 1.4.1). Biblische Texte werden hier als »Objektivationen, Niederschlag von Widerfahrnissen und Erfahrungen«[828] interpretiert. »Die Auslegung will diesen ›Erfahrungsgrund‹ (G. Ebeling) erreichen und durch Vergegenwärtigung entsprechende Widerfahrnisse und Erfahrungen heute ermöglichen. Überlieferung will sich hier vollziehen: als Kommunikation von Erfahrung.«[829] Die religionspädagogische Operation der Erschließung von Erfahrungen bezieht sich auf die hinter den biblischen Texten stehenden Erfahrungen, die mit den Grund- und Alltagserfahrungen der Heranwachsenden heute korreliert werden. Als der theologische Gewährsmann für diesen didaktischen Ansatz wird Ebeling angeführt. In der Pädagogik war vor allem W. Dilthey einflussreich. Er bietet auch die Basis für den Erlebnisunterricht als ein Morphem der unterrichtlichen Inszenierung (vgl. unten III, 1.2).

6.5.5 Religiöse und christliche Erfahrung ermöglichen

Religionspädagogisch wurde zu Beginn und am Ende des 20. Jahrhunderts versucht, religiöse und christliche Erfahrungen im Religionsunterricht selbst zu ermöglichen. Dies nicht zuletzt, weil was am Ende des Jahrhunderts augenfällig wurde, bereits an seinem Anfang angelegt war: aufgrund abnehmender kirchlicher und religiöser Sozialisation der Heranwachsenden ver-

---

825 Vgl. ebd., S. 37–41.
826 Vgl. ebd., S. 41 ff.
827 Vgl. Baldermann: Wer hört mein Weinen? S. 32 ff; ders.: Einführung in die Biblische Didaktik, S. 41 ff.
828 K. E. Nipkow: Grundfragen der Religionspädagogik, Bd. 3. Gemeinsam leben und glauben lernen, Gütersloh 1982, S. 211.
829 Ebd.

flüchtigt sich die Basis für das Reden *über* Religion und christlichen Glauben.

1. Die Religionsdidaktik der reformpädagogisch orientierten Religionspädagogen[830] und die religionsdidaktischen Überlegungen der Reformpädagogen[831] in der Zeit des ausgehenden 19. und beginnenden 20. Jahrhunderts speisen sich aus heterogenen theologischen und pädagogischen Quellen. Die so genannte liberale Religionsdidaktik als eine der ausschlaggebenden religionspädagogischen Konzeptionen dieser Zeit hatte in R. Kabisch[832] ihren einflussreichsten Vertreter. Kabisch, der sich zunächst als Herbartianer verstand, wandte sich dann der Psychologie von Wundt und James zu.[833] Seine Grundfrage lautet, »wie Religion durch Lehre oder Unterricht übertragen werden kann«.[834] Kabischs Antwort und die darin enthaltene religionsdidaktische Operation lässt sich auf dem Hintergrund seines Religionsbegriffs verstehen. Religion ist eine angeborene Anlage des Menschen und vollzieht sich primär als Gefühl aber auch als Wollen und Vorstellung (Lehre). Das Gefühl wird in zwei Phasen differenziert: das Gefühl der Abhängigkeit und das der Erhebung (S. 31 ff). Diese Gefühle thematisiert er als »Erfahrungsreligion« (S. 65), die bei Kindern durch Erlebnisse gewaltiger Naturereignisse und als Erlebnisse der »Übergewalt der Erwachsenen« (S. 95) oder des sittlichen Scheiterns (vgl. S. 69 ff, 95) geweckt werden. Zu der Erfahrungsreligion tritt die Phantasiereligion, in der sich die Erfahrungen ausdrücken und dabei notwendig mit Vorstellungen verbinden und zu Tradition und Lehre werden, die Kabisch als objektive Religion charakterisiert. Der »Religionsunterricht will objektive Religion vermitteln, um subjektive zu erzeugen« (S. 103).

Kabisch unterscheidet zwischen dem »Religion zeugenden Leben und dem Religion übermittelnden Unterricht« (S. 22). Religionspädagogisches Handeln hat die doppelte Aufgabe, religiöse Erlebnisse durch didaktische Arrangements nachzugestalten und so die Erfahrungsreligion zu wecken sowie die Erfahrungs- und Phantasiereligion miteinander zu verbinden. Dabei wird die Vermittlung der objektiven Religion (Tradition und Lehre) der Weckung der subjektiven (Erlebnis und Erfahrung) untergeordnet. Wo ein Inhalt nicht Mittel zu einem religiösen Gefühl oder einer religiösen Vor-

---

830 Vgl. W. Wiater: Religionspädagogische Reformbewegung 1900–1930, Hildesheim u.a. 1984; K. E. Nipkow/F. Schweitzer (Hg.): Religionspädagogik. Texte zur evangelischen Erziehungs- und Bildungsverantwortung seit der Reformation Bd. 2/1: 19. und 20. Jahrhundert. Gütersloh 1994, S. 30 ff. 146 ff.
831 Vgl. R. Koerrenz/N. Collmar (Hg.): Die Religion der Reformpädagogen, Weinheim 1994.
832 Vgl. G. Bockwoldt: Richard Kabisch, Berlin 1976; W. Ritter: Richard Kabisch (1868–1914). In: H. Schröer/D. Zilleßen (Hg.): Klassiker der Religionspädagogik, Frankfurt 1989, S. 181–196.
833 Vgl. F. Schweitzer: Die Religion des Kindes. Zur Problemgeschichte einer religionspädagogischen Grundfrage, Gütersloh 1992, S. 270–278.
834 R. Kabisch: Wie lehren wir Religion, Göttingen 1910, S. V. Im Folgenden werden die Zitate durch die Seitenzahl in Klammern nachgewiesen.

stellung ist und auch nicht zur religiös-sittlich wirksamen Person beitragen kann, soll er entfallen: »Lediglich der Gesichtspunkt des ›Heilsplans‹ hat hier keine Geltung, sondern immer nur die Wirksamkeit Religion zu zeugen« (S. 123). Der die Inhalte des Religionsunterrichts hervorbringende Gesichtspunkt (vgl. oben Kap. 5.2.2) ist kein fachwissenschaftlich theologischer sondern ausschließlich ein – wenn auch fragwürdiger – religionspädagogischer.

Wie kann Religion erzeugt werden? Kabisch unterscheidet die Lehrbarkeit der Vorstellungen, der Gefühle und des Willens. Vorstellungen sind lehrbar durch die »vorzeigende und vormachende Lehrform« (S. 47) oder durch Sprache. Worte als sprachliche Symbole können beim Hören Vorstellungen der Inhalte hervorrufen (vgl. S. 47). Gefühle – so Kabisch im Anschluss an A. Krohn – »stecken an« (S. 49). Gefühle werden »durch Darstellung seiner [des Lehrers] Gefühle« (S. 50) oder der anderer Personen gelehrt. Die Lehrbarkeit des Wollens ist mit der der Gefühle verbunden, da Gefühle »Lust erregen (und) den Willen in Bewegung setzen« (S. 57). Gefühle und Willen lassen sich nicht »Andemonstrieren durch logische Beweisführung« (S. 63). Kabisch nennt fünf religionserzeugende religionspädagogische Operationen, von denen nur die erste die den Inhalten inhärente Überzeugungskraft, die anderen aber die der Person inhärente hervorheben: die ›Mitteilung religiöser Vorstellungen, die Äußerung religiös ergriffenen Seelenlebens, der Umgang mit religiösen Persönlichkeiten, die Suggestionskraft des Willens verehrter und geliebter Menschen, die antreibende Kraft des Gemeinschaftslebens‹ (vgl. S. 63).

Religiöse Erfahrung lässt sich weniger herbeiführen, aber »sie läßt sich entbinden, wo sie ans Licht will« (S. 103). Bei den Naturerlebnissen, die die Abhängigkeit spüren lassen, oder beim Erlebnis der Übermacht der Erwachsenen »den Gottesnamen geben (…) das ist die hinzutretende religionspädagogische Tätigkeit« (S. 103). Hier wirkt zugleich »die Gefühlstiefe des lehrenden Erwachsenen und die Fähigkeit sich auszudrücken, also die Befähigung zu suggestiver Wirkung« (S. 104). Von Religionslehrer/-innen ist nicht nur die fachliche Qualifikation, sich zu artikulieren, sondern auch die Artikulation der eigenen ›Gefühlstiefe‹ oder durch ›packende‹ Erzählungen oder Lebensbilder auch die Darstellung der Gefühlstiefe anderer gefordert. Nun hat Unterricht Naturerscheinungen selten zur Verfügung, um religiöse Erlebnisse anzubahnen, die die Erfahrungsreligion entbinden, aber in den komplementären Rollen des Lehrers und der Schüler/-innen, die Kabisch hierarchisch interpretiert, kann die ›Übergewalt‹ der Erwachsenen erfahren und der Lehrer so zu ›Gottes-Offenbarung‹ werden. Der Religionsunterricht kann darüber hinaus Erlebnisse vorrangig durch die Erzählung schaffen. Das Erzählen kann »Vergangenes wieder lebendig machen« (S. 119). In den unterrichtlichen Erzählungen sollen die Inhalte »mit Gefühlsbewegung erlebt werden, daß die Schüler in der Religionsstunde bewundern und verehren, hassen und lieben, sich entrüsten und begeistern, sich grauen und erheben, sich bedrückt und befreit fühlen« (S. 120). Neben der Person der Religionslehrer/-innen hat für Kabisch das Erzählen selbst und nicht das Gespräch über die Erzählung religionsdidaktische Priorität (vgl. S. 182).

Kabisch sieht im Prozess von religiöser Erfahrung zu Tradition und Lehre die Ursache für die Abwendung vieler Menschen vom Christentum, »weil sie hinter den starr gewordenen Worten die innere seelische Wahrheit, die psychologische Notwendigkeit nicht mehr finden können« (S. 36). Für den Unterricht impliziert dies, dass was »aus dem religiösen Leben anderer objektiv geworden ist und nun als objektive Religion mitgeteilt wird, wird lediglich mitgeteilt, damit sich die subjektive Religion daran entzünde« (S. 117f). Die Aufgabe Religion, mithin religiöse Gefühle, zu erzeugen, wird zwar in der Semantik eines ›Erweckungsprozesses‹ beschrieben, Kabischs Pointe liegt aber darin, dass er hierfür die religionspädagogische Operation der Darstellung des ansteckenden religiösen (Innen-)Lebens beschreibt und damit die zu seiner Zeit umstrittene Lehrbarkeit der Religion als Gefühl behauptet. Die Operation ›Darstellung des religiösen (Innen-)Lebens‹, insbesondere des Gefühls, sinnt den Religionslehrer/-innen an, durch ihre Person, ihre Gefühlstiefe ansteckend und suggestiv zu wirken sowie die in der Tradition objektivierten und veralltäglichten religiösen Erlebnisse, Erfahrungen und Gefühle zu resubjektivieren. Religionsdidaktisch kann hier ein Primat der Erlebnisse und der Erfahrung und damit der Person gegenüber den Inhalten konstatiert werden. Kabischs Konzeption der Resubjektivierung, die eine frühe Form von H. Roths Programm[835] bildet, wird im unten stehenden Schaubild nochmals zusammenfassend dargestellt.

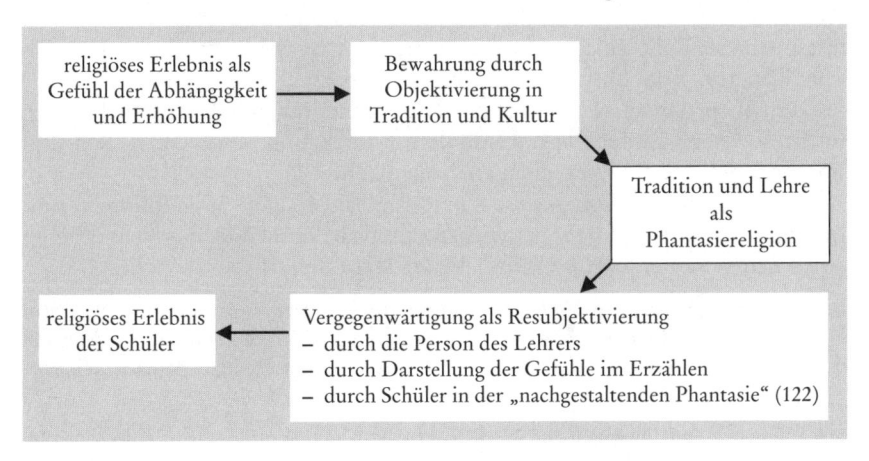

religiöses Erlebnis als Gefühl der Abhängigkeit und Erhöhung	→	Bewahrung durch Objektivierung in Tradition und Kultur
		↓
		Tradition und Lehre als Phantasiereligion
religiöses Erlebnis der Schüler	←	Vergegenwärtigung als Resubjektivierung – durch die Person des Lehrers – durch Darstellung der Gefühle im Erzählen – durch Schüler in der „nachgestaltenden Phantasie" (122)

Der dieser Programmatik entsprechende Lehrerberuf wird dazu als »Führer« (S. 105) charakterisiert und dem »trockenen Schulmeister« (S. 53) und »bebrillten Gedankenbearbeitungstechniker« (S. 53 f) gegenübergestellt.

---

835 H. Roth: Die originale Begegnung als methodisches Prinzip. In: Ders.: Pädagogische Psychologie des Lehrens und Lernens, Hannover, 13. Aufl. 1971, S. 109–117.

Mit letzteren lässt sich das Programm, subjektive Religion zu erzeugen, nicht verwirklichen. Der Religionsunterricht ist auf den Lehrer zentriert. Die Schüler sollen vor ihm »nicht erschrecken, aber sie sollen ihn ehren. Sie sollen sich einfügen in bestimmte Ordnung und seinem Blick gehorchen. Und wenn er ihnen so die Geltung eines höheren Willens mit Liebe verkörpert, so ist dies Gottes Offenbarung.« (S. 105) Der Lehrer tritt damit an die Seite der Inhalte des Religionsunterrichts.

2. Für das Ende des 20. und den Beginn des 21. Jahrhunderts konstatiert Englert als eine der auffälligsten Tendenzen der gegenwärtigen Religionsdidaktik, dass »religiöse Erfahrungen nun im Religionsunterricht selbst ermöglicht werden«[836] sollen. In diesem Sinn hält Schmid daher nicht nur ein Reden über Gott, sondern auch ein »zumindest probehalber und experimentell mit Gott«[837] für notwendig. Unter Aufnahme des Erfahrungsbegriffes wird eine neue religionspädagogische Operation formuliert. Religionspädagogisches Handeln in der Schule »konnte sich bislang eher damit begnügen, Erfahrungen, die sie voraussetzte, zu interpretieren. Worauf es aber gegenwärtig ankommt, ist, Erfahrungen zu machen«.[838] Schule und Religionsunterricht müssen die religiösen Vorstellungen und Erfahrungen, die mittels der Operation ›Denken lehren‹ geordnet, erweitert und reflektiert werden sollten, selbst ermöglichen. Hintergrund dieser Operation »ist der weitgehende Ausfall von Erfahrungen mit gelebter Religion auf Seiten der SchülerInnen«.[839] Auf diese Herausforderung wird religionspädagogisch in unterschiedlicher Weise und aufgrund verschiedener Theorietraditionen eingegangen, ohne dabei das Programm der Evangelischen Unterweisung, die sich als Kirche in der Schule verstand, zu reanimieren. Zugleich wird eine fast ausschließliche didaktische Konzentration auf die kognitive Dimension von Religion und christlichem Glauben überwunden, indem die Schüler/-innen »probeweise Eintauchen in ihre sinnenfälligen Ausdrucksformen: in die Welt aus Bildern und Symbolen, Gesten und Ritualen, Rollen und Räumen, die eine Religion eben auch ausmacht«.[840]

So bekommen *zum einen* religionspädagogische Stilleübungen und Meditation sowie das mehr experimentelle als bekennende Singen und Beten einen neuen Stellenwert im Schulleben und im Religionsunterricht.

W. Kurz interpretiert die *Meditation* im schulischen Religionsunterricht als Form einer ›existentiell bedeutsamen Aneignung‹, die die »einseitig kognitiven Formen der intellektuellen Aneignung religiöser Gehalte«[841] polar ergänzt. Auch *Stilleübun-*

---

836 R. Englert: Auffälligkeiten und Tendenzen in der religionsdidaktischen Entwicklung. In: Religionsdidaktik, JRP 18 (2002), S. 233–248, hier S. 234.
837 Schmid: Die Kunst des Unterrichtens, S. 242.
838 L. Rendle/U. Heinemann/L. Kuld/B. Moos/A. Müller: Ganzheitliche Methoden im Religionsunterricht, München 1996, S. 9.
839 Englert: Auffälligkeiten und Tendenzen in der religionsdidaktischen Entwicklung, S. 234.
840 Ebd., S. 235.
841 W. K. Kurz: Meditation. In: G. Adam/R. Lachmann (Hg.): Methodisches Kompendium für den Religionsunterricht, Göttingen 1993, S. 350–365, hier S. 356f.

gen werden als »Eigentätigkeit« mit einer bildenden Funktion interpretiert, in der »die Person sich selbst und ihre Erlebnisse und Erfahrungen in neuer Perspektive wahrnimmt«.[842] In den Stilleübungen mutet das religionspädagogische Handeln den Schüler/-innen die Aneignung dieser anderen Perspektive auf sich selbst und die Welt zu. Meditation und Stilleübungen können daneben auch zur Sensibilisierung für Erfahrungen der ›natürlichen Religion‹ beitragen.

Daneben werden – wie oben in Kapitel 4.6 deutlich wurde – Psalmen und Gebete, Lieder und gestische sowie rituelle Elemente der Liturgie für den Unterricht fruchtbar gemacht, um Erfahrungen mit ihnen und somit religiöses Erleben gleichsam experimentell zu ermöglichen, die dann auch der unterrichtlichen Reflexion zugänglich sind.[843] Es werden gleichsam religionsdidaktische Inszenierungen von christlicher oder darüber hinausgehend sogar religiöser Praxis vorgenommen. Die Gefahren liegen bei diesen Inszenierungen auf der Hand und wurden von Bähr resümiert: »Die mangelnde Unterscheidung zwischen pädagogischen Ritualen, didaktischen Inszenierungen und authentischer religiöser Praxis führt dann zum Verschwimmen der ästhetisch-theologischen Aussage und kann schnell in Kitsch oder Folklorisierung von Religion umschlagen. Bei der Suche nach kreativer Gestaltung kann die Suche nach inszenierter Religion zum respektlosen Funktionalisieren authentischer Alltagsreligion und deren Rituale werden, so z. B., wenn die jüdische Passahfeier ›nachgespielt‹ wird«.[844]

Zum anderen müssen aber, um religiöse oder christliche Erfahrungen zu ermöglichen, Liturgie und Ritus sowie Bilder und Symbole nicht im Religionsunterricht ›nachgespielt‹, sondern die Operation ›religiöse Erfahrung ermöglichen‹ kann als »*Begehen*«[845] inszeniert werden. Religion wird dabei nicht im Klassenzimmer, sondern am Ort ihres authentischen Vollzugs, z. B. im Gottesdienst, aufgesucht und der Aneignung zugänglich gemacht. Christliche Praxis erschöpft sich jedoch nicht in Gottesdienst und Feier, sondern schließt auch Akte der Nächstenliebe und Diakonie, den Einsatz für Frieden, Gerechtigkeit und Bewahrung der Schöpfung sowie prophetisch-politische Aktionen ein. Auch in diesen Bereichen sind christliche Erfahrungen in Form von Diakoniepraktika[846] oder exemplarischen Aktionen möglich.

In vergleichbarer Weise können *zum dritten* auch die jüngst religionspä-

---

842 G. Faust-Siehl: Kinder heute in einer Schule der Stille. Stille und Stilleübungen in der veränderten Kindheit. In: Dies. u. a.: Mit Kindern Stille entdecken. Bausteine zur Veränderung der Schule, Frankfurt, 2. Aufl. 1991, S. 9–38, hier S. 32 u. 33.
843 Vgl. M. Meyer-Blanck: Religion und Reflexion. Zur Frage liturgischer Elemente und religiöser Praxis im Klassenzimmer. In: M. Wermke (Hg.): Rituale und Inszenierungen in Schule und Unterricht, Münster 1997, S. 60–74.
844 D. Bähr: Zwischenräume. Ästhetische Praxis in der Religionspädagogik, Münster u. a. 2001, S. 83.
845 H.-M. Guttmann: Der Flow-Kanal und der Weg zur guten Gestalt. In: Religionsdidaktik, JRP 18 (2002), S. 100–111, hier S. 108.
846 Vgl. N. Collmar: »das soziale lehren« – Modelle schul- und religionspädagogischen Handelns. In: Ders./Chr. Rose (Hg.): das soziale lernen – das soziale tun. Spurensuche zwischen Diakonie, Religionspädagogik und Sozialer Arbeit, Neukirchen-Vluyn 2003, S. 101–114, hier bes. S. 103 f. 107–111.

dagogisch vielbeachteten Räume⁸⁴⁷ erschlossen werden. »Kirchenräume erweisen sich hierbei als geronnene Deutung von Leben und Zeit unter Gott«.⁸⁴⁸ Werden die Kirchenräume mit der Intention, religiöse und christliche Bildung zu ermöglichen, entziffert und auf ihre Lebensdeutung coram deo hin interpretiert, so kann dies nicht in Form einer stilkundlich-musealen Führung geschehen. Die Theologie des Kirchenraums sollten sich die Schüler/-innen möglichst aktiv erschließen, indem diese in liturgischen und experimentellen, gleichsam ihre Fremdheit bewahrenden Begehungen zum ›Sprechen‹ gebracht werden.

Auch der oben bei der Operation ›religiöse Erfahrung erschließen‹ dargestellte bibeldidaktische Ansatz Baldermanns möchte den Schüler/-innen einfache eigene Wahrnehmungen ermöglichen, die dann der unterrichtlichen Reflexion wiederum zugänglich sind.

Hinter der Operation ›religiöse Erfahrung ermöglichen‹ steht die Intention, dass es im bescheidenen Rahmen des Religionsunterrichts »mindestens gelegentlich zu religiöser Begegnung und Erhebung, affektivem Ergriffenwerden, ja vielleicht sogar zu zeitweiliger Ekstase«⁸⁴⁹ kommt, oder dass in Projekten die Dringlichkeit sozialen Handelns in Altenheimen oder in Jugendhilfe- und Behinderteneinrichtungen sowie die zu gebende Zuwendung und Nächstenliebe eindrücklich erlebt werden. Mit dieser Operation ermöglicht religionspädagogisches Handeln Erfahrungen in den »gelebten Formen von Glaube und Religion«,⁸⁵⁰ um im Wechsel von zwar seltenen aber zugleich intensiven religiösen Erlebnissen und Erfahrungen einerseits und deren Reflexion andererseits den Schüler/-innen Aneignung zuzumuten.

6.6 Resümee

Die Operationen, die in der Praxis des religionspädagogischen Handelns vermischt oder miteinander verbunden erscheinen, wurden hier, um Klarheit zu gewinnen, idealtypisch voneinander unterschieden. Im Unterricht wird – soweit er gemäß seiner jeweiligen Intention inszeniert wird – eine der Operationen im Vordergrund stehen und die Grundform der Inszenierung des Religionsunterrichts bestimmen; die anderen Dimensionen können – ohne dass sie explizit operationalisiert werden – beiläufig mitgehen. Auch

---

847 R. Degen./I. Hansen (Hg.): Lernort Kirchenraum, Münster u. a. 1998; M. Goecke-Seischab/J. Ohlemacher: Kirchen erkunden, Kirchen erschließen, Lahr 1998; C.-B. Julius/T. v. Kameke/Th. Klie/A. Schürmann-Menzel: Der Religion Raum geben. Eine kirchenpädagogische Praxishilfe, Loccum 1999; Th. Klie (Hg.): Der Religion Raum geben. Kirchenpädagogik und religiöses Lernen, Münster 1998.
848 R. Degen: Den Räumen Raum geben. In: Religionsdidaktik, JRP 18 (2002), S. 115–123, hier S. 117.
849 Englert: Auffälligkeiten und Tendenzen in der religionsdidaktischen Entwicklung, S. 235.
850 Schmid: Die Kunst des Unterrichtens, S. 253.

in einem verkündigenden Religionsunterricht kann ein Bibeltext ausgelegt werden, wie auch – worauf Otto hinwies – umgekehrt bei der Auslegung sich Verkündigung ereignen und dazu kritisches Denken entbunden werden kann. Deutlich wurde, dass bei den religionspädagogischen Operationen der Verkündigung, der Auslegung und Interpretation, beim Denken lehren sowie bei Religiöse Erfahrung erschließen und ermöglichen jeweils Aneignung zugemutet wird, auch wenn dies für spezifische Inhalte oder ein spezifisches Können auf spezifische Weise geschieht. Somit kann die These vertreten werden, dass Aneignung zumuten auch die Grundoperation religionspädagogischen Handelns darstellt.

Teil III:
Ebenen schul- und religionspädagogischen Handelns

Schulpädagogisches Handeln ist ein pädagogisches Handeln, das unter den Bedingungen von Schule mit dem Ziel der Bildung stattfindet. Mit Hilfe des von Kleber für das schulpädagogische Handeln erarbeiteten Konzeptes der »geschachtelten Handlungssysteme«[1] lässt sich das komplexe Feld schulpädagogischen Handelns in verschiedene Handlungsebenen differenzieren. Kleber entlehnt den Begriff der ›geschachtelten Handlungssysteme‹ der ökologischen Entwicklungspsychologie U. Bronfenbrenners[2] und überträgt ihn auf die schulpädagogische Diskussion. Bronfenbrenner und Kleber gehen davon aus, dass jedes Individuum in einer Vielzahl von Handlungssystemen lebt, lernt und sich entwickelt, wobei die Handlungssysteme wie ein Satz russischer Puppen ineinander verschachtelt sind. Während jedoch Bronfenbrenners ökologische Entwicklungspsychologie das Mikrosystem in der Familie verortet und sodann drei weitere Systeme unterscheidet, erkennt Klebers Schulpädagogik in der Schulklasse die innerste Sphäre. Im Blick auf das schulische Lernen unterscheidet Kleber drei Sphären,[3] die jeweils mehrere Handlungssysteme umfassen.

- Die innere Sphäre umgreift die Handlungssysteme, in denen zwei Personen (Lehrer/-in – Schüler/-in oder Schüler/-in – Schüler/-in) interagieren, greift über zu Kleingruppen bzw. größeren Lern-, Arbeits- oder Störgruppen und endet bei der ganzen Schulklasse. Diese innere Sphäre umfasst primär das Handlungsfeld des Unterrichts; sie umgreift jedoch auch die Interaktion bei Ausflügen, Projekten usw.
- Die mittlere Sphäre schließt die Schülervertretung, dann das Lehrerkollegium, die Schulgemeinde als den Zusammenschluss von Lehrern, Eltern und Schülern zur pädagogischen Gestaltung der Schule sowie die ganze Schule ein. Diese mittlere Sphäre kann als die Ebene der einzelnen Schule charakterisiert werden.
- Die äußere Sphäre umgreift den Schulbezirk und die Schulverwaltung auf Kreisebene, dann das Kultusministerium sowie das bundesweite Bildungssystem und die Bildungspolitik.

In analoger Weise unterscheidet Fend in einer »mehrebenenanalytischen Betrachtungsweise«[4] des Bildungswesens zwischen der *Mikroebene,* die die Schulklasse mit der jeweils unterrichtenden Lehrkraft einschließt, der *Mesoebene,* die die einzelne Schule umgreift, und der *Makroebene* im Sinn der organisatorisch-rechtlichen und politisch zu verantwortenden Rahmenrege-

---

1 E. Kleber: Gestaltung von Handlungssystemen – Die neue Lehrerrolle in der ökologisch-phänomenologischen Erziehungswissenschaft. In: R. Voß (Hg.): Die Schule neu erfinden. Systemisch-konstruktivistische Annäherungen an Schule und Pädagogik, Neuwied, Berlin, 2. Aufl. 1997, S. 129–152, hier S. 134ff.
2 U. Bronfenbrenner: Die Ökologie der menschlichen Entwicklung, Stuttgart 1979.
3 Vgl. zum Folgenden Kleber: Gestaltung von Handlungssystemen, S. 137ff; schulpädagogisch wurde Bronfenbrenner auch von U. Böhm (ders.: Kooperation als pädagogischer Leitbegriff in der Schule, Münster 2003, S. 17ff) rezipiert.
4 H. Fend: Qualität im Bildungswesen, Weinheim u. a. 1998, S. 14.

lungen. Die drei Ebenen sind voneinander zu unterscheiden, jedoch wie in Klebers Konzept der ›geschachtelten Handlungssysteme‹ als zusammenhängende Gestaltungsebenen des Bildungswesens nicht voneinander zu trennen. Die drei Ebenen wurden in der schulpädagogischen Diskussion der letzten Jahrzehnte mit wechselnder Aufmerksamkeit bedacht. Während in den 50er- und frühen 60er-Jahren im Rahmen der geisteswissenschaftlichen Pädagogik die Mikroebene mit der Bestimmung des pädagogischen Bezugs und der Hervorhebung der Person der Lehrkraft im Mittelpunkt stand, trat in den 60er- und 70er-Jahren die Makroebene ins Zentrum der Diskussion, indem das Bildungssystem, seine gesellschaftlichen Funktionen und seine nichtintendierten Folgen mit dem Fokus von Chancengleichheit und gesellschaftlicher Veränderung einer Systemkritik unterzogen wurde. Im Rückblick wird jedoch deutlich, dass die »Systemmerkmale des Bildungssystems in der in den 60er-Jahren definierten Gestalt nur eine begrenzte Bedeutung bei der Förderung wünschenswerter humaner und pädagogischer Verhältnisse haben.«[5] Das pädagogische Geschehen in Schule und Unterricht wird durch die Systemmerkmale der Makroebene nicht hinreichend determiniert. In der Gesamtschulevaluation Fends wurde für die 70er-Jahre deutlich, »daß die Variation der Leistungen zwischen Schulen innerhalb der einzelnen Schulformen des traditionellen Schulsystems und der Gesamtschulen sehr groß ist und in hohem Maße die Variation zwischen den Schulsystemen übersteigt.«[6] Die PISA-Studie hat dies in der so genannten 3. Auswertung nach 30 Jahren nochmals bestätigt. Aufgrund von Fends Ergebnissen wurde der Blick auf die einzelne Schule als einer wichtigen pädagogischen Handlungsebene gelenkt. »Die einzelne Schule als pädagogische Handlungseinheit«[7] und damit die Mesoebene schulpädagogischen Handelns bildet seit den ausgehenden 80er-Jahren einen neuen Fokus der schulpädagogischen Diskussion.[8] Neben der Analyse und Beschreibung der drei Handlungsebenen jeweils für sich ist ihr Verhältnis zueinander und ihr Einfluss auf das pädagogische Geschehen zu bestimmen. Deutlich wurde bisher, dass die auf der Makroebene geschaffenen Regelungen, wie z.B. die Gesamtschule oder ein dreigliedriges Schulsystem, wie Stundentafeln und Bildungspläne, Voraussetzungen und Rahmenbedingungen für die beiden darunter liegenden Ebenen konstituieren, diese jedoch nicht völlig determinieren, sondern Möglichkeits- und Ermessensspielräume festsetzen. Die Makroebene konstituiert mit ihren institutionellen, rechtlichen und administrativen Vorgaben zum einen einen Handlungsraum auf der Mesoebene und macht zugleich auch Vorgaben für die Mikroebene des Lehrerhandelns

---

5 Ebd., S. 159.
6 Ebd., S. 217; vgl. S. 205 ff; ders.: Gesamtschule im Vergleich, Weinheim 1982.
7 H. Fend: »Gute Schulen – schlechte Schulen«. Die einzelne Schule als pädagogische Handlungseinheit. In: Die Deutsche Schule, 78 (1986), S. 275–293.
8 Vgl. U. Steffens/T. Bargel: Erkundungen zu Qualität von Schule, Neuwied 1993; Fend: Qualität im Bildungswesen.

im Unterricht mit der Klasse. Die Einzelschule ist wiederum bedeutsam für das schulpädagogische Handeln auf der Mikroebene. Die mikropolitische Perspektive auf die Schule erkennt in der Schulstruktur eine Ressource, »welche Handeln sowohl einschränkt als auch ermöglicht, nie aber determiniert.«[9] Zugleich müssen auch umgekehrte Einflüsse zwischen den Ebenen hervorgehoben werden. Das unterrichtliche Handeln hat Einfluss auf die Einzelschule und auf das Bildungssystem. Diese Von-unten-nach-oben-Lesart der Handlungsebenen vernachlässigt nicht das Handeln der einzelnen Person sondern die Systeme selbst werden als durch Handeln bedingt und hervorgebracht erkannt. Diese Lesart wird von der phänomenologischen Handlungstheorie in den Mittelpunkt ihrer Analysen gestellt.[10]

Wird die vorgenommene Differenzierung zwischen der Mikroebene (Unterricht), der Mesoebene (die einzelne Schule als Handlungseinheit) und der Makroebene (Schulsystem und Schulorganisation) der Bestimmung des schulischen religionspädagogischen Handelns zugrunde gelegt, so weitet sich der Blick vom Religionsunterricht hin zu Religion in der Schule und weitergehend zur Stellung von Religion im Bildungswesen. In wissenschaftssystematischer Hinsicht kann daher eine Theorie des schulischen Religionsunterrichts nicht die alleinige Grundlage für eine Entfaltung des religionspädagogischen Handelns auf den herausgearbeiteten drei Handlungsebenen sein.

Die Theorie des schulischen Religionsunterrichts wird analog zu den Fachdidaktiken anderer Schulfächer unter dem Begriff der schulischen Religionsdidaktik[11] gefasst. Schulpädagogisches Handeln vollzieht sich nicht nur auf der Ebene des konkreten Unterrichts, daher muss im Folgenden das religionspädagogische Handeln in der Schule als ein über die schulische Religionsdidaktik hinausgehender Gegenstandsbereich zugrunde gelegt werden. Neben den Religionsunterricht als der Mikroebene des religionspädagogischen Handelns (1.4) tritt die bewusste Gestaltung der Schule als Ganze durch das religionspädagogische Handeln auf der Mesoebene (2.5). Das Schulsystem geht über die Einzelschule hinaus, zu seiner Institutionalisierung gehören Gesetze, Verordnungen und Erlasse sowie der Aufbau und die Gliederung des Bildungssystems. Auch auf der Makroebene hat Religion und religionspädagogisches Handeln seinen Ort (3.3).

---

9 H. Altrichter/S. Salzgeber: Mikropolitik in der Schule. Schultheorie als Theorie der interaktionellen Konstituierung von Organisationen. In: H.-G. Rolff (Hg.): Zukunftsfelder von Schulforschung, Weinheim 1995, S. 9–40, hier S. 32.
10 Vgl. Th. Luckmann: Theorie des sozialen Handelns, Berlin 1992, bes. S. 95.
11 Vgl. z. B. G. Lämmermann: Grundriß der Religionsdidaktik, Stuttgart 1991, S. 8.

1 Die Mikroebene: Unterricht als Handlungsraum und Gestaltungsaufgabe

A Schulpädagogisches Handeln als Aneignung zumuten im Unterricht

Der größte Teil des alltäglichen schulpädagogischen Handelns der Lehrer/-innen bezieht sich auf den Unterricht. Unterrichten wird hier im größeren Kontext der Schule und im umfassenden Kontext des ›humanen Dialogs zwischen den Generationen‹ (Schorb) verstanden. Die Planung und Vorbereitung, Durchführung und Gestaltung, Reflexion und Archivierung[12] des Unterrichts bilden den die Lehrer/-innen zeitlich am meisten beanspruchenden Teil ihrer Berufspraxis. Die Reflexion des Unterrichts beinhaltet die Analyse des Lernerfolgs der ganzen Klasse und die der einzelnen Schüler/-innen. Bei der Analyse der Mikroebene schulpädagogischen Handelns wird zwischen zwei Dimensionen des einen Gegenstandes Unterricht unterschieden, die notwendig zusammenhängen. Bei ›Unterrichten als didaktischem Handeln‹ steht die zielorientierte curriculare und inhaltserschließende Dimension des Unterrichtens im Mittelpunkt, bei ›Unterrichten als interaktionalem Handeln‹ dessen kommunikative Dimension,[13] damit wird von einer Mehrdimensionalität schul- und religionspädagogischen Handelns ausgegangen. Beide Dimensionen werden in den didaktischen Morphemen, den Inszenierungsformen des Unterrichts, vermittelt.

1.1 Unterricht als Inszenierung der Operation Aneignung zumuten

In neueren schul- und religionspädagogischen Theorien wird schulischer Unterricht und das didaktische Handeln der Lehrer/-innen mit Hilfe von ästhetischen Begriffen[14] aus der Theater- und Musikwissenschaft beschrieben. Analogien und Metaphern haben in der Pädagogik eine lange Tradition.

---

12 Vgl. zur Archivierung K.-O. Bauer/A. Kopka/S. Brindt: Pädagogische Professionalität und Lehrerarbeit, Weinheim u. a. 1996, S. 154–160.
13 Vgl. hierzu die Unterscheidung Klafkis in einesteils »›gegenstandsgebundene‹ Ziel-Inhaltszusammenhänge (...), andernteils in Interaktions- bzw. soziale Zusammenhänge«. Ders.: Grundlinien kritisch-konstruktiver Didaktik. In: Ders.: Neue Studien zu Bildungstheorie und Didaktik, Weinheim, 2. erw. Aufl. 1991, S. 83–140, hier S. 115.

Sokrates verglich das pädagogische Handeln mit dem einer Hebamme und eines Bildhauers; weit verbreitet ist die Analogie zum Beruf des Gärtners, der düngt und wachsen lässt, aber auch Triebe stutzt. G. Hausmann hat die Analogie zwischen Dramaturgie und Didaktik aufgenommen und »den Gedanken einer grundsätzlich dramaturgisch orientierten Didaktik«[15] ausgeführt. Bei allen Analogien und Vergleichen stellt sich die Frage nach ihrer Berechtigung und ihrer aufschließenden Potenz.

Hausmann geht in einer anthropologischen und handlungstheoretischen Argumentation von der »Universalität des Dramatischen und Dramaturgischen«[16] aus, die sich darin zeige, dass »sich der Mensch als handelndes Wesen und das Leben als handlungsmäßiger Zusammenhang darstellen«.[17] Der Unterschied des alltäglichen Handelns zur dramaturgischen Kunstform liegt nun darin, dass »das Handlungsmäßige im dramatischen Kunstwerk aufs höchste gespannt und gesteigert zutagetritt und mit größter Prägnanz exemplarisch vergegenwärtigt wird«.[18] Diese neben der Universalität des Dramatischen besonders herausgehobene Kunstform findet Hausmann auch als ein zentrales Moment des Unterrichts. Hierin liege – so Hausmann – der tiefere Grund für die Analogie zwischen dem Lehrer und Dramaturgen. Das unterrichtliche Handeln der Lehrer/-innen hat am Dramatischen und der dramaturgischen Aufgabe der Profilierung und Steigerung, der Hervorhebung und Verdichtung, der Konzentrierung und Exemplarität von Handlungen und Sachverhalten teil. Aufgabe der Dramaturgen im Theater und der Lehrer/-innen im Unterricht ist, Handlungen und Sachverhalte der alltäglichen Wirklichkeit »mit größter Prägnanz eindringlich und sinnfällig zu vergegenwärtigen«.[19] Der Analogie zwischen didaktischem und dramaturgischem Handeln haftet damit nichts Willkürliches an.

Unterricht in der Schule ist wie das Drama des Theaters eine künstlich hervorgebrachte Situation und eine von Lehrer/-innen bewusst zu gestaltende komplexe Inszenierung[20] von Personen und Inhalten in räumlich und zeitlich begrenzten und strukturierten Situationen, die den Schüler/-innen Aneignung zumutet und hierdurch zu deren (Selbst-)Bildung beitragen will. Die unterrichtlichen Inszenierungen vollziehen eine Profilierung, Verdichtung und Konzentration der Inhalte, um diese prägnant zu präsentieren und exemplarisch zu vergegenwärtigen. Das oben bildungstheoretisch hervorgehobene exemplarische Lehren und Lernen, das den ›prägnanten Fall‹

---

14 Vgl. z.B. J. Oelkers: Unterrichtsvorbereitung als pädagogisches Problem. In: EvErz 40 (1988), S. 516–531; K. Prange: Bauformen des Unterrichts, Bad Heilbrunn, 2. durchges. Aufl. 1986, S. 85. 91; Th. Schulze: Lehrstück-Dramaturgie. In: H. Chr. Berg/Th. Schulze: Lehrkunst. Lehrbuch der Didaktik (Lehrkunst und Schulvielfalt Bd. 2), Neuwied 1995, S. 361–420; I. Baldermann: Einführung in die Biblische Didaktik, Darmstadt 1996, S. 157–197; B. Beuscher/D. Zillessen: Religion und Profanität. Entwurf einer profanen Religionspädagogik, Weinheim 1998, S. 125.
15 G. Hausmann: Didaktik als Dramaturgie des Unterrichts, Heidelberg 1959, S. 65.
16 Ebd., S. 75.
17 Ebd., S. 76.
18 Ebd., S. 76; vgl. bes. S. 77.
19 Ebd., S. 77.
20 Vgl. hierzu Schulze: Lehrstück-Dramaturgie, S. 370 ff.

(Klafki) als besonders charakterisierten Inhalt, an dem Allgemeines gelernt werden kann, hervorhebt, ist die auch Hausmanns dramaturgischer Didaktik zugrunde liegende Einsicht. Im Folgenden wird Unterricht als komplexe Inszenierung von Personen und Inhalten entfaltet, danach wird der Rückgriff auf die Begriffe aus dem Bereich der ästhetischen Theorie geklärt.

1. Ohne Schüler/-innen bzw. allgemeiner formuliert ohne zumindest potenziell lernfähige Kinder, Jugendliche oder Erwachsene, die zum Zweck der Aneignung eines Inhaltes oder einer Fähigkeit versammelt sind bzw. versammelt werden, kann nicht von Unterricht gesprochen werden. Natürlich werden im Unterricht von Lehrenden und Lernenden auch noch andere Ziele als das Aneignen angestrebt und verwirklicht, so hat Schule und Unterricht für Jugendliche auch die Funktion eines ›Jugendtreffs‹. Unterricht kann außerdem seine Grundoperation Aneignung zumuten und seine Intention Bildung verfehlen,[21] dennoch soll nur dann von Unterricht gesprochen werden, wenn Menschen sich mit dem ihnen vorgegebenen oder frei gewählten Ziel des Sich-Bildens durch Aneignung von Inhalten und bzw. oder Fähigkeiten treffen und diese Situation sich von anderen Situationen, wie z. B. der Reparatur eines Autos, dem Restaurant- und Kinobesuch oder dem Urlaub unterscheidet. Ohne Zweifel kann auch beim Reparieren eines Autos, beim Kinobesuch oder im Urlaub vieles angeeignet werden, aber hier liegt ein ungeplantes und/oder beiläufiges Lernen vor.

2. Wenn Unterricht Aneignung zumutet, dann muss neben den Lernenden auch ein Inhalt vorhanden sein, der angeeignet werden kann oder bereits Angeeignetes geübt und so Wissen, Erfahrungen oder Fähigkeiten erweitert oder gefestigt und Kompetenzen erlangt werden. Die Schüler/-innen als Subjekte brauchen ein Objekt. Die hier als Inhalt charakterisierte Bedingung für Unterricht ist nicht im ausschließlichen Sinn als Lehrstoff zu verstehen, obwohl er gleichwohl auch dies sein kann. Inhalt des Unterrichts kann auch ein Problem oder eine Frage sein, die im Unterricht den materialen Unterrichtsstoff hervorbringt. Ein Grenzfall ist hier zu nennen: Die Schüler/-innen selbst oder die Beziehungen innerhalb der Klasse können in der Schule zu einem Lernanlass werden. In diesem Fall sind Schüler/-innen und Lehrer/-innen gleichzeitig Subjekte und Objekte des Unterrichts.

3. Zum Unterricht gehören Lehrer/-innen, die mittels ihrer Inszenierungen den Schüler/-innen die Aneignung eines Inhaltes zumuten. Die Inszenierungen beinhalten folgende Aspekte: sie sind geleitet von einer Intention, die sie strukturiert.[22] Sie enthalten einen Inhalt, der als ganzer oder nur zum Teil aufgrund des Handelns der Lehrer/-innen und des Mithandelns der Schüler/-innen für diese zum Thema werden kann oder auch nicht. Die

---

21 Vgl. z. B. F. Bohnsack/K. E. Nipkow: Verfehlt die Schule die Jugendlichen und die allgemeine Bildung?, Münster 1991. Sie antworten auf ihre Frage mit einem ›zur Zeit leider ja!‹ (Chr. Scheilke im Vorwort des Bandes, S. 4).
22 Die didaktische Theorie diskutiert dies unter dem Stichwort des »Primats der Zielentscheidungen« Vgl. W. Kafki: Grundlinien kritisch-konstruktiver Didaktik, S. 116 f.

Inszenierung beinhaltet Methoden, die die Kommunikation über den oder mit dem Inhalt und dessen Bearbeitung strukturieren. Der Inhalt ist – entweder direkt oder medial repräsentiert – in die Inszenierung integriert. Letztere besitzt zudem eine räumliche und zeitliche Dimension und ist in einem oder in mehreren Räumen, die einer geplanten Raumstruktur unterliegen, und über einen gewissen Zeitraum, z. B. über eine Unterrichtsstunde, eine Unterrichtseinheit oder ein mehrtägiges Projekt hin gestaltet.

K. Prange hat das Verhältnis von Schüler, Inhalten und Lehrer mit dem Modell des didaktischen Dreiecks dargestellt und als »die praktische Gestalt und das Normativ des dreiseitigen Lern- und Erfahrungsprozesses« reinterpretiert. »Indem ein Können unter mäeutischer Hilfestellung eingeübt, ein Wissen in doktrinaler Darstellung ermöglicht und zugleich gemäß der immanenten Struktur der Instruktion das Ethos der auf vernünftigen Konsens angelegten Gesprächssituation des Unterrichts ausgeübt wird, werden die Seiten des Dreiecks: Lehrer, Thema und Schüler realisiert. (...) Der Schüler stellt in diesem Schema die Seite des Subjekts dar, das sich einem objektiven Thema gegenübersieht; der Lehrer repräsentiert den Zeichenkontext im Sinne des Zeigens, wodurch Thema und Schüler, Objekt und Subjekt zusammengeführt werden.«[23] Pranges Interpretation des Erfahrungsprozesses mit Hilfe der Trias Wissen, Können und Ethos ist anschlussfähig an die schulpädagogische und bildungstheoretische Tradition. Pestalozzi fasst das Ziel seiner Methode in einer analogen Trias zusammen: »Ausbildung des Kopfes zum Denken, Ausbildung des Herzens zum menschenfreundlichen Handeln, Ausbildung des Körpers und der Glieder zu Fertigkeiten durch den Fleiß, Überwindung seiner selbst, stetes Vor-Augen-Haben des göttlichen Willens, der uns durch Jesus Christus dargestellt worden, das sind die Gesichtspunkte, die ihr nie aus den Augen verlieren dürft«.[24] Unter Absehung der Überwindung seiner selbst und der steten Präsens des göttlichen Willens wurde die Bildung des Kopfes, des Herzens und der Hand bereits von Schönebaum[25] als Kennen, Können und Wollen reinterpretiert und von Klafki bildungstheoretisch reformuliert als allgemeine Bildung, hier als »Bildung in allen Grunddimensionen menschlicher Interessen und Fähigkeiten«,[26] wobei – so wurde oben gleichsam bildungstheoretisch gegen Klafki hervorgehoben – auch hier das Reduktionsprinzip des Exemplarischen Geltung hat.

Das Modell des didaktischen Dreiecks fokussiert auf den einzelnen Schüler. Schulpädagogisches Handeln als Unterrichten bezieht sich in der Regel aber auf eine Lerngruppe. Bei der didaktischen Morphembildung als Inszenierung von Unterricht ist die Schulklasse als eine Bedingung des dreiseitigen Lern- und Erfahrungsprozesses des einzelnen zu berücksichtigen.

---

23 Prange: Bauformen des Unterrichts, S. 42.
24 Johann Heinrich Pestalozzi: Sämtliche Werke. Kritische Ausgabe, hg. von A. Buchenau u. a., Bd. 1–28, Berlin und Leipzig, dann Zürich 1927 ff, hier Bd. 16, S. 228.
25 Vgl. H. Schönebaum: Pestalozzi. Kennen, Können, Wollen. 1797–1809, Berlin – Leipzig 1937, bes. S. 497 ff.
26 W. Klafki: Grundzüge eines neuen Allgemeinbildungskonzepts. Im Zentrum: Epochaltypische Schlüsselprobleme. In: Ders.: Neue Studien zu Bildungstheorie und Didaktik, S. 43–81, hier S. 55, vgl. auch ders.: Die Bedeutung klassischer Bildungstheorien für ein zeitgemäßes Konzept allgemeiner Bildung. In: Ders.: Neue Studien zu Bildungtheorie und Didaktik, S. 15–41, hier bes. S. 30 ff.

Damit ist ein formales Modell von Unterricht mit deskriptiv-analytischer Funktion gewonnen, mittels dessen die spezifischen Inszenierungen einzelner didaktischer Schulen und Konzeptionen analysiert und ihre jeweiligen Besonderheiten der Operation Aneignung zumuten deutlich werden können. Wenn die Dimension des Erfahrungsprozesses Wissen und Kopf, Können und Hand, Ethos und Herz bei der Analyse in den Vordergrund gestellt und mit den Inszenierungen verbunden werden, liegen didaktische und nicht methodische Rekonstruktionen vor.

Der Begriff ›Inszenierung‹ wie auch der des ›Arrangement‹ machen auf die Künstlichkeit des Unterrichts aufmerksam. Ein künstliches Arrangement kann sowohl in einem als fragend-entwickelnden Unterrichtsgespräch und so in einem als Frontalunterricht inszenierten Unterricht als auch im Sinn der thematischen Öffnung des Unterrichts in einer fächerübergreifenden Form oder in der institutionellen Öffnung des Unterrichts bestehen, die in eine außerunterrichtliche Handlungssituation übergeht. Die spezifische Inszenierung der Grundoperation Aneignung zumuten kann wie ein Theaterstück mit anderen Schüler/-innen im nächsten Schuljahr wiederholt oder in einer anderen Schulklasse mittels einer Neuinszenierung überarbeitet und erneut auf den Spielplan gesetzt werden. Die Möglichkeit der Wiederholung und Neuinszenierung des Unterrichts ist bei allen situativ differenten Faktoren grundsätzlich gegeben. In der grundsätzlichen Möglichkeit der Wiederholung und Neuinszenierung liegt die große Leistung von Unterricht[27] im Unterschied zum beiläufigen Lernen.

Wenn z.B. im Urlaub bei der Besichtigung einer Kirche eine andere, im Besitz eines Reiseführers befindliche Person nach der Deutung einer auf einem Altar dargestellten biblischen Szene gefragt wird, so liegt zwar auch ein zum Thema gewordener Inhalt (biblisches Altarbild), ein Ziel (die dargestellten Figuren erkennen und den Sinn des Bildes entschlüsseln) und eine Person, die zum Erreichen des Ziels das ihre beiträgt, und damit ein mit Hilfe einer anderen Person unterstützter Aneignungsprozess vor, aber dieser wurde nicht im voraus bewusst inszeniert, der Lebenszusammenhang wurde nicht verlassen und der Aneignungsprozess lässt sich wegen der fehlenden Inszenierung auch nicht wiederholen. Von Unterricht wird aber gesprochen, wenn die Schüler/-innen im Schullandheim sind und dort der »Lernort Kirchenraum«[28] bewusst genutzt wird, um religiöse Lernprozesse anzuregen. Denn das Stück ›ein Altarbild verstehen‹ kann in einem Lehrgang oder im nächsten Schullandheimaufenthalt mit anderen Schüler/-innen in einer anderen Kirche erneut inszeniert werden.

---

27 Vgl. z.B. die Definition von W. Schulz »Es empfiehlt sich deshalb (...) als Unterricht jene Formen der Lehre zu bezeichnen, die den Lebenszusammenhang, in denen eine Lehrnotwendigkeit auftaucht, in der Regel verlassen, um das planmäßige Lehren mehrgliedriger Lehrgehalte in voneinander getrennten Zeitabschnitten zu ermöglichen.« Ders: Unterricht – Analyse und Planung. In: P. Heimann/G. Otto/W. Schulz: Unterricht – Analyse und Planung, Hannover 1965, S. 13–47, hier S. 18.
28 R. Degen/I. Hansen (Hg.): Lernort Kirchenraum. Erfahrungen – Einsichten – Anregungen, Münster u.a. 1998.

Der Begriff des schulischen Unterrichts als eine von der Makro-, Meso- und Mikroebene bewusst inszenierte Operation Aneignung zumuten mit dem Ziel des Sich-Bildens der Schüler/-innen ist nicht auf einen im Klassenzimmer und im Rahmen von 45 Minuten stattfindenden Unterricht beschränkt, schließt aber die konventionelle Inszenierung von Unterricht ein. Auch ein mit dem Ziel der Bildung inszeniertes, von den Lernenden weitgehend selbstgesteuertes Projekt ist in diesem Sinn ein didaktisches Morphem und eine Inszenierungsform des Unterrichts und der Operation Aneignung zumuten. Ob dann aber der von den Lehrenden ausgewählte bzw. vom Bildungsplan vorgegebene Inhalt auch wirklich Thema des Unterrichts wird oder bleibt, hängt nicht nur von den Intentionen der Lehrenden, sondern von den mithandelnden Schüler/-innen ab, die die »Themenkonstitution«[29] im Unterricht vollziehen.

Aneignung zumuten im schulischen Unterricht ist in seiner Grundstruktur eine in sich spannungsvolle Operation: es geht um die Bewegung zwischen den Heranwachsenden und den Inhalten. Die Unterrichtenden haben mittels ihrer den Schüler/-innen Aneignung zumutenden Inszenierung eine doppelte Perspektive einzunehmen. Die Inszenierung von Unterricht muss – so die bildungstheoretische und konstruktivistische Einsicht – die Heranwachsenden mit ihren Erfahrungen und Realitätsentwürfen als Subjekte im Rahmen einer Lerngruppe wahrnehmen. Unterricht soll in diesem Sinn »Erfahrungserweiterung als ›Einwurzelung‹ neuer Erkenntnis in die Erfahrung durch das lernende Subjekt selbst betreiben.«[30] Zugleich ist der sachliche Anspruch der Inhalte zu beachten. Die Inhalte müssen vermöge des prägnanten Falls in profilierter sowie verdichteter und zugleich in sachlich zutreffender Weise in die Inszenierung mit dem Ziel eingebracht werden, sie »als Beispiele für, Vertreter von, als Modelle (...) eben exemplarisch«[31] zu betrachten. Unterricht muss in dialektischer Weise bei den Heranwachsenden und ihren Erfahrungen mit einzelnen Inhalten ansetzen und dann »über den besonderen Fall hinaus zum jeweils ›allgemein Gemeinten‹ vordringen, also auf Objektivierung subjektiver Interpretationen der Realität dringen«,[32] ohne aber – dies sei Missverständnisse meidend hinzugefügt – den konkreten Fall und die subjektive Interpretation zu überspringen. Auch im scheinbar einfachen Aufgabenbereich der Lehrer/-innen, bei der unterrichtlichen Erarbeitung von Wissen und bei der Erfahrungserweiterung

---

29 Vgl. hierzu G. Faust-Siehl: Themenkonstitution als Problem von Didaktik und Unterrichtsforschung, Weinheim 1987. Unterschieden wird die 1. Themenkonstitution durch den Lehrplan, die 2. Themenkonstitution durch die sich auf den Unterricht vorbereitenden Lehrer/-innen und die 3. Themenkonstitution im Unterricht durch die Schüler/-innen selbst.
30 J. Ramseger: Was heißt durch Unterricht erziehen? Erziehender Unterricht und Schulreform, Weinheim, Basel 1991, S. 108.
31 J. Diederich: Didaktisches Denken. Eine Einführung in Anspruch und Aufgabe, Möglichkeiten und Grenzen der Allgemeinen Didaktik, Weinheim und München 1988, S. 65.
32 Ramseger: Was heißt durch Unterricht erziehen, S. 108.

wird eine polare Struktur des Handelns sichtbar. Die einseitige Orientierung an der Sache, die lange Zeit in der Religionspädagogik vorherrschend war,[33] wird das Kind als Subjekt seines Lernens verfehlen, wie eine einseitige Orientierung am Kind und der Lerngruppe Gefahr läuft, den sachlichen Anspruch des Inhalts zu verfehlen.

Der Begriff der Inszenierung rückt Unterricht und die didaktische Morphembildung in die Nähe des Theaters, der des Arrangements in die der Musik. Unterrichten heißt »Inhalte in Handlungen verwandeln, damit sie lernbar werden – das ist die eigentliche Aufgabe. Unterrichten bedeutet In-Szene-Setzen, bedeutet soviel wie Inszenieren.«[34]

So wie aus einem Stoff ein Drama oder ein Drehbuch wird, so wird ein Inhalt zum Teil des Lehrplans und zu konkreten Unterrichtsentwürfen der Lehrer/-innen einerseits oder zu einem »Lehrstück« im engen Begriffsumfang Bergs und Schulzes[35] andererseits. Wie dann das Drama oder Drehbuch von einem Regisseur auf der Bühne oder in einem Filmstudio interpretiert und in Szene gesetzt wird, so werden auch Lehrpläne, Unterrichtsentwürfe und Lehrstücke von Lehrer/-innen interpretiert und durch Handeln inszeniert, indem die allgemeinen Ziele interpretierend konkretisiert werden.

Die Palette der Inszenierungen kann handlungstheoretisch betrachtet von der ›einfachen Nachahmung‹ bis zur ›besonderen unwiederholbaren Eigentümlichkeit‹[36] des Unterrichts reichen, wobei dasselbe Stück aufgrund einer veränderter Inszenierung jeweils einen anderen Charakter bekommen kann.

1.2 Didaktische Morpheme zur Inszenierung der Operation Aneignung zumuten

Unter einem Arrangement wird die »Einrichtung eines Musikstücks für eine durch gegebene Verhältnisse bedingte oder für sie bestimmte andere Besetzung als die ursprüngliche«[37] verstanden. Wie Musikstücke werden auch Lehrpläne und Unterrichtsentwürfe notwendigerweise arrangiert, wenn sie in der jeweiligen besonderen Schul- und Klassensituation konkretisiert werden (vgl. 3.1.2). Die didaktische Pointe dieser ästhetischen Einsicht liegt darin, dass wie ein Arrangeur eben nicht »ein Stück aus einer Oper, dann eine Operettenarie und zuletzt einen Schlagertext zu einem Ganzen zusammenstückt, wo jeder Teil ohne Beziehung auf das erscheint, dem er seine Gestalt verdankt«,[38] dass so auch Lehrer/-innen nicht Inhalte, Methoden und

---

33 Vgl. P. Biehl: Die Gottebenbildlichkeit und das Problem der Bildung. In: Ders.: Erfahrung, Glaube, Bildung, Gütersloh 1991, S. 124–223, hier S. 177.
34 Schulze: Lehrstück-Dramaturgie, S. 371.
35 Vgl. ebd., S. 361–363.
36 Vgl. Prange: Bauformen des Unterrichts, S. 278–280.
37 Riemann Musik Lexikon, 3 Bde, Sachteil, Mainz, 12. neubearb. Aufl. 1967, S. 54.
38 Prange: Bauformen des Unterrichts, S. 91.

Medien ohne Rücksicht auf ihre Intention, Herkunft und ihren Stil gewissermaßen didaktisch besinnungslos zusammenmontieren, um mit dem Unterricht ihr Ziel zu erreichen. Um die so verstandene Inszenierung und das Arrangement von Unterricht auf die Basis einer Theorie zu stellen, hat Prange unter der Überschrift »Das Gerüst: Die Artikulation des Unterrichts«[39] ein formales vierstufiges Modell der Artikulation, das in jedem Unterricht zu finden sei, und drei – hier Morpheme genannte – Inszenierungen von Unterricht dargestellt.

Das formale Modell der Artikulation, das Prange in Auseinandersetzung mit J. F. Herbart, aber abgelöst von dessen Vorstellungspsychologie entwickelte, ist dabei »allgemein das Verfahren, um etwas deutlich zu machen«.[40] Dies geschieht, »indem wir den Gang des Erfahrens artikulieren. Artikulation ist Schematisierung zum Zwecke des Lernens […] Wohlgemerkt: Nicht das Lernen wird artikuliert, sondern das Zeigen«,[41] in unserer demgegenüber eingeschränkten Perspektive auf das schulpädagogische Handeln wird die Operation Aneignung zumuten artikuliert. Dem Zeitaspekt der Operation Aneignung zumuten wird damit die notwendige Beachtung geschenkt und zwar konkret bezogen auf drei Morpheme des Unterrichts. Aneignung zumuten hat von der Situation der Lernenden auszugehen, dies nennt Prange die »Ausgangsstufe. Auf der zweiten Stufe geht es darum, etwas Neues einzuführen, was auch immer es sei«.[42] Nach dieser so genannten Erweiterungsstufe soll das neu Angeeignete mit dem bisher schon Gekonnten, Gelernten oder Gewollten verbunden werden. Es wird als Ergebnis des Prozesses der Aneignung festgehalten, daher spricht Prange von der Ergebnisstufe. Die angeeignete Fähigkeit oder Fertigkeit, das Wissen oder das Ethos wird dann auf andere Fälle übertragen (Transfer, Anwendung usw.), dies wird die Anschlussstufe des Unterrichts genannt.

Prange unterscheidet quer zu diesem formalen Muster der Artikulation drei grundlegende Morpheme der Inszenierung oder eben ›Bauformen des Unterrichts‹, die jeweils eine der drei Dimensionen des umfassenden Erfahrungsprozesses (Wissen, Können und Ethos) in den Vordergrund schieben. In Reinform legen sie jeweils andere Artikulationsformen, Lehr-Lern-Methoden, Sozialformen, Sprachstile der Lehrer/-innen, räumliche Strukturierungen des Klassenzimmers usw. nahe. Mittels der Kombination des formalen Modells der Artikulation mit den drei Grundinszenierungen des Unterrichts ergeben sich in einem Zwölf-Felder-Schema spezifische, gewissermaßen reine Artikulationsmodelle, die eine innere Kohärenz des Unterrichts ermöglichen und denen spezifische Lehr-Lern-Methoden zugeordnet

---

39 Ebd., S. 85–158.
40 Ebd., S. 93.
41 K. Prange: Der Zeitaspekt des Formproblems in der Erziehung. In: ZfPäd 45 (1999) 3, S. 301–312, hier S. 305.
42 Prange: Bauformen des Unterrichts, S. 99.
43 Vgl. ebd., S. 108 u. 184.

werden.⁴³ In der pädagogischen Psychologie werden analog hierzu »Grundorientierungen zur Förderung des Wissenserwerbs«⁴⁴ vorgestellt, die das als Lernumgebung gefasste »Arrangement von Methoden und Techniken, Lernmaterial und Medien einschließlich des soziokulturellen Kontextes und der aktuellen Lernsituation«⁴⁵ strukturieren. Prange erweitert mit den Dimensionen Wissen, Können und Ethos den bisher gängigen schulischen Lernbegriff, der sich weitgehend auf die Wissensdimension bezog. Jüngst werden weitere Unterscheidungen mit Hilfe des Begriffs der Lernbereiche vorgeschlagen, so wird differenziert zwischen einem inhaltlich-fachlichen, einem methodisch-strategischen, einem sozial-kommunikativen und einem persönlichen Lernbereich,⁴⁶ wobei der inhaltlich-fachliche Pranges Wissen, der methodisch-strategische und Elemente des sozial-kommunikativen dessen Können sowie der persönliche dem Ethos zuzuordnen sind.

1.2.1 Inszenierung des Unterrichts zur Aneignung von Wissen: das Morphem der Lektion

Bei der Darstellung dieser Grundform des Unterrichts geht Prange auf die Herbartianer T. Ziller, W. Rein und auf E. von Sallwürk zurück, letzterer sah die Aufgabe des Unterrichts darin, »zunächst Wissenschaft zu vermitteln; er hat innerlich zusammenhängende Erkenntnisse zu geben«.⁴⁷ Unterricht wird damit auf die Zumutung der Aneignung systematischer Erkenntnisse und nicht auf Erziehung gestellt, wie im Unterschied zu von Sallwürk Ziller und Rein fordern. Die Vernunftfähigkeit als Teil der Menschlichkeit des Menschen werde hier ausgebildet. Diese Grundform des Unterrichts – Prange spricht vom kognitiv-humanistischen Modell –, in der vor allem *Wissen* angeeignet wird, vollzieht sich als Lektion. Grundlegend ist seine ›doktrinale Funktion‹.

Die Artikulation einer Lektion erfolge nach dem Grundmodell Herbarts im Wechsel von *Vertiefung* in die bisherigen Vorstellungen (Klarheit) sowie Vertiefung in die neuen Inhalte (Assoziation), die mit den bisherigen assoziiert werden, und *Besinnung* als Einordnung in den bisherigen aber hierdurch

---

44 G. Reinmann-Rothmeier/H. Mandl: Wissensvermittlung: Ansätze zur Förderung des Wissenserwerbs. In: Enzyklopädie der Psychologie, Bd. 6, Göttingen 1998, S. 457–500, hier S. 474.
45 Ebd., S. 475.
46 Vgl. H. Klippert: Methoden-Training, Weinheim u. a., 2. Aufl. 1994; T. Bohl: Theoretische Strukturierung: Voraussetzungen, Begründung, Gütekriterien. In: H.-U. Grunder/T. Bohl/K. Broszat (Hg.): Kurzversion des Forschungsberichts »Neue Formen der Leistungsbeurteilung an Sekundarstufen I und II, Stuttgart 2001, S. 3–6.
47 E. von Sallwürk: Die didaktischen Normalformen, Leipzig 1901, zit. n. Prange: Bauformen des Unterrichts, S. 121.
48 Vgl. Prange: Bauformen des Unterrichts, S. 98; die im Folgenden in Klammern gegebenen Seitenzahlen beziehen sich auf das hier angegebene Werk.

veränderten Zusammenhang des Wissens (System) sowie Besinnung als Anwendung auf neue Aufgaben (Methode).[48] Die Ausgangsstufe einer Lektion (1) will die Erweiterung von Wissen und Erfahrung vorbereiten, indem bei Ziller eine präzise Zielangabe für den Unterricht gegeben wird und so Klarheit über die bisherigen Vorstellungen der Schüler/-innen und durch die Schüler/-innen gewonnen wird. Schüler/-innen und Lehrer/-in vertiefen sich in das, was schon gewusst wird. Unterricht als Lektion setzt in seiner Reinform nicht die Motivation, die Fragen der Schüler/-innen oder sich real stellende Probleme voraus, sondern geht von einem vorgegebenen Inhalt aus, den es den Schüler/-innen zu präsentieren gilt. Hierauf folgt die Erweiterungsstufe (2), auf der der vorgegebene Inhalt dargeboten und das bisherige Wissen erweitert wird. Dies kann mit Hilfe eines Lehrervortrags oder gleichsam an dessen Stelle in Form eines anderen Mediums (Text aus Lehrbuch, Textblatt o. ä.) geschehen. Zentral ist bei Unterricht als Lektion, dass die Schüler/-innen die dargebotenen Inhalte rezipieren und die Lehrer/-innen den Prozess der Aneignung lenken. Bei der folgenden Ergebnisstufe (3) werden die »einzelnen Elemente befestigt, herausgehoben, pünktlich rekonstruiert, und das alles in systematischer Absicht« (S. 127). Im reinen Modell der Lektion geht es hier nicht um eine Öffnung, sondern um eine ›abschirmende Sicherung‹ des Neu-Angeeigneten. In seinen Einzelheiten und als Ganzes wird es mit den bisherigen Vorstellungen verbunden und in deren Zusammenhang (System) eingeordnet. Erst dann wird auf der Anschlussstufe (4) das neu Angeeignete a) geübt, b) an die Gegenwart und eigene Erfahrung angeschlossen oder c) bei ethischen oder religiösen Themen wird eine Stellungnahme zu sich selbst abgegeben. Kurzum »erst wird ein Ziel angegeben und die gegebenen Vorstellungen sortiert; dann ist der Vorstellungskreis zu erweitern; diese Erweiterung wird wieder eingeholt und zusammengefaßt und zuletzt kommt die Aufgabe, an der sich zeigt, ob der erweiterte Vorstellungskreis auch funktioniert« (S. 129). Die Grundform Lektion ist geeignet »ein geordnetes Gefüge von *gedeuteten* Sachverhalten« (S. 131) zu präsentieren, letztlich »ist die Sprache im Hinblick auf das, worüber sie spricht, aufzuschließen« (S. 132).

Entsteht im Unterricht die Schwierigkeit, dass die Schüler/-innen die Abkürzung 1. Kor 13,3–5 nicht verstehen, so handeln die Lehrer/-innen doktrinal, also lehrend, wenn sie erklären, dass es nun darum geht, dies zu entschlüsseln, sodann erheben, was die Schüler/-innen über diese vorgegebene Zitationsweise bereits wissen. In einem Lehrervortrag wird erläutert, dass die Zahl vor der Abkürzung immer die Nummer des biblischen Buches, hier eines Paulus Briefes, angibt, die Zahl nach der Abkürzung das Kapitel und die davon durch Komma getrennte Zahlen die Verse. Vermittels Rückfragen wird Element für Element nochmals durchgegangen und befestigt, bevor an der Abkürzung 2. Tim 1,5–8 geübt wird.

Die Inszenierung des Raumes hat die Funktion gegen andere Einflüsse abzuschirmen, die in der Lektion nicht vorgesehene Vorstellungen evozieren könnten. Unterricht ist in der Inszenierung als Lektion – so Prange – »Elfenbeinturm auf Zeit, Exil und Nicht-mitmachen« (S. 135). Die Grundform der Lektion stellt die Lehrenden den Schüler/-innen gegenüber, »um über sich auf das Thema (…) zu konzentrieren« (S. 194), insofern wird sie als Frontalunterricht inszeniert. Die Driftzone der Schüler/-innen ist in der Lektion eng begrenzt, im Sinn Kösels liegt eine rigide Lernkultur vor. Sprachlich äußert sich diese Bauform in der Erweiterungsstufe als Darbietung und Lehrgespräch zur Klärung eines bereits vorgeordneten Sachverhaltes, dem die spezielle Frageform »Wie ist das gemeint?« (S. 210) entspreche. Bei Pranges Vergleich dieser grundlegenden Bauformen des Unterrichts mit politischen Systemen bietet sich hierfür die konstitutionelle Monarchie an (vgl. S. 135 f., 194). Konstitutionell ist die Monarchie, weil die Lehrer/-innen an die vorgeordneten und verfassten Themen gebunden sind; monarchisch weil sie die zentrale Position einnehmen und den Unterricht lenken.

In der neueren didaktischen Diskussion wird die Lektion oder der ›darstellende Unterricht‹ als Inszenierung eines »lehrergesteuerten, darbietenden, auf Wissensvermittlung gerichteten Unterrichts«[49] nicht mehr nur als Negativfolie für andere grundlegende unterrichtliche Inszenierungsformen der Operation Aneignung zumuten aufgenommen, sondern in ihren Stärken und Schwächen wahrgenommen. Mit diesen – so Reinmann-Rothmeier/Mandl – ›systemvermittelnden oder systemorientierten Lernumgebungen‹[50] kann die Aneignung abgeschlossener Systeme von Wissensbeständen in einem von den Lehrer/-innen angeleiteten und kontrollierten Modus zugemutet werden. Darin liegt ihre Stärke und zugleich die Schwäche. Im unterrichtlichen Handeln dominiert diese Inszenierung zudem trotz aller kritischen didaktischen Diskurse, so kann 75% des Unterrichts dieser Inszenierungsform zugerechnet werden. Das heißt, durch die schulische Institutionalisierung der Operation Aneignung zumuten und die Professionstraditionen der Lehrerschaft ist Unterricht als Lektion das am häufigsten inszenierte Morphem. Ihre Dominanz und unsachgemäße Inszenierung geben Anlass zu Kritik, nicht aber grundsätzlich die Inszenierung von Unterricht als Lektion. Nun ist die Grundform der Lektion nicht das einzige didaktische Morphem.

---

49 E. Terhart: Lehr-Lern-Methoden. Eine Einführung in die Probleme der methodischen Organisation von Lehren und Lernen, Weinheim u. München 1989, S. 135, vgl. zum Folgenden ebd.; vgl. zum Frontalunterricht K. Aschersleben: Moderner Frontalunterricht. Neubegründung einer umstrittenen Unterrichtsmethode, 3. Aufl. 1987.
50 Reinmann-Rothmeier/Mandl: Wissensvermittlung: Ansätze zur Förderung des Wissenserwerbs, S. 476 ff.

1.2.2 Inszenierung des Unterrichts zur Aneignung von Können: das Morphem des Arbeitsunterrichts

Der Unterricht, in dem ein *Können* – es sei dahingestellt ob als handwerkliche Ausführung, als ästhetische Darstellung oder geistiger Arbeitsprozess – im Vordergrund steht, das angeeignet oder kultiviert wird, vollzieht sich nicht als Aneignung eines fertigen Wissensbestandes wie bei der Lektion, sondern indem, unterstützt durch das mäeutische Handeln der Lehrer/-innen, Problemlösungen ermittelt und dabei Kompetenzen gewonnen werden. Mit dem Können und den Kompetenzen ist zwar auch ein Wissen verbunden, grundlegender sind aber im Unterricht als Arbeitsprozess erstere. Dieser Unterricht – von Prange aufgrund seiner Wurzeln im Pragmatismus von Peirce und Dewey pragmatisches Modell genannt – ist in der Reformpädagogik als ›Arbeitsschule‹ oder ›Arbeitsunterricht‹ bekannt. Die klassischen reformpädagogischen Konzeptionen gehen auf J. Dewey,[51] G. Kerschensteiner[52] und H. Gaudig[53] zurück.

Die Aneignung eines Könnens und die von Kompetenzen wird durch sich stellende Probleme ausgelöst. Unterricht und Schule muss in Folge dessen »zu einer Lern-Umwelt werden, die wie außerschulisches Leben (...) ›Schwierigkeiten erzeugt‹ [und] ›echte Probleme aufwirft‹«.[54] Die Operation Aneignung zumuten wird dabei artikuliert wie eine Problemlösung oder wie eine Entdeckung: 1) Eine Schwierigkeit oder ein reales Problem ist zu lösen, z. B. ist bei Kerschensteiner ein Starenkasten zu bauen, in der Bibel ist – um im Beispiel zu bleiben – die Stelle 1. Kor. 13,3–5 aufzuschlagen beziehungsweise es entsteht die Frage, ob die Menschen einen freien Willen haben, oder ob Gott sie steuert (vgl. 6.5.3); 2) verschiedene Versuche zur Problemlösung werden von den Schülern/innen angestrengt, wobei die Lehrer/-innen nicht führend eingreifen, sondern ihrer eigenen Aktivität die »erforderliche Hemmungsenergie entgegensetzen«[55] müssen; 3) ein oder mehrere Versuche führen zur Lösung der Schwierigkeit und diese Versuche werden festgehalten; 4) die Schüler/-innen können nun die festgehaltene Lösung auf ähnlich Fälle anwenden, also 2. Tim 2,5 oder 1. Mose 12,1–3 in der Bibel finden. Der Unterricht wird gemäß dem »Schema von Problematisierung, Operationalisierung, Verifikation und Transfer«[56] artikuliert. »Problematisierung ist das Verfahren, scheinbare Lösungen und Antworten in die Fragen zurückzuver-

---

51 Vgl. J. Dewey: Demokratie und Erziehung, Braunschweig 1949, bes. S. 121–124.
52 Vgl. G. Kerschensteiner: Begriff der Arbeitsschule (1911), München u.a., 15. unveränd. Aufl. 1964, bes. S. 29 ff.
53 Vgl. H. Gaudig: Freie geistige Schularbeit in Theorie und Praxis, Breslau, 3. Aufl. 1923; ders.: Didaktische Präludien (1908), 3. Aufl. 1923, S. 142–159.
54 F. Bohnsack: John Dewey. In: H. Scheuerl (Hg.): Klassiker der Pädagogik, 2. Bd., München 1979, S. 85–102, hier S. 92 f.
55 H. Gaudig: Arbeitsgemeinschaft (Christliche Lebenslehre). In: R. Koerrenz/N. Collmar (Hg.): Die Religion der Reformpädagogen. Ein Arbeitsbuch, Weinheim 1994, S. 146–149, hier S. 148.

wandeln, die sie hervorgebracht haben« (S. 110). Bei unserem Beispiel, der Schwierigkeit die Abkürzung 1. Kor. 13,3–5 zu verstehen, verhalten sich Lehrer/-innen mäeutisch, wenn sie aus der Schwierigkeit ein zu lösendes Problem machen und erstere hierdurch nicht doktrinal, sondern mäeutisch lösen. »Mäeutisch ist nicht die Hilfe, die das Problem löst, sondern die Hilfe, die dem anderen einen Wink gibt, wie er selbst die Lösung findet« (S. 114), im Sinn von »Wo könnte eine Entschlüsselung dieser Abkürzung zu finden sein?« In Gaudigs freier geistiger Schularbeit wird den Schüler/-innen zugemutet, ein Können im Sinne von geistigen Arbeitstechniken[57] zu entwickeln, bei Kerschensteiners technisch-konstruktiver Handarbeit ein Können im Sinn von sachlicher Einstellung, die einen Inhalt so gut als möglich verwirklichen will, und die Selbstprüfung mit Hilfe des Produkts.[58]

Die dieser Bauform entsprechende Inszenierung des Raumes stellt statt des Lehrers den Inhalt in den Mittelpunkt und die Lehrer/-innen sitzen zwischen oder neben den Schüler/-innen. Die Driftzone der Schüler/-innen ist im Unterricht als Arbeitsprozess erweitert, da auf der Stufe der Operationalisierung sich die Schüler/-innen selbstständig um eine Problemlösung bemühen, Fehler und Holzwege der Schüler/-innen möglich sind und in der Phase der Verifikation didaktisch produktiv aufgenommen werden können. In der Erweiterungsstufe wird das »Arbeitsgespräch«[59] mit Hilfe von Problemfragen im Sinn von »Wie geht das? – Was kann man hier machen?« (S. 211) geführt. Im Arbeitsunterricht wird die Parallele zur »präsidialen Demokratie« (S. 194) gefunden. Lehrer/-innen können in diesem didaktischen Grundmodell nicht die zentrale Stellung des Monarchen einnehmen. Hier »ist der Lehrer primus inter pares« (ebd.), damit legt sich durch das Gegenüber des Themas ein partnerschaftliches Verhältnis nahe. Für Unterricht als Arbeitsprozess bietet sich auf der Erweiterungsstufe (Operationalisierung) z. B. das sokratische Gespräch, die Dilemmadiskussion aber auch der Gruppenunterricht als methodische Inszenierungen an. Der Gruppenunterricht verlangt von den Lehrer/-innen ebenso, sich zurückzunehmen. Die Ziele des Gruppenunterrichts fügen sich in der Phase der Operationalisierung in die arbeitsunterrichtliche Inszenierung bruchlos ein. Folgende Ziele des Gruppenunterrichts werden von Terhart[60] hervorgehoben:
– die Lenkungstätigkeit der Lehrer/-innen wird zugunsten einer höheren Beteiligung der Schüler/-innen zurückgenommen,

---

56 Prange: Bauformen des Unterrichts, S. 105; Gaudigs Artikulationsschema findet sich in ders.: Die Schule im Dienste der werdenden Persönlichkeit, Bd. I, Leipzig, 2. Aufl. 1922, S. 93 ff.
57 Vgl. Gaudig: Didaktische Präludien, S. 151 ff; ders.: Die Schule im Dienste der werdenden Persönlichkeit, S. 93 ff.
58 Vgl. Kerschensteiner: Der pädagogische Begriff der Arbeit. In: ders.: Begriff der Arbeitsschule, S. 29–62, hier S. 47 ff.
59 Prange: Bauformen des Unterrichts, S. 200.
60 Terhart: Lehr-Lern-Methoden, S. 153.

- die Selbstständigkeit des Denkens und Arbeitens wird durch die Freigabe des Lösungsweges gefördert,
- die Fähigkeit zu Kooperation wird mittels gemeinsam zu lösenden Probleme gefördert,
- an Mündigkeit orientierte demokratische Umgangsformen werden vorbereitet.

Um die im Gruppenunterricht erlebte Kooperation und die Umgangsformen ins Bewusstsein der Schüler/-innen zu heben, ist die von Prange vorgeschlagene Konfiguration der Inszenierungsformen notwendig, d.h. der Übergang in die Inszenierungsform des Erlebnisunterrichts (vgl. 1.2.3). Der Gruppenunterricht und die gelungene oder misslungene Kooperation der Schüler/-innen wird als gegebene Erlebnislage Ausgangspunkt des Erlebnisunterrichts.

In der neueren didaktischen Diskussion wird das Morphem des Arbeitsunterrichts als ›problemorientierter auf entdeckendes Lernen abzielender Unterricht‹[61] bezeichnet, wobei unter entdeckendem Lernen in der Regel »ein individuelles Nach-Entdecken bereits vorliegenden Wissens«[62] verstanden wird. Diese ›problemorientierenden Lernumgebungen‹,[63] zu denen der projekt- und handlungsorientierte Unterricht gehört, muten den Schüler/-innen ein aktives selbstgesteuertes Aneignen zu. Mit dem Begriff des entdeckenden Lernens wird die schon von Gaudig hervorgehobene Selbstständigkeit und Eigentätigkeit der Schüler/-innen hervorgehoben, die in Gaudigs anspruchsvoller Konzeption der freien geistigen Schularbeit »aus eigenem Antrieb, mit eigenen Kräften, auf selbstgewählten Bahnen, zu freigewählten Zielen«[64] erfolgen solle.

1.2.3 Inszenierung des Unterrichts zur Aneignung eines reflexiven Selbst- und Weltverständnisses: das Morphem des Erlebnisunterrichts

Wenn sich Unterricht doktrinal auf Wissen oder mäeutisch auf Können bezieht, so beziehen sich die Schüler/-innen dabei immer auch auf sich selbst. Neben diesem in jedem Unterricht mitgehenden Selbstbezug, stellt das hier vorzustellende dritte didaktische Morphem das Selbstverständnis der Schüler/-innen in den Vordergrund. Dieser Unterricht will Betroffenheit wecken oder zum Thema erheben. Prange spricht von Unterricht, in

---

61 Vgl. zusammenfassend Terhart: Lehr-Lern-Methoden, S. 142–150, bes. 149; H. Gudjons: Allgemeine Didaktik. Ein Überblick über die gegenwärtige Diskussion. In: JRP 18 (2002), S. 3–20, hier bes. 3 f. 10 ff; H. Neber (Hg.): Entdeckendes Lernen, Weinheim, 3. völlig überarb. Aufl. 1981.
62 Terhat: Lehr-Lern-Methoden, S. 142.
63 Vgl. Reinmann-Rothmeier/Mandl: Wissensvermittlung: Ansätze zur Förderung des Wissenserwerbs, S. 480 ff.
64 Gaudig: Freie geistige Schularbeit in Theorie und Praxis, S. XX.

dem vor allem ein *Wollen* thematisiert werde und der sich als Appell vollziehe. Dies von Prange Erlebnisunterricht genannte Morphem fokussiert darauf, wie der erlebte Inhalt die Schüler/-innen *betrifft* und wie dieser Bezug auf sich selbst *ausgedrückt* und hierdurch *verstanden* wird. Das Erleben hat aber nur auf der Einstimmungsstufe eine tragende Bedeutung, dem der Ausdruck und das Verstehen folge, daher kann die Namensgebung »Erlebnisunterricht« zum Missverständnis Anlass geben,[65] es gehe hier nur um Erleben und nicht auch um den Ausdruck und die Reflexion des Erlebens, also um Erfahrung.

Auch die gegenwärtige außerunterrichtliche Erlebnispädagogik hat neben dem Erlebnis auch Ausdruck und Reflexion inzwischen für ihre Konzeption wieder fruchtbar gemacht. Nachdem in einer ersten Phase der Reanimation der Erlebnispädagogik davon ausgegangen wurde, dass das Erlebnis für sich spreche und keiner weiteren pädagogischen Begleitung bedürfe, im Sinn von »The Mountains Speak for Themselves«,[66] wird in jüngster Zeit als notwendiger Teil des erlebnispädagogischen Handelns eine Reflexionsphase hervorgehoben, die als kognitive Verarbeitung oder im Sinn einer »metaphorischen Deutung«[67] des Erlebnisses angestrebt wird.

W. Diltheys Hermeneutik des Lebens mit ihrer prozessualen Struktur von Erlebnis, Ausdruck und Verstehen steht für die hier aufgenommene schulpädagogische und didaktische Inszenierung des Unterrichts als Erlebnis Pate. Prange bezieht sich demgegenüber auf W. Neubert,[68] einer Schülerin H. Nohls.

Nach Diltheys Hermeneutik sind im Erlebnis wie auch in dessen Reflexion »die Momente des Erkennens (Vorstellens), Bewertens (Fühlens) und Handelns (Wollens) zu einer strukturellen Einheit verbunden, die als solche die Struktur eines Gegenstandes oder Sachverhalts erschließt.«[69] Das Erleben deutet Dilthey als ein »Innewerden der ganzen seelischen Wirklichkeit in einer gegebenen Lage«.[70] Zum Gegenstand der Geistes- im Unterschied zu den Naturwissenschaften werden Inhalte nur, »sofern menschliche Zustände erlebt werden, sofern sie in Lebensäußerungen zum Ausdruck gelangen und sofern diese Ausdrücke verstanden werden« (S. 98, vgl. zum

---

65 Vgl. Diederich: Didaktisches Denken, S. 174; W. Neubert (Das Erlebnis in der Pädagogik, Göttingen, 3. Aufl. 1932, Nachdruck Lüneburg 1990) spricht daher vom »verstehenden Erlebnisunterricht« (S. 41) oder vom ›nacherlebenden Verstehen‹ (vgl. S. 74).
66 A. Reiners: Erlebnis und Pädagogik, München 1995, S. 60.
67 Vgl. ebd., S. 60–85.
68 W. Neubert: Das Erlebnis in der Pädagogik; zur Aufnahme und Interpretation von Diltheys Arbeiten durch die geisteswissenschaftliche Pädagogik, insbesondere durch die Schule H. Nohls vgl. U. Herrmann: Die Pädagogik W. Diltheys, Göttingen 1971, S. 24–57, insbes. 32 ff. Herrmann geht davon aus, dass Diltheys erst 1934 herausgegebenen pädagogischen Vorlesungen die Dilthey-Interpretation der Geisteswissenschaftlichen Pädagogik erst spät und dazu noch wenig beeinflusste.
69 M. Riedel: Einleitung. In: W. Dilthey: Der Aufbau der geschichtlichen Welt in den Geisteswissenschaften (1910), Frankfurt 1981, S. 9–80, hier S. 65.
70 Dilthey: Der Aufbau der geschichtlichen Welt in den Geisteswissenschaften, S. 269; die im Folgenden in Klammern gegebenen Seitenzahlen beziehen sich auf das hier angegebene Werk.

folgenden 98 f). Der Zusammenhang von (Er-)Leben, Ausdruck und Verstehen gilt zum einen für die jeweils aktuellen gestischen und verbalen Äußerungen von anderen Menschen, z. B. der Schüler/-innen oder der Lehrer/-innen, wenn diese mittels Selbstoffenbarung ihr eigenes (Er-)Leben zum Ausdruck bringen, zum anderen für geistige Schöpfungen in Form von bildnerischen oder schriftlichen Dokumenten oder Kunstwerken – Dilthey spricht hier wie auch beim nächsten Punkt von Objektivierungen menschlichen Erlebens –, zum dritten in gesellschaftlichen Einrichtungen (Recht, Brauchtum, Religion, Staatsform usw.), zum vierten auch für die Selbsterkenntnis, denn der Mensch wird sich selbst durch Leben und Verstehen in der Gegenwart inne und findet sich mit Hilfe von Erinnerung in der Vergangenheit. Die Trias Erleben, Ausdruck und Verstehen liegt der Selbsterkenntnis zugrunde: »nur seine Handlungen, seine fixierten Lebensäußerungen, die Wirkungen derselben auf andere belehren den Menschen über sich selbst« (S. 98 f). Die geisteswissenschaftliche Hermeneutik hat Prange über Neubert didaktisch erschlossen, wobei Selbsterkenntnis – so sei hier im Unterschied zu Prange hervorgehoben – mehr beinhaltet als Wollen und Appell, nämlich das Verstehen des Mensch*seins* und das seiner selbst. Hierin liege – so Herrmann – der Kern von Diltheys Bildungslehre, die »materialiter als ›der sich wissende Mensch‹ verstanden werden soll«[71] und der Kern der sich daran anschließenden geisteswissenschaftlichen Pädagogik mit ihrer zentralen Kategorie des Selbstverständnisses.

Wird aber eine Äußerung eines anderen Menschen – sei es ein Gedicht, eine Verhandlungsmitschrift, ein Gebäude, ein Drama, ein biblischer Psalm oder was auch immer – als Objektivierung von Erleben verstanden, wird z. B. der Zuschauer ganz in den Bann eines Dramas gezogen und »lebt ganz in der Handlung, ohne an den Verfasser des Stücks zu denken [...], dann wird sich in ihm voll ein Vorgang des Verstehens und Nacherlebens vollziehen«.[72] Nacherleben vollzieht sich, indem die einzelne, in einem Drama oder einem Gedicht geschilderte Lage oder Stimmung gewissermaßen gedanklich durch den Leser ergänzt und in einen Zusammenhang mit einer Person oder einer Handlung gebracht und so verstanden werde. Das Kunstwerk, die gesellschaftliche Einrichtung oder der Psalm werde als Ausdruck von Erleben interpretiert. Hierzu sei nun der Zusammenhang eigenen Erlebens notwendig. »Diese in der Verständnisaufgabe gegebene Verfassung nennen wir Sichhineinversetzen, sei es in einen Menschen oder ein Werk. Dann wird jeder Vers eines Gedichtes durch den inneren Zusammenhang in dem Erlebnis, von dem das Gedicht ausgeht, in Leben zurückverwandelt« (S. 263). Das Sichhineinversetzen ist Voraussetzung für das Nacherleben. »Nacherleben ist das Schaffen in der Linie des Geschehens« (S. 264). Geistige Inhalte werden zu einem bedeutenden Teil mit Hilfe des Nacherlebens angeeignet. Der Mensch kann hierbei – wie das folgende Beispiel Diltheys zeigt – die innere Determination seiner Person sowie seiner Zeit und Kultur überwinden. »Die Möglichkeit, in meiner eigenen Existenz religiöse Zustände zu erleben, ist für mich wie für die meisten heutigen Menschen eng begrenzt. Aber indem ich die Briefe und Schriften Luthers, die Berichte seiner Zeitgenossen, die Akten der Religionsgespräche und Konzilien wie seines amtlichen Verkehrs durchlaufe, erlebe ich einen religiösen Vorgang von einer solchen eruptiven Gewalt, von einer solchen Energie,

---

71 Herrmann: Die Pädagogik W. Diltheys, S. 215.
72 Dilthey: Der Aufbau der geschichtlichen Welt in den Geisteswissenschaften, S. 260 f; Dilthey hat im folgenden ein kurzes Kapitel dem Thema »Hineinversetzen, Nachbilden, Nacherleben« (vgl. S. 263 ff) gewidmet.

in der es um Leben oder Tod geht, daß er jenseits jeder Erlebnismöglichkeit für einen Menschen unserer Tage liegt. Aber nacherleben kann ich ihn. [...] Und so öffnet uns dieser Vorgang eine religiöse Welt in ihm und in den Genossen der ersten Reformationszeiten, die unseren Horizont in Möglichkeiten von Menschenleben erweitert, die nur so zugänglich wird. So kann der von innen determinierte Mensch in der Imagination viele andere Existenzen erleben« (S. 266f). Bildung vollzieht sich in dem »nacherlebenden Verstehen alles Menschlichen«,[73] wenn es die eigene Person erweitert. Verstehen ist für Dilthey damit nicht einfach eine Denkleistung, sondern es vollzieht sich in der »Totalität des Seelenlebens« (S. 269) als Erkennen, Wollen und Fühlen. »Das Verstehen ist ein Wiederfinden des Ich im Du (...) diese Selbigkeit des Geistes im Ich, im Du, in jedem Subjekt einer Gemeinschaft, in jedem System der Kultur, schließlich in der Totalität des Geistes« (S. 235) bildet die Grundlage für die Dialektik von Verinnerlichung (Bildung) und Objektivierung (Kultur) des Geistigen. Nacherleben und Verstehen der Objektivationen ist gleichsam der Kern der geisteswissenschaftlichen Bildungstheorie. Das »kunstmäßige Verstehen« dauernd fixierter Lebensäußerungen nennt Dilthey Auslegung (vgl. S. 267) und nacherlebendes Verstehen von Kultur und Religion wird zum auslegenden Unterricht.
Die Geisteswissenschaftliche Pädagogik nahm insbesondere Diltheys Begriff des Erlebens auf. »Der im Gegensatz zu Dilthey irrational gefärbte Erlebnisbegriff war der ›Kampfbegriff‹ dieser Bewegung, die sich von der alten Lernschule abzusetzen suchte: Lehre ist nichts, erleben alles.«[74]

Bei der Analyse von Diltheys Begriff des Erlebens und dessen pädagogischer Rezeption wurde deutlich, dass der Erlebnisunterricht nicht nur das Ethos und das Wollen sondern auch das Selbstverständnis und die Weltsicht und damit das Insgesamt von Erkennen, Wollen und Fühlen artikuliert. Implizit scheint auch Prange dies zu Grunde zu legen, wenn er davon ausgeht, dass das didaktische Morphem (Nach-) Erleben auf die Lernenden direkt zu geht und diese auffordert, »sich selbst zu zeigen«.[75] Die Grundform des Erlebnisunterrichts »ist die Aufforderung zur Stellungnahme, den eigenen Ort und die eigene Haltung zu bestimmen, also nicht in gelehrte Bemerkungen über den Text auszuweichen. (...) Appelle sind der Versuch, in das Selbstgespräch, das die Seele mit sich führt, hineinzusprechen (...) Sie zwingen nicht durch Gründe; sie fordern zum Mitgehen durch Vorangehen auf« (S. 149). Die Aufforderung kann – so wurde bei Dilthey deutlich – in mehrfacher Weise inszeniert werden: a) als eine Selbstoffenbarung der Lehrer/-in, b) durch Erlebnisse in und mit der Klasse, c) mit Hilfe von frei gewählten Erlebnissen aus der Vergangenheit der Schüler/-innen selbst und schließlich d) durch Mit- und Nacherlebtes bei der Interpretation von Literatur, Kunstwerken, Symbolen oder gesellschaftlichen Einrichtungen als Lebens- und Erfahrungsäußerung anderer Menschen. Nun geht es darum diesen Appell,

---

73 W. Dilthey: Das Erlebnis und die Dichtung (1906), Göttingen, 14. Aufl. 1965, zit. n. Herrmann: Die Pädagogik W. Diltheys, S. 170.
74 Herrmann: Die Pädagogik W. Diltheys, S. 35, mit Bezug auf P. Barth: Was hcißt Erleben? In: Verstehen und Bilden 1 (1926).
75 Prange: Bauformen des Unterrichts, S. 149; die im Folgenden in Klammern gegebenen Seitenzahlen beziehen sich auf das hier angegebene Werk.

der zumeist beiläufig, ungeplant und unbemerkt erfolgt, zu planen und zu artikulieren. Hierfür kann W. Diltheys Lehre vom ›Sichhineinversetzen‹ fruchtbar gemacht werden. Prange erläutert dies am laienhaften Verstehen eines Gedichtes. Der Leser als Laie und nicht der Sprachwissenschaftler »nimmt das Gedicht als Ausdruck eines Erlebnisses, und schließt vom Ausdruck auf das Erlebnis« (S. 150). Soll ein Schüler das Gedicht verstehen, so muss er die »Motive verstehen wollen und den Ausdruck auf diese Motive hin lesen; und richtig versteht er erst über Motividentifikation« (S. 151). Ein fröhlich gestimmtes Gemälde, ein Gedicht oder ein Lobpsalm wird als Ausdruck eines fröhlichen Menschen, ein Klagepsalm als Ausdruck eines traurigen gelesen und nicht als am Schreibtisch entworfen. Motividentifikation ereignet sich, wenn die Schüler/-innen sich mit den medial dar- oder real vorgestellten Personen identifizieren (Sichhineinversetzen), deren Erlebnisse in der Linie des Geschehens miterleben und sich mitfreuen oder mitweinen.

Luther hat in seiner Vorrede auf den Psalter diesen Zusammenhang bildhaft ausgedrückt: »Denn ein menschliches Herz ist wie ein Schiff auf einem wilden Meer, welches die Sturmwinde von den vier Enden der Welt umtreiben. (...) Was aber ist das meiste im Psalter als solch ein ernstliches Reden in solchen Sturmwinden? Wo findet man feinere Worte von der Freude, als die Lobpsalmen oder Dankpsalmen sie haben? Und wiederum: Wo findest du tiefere, kläglichere, jämmerlichere Worte von der Traurigkeit, als die Klagepsalmen sie haben? (...) Daher kommt es auch, daß ein jeder, in was für Sachen er auch ist, Psalmen und Worte darin findet, die sich auf seine Sachen reimen und ihm ebenso sind, als wären sie um seinetwillen so gesagt.«[76]

Artikuliert wird dieser Unterricht gemäß dem formalen Modell wiederum auf vier Stufen: »Auf der ersten Stufe geht es darum, eine gemeinsame Stimmung als thematisches Leitmotiv zu erzeugen (oder eine gegebene Erlebnislage aufzunehmen)«,[77] z. B. die erlebte Selbstpräsentation der Lehrer/-innen oder die erlebte Kooperation in der Gruppenarbeit. Diese Einstimmung kann bei medialer Präsentation von Motiven und Erlebnissen über ein Gedicht, eine Erzählung, ein Symbol oder ein Kunstwerk selbst wiederum einer kurzen Vorbereitung bedürfen, die Neubert als das Schaffen einer spezifischen Stimmung beschreibt,[78] die Einstimmung kann auch in einer mitgehenden Selbstoffenbarung der Lehrer/-innen bestehen. Auf der folgenden Stufe der Erweiterung ist aus dem (Nach- oder Mit-)Erlebten »eine gestalterische Aufgabe zu gewinnen, in der das, was gleichsam innen ist, nach außen gewendet und Ausdruck wird. Das ist die Stufe der Erweiterung als Selbstdarstellung und Gestaltung. Hier wird nicht ein Fremdes aufgenommen, sondern über das Hervorbringen bringt sich der Lernende sich gegenüber. (...) Schließlich ist noch das Ergebnis des so Hervorgebrachten und Dargestellten festzuhalten (Stufe der Besinnung), auszusagen und auszusprechen;

---

76 Zit. n. I. Baldermann: Die Bibel – Buch des Lernens, Göttingen 1980, S. 33.
77 Prange: Bauformen des Unterrichts, S. 151.
78 Neubert: Das Erlebnis in der Pädagogik, S. 27.

und den Schluß bildet eine neue Aufgabe, die das Gestaltete ergänzt und weiterführt oder die zu neuer Gestaltung motiviert.« (S. 151) Die vier Artikulationsstufen der Inszenierung von Unterricht als Erlebnis können nun als 1) Einstimmung und Darbietung von Motiven, Erlebnissen oder Erfahrungen, 2) Gestaltung und Darbietung der individuellen Stellungnahmen der Schüler/-innen (Ausdruck), 3) Besinnung (Verstehen), 4) reflexives und somit neues Selbstverständnis, neue Weltsicht oder Tataufruf identifiziert werden. Ohne die Einstimmung als Aufnahme eines Erlebnisses, Zeugnisses oder als ›Miterleben‹ eines medial in den Unterricht gebrachten Erlebnisses und Erfahrungen anderer Personen fehlt den folgenden Phasen die Basis.

Die diesem Modell in der Erweiterungsstufe bei der Darbietung der Stellungnahmen entsprechende Gesprächsform ist die »Aussprache«,[79] in der Gedanken, Gefühle und Eindrücke zum (Nach-) Erlebten geäußert werden. Die Schüler/-innen »sprechen sich in dem genauen Sinne aus, daß sie sagen, was sie empfinden, denken; wie ihnen ums Herz ist« (S. 142). Die Frage hat die Grundform »Wie geht es dir?« (S. 203), »Was sagst du dazu?« (S. 210). Die Äußerungen der Schüler/-innen vollziehen sich als Stellungnahmen, die notwendig einen Selbstbezug und somit eine Selbstoffenbarung mit sich bringen. Anstelle der Aussprache kann auch über das Verklanglichen eine musikalische, über das Zeichnen und Malen eine gestalterische, über das Rollenspiel eine szenische Stellungnahme gewählt werden. Die diesem Morphem entsprechende Raumstruktur ist die des Kreises, in dem die Gleichrangigkeit aller Expressionen gegenüber dem Erlebten und damit die »Gleichheit aller Beteiligten (…) sinnfällig wird« (S. 195), denn hier geht es nicht um Belehrung und auch nicht um experimentelles Umgehen mit einer Sache sondern um die Beeinflussung der Selbstdeutung, der Weltsicht und des Willens. »Keiner ist hier fertig; der Lehrer nicht, die Schüler nicht; aneinander lernen sie, und alles, was der Lehrer vielleicht voraus hat, ist eben dieses Gewährenlassen, damit nicht (…) der Appell zur Anordnung, die Aussprache zum Tribunal, der Selbstausdruck zum Exhibitionismus wird« (S. 158). Damit sind auch spezifische Gefährdungen des didaktischen Morphems ›Erlebnis‹ genannt.

1.2.4 Konfiguration der didaktischen Morpheme und unterrichtliche Handlungsformen

Die drei Morpheme der Inszenierung von Unterricht, Lektion, Arbeit und Erlebnis, bieten spezifische Inszenierungen für die Operation Aneignung zumuten, wobei jeweils eine Dimension des Bildungsprozesses Kopf (Wissen), Herz (Erlebnis) oder Hand (Können) operativ in den Vordergrund gestellt und inszeniert wird, während die beiden anderen gleichsam mitlau-

---

79 Prange: Bauformen des Unterrichts, S. 141; die im Folgenden in Klammern gegebenen Seitenzahlen beziehen sich auf das hier angegebene Werk.

fen. Alle Aneignungsprozesse beinhalten Momente des Wissens, Könnens und Selbstverständnisses. In den Morphemen der Inszenierung des Unterrichts übernimmt jeweils entweder das Wissen und die doktrinale Funktion, das Können und die mäeutische Funktion oder das Selbstverständnis und die appellative Funktion die Führung. Unterricht hat es dabei immer mit allen drei Dimensionen zu tun. Die Darstellung der drei Morpheme zeigte auf dem Hintergrund des formalen Artikulationsmusters drei idealtypische Modelle der Artikulation von Unterricht.

Deutlich wurde, dass die Inszenierungen spezifische Artikulationen, Lehr-Lern-Methoden, Raumstrukturierungen aber auch Rollenverständnisse der Lehrer/-innen ein- oder ausschließen. Erst durch die innere Stimmigkeit der jeweiligen Inszenierung von Unterricht lässt sich der Einsatz von Methoden und Medien passend zu den Inhalten, den Intentionen und zu der jeweiligen Phase bzw. Stufe des Unterrichts planen und beurteilen. Mit den didaktischen Morphemen und ihren Artikulationsmustern steht dem Lehrer – so Prange – »ein Repertoire von Gattungen für den Unterricht zur Verfügung. Von Fall zu Fall hat er zu entscheiden, welches Genus er anwenden will« (S. 159). Die vorherrschende schulpädagogische Dominanz der Lektion und des Frontalunterrichts ist damit nicht zu rechtfertigen.

Die didaktischen Morpheme werden – so Prange – mit Hilfe von »Figuren und geprägte Formen des Verhaltens« (S. 161) inszeniert, die hier schon am Beispiel des Gesprächs und der Frageformen in die Darstellung aufgenommen wurde. Die Figuren sind »zu verstehen als Gestaltungselemente von relativer Selbstständigkeit« (ebd.). Unter einer Figur des Unterrichts im Sinn Pranges ist also eine ›eingeschulte‹ Handlungsform der Schüler/-innen oder Lehrer/-innen, wie z. B. die Lehrer/-innenfrage oder -erzählung, der Impuls oder das Schüler/-innenreferat zu verstehen. Nun lässt sich auch Pranges Bestimmung der ›relativen Selbstständigkeit‹ dieser Handlungsformen erläutern. Dieselbe Geschichte kann im Unterricht von den Lehrenden gut oder miserabel erzählt werden. Darin liegt die Selbständigkeit der Lehrform Erzählen. Dieselbe Handlungsform, hier das Erzählen, kann sich aber zugleich nicht in unterschiedsloser Weise für jede Intention und für jedes der drei Morpheme des Unterrichts eignen. Sie kann ein besonderes Gepräge mit sich bringen, das sich nicht in jedes idealtypische Morphem und auch nicht in jeder Phase des Unterrichts ohne Schaden einfügen lässt. In der Bedingtheit durch ihre Umwelt (Morphem und Phase des Unterrichts) liegt die Relativität der Handlungsformen der Lehrer/-innen und Schüler/-innen. »Es gibt nicht ›die‹ Lehrerfrage und ›den‹ Impuls, nicht ›die‹ Erklärung und ›die‹ Ermahnung; es gibt sie nur in ihrer Funktion, ihrem Sinn oder ihrer Verfehltheit an einer bestimmten Stelle im Gang des Unterrichts« (S. 173 f).

Nun kann es nicht darum gehen, einem neuen Schematismus das Wort zu reden und dabei statt einem eben drei reine Modelle vorzustellen, sondern neben der Inszenierung des Unterrichts in einem reinen Morphem soll der Übergang von einem Morphem in ein anderes reflektierbar werden. Die Inszenierung eines Unterrichts mit einem bestimmten Inhalt über die Zeit mittels eines Methoden-, Sozialformen- und Medienwechsels (Pranges Figuren) kann als didaktisch reflektierte Kombination – Prange spricht von den »Konfigurationen im Unterricht« (S. 224–237) – erfolgen. Der bisher als ›Implikation‹ recht allgemein beschriebene Zusammenhang zwischen den von der Berliner Didaktik hervorgehobenen Strukturmerkmalen des Unterrichts wird präziser gefasst und über die Phasen des Unterrichts, das heißt über dessen Zeit hinweg reflektiert. Die Inszenierung des Unterrichts hängt nicht nur daran, dass Ziel, Inhalt, Methode und Medium zueinander passen, sondern auch daran, dass sie in ihrem Nacheinander passen, dass der Fortgang einer Stunde oder einer Unterrichtseinheit »in der Gesamtrichtung liegt und die gleichen Leistungen verlangt, die schon vorbereitet oder ausgeübt worden sind« (S. 228).

Ein Beispiel möge genügen: Die Inszenierung der Ausgangstufe im Rahmen des Erlebnismodells als Provokation und der sich auf der Erweiterungsstufe anschließende Wechsel zur Lektion mit einem Vortrag der Lehrer/-in mag jeweils einzeln für sich stimmig sein, aber auf ein provokatives Herausfordern der Schüler/-innen kann schwerlich ein Vortrag folgen. Die Provokation benötigt die Möglichkeit zur Reaktion.

Bei den Konfigurationen sind die Morpheme in ihrer Absicht und Struktur zu wahren, so kann es in einer als entdeckendes Lernen arbeitsunterrichtlich inszenierten Stunde notwendig werden, kurzzeitig auf das Lektionenmorphem auszuweichen, weil eine Sachklärung unabdingbar ist. Das Morphem Lektion wird dann mit seinen vier Schritten interpoliert: 1) Zielangabe und Feststellung des bisherigen Wissens, 2) Erweiterung des Wissens, 3) Festhalten des Neuen bevor gewissermaßen im 4) Schritt das für das entdeckende Lernen notwendige Wissen im weiteren Verlauf des letzteren angewendet wird. Das Erlebnismorphem müsste eingefügt werden, wenn der Inhalt den Schüler/-innen so fern ist, dass er nicht zum entdeckenden Lernen einlädt.

Die Stärken und Grenzen einer Theorie didaktischer Morpheme lassen sich damit benennen. Die Morpheme weisen zum einen auf alternative Formen des Unterrichts hin, die jeweils gut oder schlecht inszeniert werden können, zum anderen zeigen sie reflektierte Übergänge von einem Morphem in ein anderes und überwinden hierdurch je nach Unterrichtssituation didaktische Ratlosigkeit oder didaktischen Dogmatismus, zum dritten entwerfen sie einen offenen Rahmen, der mit didaktischem Handwerk oder didaktischer Kunst und Phantasie der Lehrer/-innen ausgefüllt werden muss. Zum vierten unterliegen auch sie der oben (Teil I, Kap. 2.3) dargestellten Theorie-Praxis-Relation einer Kunstlehre (Schleiermacher) und können somit als Theorie nur allgemeine Begriffe sein, bei denen die Art und Weise der Konkretisierung für einzelne Fälle nicht schon mitgegeben ist. Schulpädagogisches Handeln benötigt bei der Morphembildung in der Unterrichtsplanung (als Handeln in vorausgehender Absicht) Kreativität und im Unterricht selbst (als absichtliches Handeln) Intuition.

Die didaktischen Morpheme bieten zwar keine abschließbare Systematik für die Generierung und den Einsatz von Lehr-Lern-Methoden, aber sie ermöglichen erstens die Rückführung der Lehr-Lern-Methoden auf ihren didaktischen Entdeckungszusammenhang (Geschichte der Unterrichtsmethoden), zweitens wird ihr damit gegebenes didaktisches Gefälle und die in ihnen implizit enthaltene Intention (implizite Intentionalität der Lehr-Lern-Methoden) deutlich, drittens werden die Möglichkeiten und Grenzen der Methoden im Zusammenhang des aktuellen Unterrichts reflektierbar und viertens bieten sie für die Unterrichtsplanung Vermeidungsstrategien im Sinn von »das passt nicht …«. In einer Zeit, in der die Erneuerung, (Wieder-) Entdeckung und kreative Generierung von Unterrichtsmethoden im Vordergrund steht, bieten die Morpheme Ansätze zu einer kritischen Methodenreflexion.

Offen gelassen werden muss hier die Frage, ob neben den ausgehend von Pestalozzi und im Anschluss an Prange dargestellten drei Morphemen der Inszenierung von Unterricht weitere treten können, oder ob mit der Lektion (darstellendem Unterricht) und Wissen, mit dem Arbeitsprozess (entdeckendem, projektorientiertem Lernen oder Freiarbeit) und Können sowie mit dem Erlebnisunterricht (erfahrungsorientiert-verstehendes Lernen) und Selbstverständnis sowie Ethik eine geschlossene Systematik vorliegt,[80] die mit Hilfe von Konfigurationen weiter differenziert werden kann. Zu fragen ist zum einen, ob insbesondere Selbstverständnis und Weltsicht (Religion und Philosophie) einerseits und Ethos und Moral (Ethik) andererseits als zwei zu unterscheidende, wenn gleich auch sich überschneidende Bereiche unterschiedlich zu artikulieren sind. Zum anderen wird die abgeschlossene Trias von Pestalozzi (Kopf, Herz und Hand) und Prange (Wissen, Erlebnis und Können) nicht nur didaktisch, sondern auch anthropologisch und kognitionswissenschaftlich von der jüngst beginnenden Diskussion um das »imaginative Lernen«[81] und um die dahinterstehende Fähigkeit zu Imagination (Griechisch: φαντασία) und zum Vorstellungsdenken geöffnet. Deutlich wurde aber gerade in den beiden offenen Fragen, dass in der Didaktik die Theorie und kritische Diskussion der Morpheme der Inszenierung von Unterricht genauso behandelt wird wie die der Operation: stiefmütterlich.

---

80 Vgl. G. Geißler, der neben den drei genannten noch vier weitere Formen der ›Pädagogischen Bewegung‹ beschreibt; ders. (Hg.): Das Problem der Unterrichtsmethode in der Pädagogischen Bewegung, Weinheim u. a., 9. bearb. Aufl., leicht gekürzte u. überarb. Neuausgabe 1994.
81 Vgl. P. Fauser/E. Madelung (Hg.): Vorstellungen bilden. Beiträge zum imaginativen Lernen, Seelze 1996; I. Rentschler/E. Madelung/P. Fauser (Hg.): Bilder im Kopf. Kognitionswissenschaftliche Beiträge zum imaginativen Lernen, Seelze 2002; P. Fauser: Lernen und Imagination. In: G. Adam/R. Lachmann (Hg.): Methodisches Kompendium für den Religionsunterricht 2. Aufbaukurs, Göttingen 2002, S. 110–120.

1.3 Didaktisches und unterrichtliches Handeln der Lehrerinnen und Lehrer

Das Handeln der Lehrer/-innen wurde oben (vgl. I, 2.1) in zwei Handlungstypen differenziert. Von dem bewussten und vor der Ausführung geplanten ›Handeln in vorausgehender Absicht‹ wurde ein zwar absichtliches, aber nicht im Vorfeld geplantes Handeln abgehoben. ›Pädagogisches Handeln in vorausgehender Absicht‹ besteht aus einzelnen Handlungssequenzen (Zielentfaltung, Bedingungsanalyse, Abwägen von Alternativen, Handlungsentscheidung, Ausführung mit Feedback-Schleifen sowie der Reflexion). Die Planung des Unterrichts besteht aus den Sequenzen Zielentfaltung, Bedingungsanalyse, Abwägen der möglichen Alternativen und Handlungsentscheidung. Danach folgen die Sequenzen Handeln im Unterricht mit Feedback-Schleifen, Reflexion des Unterrichts und Beurteilen der Schüler/-innen.

1.3.1 Die Handlungssequenz der Planung und Vorbereitung des Unterrichts

1. Unterrichtsplanung hat die Aufgabe, die Zumutung der Aneignungsprozesse zu planen. Grundsätzlich wird Unterricht auf allen drei hier unterschiedenen schul- und religionspädagogischen Handlungsebenen geplant. Auf der Makroebene in Form der Studentafeln und Lehrpläne, auf der Mesoebene der einzelnen Schule mittels Beschlüssen des Kollegiums einer Schule oder Kooperationen unter Lehrer/-innen zum Zweck des fächerübergreifenden Lernens und Lehrens sowie auf der Mikroebene der Schulklasse.

Auf der Mikroebene bezieht sich das planende Handeln der Lehrer/-innen auf drei zeitliche Ebenen: die Jahresplanung, die die Inhalte und die Morpheme der Inszenierung von Unterricht auf ein Schuljahr verteilt (in der Terminologie von Schulz: Perspektivplanung),[82] die Planung einer Unterrichtseinheit (Schulz: Umrissplanung) sowie die Planung einer Unterrichtsstunde bzw. eines Projektes (Schulz: Prozessplanung). Bei ihrer Planung vollziehen die Lehrer/-innen eine »widerrufbare Selbstfestlegung«,[83] indem sie ein didaktisches Morphem durch eine spezifische Umweltvereinfachung (vgl. oben 3.1 und 4.1.2) inszenieren und die auf der Makro- und Mesoebene vorentschiedenen Umweltvereinfachungen akzeptieren oder entschlossen sind, diese zu revidieren. Unterrichtsplanung unter dieser strukturellen Perspektive betrachtet schließt mehr Inhalte, Morpheme,

---

82 Vgl. W. Schulz: Die lehrtheoretische Didaktik. In: H. Gudjons/R. Teske/R. Winkel (Hg.): Didaktische Theorien, Braunschweig, 2. Aufl. 1983, S. 28–45, bes. S. 36–43.
83 Diederich: Didaktisches Denken, S. 117.

Lehr-Lern-Methoden und Kommunikationsformen aus als ein. Eine solche Selektion ist aber bereits auf der Makro- und Mesoebene erfolgt, denn diese Ebenen können selbst als institutionalisierte Ein- bzw. Ausschlusserwartungen verstanden werden. Nun soll hier Folgendes hervorgehoben werden: Ein Lehrer kann »durch Negation einer Negation (Verlegung einer Grenze seines Ermessensspielraums) das zunächst ausgeschlossene wieder zulassen«[84] und die Planungsentscheidungen der Makro- und Mesoebene revidieren. Unterrichtsplanung unter der Perspektive des Ausschlusses zu thematisieren führt zu einer – so Diederich – »Vermeidungstechnologie«.[85] In der schulpädagogischen und didaktischen Literatur wird aber stärker die konstruktive Unterrichtsplanung thematisiert. Hier werden Jahrespläne, Unterrichtseinheiten und verschiedene Inszenierungsformen des Unterrichts erarbeitet und bei der Entscheidung für eine Alternative wird ein Arrangement im Sinn eines Unterrichtsentwurfs konstruiert.

Wird Bildung als Selbstbildung verstanden, so sind zum einen die Schüler/-innen mit zunehmendem Alter, zunehmendem Wissen, Können und erweitertem Selbstverständnis an der Unterrichtsplanung zu beteiligen, um den Grad der Selbstbestimmung im Unterricht zu maximieren. Zum anderen sind die möglichen Inhalte auch von den Schüler/-innen und ihrer Lebenswelt her didaktisch und nicht nur fachwissenschaftlich zu begründen. Unterrichtsvorbereitung hat es im Sinn »einer Doppelbewegung zwischen Schülern und Inhalten«[86] mit zwei grundsätzlich gegenläufigen Fragerichtungen und nicht nur mit zwei Fragen zu tun, einmal von den möglichen Inhalten zu den Schüler/-innen und dann von den Schüler/-innen hin zu möglichen Inhalten. Die Kategorie Aneignung betont besonders die Planungsprozesse von den Schüler/-innen zu den Inhalten.

1. Die klassische didaktische Fragerichtung lautet daher: wie kann ein möglicher Inhalt zum Thema der Schüler/-innen werden?
2. Die von den Schüler/-innen ausgehende Bewegung fragt dagegen: Wie kann ein Erlebnis, eine Erfahrung oder ein Thema der Schüler/-innen zum Inhalt des Unterrichts werden? Wie können die alltäglichen Erfahrungen und Erlebnisse der Schüler/-innen im (Religions-) Unterricht erarbeitet und weitergeführt, ausgedrückt und reflektiert werden? Welcher allgemeine Inhalt wird in ihnen deutlich (exemplarisches Lernen)? Diese Fragerichtung ist die Konkretion von Goßmanns ›Hermeneutik der Aneignung‹ (vgl. oben 6.3) und die Wendung der Didaktik und Religionsdidaktik zum Alltag[87] der Schüler/-innen.

---

84 Ebd., S. 117.
85 Ebd., S. 117.
86 F. Schweitzer: Zwischen Theologie und Praxis – Unterrichtsvorbereitung und das Problem der Lehrbarkeit der Religion. In: JR 7 (1991), S. 3–41, hier S. 24.
87 Vgl. H. Luther: Religion und Alltag. Bausteine zu einer praktischen Theologie des Subjekts, Stuttgart 1992, S. 184 ff.

Mit dem Begriff der Doppelbewegung wird ausgedrückt, dass in der Unterrichtsplanung jeweils beide Fragerichtungen durchschritten werden. Zur Darstellung der Doppelbewegung wird unten (1.4.1) das in Auseinandersetzung mit Klafkis[88] bildungstheoretischer und kritisch-konstruktiver Didaktik entwickelte religionsdidaktische Modell der Elementarisierung aufgenommen. Elementarisierung als Modell der Unterrichtsvorbereitung ist zwar »schulpädagogisch aufgeladen«,[89] wird aber bislang von der Schulpädagogik wenig beachtet. Um Doppelungen mit dem religionspädagogischen Teil B. zu vermeiden, wird eine Diskussion hier aufgeschoben.

Im Sinn einer zugleich bildungstheoretischen und dramaturgischen Didaktik und der exemplarischen Aneignung eines Inhalts, einer Fähigkeit oder eines individuellen Selbstverständnisses werde ich für das schulpädagogische Handeln in einer konkreten Schulklasse und für die konstruktive Prozessplanung folgende – wiederum Ausschlüsse beinhaltende – Maximen aufstellen:

1. »Wähle den prägnanten Fall«,[90] um den Inhalt oder das Erlebnis bzw. die Erfahrung der Schüler/-innen sinnenfällig im Unterricht zu vergegenwärtigen.
2. Vollziehe gedanklich die Doppelbewegung von den Schülern/-innen zu den Inhalten und von den Inhalten zu den Schülern/-innen nach.
3. Wähle, je nachdem ob das Wissen, Können oder reflexives Selbstverständnis in den Vordergrund des Prozesses der Aneignung treten soll, das geeignete Morphem und artikuliere es durch reflektierten Einsatz der Lehr-Lern-Methoden klar.
4. Plane um der individuellen Aneignung willen eine möglichst große Driftzone für die Schüler/-innen.

2. Die kommunikative Dimension des Unterrichts wird von der kritisch-kommunikativen Didaktik[91] nicht nur in ihrem Faktum hervorgehoben, sondern sie wird in ihrer Qualität unter der Zielperspektive einer möglichst weitest gehenden symmetrischen Kommunikation analysiert und für die Unterrichtsplanung fruchtbar gemacht. Die kommunikative Dimension

---

88 Vgl. W. Klafki: Studien zur Bildungstheorie und Didaktik, bes. S. 126–153; Ders.: Neue Studien zur Bildungstheorie und Didaktik, Weinheim u. a. 2. erw. Aufl. 1991, bes. S. 251–284; F. Schweitzer/K. E. Nipkow/G. Faust-Siehl/B. Krupka: Religionsunterricht und Entwicklungspsychologie, Gütersloh 1995, S. 144 f.
89 H.-U. Grunder: ›Elementarisierung‹ – schulpädagogisch aufgeladen, aber kaum beachtet. In: ZPT 52 (2000) H. 3, S. 262–275; der Begriff der Elementarisierung wird in den Fachdidaktiken diskutiert, aber in der Schulpädagogik bis auf wenige Ausnahmen vernachlässigt (vgl. Grunder S. 271 ff); zum religionsdidaktischen Modell der Elementarisierung vgl. F. Schweitzer: Elementarisierung als religionspädagogische Aufgabe: Erfahrungen und Perspektiven. In: ZPT 52 (2000) H. 3, S. 240–252 (Lit.).
90 Diederich: Didaktisches Denken, a. a. O., S. 245; vgl. hierzu Klafkis V. Frage der didaktischen Analyse, ders.: Die didaktische Analyse als Kern der Unterrichtsvorbereitung (1958). In: Ders.: Studien zu Bildungstheorie und Didaktik, S. 126–153, hier S. 140.

des Unterrichts ist dabei nicht einer zielunabhängigen Methode zuzuordnen, sondern sie hat selbst eine zentrale erzieherische Bedeutung. Sie geht davon aus, dass »der edukative Effekt des Unterrichts nicht *in* den Inhalten zu suchen ist, sondern sich *an* ihnen, im kommunikativen Durchsprechen der Inhalte, herausstellt.«[92] Die kommunikative Dimension des Unterrichts ist in der Unterrichtsplanung in doppelter Weise zu berücksichtigen. Zum einen – so wurde oben festgehalten – unterliegt unterrichtliches Handeln als Teil des schulpädagogischen Handelns der doppelten Kontingenz und ist insofern mit Risiken behaftet und mit Enttäuschungen verbunden. Die Planbarkeit des Unterrichts[93] wird

1. ethisch begrenzt aufgrund der Anerkennung der Schüler/-innen, die nur als Subjekte ihres Aneignens auch Objekte des Handelns der Lehrer/-innen sind;
2. faktisch begrenzt infolge der Schüler/-innen, die als Mit- und Gegenhandelnde prinzipiell überraschend reagieren können;
3. schulpädagogisch begrenzt durch die Öffnung des Unterrichts im Sinne zu erweiternder Mitwirkungsmöglichkeiten der Lernenden am Lernprozess (methodische Öffnung) sowie der Bestimmung der Inhalte im Kontext des Alltags sowie der Welt- und Gotteserfahrungen der Schüler/-innen (Fragerichtung von den Schüler/-innen aus) sowie der Diskussion um das gewissmachende Wahre (thematische Öffnung).

Die Grenzen der Planbarkeit des Unterrichts implizieren nicht, diese zu unterlassen, sondern Unterrichtsplanung ist zugleich

1. ethisch zu fordern, um gehaltvolle und abwechslungsreiche didaktische Morpheme der Inszenierung von Unterricht um der Schüler/-innen willen zu gestalten;
2. faktisch notwendig, um die Intentionen der Bildungspläne und der Lehrer/-innen anzustreben;
3. schulpädagogisch als »offener Prozess zu denken, aber als Ablauf von möglichen Unterrichtsschritten zu planen«.[94]

---

91 Vgl. zur kritisch-kommunikativen Didaktik die grundlegende Studie von K.-H. Schäfer/K. Schaller: Kritische Erziehungswissenschaft und kommunikative Didaktik, Heidelberg 2. verb. u. erw. Aufl. 1973; sowie R. Winkel: Die kritisch-kommunikative Didaktik. In: Gudjons/Teske/Winkel (Hg.): Didaktische Theorien, S. 79–93. Winkel versteht die kritisch-kommunikative Didaktik nicht als Gegensatz, sondern als »Ergänzung, Fortführung und Korrektur« der bildungstheoretischen Didaktik Klafkis und der lehrtheoretischen Didaktik von W. Schulz.
92 Schäfer/Schaller: Kritische Erziehungswissenschaft und kommunikative Didaktik, S. 183.
93 Vgl. zum folgenden K. Wegenast: Religionsdidaktik Sekundarstufe I, Stuttgart u. a. 1993, S. 62 f.
94 Ebd., S. 63.

Unterrichtsplanung hat eine antinomische Struktur, die reflexiv eingeholt zu werden verlangt. Die kommunikative Dimension des Unterrichts hat zum anderen Konsequenzen für die Planung des konkreten Arrangements, der Zeit- und die Sozialstruktur des Unterrichts.

3. Die strukturelle handlungstheoretische Schwierigkeit der Unterrichtsplanung haben Combe/Buchen in Form von hermeneutischen Fallrekonstruktionen, von Einzel-, Gruppen- und Experteninterviews sowie von Unterrichtsszenen[95] herausgearbeitet. Bereits die Festlegung auf eine Intention, sodann die Suche nach dem prägnanten Fall für den Inhalt und nach den geeigneten Morphemen wie auch der Schritt hin zum Handlungsentwurf ist geprägt durch Entscheidungen, deren rationale Begründung und Abgesichertheit aufgrund der Offenheit der pädagogischen Situation permanent und strukturell in Frage gestellt wird. Aus den *möglichen* Inszenierungsformen der Inhalte wird ein Handlungsentwurf konstruiert, dessen Folgen aufgrund der durch Subjekte konstituierten besonderen pädagogischen Beziehungspraxis nicht vollständig abgesehen werden können. Diese Entscheidungen sind trotzdem zwingend und bilden eine unhintergehbare Herausforderung und Belastung in der Planungsphase des unterrichtlichen Handelns. Zentral für die oft rational beschwerliche und emotional belastende Planung des Handlungsentwurfs ist, »daß alle diese Planungsentscheidungen strukturlogisch gesehen im Modus möglichen Handelns erfolgen, daß sie angesichts von Möglichkeitsspielräumen und schließlich von Festlegungen und einer gewissen Unwiederbringlichkeit verworfener Möglichkeiten getroffen werden. Genau darin liegt das Entscheidungsproblem des pädagogischen Handelns, das grundsätzlich nicht gelöst werden kann.«[96] Mit einem festgelegten Unterrichtsschritt werden nicht nur die direkten Alternativen verworfen, sondern es findet auch – wie bei der Darstellung der Morpheme für die Inszenierung von Unterricht deutlich wurde – eine Einengung des Möglichkeitsraumes der folgenden Unterrichtsschritte statt. Das Entscheidungsproblem kann immer nur handelnd bewältigt werden, wobei es sich beim nächsten Handlungsentwurf wieder neu stellt. Combe/Buchen charakterisieren diese »*Entscheidungsbelastung*«[97] im Prozess der Unterrichtsvorbereitung als ein Strukturelement schulpädagogischen Handelns.

Zwischen Unterrichtsplanung und Unterrichtsvorbereitung wird hier begrifflich unterschieden. Unterrichtsvorbereitung folgt nach der Unterrichtsplanung. In der Unterrichtsvorbereitung werden die für den Unterricht benötigten Materialien und Medien erstellt, die Bedingungen für die

---

95 Vgl. A. Combe/S. Buchen: Belastung von Lehrerinnen und Lehrern. Fallstudien zur Bedeutung alltäglicher Handlungsabläufe an unterschiedlichen Schulformen, Weinheim u. a. 1996, S. 11.
96 A. Combe: Der Lehrer als Sisyphus. Zur Theorie einer pädagogischen Handlungslehre – oder: Vom hohen Preis der schnellen Sicherheit. In: Pädagogik 4/1997, S. 10–14, hier S. 11.
97 A. Combe/S. Buchen: Belastung von Lehrerinnen und Lehrern, S. 277.

geplante Inszenierung werden realisiert, indem z.B. das Material für ein Rollenspiel bereitgestellt, ein naturwissenschaftlicher Versuch aufgebaut, ein Projekt vorbereitet oder Material für eine Wochenplan- oder Freiarbeit verfügbar gehalten wird.

Deutlich wurde, dass die handlungstheoretische Perspektive auf die Unterrichtsplanung zwar notwendigerweise didaktische Topoi und Positionen aufnimmt, sich aber nicht in ihnen erschöpft. Insbesondere wenn mit Hilfe von empirisch-qualitativen Verfahren das Handeln der Lehrer/-innen analysiert und auf seine Struktur hin interpretiert wird, ergeben sich die Didaktik weiterführende Ergebnisse. Auf der Mikroebene durchläuft die Unterrichtsplanung der Lehrer/-innen mehrere Sequenzen des Handelns in vorausgehender Absicht: Zielentfaltung, Bedingungsanalyse, Abwägen von Handlungsalternativen und Entscheidung für einen Handlungsentwurf. Dabei werden allgemeine Ziele, Morpheme und Methoden für eine spezifische Situation kreativ konkretisiert und nicht einfach angewendet.

1.3.2 Die Handlungssequenz der Durchführung von Unterricht

Während im vorhergehenden Absatz bei der Unterrichtsplanung die Inhaltsdimension des Unterrichts an erster Stelle stand, soll bei der Durchführung von Unterricht mit der kommunikativen Dimension begonnen werden.

1. Wenn das didaktische Handeln der Lehrer/-innen Unterricht inszeniert, um Schüler/-innen die Aneignung von Wissen, Können und reflexivem Selbst- und Weltverständnis zuzumuten, so ist unterrichtliches Handeln aufgrund der Beziehung zu den Lernenden konstituiert. Unterrichten ist als ›Arbeit mit und an Menschen‹ immer auch Arbeit in Beziehungen und somit ein personales Geschehen. Diese Arbeit in und an Beziehungen zu Kindern und Jugendlichen ist als soziales Handeln und damit als wechselseitiges Handeln zu verstehen. Als solches ist unterrichtliches Handeln immer mit Risiken behaftet und mit Erwartungsenttäuschungen verbunden. Die Inszenierungen von Unterricht haben daher trotz der grundsätzlichen Wiederholbarkeit und dem Repertoire geprägter Morpheme zugleich auch den Charakter der Einmaligkeit und fordern vom Lehrer eine Offenheit im Blick auf die erwarteten (Re-) Aktionen der Schüler und die anderen Unsicherheitsursachen.[98] Aneignung zumuten im Unterricht als Handeln an und

---

[98] Hier ist an eine unhintergehbare unterrichtliche Unsicherheit gedacht, die vom Kommunikationspartner und seinen letztlich unvorhersehbaren Reaktionen ausgeht. Hiervon zu unterscheiden sind Unsicherheiten, die durch didaktische Arrangements von erfahrenen Lehrern reduziert werden können. Vgl. zu diesem Problem der Unsicherheit z.B. R. Floden/C. Clark: Lehrerausbildung als Vorbereitung auf Unsicherheit. In: E. Terhart (Hg.). Unterrichten als Beruf. Neuere amerikanische und englische Arbeiten zur Berufskultur und Berufsbiographie von Lehrern und Lehrerinnen, Köln 1991, S. 191–210.

in Beziehungen macht es notwendig, den Charakter dieser Beziehung ins Bewusstsein zu heben.

Dobrick/Hofer gehen zunächst von der Annahme aus, dass ein »Individuum einen Impuls zum Handeln nur dann erfährt, wenn es unzufrieden ist, genauer wenn es eine merkliche Diskrepanz zwischen dem Ist- und dem Sollzustand kogniziert«.[99] Handeln will eine Wirkung erzielen. Die Lehrer/-innen handeln jedoch im Unterricht auch dann, wenn sie hinsichtlich der Lernleistung keine Ist-Soll-Diskrepanz feststellen. Die oben schon aufgenommene handlungstheoretische Frage nach der Verursachung von Handeln stellt sich hier auf der Ebene des Unterrichtes neu. Die individuelle Intention der Lehrer/-innen, ein Mithandeln der Schüler/-innen (Aneignung) zu bewirken, kann ihr Handeln nicht verursachen, da das Ziel bereits erreicht ist. Die Institutionalisierung und Verberuflichung pädagogischen Handelns zog eine besondere Situation nach sich: schulischer Unterricht, in dem Lehrer/-innen nicht die Wahl zwischen Interaktion und Nicht-Interaktion d.h., zwischen Handeln und Nicht-Handeln haben. Daraus ist zu schließen, dass, wenn im Kontext der Schule das unterrichtliche Handeln begonnen hat, es nicht im Ermessensspielraum der Lehrkraft liegt, dieses abzuschließen. Die Verursachung des konkreten Lehrer/-innenhandelns beruht auf dem Ineinander von individuellen Intentionen und Institution. Deutlich wird, dass »Unterrichten ein zwangsläufiges Handeln- und Interagieren-Müssen darstellt«.[100] Im Folgenden wird die Interaktionsstruktur, in der Unterrichten sich vollzieht, in knapper Weise dargestellt:[101]

1. Da Unterricht in der Regel mit Schulklassen und nicht mit Einzelnen stattfindet, liegt eine unübersichtliche und intransparente Situation vor. Lehrer/-innen haben es gleichzeitig mit vielen Schülern zu tun und wissen zugleich über die einzelnen Schülerinnen und Schüler, über deren Vorwissen, deren Schwierigkeiten bei der Bearbeitung einer Aufgabe und deren Motivation wenig. Dies gilt es nicht nur resignierend zu konstatieren, vielmehr sind zum einen die hermeneutischen Fähigkeiten der Lehrer/-innen hinsichtlich der Äußerungen der Schüler/-innen sowie deren dahinterliegende kognitive Schemata zu erweitern, um Klarheit über die bisherigen Vorstellungen und Erfahrungen der Schüler/-innen zu gewinnen. Zum anderen kann mittels einer Öffnung des Unterrichts und einer breiten Driftzone der Heterogenität der Schüler/-innen entsprochen werden.

---

99 M. Dobrick/M. Hofer: Aktion und Reaktion. Die Beachtung des Schülers im Handeln der Lehrer, Göttingen u. a. 1991, S. 156.
100 Ebd., S. 157.
101 Vgl. zum folgenden: D. Wahl: Handeln unter Druck. Der weite Weg vom Wissen zum Handeln bei Lehrern, Hochschullehrern und Erwachsenenbildnern, Weinheim 1991, S. 8 ff; F.-O. Radtke: Wissen und Können. Die Rolle der Erziehungswissenschaft in der Erziehung, Opladen 1996, S. 63 ff; B. Rudow: Die Arbeit des Lehrers. Zur Psychologie der Lehrertätigkeit, Lehrerbelastung und Lehrergesundheit, Bern u. a. 1994, S. 23 ff.

2. Wenn »Unterricht vornehmlich *gestörter* Unterricht ist«,[102] dann ist unterrichtliches Handeln der Lehrer/-innen vornehmlich gestörtes Handeln.

Der Begriff Unterrichts*störung* wurde bisher zugunsten des Begriffs ›Konflikt‹ vermieden, da Störung den Blick primär auf die Störenden richtet, während Konflikt immer beide ›Konfliktpartner‹ sichtbar macht. Statt Unterrichtsstörungen werden in schulpädagogischen und pädagogisch-psychologischen Arbeiten[103] Lehrer-Schüler-Konflikte thematisiert. Bei Konflikten wird zumeist ihre negative Seite wahrgenommen. »Konflikte unterbrechen auf jeden Fall die Ordnung und beeinträchtigen die produktive Leistung in Systemen (...) schlimmstenfalls führen sie zur Spaltung und Zerstörung des Systems«.[104] Aber ein Konflikt kann auch »das Funktionieren des Systems als Ganzes«[105] verbessern.

Unterrichtliches Handeln muss von Konflikten als eine seiner Bedingungen und der möglichst aufzuklärenden emotionalen Verstrickung in diese ausgehen und zugleich die in den Konflikten liegenden Chancen erkennen.

3. Die im Verhältnis zur einzelnen Lehrperson große Zahl der Schüler/-innen, die alle von reger Mitarbeit über Abwehr der ihnen zugemuteten Aneignung bis hin zu konfliktfördernden Störungen zwischen verschiedenen Handlungsvarianten wählen können, macht den Interaktionsverlauf im Unterricht zu einem unvorhersehbaren Geschehen. Unterrichten als kommunikatives, am Ziel der Enkulturation und Individuierung sich orientierendes Handeln vollzieht sich in Reaktion auf die unterschiedlichen Handlungen der Schüler in der »labilen Kombination von Anregung, Unterstützung, Verpflichtung und situativem Zwang«.[106] Dies wird durch die Komponenten des Begriffs der Zumutung zum Ausdruck gebracht.

4. Die im Unterricht jeweils vorliegende soziale Situation ist nicht Teil einer monokausalen Wirkungskette, die sich aus der vorhergehenden Unterrichtssequenz direkt ergibt und sodann wiederum Voraussetzung für die folgende Handlung ist. Die Schüler/-innen als Mithandelnde gewinnen überraschende Einsichten, es entstehen neue Probleme sowie andere als geplante Anschlüsse. Die einzelne Unterrichtssequenz ist keine statische Bedingung des Lehrerhandelns, sondern Unterricht entwickelt sich während des Handlungsverlaufs in »eigendynamischer Weise bzw. besitzt

---

102 Winkel: Die kritisch-kommunikative Didaktik, S. 82.
103 Vgl. G. Becker: Lehrer lösen Konflikte, München u. a. 1981; K. Singer: Lehrer-Schüler-Konflikte gewaltfrei regeln, Weinheim 1988; D. Wahl/F. E. Weinert/G. L. Huber: Psychologie für die Schulpraxis, München 1984, S. 431–463.
104 A. Thomas: Grundriß der Sozialpsychologie, Bd. 2: Individuum, Gruppe, Gesellschaft, Göttingen u. a. 1992, S. 118
105 Ebd.
106 H. J. Apel/H.-U. Grunder: Die Schulpädagogik – Selbstverständnis, Entstehung, Schwerpunkte schulpädagogischen Denkens. In: Dies. (Hg.): Texte zur Schulpädagogik, Weinheim 1995, S. 7–34, hier S. 31.

(…) eine akteurunabhängige Dynamik«.[107] Unterricht ist aufgrund dieser Dynamik nicht vollständig im Unterrichtsentwurf vorwegnehmbar und planbar.

5. Unterrichtliches Handeln kann – so habe ich bereits oben zum pädagogischen Paradox (I, 1.4 und I, 1.5) ausgeführt – symmetrische Kommunikation nicht voraussetzen, sondern muss selbst die Bedingungen hierfür ermöglichen und die Fähigkeiten der Schüler/-innen entwickeln. Daher vollzieht es sich bei Kindern oder in noch weitgehend den Schüler/-innen unbekannten Inhaltsgebieten als »stellvertretende Entscheidungen und behutsame Partizipationen«,[108] um dann »über das regressiv-komplementäre Agieren, also die Zurücknahme autoritärer Verhaltensweisen (…) so viel und so oft wie möglich symmetrisches (…) Handeln«[109] zu realisieren. Die Grundoperation ›Aneignung zumuten‹ mit ihren Komponenten Ermutigung, Zutrauen und Verlangen ist unter der Perspektive der Symmetrisierung der Kommunikation als Teil des humanen Dialogs der Generationen gehalten, das Verlangen schrittweise zurückzunehmen. Wobei realistischerweise davon auszugehen ist, dass die Zumutung von Aneignung immer wieder auf die nötigende Fremdaufforderung zurückgreifen muss.

6. Unterrichten vollzieht sich als ein interaktionales Handeln. Dabei ist – so H. Schuh – »die Frage nach *dem* [einen, N. C.] Verhaltensmuster für einen optimalen Unterricht zu naiv gestellt«.[110] Folgende Merkmalsdimensionen der unterrichtlichen Interaktion können kombiniert werden und sind jeweils im Rahmen eines der Morpheme für eine kritische Analyse zur Anwendung zu bringen.

Emotionale Dimension:
Wertschätzung, Wärme, Zuneigung – Geringschätzung, Kälte, Abneigung
Es geht um das Klassenklima, das im Prozess der wechselseitigen Interaktionen zwischen Lehrer/-in und Schüler/-in, Lehrer/-in und ganze Klasse sowie Schüler/-in und ganze Klasse entsteht.

Lenkungsdimension:
Dirigismus, strikte Lenkung – keine Steuerung durch Lehrende
Beide Pole scheinen bei ihrer jeweiligen Absolutsetzung für den Lernprozess der Schüler/-innen ungünstig zu sein.

Dimension der anregenden Aktivität und Lernumgebung:
geringe Driftzone – große Driftzone der Schüler/-innen
offene Fragen, Impulse, Steuerungshilfen für einen Gedankengang, Ordnung und Integration der Aktivität der Schüler/-innen.

7. Unterrichten verlangt von den Lehrer/-innen sowohl die Verwirklichung ihres didaktischen Zieles, die Schüler/-innen in mit Lernmöglichkeiten

---

107 Wahl: Handeln unter Druck, S. 10.
108 Winkel: Die kritisch-kommunikative Didaktik, S. 83.
109 Ebd., S. 83.
110 H. Schuh: Der Beitrag der Interaktionsanalyse. In: G. Stachel: Die Religionsstunde – beobachtet und analysiert, Zürich u. a. 1976, S. 21–35, hier S. 22; vgl. zum folgenden S. 22 ff.

gesättigte Situationen zu bringen und Aneignungsprozesse anzuregen, zu ihnen zu ermutigen und diese zu unterstützen, wie auch gleichzeitig die Verwirklichung des kommunikativen Zieles, positiv gefärbte Kontakte mit den Heranwachsenden zu pflegen und symmetrische Kommunikationsformen zu ermöglichen. Die Gleichzeitigkeit der verschiedenen Zieldimensionen soll hier als »Multiintentionalität«[111] des Unterrichts bezeichnet werden.

Unterrichten als institutionalisiertes kommunikatives Handeln vollzieht sich in einer unübersichtlichen, intransparenten und eigendynamischen Situation mit einem grundsätzlich unvorhersehbaren und häufig konfliktträchtigen oder konfliktären Interaktionsverlauf und einer Multiintentionalität.

2. Die Durchführung von Unterricht erschöpft sich nicht in der kommunikativen Dimension. Die didaktische Dimension der Inhaltserschließung bestimmt die Handlung ›Unterrichten‹ grundlegend. Hierzu gehört, die im Morphem geplanten Unterrichtsschritte auszuführen, Inhalte eventuell über Medien zu präsentieren, Raum, Zeit und Kommunikation zu strukturieren, damit der Inhalt zum Thema der Schüler/-innen oder das Thema der Schüler/ innen zum Inhalt des Unterrichts wird und diese sich ihn aneignen. Das unterrichtliche Handeln der Lehrer/-innen muss dabei – so Klafki einen reformpädagogischen Grundsatz aufnehmend – »an den jeweils erreichten psychomotorischen, kognitiven, ästhetischen, sozialen, moralischen Entwicklungsstand des Lernenden, an seine Interessen, seine Sicht- und Umgangsweisen mit Sachverhalten und Problemen anknüpfen«[112] oder – so sei hinzugefügt – von diesen ausgehen. In einer pluralisierten Gesellschaft sind dabei die aufgrund verschiedener Milieus strukturierten Alltagserfahrungen und Neugierausprägungen der Heranwachsenden im Unterrichtsprozess zu berücksichtigen. Zugleich gibt es »eine erschlichene, eine trügerische Vertrautheit und Nähe zu den in der Schule gelehrten Inhalten. Sie unterschlägt die abgründige Andersheit – sie macht sie unspürbar.«[113] Schulpädagogisches Handeln soll nicht nur die Alltagserfahrungen der Heranwachsenden im Unterricht berücksichtigen und didaktisch gut aufbereitete Informationen weitergeben, sondern zugleich die »Schüler in die Verzweiflung der Unwissenheit«[114] stürzen. Die Fremdheit einer Sache sollte nicht wegdidaktisiert werden, sondern umgekehrt sollten Lehrer/-innen einen »Pakt mit der Fremdheit«[115] schließen, deren Fehlen führt zu Ver-

---

111 Ebd., S. 9.
112 W. Klafki: Exemplarisches Lehren und Lernen. In: Ders.: Neue Studien zu Bildungstheorie und Didaktik, S. 141–161, hier S. 146.
113 H. Rumpf: Mit fremdem Blick. Stücke gegen die Verbiederung der Welt, Weinheim 1986, S. 12.
114 Ebd., S. 17.
115 Ebd.

trautheit und Langeweile. Schulpädagogisches Handeln sollte die »Spannung zwischen dem Anspruch der Sache und der Ansprechbarkeit der Subjekte aushalten, ohne das eine dem anderen zu opfern.«[116] Diese letztlich gegenläufigen Anforderungen bringen die paradoxale Struktur des Lehrer/-innenhandelns im Unterricht zum Vorschein. Schulpädagogisches Handeln hat eine antinomische Struktur.

Fend hat daneben Bedingungen für guten Unterricht formuliert. Unterricht besteht in einer »systematischen inhaltlichen Strukturierung, in der die Begriffe klar, die Beziehungen deutlich und die Sachverhalte durchschaubar sind. (...) Es geht um Einsichten und um ein vertieftes Verständnis komplexer Sachverhalte. Der Schüler ist aktiv am Lernprozess beteiligt, er empfindet sich als ›Herr seines Tuns‹. Daneben ist guter Unterricht methodisch abwechslungsreich, er enthält wenig Leerlauf und bezieht möglichst alle Schüler ein. Guter Unterricht enthält zudem die Konzentration auf das Wesentliche, er vermeidet unnötige Abschweifungen, baut aber auch Erholungsphasen ein.«[117]

Die oben in der kommunikativen Dimension des Unterrichts entfaltete intransparente und eigendynamische Struktur liegt auch der didaktischen Dimension des Unterrichts zugrunde. Auch die Inhalte werden, nachdem sie von Lehrplankommissionen und von den Lehrer/-innen *vor* dem Unterricht geplant wurden, von den Schüler/-innen und Lehrer/-innen *im* Unterrichtsprozess selbst nochmals konstituiert.[118] Combe/Buchen heben neben der Entscheidungsbelastung eine »*situationsspezifische Gegenstandskonstitution*«[119] als weiteres Strukturmerkmal des unterrichtlichen Handelns der Lehrer/-innen hervor. Aneignung zumuten vollzieht sich im Unterricht als Vorgabe und als auf die Konstitution und Aneignung des Inhalts durch die Schüler/-innen reagierendes Handeln. Hierbei müssen die Bedeutsamkeit und Plausibilität der Inhalte von den Lehrer/-innen im laufenden Unterrichtsprozess unter zeitlichem Druck »immer wieder neu kreiert werden«.[120]

Im Unterrichtsprozess selbst gewinnt sowohl bei der kommunikativen wie auch der didaktischen Dimensionen des einen Interaktionsverlaufs neben dem ›Handeln in vorausgehender Absicht‹ auch das ›absichtliche Handeln‹ große Bedeutung. Im Anschluss an Neuweg wurde die Normalform des ›absichtlichen Handelns‹ erfahrener Lehrer/-innen im Unterrichtsprozess als »intuitiv-improvisierendes Handeln«,[121] das eng mit der Person

---

116 H. Rumpf: »40 Schultage – Tagebuch eines Studienrats«. Dreißig Jahre danach. In: E. Liebau u.a. (Hg.): Das Gymnasium. Alltag, Reform, Geschichte, Theorie, Weinheim u.a. 1997, S. 69–80, hier S. 80.
117 Fend: Qualität im Bildungswesen, S. 348.
118 Vgl. zu dieser 3. Themenkonstitution G. Faust-Siehl: Themenkonstitution als Problem von Didaktik und Unterrichtsforschung, Weinheim 1987.
119 Combe/Buchen: Belastung von Lehrerinnen und Lehrern, S. 277.
120 Ebd., S. 278.
121 G. H. Neuweg: Lehrerhandeln und Lehrerbildung im Lichte des Konzepts des impliziten Wissens. In: ZfPäd 48 (2002), H. 1, S. 10–29, hier, S. 12.

verbunden scheint, charakterisiert. Dies dominiert auch die subjektive Wahrnehmung der Lehrer/-innen selbst. Herrmann/Hertramph bilanzierten ihre Pilotstudie, die auf 64 mehrstündigen problemzentrierten Interviews und (Gruppen-) Diskussionen mit Lehrer/-innen basiert,[122] mit einem für sie selbst überraschenden Ergebnis: »Denn obwohl von berufsgeschichtlich kumulativen Lernprozessen und situativen Lernanlässen die Rede war, wird der eigene Berufserfolg und die eigene Berufszufriedenheit *nicht* einem Prozeß zunehmender Professionalisierung und zunehmender fachmännischer Expertise zugeschrieben, sondern dem Faktor ›Persönlichkeit‹«.[123] Aus der Sicht der Lehrer/-innen entscheidet die Persönlichkeit über ihr professionelles Handeln und damit darüber, ob der Beruf gut ausgeübt werden kann oder nicht. Gelingendes unterrichtliches Handeln wird dem Faktor Person zugeschrieben, der die Basis für »die affektiv positive Besetzung der Kommunikation zwischen Lehrer und Schüler [ist]; denn diese erzeugt allererst Aufmerksamkeit und Lernbereitschaft auf Seiten der Schüler«.[124] Für die interviewten Lehrer/-innen kann daher davon ausgegangen werden, »dass das Ineinander und das Insgesamt von Kompetenzen und Persönlichkeitsdimensionen bzw. -strukturen in der Regel analytisch nicht zugänglich gemacht und weder professionstheoretisch noch handlungsstrategisch aufgearbeitet wurde.«[125]

Eine Reflexion des Unterrichtsprozesses ist daher doppelt notwendig: zum einen für ein einigermaßen begründetes Anschlusshandeln, somit bildet die Reflexion des vergangenen Unterrichts die Grundlage für den nächsten entscheidungsbelasteten Handlungsentwurf und zum anderen für eine differenzierte Selbstwahrnehmung der handelnden Lehrer/-innen selbst.

1.3.3 Die Handlungssequenz Unterricht reflektieren, archivieren und Schüler/-innen beurteilen

Am Ende einer Unterrichtsstunde oder Unterrichtseinheit ist die Reflexion des vergangenen Unterrichts für die Qualität des kommenden Unterrichts bedeutsam. »Lehrerinnen und Lehrer, die gelungenen Unterricht machen, bereiten meist ihre Erfahrungen sorgfältig auf und archivieren diese teilweise.«[126] Die Reflexion bezieht sich sowohl auf die Planung, Vorbereitung und Durchführung des Unterrichts auf Seiten der Lehrer/-innen (1.) wie auch auf das Handeln und Verhalten der Schüler/-innen (2.) und schließt grundsätzlich die Beurteilung beider mit ein. Hinzu kommt die Archivie-

---

122 Vgl. U. Herrmann/H. Hertramph: Reflektierte Berufserfahrung und subjektiver Qualifikationsbedarf ... In: Jahrbuch für Lehrerforschung 1 (1997), S, 139–163, hier bes. S. 145 ff.
123 Ebd., S. 155.
124 Ebd., S. 154 f.
125 Ebd., S. 154.
126 Bauer/Kopka/Brindt: Pädagogische Professionalität und Lehrerarbeit, S. 154.

rung des Unterrichts (3.) als eines Teiles der Hintergrundarbeit der Lehrer/-innen.

1. Die Reflexion des unterrichtlichen Handelns der Lehrer/-innen kann entsprechend dem allgemeinen Handlungsmodell mittels eines Vergleichs von Handlungsentwurf und Handlungsergebnis geschehen, um so eine eventuell notwendige Korrektur des sich anschließenden Unterrichts zu ermöglichen. Sie darf nun nicht hinter die bisherigen Einsicht in die Subjekthaftigkeit des Lernens zurückfallen. Für die Reflexion des unterrichtlichen Handelns der Lehrkräfte werden im Folgenden vier Perspektiven vorgeschlagen:

1. Beim Unterrichten als einem gegenstandsorientierten sozialen Handeln ist in die Unterrichtsreflexion auch die Planung einzubeziehen. Für die Lehrer/-innen stellt sich nicht nur die Frage, ob die Durchführung des Unterrichts sein Ziel erreicht hat, sondern auch, ob nicht bereits der Handlungsentwurf an den Schüler/-innen oder am Inhalt vorbei konzipiert wurde.
2. Für die Durchführung des Unterrichts als Inszenierung einer Lernsituation stellt sich die Frage, ob die Aneignung der Schüler/-innen mit Hilfe von Ermutigung, Zutrauen und Verlangen angeregt und ermöglicht wurde, damit diese die Lernziele erreichen konnten. Wurde der Gegenstand entsprechend ihrem derzeitigen Entwicklungsstand und ihrer Erfahrungswelt durch die Heranwachsenden im Unterrichtsprozess konstituiert und *zugleich* durch die Lehrenden in seiner Sperrigkeit und Fremdheit zugemutet, wurde ermutigt die Fremdheit wahrzunehmen, zugetraut diese auszuhalten und verlangt sich an ihr abzuarbeiten. Gelang es bei Überraschungen im Unterrichtsprozess diese mittels der Konfiguration der Morpheme didaktisch zu bearbeiten? Gefragt wird hier nach der Effektivität des Unterrichts im Sinn eines Lernfortschritts der Schüler/-innen oder einer Übung und Festigung schon vorhandener Fähigkeiten und Fertigkeiten.
3. Bei der Reflektion von Unterricht wird die kommunikative Dimension häufig zugunsten der Effektivität vernachlässigt. Zu reflektieren sind aber auch die Kommunikations- und Beziehungsqualitäten des Unterrichts (seine Prozessqualität) und damit auch seine möglichen erzieherischen Wirkungen. Die Qualität und die Quantität der Kommunikation zwischen Lehrkraft und Schüler/-innen sowie zwischen den Schüler/-innen selbst sind ein Bestandteil der Qualität des Unterrichts insgesamt.
4. Die didaktische und die kommunikative Dimension des Unterrichts (vgl. zum Folgenden das Modell der Elementarisierung 1.4.1) ist auch über längere Zeiträume zu reflektieren. Hinsichtlich der Schüler/-innen stellt sich die Frage, ob ihren Erlebnissen und Erfahrungen im Unterricht Raum gegeben wurde und ob diese elementaren Erfahrungen dann in einen größeren allgemeinen Kontext gestellt, d.h. mit den elementaren Erfahrungen, die in oder hinter den Inhalten verborgen liegen, in Verbin-

dung gebracht wurden. Hinsichtlich der Inhalte stellt sich die Frage, ob die in der Regel komplexen Sachgebiete in elementarisierender Weise auf grundlegende Strukturen und den prägnanten Fall zurückgeführt und ob diese in systematischer Weise erarbeitet oder zusammengefasst wurden. Oder arbeiteten die Schüler/-innen an Details und nicht am prägnanten Fall, ohne jene in den übergreifenden Zusammenhang einzuordnen oder exemplarisch für einen größeren Zusammenhang zu verstehen. Hat sich an den Inhalten eine Diskussion um ihre Geltung entsponnen, wurde in Phasen des vergangenen Unterrichts existenziell engagiert diskutiert oder inhaltlich gestritten über die Bedeutung des Inhalts. Wird die kommunikative Dimension des Unterrichts über längere Zeiträume reflektiert, so ist sie im Sinn der kritisch-kommunikativen Didaktik daran zu messen, ob die unterrichtliche Interaktion sich der symmetrischen Kommunikation nähert. Winkel konkretisiert den Anspruch der symmetrischen Kommunikation für das unterrichtliche Handeln von Lehrer/-innen und Schüler/-innen daran, ob der Unterricht »schülerorientierter, kooperativer, transparenter, mit- und selbstbestimmter, störungsärmer usw.«[127] wird.

2. Die Reflexion des Handelns der Schüler/-innen schließt ebenso die Inhalts- und Kommunikationsdimension des Unterrichts ein. Reflektiert und diagnostiziert werden der Lernerfolg der Schüler/-innen sowie ihre persönlichen Lernvoraussetzungen, ihr Lern- und Arbeitsverhalten sowie ihre kommunikativen Fähigkeiten, ihre Produkte z.B. in Form von Klassenarbeiten, Referaten, Präsentationen und Dokumentationen. Nun fließen aber nicht alle Diagnosen in Form einer Leistungsbeurteilung in das Zeugnis ein. Aus ethischen Gründen sollten eng mit der Person verknüpfte Eigenschaften und Fähigkeiten wie persönliche Lernvoraussetzungen oder kommunikative Fähigkeiten zwar diagnostiziert aber nicht bewertet im Sinne von benotet werden. Wohin gegen der Lern- und Arbeitserfolg (Produktbewertung), das Lern- und Arbeitsverhalten (als ein Aspekt der Prozessbewertung) sowie die Referate und Dokumentationen (als Aspekt der Präsentationsbewertung) prinzipiell bewertet und benotet werden können.[128] Aus demgegenüber eher pragmatischen Gründen müssen und können nicht alle der genannten Produkte, Prozesse und Präsentationen, die die Schüler/-innen in einem Schuljahr erbringen, in eine Bewertung im Zeugnis eingehen. Insbesondere für die Morpheme, die das Können artikulieren, wie das des Arbeitsunterrichts (problem- und projektorientierter Unterricht und entdeckendes Lernen), aber auch für den Offenen Unterricht wurden erweiterte Raster für die Leistungsbewertung erarbeitet.[129]

---

127 Winkel: Die kritisch-kommunikative Didaktik, S. 81.
128 Vgl. H.-U. Grunder/T. Bohl: Neue Formen der Leistungsbeurteilung in den Sekundarstufen I und II, Baltmannsweiler 2001, 281.
129 Vgl. T. Bohl: Prüfen und Bewerten im Offenen Unterricht, Neuwied 2001.

»Die Beurteilung von Lernerfolg bleibt in ihrer Bedeutung nicht auf das Lehrer-Schüler-Verhältnis beschränkt. Das Lehrerurteil wird vielmehr dann, wenn es sich in Zeugnisnoten oder auf andere Weise niederschlägt, aus seinem ursprünglichen Zusammenhang [der Reflexion von Unterricht und der Rückmeldung an die Schüler, N. C.] losgelöst. Es stellt dann einen gesellschaftlichen Wert- oder Unwertfaktor dar«[130] und ist die Grundlage für die Selektions- und Allokationsfunktion der Schule (vgl. 4.2). Der vom Deutschen Bildungsrat prägnant formulierte Zusammenhang gibt dem Beurteilen des Lernerfolgs und der kommunikativen Kompetenzen der einzelnen Schüler/-in als Teil der Reflexion von Unterricht eine besonders herausgehobene Bedeutung. So kann »Beurteilen« vom Deutschen Bildungsrat als eine der zentralen Berufsaufgaben des Lehrerberufs genannt werden.[131]

3. Zur Lehrerarbeit gehört die Archivierung des Unterrichts und seiner Materialien. Sie bildet die Bedingung der Möglichkeit den gehaltenen Unterricht nochmals mit einer anderen Klasse zu wiederholen oder ihn neu zu inszenieren. Unterrichtseinheiten oder Unterrichtsstunden und die Reflexion »werden dokumentiert und gezielt abgelegt, so daß sie später im Bedarfsfall wieder ausgewählt oder abgerufen werden können.«[132]

1.3.4 Kooperation im unterrichtlichen Handeln der Lehrerinnen und Lehrer

Obwohl der Lehrer/-innenberuf ein auf einen Inhalt und zugleich auf Interaktion gegründet ist, arbeiten die Lehrer/-innen auf der Mikroebene schulpädagogischen Handelns zumeist allein. »Einzelkämpfer«[133] sind Lehrer/-innen vor allem bei der dargestellten Planung, Durchführung und Reflexion von Unterricht. Die Hospitation und Kooperation im Unterricht wird kaum durchgeführt, obwohl – so eine Untersuchung von Mühlhausen – 60% der Lehrer/-innen dies wünschen,[134] aber zugleich wohl auch fürchten. Die fehlende Kooperation der Lehrer/-innen einer Schule wurde auch bei neueren Forschungen zur Schulentwicklung[135] deutlich. Aus einer Befragung der Schulleitung und des Kollegiums sowie aus dem Organisations-Klima-Profil der Uhlandgrundschule Bühl-Tübingen lässt sich folgern,

---

130 Deutscher Bildungsrat: Empfehlungen der Bildungskommission. Stukturplan für das Bildungswesen, Stuttgart, 3. Aufl. 1970, S. 219.
131 Vgl. Deutscher Bildungsrat: Empfehlungen der Bildungskommission, S. 217–220.
132 Bauer/Kopka/Brindt: Pädagogische Professionalität und Lehrerarbeit, S. 154.
133 P. M. Roeder: Der Lehrer als Einzelkämpfer. In: S. Bäuerle (Hg.): Lehrer auf die Schulbank, Stuttgart 1991, S. 77–87.
134 Vgl. U. Mühlhausen: Gegenseitige Hospitation im Unterricht. In: Die Deutsche Schule 83, 1991, S. 199–215, hier S. 206 ff.
135 Vgl. B. Loeben: Schulentwicklungsprozesse an der Uhlandgrundschule Bühl-Tübingen. In: H.-U. Grunder: Schulentwicklung durch Kooperation und Vernetzung. Schule verändern, Bad Heilbrunn 2002, S. 61–79, hier bes. S. 65.

»dass sich die Lehrkräfte an der Schule als Einzelkämpfer hinter verschlossenen Türen verstehen. Ihr Unterricht geht niemand etwas an, er ist Tabuzone«[136] und es wird – wie ein Lehrer aus einer anderen Schule berichtet – der »Mantel des Schweigens über das, was hinter der Klassenzimmertür geschah«,[137] ausgebreitet. Auch an der ›Hauptschule Innenstadt Tübingen‹, die bereits einen langen Prozess der Schulentwicklung hinter sich hat, ist »die Gestaltung des Unterrichts vollständig Angelegenheit einzelner Lehrkräfte oder Lehrerteams«[138] und wurde schulintern, verglichen mit anderen Handlungsbereichen, weniger thematisiert. Gerade dies scheint aber für das unterrichtliche Handeln, das anstrengend und mit unterschiedlich wahrgenommenen Belastungen verbunden ist, ein weiterer Belastungsfaktor zu sein.

Kooperation unter Lehrer/-innen ist auf der Mikroebene des schulpädagogischen Handelns nicht nur für besondere Formen des Unterrichtens wie z.B. das fächerübergreifende Lernen und Lehren, die Projekt-, Wochen- oder Jahresplanarbeit unabdingbar, sondern durch gegenseitige Beratung und andere Formen der Kooperation auch eine Stütze im Unterrichtsalltag und eine Ressource für die Weiterentwicklung der unterrichtlichen Praxis in Richtung von »effizient verlaufende[n] Lernprozesse[n] anhand relevanter Inhalte in einer für alle Beteiligten klimatisch günstigen Lernatmosphäre.«[139] Die Qualität des alltäglichen Unterrichts steigt, wenn kooperativ hervorgebrachte Ziele »in einheitliche, sorgfältig abgestimmte und insbesondere alltagswirksame Handlungen überführt werden können«.[140] Zu den kooperativ intendierten, alltagswirksamen Handlungen gehört die Unterrichtsplanung und -vorbereitung, die Durchführung wie auch die Reflexion des Unterrichts und die Beurteilung der Leistungen der Schüler/-innen.[141] Angemessenes kooperatives Handeln in allen drei Bereichen erfordert ein gemeinsam gesetztes Ziel, sowie eine situationsangemessene Überlegung zu den möglichen Wegen und Mittel, einen gemeinsamen Handlungsentwurf sowie gegebenenfalls noch eine kooperative Ausführung des Entwurfs (vgl. oben Teil I, 2.1.1). Dieser komplexe Prozess muss neben dem Kriterium der Situationsangemessenheit auch noch dem der Biographieangemessenheit der einzelnen Lehrer/-innen und dem der Freiwilligkeit genügen.

Mit der kollegial-kooperativen Dimension des unterrichtlichen Handelns der Lehrer/-innen ist die Schnittstelle von Unterricht und Didaktik

---

136 Ebd., S. 72.
137 T. Bohl: Schulentwicklungsprozesse an der Hauptschule Innenstadt Tübingen. In: Grunder: Schulentwicklung durch Kooperation und Vernetzung, S. 89–107, hier S. 100.
138 Ebd., S. 103.
139 H.-U. Grunder: Schulentwicklung und Schule als lernende Institution. In: Ders.: Schulentwicklung durch Kooperation und Vernetzung, S. 17–31, hier S. 26f.
140 T. Bohl: Neue Formen der Leistungsbewertung. In: Ministerium für Kultus, Jugend und Sport Baden-Württemberg (Hg.): Schulentwicklung Real. Neue Herausforderungen für die Lehrerbildung, Donauwörth 2002, S. 65–83, hier S. 74.
141 Vgl. ebd., S. 74f.

einerseits und Gestaltung der einzelnen Schule und Schulentwicklung andererseits, gleichsam der Übergang von der Mikroebene zur Mesoebene des schulpädagogischen Handelns erreicht.

B Religionspädagogisches Handeln als Aneignung zumuten auf der Mikroebene

1.4 Didaktische Morpheme des Religionsunterrichts

Das auf den Religionsunterricht bezogene religionspädagogische Handeln vollzieht sich als Planung und Vorbereitung, Durchführung und Gestaltung sowie Reflexion und Archivierung des Religionsunterrichts, um dort religiöse Lernsituationen zu inszenieren. Religionspädagogisches Handeln »arrangiert Gespräche mit der christlichen und anderen religiösen Überlieferungen«,[142] um den Schüler/-innen so deren Aneignung zuzumuten und religiöse Bildung zu ermöglichen. Die im Rahmen der bildungstheoretischen Intention aufgenommene Operation ›Aneignung zumuten‹ beinhaltet eine Geltungsprüfung des religiösen Wissens, Könnens und Selbstverständnisses aufgrund selbst eingesehener Urteile. Dabei werden mittels der Aneignung von Wissen, Können und Selbstverständnis – so wurde oben (5.4–5.6) hervorgehoben – christliche und religiöse Weltzugänge, Erfahrungen mit Gottes Wirken und Horizontverschmelzungen zwischen Tradition und Gegenwart ermöglicht, experimentell erprobt und reflektiert.

Die didaktischen Morpheme Lektion, Arbeits- sowie Erlebnisunterricht lassen sich in der Religionsdidaktik des 20. Jahrhunderts in Reinform, aber auch in spezifischen Amalgamierungen wiederfinden. Wird nun die Operation Aneignung zumuten und deren spezifische religionspädagogische Interpretationen Verkündigung, Auslegung/Interpretation, Denken lehren, Religiöse Erfahrung erschließen und Religiöse Erfahrung ermöglichen mit den didaktischen Morphemen kombiniert, so ergibt sich ein differenziertes 15-Felder-Schema zur Analyse und Interpretation religionspädagogischer Handlungsformen und ihrer allgemeindidaktischen Bezüge. Zugleich soll daran erinnert werden, dass in einer handlungstheoretischen Analyse die Morpheme zum einen Formen des Zumutens durch die Lehrer/-innen und nicht des Aneignens durch die Schüler/-innen darstellen und zum anderen, dass sie von den drei grundsätzlich zusammengehörigen Dimensionen Wissen, Können und Selbstverständnis immer eine Dimension hervorheben und artikulieren, wobei die beiden anderen Dimensionen gleichsam im Hintergrund mitlaufen. Es sollen hier nicht alle 15 Felder mit Namen und religionspädagogischen Positionen versehen und diskutiert werden. Aus der bis-

---

142 B. Beuscher/D. Zilleßen: Religion und Profanität. Entwurf einer profanen Religionspädagogik, Weinheim 1998, S. 142.

herigen Darstellung der religionspädagogischen Operationen und der didaktischen Morpheme lassen sich aber einige Konzeptionen und die in ihnen mittels der Morpheme artikulierten Dimensionen zuordnen. Die gängigen religionspädagogischen Positionierungen, die vor allem aufgrund theologischer Kriterien und ihrer Zielformulierungen erfolgen, werden hier aus der Perspektive der Morpheme des schulpädagogischen Handelns gewissermaßen verfremdet analysiert.

1. Deutlich wurde bisher (vgl. 6.5.1), dass einige Vertreter der Evangelischen Unterweisung (Schmidt, Fröer, Rinderknecht/Zeller) die Operation der Verkündigung mit dem *Morphem der Lektion* oder – um es genauer zu sagen – im Rahmen dieses Morphems inszenierten. Für die Operation Verkündigung als einem den Menschen betreffenden Hören auf Gottes Wort scheint das Morphem Lektion jedoch nur bedingt geeignet zu sein. Es wird daher in der Phase (Stufe) der Anwendung schon im idealtypischen herbartianischen Modell mit einer Stellungnahme zu sich selbst verbunden, die der erlebnisunterrichtlichen Intention des reflektierten Selbstverständnisses nahe kommt. Letztere ist aber vermöge der auf Wissen zielenden Artikulation der Lektion nicht didaktisch grundgelegt, denn durch das Morphem der Lektion wird die Aneignung von kodifiziertem Wissen artikuliert, wohin gegen das ›Sich-Aussprechen‹ im Hintergrund verbleibt und bestenfalls beiläufig erfolgt. Auf diese Spannung in der Konzeption der Evangelischen Unterweisung machte Heimbrock mit seinem Diktum »Der geheime Lern-Plan«[143] aufmerksam.

2. Der *arbeitsunterrichtlich inszenierte Religionsunterricht* stellt das Können der Schüler/-innen in den Vordergrund. Insbesondere H. Gaudigs Konzeption der Arbeitsschule[144] als freie geistige Schularbeit hatte über O. Eberhard und dessen Theorie des arbeitsschulmäßigen Religionsunterrichts[145] auf die evangelische Religionspädagogik einen großen Einfluss, wie die hohen Auflagenzahlen von Eberhards Veröffentlichungen in den 20er-Jahren zeigen. Durch den Einfluss der Evangelischen Unterweisung verlor der arbeitsunterrichtlich inszenierte Religionsunterricht trotz deren grundsätzlicher methodischer Offenheit und trotz H. Kittels Buch ›Evangelische Unterweisung und Reformpädagogik‹[146] stark an Bedeutung. Im Zuge neuerer didaktisch-methodischer Reformbestrebungen und Ansätzen der inneren Schulreform seit den 1990er-Jahren nimmt die Religionsdidaktik das Morphem des Arbeitsunterrichts als Frei- und Projektarbeit, als Stationenlernen oder als handlungsorientierten Unterricht[147] auf. Religionsdidaktisch

---

143 H.-G.: Heimbrock: Lern-Wege religiöser Erziehung, S. 54.
144 Vgl. N. Collmar: Gaudig, Hugo. In: Lexikon der Religionspädagogik, hg. v. N. Mette u. F. Rickers, Bd. 1., Neukirchen-Vluyn 2001, Sp. 654f.
145 O. Eberhard: Arbeitsschulmäßiger Religionsunterricht. Gesammelte Stundenbilder aus pädagogischer Werkstatt (1924), Stuttgart, 3./4. Aufl. 1925; vgl. ders.: Arbeitsschule, Religionsunterricht und Gemeinschaftserziehung, Berlin (1920) 3. Aufl. 1924.
146 H. Kittel: Evangelische Unterweisung und Reformpädagogik, Lüneburg 1947.

wird jüngst das Theologisieren *der* Kinder bzw. *mit* Kindern hervorgehoben und zugleich das Theologisieren *für* Kinder abgelehnt. Das eigene theologische Fragen und Nachdenken, die Kompetenz biblische und andere religiöse Texte selbst auslegen zu können und das theologische Problemlösepotenzial der Schüler/-innen wird mittels verschiedener Inszenierungen und Methoden[148] in den Mittelpunkt gestellt und aktiviert. Auch hier gewinnen die Kinder ein Wissen und ihr Selbstverständnis (Lebensgefühl) wird dabei berührt – aber eben beiläufig.

3. Die Inszenierung des Religionsunterrichts mittels des *Morphems Erlebnisunterricht* hängt nach Otto vom Erlebnisbegriff ab. Religionsunterricht sei nicht Erlebnisunterricht, wenn darunter aufgrund eines einseitig emotionalen Verständnisses des Glaubens ein gemütsbetonter Unterricht verstanden werde,[149] der die antirationale Interpretation des Erlebnisses durch die Reformpädagogik weitertrage. Ottos religionspädagogische Operation der Auslegung wird mit Hilfe der Morpheme des Lektions- oder Arbeitsunterrichts inszeniert. Wohin gegen R. Kabisch das Morphem des Erlebnisunterrichts zur Grundlage eines religiöse Erfahrung ermöglichenden wie auch erschließenden Religionsunterrichts gemacht hat.

Baldermann (vgl. 6.5.2) hingegen inszeniert seine Biblische Didaktik und die darin eingelagerte Operation der Auslegung mit Hilfe des Morphems des Erlebnisunterrichts. Dabei steht – wie fast durchgängig in der zeitgenössischen Religionspädagogik – der Begriff der Erfahrung im Vordergrund und nicht der des Lebens. Die als Selbsterkenntnis zu charakterisierende Intention, Verstehen als Wiederfinden des Ich im Du,[150] die Artikulation mittels des Morphems Erlebnis-Ausdruck-Verstehen, die Lehr-Lern-Methoden (vgl. Baldermanns assoziierendes Gespräch und Pranges ›Aussprache‹) wie auch darin die Rolle der Lehrer/-innen[151] bewegen sich in großer Nähe zum Idealtypus des Erlebnisunterrichts und lassen ein erfahrungsorientiert-verstehendes Lernen erkennen. Baldermann selbst distanziert sich dabei konsequent von der fragend-entwickelnden Gesprächsform der Lektion. Nun ließe sich Baldermanns Biblische Didaktik auch als Auslegung charakterisieren, allerdings hebt er selbst nicht die Kategorie Auslegung, sondern die wechselseitige Erschließung von Erfahrung hervor.

Das »Neue Handbuch des Religionsunterrichts« wendet sich unter dem Einfluss der Schulpädagogik Th. Wilhelms und der Aufnahme der Philoso-

---

147 Vgl. D. Fischer (Bearb.): Freie Arbeit und Religionsunterricht, Blickpunkt 14, Münster 1994; H. K. Berg: Freiarbeit im Religionsunterricht. Konzepte – Modelle – Praxis, Stuttgart u. a. 1997; Chr. Lehmann: Freiarbeit – ein Lernweg für den Religionsunterricht, Münster, 2. Aufl. 1999.
148 Vgl. zusammenfassend H. Schmidt: Kinderfrage und Kindertheologie im religionspädagogischen Kontext. In: G. Büttner/H. Rupp, (Hg.): Theologisieren mit Kindern, Stuttgart 2002, S. 11–19, hier bes. S. 17 ff.
149 Vgl. Otto: Handbuch des Religionsunterrichts, Hamburg, S. 30 f.
150 Vgl. Baldermann: Reich Gottes – Hoffnung für Kinder, Neunkirchen-Vluyn 1993, S. 30.
151 Vgl. Baldermann: Einführung in die Biblische Didaktik, Darmstadt 1996, S. 43.

phie von Marx 1972 bewusst gegen die Hermeneutik Diltheys im Sinn des nacherlebenden Verstehens (vgl. 6.5.3) und präferiert das ›Denken lehren‹ mit der Intention, zu kritischem Denken zu befähigen. Bei der religionspädagogischen Operation ›Denken lehren‹ steht ein Können der Schüler/-innen im Vordergrund. Das das Können artikulierende didaktische Morphem ist Unterricht als Arbeitsprozess und hiervon abgeleitete Morpheme wie das praktische Lernen oder das entdeckende Lernen.

Die kritische Symbolkunde nach Biehl (vgl. 6.5.4) stellt die Operation der Erschließung religiöser Erfahrung in den Vordergrund. Biehl präferiert das Morphem des Erlebnisunterrichts, um mittels der Arbeit an christlichen Symbolen die Erfahrungen und das Selbstverständnis der Schüler/-innen (ihre Wünsche, Ängste und Hoffnungen) zu menschlicher Grunderfahrung hin zu vertiefen und zu erweitern, sowie durch den Überschuss an Verheißung, der christlichen Symbolen eigen ist, zugleich zu durchbrechen und zu überbieten. Die bei Dilthey herausgearbeitete Artikulation des Morphems Erlebnisunterricht ›Erlebnis – Ausdruck – Verstehen‹ lässt sich bei Biehl unschwer identifizieren, wenn nach einer Einstimmung, 2) eine Symbolmeditation bzw. Symbolanalyse eventuell über die erzählte Erschließungssituation folgt, um 3) mittels der kreativ-ästhetischen Gestaltung und Darbietung des durch das Symbol den Schüler/-innen zugeeigneten bzw. von diesen angeeigneten Sinnes diese sich selbst aussprechen zu lassen und 4) wird im Gespräch als intersubjektiver Verständigung über die nur subjektiv zu gewinnende Wahrheit diese festgehalten und verstanden. Gleichwohl wird auch das Morphem der Lektion sowie das diskursive Moment des Unterrichts von Biehl für die kritischen Symbolkunde festgehalten.

Die Operation ›religiöse bzw. christliche Erfahrung ermöglichen‹ geht über die Erschließung von Erfahrung hinaus. Während Letztere Erfahrungen anderer für den Referenzrahmen eigener Erlebnisse und Erfahrungen fruchtbar macht, versucht erstere direkt christliche Erfahrungen zu ermöglichen. H. Schmid (vgl. 6.5.4) sieht neben anderen dies als eine Herausforderung des gegenwärtigen religionspädagogischen Handelns (siehe Abb. S. 305).

4. Bei den Kombinationen der Morpheme mit den religionspädagogischen Operationen wird folgendes deutlich: Das auf W. Diltheys Hermeneutik basierende Morphem des verstehenden Erlebnisunterrichts oder des nacherlebenden Verstehens mit der Artikulation (Nach-) Erleben – Ausdruck – Verstehen bildet in theologisch differenten religionspädagogischen Konzeptionen und Modellen eine Grundlage des Handelns der Religionslehrer/-innen. Die These ist nun, dass diese Allianz nicht aufgrund äußerlicher, gewissermaßen zufälliger allgemeindidaktischer und religionspädagogischer Zeitgenossenschaft beruht, wie es bei der Kombination von Evangelischer Unterweisung und dem herbartianischen Morphem der Lektion unterstellt werden kann, sondern dass hier eine innere Analogie vorliegt. Wird vermöge des religionspädagogischen Handelns eine Horizontverschmelzung von Gegenwart und Vergangenheit inszeniert, um die

OPERATION \ MORPHEM	Verkündigung	Auslegung	Denken lehren	religiöse Erfahrung erschließen	religiöse Erfahrung ermöglichen
Lektion (Wissen)	G. Schmidt; K. Fröer	G. Otto 1964		Symboldidaktik (Biehl)	
Arbeitsunterricht (Können)		G. Otto 1964	G. Otto/H. J. Dörger/ J. Lott 1972 G. Büttner/ H. Rupp 2002	Chr. Lehmann 1999, Berg 1997	
Erlebnisunterricht (Selbstverständnis)				I. Baldermann, Symboldidaktik (P. Biehl)	R. Kabisch H. Schmidt u.a.

Erfahrungen mit der Selbsterschließung Gottes in der Geschichte Israels und im Menschen Jesus von Nazareth und deren historischen Transformationen und Anverwandlungen einerseits mit gegenwärtigen Lebens- und Konfliktsituationen andererseits zu verbinden und zu verhaken, so ist das nacherlebende Verstehen ein durch sein inneres intentionales Gefälle naheliegendes aber gleichwohl nicht das einzig mögliche religionsdidaktische Morphem. Die mittels dieses Morphems inszenierte Zumutung von Aneignung als inszenierte Erinnerung an Erlebnisse und Erfahrungen vorheriger Generationen, in denen Gottes Handeln aufleuchtet, eignet – so wurde oben (5.4.2) hervorgehoben – Hoffnung auf dessen gegenwärtiges und zukünftiges Handeln zu. Es geht – so Baldermann – darum, dass »nicht einseitig ich den Text interpretiere, sondern zugleich der Text mein Leben und meine Wahrnehmung neu strukturiert und interpretiert«.[152] Während Aneignung zumuten eine religionspädagogische Operation darstellt, ist die Zueignung durch die Sache selbst wie auch die Neustrukturierung des Referenzrahmens der Schüler/-innen für spätere Erlebnisse und Erfahrungen handlungstheoretisch ein Widerfahrnis, theologisch interpretiert ein Geschenk. Die theologisch markierte Grenze des religionspädagogischen Handelns und der Geschenkcharakter des Glaubens wird somit gewahrt. Hinzu kommt, dass das Morphem des nacherlebenden Verstehens infolge seiner Intention und der diese konkretisierenden Unterrichtsmethoden der asymmetrischen Struktur schulpädagogischen Handelns entgegensteht, da die Lehrenden den Schüler/-innen nichts voraus haben und sie aneinander lernen (Prange)

---

152 Baldermann: Reich Gottes – Hoffnung für Kinder, S. 31.

oder – um die gängige religionspädagogische Formulierung aufzugreifen – da Lehrende und Lernende gemeinsam glauben und leben lernen (vgl. oben 1.8). Für dieses gemeinsame nichthierarchische Aneignen von Selbstverständnis und Weltdeutung, von Glauben und Leben können, bietet das Morphem des Erlebnisunterrichts die adäquate unterrichtliche Inszenierungsform.

Wird die innere Nähe der Religionsdidaktik zum Morphem des Erlebnisunterrichts reflexiv eingeholt, so zeigt sich, dass insbesondere die Dimension des Selbstverständnisses auf der Ebene der religionspädagogischen Konzeption für das religionspädagogische Handeln der Lehrer/-innen hervorgehoben und hierfür auf dem Hintergrund erfahrungsorientiert-verstehenden Lernens Unterrichtsmodelle erarbeitet werden. Ohne Zweifel wird dabei auch Wissen und Können angeeignet – allerdings beiläufig. Wird nun das Können hervorgehoben, so ist das ›Theologisieren mit Kindern‹ hervorzuheben, da theologische Mündigkeit und Selbstständigkeit den Heranwachsenden hier zugemutet und zugleich herausgefordert wird.

Wird die Ebene der Konzeptionen verlassen und sich der Ebene veröffentlichter Unterrichtsmodelle sowie der empirisch wenig erforschten und dokumentierten Wirklichkeit des Religionsunterrichts zugewandt, so könnte hier wie bei den anderen Fächern auch der Frontalunterricht und das Morphem der Lektion eine bedeutendere Stellung einnehmen, als von der religionsdidaktischen Literatur her zu erwarten ist. Reents konstatiert zur Projektmethode, die zum Morphem des Arbeitsunterrichts zu zählen ist, nachdem sie die Schwierigkeiten des Projektlernens darstellt, dass der »Projektunterricht eine religionspädagogische Rarität im Erziehungsalltag«[153] sei. Auch der in der Lehrplanentwicklung stark beachtete fächerübergreifende Unterricht, dessen elaborierte Konzeptionen beanspruchen, Wissen, Können sowie Selbst- und Weltdeutung gleichzeitig zu inszenieren,[154] »scheint die *Praxis des Religionsunterrichts* (...) nicht oder zumindest nicht ausreichend zu erreichen«.[155] Mit diesen Bemerkungen bewegen wir uns aber schon im gefährlichen Bereich der Übertragung von Ergebnissen der allgemeinen empirischen Unterrichtsforschung auf den Bereich des Religionsunterrichts.

---

153 Chr. Reents: Projektunterricht. In: G. Adam/R. Lachmann (Hg.): Methodisches Kompendium für den Religionsunterricht, Göttingen 1993, S. 72–80, hier S. 79.
154 Vgl. K. Moegling: Fächerübergreifender Unterricht. Wege ganzheitlichen Lernens in der Schule, Bad Heilbrunn 1998, S. 47 ff.
155 V.-J. Dieterich: Fächerübergreifender Unterricht. In: Religionsdidaktik, JRP 18 (2002), S. 193–204, hier S. 198.

1.5 Religionsdidaktisches Handeln und religionsunterrichtliches Handeln der Lehrer/-innen

1.5.1 Die Handlungssequenz Religionsunterricht planen und vorbereiten

In Teil A dieses Kapitels wurde die kooperative Dimension des schulpädagogischen Handelns auf der Mikroebene deutlich. Wenn kooperativ entwickelte Ziele in einheitlichen und somit aufeinander abgestimmten alltäglichen Handlungen konkretisiert werden, dann – so wurde oben festgehalten – steigt die Qualität des üblichen und vertrauten Unterrichts. Bei der Darstellung und Analyse der Unterrichtsplanung und -vorbereitung als einer Sequenz des religionspädagogischen Handelns wird dessen kooperative Dimension in der religionsdidaktischen Literatur jedoch bislang wenig berücksichtigt. Wird der Religionsunterricht nun in solcher Weise arrangiert, dass auch andere Lehrer/-innen von der Planung entweder direkt betroffen sind oder sogar mitplanen, dann stellen sich weitere nur kooperativ zu lösende Planungsfragen und -probleme. Insbesondere ein fächerübergreifender oder konfessionell-kooperativer Religionsunterricht,[156] in dem Teamteaching oder der Tausch der Religionslehrer/-innen vorgesehen sind, hat eine komplexe Planungsphase. Für die Darstellung der Planungsphase im religionspädagogischen Handeln nehme ich in einem ersten Schritt das in Auseinandersetzung mit Klafkis bildungstheoretischer und kritisch-konstruktiver Didaktik entwickelte Modell der Elementarisierung auf, bevor die kooperative Dimension dargestellt wird.

1. Elementarisierung konstruiert zur Beantwortung des Problems – so wurde bereits oben im Anschluss an Schweitzer hervorgehoben – eine »Doppelbewegung zwischen Schülern und Inhalten«.[157] Unterrichtsplanung in diesem Verständnis vollzieht sich als »Bewegung von den Inhalten zu den Schülern und von den Schülern zu den Inhalten«,[158] damit genügt die Form von der Exegese zur Katechese nicht, da sie nur eine Fragerichtung darstellt. Unterrichtsplanung als Elementarisierung fragt von den Inhalten her, indem sie die elementaren Strukturen als »konstitutive und charakteristische Elemente des Unterrichtsinhalts«[159] herausarbeitet, insofern wird auf die Dimension des systematischen Wissens oder der Wissenschaft und auf das Allgemeine, für das der Inhalt steht, fokussiert. Im Rahmen der Elementarisierung können Einsichten für das Morphem der Lektion gewonnen

---

156 Vgl. zu den Modellen des konfessionell-kooperativen Religionsunterrichts U. Böhm: Kooperation als pädagogischer Leitbegriff der Schule. Beiträge zur partnerschaftlichen Zusammenarbeit in und mit der Schule, Münster 2003, S. 67 ff.
157 F. Schweitzer: Zwischen Theologie und Praxis – Unterrichtsvorbereitung und das Problem der Lehrbarkeit von Religion. In: Jahrbuch der Religionspädagogik 7 (1991), S. 3–41, hier S. 24.
158 Ebd., S. 24.
159 Schweitzer u. a: Religionsunterricht und Entwicklungspsychologie, S. 173.

werden. Hinzu kommt die Frage nach den Erfahrungen, die in und hinter den Inhalten gefunden werden können. Von Erfahrungen wird hier also auch auf der Inhaltsseite gesprochen. Sie hat auch auf der Inhaltsseite Relevanz. Gefragt wird nach den Problemstellungen, die zur Entdeckung, zur Konstitution oder zur vorliegenden Lösung des Problems und somit zum Wissen geführt haben. Die Frage nach den elementaren Erfahrungen, die hinter der Bibel und der als Text überlieferten Lehre stehen, kann weiterführende Ergebnisse sowohl für die Vorbereitung des Religionsunterrichts als Arbeitsunterricht und als (nach-) entdeckendes Lernen als auch für die des Religionsunterrichts als Erlebnisunterricht und als nacherlebendes, erfahrungsorientiertes Verstehen der Konstitutionssituation bieten. Wird Unterrichtsplanung als Bewegung von der Schülerseite aus hin zu den Inhalten vollzogen, so sind auch hier elementare Erfahrungen, jetzt die Erfahrungen der Schüler/-innen mit den in den Inhalten angesprochenen Themen und damit ihre gegenwärtige Realität zu reflektieren. Des Weiteren sind »die entwicklungsbedingten elementaren Verstehenszugänge und Verarbeitungsformen der Schülerinnen und Schüler«[160] im Blick auf die Inhalte bei der Planung des Unterrichts zu beachten. Bei der Unterrichtsplanung ist ferner die Frage zu stellen, ob der Inhalt einen für die Lehrenden oder für die Schüler/-innen »existentiell wichtigen Punkt enthält, bei dem (…) die Wahrheitsfrage aktuell wird«.[161] Hierfür kann die von Prange beschriebene aber etwas missverständlich als Erlebnis charakterisierte Dimension des Unterrichts, die bei Schüler/-innen Betroffenheit auslösen kann und will, als Parallele herangezogen werden. Elementarisierung als Unterrichtsplanung betrachtet einen Inhalt unter vier Perspektiven. Sie vollzieht 1) die didaktische Reduktion, indem sie nach den elementaren Strukturen des Inhaltes (systematisches Wissen, Wissenschaft) fragt. Unter der Perspektive der elementaren Erfahrungen 2) erfolgt die Analyse einerseits hinsichtlich der dem Inhalt bei seiner Konstitution zugrunde liegenden Problemstellungen, Erlebnisse und Erfahrungen und andererseits im Blick auf die Erfahrungen der Heranwachsenden, die entweder den Inhalt für sie relevant und lebensbedeutsam werden lassen oder diese Erfahrungen werden selbst zum Inhalt erhoben. Hinzu kommt 3) die Frage nach den entwicklungs- und sozialisationsbedingten Zugängen der Heranwachsenden zum Inhalt und 4) wird analysiert, ob der Inhalt einen Punkt erhält, der die Wahrheitsfrage aufkommen lässt. Die Planung der didaktischen Morpheme und der Lehr-Lernmethoden tritt gegenüber den genannten vier Dimensionen der Elementarisierung in der bisher diskutierten Literatur noch in den Hintergrund, auch wenn sie nicht gänzlich ungewürdigt bleibt.[162] Jüngst hat hingegen Oberthür, eingeordnet in ausgeführte Unterrichtsbeispiele, didaktische Morpheme im Zusammenhang mit dem Planungsmodell der Elementarisierung vorgestellt und

---

160 Ebd., S. 182.
161 Ebd., S. 182.
162 Vgl. ebd., S. 179 ff.

Schweitzer hat die genannten vier Dimensionen durch die elementaren Lernformen ergänzt.[163] Die oben dargestellten Maximen für die Unterrichtsplanung seien hier wiederholt und durch die Religionspädagogik ergänzt.
a) Wähle den prägnanten Fall, um den Inhalt (Wissen, Erlebnis bzw. die Erfahrung der Schüler/-innen) zu vergegenwärtigen.
b) Vollziehe die Doppelbewegung von den Schüler/-innen zu den Inhalten und von den Inhalten zu den Schüler/-innen; reflektiere dabei die Zugänge und Erfahrungen der Schüler/-innen.
c) Enthält der Inhalt einen existenziell wichtig werdenden Punkt.
d) Artikuliere das Morphem klar.
e) Ermögliche den Schüler/-innen um der individuellen Aneignung willen eine möglichst große Driftzone.
2. Die Planung eines konfessionell-kooperativen Religionsunterrichts benötigt wie die meisten fächerübergreifenden Arbeitsformen mehr Zeit für der Handlungssequenz Unterrichtsvorbereitung, da hier nicht nur weitergehende Abstimmungen in der Unterrichtsorganisation und den Lehr-Lern-Methoden zu tätigen sind, sondern ein grundlegender didaktischer Konsens der beteiligten Religionslehrer/-innen notwendig erscheint. Darüber hinaus müssen insbesondere Inhalte, die die jeweils andere Konfession auszeichnen, von den Lehrer/-innen selbst neu angeeignet werden. Konfessionell-kooperativer Religionsunterricht macht zuerst die Religionslehrer/-innen zu Lernenden. Diese scheinen aber primär bei Religionslehrer/-innen möglich zu sein, die – so Böhm die empirischen Ergebnisse eines baden-württembergischen Projektversuchs referierend – »grundsätzlich ein gutes Verhältnis (…) untereinander und Vorerfahrungen in Formen konfessioneller Kooperation«[164] haben sollten.

1.5.2 Die Handlungssequenz Religionsunterricht durchführen und gestalten

Wird Religionsunterricht mittels eines Morphems gestaltet, so kann aufgrund der akteurunabhängigen Dynamik des Unterrichts und der damit verbundenen Überraschungen der Rückgriff auf ein anderes Morphem als Element des Handlungsrepertoires der Religionslehrer/-innen notwendig werden. Für den Unterricht hat das religionsdidaktische Modell der Elementarisierung vier Aufgaben formuliert.[165]

---

163 R. Oberthür: Kinder fragen nach Leid und Gott. Lernen mit der Bibel im Religionsunterricht, München 1998; F. Schweitzer: Elementarisierung nur der Inhalte – oder elementare Formen des Lernens? In: Ders.: Elementarisierung im Religionsunterricht, Neunkirchen-Vluyn 2003 S. 187–201.
164 Böhm: Kooperation als pädagogischer Leitbegriff der Schule, S. 69.
165 Alle Zitate in der folgenden Aufzählung aus Schweitzer u. a: Religionsunterricht und Entwicklungspsychologie, S. 170 u. 171.

1. Bei der Durchführung von Unterricht sind die Schüler als Subjekte anzuerkennen, daher wird der »Themenkonstitution durch die Schüler nicht nur eine unterrichtsinstrumentelle, sondern unterrichtskonstitutive Bedeutung beigemessen«.
2. Zum unterrichtlichen Handeln gehört, die Schüler in ihrem Verhältnis zum Unterrichtsinhalt kennenzulernen, »um – noch dazu im jeweiligen Augenblick – die Äußerungen, die oft schnell aufeinander von verschiedenen Schülern und Schülerinnen erfolgen, richtig zu deuten.«
3. Die Lehrer/-innen versuchen die »durch das Gruppenverhalten der Klasse beeinflußten Aneignungs- und Auseinandersetzungsformen« mit dem Inhalt zu verstehen und ihrem unterrichtlichem Handeln zugrunde zu legen.
4. Die bisherigen Grundsätze werden beachtet und der Unterrichtsverlauf wird auf die Schüler/-innen, ihre Aneignungsformen und Äußerungen bezogen, wenn »der Inhalt immer wieder gespiegelt (Wiederholung mit der Frage, ob man richtig verstanden habe), ausdrücklich an die ganze Lerngruppe zur Beachtung und Besprechung weitergeben und die daraus entstehende, Risiken enthaltende neue Interpretations- und Gesprächslinie weiterverfolgt wird.«

Religion unterrichten hat, wie jedes andere Unterrichten in der Schule, Teil am Ineinander von im engen Sinn Wissen und Können vermittelnden sowie Selbstverständnis klärenden Komponenten einerseits und von in der Arbeit am Wissen, Können und Selbstverständnis gewonnenen erzieherischen Komponenten andererseits. Im Unterschied zu anderen Fächern ist hier das Erzieherische in Form der Reflexion über Werte und Normen aber nicht nur Teil des ›heimlichen‹, sondern auch Teil des offiziellen Lehrplans.

Die mit der gesellschaftlichen Modernisierung (vgl. oben 5.2.1.2.1 und 5.4.2) einhergehenden religiösen Pluralisierung führt zu Individualisierung von Religion sowie zum ›Zwang zu Häresie‹.[166] Mit der Enttraditionalisierung stellt sich die Geltungsfrage sowie die Legitimität religionspädagogischen Handelns in verschärfter Weise. Zwar muss jedes schulpädagogische Handeln im Unterricht – wie Combe/Buchen formulieren – »eine ständige Plausibilitätsbasis für seine Angebote zuallererst schaffen«.[167] Diese als Belastung interpretierte Aufgabe des Handelns ist aber im religionspädagogischen Handeln besonders ausgeprägt. Hier liegt eine didaktische und kommunikative Arbeit vor, »die immens anstrengend ist, aber für Außenstehende ›unsichtbar‹ bleibt und sich kaum messen und standardisieren läßt«.[168] Nun sind Religionslehrer/-innen im Unterricht nicht nur im genannten Sinn Regisseure bei der Inszenierung von religiösen Lernprozes-

---

166 Vgl. P. Berger: Der Zwang zur Häresie. Religion in der pluralistischen Gesellschaft, Frankfurt 1980; V. Drehsen: Alles andere als Nullbock auf Religion. In: JRP 10 (1995), S. 47–69; F. Schweitzer: Die Suche nach eigenem Glauben, Gütersloh 1996, S. 94 ff.
167 Combe/Buchen: Belastung von Lehrerinnen und Lehrern, S. 281.
168 Ebd., S. 281.

sen, sondern sie sind zugleich auch Akteure, d. h. Schauspieler, bei der Aufführung. Indem sie das Stück Religionsunterricht mittels eines didaktischen Morphems inszenieren, geben sie ihrer Rolle, ob als konstitutioneller Monarch, demokratischer Präsident oder Gleicher unter Gleichen ein besonderes Gepräge, zugleich interpretieren sie als Schauspieler die von ihnen selbst geschriebene Rolle.

Für die Präsentation der Inhalte und die Repräsentation eines glaubwürdigen, erwachsenen Verhältnisses zu Religion und Glaube scheint das Verhältnis der Lehrer/-innen zu der Sache des Religionsunterrichts von großer Bedeutung zu sein. Wenn die Lehrer/-innen selbst nicht interessiert, was sie unterrichten, wenn der Lehrer »die Relevanz der von ihm vertretenen Sachverhalte in seiner Person nicht dokumentiert«[169] und wenn er dies die Schüler/-innen merken lässt, so wird die Plausibilitätsbasis für diese gering sein. Das persönliche Verhältnis der Lehrer/-innen zur Sache, ihr Interesse oder ihre ›Authentizität im Verhältnis zur Sache‹ kann für die Kinder eine Brücke für deren eigenes Interesse und deren eigenes Verhältnis zur Sache des Unterrichts werden. »Die Schüler wollen ihre eigene Meinung eher in der Auseinandersetzung mit der Person des Lehrers als mit Texten bilden.«[170]

Für das Fach Evangelische Religion und seine Lehrer/-innen scheint sich dies in einer Gesellschaft, in der Religion in der Öffentlichkeit tabuisiert oder zumindest stark in die Innerlichkeit abgewandert ist, zu verstärken. Nachdem es in der so charakterisierten Gesellschaft keine heiligen Orte, Zeiten und Gegenstände mehr gibt, wird Religion vor allem durch Personen, gesellschaftlich in erster Linie durch die Pfarrer/-innen, schulintern durch die Religionslehrer/-innen, repräsentiert. Wenn Religionslehrer/-innen wie Pfarrer/-innen in »personaler Authentizität die lebensgestaltende Kraft von Religion zu demonstrieren vermöchte(n)«,[171] dann könnten sie eine Brücke für die Aneignungsprozesse bilden. Denn auch wenn die Pädagogik das »Vorbildlernen« kritisiert, zeigen Biehls qualitative Untersuchungen an angehenden Religionslehrer/-innen, »daß sich religiöses Lernen *faktisch* durch Imitation und Identifikation vollzieht, ob die Theorie das bejaht oder kritisiert.«[172] Die Probanden äußern sich wie folgt über die vorbildhaften Bedeutungen von Personen:

»Die Jugendarbeit wurde von einem jüngeren Pastor gemacht, der (...) also durch seine Person selbst schon 'ne große Ausstrahlungskraft auf ... Jugendliche ausgeübt hat.«
» ... das mag für mich an unserm Pastor gelegen haben, der für mich so'ne Art charismatische Ausstrahlung gehabt hat.«
»Und das kam dadurch, daß ich auf'm Gymnasium 'n ganz guten Religionsunterricht

---

169 Lämmermann: Religion in der Schule als Beruf, S. 30.
170 W. Konukiewitz: Zur Rollenproblematik des Religionslehrers. In: Informationen zum RU 3 (1975), S. 20–24, hier S. 22.
171 M. Josuttis: Der Pfarrer ist anders, München 1982, S. 200.
172 P. Biehl: Der biographische Ansatz in der Religionspädagogik. In: A. Grözinger/H. Luther (Hg.): Religion und Biographie, München 1987, S. 272–296, hier S. 292.

plötzlich kriegte mit so'ner unheimlich netten Lehrerin, die für mich auch unheimlich viel bedeutete. (...) So wollt' ich ... auch unbedingt mal werden wie sie«.[173]

Der von Josuttis formulierte hohe Anspruch »in personaler Authentizität die lebensgestaltende Kraft von Religion zu demonstrieren« kann von den Schüler/-innen geradezu eingefordert werden, wie aus dem folgenden Unterrichtstranskript eines katholischen Religionsunterrichts in einer baden-württembergischen Realschule[174] deutlich wird.

In einer Religionsstunde der 10. Klasse wird an der Tafel gesammelt, »was ich Jesus gerne fragen würde«. Die Schüler/-innen schreiben Fragen an, die Lehrerin hebt die Frage »Warum hat Gott ihn gesandt, warum zeigt er sich nicht selbst?« hervor. Während die Lehrerin eine inhaltlich artikulierte christologische Antwort gibt (122-L), die allerdings die vorhergehenden Deutungen der Schüler/-innen (118. 120f) nicht aufnimmt, stellen die Schüler/-innen sodann die Inkarnation Gottes in Jesus durch die Parallele mit Gurus aus der Gegenwart überhaupt in Frage.

»122-L   Ich möchte nur eins mal hervorheben, da sagt er mal: ›Wer mich sieht, sieht den Vater.‹ Da stecken zwei Dinge drin: Erstens, daß er Gott uns als Vater nähergebracht hat, ein deutlicher Unterschied zu dem, was vorher war, im Alten Testament. Und zum anderen, daß er sagt: ›So wie ich auftrete, wie ich bin, ist dieser Gott, den ihr euch so gar nicht fassen und begreifen könnt, ja? Schaut mich an, dann wißt ihr, wie er ist.‹ Und ich denke, da rückt er dann auch wieder näher. Kompliziert bleibt das allemal, gebe ich dir recht ((zu C2/w)). D2/w!

123-D2/m   Also ich stell mir Jesus immer noch so vor wie 'nen Guru jetzt zu unserer Zeit, der wo irgendwo seine Anhänger hat, und dann, äh, hundert/äh, paar hundert Jahre später glauben mir, er ist Gott, Jesus, und mir glauben's halt. (...)

129-D2/m   Ja, daß er sagt: ›Ich bin Gottes Sohn‹, ja? Toll, und: ›Die glauben's mir‹, und dann – ja lustig war's.

130-L   Jetzt frag ich euch mal, und auch dich besonders, ihr müßt die Frage vielleicht gar nicht mal beantworten, sondern nur mal in euch vielleicht ein bißchen nachklingen lassen. Wenn das so wäre, wie du sagst, Jesus einer von vielen, die es auch immer mal wieder gegeben hat, heute noch gibt, die Anhänger um sich scharen, die eine besondere Lehre verbreiten und da so'n bißchen Heil auf ewig versprechen, glaubt ihr, oder warum glaubt ihr, hat sich dann so etwas über 2000 Jahre gehalten? ((C2/w meldet sich.)) Ich denke, es ist eher eine Frage zum Nachdenken, aber wenn du etwas drauf sagen willst, bitte, gern.

131-C2/w   Nee, praktisch, i bring des meine Kinder ja auch wieder bei. I sag ja au, es gibt'n Gott, und es gibt'n Jesus, und es gibt ein Neues und ein Altes Testament, na glauben die mir das irgendwann auch mal, und na bringet die es ihren Kindern bei, des isch/(...)

134-L   Dann hast du auch das Stichwort ›Glauben‹ genannt. Ich stelle mal in Zweifel, ob das allein genügt, wenn ich einfach immer nur weitersage, da gibt es Jesus, und der war der Sohn Gottes, und so ist das.

---

173 Die drei Statements finden sich bei Biehl: Der biographische Ansatz in der Religionspädagogik, S. 289 f.

174 Die Stunde findet sich als P 12 bezeichnet in G. Faust-Siehl/B. Krupka/F. Schweitzer/K. E. Nipkow (Hg.): 24 Stunden Religionsunterricht. Eine Tübinger Dokumentation für Forschung und Praxis, Münster 1995, S. 239–257, hier S. 246–248. Die Redebeiträge wurden für die Transkription fortlaufend durchnummeriert (zur Herkunft der Stunden und zur Transkription vgl. ebd., S. VII–XIII).

135-F/m Na, in der Schule wird's mir vermittelt und so, na, des isch/
136-S? Es wird eim überall eibleut [eingebleut].
137-L Und wie ist es dann mit dem Lebenszeugnis? Muß das nicht auch dazukommen? Ich denke, daß einer auch seinen Glauben irgendwo auch lebt, ja? Also ich meine, es genügt nicht, daß sich das so lange halten kann, wenn ich nur sage: Da steht's geschrieben, und lest das mal schön, und ich sag euch das halt, weil's im Unterricht so vorgeschrieben ist, wenn ich selber das nicht irgendwo in mir auch hätte und leben würde.*
138-A/w Lebet Sie nach ihrem Glauben, oder?
139-S? ((Gleichzeitig:)) Ja, aber –
140-A/w Und wenn Sie's machet, dann saget Sie mir, wie Sie's machen.
141-B2/w Sie hent [haben] den Glauben doch (auch) bestimmt (auch) von ihren Eltern übertragen kriegt.
142-L Das ist richtig, ja.
143-B2/w Und wenn Sie des net erfahren hätten, daß es Gott und Jesus gibt, na tätet Sie da bestimmt auch net dran glauben. (…)
145-L Vollkommen richtig. Man sucht sich nicht aus, wo man zur Welt kommt. Wäre ich in China geboren (…) oder so, ganz klar, hätte ich sicher auch einen anderen Glauben. Die Frage, A/w, ›Leben Sie ihren Glauben?‹, die fordert natürlich raus, gell? Da muß ich erstmal kurz nachdenken.
148-A/w Des glaub i et, daß Sie das machen.
149-L Ich kann nur so viel sagen, daß ich/daß ich an Jesus glaube. Ja? Nicht nur an eine historische Figur, sondern auch/
150-A/w ((Fällt L ins Wort:)) Glauben und Tun, das ist zweierlei!
151-L Ja, warte doch! Sondern daß ich auch versuche, seine Lehre ein Stück weit in meinem Leben zu versuchen. Ja? Daß mir das allenthalben nicht gelingt und immer wieder Rückfälle zu verzeichnen sind, da ist ganz klar. Aber ich versuch's. Ich versuch, einfach so ein Stück weit die Menschen – ja – zu mögen, auch das gelingt nicht mir überall und nicht immer. Und vor allem dann nicht, wenn sie so viel schwätzen wie der D1/m. Dann ist das Gebot besonders schwierig. (…)
154-E1/m (Aber) da gibt's auch Beweise und so. Die Wunder und wo [die] der gemacht hat, des kann ja net jeder Guru, wo da herlaufet. ((SS lachen.))
155-S? Das 's ja alles erfunden! (…)
162-L Ich möchte, eiskalt jetzt mal, und ganz knallhart, an diesem Punkt die F/ Fragestellung anhalten, beenden, wir kommen auf diese Dinge ganz bestimmt noch mal.«
Nach einem längeren Redebeitrag teilt L ein Arbeitsblatt aus.

An diesem Unterrichtsgespräch soll ein interaktionsanalytischer (1), ein Unterricht als personale Praxis betonender (2) sowie ein konfessorischer Sachverhalt (3) hervorgehoben werden.

1. Auf die öffnenden Gesprächsimpulse (117) der Lehrerin folgen stark das Gespräch lenkende und einengende Beiträge, um die von den Schüler/-innen ins Gespräch gebrachte Parallele zwischen Jesus und zeitgenössischen Gurus zu überwinden. Das Nichtbeachten und die Uminterpretation ihrer Beiträge scheint bei den Schüler/-innen eine oppositionelle Haltung hervorzurufen. Die Lehrer/-in gibt auch die Beiträge der Schüler/-innen nicht zur Diskussion an die Klasse zurück.

Die Gesprächsführung der Lehrerin ist durch Widersprüche geprägt. So stellt sie in ihrem langen Statement (130) eine Frage, die sie zugleich zweimal zurücknimmt, einmal schon bevor und einmal nachdem die Frage ausgesprochen ist.

2. Nachdem die Lehrerin den ihrer Meinung nach wichtigen Faktor im Überlieferungsprozess, das »Lebenszeugnis« (137), eingeführt hat, wird sie selbst daran gemessen und von der Schülerin A vier mal (138, 140, 148, 150) in bis zur Provokation gehender Form zu einer Aussage über ihr »Lebenszeugnis« herausgefordert. Erst nachdem die Lehrerin über ihr Bemühen »seine Lehre ein Stück weit in meinem Leben zu versuchen« Auskunft gegeben hat, geht das Gespräch auf der sachlichen Ebene weiter. Bei der Antwort der Lehrerin wird deutlich, dass sie ihr ›Lebenszeugnis‹ nicht als ideale Repräsentation von Christsein einführt, sondern als einen ›Versuch‹, der »allenthalben nicht gelingt und immer wieder Rückfälle zu verzeichnen sind«. Ihr Christsein wird nicht ideal, sondern gebrochen realisiert und so auch in den Religionsunterricht eingebracht (vgl. oben 3.4). Ein Schüler versucht, die subjektive Ebene des ›Lebenszeugnisses‹ zu verlassen und diese mit Hilfe des Arguments der Wundertätigkeit Jesu zu veobjektivieren. Die Parallele zu heutigen Gurus soll in dieser Weise überwunden werden. Dem wird aber von anderen Schüler/ innen widersprochen.

3. Macht das Unterrichtsprotokoll deutlich, dass Religionslehrer/-innen im Religionsunterricht nicht nur über Religion und christlichen Glauben sprechen, sondern auch den »Mut zu einem *konfessorisch grundierten Diskurs*«[175] haben. Die Lehrerin spricht davon, dass die Inhalte weniger überzeugend seien, wenn ›ich selber das nicht irgendwo in mir auch hätte und leben würde‹. Daraufhin wird sie nicht nur über ihren Glauben, sondern auch über die Realisierung des Glaubens im Leben (A/w: »Glauben und Tun, das ist zweierlei!«) geradezu verhört. Die Lehrerin wird gefragt, ob das Lebenszeugnis, das sie als Inhalt des Unterrichts präsentiert, auch für sie sachlich und sittlich Geltung hat. Das Unterrichtsgespräch hat mit den Äußerungen der Lehrerin (137) und der Schülerin (138) die 3. Person-Perspektive verlassen und fokussiert auf Fragen, die »zwischen den Personen verhandelt werden (2. Person-Perspektive: Ich und Du)«.[176] Sich auf diese 2. Person-Perspektive einzulassen und eine Antwort zu finden, bedeutet die Repräsentation eines glaubwürdigen, erwachsenen Christseins zum Ausdruck bringen zu wollen. Insofern wird deutlich, dass religionspädagogisches Handeln sich als personales Handeln vollzieht und der Person der Lehrenden bedarf.

Aber nicht nur das Interesse des Lehrers, sein Verhältnis zu dem, worüber er dauernd spricht, sondern ebenso seine Kompetenz im Blick auf die

---

175 K. E. Nipkow: Bildung in einer pluralen Welt, Bd. 2: Religionspädagogik im Pluralismus, Gütersloh 1998, S. 476.
176 F. Schweitzer: Elementarisierung als religionspädagogische Aufgabe: Erfahrungen und Perspektiven. In: ZPT 52 (2000), H. 3, S. 240–252, hier S. 246.

Sache ist relevant. Die religionspädagogische Aufgabe lautet, die Ansprüche, die die Sache stellt, im Unterricht sachlich (Präsentation) und persönlich (Repräsentation) zum Ausdruck zu bringen. Zur sachlichen Darstellung wird nicht nur die im engen Sinn didaktische Kompetenz gezählt, auch die unterrichtsmethodische und planerische Kompetenz der Lehrer/-innen, die zur Inszenierung einer Unterrichtssequenz durch ein didaktisches Morphem notwendig ist, gehört dazu. Hinsichtlich der Gesprächsführung kann in der zitierten Stunde nicht von einer geglückten Interaktion ausgegangen werden.

Insgesamt liegt eine zentrale handlungstheoretische Problematik des Religionsunterrichts darin, dass Lehrer/-innen immer wieder nicht nur implizit, sondern auch explizit mit ihrer Person für den Inhalt einstehen müssen. Zugleich gilt aber auch umgekehrt: »Die Wahrheit der Sache relativiert und entlastet die Person, kann aber umgekehrt nicht ohne sie für die Schüler konkret werden«.[177] Die Inhalte des Religionsunterrichts selbst, die situationsadäquat im Unterrichtsprozess konstituiert werden, stellen die zwar gegenüber der Person der Religionslehrer/-innen grundlegendere Plausibilitätsbasis dar, die aber von den Religionslehrer/-innen persönlich authentisch zur Geltung zu bringen ist. Eine Theorie des religionspädagogischen Handelns muss daher nicht nur »das dialektische Verhältnis zwischen der Sache, die der Lehrer vor seinen Schülern vertritt, und seiner Person angemessen zur Geltung«[178] bringen, sondern auch dessen theologische, didaktische und methodische Kompetenz berücksichtigen. Das Verhältnis der Religionslehrerschaft zu Theologie, Glaube, Frömmigkeit und Kirche ist wohl aus diesem Grund das empirisch am meisten erforschte.[179] Ihre Kompetenz *im* Religionsunterricht wurde dagegen in empirischen Studien bisher wenig analysiert, die vorliegende Datenbasis der empirischen Religionsunterrichtsforschung bildet hierfür zudem ein schwaches Fundament.

Die Planung und Vorbereitung, Durchführung und Gestaltung sowie die Reflexion und Archivierung des Religionsunterrichts, die zusammen die meiste Zeit der Religionslehrer/-innen beanspruchen, sind noch weitgehend hinter den verschlossenen Schul- und Klassenzimmertüren verborgen.

---

177 P. Biehl: Beruf: Religionslehrer. In: Jahrbuch der Religionspädagogik 2 (1986), S. 161–194, hier S. 162.
178 Ebd.
179 B. Schach: Der Religionslehrer im Rollenkonflikt, München 1980; K. Kürten: Der evangelische Religionslehrer im Spannungsfeld von Schule und Religion, Neukirchen-Vluyn 1987; K. Langer: Warum noch Religionsunterricht, Gütersloh 1989, S. 139–185; A. Feige/B. Dressler/W. Lukatis/A. Schöll: Religion bei ReligionslehrerInnen, Münster 2000. Aber auch verschiedene Typologien wurden für die religiöse Orientierung und Kirchlichkeit der Religionslehrer entworfen. Vgl. z.B. H. Schmidt: Schlichten – trösten – ordnen – und Jesus groß machen. Impulse zum Selbstkonzept von Religionslehrern. In: H. Hanisch (Hg.): Qualifiziert als Lehrer und Erzieher im Religionsunterricht, Stuttgart 1978, S. 129–162; H.N. Caspary: Religionslehrer in der Volkskirche. Idealisten, Realisten und fünf andere Typen. In: EvErz 35 (1983), S. 338–350.

2 Die Mesoebene: Die einzelne Schule als Handlungsraum und Gestaltungsaufgabe

A Schulpädagogisches Handeln als Aneignung zumuten durch die Kultur der einzelnen Schule

2.1 Impressionen aus zwei Schulen und ›Nachdenken über pädagogische Kultur‹

Im Rahmen der Ausbildung kirchlicher Religionslehrerinnen und -lehrer besuche ich Studierende, die während eines Praxissemesters Religionsunterricht erteilen. Dabei komme ich gegen Ende des zwanzigwöchigen Praktikums für zwei oder drei Stunden an die Schulen, lerne Pausenhof, Flure, Lehrerzimmer und Rektorat sowie ein oder zwei Klassenzimmer kennen. Die Studierenden berichten von ihrem Unterrichtsalltag und von der Atmosphäre der Schule, die sie im zu Ende gehenden Praktikum erlebt haben. Obwohl in allen Schulen nach den Bildungsplänen des Landes Baden-Württemberg Unterricht erteilt wird, sind sie doch sehr verschieden. Bei einer Fahrt in den Nordschwarzwald galt es an einem Vormittag, den Studenten Till E. in einem kleinstädtischen Gymnasium und danach die Studentin Sibylle K. in einer ländlichen Grundschule zu besuchen.

Der Klassenraum im alten Gymnasium ist weiß getüncht ohne Bilder oder Pflanzen. Er macht einen ausgesprochen nüchternen Eindruck. Tische und Stühle sind frontal nach vorne zu Tafel und Pult hin ausgerichtet. Dazu steht noch ein abgeschlossener Schrank an der der Tafel gegenüberliegenden Wand – neben dem Kartenständer der einzige weitere Einrichtungsgegenstand. Die Einrichtung des Zimmers bietet sich für das Morphem der Lektion, den Frontalunterricht sowie Einzel- und Partnerarbeit an. Die Schüler/-innen besuchen sonst verschiedene Klassen einer Klassenstufe, nur im Religionsunterricht sind sie zusammen. Sie reden, Lachen ist zu hören. Nach dem Klingeln geht Till E. mit seinen Materialien nach vorne zur Tafel und stellt sich neben das Pult. Es wird merklich ruhiger. »Guten Morgen!« Die Schüler stehen auf und erwidern seine Begrüßung im Chor mit einem »Guten Morgen Herr E.« Er fordert sie zum Setzen auf. In der Klasse ist es jetzt ruhig. Der Unterricht beginnt mit einem Lied und einem meditativen Text, die jeweils von einer Schülerin oder einem Schüler ausgewählt und vorbereitet werden.

Drei Stunden später komme ich in der Grundschule an. Der Neubau ist mit dem Kindergarten zusammengebaut und teilt mit diesem eine gemeinsame Aula. Die Klassenzimmer erwecken – zwar mit individuellen Variationen versehen – insgesamt doch einen ähnlichen Eindruck. Tische und Stühle sind im Klassenzimmer zu Tischgruppen für vier bis sechs Kinder zusammengestellt. Es gibt noch eine Sitzecke, die zum Lesen oder Spielen da ist. An den Wänden sind Regale und Schränke, die mit Schul- und Kinderbüchern, Ordnern und Arbeitsmaterialien gefüllt sind. Es gibt neben den Schülertischen viele Ablage- und Arbeitsflächen. Vor der Tafel ist noch viel Platz, der dann für einen Sitzkreis genutzt wird. Der Raum ist mit Pflanzen, mit von den Kindern gemalten Bildern sowie mit Plakaten gestaltet, auf denen die Arbeitsergebnisse verschiedener Fächer festgehalten sind. Die Schüler/-innen sind im Klassenzimmer aufgrund ihrer Werke präsent. Das Klassenzimmer hat, verglichen mit dem des Gymnasiums, Elemente eines Wohnzimmers, einer Werkstatt, eines Ausstellungsraumes, einer kleinen Bibliothek und eben eines Klassenzimmers. Die Stunde beginnt ohne Klingeln, aber doch zur geplanten Zeit. Die Kinder brauchen etwas länger und einige Aufforderungen, bis sie sich im Kreis zum Stundenbeginn versammelt haben.

Was wird aus diesen knappen Beschreibungen deutlich? Das Klassenzimmer der Grundschule ist nicht einfach innenarchitektonisch anders gestaltet, es verkörpert eine andere Konzeption von Schule und Lernen als der Klassenraum des Gymnasiums. Die Klassenräume bilden die Objektivationen des pädagogischen Denkens und Handelns der Lehrer/-innen der Schule. Das Lernen und das Arbeiten an beiden Schulen ist durch die Räume geprägt, die das Ergebnis einer bewussten Gestaltung sind. Im Klassenzimmer der Grundschule sind Arbeitsformen wie Gruppenarbeit und Kreis eingeplant, aber auch der Frontalunterricht und Einzelarbeit ist möglich. Raumstrukturell wurde die unterschiedliche Arbeitsgeschwindigkeit der Kinder berücksichtigt, indem Orte für Materialien und Bücher sowie getrennte Arbeitsflächen und Erholungsbereiche geschaffen wurden. Innere Differenzierung und individualisiertes Lernen sind in diesem Raum möglich, während die Möblierung des gymnasialen Klassenzimmers dies erschwert und eher verhindert. Winkel hat vier verschiedene Typen von Klassenzimmern[180] unterschieden: den Hörsaal-Typ, den Sitzungssaal-Typ, den Gruppenraum-Typ und den Lebensraum-Typ. Das gymnasiale Klassenzimmer ist dem Hörsaal-Typ, die Grundschulzimmer sind dem Lebensraum-Typ zuzurechnen. Die Räume lassen die unterschiedlichen Kulturen der Schulen[181] spüren. Die Kultur der beiden Schulen wurde hier an den Klassenräumen veranschaulicht. »Der Begriff ›pädagogische Kultur‹ soll (…) als *schultheoretische Kategorie* verstanden und auf die Schule als ganze bezogen werden. Dieses Ziel müßte von vornherein verfehlt werden, wenn die pädagogische Kultur der Schule mit dem Schulleben gleichgesetzt würde.«[182] Der Begriff des Schullebens fokussiert dagegen die Aufmerksamkeit auf die *außerunterrichtlichen Unternehmungen* wie z.B. Schullandheim, Ausflüge, Projekte,

---

180 R. Winkel: Theorie und Praxis der Schule oder: Schulreform konkret – im Haus des Lebens und Lernens, Hohengehren 1997, S. 249 ff.
181 Vgl. hierzu P. Fauser: Nachdenken über pädagogische Kultur. In: Die Deutsche Schule, 1989, S. 5–25; Fend: Qualität im Bildungswesen, S. 164 ff.
182 Fauser: Nachdenken über pädagogische Kultur, S. 7.

Schulgottesdienste, Feste, Rituale des Wochenbeginns und des Wochenendes, Rituale der Einschulung und Schulentlassung, Schulgarten, Betriebspraktika, Schuldruckerei, Schülercafés usw., auf die *Einrichtung von Arbeitsgemeinschaften* wie z. B. Schulchor oder -band, Foto-AG usw., auf die *Organisation von Sozialaufgaben* wie Helferdienst, Patenschaft für neue Schülerinnen und Schüler, Streitschlichter[183] bei Konflikten, Ordnung im Klassenzimmer usw., auf die *Schülermitverantwortung* wie Klassen- und Schülersprecherinnen, Mitwirkung bei Entscheidung über Klassen- oder Schulordnung usw. Wittenbruch hat für das Verhältnis von Unterricht und Schulleben drei Modelle rekonstruiert:

Das »Zugabe-Modell«[184] versteht Schulleben als additives Moment zum planmäßigen Unterricht als der eigentlichen Aufgabe der Schule. Unterricht und Schulleben laufen hier weitgehend unverbunden nebeneinander her.

Das »Bezugs-Modell«[185] erweitert den Unterricht um praktische, künstlerische und soziale Tätigkeiten, es ergänzt den Unterricht durch originale Begegnungen mit der außerschulischen Wirklichkeit und es verändert den Unterricht weg vom lehrerzentrierten, kleinschrittigen Verfahren hin zu offenen Arrangements.

Im »Umfassungs-Modell« wird mit Schulleben »die erzieherische Grundausrichtung allen schulischen Handelns formuliert, nach der auch Unterricht konzipiert wird«.[186] Im Blick auf das pädagogische Handeln in der Schule ergibt sich hier eine beachtenswerte Akzentverschiebung. Das Umfassungs-Modell stellt mit der »Formulierung des Handlungsproblems: ›Wie können die schulischen Sozialisationsvorgänge vom Lehrer derart beeinflusst werden, dass pädagogisch erwünschter Unterricht möglich wird?‹ die landläufigen Auffassungen der Lehrerrolle vom didaktischen Kopf auf schulpädagogische Füße.«[187] Die genannte Verhältnisbestimmung von schulpädagogischem und unterrichtlichem Handeln findet sich in ähnlicher Weise bei Petersen. In der Jenaplan-Schule Petersens ist der Unterricht vom Schulleben gerahmt und Unterricht schaukelt auf den Wellen des Schullebens: »alles Unterrichten ist im Schulleben verankert, wird vom Schulleben getragen wie das Schiff vom Meere«.[188]

Der Begriff der pädagogischen Kultur der Schule geht über das Zugabe- und Bezugs-Modell hinaus, da beide auf den Unterricht fokussieren. Das Umfassungsmodell mit der ihm eigenen Rahmung des Unterrichts mittels des Schullebens bietet aber noch keine Unterricht und außerunterrichtliche Elemente integrierende theoretische Grundlage des schulpädagogischen Handelns, wie sie die Perspektive auf die pädagogische Kultur der Schule ermöglicht. Der Begriff der pädagogischen Kultur der Schule kann auch das Verhältnis zwischen den einzelnen Unterrichtsfächern aufgreifen und

---

183 Vgl. z. B. K. Jeffreys-Duden: Das Streitschlichter-Programm. Mediatorenausbildung für Schüler/-innen der Klassen 3 bis 6, Weinheim u. a. 1999.
184 W. Wittenbruch: In der Schule leben. Theorie und Praxis des Schullebens, Stuttgart u. a. 1980, S. 77.
185 Ebd., S. 77.
186 Ebd., S. 79.
187 K. Ch. Lingelbach/J. Diederich: Handlungsprobleme des Lehrers. Eine Einführung in die Schulpädagogik. Bd. 1: Unterricht und Schulleben, Königstein 1979, S. 55 f.
188 P. Petersen: Führungslehre des Unterrichts, Braunschweig 1950, S. 81.

darstellen, das mit dem Begriff des Schullebens nicht in den Blick kommt. Laufen die Schulstunden unverbunden nebeneinander her, oder wird im Sinn der Öffnung ein überfachliches Lernen in Lernbereichen oder Projekten praktiziert. In einer pluralen Gesellschaft gehört zur pädagogischen Kultur, ob und wie sie die kulturellen Differenzen der Schüler/-innen aufnimmt oder eben unbeachtet lässt. Wird die interkulturelle Schülerschaft und damit z. B. die Mehrsprachigkeit der Heranwachsenden oder die differenten Festkalender der Kulturen und Religionen pädagogisch reflektiert berücksichtigt.

2.2 Schule als Lebensraum

Heranwachsende verbringen immer mehr Zeit an der Schule, weil Schulzeit sich aufgrund einer verstärkte Wahl der weiterführenden Schulen[189] biographisch und aufgrund einer zunehmenden Halb- oder Ganztagsbetreuung täglich verlängert. Aus einem »Vorbereitungsraum« für das spätere, das »eigentliche Leben« wird ein mit einem eigenen Gewicht und einer eigenen Qualität ausgestatteter ›Lebensraum‹. Schule nimmt einen beträchtlichen Teil der Zeit von Kindern und Jugendlichen durch den Unterricht, die Zeit in den Pausen und Freistunden, die Ausflüge, die Schullandheimaufenthalte, die Arbeitsgemeinschaften, Hausaufgabenbetreuung sowie durch die so genannte Halb- oder Ganztagsschule in Anspruch. Die Schule *ist* bereits ein Lebensraum für die Schüler/-innen und muss es nicht erst werden. Der Lebensraum Schule, der sich in der einzelnen Schule vor Ort durch eine spezifische Kultur auszeichnet, bedarf der bewussten pädagogischen Gestaltung.

2.3 Sozialisation in der Schule oder Erziehung durch die Schule

Schule und Unterricht vermitteln nicht nur Stoff und Wissen, ihre sozialisierende Wirkung geht über den offiziellen Lehrplan des Unterrichts hinaus. Die Sozialisationseffekte des Unterrichts, die nicht infolge der Schulgesetze, Bildungspläne und des pädagogischen Handelns der Lehrer/-innen intendiert sind, wurden in den 70er-Jahren unter dem Stichwort ›heimlicher Lehrplan‹ diskutiert (vgl. 4.1.2).

In kritischer Perspektive wurde herausgearbeitet, dass die Schule weniger den Kulturtechniken wie Lesen, Schreiben, Rechnen diene, sondern – so fasst J. Henry seinen

---

189 Arbeitsgruppe Bildungsbericht am Max-Planck-Institut für Bildungsforschung: Das Bildungswesen in der Bundesrepublik Deutschland. Strukturen und Entwicklungen im Überblick, vollst. überarb. und erweiterte Neuausgabe, Reinbek 1994, S. 199 ff.

Beitrag über die Grundschule zusammen –, dass »sie notwendige gesellschaftliche Alpträume fest in uns verankert: Angst vor dem Scheitern, Neid auf den Erfolg anderer, entfremdete Existenz«.[190]

Zwei Einsichten der Sozialisationsforschung der 70er-Jahre sollen hier besonders hervorgehoben werden: Zum einen sozialisiert die Schule nicht nur dank ihrer Inhalte, sondern auch dank ihrer in der Organisationsstruktur enthaltenen Kommunikationsmöglichkeiten, zum anderen sind diese Sozialisationsmechanismen und -effekte verdeckt, sie verlaufen gleichsam ›heimlich‹ im Rücken der handelnden Lehrer/-innen. Es ist nun im Rahmen dieser Arbeit zu fragen, wie die sozialisatorischen Wirkungen in eine Theorie schulpädagogischen Handelns aufgenommen werden können. Um sie nicht in dem Gebiet der unbeeinflussbaren, gleichsam schicksalhaften Gegebenheiten der Schule zu belassen, wird im Folgenden im Anschluss an Fend von den »erzieherischen Wirkungen der Schule« gesprochen. »Die Begriffe ›erzieherische Wirkungen‹ und ›Sozialisationseffekte‹ sind hier lediglich insofern nicht synonym, als mit dem Begriff des ›Erzieherischen‹ ein normativer Akzent verbunden ist: gemeint sind Auswirkungen, welche aus mehr oder weniger wünschenswerten Orientierungsformen und grundlegenden Haltungen bestehen.«[191] Die bisherigen Analysen der Mesoebene schulpädagogischen Handelns können nun zusammengefasst werden. Schule besteht aus mehr als der Summe der Unterrichtsstunden und der außerunterrichtlichen Unternehmungen. Die einzelne Schule ist ein sich zeitlich ausweitender strukturierter Lebensraum, der eine pädagogisch zu verantwortende Kultur konstituiert. Die Schulkultur hat ausgeprägte sozialisatorische Effekte, die schulpädagogisch reflektiert, verantwortet und beeinflusst werden müssen, um zu erzieherischem Handeln zu werden. Die schulpädagogische Grundoperation Aneignung zumuten lässt sich auch auf der Mesoebene als Gestaltung der erziehenden Schulkultur identifizieren. Die pädagogische Gestaltung der Schulkultur und die Erziehung durch Schulkultur ist eine Aufgabe des schulpädagogischen Handelns auf der Mesoebene. Allerdings ist an die handlungstheoretische Einsicht zu erinnern, dass schulpädagogisches Handeln der einzelnen Lehrer/-innen nicht nur die Schule gestaltet, sondern selbst erst vermöge der Schule ermöglicht wird und so Produkt der Institution Schule ist. Handlungstheoretisch bedeutsam ist, dass die pädagogische Kultur der Schule sich »in Abhängigkeit von *schulexternen* wie auch von *schulinternen* Bedingungen«[192] entwickelt. Für schulpädagogisches Handeln sind erstere unbeeinflussbar. Sie bleiben daher Handlungsbedingungen.

Damit wurde deutlich, dass »die Planung, Durchführung und Auswer-

---

190 J. Henry: Lernziel Entfremdung. Analyse von Unterrichtsszenen in Grundschulen. In: J. Zinnecker (Hg.): der heimliche Lehrplan, Weinheim u. a. 1975, S. 35–51, hier S. 51.
191 H. Fend: Theorie der Schule, München, Wien, 2. durchges. Aufl. 1981, S. 329.
192 H.-G. Holtappels: Innovationsprozesse und Organisationsentwicklung. In: H.-G. Rolff (Hg.): Zukunftsfelder der Schulforschung, Weinheim 1995, S. 327–354, hier S. 333.

tung des Unterrichts« als »die zentralen Berufsaufgaben des Lehrers«[193] ergänzungsbedürftig sind. Die Gestaltung und Entwicklung der Schule und ihrer Kultur sind neben dem Unterricht eine Aufgabe der Lehrer/-innen. Schulpädagogisches Handeln mutet den Schüler/-innen vermöge der Gestaltung der Schule Aneignungsprozesse zu. Die Grundoperation Aneignung zumuten lässt sich auf verschiedenen Ebenen der Schule identifizieren: Aneignung zumuten als Erziehung in der Schule und durch die Schule geschieht zum einen mittels der Kultur der Schule und die darin eingelassenen Zeit-, Raum-, Inhalts- und Sozialstrukturen, zum zweiten aufgrund der Zeit-, Raum- und Interaktionsstruktur des einzelnen Unterrichts, zum dritten infolge der Inhalte des Unterrichts und zum vierten – so Prange – durch die Person der Lehrer/-innen. Denn der Lehrer sei im Unterricht und – so sei hinzugefügt – in der Schule »auch ›selber‹ da, und deshalb muß er sich klarzumachen suchen, wie er durch sein Auftreten und durch die Art, wie er sich gibt, wie er mit den Schülern über die Themen spricht usw., zeigt, was er anerkennt oder verwirft, welchen Normen er folgt oder ob er wie ein Rohr im Wind hin und her schwankt.«[194]

2.4 Schulpädagogisches Handeln als kooperatives Handeln

Wird im Anschluss an Fend die Schule als Mesoebene des schulpädagogischen Handelns und zugleich als pädagogische Handlungseinheit betrachtet, so erweitert sich der Begriff des schulpädagogischen Handelns nicht nur hinsichtlich der Aufgaben. Wurde bisher schulpädagogisches Handeln auf die Lehrer/-innen als Individuen bezogen, die um der Qualität ihres pädagogischen Handelns in der Schule kooperieren – oder auch nicht, so kommt mit der Schule als pädagogische Handlungseinheit ein Kollektiv in den Blick. Für das schulpädagogische Handeln ist es – so Fend – von großer Bedeutung, »ob es an Schulen eine Kultur der Reflexion und Kritikfähigkeit gibt, die immer wieder zu gemeinsamen Selbstverständigungsprozessen führt, in denen zum Ausdruck kommen kann, was eine Schule möchte und wie sie mit welchen Problemen umgehen will.«[195] Schule kann nur eine pädagogische Handlungseinheit sein oder werden, wenn sie mehr als ein bloßes »Lehrerkonglomerat«[196] darstellt. Das schulpädagogische Handeln bekommt so eine deutliche kooperative Komponente, denn die Kultur einer Schule gestalten, verantworten und erneuern können Lehrer/-innen nicht als ›Einzelkämpfer‹, sondern nur in Kooperation und in kollegialem Kon-

---

193 G. Becker: Durchführung von Unterricht. Handlungsorientierte Didaktik Teil II, 6. unveränd. Aufl. 1993, S. 11.
194 K. Prange: Bauformen des Unterrichts, S. 44 f.
195 Fend: Qualität im Bildungswesen, S. 316.
196 F. Bohnsack: Strukturen einer ›guten‹ Schule heute. In: K. Ermert (Hg.): »Gute Schule – Was ist das? Loccumer Protokolle H. 17, 1986, S. 51–113, hier S. 94.

sens in der Bedeutung einer koordinierten Verständigung über die Probleme und das pädagogische Profil der eigenen Schule.[197] Ein in diesem Sinne schulpädagogisch aufgeladener Konsensbegriff zielt »auf erzieherisch relevante Einstellungen des einzelnen Lehrers ab, sowohl was ihre Vereinbarkeit bzw. Unvereinbarkeit mit entsprechenden Einstellungen im Kollegium angeht«.[198] Bereits 1969 schrieb Fürstenau, dass das Schulwesen auch deshalb weit von einer professionellen Organisation entfernt sei, weil »in ihm die horizontalen Beziehungen der Lehrer untereinander, handle es sich um Kommunikation, Konsultation, Hospitation oder Kooperation, in starkem Maße unterentwickelt«[199] seien. Neuere Untersuchungen bestätigen diese Diagnose auch noch nach nunmehr 30 Jahren.

So unterscheiden Bauer/Kopka/Brindt im Anschluss an Hargreaves vier Kulturen der Lehrerarbeit: »die individualistische Kultur (individualism), die in Fraktionen gespaltene Kultur (balkanization), die Kultur der Zusammenarbeit (collaborative culture) und die Kultur der künstlich induzierten Kollegialität (contrived culture)«.[200] Die von ihnen untersuchten Lehrer/-innen sind allesamt zur individualistischen Kultur zu rechnen, allenfalls in Konferenzen vor allem in Klassenkonferenzen anlässlich von Disziplinproblemen und in freiwilligen Tandems zweier Lehrer/-innen findet Konsultation und Kooperation statt.[201] Keine der Lehrpersonen war in eine Kultur der Zusammenarbeit eingebunden. Auch die Ergebnisse einer qualitativen empirischen Untersuchung bei Gymnasiallehrer/-innen von G. Jerger zeigen deutlich, dass die Kooperation unter Lehrer/-innen »über das Notwendigste hinaus (...) nur wenig praktiziert wird«,[202] ähnliche Befunde zeigt das Tübinger Forschungsprojekt ›Hermeneutische Schulentwicklungsforschung‹[203] für die Zeit vor den Schulentwicklungsprozessen. Bauer u.a. weisen zugleich darauf hin, dass eine Kultur professioneller Zusammenarbeit auch materielle Voraussetzungen in Form

---

197 Vgl. K. Aurin (Hg.): Auffassungen von Schule und pädagogischer Konsens, Stuttgart 1993; ders.: Gemeinsam Schule machen. Schüler, Lehrer, Eltern. Ist Konsens möglich? Stuttgart 1994.
198 T. Eckert: Mangelnde Kommunikation und mangelnder Konsens im Lehrerkollegium als Entwicklungsbedingung zum ›schlechten Lehrer‹. In: B. Schwarz/K. Prange (Hg.): Schlechte Lehrer/-innen. Zu einem vernachlässigten Aspekt des Lehrberufs, Weinheim u. a., 1997, S. 219–246, hier S. 228.
199 P. Fürstenau: Neuere Entwicklungen der Bürokratieforschung und das Schulwesen. Ein organisationssoziologischer Beitrag. In: P. Fürstenau u.a.: Zur Theorie der Schule, Weinheim u. a. 1969, S. 47–66, hier S. 53.
200 Bauer/Kopka/Brindt: Pädagogische Professionalität und Lehrerarbeit, S. 246; im Anschluss an A. Hargreaves: Cultures of Teaching: A Focus of Change. In: A. Hargreaves/M.C. Fullan (eds.): Understanding Teacher Development, New York 1993, S. 216–240.
201 Vgl. K.-O. Bauer/A. Kopka: Vom Unterrichtsbeamten zum pädagogischen Profi – Lehrerarbeit auf neuen Wegen. In: H.-G. Rolff u.a. (Hg.): Jahrbuch der Schulentwicklung, Bd. 8, Weinheim 1994, S. 267–307, hier S. 289–293.
202 G. Jerger: Kooperation und Konsens bei Lehrern. Eine Analyse der Vorstellungen von Lehrern über Organisation, Schulleitung und Kooperation, Frankfurt 1995, S. 126.
203 Vgl. H.-U. Grunder: Schulentwicklung durch Kooperation und Vernetzung. Schule verändern, Bad Heilbrunn 2002 sowie oben III, 1.3.4 Kooperation im unterrichtlichen Handeln der Lehrerinnen und Lehrer.

einer Mindestausstattung der Schulen mit Arbeitsplätzen für Lehrer/-innen benötigt.[204]

Vor allem im Unterricht sind Lehrer/-innen Einzelkämpfer, die gegenseitige Hospitation und Beratung wird trotz mehrheitlich gegenteiliger Wünsche nur von wenigen praktiziert.[205] Die Unterrichtsfächer als ein Strukturierungsprinzip der Schule konstituieren eine Differenz (vgl. oben 3.1.3), die eine Bedingung des Handelns darstellt und zugleich schulpädagogisch gestaltet werden kann. Die wechselseitige Öffnung der Fächer führt dazu, dass die Grundoperation schulpädagogischen Handelns ›Aneignung zumuten‹ in fächerübergreifender Form erfolgt. Für fächerübergreifenden Unterricht sind auf der Mesoebene des schulpädagogischen Handelns institutionelle, organisatorische und personelle Bedingungen notwendig. Schulpädagogisches Handeln als Aneignung zumuten in fächerübergreifender Form ermöglicht das unverbundene Nebeneinander der Fächer zu überwinden und die spezifische Perspektive der einzelnen Fächer auf einen Inhalt gegenseitig zu ergänzen; die Aneignung eines Inhalts, einer Fähigkeit oder eine Änderung des Selbstverständnisses durch die Schüler/-innen kann in mehrperspektivischer Hinsicht erfolgen. Für eine Öffnung des Fachunterrichts hin zu fächerübergreifendem Arbeiten ist die kooperative Komponente des Lehrer/-innenberufs notwendig.

Deutlich wurde an den empirischen Belegen aus den 90er-Jahren, dass die Zusammenarbeit von Lehrer/-innen im Kollegium als Bedingung der Entwicklung und Erneuerung der Kultur der Schule zwar theoretisch beachtet wird, aber nach wie vor ein ungelöstes Problem darstellt. Für den schulpädagogisch derzeitig viel beachteten, geforderten und geförderten »Selbstwandel der Einzelschule«[206] mittels Organisationsentwicklung und schulinterne Lehrerfortbildung sind Kooperation und Konsens im Kollegium zentrale Faktoren.

Rolff hat den Prozesscharakter der Schul*entwicklung* betont und den Weg von der ›fragmentierten Schule‹, die ein lose verbundenes Nebeneinander von Klassen und Lehrer/-innen darstellt, über die ›Projektschule‹, die sich über unverbundene Projekte erneuern will, innerhalb derer die Lehrer/-innen kooperieren, bis hin zur »Problemlöseschule«, die »teamartige Kooperation auf allen Ebenen praktiziert und die vor dem Hintergrund gemeinsamer Diagnosen regelmäßig Ziele klärt, vereinbart und in Handlungsprogramme umsetzt«,[207] beschrieben.

Schulentwicklung als Prozess hat davon auszugehen, »dass gute Beziehungen in einem Kollegium eine Prämisse für gelingendes gemeinsames Handeln darstellen.«[208]

---

204 Vgl. Bauer/Kopka/Brindt: Pädagogische Professionalität und Lehrerarbeit, S. 245–247.
205 Vgl. Mühlhausen: Gegenseitige Hospitation im Unterricht, S. 206 ff.
206 E. Terhart: Neuere empirische Untersuchungen zum Lehrerberuf. Befunde und Konsequenzen. In: W. Böttcher (Hg.): Die Bildungsarbeiter. Situation – Selbstbild – Fremdbild, Weinheim u.a. 1996, S. 171–201, hier S. 184.
207 H.-G. Rolff: Schulentwicklung als Entwicklung der Einzelschule? Theorien und Indikatoren von Entwicklungsprozessen. In: ZfPäd 37 (1991), S. 865–886, hier S. 881 f.

Sie sind eine zwar »*notwendige, aber keine hinreichende Basis* für den Erfolg gemeinsamer Schulentwicklungsprozesse an einer Schule«.[209]

Kooperation und Konsens haben auch für die individuelle berufsbiographische Entwicklung einzelner Lehrer/-innen eine zentrale Bedeutung. So erkennt Eckert in einem individualistischen oder gespaltenen (›balkanisierten‹) Lehrer/-innenkollegium den Nährboden für individuelle Entwicklungen zu Resignation und Burnout bei Lehrer/-innen.[210]

B Religionspädagogisches Handeln als Aneignung zumuten durch eine religiöse Dimension der Schulkultur

2.5 Die einzelne Schule als Handlungsraum und Gestaltungsaufgabe des religionspädagogischen Handelns

1. Die Kultur der einzelnen Schule bietet für das religionspädagogische Handeln ein förderliches oder abträgliches Klima. Die aufgrund des Lehrerkollegiums, der Schulleitung, der Eltern- und Schülerschaft geprägte Schulkultur kann das religionspädagogische Handeln in der Schule erschweren oder erleichtern.[211] So bildet die einzelne Schule eine Bedingung für das religionspädagogische Handeln; zugleich ist die Schule vor Ort auch eine Gestaltungsaufgabe. Statt von einer religionspädagogischen Gestaltung der Schule wird hier der Begriff der Mitverantwortung vorgezogen, da er hervorhebt, dass neben den Religionslehrer/-innen mit ihrer spezifischen religionspädagogischen Perspektive auch noch andere Lehrer/-innen durch ihr schulpädagogisches Handeln an der Gestaltung der Schulkultur mitwirken.

2. Die religionspädagogische Mitverantwortung für die einzelne Schule und ihre spezifische Kultur ist nicht nur pädagogisch, sondern auch theologisch-religionspädagogisch zu begründen. So hat Schweitzer auf die »der Religion eigenen Formen des Handelns und Erlebens (…) – auf Feier und Spiel, auf Fest und Liturgie, auf Aktionen und Projekte«[212] hingewiesen. Religionspädagogisches Handeln kann zur pädagogischen Kultur der einzelnen Schule unter anderem mit Hilfe von folgenden Momenten beitragen:

---

208 M. Weingardt: Beziehungen in Entwicklungsprozessen von Schulen. In: H.-U. Grunder: Schulentwicklung durch Kooperation und Vernetzung. Schule verändern, Bad Heilbrunn 2002, S. 169–188, hier S. 171.
209 Weingardt: Beziehungen in Entwicklungsprozessen von Schulen, S. 188.
210 Vgl. Eckert: Mangelnde Kommunikation und mangelnder Konsens im Lehrerkollegium als Entwicklungsbedingung zum ›schlechten Lehrer‹, S. 232–236.
211 Vgl. hierzu die bei Nipkow: Religionspädagogik im Pluralismus, S. 186–188 dargestellten Fälle.
212 F. Schweitzer: Religiöse Bildung als Aufgabe der Schule. In: G. Adam/R. Lachmann (Hg.): Religionspädagogisches Kompendium, S. 104–120, hier S. 117.

a) die religionspädagogische Gestaltung und die Wirkung des Religionsunterrichts selbst,
b) außerunterrichtliche mit dem Religionsunterricht eventuell verbundene und in ihm vorbereitete Maßnahmen:
   – Schul- und Schülergottesdienste zu den Festzeiten des Kirchenjahres, zu Beginn und Ende des Schuljahres oder von Schulwochen, zu Schulbeginn und aus Anlass des Schulabschlusses, als Teile von Projekten oder Projektwochen mit einem thematischen Schwerpunkt;
   – Feste und Feiern der in der Schule vertretenen Konfessionen und Religionen können begangen werden. Die Differenz zwischen den Angehörigen der Religionsgemeinschaft, zu der das Fest gehört und die es feiert, und den »Gästen« aus den anderen Konfessionen und Religionsgemeinschaften ist dabei theologisch und pädagogisch zu beachten;
   – religiöse Einkehrtage und Schulwochen, in denen eine besondere christliche Frömmigkeitspraxis wie Meditation, Gebet, Lied im Mittelpunkt stehen kann;
   – Praktika und Projekte in Einrichtungen und Arbeitsfeldern der Diakonie, in denen Aktionen der Nächstenliebe und die Welt- und Menschenzugewandtheit des Christentums[213] ihren Ausdruck finden;
   – prophetisch-politische Aktionen;
   – eine religionspädagogische Öffnung der Schule und des Religionsunterrichts hin zu den Kirchengemeinden und ihren Einrichtungen, zur kirchlichen Kinder- und Jugendarbeit (vgl. oben 3.5);[214]
   – eine inhaltliche religionspädagogische Öffnung hin zu den anderen Konfessionen und ihren Gemeinden sowie den anderen Religionen im Umfeld der Schule;
c) die Gestaltung nicht nur der Klassenräume, sondern aller Räume der Schule mit Hilfe von
   – Ausstellungen aus dem Religionsunterricht oder aus religionspädagogischen Projekten in Klassenräumen, Fluren, Treppenhäusern usw.;
   – die Einrichtung eines »Raumes der Stille«;[215]
   – eine besondere Gestaltung des Klassenraumes für den Religionsunterricht;
d) die Gestaltung der Zeit mithilfe von Rhythmen und Ritualen.[216]

---

213 Vgl. K. Hertweck/R. Gronbach: Diakonie als Schulfach. Das »Michelbacher Modell« als Beitrag zur Schulöffnung. In: Birkacher Beiträge für Bildung und Erziehung 3 (1999), S. 15–21.
214 Vgl. M. Weingardt: Einander zuarbeiten. Schule und Jugendarbeit als pädagogische Partner. In: Schule öffnet sich. Birkacher Beiträge für Bildung und Erziehung 3 (1999), S. 40–44.
215 Vgl. E. Markschies: Der Gottesdienst wächst mit – Erfahrungen aus dem Christlichen Gymnasium Jena. In: ZPT 51 (1999) H. 2, S. 109–115, hier S. 110.
216 Vgl. M. Wermke: (Hg.): Rituale und Inszenierungen in Schule und Unterricht, Münster 1997.

3. Die Mitverantwortung des religionspädagogischen Handelns für die Kultur der Schule zeigt sich auch an der Mitwirkung am fächerübergreifenden Unterricht und an Projekten im Rahmen der einzelnen Schule, wobei bereits darauf hingewiesen wurde, dass Projekte im Alltag religionspädagogischen Handelns selten anzutreffen seien. Die Diskussion um das fächerübergreifende religionspädagogische Arbeiten wird derzeit im Rahmen der Debatte um den konfessionellen oder überkonfessionellen Religionsunterricht geführt, damit wird schon die Makroebene des religionspädagogischen Handelns berührt. Im Rahmen des Modells eines »*konfessionell-kooperativen Religionsunterrichts*«[217] werden fächerübergreifende Unterrichtseinheiten und gemeinsame Unterrichtsphasen bei zwischenkirchlich umstrittenen Inhalten hervorgehoben, wobei bei ersteren grundsätzlich alle Fächer, bei zweiteren die Religionsunterrichte und eingeschränkt auch der Ethikunterricht unter der Perspektive des ökumenischen Lernens angesprochen sind.

---

[217] Evangelische Kirche in Deutschland (EKD): Identität und Verständigung. Standort und Perspektiven des Religionsunterrichts in der Pluralität. Eine Denkschrift, Gütersloh 1994, S. 65.

3 Die Makroebene: Schulrecht, Schulorganisation und Schulpolitik – das Schulsystem als Handlungsraum und Gestaltungsaufgabe

A Schulpädagogisches Handeln als Aneignung zumuten durch Gestaltung des Bildungssystems

Auf der Makroebene muss eine doppelte Perspektive eingenommen werden. Zum einen die Perspektive wie die Makroebene das schulpädagogischen Handeln der Lehrer/-innen im Unterricht und in der einzelnen Schule beeinflusst und zum anderen wie die Lehrer/-innen selbst die Makroebene beeinflussen können.

3.1 Beeinflussung des schulpädagogischen Handelns durch die Makroebene

Schulpädagogisches Handeln in Unterricht und Schule ist infolge der Institutionalisierung und Verberuflichung im Rahmen des Staates zu einem »öffentlichen Handeln«[218] geworden, weil es zum einen als berufliches Handeln nicht mehr zum Bereich des Privaten gerechnet werden kann und zum zweiten »unter den Augen des kritischen Publikums, durch dessen Mitbestimmung beeinflusst und durch rechtliche Vorgaben gebunden«[219] ist. Aus handlungstheoretischer Perspektive stellt sich folgende Frage: Wie kann das Verhältnis zwischen den schulrechtlichen Vorgaben und dem Handeln bestimmt werden? Für Habermas zeigt die Verrechtlichung der Schule die Ambivalenzen der Entwicklung zur Moderne, die er mit Hilfe des Gegensatzes von System und Lebenswelt beschreibt. »Der Rechtsschutz von Schülern und Eltern gegen pädagogische Maßnahmen (wie Nichtversetzung, Prüfungsergebnisse usw.) oder gegen grundrechtseinschränkende Akte der Schule und Kultusverwaltung (Ordnungsstrafen) wird mit einer tief in die Lehr- und Lernvorgänge eingreifenden Justizialisierung und Bürokratisie-

---

218 H.-J. Apel: Schulpädagogik und pädagogische Bildung. In: Ders./H.-U. Grunder (Hg.): Texte zur Schulpädagogik, S. 239–258, hier S. 244.
219 Apel: Schulpädagogik und pädagogische Bildung, S. 248.

rung erkauft.«[220] Justizialisierung und Bürokratisierung sind für Habermas Teil der Ausbreitung der Systeme und Prozesse der Kolonialisierung der Lebenswelt mittels Systemen. Damit wird der kommunikative und auf Verständigung angelegte schulpädagogische Handlungszusammenhang überformt und die »schulische Sozialisation wird in ein Mosaik von anfechtbaren Verwaltungsakten zerlegt.«[221] Die Diskussion über die These von Habermas, es bestehe ein Widerspruch zwischen Recht und schulpädagogischem Handeln, macht deutlich, dass schulpädagogisches Handeln auch bereits in seiner Entwicklung zur Staatsschule »weniger durch die lebensweltlichen Bedürfnisse der unmittelbar Beteiligten als vielmehr durch die systemischen Motive soziokultureller Reproduktion bestimmt«[222] wird.

3.1.1 Normierung schulpädagogischen Handelns und pädagogische Freiheit

Die Verrechtlichung der Schule als Normierung des schulpädagogischen Handelns hat seit der Bildungsreform der 60er-Jahre, »vor allem infolge der Rechtsprechung des Bundesverfassungsgerichts und des Bundesverwaltungsgerichts eine ganz besondere Dynamik angenommen«.[223] Dabei wurden die Parlamente und ihre legislative Funktion gegenüber der Verwaltung (Exekutive) in ihren »Normierungsfunktionen im Schulwesen«[224] gestärkt. Zu differenzieren ist demnach zwischen drei verschiedenen Formen der Verrechtlichung der Schule: »Vergesetzlichung, Bürokratisierung und Justizialisierung. *Vergesetzlichung* meint die kontinuierlich ansteigende Zahl von Gesetzen«,[225] *Bürokratisierung* die Steuerung durch und die Selbststeuerung der Verwaltung unterhalb der Gesetzesebene mit Hilfe von Erlassen, Verwaltungsvorschriften und Ähnlichem, *Justizialisierung* die Verlagerung von Entscheidungen auf die Gerichte. Der deutsche Juristentag sah sich in seinem Entwurf für ein Landesschulgesetz zu folgender Analyse genötigt:

»Im Übrigen fehlt es fast durchgängig an Konkretisierungen auf Gesetzesebene, während auf der Verwaltungsebene eine Überfülle von umso detaillierteren Regelungen erlassen wurde, die durch umfangreiche Loseblattwerke nur unvollkommen erfasst werden konnten und sich immer mehr zu einem undurchdringlichen

---

220 J. Habermas: Theorie des kommunikativen Handelns. Bd. 2 Zur Kritik der funktionalistischen Vernunft, Frankfurt a. M., 4. Aufl. 1987, S. 545.
221 Habermas: Theorie des kommunikativen Handelns. Bd. 2, S. 545.
222 R. Kokemohr: Zur Verrechtlichung unterrichtlicher Interaktion. In: Enzyklopädie Erziehungswissenschaft, Bd. 7. Erziehung im Primarschulalter, Stuttgart u. a. 1995, S. 138–172, hier S. 166.
223 P. Fauser: Pädagogische Freiheit in Schule und Recht, Weinheim und Basel 1986, S. 49.
224 A. Laaser: Der Gesetzgeber im Zugzwang. In: RdJB 26 (1978), S. 57–63. Zit. nach Fauser: Pädagogische Freiheit in Schule und Recht, S. 86.
225 H. Avenarius/H. Heckel: Schulrechtskunde. Ein Handbuch für Praxis, Rechtsprechung und Wissenschaft, Neuwied, 7. Aufl. 2000, S. 16 f.

Gestrüpp auswuchsen«.[226] Die Parlamente als Gesetzgeber sollten auf Grund des Demokratie- und Rechtsstaatsprinzips die wesentlichen Entscheidungen selbst fällen und diese nicht der Verwaltung anheim geben.

Mit dem Begriff des »Wesentlichen« wurde dabei in dialektischer Argumentation begründet, dass zwar das Wesentliche gesetzlich geregelt werden muss, aber auch nur das Wesentliche einer solchen Regelung bedarf und das ganze Gestrüpp der Regelungen über die Erlasse der Verwaltungsebene entfernt werden sollte. Der Entwurf für ein Landesschulgesetz bietet in diesem Sinn »zum einen ein Gesamtkonzept zur Durchsetzung des Parlamentsvorbehalts im Schulwesen; zum anderen sucht er der Schule weitgehende Selbstständigkeit und dem Lehrer ein Höchstmaß an pädagogischer Freiheit zu sichern.«[227] Hiervon ausgehend sind Lehrpläne zwar »das zentrale Instrument für die Steuerung der Unterrichtsarbeit in der Schule«,[228] aber sie sollen nur die »wesentlichen Ziele der Unterrichtsfächer«[229] enthalten. Wird dies umgesetzt, so ist pädagogische Freiheit nicht nur methodische Freiheit, sondern umfasst auch die didaktische Freiheit, die Ziele mit Inhalten zu Themen des Unterrichts zu verbinden. Der mitteilende Charakter des Lehrer-/innenhandelns (vgl. Gronemeyer in der Hinführung) wird damit grundsätzlich nicht ausgeschlossen. Das Unterrichts- und Erziehungsgeschehen im Klassenzimmer und die Gestaltung der Schule als Handlungsbereich des Lehrer-/innenberufs enthält des Weiteren unregulierbare Bereiche, die einen Ermessensspielraum und eine Entscheidungsbefugnis der Lehrer-/innen fordern. Nun hat das Rechtssystem in der Bundesrepublik Deutschland mit dem Begriff der ›Pädagogischen Freiheit‹ dem schulpädagogischen Handeln »Freiheitsspielräume« und einen »der richterlichen Unabhängigkeit angenäherten *beamtenrechtlichen Sonderstatus*«[230] eingeräumt. Die aufgrund der Summe der Vergesetzlichung, Bürokratisierung und Justizialisierung drohende Determinierung schulpädagogischen Handelns durch die Makroebene einerseits und die Unmöglichkeit vollständiger Determinierung andererseits ist damit dem Gesetzgeber deutlich:

»Bei der gesetzlichen Fixierung verbindlicher Zielbestimmungen und darauf ausgerichteter Anleitung zur Durchführung des Unterrichts ist Zurückhaltung am Platze. Festlegungen müssen immer daraufhin überprüft werden, ob sie der pädagogischen Freiheit genügend Raum lassen, ob dem Lehrer im Unterricht noch der Spielraum verbleibt, den er braucht, um seiner pädagogischen Verantwortung gerecht werden zu können.«[231]

---

226 Deutscher Juristentag: Schule im Rechtsstaat, Bd. 1. Entwurf für ein Landesschulgesetz. Bericht der Kommission Schulrecht des Deutschen Juristentages, München 1981, S. 26.
227 Avenarius/Heckel: Schulrechtskunde, a. a. O., S. 18.
228 Deutscher Juristentag: Schule im Rechtsstaat, a. a. O., S. 50.
229 Deutscher Juristentag: Schule im Rechtsstaat, S. 68.
230 H. Heckel: Rechte und Pflichten des Lehrers. In: K. Nevermann u. a. (Hg.): Rechte der Lehrer, Rechte der Schüler, Rechte der Eltern, München 1977, S. 29–61, hier S. 46.
231 Urteil des Bundesverfassungsgerichts zit. nach Fauser: Pädagogische Freiheit in Schule und Recht, S. 125.

Der die pädagogische Freiheit juristisch komplementär ergänzende Sachverhalt ist im Urteil des Bundesverfassungsgerichts wie im Schulgesetz von Baden-Württemberg die pädagogische Verantwortung. »Die pädagogische Verantwortung setzt pädagogische Freiheit voraus, innerhalb derer eigenverantwortliches selbstbestimmtes Handeln erst möglich wird.«[232] Pädagogische Freiheit ist nicht einfach die den Lehrer/-innen zugestandene Freiheit, sondern umgekehrt auch pädagogisch zu verantwortende Freiheit. Als ein weitgehend unbestimmter Rechtsbegriff kann pädagogische Freiheit pädagogisch interpretiert und so mit einer Verantwortung für die Bildung der nachwachsenden Generation verbunden werden. Pädagogische Freiheit kann – pädagogisch argumentiert – nicht nur als »Abwehrbegriff für die individuelle Stellung von Lehrer/-innen in der Schule verstanden werden«.[233] Unterricht »kann dürftig, Urteile können ungerecht, Antipathien können grausam und unüberwindlich sein. Pädagogische Freiheit will aber dem Lernen dienen; sie umfasst deshalb einen Schutz des Lernens auch im Verhältnis zum Lehrerhandeln«.[234] Die pädagogische Freiheit eröffnet nicht den Weg zur pädagogischen Willkür, sondern hat Bildung und damit die Förderung der Heranwachsenden zum Ziel.

Die Freiheitsspielräume werden juristisch in einem klar definierten Bereich der Pflichten der Lehrer/-innen gesehen. Die Grenzen der pädagogischen Freiheit werden in Baden-Württemberg in § 38 (2) SchG genannt:

»Der Lehrer trägt im Rahmen der in Grundgesetz, Verfassung von Baden-Württemberg und § 1 dieses Gesetzes niedergelegten Erziehungsziele und der Bildungspläne sowie der übrigen für ihn geltenden Vorschriften und Anordnungen die unmittelbare pädagogische Verantwortung für die Erziehung und Bildung der Schüler.«

Die Makroebene tendiert dahin, das schulpädagogische Handeln an das Grundgesetz mit seinen Grundrechten und Wertvorstellungen, an die in § 12 der Landesverfassung Baden-Württemberg und die im Schulgesetz selbst formulierten Bildungsziele rückzubinden. Daneben steht noch die das schulpädagogische Handeln normierende Ebene der Erlasse und Vorschriften aus der Schulverwaltung.

Sachlich werden vor allem drei Bereiche geregelt: Der Unterricht und seine Inhalte werden erstens mittels der Stundentafeln, die die Summe des wöchentlichen Unterrichts sowie das Fächerspektrum und die quantitative Gewichtung der einzelnen Fächer festlegen, vereinheitlicht. Sie bilden einen strukturierten Handlungsraum für das schulpädagogische Handeln. Die Bildungs- oder Lehrpläne formulieren die Ziele

---

232 W. Holfelder/W. Bosse: Schulgesetz für Baden-Württemberg. Handkommentar für Schulpraxis und Ausbildung mit Sonderteil Lehrerdienstrecht, Stuttgart u. a., 12. völlig neubearb. Aufl. 1998, S. 343.
233 P. Fauser: Grundsatzdiskussion IV. Die pädagogische Freiheit von Lehrern und Lehrerinnen. In: D. Haarmann (Hg.): Handbuch Grundschule, Bd. 1, Weinheim u. a., 2. erg. Aufl. 1994, S. 268–281, hier S. 269.
234 Fauser: Grundsatzdiskussion IV. Die pädagogische Freiheit von Lehrerinnen und Lehrern, S. 269.

des Unterrichts und legen das inhaltliche Grundgerüst der Fächer fest, weiter wird die inhaltliche Dimension des Unterrichts über die Zulassung von Schulbüchern und anderer Medien zu normieren gesucht. Neben dem Fächerspektrum sowie den Zielen und Inhalten von Unterricht ist zweitens die schulische Leistungsbewertung und damit die Notengebung und Versetzungsordnung ein bevorzugtes Objekt der Verrechtlichung in Form von Bürokratisierung, da sie aufgrund der Schulabschlüsse und der damit verbundenen Lebenschancen justiziabel sein müssen. Zum dritten werden Fragen der Unterrichtsorganisation wie Ferienordnungen, Klassenfrequenzen oder ähnliches festgelegt.

Das Verhältnis zwischen Lehrplan und pädagogischer Freiheit wird vom Deutschen Juristentag als »Wechselwirkung«[235] verstanden. Gesetze und Erlasse sichern die wesentlichen Ziele und Bedingungen schulpädagogischen Handelns, »der Lehrer kraft pädagogischer Freiheit deren unterrichtliche Konkretisierung.«[236] Das Lehrer/-innenhandeln vollzieht sich nicht im Rahmen einer zweckrationalen, d.h. rein deduktiven, sondern wie bereits hervorgehoben im Rahmen einer pragmatischen (praktischen) Vernunft.

3.1.2 Recht als Ermöglichung und Medium der Institutionalisierung schulpädagogischen Handelns

Die Makroebene mit ihren rechtlichen und bürokratischen Regelungen ist eine der Rahmenbedingungen des schulpädagogischen Handelns, die eine nur begrenzt determinierende Wirkung auf die darunter liegenden Ebenen hat. Das Recht hat auch eine das Handeln ermöglichende Funktion. So tritt zum Beispiel die allgemeine Schulpflicht als »Medium der Institutionalisierung von Erziehung und Unterricht auf, pädagogisches Handeln als deren intersubjektive Realisierung.«[237] Die Realisierung wird durch die Lehrer/-innen vollzogen. »Pädagogisch entscheidend ist indessen die personale und soziale Aufnahme, Präsentation und Umsetzung, die Verarbeitung dieser Vorgaben.«[238] Den Schüler/-innen und den Lehrer/-innen im Kollegium begegnen in der Schule nicht Gesetze und Erlasse, sondern – so fährt Fauser fort – »es sind von Menschen präsentierte Deutungs- und Handlungsangebote – Schule existiert als soziale Kultur.«[239] Zwei Weiterführungen sind hier noch zu machen.

Zum einen gilt Fausers Einsicht auch für die Mesoebene schulpädagogischen Handelns und ist mit der kooperativen Dimension schulpädagogischen Handelns zu vermitteln und schultheoretisch als Autonomie und Gestaltungsmöglichkeit der Einzelschule zu realisieren.

---

235 Deutscher Juristentag: Schule im Rechtsstaat, S. 169.
236 Kokemohr: Zur Verrechtlichung unterrichtlicher Interaktion, S. 168.
237 Ebd., S. 166.
238 Fauser: Pädagogische Freiheit in Schule und Recht, S. 45.
239 Ebd.

Zum anderen ist Fausers These auf der kategorialen Ebene angesiedelt und die empirische Frage nach der Wahrnehmung der pädagogischen Freiheit durch die Lehrer/-innen ist damit noch nicht beantwortet. Pädagogisch entscheidend ist somit, ob die Lehrer/-innen den »Gesamtraum des virtuellen pädagogischen Freiraums«[240] für ihren Unterricht und die Gestaltung der Schule nutzen oder ob sie nur einen kleineren Teil in Anspruch nehmen. Die von Buer vorgelegten Analysen und Ergebnisse »verweisen eher auf die Dominanz der Individualität in der Realisierung des Unterrichtsauftrages«.[241] Er geht davon aus, »gute Indizien für die These geliefert zu haben, daß der pädagogische Freiraum durchaus genutzt wird«.[242] Für das schulpädagogische Handeln auf der Makroebene stellt sich analog zur Mikroebene das Problem des Verhältnisses von Intention und Wirkung. Eine von K.-J. Tillmann angeregte, »empirische Studie zur Akzeptanz und Wirkung von Lehrplänen in der Sekundarstufe I«[243] analysiert, wie Lehrer/-innen die Wirksamkeit von Lehrplänen einschätzen. Nach Vollstädt u. a. haben die Lehrpläne und ihre normativen Vorgaben eine Legitimations-, Orientierungs- (Steuerung des Lehrerhandelns mittels Lehrpläne), Innovations-, Anregungs- und Entlastungsfunktion.[244] Für den Zusammenhang zwischen der Normierung des schulpädagogischen Handelns durch die Makroebene einerseits und der pädagogischen Freiheit der handelnden Lehrer/-innen andererseits haben die Ergebnisse zur Orientierungsfunktion der Lehrpläne Relevanz, daher sollen diese knapp resümiert werden. Die in den Lehrplänen enthaltenen Vorgaben werden von den Lehrer/-innen »situationsspezifisch übersetzt«[245] und nicht deduktiv realisiert. Dies widerlegt abermals die Deutung des Lehrerhandelns als zweckrational. Dabei hat das berufsbiographisch angeeignete didaktische Repertoire der Lehrer/-innen, ihr Handlungswissen, einen nicht zu unterschätzenden Einfluss auf die Übersetzung, dies impliziert neben der situationsbezogenen eine personenbezogene Übersetzung. Die oben beschriebene Biographieangemessenheit des schulpädagogischen Handelns wird – jetzt empirisch belegt – deutlich. Die Lehrpläne werden in die Handlungssituation der jeweiligen Schule nicht nur individuell sondern im Zusammenhang des Lehrer/-innenkollegiums eingepasst, damit bekommt die Umsetzung noch eine kollegiale Komponente. Die Studie fasst ihr auf einer Befragung und Fallstudien aufbauendes Ergebnis in für Lehrplankommissionen ernüchternder Weise zusammen. Lehrpläne sind kein Steuerungsinstrument für schulische Innovationsprozesse. Innovatio-

---

240 J. van Buer: Pädagogische Freiheit des Lehrers im unterrichtlichen Alltag. Realität oder Illusion? Frankfurt u. a. 1990, S. 202.
241 Ebd., S. 202.
242 Ebd.
243 W. Vollstädt/K.-J. Tillmann/U. Rauin/K. Höhmann/A. Tebrügge: Lehrpläne im Schulalltag. Eine empirische Studie zur Akzeptanz und Wirkung von Lehrplänen in der Sekundarstufe I, Opladen 1999.
244 Vgl. ebd., S. 19–24.
245 Ebd., S. 150, vgl. zum Folgenden S. 149 ff.

nen müssen von den sie realisieren wollenden und müssenden Lehrer/-innen getragen werden. »Lehrpläne können hierbei eine Unterstützung, eine Argumentationshilfe sein, wenn sie (...) angenommen werden. Wenn Lehrer/-innen in Distanz zu ihnen gehen, wird auch die innovativste Idee, die der Lehrplanrevision zugrunde liegt, mit Vorbehalten aufgenommen oder gar blockiert.«[246] Das Erstaunen H. Schmidts darüber, dass eines der zentralen Anliegen der baden-württembergischen Lehrplanrevision von 1994 – der fächerübergreifende Unterricht – zumindest an den Gymnasien nicht bemerkbar wurde,[247] lässt sich damit als das Erstaunen eines in der Lehrplanarbeit und damit primär auf der Makroebene engagierten Religionspädagogen verstehen.

Damit lässt sich der Begriff der ›pädagogischen Freiheit‹ pädagogisch und handlungstheoretisch präzisieren. Pädagogische Freiheit beschreibt die Relation[248] zwischen dem durch die Individualität der Lehrer/-innen geprägten schulpädagogischen Handeln als eines personalen Handelns einerseits und dessen rechtliche (durch Gesetze und Gerichtsurteile), administrative (durch Verwaltungsvorschriften) und organisatorische Institutionalisierung andererseits.

3.2 Gestaltung der Makroebene durch das schulpädagogische Handeln

Das schulpädagogische Handeln der Lehrer/-innen hat in einem bürokratischen und das heißt mit Hierarchie versehen System geringere Einflussmöglichkeiten von den unteren Ebenen des Unterrichts und der Schule hinauf zur Makroebene. Dennoch sind Einflussmöglichkeiten von der Mikroebene des schulpädagogischen Handelns der Lehrer/-innen im Unterricht hin zu der Makroebene der politischen Strukturvorgaben und der Struktur des Bildungswesens, bis hin zu dessen Öffnung festzustellen. Die institutionelle Öffnung des Bildungswesens wurde und wird z. B. durch die Gründung von nichtstaatlichen Schulen, die sich nicht nur als Ergänzung sondern auch pointiert als Alternative zum staatlichen Schulwesen verstehen, realisiert. Schulgründungen gestalten die Makroebene schulpädagogischen Handelns aktiv.

Die Möglichkeiten, von der Mikro- auf die Makroebene zu wirken, werde ich am Beispiel der Lehrplanentwicklung der Jahre 1992 bis 1994 im

---

246 Ebd., S. 212.
247 H. Schmidt: ›1000 Stunden Religion‹ – aus der Perspektive des Lehrplans. In: P. Kliemann/ H. Rupp (Hg.): Tausend Stunden Religionsunterricht. Wie junge Erwachsene den Religionsunterricht erleben, Stuttgart 2000, S. 31–39, hier S. 32.
248 Vgl. zur Deutung der ›pädagogischen Freiheit‹ als Relationsbegriff Fauser: Pädagogische Freiheit in Schule und Recht, S. 48; Buer: Pädagogische Freiheit des Lehrers im unterrichtlichen Alltag, S. 204f.

Bundesland Baden-Württemberg für das Fach Evangelische Religionslehre darstellen. Lehr- und Bildungspläne sind entscheidende, ein ganzes Bundesland umgreifende Strukturvorgaben für das schulpädagogische Handeln im Klassenzimmer und gehören damit zur Makroebene schulpädagogischen Handelns. Die Revision und Fortschreibung von Lehrplänen wurde jedoch zugleich als »eine Kommunikations- und kollegiale Verständigungsaufgabe«[249] möglichst vieler Lehrer/-innen beschrieben. »Die Stellung der Lehrer und deren Einfluß auf die Curriculumkonstruktion ist abhängig von bildungspolitischen Vorgaben einerseits und von den jeweils zugrunde gelegten Curriculumkonzepten andererseits [..., es handelt, N. C.] sich aber stets um Aushandlungsprozesse auf mehreren Ebenen.«[250]

Die Lehrer/-innen beteiligen sich an der Revision bzw. der Fortschreibung von Lehrplänen von 1992 bis 1994 in unterschiedlicher Weise. Lehrer/-innen arbeiteten in den Lehrplankommissionen, die die Lehrpläne für das Fach Evangelische Religionslehre vorbereiteten und erstellten, direkt mit.[251] Bei der Arbeit in den Lehrplankommissionen war notwendigerweise jedoch nur ein kleiner Teil der Religionslehrerinnen und -lehrer an der Lehrplanrevision beteiligt. Sodann wurden in Baden-Württemberg 1992/93 so genannte »Lehrpläne zur Diskussion« für das Fach Evangelische Religionslehre der Religionslehrerschaft mit der Bitte um Stellungnahme und konstruktive Mitarbeit zu Verfügung gestellt.[252] Zum dritten wurden in einer als explorativ charakterisierten Umfrage[253] 1991 die Religionslehrer/-innen der Sekundarstufe I in Baden-Württemberg nach ihren Erfahrungen mit den bisherigen Lehrplänen, nach wünschenswerten Themen sowie nach ihrem Umgang mit dem Lehrplan befragt, um »Perspektiven für eine künftige Lehrplanentwicklung zu gewinnen«.[254] Die Ergebnisse wurden den an der Revision der Lehrpläne arbeitenden Kommissionen zur Verfügung gestellt.

Allerdings ließ die Arbeit an den Lehrplänen auch Wünsche für eine stärkere Beteiligung der Mikroebene offen, da der vom Ministerium für Kultus und Unterricht vorgegebene zeitliche Rahmen für die Überarbeitung der Lehrpläne viel zu eng gesteckt war. »Wünschenswert wäre eine langfristig angelegte Beteiligung möglichst vieler Kollegen/innen, die auf dem Hintergrund ihrer Unterrichtserfahrungen neue Themen erarbeiten.«[255] Dietz versteht die Arbeit an neuen Lehrplänen nicht als einen »Deduktionsprozeß von allgemeinen pädagogischen Leitsätzen und globalen

---

249 W. Dietz: Lehrplanfortschreibung 1992–1994. Eine kleine Apologie. In: entwurf 1/94, S. 81–84, hier S. 84.
250 S. F. Müller: Lehrer in der Sekundarstufe I. In: Enzyklopädie Erziehungswissenschaft Bd. 8: Erziehung im Jugendalter – Sekundarstufe I, Stuttgart 1995, S. 288–299, hier S. 297.
251 Vgl. entwurf 3/92, S. 64.
252 Vgl. den Aufruf zur Mitarbeit in: entwurf. Religionspädagogische Mitteilungen 3/92, S. 1.
253 G. Büttner: Die ABEL-Befragung im Kontext der religionspädagogischen Diskussion. In: Ders./W. Dietz/J. Thierfelder (Hg.): Religionsunterricht im Urteil der Lehrerinnen und Lehrer. Ergebnisse und Bewertung einer Befragung Ev. ReligionslehrerInnen der Sekundarstufe I in Baden-Württemberg, Idstein 1993, S. 21–26, hier S. 22.
254 E.-F. Mono/J. Thierfelder: ABEL und seine Vorgeschichte. In: Büttner/Dietz/Thierfelder (Hg.): Religionsunterricht im Urteil der Lehrerinnen und Lehrer, S. 9–13, hier S. 11; vgl. zum Folgenden S. 13.
255 Dietz: Lehrplanfortschreibung 1992–1994, S. 84.

Richtzielen«.[256] Der Akzeptanz der revidierten Bildungspläne wäre damit nicht gedient und Ziele und Themen für die Bildungspläne würden dabei nicht in wünschenswerter Weise hervorgebracht. Für eine produktive Lehrplanarbeit ist die Verständigung zwischen religionspädagogischer Theorie und den Lehrer/-innen an den Schulen wünschenswert. »Der Diskurs zwischen religionspädagogischer Theoriebildung und schulischer Praxis (…) bringt erste Ergebnisse hervor, die den Ansprüchen und Erwartungen beider Seiten genügen können.«[257]

Die Lehrplanarbeit macht deutlich, dass die Verhältnisbestimmung zwischen Makro- und Mikroebene schulpädagogischen Handelns nicht einlinig als Abhängigkeit der Mikroebene von der Makroebene schulpädagogischen Handelns interpretiert werden kann. Einflussmöglichkeiten sind in beiden Richtungen anzunehmen.

B Religionspädagogisches Handeln als Aneignung zumuten durch Gestaltung des Bildungssystems

3.3 Religion und religionspädagogisches Handeln im Bildungswesen und in der Schulpolitik

Die Makroebene ist die den konkreten Religionsunterricht und die einzelne Schule vor Ort übergreifende Ebene. Die Makroebene bildet zum einen die Rahmenbedingung für das religionspädagogische Handeln in der einzelnen Schule und im Religionsunterricht, wie sie andererseits auch durch das religionspädagogische Handeln der Lehrer/-innen im Religionsunterricht und der Schule gestaltet werden kann.

Hinsichtlich der Struktur und des Aufbaus des Bildungswesens ist zuerst daran zu erinnern, dass das gesamte Bildungswesen unter der Aufsicht des Staates steht (vgl. Art. 7 Abs. 1 GG). Zugleich wird im Grundgesetz (Art. 7 Abs. 3) das Recht zur Errichtung privater Schulen eingeräumt. Die Gründung, der Auf- und Ausbau sowie die Reform von Schulen in evangelischer Trägerschaft ist als ein die einzelne Schule übergreifendes Moment religionspädagogischen Handelns hervorzuheben, wenn diese Schulen ein eigenes Profil und einen religionspädagogischen Schwerpunkt ausbilden. Mit Hilfe der Gründung Evangelischer Schulen beeinflusst das schulische religionspädagogische Handeln das Bildungssystem, da sich alternative Schulen durch ihren Standort neben dem staatlichen Bildungswesen als ein Aspekt äußerer Schulreform interpretieren lassen.

Neben den Evangelischen Schulen ist auf der Makroebene vor allem nach den Bedingungen des religionspädagogischen Handelns im staatlichen Bildungswesen und in den Schulgesetzen zu fragen. Da das Schulwesen der

---

256 Ebd., S. 84.
257 Ebd., S. 84.

Kultushoheit der Länder unterliegt, ist hier mit einer gewissen Bandbreite vor allem zwischen den Ländern der Bundesrepublik vor 1989 und den 1989 neu hinzugekommenen Ländern zu rechnen. Die Bedingungen des religionspädagogischen Handelns differieren zwischen den einzelnen Bundesländern. Die Landesverfassungen und die Schulgesetze der Länder bestimmen in unterschiedlicher Weise die Form ihrer Schulen und die Rolle des Christentums.

Während in Bayern eine gemeinsame Schule die Regelform darstellt, in der ›nach den Grundsätzen der christlichen Bekenntnisse‹ unterrichtet und erzogen wird, hat Baden-Württemberg die »Schulform der christlichen Gemeinschaftsschule« (Art. 15 Abs. 1 Verfassung Baden-Württemberg), in der »die Kinder auf der Grundlage christlicher und abendländischer Bildungs- und Kulturwerte erzogen« (Art. 16 Verfassung Baden-Württemberg) werden. In Niedersachsen wird ebenso die Form der Gemeinschaftsschule gesetzlich festgelegt, die allerdings »ihren Auftrag der Persönlichkeitsbildung auf der Grundlage des Christentums, des europäischen Humanismus und der Ideen der liberalen, demokratischen und sozialen Freiheitsbewegung' erfüllen soll«.[258] In den neuen Bundesländern ist in den Schulgesetzen »in vier von fünf Ländern (Brandenburg, Mecklenburg-Vorpommern, Freistaat Sachsen und Sachsen-Anhalt) an keiner Stelle mehr eine konstitutive Verbindung von Schule und Christentum zu erkennen«.[259] Damit werden Bedingungen formuliert, die eine religionspädagogische Mitverantwortung für die Schulkultur eher ermöglichen oder eher in den Hintergrund treten lassen.

Oberhalb der Ebene der Bundesländer wird der Religionsunterricht im Grundgesetz als einziges Schulfach genannt und als »ordentliches Lehrfach« bestimmt. Der Religionsunterricht wird nach dem Grundgesetz »in Übereinstimmung mit den Grundsätzen der Religionsgemeinschaften erteilt« (Art 7 Abs. 3 GG). Diese Bestimmung des Grundgesetzes impliziert, dass der Religionsunterricht in den Stundentafeln der einzelnen Schularten fest verankert ist. Aber nicht nur das »dass« des Religionsunterrichts und über die Stundentafeln die Anzahl der Religionsstunden sind damit vorgegeben, sondern auch ein Bezug zu den Religionsgemeinschaften. Dies bedeutet für den evangelischen Religionsunterricht einen direkten Bezug zu den evangelischen Landeskirchen. »Gleichzeitig mit der eigenen Selbstbegrenzung, durch die er die Einzelnen vor seinen eigenen Übergriffen schützt, gibt der Staat den Heranwachsenden Gelegenheit, sich auch im öffentlichen Bildungswesen aus erster Hand religiös orientieren zu können, durch kirchliche und andere Schulen in freier Trägerschaft und durch einen Religionsunterricht.«[260]

Der konfessionelle Religionsunterricht als Evangelischer, Katholischer, Jüdischer, Muslimischer Unterricht ist ein wesentlicher Teil institutionali-

---

258 Nipkow: Religionspädagogik im Pluralismus, S. 91.
259 Ebd., S. 92.
260 K. E. Nipkow: Gott – bildungstheoretische Herausforderungen. In: Theologische Quartalsschrift 179 (1999) H. 2, S. 83–89, hier S. 84.

sierter Religion in der Schule und bietet allein mittels seiner Existenz als getrennte Fächer eine grundlegende Differenzerfahrung und mutet hierdurch die Aneignung dieser Differenz zu. Religion gibt es in unserer Kultur nicht als allgemeine Religion, sondern nur als spezifische Religion oder Konfession. Hinzu kommt das Ersatzfach, das strukturell die Aneignung der Differenz von nichtreligiösen und religiösen Lebensdeutungen zumutet.

Die religiöse Orientierung aus erster Hand, also die Orientierung durch die sich selbst interpretierenden Religionsgemeinschaften,[261] ermöglicht es dem religionspädagogischen Handeln, eine andere Didaktik anzuwenden, als wenn im Grundgesetz und in den Schulgesetzen eine zur religiösen Neutralität verpflichtete Religionskunde vorgegeben wäre. In einer zur Neutralität verpflichteten Religionskunde werden die Religionen in »angeblich ›bekenntnisfreier‹, faktisch in prinzipiell relativierender Distanz zu ihrem je spezifischen religiösen Sinn und Gehalt dargeboten. Konfessorische Stellungnahmen der Lehrenden sind ausgeschlossen.«[262] So werden nicht nur rein äußere, sondern auch didaktische Bedingungen über die Schulgesetze und Landesverfassungen dem religionspädagogischen Handeln in der Schule vorgegeben. Die Lehr- oder Bildungspläne konkretisieren diese Vorgaben weiter.

Neben den bildungspolitischen sind es schulorganisatorische Maßnahmen auf der Makroebene, die als Bedingungen des religionspädagogischen Handelns wirksam werden. Wird der Religionsunterricht in den Stundentafeln nicht über alle Klassenstufen hinweg berücksichtigt, die Zahl der Stunden zurückgenommen, Religionslehre nicht mehr als Prüfungsfach anerkannt[263] und werden die Lehrer/-innen zuerst in den für wichtiger gehaltenen Fächern mit der Konsequenz des Stundenausfalls in Religion eingesetzt, so werden die Möglichkeiten und Bedingungen des religionspädagogischen Handelns schleichend verändert.

---

261 Vgl. F. Schweitzer: Schule – Religionsunterricht – Identität. In: K. Goßmann/Chr. Scheilke (Hg.): Religionsunterricht im Spannungsfeld von Identität und Verständigung, S. 71–87, hier S. 81 f.
262 Nipkow: Gott – bildungstheoretische Herausforderungen, S. 84.
263 Vgl. R. Degen/Chr. Scheilke: Zur aktuellen Lage des Religionsunterrichts. Fakten und Tendenzen. In: Chr. Scheilke (Hg.): Religionsunterricht in schwieriger Zeit, Münster 1997, S. 9–26, hier S. 20.

4 Resümee zu Teil III: Zumutung von Aneignung auf den Ebenen schul- und religionspädagogischen Handelns in der Spannung zwischen Person und Institution

4.1 Zumutung von Aneignung auf den Ebenen schul- und religionspädagogischen Handelns

Der bisher entfaltete Begriff des schul- und religionspädagogischen Handelns hat die didaktische, auf den Unterricht bezogene Engführung des Handelns der Lehrer/-innen überwunden. Mit Hilfe des oben beschriebenen Konzepts der »geschachtelten Handlungssysteme«[264] lässt sich das herausgearbeitete Berufsverständnis der Lehrer/-innen als Dramaturg und Arrangeur von Unterricht und als »Lernumweltgestalter«,[265] der den Schüler/-innen Aneignungsprozesse zumutet, weiter präzisieren. Das schul- und religionspädagogische Handeln vollzieht sich in geschachtelten Handlungssystemen, die im Anschluss an Kleber und Fend als die drei Ebenen des Unterrichts in der Klasse, der einzelnen Schule sowie der Schulpolitik und -verwaltung identifiziert wurden. Die schul- und religionspädagogische Grundoperation ›Aneignung zumuten‹ ist auf alle drei Handlungsebenen zu beziehen. Nicht nur der Unterricht als Mikroebene schul- und religionspädagogischen Handelns sondern auch die einzelne Schule (Mesoebene) und das ganze Schulsystem (Makroebene) muten den Schüler/-innen Aneignungsprozesse zu. In der einzelnen Schule als Handlungseinheit werden den Schüler/-innen Aneignungsprozesse in Form der Schulkultur, auf der Makroebene durch die Gliederung des Bildungssystems, die Stundentafeln und die Bildungspläne zugemutet. So wird den Schüler/-innen strukturell durch die verschiedenen Religionsunterrichte und den Ethikunterricht die Aneignung religiöser und konfessioneller Differenz zugemutet.

---

264 E. Kleber: Gestaltung von Handlungssystemen – Die neue Lehrerrolle in der ökologisch-phänomenologischen Erziehungswissenschaft. In: R. Voß (Hg.): Die Schule neu erfinden. Systemisch-konstruktivistische Annäherungen an Schule und Pädagogik, Neuwied, Berlin, 2. Aufl. 1997, S. 129–152, hier S. 134 ff.
265 Ebd., S. 139.

Nach dem bisher erarbeiteten Verständnis schul- und religionspädagogischen Handelns schließen die drei Ebenen auch die nach pädagogischen Prinzipien intendierte Gestaltung der Grenze der Schule und damit die Öffnung von Unterricht und Schule hin zum Gemeinwesen und realen gesellschaftlichen Problemfeldern ein. Die Öffnung von Unterricht und Schule liegt als eine Operation des Handelns gewissermaßen quer zu den drei Ebenen, denn auf jeder Ebene ist Öffnung eine Herausforderung des Handelns der Lehrer/-innen. Geöffnet werden kann

- die innere, die Sphäre des Unterrichts methodisch und thematisch;
- die mittlere als die Ebene der einzelnen Schule hin zum Gemeinwesen mit den Vereinen, Bürgerbewegungen und Selbsthilfegruppen, Industrie und Handwerk, kulturelle Einrichtungen, Kirchen und Religionsgemeinschaften;
- die äußere Sphäre als die Ebene der Schulverwaltung, Bildungspolitik und des umfassenden Bildungssystems 1) durch die Zulassung und Gründung von alternativen Schulen, die neben dem staatlichen Schulwesen stehen, 2) durch Bildungspläne, Verordnungen und Erlasse, die die Möglichkeit zur Öffnung auf den anderen Ebenen begünstigen.

Werden Lehrer/-innen als Lernumweltgestalter gesehen, dann ist zugleich zu bestimmen, welche Ebene der geschachtelten Handlungssysteme jeweils gemeint ist. Die oben aufgenommene Montessori-Pädagogik sieht die Lehrer/-innen als Dramaturgen und ›Lernumweltgestalter‹ vornehmlich in der ›inneren Sphäre‹, in der Unterrichtssituation. Daneben ist aber auch die mittlere Sphäre, die Schule, eine Lernumwelt, die der bewussten Gestaltung durch die Lehrer/-innen bedarf.

Wird Unterricht als dramaturgisch bewusste Inszenierung oder als komplexes Arrangement in Analogie zu Theater- und Musikaufführungen interpretiert, so wird damit auch die relative Verselbstständigung des Unterrichts von seiner Umwelt und seine damit gegebene Künstlichkeit berücksichtigt. Mit den Morphemen Lektion, Arbeits- und Erlebnisunterricht sind Unterrichtsinszenierungen gegeben, die jeweils Wissen, Können oder Selbstverständnis als einer Dimension von Unterricht operativ in den Vordergrund rücken und die beiden anderen zwar nicht ausschließen, aber im Handeln der Lehrer/-innen in den Hintergrund treten lassen. Auch der arbeitsunterrichtlich inszenierte ›Offene Unterricht‹ bzw. ein deutlich erhöhter Grad der Selbstorganisation des Lernens durch die Schüler, wie er z. B. im Projektunterricht[266] vorliegt, stellt eine Variante des didaktischen Morphems Arbeitsunterricht dar, wie die Formalstufen der Herbartianer eine Variante des Morphems Lektion bilden. Im einen Morphem sieht die Inszenierung ihr Ziel in der methodischen, inhaltlichen und raum-zeitlichen Öffnung des Unterrichts, im anderen in dem für jede Stunde vorgesehenen und durchzuführenden Schema von der Vorbereitung über die Darbietung, Verknüpfung, Zusammenfassung bis hin zur Anwendung.[267] Unterrichten als didak-

---

266 Vgl. zur Projektmethode die schon als Klassiker zu bezeichnende Studie von K. Frey: Die Projektmethode, Weinheim, 5. Aufl. 1993.

tisches Handeln benötigt eine dramaturgische Fähigkeit. Diese sollte, um die Monokultur des Unterrichts zu überwinden, verschiedene Morpheme und deren Varianten inszenieren können. Deutlich wurde dabei, dass die Morpheme den Lehrer/-innen ein jeweils anderes Handlungsrepertoire und Rollenverständnis zumuten. Mit der Lektion (Wissen), dem Unterricht als Arbeitsprozess (Können) sowie als Erlebnis (Selbstverständnis) wurden drei Morpheme der Inszenierung von Unterricht auf dem Hintergrund ihres didaktischen Entdeckungszusammenhangs und mit den in sie gleichsam eingelassenen Intentionen beschrieben.

Schul- und religionspädagogisches Handeln als *Unterrichtsplanung* liegt quer zu den drei Handlungsebenen, da auf der Makroebene durch die Lehrpläne und die sie aufstellenden Kommissionen, auf der Mesoebene mittels Fachkonferenzen der einzelnen Schule und auf der Mikroebene vermöge der einzelnen Lehrkraft und der Schüler/-innen Unterricht geplant wird. Dem Ermessensspielraum der Lehrer/-innen auf der Meso- und Mikroebene entspricht die auf der Makroebene juristisch institutionalisierte pädagogische Freiheit. Unterrichtsplanung ist eingebunden in die didaktische Antinomie von Planungsnotwendigkeit und struktureller Erwartungsoffenheit aufgrund der doppelten Kontingenz. Sie entwirft einen Möglichkeitsraum, um diesen zugleich durch eine Entscheidung für einen Handlungs- oder Unterrichtsentwurf einzuengen. Entscheidungen über einen Unterrichtsentwurf können begründet, nicht aber aus vorgegebenen Zielen abgeleitet werden. Sie werden unter der Prämisse gefällt, dass immer auch eine andere, aber nicht jede andere Entscheidung begründbar ist und dass die Entscheidung den Möglichkeitsraum für spätere Entscheidungen einschränkt.

Schul- und religionspädagogisches Handeln als *Unterrichten* ist Teil einer eigendynamischen und intransparenten Situation, die zugleich ein zwangsläufiges Interagieren darstellt. Das unterrichtliche Handeln verlangt ein gleichzeitiges Agieren auf mehreren Ebenen. Auf der didaktischen Ebene muss der Grad und die Art der Aneignung der Inhalte durch die Schüler/-innen aus deren Äußerungen oder deren Verhalten erschlossen werden, um die weitere Bearbeitung anzuregen. Zugleich ist der Zeitrahmen des Unterrichts zu beachten und für die Unterrichtsschritte sind aufgrund der heterogenen Aneignungsformen alternative Verläufe vorzusehen. Der Unterricht ist somit potenziell zu öffnen, um eine möglichst große Driftzone für die Schüler/-innen zu ermöglichen. Die Motivierung der Schüler/-innen, die Anregung, Begleitung oder Steuerung der Kommunikations- und Gruppenprozesse mithin die kommunikative Dimension des Unterrichts sollte, wenn sie nicht selbst zum Gegenstand der Aneignung gemacht wird, möglichst glatt aufrechterhalten werden.

Schul- und religionspädagogisches Handeln als *Reflexion* von Unterricht dient der Aufklärung und des Verstehens des vergangenen und der Planung

---

267 Vgl. W. Rein: Pädagogik im Grundriß, Berlin u. a., 6. Aufl. 1927, S. 104.

und Durchführung des kommenden Unterrichts. Es beinhaltet die Leistungsbeurteilung der Schüler/-innen und erfordert diagnostische Kompetenz.

Schul- und religionspädagogisches Handeln gestaltet die *Schulkultur als Lernumwelt* der Schüler/-innen und mutet diesen die Aneignung dieser Kultur zu. Die Unterrichtsfächer, die bislang insbesondere ab der Sekundarstufe grundlegendes Strukturierungsprinzip von Schule waren, erschweren das kooperative Handeln der Lehrer/-innen und den mehrperspektivischen Zugang zu den Inhalten und Themen. Während das Handeln als Unterrichten zwar weitgehend einzeln erfolgt, obwohl es auch kooperative Komponenten hat, ist zur Gestaltung der Schulkultur grundsätzlich ein kooperatives Handeln notwendig. Der fächerübergreifende Unterricht und die Gestaltung der Schule setzen Kooperation voraus. Die Entwicklung von Kooperation als Prozess von der fragmentierten zur Problemlöseschule (H.-G. Rolff) ist eine Aufgabe schulpädagogischen Handelns. Die innerschulische Kooperation lässt das religionspädagogische Handeln aus seinem Winkel hervortreten. Es hat für die Gestaltung der einzelnen Schule eine spezifische Mitverantwortung, indem es seine Spezifika wie Gottesdienst und Feier, Lied und Meditation, Aktionen der Nächstenliebe und prophetisch-politischen Protest kooperativ und selbstbewusst als Beitrag zur Kultur der Schule zur Geltung bringt.

Für eine theoretische Analyse des religionspädagogischen Handelns auf der Mikroebene wurden im Anschluss an Prange die didaktischen Morpheme der Lektion (Wissen), des Arbeitsunterrichts (Können) sowie des verstehenden Erlebnisunterrichts (reflektiertes Selbstverständnis) rekonstruiert und damit Kriterien für die Wahl von Lehr-Lern-Methoden und Artikulationsmodellen gewonnen. Aufgrund noch ausstehender religionspädagogischer Analysen zu den Morphemen der Inszenierung von Unterricht, konnte nicht abschließend geklärt werden, ob damit eine – wie Prange annimmt – abgeschlossene Systematik vorliegt, die mittels Konfigurationen weiter verfeinert und kombiniert werden kann, oder ob aus der spezifischen religionspädagogischen Perspektive weitere Morpheme ergänzt werden können. Sodann wurden die in Kapitel 6.5 herausgearbeiteten religionspädagogischen Operationen der ›Verkündigung‹, ›Auslegung/Interpretation‹, ›Denken lehren‹, ›Religiöse Erfahrung erschließen‹ und ›Religiöse Erfahrung ermöglichen‹ mit den didaktischen Morphemen der Lektion, des Arbeits- und verstehenden Erlebnisunterrichts zu einem 15-Felder-Schema kombiniert. Die im religionspädagogischen Handeln intendierte Horizontverschmelzung von Gegenwart und Vergangenheit, die die in der Tradition komprimierten Erfahrungen mit der Selbsterschließung Gottes in der Geschichte Israels und im Menschen Jesus von Nazareth mit gegenwärtigen Lebens- und Konfliktsituationen korreliert, wird aufgrund ihrer inneren Nähe zumeist mittels des Morphems des nacherlebenden Verstehens (Erlebnisunterricht) durch den Dreischritt (Nach-) Erleben – Ausdruck – Verstehen inszeniert. Die handlungstheoretische Analyse des religionspädagogischen Handelns mit Hilfe der Kombination von Operationen und Morphemen zeigte, dass das Erbe der sich auf W. Dilthey berufenden geisteswissenschaftlichen Pädagogik in der Religionspädagogik hintergründig noch oder wieder einflussreich ist.

Für das religionspädagogische Handeln wurde an der analysierten Religionsstunde deutlich, dass die Religionslehrer/-innen nach ihrem Verhältnis zur Sache des Religionsunterrichts, nach ihrem Glauben und nach einem glaubwürdigen Christsein gefragt werden können und von den Schüler/-innen die idealtypische Form eines deiktischen, auf die Sache nur hinweisenden Unterrichts verlassen wird. In der Lehrer/-in-Schüler/-innen-Interaktion kann das religionspädagogische Handeln in die ›2. Person-Perspektive: Ich und Du‹ (Schweitzer) übergehen und vollzieht damit die oben beschriebene personale Repräsentation eines erwachsenen Christseins. Gefordert wird von Schüler/-innen in der analysierten Unterrichtssequenz die Kommunikationsform der Mitteilung und nicht die der Vermittlung. Elementarisierung als Modell zur Unterrichtsplanung nimmt diese Zumutung an die Religionslehrer/-innen mit der Frage nach der elementaren Wahrheit auf.

Die drei interaktionsanalytischen Merkmalsdimensionen, die Lenkungsdimension, die emotionale Dimension und die Dimension der anregenden Aktivität ist aus religionspädagogischer Perspektive zu ergänzen durch die Dimension »sachlich und neutrale Darstellung – Selbstoffenbarung«.

Die Makroebene setzt durch Recht und Verwaltungsvorschriften Bedingungen und Möglichkeiten des Handelns auf der Meso- und Mikroebene, ohne letzteres zu determinieren. Der Begriff der pädagogischen Freiheit bringt die Relation der Ebenen zum Ausdruck. Die der schulischen Realität gerecht werdende Selbstbegrenzung der Makroebene beschränkt sich auf die Regelung wesentlicher Bedingungen und Ziele schul- und religionspädagogischen Handelns, die kooperativ auf der Meso- und individuell auf der Mikroebene situations- und biographieangemessen konkretisiert und intersubjektiv realisiert werden. Ohne Akzeptanz auf der Meso- und Mikroebene des Handelns stehen die Vorgaben der Makroebene in Gefahr, ins Leere zu laufen. Am Beispiel der Lehrplanentwicklung, die als kollegiale Kommunikations- und Verständigungsaufgabe interpretiert wurde, konnte eine akzeptanzerhöhende Koordination der Ebenen schul- und religionspädagogischen Handelns deutlich gemacht werden.

4.2 Schul- und religionspädagogisches Handeln zwischen Charisma und Institution

M. Weber hat das Handeln und die Entwicklung der Berufe in den Prozess der Moderne, den er als Entwicklung des ›modernen okzidentalen Rationalismus‹[268] charakterisierte, eingezeichnet. Auch das Erziehungssystem und die Schule sowie das schulpädagogische Handeln und der Religionslehrerberuf sind dieser Rationalisierung und Modernisierung nicht enthoben. Weber hat zudem »fast beiläufig (...) eine an die Typen der Herrschaft angelehnte Typologie der Erziehung«[269] entworfen: »Die beiden äußersten historischen Gegenpole auf dem Gebiete der Erziehungs*zwecke* sind: Erweckung von Charisma (...) einerseits, – Vermittlung von spezialistischer Fachschulung andererseits. Der erste Typus entspricht der charismatischen, der letzte der *rational*-bureaukratischen (modernen) Struktur der Herrschaft«.[270] Beide Idealtypen stehen sich nach Weber aber nicht übergangslos gegenüber, sondern sind Pole zwischen denen sich ein Kontinuum vieler Möglichkeiten erstreckt. Weber charakterisiert die beiden und einen weiteren dazwischenliegenden Typus durch die Handlungsformen ›wecken‹, ›abrichten‹ und ›erziehen‹. Die Interpretation des schul- und religionspädagogischen Handelns mit Hilfe von Webers Kriterien legt sich auf Grund dieser Befunde nahe. Weber verweist selbst unter Aufnahme des in seinen religions- und herrschaftssoziologischen Arbeiten explizierten Begriffs des Charisma darauf, dass die »individuellen Berufe (...) primär durchaus charismatischen (magischen) Charakters«[271] waren. Die Entstehung und Entwicklung der Berufe verfolgt er dabei von den »historisch und strukturell, charismatischen Ursprüngen bis zu ihrer Prägung durch Fachschulung und Fachmenschentum«.[272] Berufliches Handeln wird dabei unter der doppelten Perspektive der »Veralltäglichung des Charisma«[273] und der Herausbildung neuzeitlicher Rationalität gedeutet. Bei der Darstellung und Interpretation von Webers Konzeption des Charisma ist seine Methode idealtypischer Konstruktionen von sozialen Sachverhalten zu berücksichtigen. Die heuristische Funktion der Idealtypen[274] wird von Weber auch bei der Gegenüberstellung von Cha-

---

268 Vgl. zu Webers Begriff ›des modernen okzidentalen Rationalismus‹ die »Vorbemerkung«. In: Gesammelte Aufsätze zur Religionssoziologie, I, 4. photomech. gedruckte Aufl., Tübingen 1947, S. 1–16, in der er die Leistungen des spezifischen Rationalismus der okzidentalen Kultur darlegt. Vgl. auch W. Schluchter: Die Entwicklung des okzidentalen Rationalismus, Tübingen 1979; R. Döbert: Max Webers Handlungstheorie und die Ebenen des Rationalitätskomplexes. In: J. Weiß (Hg.): Max Weber heute. Erträge und Probleme der Forschung, Frankfurt a. M. 1989, S. 210–249.
269 B. Zymek: Der Beitrag Max Webers zu einer Theorie der Bildung und des Bildungswesens. In: Bildung und Erziehung 37 (1984), S. 457–474, hier S. 462.
270 M. Weber: Die Wirtschaftsethik der Weltreligionen. Vergleichende religionssoziologische Versuche. In: Ders.: Gesammelte Aufsätze zur Religionssoziologie, S. 237–573, hier S. 408.
271 Weber: Wirtschaft und Gesellschaft, S. 80. Weber unterscheidet charismatische, traditionale und bürokratische Herrschaft (vgl. Wirtschaft und Gesellschaft, S. 124). Zur Exegese des Begriffs ›individuelle Berufe‹ vgl. C. Seyfarth: Über Max Webers Beitrag zur Theorie professionellen beruflichen Handelns, zugleich eine Vorstudie zum Verständnis seiner Soziologie als Praxis, in: J. Weiß (Hg.): Max Weber, a. a. O., S. 371–405, hier S. 401, Anm. 19.
272 Seyfarth: Über Max Webers Beitrag zur Theorie professionellen beruflichen Handelns, S. 371.
273 M. Weber: Wirtschaft und Gesellschaft, Tübingen, 5. rev. Aufl. 1972, S. 142, vgl. vor allem auch S. 661 f.
274 Vgl. M. Weber: Die »Objektivität« sozialwissenschaftlicher und sozialpolitischer Erkenntnis, in: Ders.: Gesammelte Aufsätze zur Wissenschaftstheorie, 3. erw. u. verb. Aufl., hg. von J. Winckelmann, Tübingen 1968, S. 146–214, hier S. 191.

risma und Alltag hervorgehoben. Ziel der idealtypischen Unterscheidung von Charisma und Alltag ist für Weber, »daß man diese beiden sich überall verschlingenden, im letzten Wesen aber verschiedenen Strukturelemente begrifflich scheiden lernt.«[275] Charisma ist in der neueren soziologischen Diskussion und Interpretation des Werkes von Weber eine zentrale Kategorie. Sie wird nicht mehr nur auf die Herrschafts- und die Religionssoziologie bezogen, sondern in ihr wird »ein grundlegendes, alles menschliche Handeln durchziehendes soziales Grundprinzip gesehen«.[276] So geht Seyfarths Weberinterpretation von einer Implementierung des Charisma in den Alltag aus.[277] Dies ermöglicht das Handeln und den Beruf der Lehrer/-innen und speziell der Religionslehrer/-innen mit dem Begriff Charisma zu interpretieren.

Der Religionslehrer/-innenberuf ist – so wurde bisher deutlich – mit einer vollständigen personunabhängigen bürokratischen Rationalisierung unvereinbar. Er benötigt aufgrund der persönlichen Aneignung der Inhalte, Werte und Handlungsziele sowie wegen der intuitiv-situativen Entschließung im Unterrichtsprozess eine charismatische Rationalisierung. Dem Lehrerhandeln liegt individuell differenziertes und innerlich angeeignetes Handeln zugrunde, das eine institutionalisierte oder habitualisierte Form des Charisma darstellt. Ohne innerlich angeeignetes Handeln lassen sich die Antinomien schulpädagogischen Handelns wie auch das Theorie-Praxis-Problem mittels Kunstregeln nicht bewältigen. Das Handeln der Religionslehrer/-innen in der Schule kann daher als ambivalentes Ineinander von Charisma und Alltag, bzw. von Person und Bürokratie gedeutet werden.

Im Folgenden wird Webers Rationalitätstaxonomie rekonstruiert, bevor das Verhältnis von individuell differenziertem und innerlich angeeignetem Handeln (Charisma) und außengelenktem Handeln (bürokratische Organisation) näher bestimmt werden kann. Festzuhalten ist, dass sowohl das verberuflichte, aber individuell differenzierte als auch das bürokratisch determinierte Handeln in einem allgemeinen Sinn der Rationalität unterliegen kann. Zur Bestimmung von Rationalität und zur Beantwortung der Frage, wie weit diese den Handelnden zur Verfügung steht, hat Weber Handlungskomponenten unterschieden und die Verfügung der Handelnden über diese analysiert. Döbert, der die vier Komponenten Werte, Zwecke, Mittel und Folgen noch um das Kausalwissen und die tatsächlichen Handlungsergebnisse erweitert, und die Unterscheidung zwischen materialer und formaler Rationalität[278] hinzunimmt, hat Webers Typologie des Handelns in der folgenden Tabelle rekonstruiert.

Im Unterschied zu Schluchter[279] unterscheidet Döbert die Zweckrationalität nochmals in einen »*material*-zweckrational(en)«[280] und formal-zweck-

---

275 Weber: Wirtschaft und Gesellschaft, S. 659.
276 W. Gebhardt: Charisma als Lebensform, Berlin 1994, S. 27.
277 Vgl. C. Seyfarth: Alltag und Charisma bei Max Weber. Eine Studie zur Grundlegung der »verstehenden« Soziologie. In: W. Sprondel/R. Grathoff (Hg.): Alfred Schütz und die Idee des Alltags in den Sozialwissenschaften, Stuttgart 1979, S. 155–177, hier bes. S. 160ff.

I	II absolute Zweckrationalität		III reine Wertrationalität	IV Verantwortungsethik (nur in Mitteln zweckrational)		V Vergesellschaftung zum Gesinnungsverein »Sekte«		VI	VII
	material-zweck-rational	formal-zweck-rational	material	material-wert-rational	formal-zweck-rational	material-wert-rational	formal-zweck-rational	traditionales Handeln	affektuales Handeln
1. ethische Werte und Gebote			+	+		+			
2. Ziele Zweckabwägung	+			+		+		+ (n = 1)	
3. (Mittel-) Handlungen 1...n		+	+		+		+	+ (n = 1)	+ (Affekt)
4. Nebenfolgenabwägung	+			+					
5. Kausalwissen		+			+		+		
6. tatsächliche Handlungsergebnisse	+			+		(+)			

leicht veränderte Tabelle aus Döbert: Max Webers Handlungstheorie, S. 231

rationalen Handlungstyp. Die formale Zweckrationalität beschränkt er auf die Mittel und das Kausalwissen. Entscheidend ist dabei im Unterschied zu

---

278 Den material-zweckrationalen Aspekt des Handelns erkennt Döbert in einer »Um-zu-Begründung«. »Sie begründet die Mittelhandlung vom subjektiv antizipierten Zweck her.« (Döbert: Max Webers Handlungstheorie und die Ebenen des Rationalitätskomplexes, S. 232). Der formale Aspekt zweckrationalen Handelns ist die »bewußte Mittelabwägung auf dem Hintergrund vorhandenen empirischen Wissens.« (233) Beide Aspekte müssen zusammenkommen, um »*die ganze Rationalität zweckrationalen Handelns zu erfassen.*« (234). Vgl. zu Döberts Unterscheidung der formalen und materialen Rationalität Weber: Wirtschaft und Gesellschaft, S. 44 f.
279 Vgl. Schluchter: Die Entwicklung des okzidentalen Rationalismus. Nach Schluchters Analyse folgen das traditionale, affektuelle, wertrationale und das zweckrationale Handeln aufeinander, wobei nur letzteres die Werte, Zwecke, Mittel, und Folgen des Handelns umschließt. Vgl. zu Schluchters Unterscheidung M. Weber: Wirtschaft und Gesellschaft, S. 12 f.
280 Weber: Wirtschaft und Gesellschaft, S. 45.

Schluchter, dass Döbert – auch wenn die beiden zweckrationalen Handlungsbegründungen zusammengenommen werden – ihnen keine Rationalität über die Werte, die das Handeln beeinflussen, zugesteht. Nach Döbert (vgl. Tabelle) umgreift allein der verantwortungsethische Handlungstyp alle sechs Komponenten des Handelns. Werden Charisma und Alltag mit den Handlungstypen kombiniert, so ist das traditionale und zweckrationale Handeln auf Stetigkeit angelegtes Alltagshandeln. Der Ertrag der Rekonstruktion zeigt sich an den folgenden Typen schulpädagogischen Handelns.

4.2.1 Typen schulpädagogischen Handelns im Unterricht – die Mikroebene

Combe/Helsper[281] haben im Rahmen einer Fallkontrastierung drei Unterrichtsstunden zum Thema Jazz miteinander verglichen und mit Hilfe von Webers handlungstheoretischen Differenzierungen interpretiert. Alle drei Lehrer verfolgen auf rationale, jedoch sehr unterschiedliche Weise ihr Unterrichtsziel. Deutlich wurde dabei im Unterricht eines *Referendars,* wie dieser sich »auf äußerlich übernommene, fassadenhaft-erstarrte Schemata des Stundenhaltens«[282] verlässt und sich dabei streng im Sinn eines Handelns in vorausgehender Absicht an dem Handlungsplan orientiert. Sein unterrichtliches Handeln lässt sich als eine »auf technische Handhabbarkeit reduzierte Zweck-Mittel-Rationalität«,[283] also als ein formal-zweckrationales Handeln beschreiben, das keine individuellen, im Unterrichtsprozess innovativen und damit keine charismatischen Anteile enthält und dadurch zugleich die kommunikative Dimension des Unterrichts vernachlässigt. Das unterrichtliche Handeln eines sich als künstlerischen Musiker verstehenden *Gymnasiallehrers* ist durch »›sachhaltige‹ und intrinsisch motivierte Ziele und künstlerisch-professionelle Maßstäbe [geprägt] ... Diese gleichsam ›wertrationale‹ Haltung – der Glaube an den unbedingten Eigenwert eines bestimmten Verhaltens – führt einerseits zu einer nicht zu übersehenden Achtung dieses Lehrers, andererseits aber, auf Seiten der Schüler, zu Bedrohungen ihres Selbst und deren Abwehr«.[284] Bei einer Interpretation unter charismatheoretischer Perspektive wird folgendes deutlich: Das am Eigenwert des Themas orientierte unterrichtliche Handeln kann in Analogie zu dem Handeln eines Charismatikers als handelnde Synthese der Vorbildlichkeit der Person und der durch sie repräsentierten Inhalte gedeutet werden.

---

281 Vgl. A. Combe/W. Helsper: Was geschieht im Klassenzimmer? Perspektiven einer hermeneutischen Schul- und Unterrichtsforschung. Zur Konzeptualisierung der Pädagogik als Handlungslehre, Weinheim 1994, S. 183–209.
282 Ebd., S. 205.
283 Ebd., S. 206.
284 Ebd., S. 206.

Weber erkennt im Charismatiker die ›handelnde Synthese‹[285] »der Vorbildlichkeit einer Person und der durch sie offenbarten oder geschauten Ordnung«.[286] Charismatiker müssen ihr Handeln an ihrer Botschaft orientieren und deren Inhalt selbst bewähren. Charisma entfaltet – so Ebertz – mit »Belehrung allein ohne ihre Manifestation im konkreten Handeln, ohne ›Prestige der Vorbildlichkeit‹«[287] keine Wirkung. Für das schul- und religionspädagogische Handeln wurde die Repräsentation der Inhalte durch die Person der Lehrer/-innen festgehalten. Insbesondere Religionslehrer/-innen werden von den Schüler/-innen daran gemessen, ob sie ihr Handeln am Inhalt ihres Unterrichts orientieren und den Inhalt auf diese Weise bewähren. Somit haben sie Teil an der Struktur des Charisma.

Dazu wird Charisma als ein Beziehungsphänomen gedeutet,[288] das Gefolgschaft hervorrufen kann. Die Schüler waren von diesem von seinem Unterrichtsfach überzeugten Lehrer zunächst fasziniert. Jedoch hatten sie sich der vom Lehrer repräsentierten Logik und dem sachlichen Anspruch des Faches unterzuordnen. Von der zu Beginn der Stunde feststellbaren Begeisterung der Schüler ist an deren Ende nichts mehr zu finden.[289] Wertrationales primär an fachlichen Maßstäben orientiertes Handeln gerät so in Spannung zu dem dem schulpädagogischen Handeln inhärenten Anspruch auf Anerkennung der Selbstbestimmung. Ein *Gesamtschullehrer* ist dagegen offen »für ein freies Spiel zwischen Mittel- und Zieldispositionen, so daß hier ein Erfahrungsbildungsprozeß zustande kommt«.[290] Dessen Unterricht geht induktiv von praktischen Erfahrungen hin zu Begriffen voran und der Lehrer kann durch sprachlich elaborierte Zustandsbeschreibungen der Lernprozesse während des Unterrichtes die individuellen Leistungen der Schüler/-innen diesen selbst deutlich machen. Die Selbsttätigkeit der Schüler/-innen wird hierdurch anerkannt und Letztere zu weiteren Lernprozessen angeregt. Nicht nur Mittel, sondern auch Zwecke unterliegen hier der Rationalität des handelnden Lehrers, insofern kann dies schulpädagogische Handeln dem material-zweckrationalen Handlungstyp zugerechnet werden.

Mit Webers Handlungstheorie lässt sich eine Typologie des unterrichtlichen Handelns ausspannen, die vom formal-zweckrationalen gänzlich personunabhängigen und dadurch bürokratisierbaren Handlungsentwurf über das fachlich wertrationale, gleichsam nur fachlich charismatische Handeln bis zum verantwortungsethischen schulpädagogisch charismatischen Handeln reicht.

---

285 Vgl. M. N. Ebertz: Gesellschaftliche Bedingungen für prophetisch-charismatische Aufbrüche. In: Prophetie und Charisma, JBTh 14 (1999), S. 237–255, hier S. 254.
286 Weber: Wirtschaft und Gesellschaft, S. 124.
287 Ebertz: Gesellschaftliche Bedingungen für prophetisch-charismatische Aufbrüche, S. 254.
288 Gebhardt: Charisma als Lebensform, S. 35.
289 Vgl. Combe/Helsper: Was geschieht im Klassenzimmer? S. 193.
290 Ebd.

4.2.2 Schule zwischen Verantwortungsethik und Bürokratie – die Mesoebene

In die Schultheorie wurde Webers Idealtypus der Bürokratie und dessen Fokussierung auf die Hierarchie, Zentralisierung, Befugnisverengung nach unten und rationale Disziplin häufig aufgenommen, dabei allerdings ihres idealtypischen Charakters entkleidet. So ließ sich mit Weber »ein beeindruckendes Bild vom stählernen Gehäuse der Schule als Organisation zeichnen, in dessen Gängen alle pädagogischen Blumen langsam aber sicher verdorren müssen«.[291] Um dem vorzubeugen, sei explizit der idealtypische Charakter der Überlegungen hervorgehoben.

Nachdem in den 70er-Jahren die Struktur des Bildungswesens und bildungspolitische Fragen im Mittelpunkt schulpädagogischer Forschung standen, tritt seit Mitte der 80er-Jahre verstärkt die »einzelne Schule als pädagogische Handlungseinheit«[292] in den Vordergrund (vgl. 2). Wird die einzelne Schule als Handlungseinheit verstanden, zeigt sich handlungstheoretisch eine analoge Frage wie beim Lehrer/-innenhandeln. Welcher der Handlungstypen mit seinen spezifischen dem Handlungssubjekt zur Verfügung stehenden Komponenten (Werte, Zwecke, Mittel, Folgen, Kausalwissen und Handlungsergebnisse) wird der Schule als pädagogischer Handlungseinheit und Teil des Bildungssystems zugestanden? Der Ansatz bei der Einzelschule als Handlungseinheit führte analog zum Lehrerhandeln zu der schulpädagogischen Einsicht, dass die Rationalitätskomponenten möglichst in der ›Hand‹ der einzelnen Schule liegen sollten. Deutlich erkennbar ist dies an den Forderungen nach einer größeren Autonomie der Einzelschule gegenüber der Verrechtlichung und Bürokratisierung des Schulwesens und an der Forderung nach »Selbstorganisation und Selbstregulierung«[293] der Schule.

Die neuere Diskussion um Profession und Professionalität der Lehrer/-innen und um die Autonomie der einzelnen Schule lässt sich vor dem Hintergrund der Handlungstypen Webers als Versuch interpretieren, über den formal-zweckrationalen Handlungstyp hinauszukommen oder dessen gewichtige Anteile im Handeln der Lehrer/-innen und der einzelnen Schule zurückzunehmen. Da das Handeln der Lehrer/-innen und das der Handlungseinheit Schule im institutionellen Kontext des Bildungssystems geschieht, ist es notwendig, die andere Seite der Münze, das Bildungssystem in die Diskussion über die Professionalisierung des Lehrerberufs und die Autonomie der Schule mit hineinzunehmen. Mit anderen Worten: eine

---

291 Vgl. E. Terhart: Organisation und Erziehung. Neue Zugangsweisen zu einem alten Dilemma. In: ZfPäd 32 (1986), S. 205–223, hier S. 208.
292 H. Fend: Gute Schulen – schlechte Schulen. Die einzelne Schule als pädagogische Handlungseinheit. In: Die Deutsche Schule 82 (1986), S. 275–293.
293 H.-G. Rolff: Wandel durch Selbstorganisation. Theoretische Grundlagen und praktische Hinweise für eine bessere Schule, Weinheim u. München 1993, S. 141.

schul- und religionspädagogische Handlungstheorie wie auch eine handlungstheoretische Professionstheorie für Lehrer/-innen ist schultheoretisch zu arrondieren.

4.2.3 Schuladministration und Lehrerhandeln – das Verhältnis von Mikro-, Meso- und Makroebene

Die im Anschluss an Weber herausgearbeitete Grundspannung zwischen charismatisch-persönlicher und bürokratisch-personunabhängiger Rationalisierung bietet sich als Kategorie zur Analyse des beruflichen Handelns der Religionslehrer an. Oevermann hat diese Spannung für das Lehrerhandeln reformuliert als »widersprüchliche Einheit von ganzer Person und unpersönlicher Rollenförmigkeit, von diffuser und spezifischer Sozialbeziehung«.
1. Für die Analyse der Handlungsformen von verberuflichtem aber individuell differenziertem zu Innovationen fähigem Handeln (Charisma) einerseits und bürokratisch determiniertem Handeln andererseits ist die Taxonomie der Rationalitätskomponenten insofern erhellend als der einzelne Unternehmer, der niedergelassene Arzt, Jurist oder der Seelsorger den Zweck-Mittel-Zusammenhang in sich vereinigt. »Er kann die Zweckmäßigkeit der Mittel unmittelbar selbst kontrollieren und den Vorrang der Zwecke [und der Werte N. C.] aufrechterhalten. Beim Staat treten aber die einzelnen Funktionen dieses Handlungsmodells institutionell auseinander.«[295] In der genannten Handlungsstruktur liegt einer der Gründe den Lehrer/-innenberuf als Profession zu interpretieren; in der Struktur des Bildungswesens mit den auseinanderfallenden Handlungsmomenten ist die Problematik der Professionalisierung des Lehrerhandelns begründet. Der Diskurs über die Werte und die Zielbestimmung gehört zu der Bildungspolitik und damit zu der Makroebene des Bildungssystems, die Realisierung durch die Lehrer/-innen zu der Meso- oder Mikroebene. Damit aber die Mittel Mittel bleiben und sich nicht gegenüber den Zielen verselbstständigen, wurde eine Vorkehrung getroffen: die bürokratische Organisation, die für Weber durch rationale Disziplin geprägt ist. Sie erreicht durch Disziplin, dass die bildungspolitisch gesetzten Werte und Zwecke auch wirklich das Ziel der Handlungen auf den beiden anderen Ebenen des Bildungssystems sind. Im Idealtypus bürokratischen Handelns können verantwortungsethisch ihr Handeln reflektierende Lehrer/-innen die von der Politik oder den Lehrplankommissionen anvisierten Ziele gefährden. Im individuell differenzierten Handeln tritt an die Stelle der Disziplin die Innensteuerung.

---

294 U. Oevermann: Theoretische Skizze einer revidierten Theorie professionalisierten Handelns. In: A. Combe/W. Helsper (Hg.): Pädagogische Professionalität. Untersuchungen zum Typus pädagogischen Handelns, Frankfurt 1996, S. 86.
295 P. Fauser: Pädagogische Freiheit in Schule und Recht, Weinheim 1986, S. 37.

2. Durch dieses vom einzelnen Unternehmer auf den Staat als Unternehmer des Schulwesens übertragene Handlungsmodell fällt aber nicht nur der »Zusammenhang zwischen Zwecken und Mitteln als einer rationalen Einheit«[296] auseinander. Bürokratische Organisationen erfordern den Idealtyp der formalen Zweckrationalität. Die einzelne Schule und die Lehrer/-innen sollen auf eine ›formale Zweckrationalität‹ beschränkt werden, die deren Rationalität auf die ›(Mittel-)Handlungen‹ und das Kausalwissen eingrenzt. Die Orientierung an Werten, eigene Zwecksetzungen, die Nebenfolgenabwägungen und allerdings nur zum Teil die Berücksichtigung der tatsächlichen Handlungsergebnisse mittels Rückkoppelung für einen Entwurf des weiteren beruflichen Handelns liegen, *idealtypisch betrachtet,* außerhalb der Befugnisse. Sie würden aber gerade ein individuell differenziertes pädagogisches Handeln als Bedingung pädagogischer Professionalität ermöglichen.

Von Webers Analysen angeregt lassen sich handlungstheoretisch zum Teil voneinander weitgehend getrennt geführte Diskussionen um den Lehrerberuf und die Schulentwicklung zusammenführen:
- Die Differenzierung zwischen dem rational bürokratischen und dem rational charismatischen Handeln sowie zwischen den Handlungstypen Webers ermöglichte im Anschluss an Combe/Helsper eine handlungstheoretisch und pädagogisch normativ geleitete Analyse des Handelns im Unterricht.
- Die Diskussion um den Lehrer als ›weisungsgebundenen Beamten‹ und um dessen professionelle Autonomie, im Sinn seiner Entscheidungsbefugnis »welche Schritte die zu erbringende Dienstleistung erfordert und mit welchen Verfahren sie angegangen werden soll«.
- Die Diskussion um das Berufsethos der Lehrerschaft[298] findet hier ihre handlungstheoretische Begründung. Das Berufsethos der Profession Lehrer insgesamt und das jedes einzelnen Professionsmitgliedes bildet eine der Handlungskomponenten aus dem Bereich der ›Werte‹. Das Berufsethos dient der Rationalität individuell differenzierten Handelns und der Qualität von Schule und Unterricht.
- Die Diskussion um die Schule als pädagogische Handlungseinheit und ihre Autonomie lässt sich handlungstheoretisch reformulieren als Versuch die formal zweckrationale Handlungsform auf der Mesoebene des schul- und religionspädagogischen Handelns zu überwinden.

---

296 Ebd., S. 37.
298 Vgl. E. Terhart: Vermutungen über das Lehrerethos. In: ZfPäd 33 (1987), S. 787–804.

Teil IV:
Schul- und religions-
pädagogisches Handeln –
Ergebnisse und Perspektiven

1 Resümee und zugleich Leitbilder für den Beruf Religionslehrer/-in

In Teil II habe ich in den Kapiteln 3 und 4 die Bedingungen schul- und religionspädagogischen Handelns analysiert, in Kapitel 5 das Ziel entfaltet sowie in Kapitel 6 Überlegungen zu Operationen, Morphemen und Methoden, mithin zu Wegen und Mitteln des Handelns, angestellt. In Teil III wurden diese Strukturmomente des Handelns auf die schul- und religionspädagogischen Handlungsebenen bezogen und auf dem Hintergrund des Rationalitätskonzepts mit Hilfe der Kategorie Charisma und Alltag analysiert. Die wesentlichen Strukturmomente einer Handlungstheorie (vgl. Teil I) wurden dabei expliziert.

1.1 Zur Theorie des schul- und religionspädagogischen Handelns

Die wissenschaftstheoretische These meiner Arbeit lautet, dass eine Theorie religionspädagogischen Handelns in der Schule sich nicht allein auf die Fachdidaktik ›Religionsdidaktik‹ beziehen kann. Diese These kann nun nach zwei Seiten hin als tragfähig entfaltet werden:
    1. Allgemeine Didaktik, schulische Didaktik und Religionsdidaktik als Fachdidaktik haben ihre zentralen Gegenstände im Handeln der Lehrer/-innen in vorausgehender Absicht. Didaktik als ›Theorie der Bildungsinhalte und des Lehrplans‹ (Weniger),[1] als Theorie der Strukturmomente des Unterrichts und der Planungs- und Entscheidungsebenen der Lehrer/-innen (W. Schulz), als kritisch-konstruktive Theorie intentionaler und reflektierter Lernhilfe (W. Klafki) bzw. Reflexion der Reflexionen über Möglichkeiten und Grenzen des Lernens (Diederich) stellt die Unterrichtsplanung der Lehrer/-innen (Klafki, Schulz) sowie die Reflexion der Bedingungen für Planung und Durchführung des Unterrichts (Weniger, Diederich) in den Mittelpunkt, um so dem didaktischen Handeln der Lehrer/-innen eine theoretische Grundlage zu bieten. Religionsdidaktik als Elementarisierung lässt sich analog dazu verstehen. Das ›absichtliche Handeln‹ der Lehrer/-innen wird bei der Planung und Durchführung des Unterrichts, deren Routinen und berufs- und fachspezifischen und damit professionellen

---

[1] E. Weniger: Didaktik als Bildungslehre. Teil 1, Theorie der Bildungsinhalte und des Lehrplans, Weinheim, 5. Aufl. 1963, S. 22.

Konventionen bei Klafki und Diederich zwar nicht ausgegrenzt aber in der Analyse zurückgestellt. So wurde deutlich, dass die Diskussion von didaktischen Ziel- und Leitkategorien eine Sache ist, eine andere aber deren Umsetzung in Lehrplänen und ein drittes die Rezeption der Lehrpläne und deren Konkretisierung im schul- und religionspädagogischen Handeln. Das Verhältnis zwischen Theorie und Praxis sowie die jeweils zugehörigen Wissensformen – systematisch strukturierte Theorie hier und situationsorientiertes Professionswissen da –, bilden einen zentralen handlungstheoretischen Topos. Eine schul- und religionspädagogische Handlungstheorie umgreift zudem beide Handlungstypen und weist damit zwar einen gemeinsamen Gegenstandsbereich mit der Didaktik auf, geht aber zugleich über die Didaktik auch hinaus.

2. Insbesondere die mehrebenenanalytische Anlage von Teil III mit den darin explizierten Mikro-, Meso- und Makroebenen des Handelns macht es notwendig, die Theorie der einzelnen Schule wie auch eine Theorie des ganzen Bildungswesens einzubeziehen und damit den Gegenstandsbereich der klassischen Didaktik zu verlassen.

Der Teil II »Merkmale und Strukturen schul- und religionspädagogischen Handelns« hat im Rahmen dieser Arbeit die Funktion, die wesentlichen Bedingungen und Momente des Handelns der Lehrer/-innen und speziell der Religionslehrer/-innen herauszuarbeiten. Für eine Theorie des religionspädagogischen Handelns in der Schule liegen im Rahmen der Evangelischen Religionspädagogik – so ein weiteres Ergebnis meiner Arbeit – bisher wenige Analysen vor. Deutlich wurde sodann weiterhin, dass eine Theorie des schul- und religionspädagogischen Handelns eines mehrperspektivischen Zugangs bedarf und zugleich eine übergreifende sowohl theoretische wie praktische Perspektive bietet, um die unterschiedlichen Wissenschaften und Theorietraditionen mit ihren spezifischen Ergebnissen zu integrieren. Eine Theorie des schulpädagogischen Handelns wie auch des spezifischen religionspädagogischen Handelns lässt sich wissenschaftstheoretisch jeweils angemessen als eine ›positive Wissenschaft‹ im Sinn Schleiermachers konzipieren, die die Zugänge zum Gegenstand und die Ergebnisse verschiedener Wissenschaften aufnimmt, deren Einheit aber durch eine zu erfüllende Aufgabe gewährleistet wird. Diese besteht darin, Heranwachsenden in der Institution Schule durch die Operation Aneignung zumuten Bildung und insbesondere religiöse Bildung zu ermöglichen. Zugleich wurde eine Theorie des pädagogischen Handelns in der Schule als ein Element des Theorieverbundes Schulpädagogik (Apel/Grunder) bestimmt.

Dies Programm habe ich ausgeführt, indem material Ergebnisse der *Allgemeinen Pädagogik* rezipiert und schul- und religionspädagogisches Handeln als ein Teilbereich des pädagogischen Handelns und als Vorleistung der älteren gegenüber der jüngeren Generation interpretiert wurde. Im Zuge der gesellschaftlichen Ausdifferenzierung im historischen Prozess zur Moderne wurde die pädagogische Vorleistung der älteren Generation in einem möglichst alle Heranwachsenden erreichenden Schulsystem institutionalisiert und das schul- und religionspädagogische Handeln dabei verberuflicht. Diese mit Hilfe der *Historischen Pädagogik* rekonstruierten Entwicklungen führten im 19. Jahrhundert zu der Konstitution von zwei eigenständigen und strikt durch Ausbildung, Anstellung, gesellschaftliche Herkunft und Status sowie Besoldung voneinander getrennten schul- und religionspädagogischen Lebensberufen: dem des Volksschullehrers und dem des Studienrats. Insbesondere das berufliche Handeln der Volksschullehrer/-innen, die immer auch Religionslehrer/-innen waren, bewegte sich stark im Medium christlicher Tradition.

Die mit der Institutionalisierung und Verberuflichung des schul- und religionspädagogischen Handelns verbundenen Konditionen und Funktionen wurden unter Aufnahme *soziologischer und schulpädagogischer Theorien* dargestellt. Sie sind Momente der Handlungssituation der Lehrer/-innen, die – um nicht gleichsam hinter dem Rücken der Lehrer/-innen zu wirken – reflexiv einzuholen sind und zu denen das Handeln ein kritisch-konstruktives Verhältnis finden muss. Mit den Kapiteln zu Intention, Operation und mit Teil III (Ebenen des Handelns) ist der innere Bereich einer schul- und religionspädagogischen Handlungstheorie berührt. Hier stehen *Didaktik und Fachdidaktik, Schulpädagogik und Schulrecht* im Vordergrund. Die Intention ›Bildung ermöglichen‹ und die Grundoperation ›Aneignung zumuten‹ wurde auf die verschiedenen Ebenen schul- und religionspädagogischen Handelns bezogen. Dabei wird ein weiter von einem engeren Begriffsumfang des schul- und religionspädagogischen Handelns unterschieden: Ersterer setzt Schule und Bildungssystem als durch Handeln gestaltete und gestaltbare »institutionelle Arrangements«[2] voraus. Das Arrangieren und Inszenieren von Lernsituationen (vgl. III, 1) als eine Operation schul- und religionspädagogischen Handelns ermöglicht Bildung und mutet die Aneignung christlicher Inhalte und Weltzugänge (auch Zugänge zu anderen Religionen und Selbst- und Weltdeutungen) zu, insofern kann auch auf der Mesoebene die Gestaltung und Entwicklung der Einzelschule (III, 2) und auf der Makroebene die Konstruktion von Lehrplänen (III, 3) unter den weiten Begriff des schul- und religionspädagogischen Handelns der Lehrer/-innen subsumiert werden. Ein Verwaltungshandeln auf der Makroebene des Bildungssystems, das Planstellen zuweist, Prüfungen organisiert oder Konflikte moderiert, ist davon zu unterscheiden und soll als Verwaltungshandeln nicht mehr zum schul- und religionspädagogischen Handeln gerechnet werden. Davon ist ein enger Begriffsumfang zu sondern, der unter schul- und religionspädagogischem Handeln ausschließlich ein Handeln in Interaktionen mit den Schüler/-innen versteht.

---

2 Giesecke: Pädagogik als Beruf, S. 86.

1.2 Schul- und religionspädagogisches Handeln als berufliches Handeln unter institutionellen Bedingungen

Schulpädagogisches Handeln ist eine Institutionalisierung und Verberuflichung pädagogischen Handelns, also einer Vorleistung der älteren Generation, und stellt dieses hierdurch auf Dauer. Religionspädagogisches Handeln, das sich zentral auf die Offenbarungen und Bezeugungen Gottes in der Geschichte Israels und im Menschen Jesus von Nazareth bezieht, hat im Wechsel der Generationen und dem damit drohenden Vergessen seine zentrale Herausforderung (vgl. Psalm 78). Es ist Teil der konnektiven Struktur der Kultur (J. Assmann) und hält prägende Erfahrungen mit und Erinnerungen an Gottes Wirken gegenwärtig, um der nachwachsenden Generation religiöse und hier insbesondere christliche Mündigkeit als ein Element von Bildung zu ermöglichen. Die Verberuflichung schulpädagogischen Handelns konstituierte im 19. Jahrhundert den Lehrerberuf als einen wählbaren, für spezifische Funktionen und Intentionen zuständigen und durch Zugangsbedingungen, die in einer festgelegten Ausbildung erworben werden, von anderen Tätigkeiten abgegrenzten Beruf, der über die gesamte Zeit der Berufsbiographie eingenommen werden konnte. Für den Lehrerberuf wurden die beiden getrennten Laufbahnen des Volksschul- und Gymnasiallehrers, die auf unterschiedliche Vorgeschichten zurückblicken, institutionalisiert. Frauen erhielten – obwohl sie bereits vorher unterrichteten – mit zeitlicher Verzögerung Zugang zu dem konstituierten Beruf. Im 19. Jahrhundert bildete sich zuerst an den Gymnasien der mit wissenschaftlicher Expertise versehene Religionslehrer als Oberlehrer heraus, der sich in struktureller Konkurrenz zum Pfarrberuf etablierte. Im niederen Schulwesen waren alle Lehrer/-innen bis 1919 auch Religionslehrer/-innen. In Niedersachsen unterrichten heute 46% der Religionslehrer/-innen ohne eine entsprechende Ausbildung zu haben. Die Institutionalisierung und Verberuflichung schulpädagogischen Handelns ist Teil des Prozesses gesellschaftlicher Ausdifferenzierung und erfolgte bei der sich vollziehenden Trennung von Kirche und Staat im Rahmen des Staates. Die Verstaatlichung des Schulwesens zog die Eingliederung der Lehrer/-innen in die staatliche Beamtenschaft nach sich. Das Handeln der Lehrer/-innen wurde ein öffentliches Handeln im Rahmen und unter der Aufsicht des Staates. Religionspädagogisches Handeln in der Schule ist so auch »eine Arbeitsleistung mit dem Ziel des Einkommenserwerbs. Pädagogisches Handeln ist also in weiten Teilen auch profanes Arbeitshandeln«.[3]

---

[3] H.-G. Schönwalder: Pädagogik – Referenzwissenschaft praktischer Pädagogen an unseren Schulen? In: Ders. (Hg.): Lehrerarbeit, Freiburg 1987, S. 15–37, hier S. 25.

Die Institutionalisierung des schulischen religionspädagogischen Handelns der Lehrer/-innen und des Lernens der Schüler/-innen beinhaltet folgende strukturelle Komponenten:[4]
- die raumzeitliche Verselbstständigung von Lernen und Lehren in der Schule sowie des religiösen Lernens mittels des Fächerprinzips im Religionsunterricht;
- die Zusammenfassung der Heranwachsenden in Schulklassen mit unterstellter Alters- und Leistungshomogenität und der Folge einer hochkomplexen und intransparenten sozialen Situation;
- die zeitliche Strukturierung und inhaltliche Konzentration des Lernens und damit eine konsekutive didaktische Bewegung;
- die mediale Repräsentation der Inhalte und damit eine symbolische Vermittlung;
- den latenten Zukunftsbezug schulischen Lernens;
- die Schulpflicht und damit die Pflicht zum Unterricht als eines erzwingbaren Sozialraumes, dieser Zwang ist für den Religionsunterricht durch die Abmeldemöglichkeit gebrochen;
- die drohende Überbürdung von Schule und Heranwachsenden, wie auch die Überbürdung des Religionsunterrichts durch immer neue gesellschaftlich hervorgerufene Probleme;
- eine Verstrickung und Verwicklung der Person der Lehrer/-innen in das schul- und religionspädagogische Handeln sowie deren konstitutive Bedeutung für das Handeln.

Schulpädagogisches Handeln ignoriert die Differenz zwischen der Institution Schule und anderen Lebensbereichen nicht, indem sie eine in funktional differenzierten Gesellschaften unerreichbare ideale Einheit von ›Leben und Lernen‹ anstrebt, sondern gestaltet die Differenz, indem die Öffnung der Schule hin zu den anderen Lebensbereichen und die Öffnung der Lebensbereiche hin zur Schule als eine Aufgabe schulpädagogischen Handelns wahrgenommen wird.

Die grundlegende Antinomie neuzeitlicher Pädagogik, zu Mündigkeit zu verhelfen und dabei nicht ohne Fremdbestimmung auszukommen, mithin die Freiheit unter Zwang zu kultivieren (Kant), wiederholt sich im schulpädagogischen Handeln nicht nur, sondern verschärft sich durch dessen Institutionalisierung im Rahmen des Staates aufgrund des Mediums der Institutionalisierung: dem Recht. Durch die Schulpflicht und das Klassenprinzip wird die Interaktion sowohl von den Lehrer/-innen wie auch von den Schüler/-innen nicht freiwillig eingegangen, sondern institutionell hervorgerufen. Das Verhältnis zwischen Lehrer/-in und Schüler/-innen wird »in der Schule durch die staatliche Macht noch mehr zu einer Beziehung, die durch Machtunterschiede geprägt wird.«[5] Im Rahmen dieser institutionell bekräftigten Asymmetrie gilt es – so Oser – durch das schul- und religionspädagogische Handeln den Heranwachsenden Fähigkeiten zuzutrauen

---

4 Vgl. hierzu auch H.-G. Herrlitz/W. Hopf/H. Titze: Institutionalisierung des öffentlichen Schulwesens. In: M. Baethge/K. Nevermann (Hg.): Organisation, Recht und Ökonomie des Bildungswesens, Enzyklopädie Erziehungswissenschaft, Bd. 5, Stuttgart 1984, S. 55–71.
5 Fauser: Pädagogische Freiheit in Schule und Recht, S. 116.

und zuzumuten, die sie noch nicht haben, und so eine der strukturellen Asymmetrie gegenläufige Interaktionsstruktur im Unterricht zu inszenieren. Die Zumutung von noch nicht vorhandenen Fähigkeiten kann dahin gehen, dass die Lehrer/-innen so tun, »›als ob‹ es keinen Unterschied zwischen den Kindern und ihnen gäbe.«[6] Die Bestimmung des schul- und religionspädagogischen Handelns als institutionell bedingt schließt reformpädagogisch orientiertes schulpädagogisches Handeln ein. Hinsichtlich der Faszination von Summerhill hat Oelkers festgehalten, »dass die radikal andere immer noch und wesentlich eine Schule war. Es gab Lehrer, das Fachprinzip, ein didaktisches Angebot, eine konsekutive Folge der Themen (...) nur eben auch radikale Freiheit, freilich nur eine solche der Teilnahme«.[7]

1.3 Schul- und religionspädagogisches Handeln als multiintentionales Handeln

Schul- und religionspädagogisches Handeln wirkt mit Veränderungsabsichten auf Objekte, die selbst wiederum Subjekte sind, und mutet diesen Aneignung zu. Seine intendierte Wirkung – Aneignung – muss von den Schüler/-innen hervorgebracht werden, daher verfügt die Operation Aneignung zumuten nicht über direkte Ursache-Wirkungs-Zusammenhänge. Die Relation Handeln – Wirkung ist unsicher. Die Operation Aneignung zumuten hat Teil an der Symmetrisierung der Generationen. Ihr obliegt die Aufgabe, der nachfolgenden Generation Bildung zu ermöglichen, indem die Subjektwerdung und Handlungsfähigkeit der einzelnen Schüler/-innen nach Maßgabe ihrer individuellen Möglichkeiten gefördert (formale Dimension der Bildung) und Enkulturation in eine Gesellschaft, die sich durch die Beschleunigung des sozialen, kulturellen, wirtschaftlichen und politischen Wandels charakterisieren lässt, (materiale Dimension der Bildung) ermöglicht wird. Religionspädagogischem Handeln in der Schule liegt die Dialektik von Individuierung und Enkulturation, des subjektiven und objektiven Aspekts von Bildung zugrunde. Die deskriptive Funktion des Bildungsbegriffs liegt darin, diese Dialektik als ein antinomisches Grundproblem des schul- und religionspädagogischen Handelns darzustellen und der Reflexion zugänglich zu machen.

Die Subjektwerdung wird verstanden als Entwicklung der Fähigkeiten zu Selbstbestimmung und Selbstverpflichtung, Erinnerung als Bewusstsein der Geschichtlichkeit und Hoffnung als Zukunftsfähigkeit. Dem entspricht das berufliche Leitbild des Coach für individuell zu gewinnende Kompetenzen.

---

6 F. Oser: Ethos – Die Vermenschlichung des Erfolgs. Zur Psychologie der Berufsmoral von Lehrpersonen, Opladen 1998, S. 95.
7 J. Oelkers: Schule heute im Spannungsfeld gesellschaftlicher Widersprüche. In: H.-P. Burmeister/B. Dressler (Hg.): Lebensraum Schule, Loccumer Protokolle 14/95, Loccum 1996, S. 9–33, hier S. 14 f.

Da die Schulpflicht jedoch alle Kinder, die in der Bundesrepublik leben, zum Schulbesuch verpflichtet, ob sie nun aus deutschen, türkischen, russischen, chilenischen oder sambischen Familien stammen, stellt sich die Frage, was in einer pluralen Gesellschaft mit Enkulturation gemeint sein kann. Die Schüler/-innen sind in ihren Herkunftsfamilien bereits in unterschiedliche Kulturen hineingewachsen, indem sie zumeist die Sprache, die Religion, grundlegende soziale Rollen, die Sitten und Werte des Herkunftslandes innerhalb der Familie kennen gelernt haben. Sie bringen, wenn auch in gebrochener Weise, differente Kulturen in die Schule mit. Hier wird ein schulpädagogisches Grundlagenproblem deutlich: Worin besteht in einer pluralen und multikulturellen Gesellschaft die Leistung der Enkulturation durch die Schule? Sie bietet für alle Kinder eine »Grundausstattung mit Wissen, um überhaupt Verstehensgemeinsamkeiten voraussetzen zu können. Das schließt kulturelle Eigenheit nicht aus, aber verhindert die Reduktion von Bildung auf partikulare (...) Zielgruppenschulung«.[8] Enkulturation durch die Schule bedeutet zuerst eine Enkulturation *in* die Schule als einer allgemeinbildenden Schule für *alle* Kinder. Enkulturation in die Schule mutet die Aneignung der Basisqualifikation der mündlichen oder medialen Kommunikationsfähigkeit einschließlich der Mathematik zu. Besonders die Lesekompetenz als »kulturelle Basisqualifikation«[9] »eröffnet die Teilhabe am gesellschaftlichen Leben und bietet die Möglichkeit der zielorientierten und flexiblen Wissensaneignung«[10] und ist somit eine Bedingung für die Weiterentwicklung von Wissen, Können und reflektiertem Selbstverständnis.

»Die Grundschule hat dabei sicherzustellen, daß alle Kinder Deutsch lernen, wozu sie Kindern mit anderer Muttersprache Zusatzunterricht in Intensivform anbieten muß. Des weiteren hat die Grundschule dafür zu sorgen, daß diese Kinder (...) auch regulären Unterricht in der jeweiligen Muttersprache erhalten«.[11]

Neben die Zumutung der Aneignung von Kommunikationsfähigkeit tritt die Einführung in grundlegende naturwissenschaftliche, historische, gesellschaftswissenschaftliche, philosophische und religiöse Weltzugänge, in denen Orientierung und Grundkategorien gewonnen werden sollen. Die Theorie religiöser Bildung reflektiert die Erschließung des religiösen Weltzugangs, indem unter der Perspektive der Bürger- und Laienbildung christliche und religiöse Weltzugänge und Horizontverschmelzungen zwischen der Gegenwart der Schüler/-innen und den in der jüdisch-christlichen Tradition geronnenen Verheißungen Gottes ermöglicht, experimentell erprobt und reflektiert werden. Die Fähigkeit zu Erinnerung als Bewusstsein der

---

8 Oelkers: Schule heute im Spannungsfeld gesellschaftlicher Widersprüche, S. 19.
9 J. Baumert u. a. (Hg.): PISA 2000. Basiskompetenzen von Schülerinnen und Schülern im internationalen Vergleich, Opladen 2001, S. 30.
10 Ebd., S. 70.
11 G. Faust-Siehl/A. Garlichs/J. Ramseger/H. Schwarz/U. Warm: Die Zukunft beginnt in der Grundschule. Empfehlungen zur Neugestaltung der Primarstufe, Reinbek 1996, S. 137.

vergangenen Bezeugungen und Offenbarungen Gottes sowie die durch Gottes Verheißungen entbundene Hoffnung sind zentrale im christlichen Glauben zu gewinnende Dimensionen von Bildung. Christliche Weltzugänge finden ihre Grundlage in der Selbsterschließung Gottes in der Geschichte mit Israel und im Menschen Jesus von Nazareth sowie in deren kulturellen Transformationen und Anverwandlungen. Ein christlicher und religiöser Weltzugang beinhaltet auch die Selbst- und Weltdeutung unter der Perspektive der Verheißungen Gottes. Die orientierende Funktion religiöser Bildung setzt voraus, dass in der materialen Dimension andere Konfessionen, Religionen und nichtreligiöse Welt- und Selbstverständnisse erschlossen werden. Eine bildungstheoretisch interpretierte Erschließung des religiösen, insbesondere des christlichen Weltzugangs kann nicht ohne das Ziel religiöser Selbstbestimmung und Selbstverpflichtung interpretiert werden.

Zu den Basisqualifikationen gehören auch Regeln des Zusammenlebens und Zusammenarbeitens im Klassenzimmer, mithin die Fähigkeit zu Kooperation und Kommunikation,[12] die in der Arbeit am Wissen, Können und Selbstverständnis gewonnen, weiterentwickelt und geübt werden. Die entscheidende bildungstheoretische Pointe ist, dass hier keine Disziplinierung und Verpflichtung auf nicht selbst eingesehene Inhalte und Regeln erfolgt. Durch Bildung reguliertes und an Bildung orientiertes schulpädagogisches Handeln mutet die Aneignung von Wissen, Können und Selbstverständnis aufgrund selbst festgestellter Geltung und die Aneignung von Sittlichkeit, mithin die Selbstverpflichtung auf sich selbst gegebene Normen zu. Enkulturation wird durch einen einheitlichen Lehrplan (Grundausstattung an Wissen, Können und reflektiertem Selbstverständnis im Blick auf die genannten Weltzugänge), der kulturelle Differenzierungen ermöglicht, und die Kultur der Schule selbst (spezifische lokale Besonderheiten des Wissens, Könnens und Selbstverständnisses sowie Kommunikationsformen und Selbstverpflichtung auf Regeln) gewährleistet. Dem entspricht das Leitbild des Lehrer/-innenberufs als Lernberater für Basisqualifikationen und elementare Weltzugänge, aber auch das Leitbild dessen der selbsteingesehene und durch Selbstverpflichtung gesetzte Regeln und Kommunikationsformen aufrechterhält und durchsetzt. Eine weitere grundlegende Antinomie des schul- und religionspädagogischen Handelns wurde hier deutlich: Das Handeln der Lehrer/-innen ist eingebunden in die Dialektik zwischen der Kontinuierung der Kultur und der Bewahrung des mit einem Kind in die Welt gekommenen Neuen. Der Bildungsbegriff bringt diese Antinomien zur Darstellung und macht sie der Reflexion zugänglich. Gerade darin liegt seine Stärke. Bildung als Intention schul- und religionspädagogischen Handelns hat eine das Handeln der Lehrer/-innen orientierende und begrenzende Funktion.

---

12 Vgl. PISA-Konsortium (Hg.): PISA 2000. Basiskompetenzen von Schülerinnen und Schülern im internationalen Vergleich, Opladen 2001., S. 299 ff.

1.4 Schul- und religionspädagogisches Handeln als eigenständige Praxisform mit charismatischen und bürokratischen Momenten

Im schul- und religionspädagogischen Handeln liegt trotz der intentionalen Struktur keine rein deduktive Zweck-Mittel-Relation vor. Die Ziele stehen in schulpädagogischen Handlungssequenzen trotz des ›Primats der Zielentscheidungen‹[13] nicht unabänderlich fest, sondern sind für Veränderung im Handeln selbst offen. Durch die schulpädagogische und didaktische Leitkategorie Bildung lassen sich die Ziele des jeweiligen Unterrichtsfaches oder der konkreten Unterrichtsstunde, die Inhalte als Themen des Unterrichts und des Schullebens sowie die Entscheidungen über didaktische Morpheme, Lehr-Lern-Methoden und Medien begründen; zugleich können sich diese Handlungskomponenten gegenseitig in Frage stellen. Insofern liegt ein durch Interdependenz seiner Momente einheitlicher Handlungszusammenhang vor, in dem jedes Handlungsmoment von jedem anderen abhängig sein kann. Nun lassen sich nicht mit allen Inhalten, Methoden und Medien beliebige Ziele erreichen, sondern im Anschluss an Prange wurden drei Morpheme des Unterrichts identifiziert, die spezifische Methoden und Medien nahelegen, ohne eine jeweils abgeschlossene Liste zu konstituieren.

Schul- und religionspädagogisches Handeln ist als ›Kunst‹, in der Bedeutung, die Schleiermacher dem Begriff gab, ein notwendigerweise mit Ermessensspielräumen (pädagogische Freiheit) ausgestattetes Handeln, das Ziele situationsangemessen in die jeweilige Situation übersetzend konkretisiert und nicht deduktiv realisiert. Es vollzieht sich als interpretative Konkretisierung eines allgemeinen Ziels in einer einzelnen Situation und benötigt die Kompetenz für das Allgemeine (Theorie der Ziele, der Fachwissenschaft, der Morpheme, der Methoden, des zu erwartenden Entwicklungsstandes der Schüler/-innen usw.) wie auch die Kompetenz für die konkrete Situation (einzelne Schüler/-innen, Sozialstruktur der Schulklasse, Klassenraum, einzelner Inhalt), um beides durch Klugheit (Aristoteles), besonderes Talent (Schleiermacher), Phantasie für die Mittel und Wege (Prange), Intuition und Improvisation (Neuweg) zusammenzuschließen. Somit ist es kein instrumentelles, Ziele deduktiv realisierendes, sondern ein pragmatisch-konstruierendes, Ziele übersetzend und damit kreativ interpretierendes Handeln, in dem personal-charismatische und institutionell-bürokratische Dimensionen zu einer in sich widersprüchlichen Einheit zusammengefügt sind. Trotz der Ausweitung der bürokratischen Rationalisierung im Fortschreiten der Moderne ist aber individuell differenziertes Handeln nötig. Handlungs- und professionstheoretisch wird auch jenem beruflichen Han-

---

13 Vgl. W. Klafki: Grundlinien kritisch-konstruktiver Didaktik. In: Ders.: Neue Studien zu Bildungstheorie und Didaktik, Weinheim, 2. erw. Aufl. 1991, S. 83–140, hier S. 116f.

deln ein charismatischer Anteil unterstellt, das Unerwartetes bewältigen soll und innovativ zu sein hat. »Jedes aus dem Geleise des Alltags herausfallendes Ereignis läßt charismatische Gewalten hervorbrechen«.[14] Das berufliche Handeln der Lehrer/-innen ist als ein mit charismatischen Anteilen versehenes Handeln zu charakterisieren, da es aufgrund seiner Handlungsbedingungen, Merkmale und Strukturen immer wieder »aktiv-praktische[n] Entscheidung zu einer Aktion, die immer auch eine spontane, reflexartige, intuitive von der Richtigkeit überzeugte Entschließung ist«,[15] und so im Handlungsvollzug »Originalität, Unmittelbarkeit, Spontaneität und Dynamik«[16] benötigt. Es kann nicht in der völligen Routine des Alltags aufgehen und benötigt einen Grad der »Charismatisierung«.[17] Die Gegenüberstellung von bürokratischer und charismatischer Rationalisierung[18] macht auf die Bedeutung der Person aufmerksam, die die Handlung nicht nur ausführt, sondern auch konstituiert.

1.5 Schul- und religionspädagogisches Handeln als funktionalbestimmtes Handeln

Eine Theorie des schul- und religionspädagogischen Handelns kann nicht in idealistischer Weise die gesellschaftliche Bestimmtheit der Schule und ihre *Funktionen* außer Acht lassen und sich ausschließlich auf eine normative pädagogische Theorie gründen. Schul- und religionspädagogisches Handeln muss über seine Bedingungen und Funktionen aufgeklärt werden, um nicht in unbewusstes Verhalten oder Ideologie umzuschlagen. Deutlich wurde, dass die »primäre Leistung der Schule darin besteht, in ihrer Arbeit gegenwärtig zu halten, was kulturell anerkannt ist, und auszuschließen, was auf Anerkennung nicht rechnen kann.«[19] Zugleich ist hervorzuheben, dass Kultur in präfigurativen Gesellschaften nicht statisch verstanden werden kann und im Bildungssystem (Stundentafel und Lehrplanentwicklung) sowie in der Schule vor Ort (Unterricht und Schulleben) ausgehandelt wird, was

---

14 M. Weber: Wirtschaft und Gesellschaft, S. 670.
15 U. Oevermann: Theoretische Skizze einer revidierten Theorie professionalisierten Handelns. In: A. Combe/W. Helsper (Hg.): Pädagogische Professionalität. Untersuchungen zum Typus pädagogischen Handelns, Frankfurt 1996, S. 70–182, hier bes. S. 82.
16 M. N. Ebertz: Gesellschaftliche Bedingungen für prophetisch-charismatische Aufbrüche. In: Prophetie und Charisma, JBTh 14 (1999), S. 237–255, hier S. 237.
17 Oevermann: Theoretische Skizze einer revidierten Theorie …, S. 82.
18 Vgl. C. Seyfarth: Alltag und Charisma bei Max Weber. Eine Studie zur Grundlegung der »verstehenden« Soziologie. In: W. Sprondel/R. Grathoff (Hg.): Alfred Schütz und die Idee des Alltags in den Sozialwissenschaften, Stuttgart 1979, S. 155–177; ders.: Über Max Webers Beitrag zur Theorie professionellen beruflichen Handelns, zugleich eine Vorstudie zum Verständnis seiner Soziologie als Praxis, in: J. Weiß (Hg.): Max Weber heute. Erträge und Probleme der Forschung, Frankfurt a. M. 1989, S. 371–405.
19 J. Diederich/H.-E. Tenorth: Theorie der Schule, Berlin 1997, S. 93.

auch bei der nachfolgenden Generation weiterhin Anerkennung finden kann und soll. Daneben tritt die Selektions- und die familienergänzende Funktion mit den Leitbildern des Beamten mit hoheitlichen Aufgaben und des sozialpädagogisch und diakonisch orientierten Betreuers und offenen Gesprächspartners, der das humane Gespräch zwischen den Generationen führt. Die kulturelle Funktion des religionspädagogischen Handelns liegt in der Vergegenwärtigung eines bedeutenden Teils des kulturellen Hintergrunds unserer Gesellschaft, der Kanonisierung von Religionen, der Qualifizierung für den Umgang mit Religionen, der Thematisierung von Wert- und Normfragen. In seiner familienergänzenden Funktion ist das religionspädagogische Handeln als offenes Gespräch Ersatz für den humanen Dialog zwischen den Generationen. Schul- und religionspädagogisches Handeln der Lehrer/-innen kann sich nicht seinen Funktionen grundsätzlich verweigern, es kann aber diese Funktionen reflektieren, mit den möglicherweise gegenlaufenden eigenen Werten und Intentionen in einen Dialog bringen, und hierdurch ein individuelles Konzept des Handelns und ein Leitbild erarbeiten, das die Erfüllung der Funktionen kritisch-konstruktiv modifiziert und integriert. Die funktionale Analyse des Handelns machte weitere Antinomien des Handelns deutlich.

1.6 Die Grundoperation schul- und religionspädagogischen Handelns: Aneignung von Fähigkeiten und Enkulturation zumuten

Aneignung zumuten im dreifachen Sinn von ›Mut-Machen‹, ›Zu-trauen‹ und ›Verlangen‹ wurde in der Diskussion mit operativen pädagogischen Ansätzen als Grundoperation schulpädagogischen Handelns vorgeschlagen, da erstens der Begriff ›Hilfe‹ für das schulpädagogische Handeln als zu eingeschränkt erschien, zweitens die Kategorie des Zeigens zwar die Grundoperation der Lehrer/-innen in sinnvoller Weise herausarbeitet aber die Ko-Operation von Schüler/-innen und Lehrer/-innen nicht zum Ausdruck bringt und drittens Wahrnehmen-Lassen als zulassen und veranlassen von Wahrnehmung, den Prozess der Veränderung und Umarbeitung des Wahrzunehmenden nicht in der Weise wie der Begriff der Aneignung deutlich macht. Die *Grund*operation ›Aneignung zumuten‹ wurde schulpädagogisch als Haltung des ermutigenden Zutrauens noch nicht angeeigneter Fähigkeiten und Inhalte sowie als Lebensbegleitung und direkte oder indirekte Fremdaufforderung zu Selbsttätigkeit entfaltet. Indirekte Fremdaufforderung erfolgt durch die Gestaltung und den immanenten Anspruch von Lernumwelten. Die Grundoperation lässt sich in den didaktischen Morphemen der Lektion, des Arbeits- und des Erlebnisunterrichts, in Lehr-Lern-Methoden aber auch im Gestalten und Entwickeln der einzelnen Schule (Mesoebene) und in Stundentafeln und Bildungsplänen auf der Makroebene des

Handelns identifizieren. Die Morpheme bieten für die dramaturgische Dimension des unterrichtlichen Handelns je zu variierende Grundformen. Die zunehmende Beachtung der Inszenierung von Unterricht führt in der Didaktik wie auch in der Religionspädagogik zu einer vermehrten Rezeption der Ästhetik. Mit Hilfe der didaktischen Morpheme, die jeweils eine Dimension des Aneignungsprozesses (Wissen durch die Lektion, Können durch den Arbeitsunterricht und reflektiertes Selbstverständnis durch den Erlebnisunterricht) in den Vordergrund rücken und den Schüler/-innen zumuten, können didaktische Kriterien für den Einsatz ästhetischer Formen der Darstellung und des Ausdrucks gewonnen werden. Wie die Fachwissenschaften Theologie, Germanistik, Mathematik usw. durch die Elementarisierung oder durch eine andere Form der didaktischen Analyse, so wird auch die Ästhetik durch die dramaturgische Didaktik gebrochen.

Religionspädagogisch wurden die zentralen Operationen wichtiger religionspädagogischen Konzeptionen des 20. Jahrhunderts rekonstruiert und daraufhin analysiert, wie sie die Grundoperation ›Aneignung zumuten‹ zum Ausdruck bringen. Dabei wurde deutlich, dass Verkündigung, Interpretation und Auslegung, Denken lehren, Religiöse Erfahrung erschließen sowie Religiöse Erfahrung ermöglichen jeweils die Aneignung spezifischer christlicher Inhalte sowie des Könnens und des Selbstverständnisses zumuten. Die religionspädagogischen Operationen werden durch die Lehrer/-innen mit Hilfe der Morpheme Lektion, Arbeits- sowie Erlebnisunterricht inszeniert. Wobei insbesondere das Morphem des Erlebnisunterrichts, das die Aneignung eines Selbstverständnisses zumutet, in der Religionspädagogik vorherrschend scheint. Religionspädagogisch wird das reflektierte Selbstverständnis des von Gott angesprochenen und so zu Gottes Gegenüber gewordenen Menschen eine zentrale theologische Kategorie sein.

Die Begriffe der Operation und des Morphems können die Basis für eine religionspädagogische Diskussion der Inszenierungs- und Artikulationsformen wie auch der damit verbundenen Lehr-Lern-Methoden des Religionsunterrichts bieten, die die Darstellung einzelner Lehr-Lern-Methoden umgreift. Hier liegt ein von der Religionspädagogik weithin unbeackertes Feld vor. Erste Arbeiten finden sich im jüngst von Adam und Lachmann herausgegebenen unterrichtsmethodischen Aufbaukurs.[20]

Die Unterrichtsplanung ist eingebettet in eine Reihe von Antinomien: zum einen in die Planungsnotwendigkeit bei struktureller Erwartungsoffenheit des Handelns, sodann orientiert sie sich an den Schüler/-innen und dem Inhalt als zwei gegenläufigen Fragerichtungen. Auch in der Durchführung des Unterrichts wird Letzteres deutlich als Anknüpfen an den Entwick-

---

20 Das bisherige Standardwerk von G. Adam/R. Lachmann (Hg.): Methodisches Kompendium für den Religionsunterricht, Göttingen 1993, beschränkt sich auf die Analyse und Darstellung der Lehr- und Lern-Methoden. Erst der 2002 erschienen 2. Band [Dies. (Hg.): Methodisches Kompendium für den Religionsunterricht. 2. Aufbaukurs, Göttingen 2002] nimmt die Morpheme implizit und die Artikulationsformen am Rande auf.

lungsstand der Schüler/-innen einerseits und die Fremdheit der Sache bewahrendes Handeln andererseits, mithin als ›Spannung zwischen dem Anspruch der Sache und der Ansprechbarkeit der Schüler/-innen‹ (Rumpf). Die Schritte der Unterrichtsplanung und der Unterrichtsdurchführung zeichnen sich durch eine Vielzahl an rational nicht abgesicherten Entscheidungen und eine hohe Folgelastigkeit aus. Schon die ersten Planungsentscheidungen haben die Konsequenz spätere Möglichkeitsspielräume einzuengen und die Entscheidungen, die im laufenden Unterrichtsprozess zu fällen sind, können langfristige Folgen nach sich ziehen.

Durch die Operation ›Gestaltung der einzelnen Schule als Lernumwelt der Schüler/-innen‹ werden den Heranwachsenden indirekt Aneignungsprozesse durch die Lehrer/-innen zugemutet. Für die Gestaltung und Entwicklung der Schule als Aufgabe des Lehrer/-innenhandelns bekommt das schul- und religionspädagogische Handeln eine deutlich notwendige kooperative Komponente.

1.7 Schul- und religionspädagogisches Handeln als erwartungsoffenes, riskantes, mit Enttäuschungen verbundenes Handeln unter den Bedingungen der Intransparenz

Schul- und religionspädagogisches Handeln im engeren Sinn ist ein Handeln unter den Bedingungen der doppelten Kontingenz, da die Schüler/-innen nicht nur Objekte sondern zugleich Mit- und Gegenhandelnde sind. Im Unterschied zu frei gewählten Interaktionen kann wegen der Schulpflicht vom Vorhandensein eines »konsensuellen Bereiche[s] (...) nicht selbstverständlich ausgegangen werden«.[21] Daraus ergibt sich, dass »die Schüler im Unterricht dauernd dazu tendieren, die mit dem Unterrichtsziel vorgegebene Sinnorientierung zu mißachten und eigene, subjektive Handlungsorientierungen zu verfolgen.«[22] Der Konsens über die unterrichtlichen Arbeitsvorhaben muss immer neu kommunikativ hervorgebracht werden. Zugleich entlastet die Schule als Institution das pädagogische Handeln von einem Übermaß an Kontingenz, indem sie Aneignungsprozesse verbindlich macht und damit gleichzeitig andere Orientierungen auszuschließen sucht. »Die Schule als Institution, mit ihren Werten und Normen, Rollen, Regeln und Ordnungen, Lern- und Erziehungszielen soll sicherstellen, dass Kontingenz auf ein handhabbares Maß begrenzt und soziales Zusammenwirken möglich wird.«[23] Sodann dient die erste Phase der Morpheme, die gemeinhin als ›Motivation‹ usw. bezeichnet wird, der Reduktion von Kontingenz. Grundsätzlich lässt sich Kontingenz aber weder durch die Institution Schule noch

---

21 B. Jürgens: Erziehungsziele, Erzieherverhalten und Autopoiese, Frankfurt 1996, S. 430.
22 D. Spanhel/H.-G. Hüber: Lehrersein heute – Berufliche Belastungen und Wege zu deren Bewältigung, Bad Heilbrunn 1995, S. 62.
23 Ebd., S. 57.

durch konsenssuchende Maßnahmen vermeiden, so dass schulpädagogisches Handeln als Subjekt-Subjekt-Relation und als ein ›inter-intentionales Handeln‹[24] notwendigerweise mit Risiken behaftet und mit Enttäuschungen verbunden ist. Hinzu kommt, dass die Bedingungen der Handlungssituation ›Unterricht in einer Klasse‹ nicht gänzlich eingeholt und transparent gemacht werden können. Schul- und religionspädagogisches Handeln findet in einer teilweise intransparenten Situation statt. Als Unterrichten einer Klasse ist es ein Handeln mit hoher Interaktionsdichte und hohem Interaktionstempo. Die dieser Handlungsstruktur entsprechende Wissensform ist ein verdichtetes Wissen, das Handlungsbedingungen und Operationen miteinander verbindet, um schnell reagieren zu können. »Da der Lehrer/-innen-Beruf ein Interaktionsberuf ist, also wesentlich durch den *Umgang mit anderen Menschen* bestimmt wird, haben die sozialen Beziehungen und Konflikte einen besonders hohen Stellenwert im Berufsalltag«.[25] Hinzu kommt, dass bei der Enkulturation in die Schule die Kultur der Schule selbst in einen Aushandlungsprozess gerät. Die Kultur der Schule und die Kultur einer Schulklasse setzt sich nicht einfach fort, sie muss in kurzen Zeiträumen immer neu ausgehandelt, etabliert, vermittelt und von den Schüler/-innen angeeignet werden. Hier unterscheiden sich schulischer und außerschulischer Alltag. »Handlungsmuster und Routinen im Interaktionsraum Unterricht – und speziell im Anfangsunterricht – sind noch viel stärker in Entwicklung und Aushandlung begriffen, als das ›in der Erwachsenenwelt‹ der Fall ist.«[26] Religionspädagogisches Handeln in der Schule vollzieht sich unter der Bedingung der doppelten Kontingenz als erwartungsoffenes Handeln in einer hochkomplexen und intransparenten, eigendynamischen und asymmetrischen Situation, das die Routinen und Handlungsmuster, auf denen es fußt, in jedem Schuljahr mit jeder neuen Klasse selbst hervorbringen muss. Als ein durch Erwartungsoffenheit ausgezeichnetes Handeln versagt es sich weitgehender Technisierung im Sinne der situationsunabhängigen Anwendung von Regeln, die im kausalgesetzlichen Sinn ein Ergebnis garantieren und ein Produkt hervorbringen [vgl. die Differenz zwischen Hervorbringen (ποίησις) und Handeln (πρᾶξις)], zugleich benötigt es Techniken, die situationsgemäß in offenen Aneignungsprozessen konkretisiert werden.

---

24 Vgl. Oelkers: Intention und Wirkung: Vorüberlegungen zu einer Theorie pädagogischen Handelns, S. 155.
25 Ulich: Beruf: Lehrer/-in, S. 10.
26 G. Krummheuer/N. Naujok: Grundlagen und Beispiele interpretativer Unterrichtsforschung, Opladen 1999, S. 20.

1.8 Schul- und religionspädagogisches Handeln als institutionalisiertes personales Handeln

Unter personalem Handeln soll nicht nur verstanden werden, dass schul- und religionspädagogisches Handeln von Personen ausgeübt wird. Auch die Fließbandarbeit, bei der mit jeweils zehn immer gleichen Handgriffen ein Lenkrad montiert wird, oder der Verkauf von fünf Brezeln wird von Personen ausgeführt, die ihre Arbeit gut oder schlecht, langsam oder schnell tun können. Diesem Handeln wird jedoch nicht die Eigenschaft des Personalen gegeben. Personal soll Handeln hier nur genannt werden, wenn die Handlung insgesamt durch die Person »gefärbt« ist. Schul- und religionspädagogischem Handeln wurde aufgrund der personenbezogenen Umsetzung der Lehrpläne die Eigenschaft der ›Biografieangemessenheit‹ (Oelkers), besser wäre ›Berufsbiografieangemessenheit‹ zuerkannt. Es wurde als ein zwar öffentliches und rechtlich (durch Gesetze), administrativ (durch Erlasse und Verwaltungsvorschriften) sowie organisatorisch (durch die Schule) institutionalisiertes Handeln definiert, das sich aber zugleich in von außen unregulierbaren Handlungen vollzieht und daher der pädagogischen Freiheit bedarf. Pädagogische Freiheit ist die Bedingung und die institutionelle Grundlage für das notwendig situationsbezogene und biografieangemessene schul- und religionspädagogische Handeln. Schulrecht und pädagogische Freiheit stehen vor der Aufgabe, »Freiheit zu gewähren und Willkür zu unterbinden (...) Pädagogische Freiheit erfordert nicht einen individuellen ›rechtsfreien‹ Handlungsraum innerhalb der Schule, sondern eine rechtlich gesicherte Handlungs- und Gestaltungsfreiheit für Schulen und Lehrer/-innen im Interesse der Kinder und Jugendlichen.«[27] Eine vergleichbare Freiheit ist für das Handeln am Fließband oder hinter der Ladentheke nicht erforderlich.

Die Person der Lehrer/-in ist durch die hohe Interaktionsdichte im Klassenzimmer in Interaktionen verstrickt. Die Verwicklung der Person ins Handeln zeigt sich in der personenbezogenen und berufsbiographischen Angemessenheit der Handlungsentwürfe und des Handelns sowie in dessen hoher Interaktionslastigkeit. Schul- und religionspädagogisches Handeln wird zu persönlichen Stellungnahmen zu den Schüler/-innen und den Inhalten herausgefordert. Im Religionsunterricht können – wie das Beispiel bei III, 1.4 zeigt – Lehrer/-innen auch nach ihrem Glauben und einem dem Glauben entsprechenden Leben gefragt werden. Vor dem bildungstheoretischen Hintergrund kann die Antwort als Stellungnahme zur sachlichen und existenziellen Geltung der in den Themen latent enthaltenen Geltungsansprüche interpretiert werden. Werden diese Geltungsansprüche nicht nur

---

27 Fauser: Grundsatzdiskussion IV. Die pädagogische Freiheit von Lehrerinnen und Lehrern, S. 270.

präsentiert, sondern auch durch die Person repräsentiert, so können Lehrer/-innen zu glaubwürdigen Modellen einer verantwortlich handelnden erwachsenen Person, hier als Modelle des glaubwürdigen erwachsenen Christseins werden. Die Glaubwürdigkeit wird nicht in einer vorgeschobenen Idealität, sondern in der realen Gebrochenheit und Unvollkommenheit begründet (vgl. II, 3.4 und III, 1.4). Deutlich wurde an der analysierten Religionsunterrichtssequenz, dass religionspädagogisches Handeln nicht ausschließlich im Modus der personunabhängigen und nicht selbst zu verantwortenden Information erfolgen kann, sondern die zum Modus der Mitteilung gehörende ›Selbstoffenbarung‹ (Gronemeyer) von den Schüler/-innen gesucht und hier sogar gefordert wird. Dies kann nun nicht als besondere Aufgabe der Lehrer/-innen in den ersten oder letzten Minuten einer Schulstunde vollzogen werden, sondern geschieht wiederum beiläufig in der Arbeit an Wissen, Können und Selbstverständnis. Die Selbstoffenbarung muss, insofern sie ohnehin nicht unbemerkt und beiläufig erfolgt, in eine didaktisch sinnvoll inszenierte Stunde und in eine gelingende Kommunikation eingebettet sein, ansonsten wird sie ihre Wirkung verfehlen. Selbstoffenbarung im Sinn des Zugriffs auf die gelebte Religion der Religionslehrer/-innen bedarf für die institutionalisierten schulischen Bildungsprozesse einer doppelten Reflexion: Der Reflexion der religiösen Praxis der Religionslehrer/-innen selbst sowie der »Reflexion dieser reflektierten Praxis zum Zweck der didaktischen Umsetzung«.[28] Nur unter der Bedingung der Reflexion wird der Zugriff auf die gelebte Religion ein Element des religionspädagogischen Handelns und verbleibt nicht im Bereich des unbewussten Verhaltens. Das Charisma der Lehrer/-innen im Sinn einer Manifestation des Inhalts im Handeln der Lehrer/-innen, mithin im Sinn des ›Prestiges der Vorbildlichkeit‹ (Ebertz), ist wohl nur reflektiert didaktisch weiterführend.

Schul- und religionspädagogisches Handeln ist »eine einsame Tätigkeit; Lehrer/-innen sind ganz überwiegend Einzelarbeiter, im Unterricht stehen sie allein vor der Klasse«.[29] Bei der Gestaltung und Entwicklung der Schule sowie bei der Mitarbeit in der Curriculumkonstruktion hat es dagegen eine kollegiale Komponente. Zugleich ist schul- und religionspädagogisches Handeln ein berufliches personales Handeln, das durch die Unterrichtszeit pro Tag, den Lehrkraftwechsel zu Ende des Schuljahres, durch das Ende der Schulzeit und die Selbstständigkeit der nachwachsenden Generation ein institutionell und inhaltlich auf Auflösung der Beziehung angelegtes berufliches Handeln ist.

Die im Resümee nochmals deutlich gewordene hochkomplexe und antinomische Situation schul- und religionspädagogischen Handelns ist durch Multiintentionalität, Eigendynamik, Intransparenz, Funktions- und Per-

---

28 Schöll/Dressler/Feige u. a.: ›Religion‹ in biographischen Erfahrungszusammenhängen, S. 40.
29 H.-G. Rolff: Lehrer – die einzige Chance für Schulentwicklung. In: Erziehung und Wissenschaft 1992, H. 2, S. 6.

sonbestimmtheit, Planungsnotwendigkeit bei gleichzeitiger struktureller Erwartungsoffenheit, Enttäuschungsoffenheit, hohe Interaktionsdichte, hochgradige Folgelastigkeit, Mehrdimensionalität sowie einem durch Asymmetrie (Macht – Ohnmacht, Lernnotwendigkeit – Zumutung von Aneignung usw.) bestimmt. Diese Struktur der Handlungssituation macht ein reflexives Handeln der Lehrer/-innen unabdingbar. Die Antinomien erfordern ein bewusstes Umgehen mit der eigenen Rolle. Es geht mithin um die selbstreflexive »Arbeit am professionellen Selbst«.[30] Hinzu kommt die im Sinn Schleiermachers als Kunst charakterisierte Theorie-Praxis-Relation bzw. Intention-Handlung-Relation, nach der beim regelgemäßen Handeln immer noch die richtigen Handlungsmomente zur situationsangemessenen Konkretisierung der Theorie bzw. Intention gefunden werden müssen. Im Handeln mit vorausgehender Absicht wie auch im absichtlichen Handeln ist die kreative Kunst ein wichtiges Moment der Handlung.

Die dargestellte Grundspannung zwischen charismatisch-persönlicher und bürokratisch-personunabhängiger Rationalisierung bietet sich als Kategorie zur Analyse des beruflichen Handelns der Religionslehrer an. Oevermann hat diese Spannung für das Lehrerhandeln reformuliert als »widersprüchliche Einheit von ganzer Person und unpersönlicher Rollenförmigkeit, von diffuser und spezifischer Sozialbeziehung«.[31]

Die diffusen Komponenten der Lehrer-Schüler-Beziehung und damit der Lehrerarbeit sieht Oevermann unhintergehbar in der Beziehung zu den zum Rollenhandeln noch unfähigen Kindern grundgelegt. Die diffuse Komponente, die die Schüler/-innen einbringen, liegt darin, »daß sich dieses Kind dem Lehrer in der Ungeschütztheit seines Nichtwissens als ganze Person«[32] anvertraut. Die Diffusität, mit der die Lehrer/-innen darauf reagieren müssen, besteht darin, dem Nichtwissen des Kindes nicht mit »Ablehnung oder Verspottung« zu antworten, sondern ein »schlüssiges Angebot zu machen, wie es diesen Mangel beheben kann«.[33] Die spezifische Komponente liegt darin, dass einerseits die Lehrenden jeweils für mehrere Kinder in gleicher Weise da sind und andererseits den inhaltlichen Anspruch des Unterrichtsgegenstandes vertreten. Um dieser Bedingung gerecht zu werden, müssen Lehrer/-innen in ihren »Kooperationsangeboten ebenfalls spezifische und diffuse Anteile miteinander kombinieren«.[34] Aufgabe der Lehrer/-innen ist es, »diese naturwüchsige, entwicklungsbedingte Mischung in ein pädagogisches Arbeitsbündnis zu überführen und darin als widersprüchliche Einheit bewusst zu einer eigenlogischen Praxisform zu machen«.[35] Pädagogisches

---

30 B. Koch-Priewe: Grundlagenforschung in der LehrerInnenbildung. In: ZfPäd 48 (2002), S. 1–9, hier S. 5 f.
31 Oevermann: Theoretische Skizze einer revidierten Theorie professionalisierten Handelns, S. 86.
32 Ebd., S. 153.
33 Ebd., S. 153.
34 Ebd., S. 154.
35 Ebd., S. 155.

Handeln bekommt in der Form eines pädagogischen Arbeitsbündnisses die »Dignität einer eigenständigen Praxisform«.[36] Die Professionalisierung pädagogischen Handelns wird verfehlt, wo »die Lehrer diese widersprüchliche Einheit von Diffusität und Spezifizität nicht aufrechterhalten können, sondern entweder zur distanzlosen ›Verkindlichung‹ des Schülers oder zum technologischen, wissensmäßigen und verwaltungsrechtlichen Expertentum zerfallen lassen.«[37]

---

36 Ebd., S. 155.
37 Ebd., S. 155.

2 Perspektiven und Anschlüsse

In der vorliegenden Arbeit habe ich den Religionsunterricht in der Schule und die beruflichen Tätigkeiten der Lehrer/-innen und Religionslehrer/-innen handlungstheoretisch reflektiert. Dabei hat die Schulpädagogik den Rahmen der Argumentation vorgegeben. Die in der Arbeit entwickelte Struktur des schul- und religionspädagogischen Handelns aus *Handlungssequenzen* im Sinne einer zeitlichen Abfolge von Handlungsschritten und quer dazu liegenden *Handlungsmomenten* (Werte, Ziele, Mittel, Kausalwissen, Bedingungen usw.) sowie den drei *Handlungsebenen* hat eine Vielzahl schul- und religionspädagogischer Topoi berührt. In einer Theorie des schul- und religionspädagogischen Handelns kommen – analog zur Theorie der Lehrer/-innen – viele Fragen anderer Disziplinen wieder. Zwei Perspektiven für zukünftige Arbeiten möchte ich nun hervorheben.

2.1 Religionspädagogisches Handeln und Profession, Professionalisierung sowie Professionalität

Den Kategorien Profession, Professionalisierung und Professionalität wird eine Vielzahl pädagogischer Arbeiten gewidmet, von der Religionspädagogik werden sie, wenn überhaupt, nur zögerlich aufgenommen. Der Prozessbegriff der Professionalisierung wird erziehungswissenschaftlich in mehrfacher Weise jeweils in Abhängigkeit vom Professionsbegriff verwandt. Wird zum ersten unter Profession ein hauptberuflich ausgeübter und dem Lebensunterhalt dienender Beruf verstanden, so meint Professionalisierung die Prozesse, die aus einer nebenberuflich oder ehrenamtlich ausgeübten Tätigkeit einen Beruf werden lassen. Sind aber zum zweiten Professionen eine spezifische Gruppe von Berufen, so umfasst Professionalisierung die Prozesse, innerhalb derer ein Beruf die spezifischen Merkmale ausbildet, die ihn zur Profession werden lassen. Daneben findet sich drittens auch noch ein ›individueller Professionalisierungsbegriff‹. Professionalisierung bezieht sich dabei nicht auf einen Beruf und seine Merkmale oder die ihm zugrunde liegenden Handlungsbedingungen, -strukturen und -merkmale, sondern auf Individuen, die im Prozess ihrer individuellen Berufsbiographie Kompetenzen entwickeln, um professionell im Sinn von meisterhaftem Können zu handeln.

1. Die Professionalisierung des Religionslehrerberufs im Sinne einer Verberuflichung bislang nebenberuflich ausgeübter Unterrichtstätigkeit wurde

oben in Teil II, 3 entfaltet. Dieser Topos der Lehrer- und Religionslehrerforschung ist aus historischer, schul- und religionspädagogischer Perspektive analysiert und beschrieben worden.

2. Die Professionalisierung des Religionslehrerberufs im Sinn der Zugehörigkeit zu einer besonders herausgehobenen Berufsgruppe, die als Professionen bezeichnet werden, wurde religionspädagogisch bislang nicht geleistet. Die Pädagogik und Schulpädagogik kann hier auf ausführliche Vorarbeiten zur kritischen Analyse des Professionsbegriffs verweisen. Bei den als Professionen charakterisierten Berufen, die auch als Erwerbsgrundlage dienen, scheinen besondere *Ansprüche an die Qualifikation und das Können* (rechtlich geregelte zumeist wissenschaftliche Ausbildung) für die Tätigkeit vorausgesetzt zu werden. Wegen des Gegenstandes bzw. Gegenübers der Tätigkeit, die in *gesellschaftlichen Grundwerten* wie Leben, Recht, Gottesverhältnis usw. ihr Ziel hat, oder wegen der freiberuflichen Ausübung treffen besondere *Ansprüche an die Verantwortung* der Berufsinhaber mit einem besonders geringen Grad an technischer und bürokratischer Regulierbarkeit zusammen. Bei den Professionen der Ärzte und Juristen – üblicherweise werden die akademisch ausgebildeten Geistlichen noch zum Kern der Professionen gezählt – wurde diese Spannung durch ein ausgearbeitetes *Berufsethos mit berufsspezifischen Leitzielen und Verhaltensweisen* sowie die *korporative Selbstkontrolle* in Form von Berufsverbänden und Fachöffentlichkeit, die auch *eigenverantwortlich Fortbildungen* anbieten, zu überbrücken gesucht. Zu den genannten Merkmalen muss noch ein entscheidender Unterschied zu anderen Berufen vorliegen: »die konkurrenzlose Ausübung einer für die Gesellschaft wertvollen Tätigkeit«,[38] die durch erfolgreich handelnde Professionsmitglieder und die gesellschaftliche Wertschätzung abgesichert wird. In der Religionspädagogik wurde der Professions- und Professionalisierungsbegriff noch nicht kritisch analysiert und für die Analyse des Religionslehrer/-innenberufs fruchtbar gemacht. Hier liegt ein religionspädagogisches Desiderat vor.

3. Die individuelle Professionalisierung berührt die Frage der Bildung der Religionslehrer/-innen und die Kompetenzveränderungen im Lauf ihrer Berufsbiographie. In den letzten Jahrzehnten wurde in der allgemeinen Lehrerforschung die auf das Studium und die Berufseingangsphase fokussierte Sichtweise der Praxisschockforschung, die in den 70er- und 80er-Jahren dominierte, überwunden, indem die Perspektive auf die darauf folgenden Berufsjahre erweitert wurde und die Entwicklung der Berufsbiographie über die gesamte Spanne der Berufstätigkeit[39] Beachtung fand. Religionspädagogische Professionalität kann demzufolge – wie auch immer sie sonst konzipiert wird – nicht statisch, sondern nur als sich ausbildende und entwickelnde bestimmt werden. Diese Entwicklung scheint aber nicht so zu

---

38 W. Schwendenwein: Profession – Professionalisierung – Professionelles Handeln. In: L.-M. Alisch u. a. (Hg.): Professionswissen und Professionalisierung, Braunschweig 1990, S. 359–381, hier S. 362, vgl. zum Vorhergehenden S. 360 ff.

verlaufen, dass im Studium Gelerntes in der Praxis einfach angewendet werden kann. Die oben als zentrale Momente schulpädagogischen Handelns herausgearbeitete Komplexität, Konflikthaftigkeit und der Handlungsdruck der unterrichtlichen Praxis führt, wie die Arbeiten der Konstanzer Forschungsgruppe[40] zeigen, zuerst zu einem scheinbaren Verlust bislang nur theoretisch erarbeiteter Kompetenz. Dies geschieht unter anderem deshalb, weil die Lehrerausbildung an den Hochschulen ein hohes Niveau der beruflichen Kompetenz anstrebt, dabei aber auf die Ebenen des Wissens zielt, das bei den ersten Praxisversuchen durch das Können noch nicht eingeholt werden kann, denn: was Religionslehrer/-innen aus ihrem Studium wissen, müssen sie noch nicht können. Damit wird aber die Diskrepanzerfahrung zu Beginn der Berufstätigkeit als Lehrer/-in neu interpretiert. »Sie besteht darin, daß die universitäre Lehrerausbildung in ihren theoretisch-pädagogischen Anteilen unvermittelt ein sehr weit fortgeschrittenes Niveau der Entwicklung beruflicher Kompetenzen anzielt, die grundlegenden Stufen aber ignoriert (...) sie orientiert sich zu ihrem Beginn an einem Endstadium der Lehrer-Entwicklung«.[41] Neuere religionspädagogische Analysen fokussieren dagegen noch weitgehend auf die Berufseingangsphase[42] bzw. noch im Paradigma der Rollentheorie argumentierend auf die Rollenübernahme der Religionslehrer/-innen.[43]

Das »Verhältnis von Biographie, Religion und pädagogischer Professionalität« wurde unter der Perspektive des Verhältnisses von ›gelebter‹ zu gelehrter Religion‹ von A. Schöll u. a.[44] bestimmt. Über berufsbiographische Interviews wurde die gelebte Religion der Religionslehrer/-innen sowie deren Unterrichtskonzeption und Unterrichtspräferenzen (gelehrte Religion) aufgenommen und beide in Beziehung gesetzt. Explizit wird die Kate-

---

39 Vgl. z. B. D. Hänsel: Der Mythos vom konservativen Wandel der Lehrer. In: ZfPäd 31 (1985), S. 631–645; M. Huberman: Der berufliche Lebenszyklus von Lehrern. Ergebnisse einer empirischen Untersuchung. In: E. Terhart (Hg.): Unterrichten als Beruf, Wien u. a. 1991, S. 249–267; E. Terhart/K. Czerwenka/K. Ehrich/F. Jordan/H. Schmidt: Berufsbiographien von Lehrern und Lehrerinnen, Frankfurt 1994.

40 G. Müller-Fohrbrodt/B. Cloetta/H.D. Dann: Der Praxisschock bei jungen Lehrern. Formen – Ursachen – Folgerungen. Eine zusammenfassende Bewertung der theoretischen und empirischen Erkenntnisse, Stuttgart 1978; H. D. Dann/B. Cloetta/G. Müller-Fohrbrodt/R. Helmreich: Umweltbedingungen innovativer Kompetenz. Eine Längsschnittuntersuchung zur Sozialisation von Lehrern in Ausbildung und Beruf, Stuttgart 1978; B. Cloetta/H. D. Dann/G. Müller-Fohrbrodt: Schulrelevante Einstellungen junger LehrerInnen und ihr konservativer Wandel im Beruf: eine Replik. In: ZfPäd 33 (1987), S. 761–770.

41 E. Terhart: Professionen in Organisationen: Institutionelle Bedingungen der Entwicklung von Professionswissen. In: L.-M. Alisch u. a. (Hg.): Professionswissen – Professionalisierung. Sonderband Empirische Pädagogik 1990, S. 151–170, hier S. 164.

42 Chr. Lehmann: Religionslehrer/-in werden ... Lehramtsanwärter/-innen reflektieren ihre Ausbildung, Münster 1999.

43 H. Hanisch/H. Liebold: Rollenübernahme, Rollenambiguität und Rollenkonflikt. Anmerkungen zum Selbstverständnis von Religionslehrerinnen und Religionslehrern im Freistaat Sachsen. In: D. Bell u. a. (Hg.): Menschen suchen – Zugänge finden, Wuppertal 1999, S. 57–73.

gorie Professionalität mit Ausnahme der Überschrift in dem Grundlagenkapitel wie auch im ganzen von Schöll u. a. zu verantwortenden Teil zu den berufsbiografischen Interviews nicht aufgenommen. Unter professionstheoretischer Perspektive ist dieser Teil der umfänglichen Studie enttäuschend, auch die Entwicklung von Professionalität ist nicht das Thema der Untersuchung, handlungstheoretisch ist sie dagegen sehr ertragreich (vgl. oben II, 3.4). Implizit scheinen die Autoren unter pädagogischer Professionalität die Fähigkeit zu verstehen, die gelebte Religion der Lehrer/-innen auf je individuelle aber reflektierte Weise im Unterricht als Ressource nutzen zu können, bzw. die Religion reflektiert und habituell als Unterrichtsgegenstand einzubringen und den Schüler/-innen in dem Sinne Aneignung zuzumuten, dass den Schüler/-innen »in der praktischen Ausgestaltung und intellektuellen Verarbeitung oder auch ein Verwerfen, eine Abkehr, ein Anderes, Neues möglich wird«.[45]

Neben dem empirisch-qualitativen steht eine durch Feige/Lukatis u. a. vorgenommene quantitative Erschließung des Feldes ›Religion der Religionslehrer/-innen‹. Die Ergebnisse können hier nicht im Einzelnen referiert werden, gleichwohl aber kann unter professionstheoretischer Perspektive ein Fazit hinsichtlich des Wissens der Profession aufgenommen werden: »*Alle* Elemente des ›Glaubensprofils‹, der unterrichtlichen ›Gestaltungspräferenzen‹ und der ›Zielvorstellungen‹ [der Religionslehrer/-innen] gestalten sich zu sechs *je in sich stimmigen* Verbindungen« (S. 440).[46] Damit lässt sich die ›Religion‹ bei niedersächsischen evangelischen Religionslehrer/-innen als ein konsistenter Raum beschreiben, »in dem es – in je Lehrer/-in unterschiedlicher (!) *Mischung* – insgesamt darum gehen soll,
– ein konfessionsübergreifendes ›Christentum für alle‹,
– eine Orientierung an diakonisch-protestantischem Christentum,
– die Erschließung der theologischen Dimension der Existenz
  des Menschen,
– Sensibilisierung für eine ›gestalthafte Religionspraxis‹ und
– die Entfaltung der ›Identität‹ der SchülerInnen als Ausdruck des prinzipiell Religiösen menschlicher Existenz

---

44 A. Schöll/B. Dressler/A. Feige u. a.: ›Religion‹ in biographischen Erfahrungszusammenhängen: Zur Daseinshermeneutik bei Religionslehrerinnen und Religionslehrern. Analyseergebnisse berufsbiografischer Interviews. In: A. Feige/B. Dressler/W. Lukatis/A. Schöll: ›Religion‹ bei ReligionslehrerInnen. Religionspädagogische Zielvorstellungen und religiöses Selbstverständnis in empirisch-soziologischen Zugängen, Münster 2000, S. 33–204, hier S. 33, vgl. S. 33–42.
45 Schöll/Dressler/Feige u. a.: ›Religion‹ in biographischen Erfahrungszusammenhängen, S. 40
46 Verweise in dieser Kurzform beziehen sich bis zur nächsten Fußnote stets auf A. Feige/W. Lukatis u. a.: ›Religion im Religionsunterricht‹ in demoskopisch auflösender Analyse: Zielvorstellungen für ›gelehrte Religion‹ im biografischen, weltanschaulichen und schulorganisatorischen Kontext. Ergebnisse einer Repräsentativ-Umfrage in Niedersachsen unter Lehrerinnen und Lehrern des Faches ›Ev. Religion‹. In: A. Feige/B. Dressler/W. Lukatis/A. Schöll: ›Religion‹ bei ReligionslehrerInnen, S. S. 205–442.

zu realisieren.« (S. 440) Dieser Zusammenhang wird von Feige/Lukatis u.a. als das ›übergreifende Strukturmuster des professionellen Selbstverständnisses der Religionslehrer/-innenschaft‹ bzw. als ›religionspädagogisch-professionelles Selbstverständnis‹ (S. 439) der ganzen Berufsgruppe, nicht aber des einzelnen Religionslehrers verstanden. Bezugspunkt der Interpretation im quantitativen Teil der Studie ist die Profession als ganze, die hier durch eine repräsentative Stichprobe vertreten wird, und nicht das einzelne Professionsmitglied und dessen Professionalität. Die Kategorien ›Profession‹ und ›professionell‹ werden in der Studie gleichbedeutend mit ›Beruf‹, ›beruflich‹ und in Abgrenzung zu ›Person‹ und ›persönlich‹ gebraucht (vgl. z.B. S. 223, 227). Professionstheoretisch wird das Verhältnis von Person und Biografie einerseits und Profession andererseits nicht geklärt, obwohl das Fach Religion und damit auch das religionspädagogische Handeln der Religionslehrer/-innen von »persönlichkeitsferneren Fächern wie Geographie, Mathematik oder Fremdsprachen« (S. 223) abgegrenzt werden. Die Ergebnisse der empirischen Studie können daher noch professionstheoretisch ausgezogen werden. Deutlich wurde ein ganz spezifischer religionspädagogischer Zusammenhang zwischen Biographie und Profession. Die biographisch erworbene und in den Interviews (re)konstruierte gelebte Religion kann mit Hilfe der distanzierenden Reflexion zur Ressource religionspädagogischen Handelns werden, das eben durch die doppelte Reflexion zum professionellen Handeln wird. Professionalität ist damit eben nicht durch den Gegensatz beruflich – privat oder Person – Beruf konstituiert, denn auch im Beruf Religionslehrer kann gelebte Religion unreflektiert in den Unterricht eingebracht werden, sondern handlungstheoretisch durch eine reflexive Distanz zu sich selbst und zu der eigenen ›gelebten Religion‹. Die Studie von A. Feige/W. Lukatis u.a. macht trotz des anders gelagerten Erkenntnisinteresses auf die produktive Verbindung von Handlungs- und Professionstheorie im Feld der Religionspädagogik aufmerksam. Hinsichtlich der Professionstheorie steht eine grundlagentheoretische religionspädagogische Arbeit allerdings noch aus.

2.2 Religionspädagogisches Handeln und die Inszenierungsformen des Religionsunterrichts

M. Rothgangel hat jüngst in einer der äußerst seltenen religionspädagogischen Publikationen zur Artikulation des Unterrichts und seiner Phasierung durch das religionspädagogische Handeln darauf hingewiesen, dass die Schlussphase des Unterrichts und auch des Religionsunterrichts ein selten beackertes Feld sei und in der jüngeren Geschichte der Religionsdidaktik »kaum noch eigens diskutiert wird«.[47] Rothgangel selbst kommt allerdings nach einer Kritik der Artikulationsschemata der Herbartianer, der Arbeitsschule und von H. Roth nicht zu einer Theorie der Morpheme des Unterrichts und der damit verbundenen formalen Artikulation über die Zeit mit je spezifischen Schlussphasen, sondern geht in vermeintlich aufsteigender Zustimmung vom Methodenrepertoire für die Schlussphase von F. Weidmann über die Dramaturgie von H. Schmid hin zum Meta-Unterricht H. Sorges, in dem in der Schlussphase die Möglichkeit besteht »gemeinsam mit den Schülern den Unterrichtsverlauf zu analysieren«.[48] Dies alles wird auf der Basis formuliert, dass die Interdependenz zwischen Zielen, Inhalten, Methoden und Medien es schon richten werden. Mit Hilfe einer formalen Artikulation der Operation Aneignung zumuten sowie deren Spezifizierung in den idealtypischen Morphemen der Lektion sowie des Arbeits- und Erlebnisunterrichts und gegebenenfalls in weiteren grundlegenden Morphemen (z. B. des als Vorstellungsdenken konzipierten Imaginativen Lernens) ließe sich aber das Problem der Schlussphase, der Phasierung überhaupt sowie der je – vermeidungsstrategisch formuliert – nicht passenden Methoden adäquater darstellen. Deutlich wird an dem instruktiven Beitrag Rothgangels die fehlende religionspädagogische Diskussion zu den Operationen und Morphemen des religionspädagogischen Handelns in der Schule.

---

47 M. Rothgangel: Schlussphase. In: G. Adam/R. Lachmann (Hg.): Methodisches Kompendium für den Religionsunterricht. 2. Aufbaukurs, Göttingen 2002, S. 371–382, hier S. 375; Vgl. zur Phasierung des Unterrichts Adam/Lachmann (Hg.): Methodisches Kompendium für den Religionsunterricht 2, S. 335–382.
48 Ebd., S. 379.

Literatur

1 Adam, G.: Religionslehrersein im Spannungsfeld von Professionalität und Mitmenschlichkeit. In: Die Christenlehre 45 (1992), S. 400–406.
2 Adam, G.: Religionslehrer: Beruf und Person. In: Ders./Lachmann, R. (Hg.): Religionspädagogisches Kompendium, Göttingen, 5. neubearb. Aufl. 1997, S. 163–193.
3 Adam, G./Lachmann, R.: Begründungen des schulischen Religionsunterrichts. In: Dies. (Hg.): Religionspädagogisches Kompendium, Göttingen, 5. neubearb. Aufl. 1997, S. 121–137.
4 Adam, G./Lachmann, R. (Hg.): Methodisches Kompendium für den Religionsunterricht, Göttingen 1993.
5 Adam, G./Lachmann, R. (Hg.): Religionspädagogisches Kompendium, 5. neubearb. Aufl. 1997.
6 Adam, G./Lachmann, R. (Hg.): Methodisches Kompendium für den Religionsunterricht, 2. Aufbaukurs, Göttingen 2002.
7 Adam, G./Schweitzer, F. (Hg.): Ethisch erziehen in der Schule, Göttingen 1996.
8 Adl-Amini, B.: Grundriss einer pädagogischen Schultheorie. In: Twellmann, W. (Hg.): Handbuch Schule u. Unterricht, Bd. 7.1, Düsseldorf 1985.
9 Adorno, Th. W.: Erziehung nach Auschwitz. In: Ders.: Erziehung zur Mündigkeit, Frankfurt 1971, S. 88–104.
10 Adorno, Th. W.: Erziehung zur Mündigkeit, Frankfurt 1971.
11 Aebli, H.: Zwölf Grundformen des Lehrens. Eine Allgemeine Didaktik auf psychologischer Grundlage, Stuttgart 1983.
11a Aitmatow, T.: Der erste Lehrer, München 1980.
12 Albisetti, J.: Professionalisierung von Frauen im Lehrberuf. In: Kleinau, E./Opitz, C. (Hg.): Geschichte der Mädchen- und Frauenbildung. Bd. 2: Vom Vormärz bis zur Gegenwart, Frankfurt u. a. 1996, S. 189–200.
13 Alisch, L.-M. u. a. (Hg.): Professionswissen und Professionalisierung, Braunschweig 1990.
14 Altrichter, H./Salzgeber, S.: Mikropolitik in der Schule. Schultheorie als Theorie der interaktionellen Konstituierung von Organisationen. In: Rolff, H.-G. (Hg.): Zukunftsfelder von Schulforschung, Weinheim 1995, S. 9–40.
15 Apel, H. J.: Schulpädagogik und pädagogische Bildung. In: Ders. /Grunder, H.-U. (Hg.): Texte zur Schulpädagogik, Weinheim 1995, S. 239–258.
16 Apel, H. J./Grunder, H.-U.: Die Schulpädagogik – Selbstverständnis, Entstehung, Schwerpunkte schulpädagogischen Denkens. In: Dies. (Hg.): Texte zur Schulpädagogik, Weinheim 1995, S. 7–34.

17 Apel, H. J./Grunder, H.-U. (Hg.): Texte zur Schulpädagogik, Weinheim 1995.
18 Arbeitsgruppe Bildungsbericht am Max-Planck-Institut für Bildungsforschung: Das Bildungswesen in der Bundesrepublik Deutschland. Strukturen und Entwicklungen im Überblick, vollst. überarb. und erw. Neuausgabe, Reinbek 1994.
19 Aristoteles: Die Nikomachische Ethik, übers. u. mit einer Einführung u. Erläuterungen versehen v. O. Gigon, 2. Aufl. 1995.
20 Aschersleben, K.: Moderner Frontalunterricht. Neubegründung einer umstrittenen Unterrichtsmethode, 3. Aufl. 1987.
21 Assmann, A.: Erinnerungsräume. Formen und Wandlungen des kulturellen Gedächtnisses, München 1999.
22 Assmann, J.: Die Katastrophe des Vergessens. Das Deuteronomium als Paradigma kultureller Mnemotechnik. In: Assmann, A./Harth, D. (Hg.): Mnemosyne – Formen und Funktionen der kulturellen Erinnerung, Frankfurt 1991, S. 337–355.
23 Assmann, J.: Das kulturelle Gedächtnis. Schrift, Erinnerung und politische Identität in frühen Hochkulturen, München, 2. Aufl. dieser Ausg. 1999.
24 Aurin, K. (Hg.): Auffassungen von Schule und pädagogischer Konsens, Stuttgart 1993.
25 Aurin, K.: Gemeinsam Schule machen. Schüler, Lehrer, Eltern. Ist Konsens möglich? Stuttgart 1994.
26 Aurin, K.: Erziehung zur Humanität – Bewahren und Erneuern im Prozeß der Erziehung. In: Seibert, N./Serve, H. J. (Hg): Bildung und Erziehung an der Schwelle zum dritten Jahrtausend, München 1994, S. 542–568.
27 Avenarius, H./Heckel, H.: Schulrechtskunde. Ein Handbuch für Praxis, Rechtsprechung und Wissenschaft, Neuwied, 7. neubearb. Aufl. 2000.
28 Bähr, D.: Zwischenräume. Ästhetische Praxis in der Religionspädagogik, Münster u. a. 2001.
29 Bahrdt, H. P.: Schlüsselbegriffe der Soziologie. Eine Einführung mit Lehrbeispielen, München, 3. Aufl. 1987.
30 Baldermann, I.: Die Bibel – Buch des Lernens, Göttingen 1980.
31 Baldermann, I.: Wer hört mein Weinen? Kinder entdecken sich selbst in den Psalmen, Neukirchen-Vluyn, 4. Aufl. 1993.
32 Baldermann, I.: Gottes Reich – Hoffnung für Kinder. Entdeckungen mit Kindern in den Evangelien, Neukirchen-Vluyn, 2. Aufl. 1993.
33 Baldermann, I.: Einführung in die Biblische Didaktik, Darmstadt 1996.
34 Baldermann, I.: Auferstehung sehen lernen. Entdeckendes Lernen an biblischen Hoffnungstexten, Neukirchen-Vluyn 1999.
35 Bandura, A.: Sozial-kognitive Lerntheorien, Stuttgart 1979.
36 Barth, K.: Die Kirchliche Dogmatik, I,1 (1932), Zollikon-Zürich, 7. Aufl. 1955.
37 Barth, P.: Was heißt Erleben? In: Verstehen und Bilden 1 (1926).

38 Bartholomäus, W.: Religionslehrer zwischen Theorie und Praxis. In: Katechtische Blätter (1978), S. 164–175.
39 Basedow, J. B./Campe, J. H. (Hg.): Pädagogische Unterhandlungen, 5. Jg., 1. Quartal, Dessau 1782.
40 Bäuerle, S. (Hg.): Lehrer auf die Schulbank, Stuttgart 1991.
41 Bauer, K.-O.: Kinder was beibringen müssen, auch wenn sie keine Lust auf Schule haben – Überblick über den Stand der Lehrerforschung. In: Jahrbuch der Schulentwicklung; Bd. 6, 1990, S. 217–241.
42 Bauer, K.-O./Burkard, Chr.: Der Lehrer – ein pädagogischer Profi? In: Jahrbuch der Schulentwicklung, Bd. 7, Weinheim 1992, S. 193–226.
43 Bauer, K.-O./Kopka, A.: Vom Unterrichtsbeamten zum pädagogischen Profi – Lehrerarbeit auf neuen Wegen. In: Jahrbuch der Schulentwicklung, Bd. 8, Weinheim 1994, S. 267–307.
44 Bauer, K.-O./Kopka, A. /Brindt, S.: Pädagogische Professionalität und Lehrerarbeit, Weinheim u. a. 1996.
45 Bauer, L.: Die große Kirchenordnung: Konzeption und Aufbau eines Bildungswesens unter Herzog Christoph. In: 450 Jahre Kirche und Schule in Württemberg, hg. v. Pädagogisch-theologischen Zentrum in Württemberg, Stuttgart, 2. Aufl. 1985, S. 46–73.
46 Baumert, J./Schümer, G.: Familiäre Lebensverhältnisse, Bildungsbeteiligung und Kompetenzerwerb. In: Deutsches PISA-Konsortium (Hg.): PISA 2000. Basiskompetenzen von Schülerinnen und Schülern im internationalen Vergleich, Opladen 2001, S. 323–407.
46a Baumert, J./Stanat, P./Demmrich, A.: PISA 2000: Untersuchungsgegenstand, theoretische Grundlagen und Durchführung der Studie. In: Deutsches PISA-Konsortium (Hg.): PISA 2000. Basiskompetenzen von Schülerinnen und Schülern im internationalen Vergleich, Opladen 2001, S. 15–68, hier S. 20.
47 Bayer, M./Bohnsack, F./Koch-Priewe, B./Wildt, J. (Hg.): Lehrerin und Lehrer werden ohne Kompetenz? Professionalisierung durch eine andere Lehrerausbildung, Bad Heilbrunn 2000.
48 Becker, G.: Lehrer lösen Konflikte, München u. a. 1981.
49 Becker, G.: Durchführung von Unterricht. Handlungsorientierte Didaktik Teil II, 6. unveränd. Aufl. 1993.
50 Becker, U./Scheilke, Chr. (Hg.): Aneignung und Vermittlung, Gütersloh 1995.
51 Becker, S.: Religionslehrerin gleich Religionslehrer? Zu den Arbeitsbedingungen von Lehrerinnen im Religionsunterricht. In: Dies./I. Nord (Hg.): Religiöse Sozialisation von Mädchen und Frauen, Stuttgart 1995, S. 55–74.
52 Beckmann, H.-K.: Lehrerseminar – Akademie – Hochschule. Das Verhältnis von Theorie und Praxis in drei Epochen der Volksschullehrerausbildung, Weinheim 1968.
53 Beetz, S.: Beunruhigend beruhigende Botschaften. Erziehungswissen-

schaftliche Glättungsversuche in konstruktivistischen Didaktikentwürfen. In: ZfPäd 46 (2000), S. 439–451.
54 Bekenntnisschriften der evangelisch-lutherischen Kirche, hg. im Gedenkjahr der Augsburgischen Konfession 1930, Göttingen, 8. Aufl. 1979.
55 Benner, D.: Allgemeine Pädagogik. Eine systematisch-problemgeschichtliche Einführung in die Grundstruktur pädagogischen Denkens und Handelns, Weinheim u. a., 2. Aufl. 1991.
56 Benner, D.: Systematische Pädagogik und historische Rekonstruktion. Zur Bedeutung der Strukturprinzipien pädagogischen Denkens und Handelns für die Verständigung über pädagogische Fragen und die Geschichtsschreibung der Pädagogik. In: Ders.: Studien zur Theorie der Erziehungswissenschaft. Pädagogik als Wissenschaft, Handlungstheorie und Reformpraxis, Weinheim u. a. 1994, S. 295–318.
57 Benner, D.: Studien zur Theorie der Erziehungswissenschaft. Pädagogik als Wissenschaft, Handlungstheorie und Reformpraxis, Weinheim u. a. 1994.
58 Benner, D.: Die Struktur der Allgemeinbildung im Kerncurriculum moderner Bildungssysteme. Ein Vorschlag zur bildungstheoretischen Rahmung von PISA. In: ZfPäd 48 (2002), S. 68–90.
59 Benner, D.: Über die Unmöglichkeit, Erziehung allein vom Grundbegriff der »Aufforderung zur Selbsttätigkeit« her zu begreifen. In: ZfPäd 49 (2003), S. 290–304.
60 Berg, H. Chr./Schulze, Th.: Lehrkunst. Lehrbuch der Didaktik (Lehrkunst und Schulvielfalt, Bd. 2), Neuwied 1995.
61 Berg, H. K.: Die Methodik der Evangelischen Unterweisung, Berlin 1966.
62 Berg, H.-K.: Ein Wort wie Feuer. Wege lebendiger Bibelauslegung, München u. a. 1991.
63 Berg, H.-K.: Freiarbeit im Religionsunterricht. Konzepte – Modelle – Praxis, Stuttgart u. a. 1997.
64 Berger, P.: Der Zwang zur Häresie. Religion in der pluralistischen Gesellschaft, Frankfurt 1980.
65 Beuscher, B./Zilleßen, D.: Religion und Profanität. Entwurf einer profanen Religionspädagogik, Weinheim 1998.
66 Biehl, P.: Beruf: Religionslehrer. In: Jahrbuch der Religionspädagogik 2 (1986), S. 161–194.
67 Biehl, P.: Der biographische Ansatz in der Religionspädagogik. In: Grözinger, A./Luther, H. (Hg.): Religion und Biographie, München 1987, S. 272–296.
68 Biehl, P.: Symbole geben zu Lernen, Bd. I–III, Neukirchen-Vluyn 1989ff.
69 Biehl, P.: Was ist Erfahrung? Erfahrung als hermeneutische, theologische und religionspädagogische Kategorie. In: Ders.: Erfahrung, Glaube und

Bildung. Studien zu einer erfahrungsbezogenen Religionspädagogik, Gütersloh 1991, S. 15–52.
70 Biehl, P.: Die Gottebenbildlichkeit des Menschen und das Problem der Bildung. In: Ders.: Erfahrung, Glaube und Bildung. Studien zu einer erfahrungsbezogenen Religionspädagogik, Gütersloh 1991, S. 124–223.
71 Biehl, P.: Erfahrung, Glaube und Bildung. Studien zu einer erfahrungsbezogenen Religionspädagogik, Gütersloh 1991.
72 Biehl, P.: Zukunft und Hoffnung in religionspädagogischer Perspektive. In: JRP 10 (1993), S. 125–158.
73 Biehl, P.: Festsymbole. Zum Beispiel: Ostern. Kreative Wahrnehmung als Ort der Symboldidaktik, Neukirchen-Vluyn 1999.
74 Biehl, P.: Symboldidaktik. In: Lexikon der Religionspädagogik, hg. v. Mette, N./Rickers, F., Neukirchen-Vluyn 2001, Bd. 2, Sp. 2074–2079.
75 Biemer, G./Biesinger, A. (Hg.): Christwerden braucht Vorbilder, Mainz 1983.
76 Bieritz, K.-H.: Das Kirchenjahr. Feste, Gedenk- und Feiertage in Geschichte und Gegenwart, München 1994.
77 Biermann, R. (Hg.): Interaktion – Unterricht – Schule, Darmstadt, 1985.
78 Bildungskommission NRW: Zukunft der Bildung – Schule der Zukunft. Denkschrift der Kommission »Zukunft der Bildung – Schule der Zukunft« beim Ministerpräsidenten des Landes Nordrhein-Westfalen, Neuwied u. a. 1995.
79 Bitter, G./Miller, G. (Hg.): Handbuch religionspädagogischer Grundbegriffe, München 1986.
80 Bizer, Chr.: Glaube und Leistung. Theologische Rechtfertigungslehre als Orientierung für unterrichtliches Handeln. In: EvErz 31 (1979), S. 119–131.
81 Blankertz, H.: Theorien und Modelle der Didaktik, München, 9. neubearb. u. erw. Auflage 1975.
82 Blankertz, H.: Die Geschichte der Pädagogik. Von der Aufklärung bis zur Gegenwart, Wetzlar 1982.
83 Bloth, P. C.: Religion in den Schulen Preußens, Heidelberg 1968.
84 Bockwoldt, G.: Richard Kabisch, Berlin 1976.
85 Böhm, U.: Ökumenische Didaktik. Ökumenisches Lernen und konfessionelle Kooperationen im Religionsunterricht deutschsprachiger Staaten, Göttingen 2001.
86 Böhm, U.: Kooperation als pädagogischer Leitbegriff in der Schule, Münster 2003.
87 Böhnisch, L.: Pädagogische Soziologie, Weinheim, München 1996.
88 Böllert, K./Karsten, M.-E./Otto, H.-U.: Familie: Elternhaus, Familienhilfen, Familienbildung. In: Krüger, H.-H./Rauschenbach, Th. (Hg.): Einführung in die Arbeitsfelder der Erziehungswissenschaft, Opladen, 2. durchges. Aufl. 1997, S. 15–27.
89 Böttcher, W./Bremerich-Vos, A. (Hg): »Kollegiale Beratung« in Schule, Schulaufsicht und Referendarausbildung, Frankfurt 1987.

90 Böttcher, W. (Hg.): Die Bildungsarbeiter. Situation – Selbstbild – Fremdbild, Weinheim u. a. 1996.
91 Bohl, T.: Prüfen und Bewerten im Offenen Unterricht, Neuwied 2001.
92 Bohl, T.: Theoretische Strukturierung: Voraussetzungen, Begründung, Gütekriterien. In: Grunder, H.-U./Bohl, T. /Broszat, K. (Hg.): Kurzversion des Forschungsberichts »Neue Formen der Leistungsbeurteilung an Sekundarstufen I und II«, Stuttgart 2001.
93 Bohl, T.: Schulentwicklungsprozesse an der Hauptschule Innenstadt Tübingen. In: Grunder, H.-U.: Schulentwicklung durch Kooperation und Vernetzung. Schule verändern, Bad Heilbrunn 2002, S. 89–107.
94 Bohl, T.: Neue Formen der Leistungsbewertung. In: Ministerium für Kultus, Jugend und Sport Baden-Württemberg (Hg.): Schulentwicklung Real. Neue Herausforderungen für die Lehrerbildung, Donauwörth 2002, S. 65–83.
95 Bohnsack, F.: John Dewey. In: Scheuerl, H. (Hg.): Klassiker der Pädagogik, 2. Bd., München 1979, S. 85–102.
96 Bohnsack, F.: Strukturen einer ›guten‹ Schule heute. In: Ermert, K. (Hg.): »Gute Schule« – Was ist das? Loccumer Protokolle H. 17, 1986, S. 51–113.
97 Bohnsack, F.: Veränderte Jugend – veränderte Schule. In: Ders./Nipkow, K. E.: Verfehlt die Schule die Jugendlichen und die allgemeine Bildung, Münster 1991, S. 9–55.
98 Bohnsack, F.: Probleme und Kritik der universitären Lehrerausbildung. In: Bayer, M./Bohnsack, F./Koch-Priewe, B./Wildt, J. (Hg.): Lehrerin und Lehrer werden ohne Kompetenz? Professionalisierung durch eine andere Lehrerausbildung, Bad Heilbrunn 2000, S. 52–123.
99 Bohnsack, F./Nipkow, K. E.: Verfehlt die Schule die Jugendlichen und die allgemeine Bildung, Münster 1991.
100 Bourdieu, P.: Entwurf einer Theorie der Praxis, Frankfurt 1979.
101 Brandt, S.: Religiöses Handeln in der modernen Welt. T. Parsons' Religionssoziologie im Rahmen seiner allgemeinen Handlungs- und Systemtheorie, Frankfurt a. M. 1993.
102 Bromme, R.: Der Lehrer als Experte. Zur Psychologie des professionellen Wissens, Göttingen u. a. 1992.
103 Bronfenbrenner, U.: Die Ökologie der menschlichen Entwicklung, Stuttgart 1979.
104 Brüggen, F.: Strukturen pädagogischer Handlungstheorie, Freiburg u. a. 1980.
105 Brumlik, M.: Zur rationalen Lösung von Kulturkonflikten. In: Kiesel, D./Wolf-Almanasreh, R. (Hg.): Die multikulturelle Versuchung, Frankfurt 1991, S. 17–27.
106 Brumlik, M.: Zur Zukunft der pädagogischen Utopien. In: ZfPäd 38 (1992), S. 529–545.
107 Brunner, O.: Das »ganze Haus« und die alteuropäische »Ökonomik«.

In: Ders.: Neue Wege der Verfassungs- und Sozialgeschichte, Göttingen 3. Aufl. 1980, S. 103–127.
108 Bubner, R.: Handlung, Sprache, Vernunft. Grundbegriffe praktischer Philosophie, Frankfurt 1982.
109 Bucher, A. A.: Gleichnisse verstehen lernen, Freiburg (Schweiz) 1990.
110 Bucher, A. A.: Bibel-Psychologie, Stuttgart u. a. 1992.
111 Bucher, A. A.: Symbolerziehung. In: Schweitzer, F./Faust-Siehl, G. (Hg.): Religion in der Grundschule. Religiöse und moralische Erziehung, Frankfurt 1994, S. 118–125.
112 Bucher, A./Oser, F.: »Wenn zwei das gleiche Gleichnis hören …«. In: ZfPäd 33 (1987), S. 167–183.
113 Bucher, A./Montag, S.: Vorbilder: Peinliche Überbautypen oder nach wie vor notwendig? Bericht über zwei aktuelle empirische Untersuchungen. In: Religionspädagogische Beiträge 40 (1997), S. 61–81.
114 Bucher, A. A.: Religionsunterricht zwischen Lernfach und Lebenshilfe. Eine empirische Untersuchung zum katholischen Religionsunterricht in der Bundesrepublik Deutschland, Stuttgart 2000.
115 Buer, J. van: Pädagogische Freiheit des Lehrers im unterrichtlichen Alltag. Realität oder Illusion? Frankfurt u. a. 1990.
116 Büsch, O. (Hg.): Handbuch der preußischen Geschichte, Bd. 2, Berlin u. a. 1992.
117 Büttner, G.: Die ABEL-Befragung im Kontext der religionspädagogischen Diskussion. In: Ders./Dietz, W./Thierfelder, J. (Hg.): Religionsunterricht im Urteil der Lehrerinnen und Lehrer. Ergebnisse und Bewertung einer Befragung Ev. ReligionslehrerInnen der Sekundarstufe I in Baden-Württemberg, Idstein 1993, S. 21–26.
118 Büttner, G./Thierfelder, J. (Hg.): Religionspädagogische Grenzgänge, Stuttgart 1988.
119 Büttner, G./Dietz, W./Thierfelder, J. (Hg.): Religionsunterricht im Urteil der Lehrerinnen und Lehrer. Ergebnisse und Bewertung einer Befragung Ev. ReligionslehrerInnen der Sekundarstufe I in Baden-Württemberg, Idstein 1993.
120 Büttner, G./Rupp, H. (Hg.): Theologisieren mit Kindern, Stuttgart 2002.
121 Burmeister, H.-P./Dressler, B. (Hg.): Lebensraum Schule, Loccumer Protokolle 14/95, Loccum 1996.
122 Canzik, H./Mohr, H.: Erinnerung/Gedächtnis. In: Handbuch religionswissenschaftlicher Grundbegriffe, Bd. 2, Stuttgart 1990, 299–323.
123 Caspary, H. N.: Religionslehrer in der Volkskirche. Idealisten, Realisten und fünf andere Typen. In: EvErz 35 (1983), S. 338–350.
124 Centralblatt für die gesammte Unterrichts-Verwaltung in Preußen, Berlin 1859ff.
125 Claessens, D.: Familie und Wertsystem. Eine Studie zur ›zweiten soziokulturellen Geburt‹ des Menschen und der Belastbarkeit der ›Kernfamilie‹, Berlin 1972.

126 Cloetta, B./Dann, H. D./Müller-Fohrbrodt, G.: Schulrelevante Einstellungen junger LehrerInnen und ihr konservativer Wandel im Beruf: eine Replik. In: ZfPäd 33 (1987), S. 761–770.
127 Collmar, N.: Die Lehrkunst des Erzählens: Expression und Imagination. In: Fauser, P./Madelung, E. (Hg.): Vorstellungen bilden. Beiträge zum imaginativen Lernen, Seelze 1996, S. 177–191.
128 Collmar, N.: Gaudig, Hugo. In: Lexikon der Religionspädagogik, hg. v. Mette, N. u. Rickers, F., Bd. 1., Neukirchen-Vluyn 2001, Sp. 654–655.
129 Collmar, N.: »das soziale lehren« – Modelle schul- und religionspädagogischen Handelns. In: Ders. /Rose, Chr. (Hg.): das soziale lernen – das soziale tun. Spurensuche zwischen Diakonie, Religionspädagogik und Sozialer Arbeit, Neukirchen-Vluyn 2003, S. 101–114.
130 Collmar, N./Rose, Chr. (Hg.): das soziale lernen – das soziale tun. Spurensuche zwischen Diakonie, Religionspädagogik und Sozialer Arbeit, Neukirchen-Vluyn 2003.
131 Choltiz, D. von: Kommentar zu meinem Unterricht über den freien bzw. unfreien Willen. In: Büttner, G./Rupp, H. (Hg.): Theologisieren mit Kindern, Stuttgart 2002, S. 71–78.
132 Combe, A.: Der Lehrer als Sisyphus. Zur Theorie einer pädagogischen Handlungslehre – oder: Vom hohen Preis der schnellen Sicherheit. In: Pädagogik 4/1997, S. 10–14.
133 Combe, A./Helsper, W.: Was geschieht im Klassenzimmer? Perspektiven einer hermeneutischen Schul- und Unterrichtsforschung. Zur Konzeptualisierung der Pädagogik als Handlungslehre, Weinheim 1994.
134 Combe, A./Buchen, S.: Belastung von Lehrerinnen und Lehrern. Fallstudien zur Bedeutung alltäglicher Handlungsabläufe an unterschiedlichen Schulformen, Weinheim u. a. 1996.
135 Combe, A./Helsper, W. (Hg.): Pädagogische Professionalität, Frankfurt 1996.
136 Comenius, J. A.: Orbis sensualium pictus, hg. von J. Kühnel, Leipzig 1910 (Faksimile der Ausgabe von 1658).
137 Conrad, A.: »Jungfraw Schule« und Christenlehre. Lutherische und katholische Elementarbildung für Mädchen. In: Kleinau, E./Opitz, C. (Hg.): Geschichte der Mädchen- und Frauenbildung. Bd. 2: Vom Vormärz bis zur Gegenwart, Frankfurt u. a. 1996, S. 175–188.
138 Conze, W./Kocka, J. (Hg.): Bildungsbürgertum im 19. Jahrhundert, Teil I: Bildungssystem und Professionalisierung im internationalen Vergleich, Stuttgart, 2. Aufl. 1992.
139 Dahmer, I./Klafki, W. (Hg.): Geisteswissenschaftliche Pädagogik am Ausgang ihrer Epoche – Erich Weniger, Weinheim 1968.
140 Dam, H./Zick-Kuchinke, H. (Hg.): Evangelische schulnahe Jugendarbeit – weil sich das Leben nicht im 45-Minutentakt verhandeln läßt, Gütersloh 1996.
141 Dann, H. D./Cloetta, B./Müller-Fohrbrodt, G./Helmreich, R.: Umweltbedingungen innovativer Kompetenz. Eine Längsschnittuntersu-

chung zur Sozialisation von Lehrern in Ausbildung und Beruf, Stuttgart 1978.
142 Degen, R.: Den Räumen Raum geben. In: Religionsdidaktik, JRP 18 (2002), S. 115–123.
143 Degen, R./Scheilke, Chr.: Zur aktuellen Lage des Religionsunterrichts. Fakten und Tendenzen. In: Scheilke, Chr. (Hg.): Religionsunterricht in schwieriger Zeit, Münster 1997, S. 9–26.
144 Degen, R./Hansen, I. (Hg.): Lernort Kirchenraum, Münster u. a. 1998.
145 Delkurt, H.: Erziehung im Alten Testament. In: Glauben und Lernen 16 (2001), S. 26–39.
146 Denk, G./Kissinger, R./Wagner, G.: LehrerInnen ohne Absatzgarantie. Eine Studie zur Abmeldung vom Evangelischen Religionsunterricht in der Oberstufe der Wiener Allgemeinbildenden Höheren Schulen, Wien 1996.
147 Derbolav, J.: Handeln, Handlung, Tat, Tätigkeit. In: Historisches Wörterbuch der Philosophie, hg. v. Ritter, J., Bd. 3, Darmstadt 1994, Sp. 992–994.
148 Deutsche Shell (Hg.): Jugend 2000, Bd. 1, Opladen 2000.
149 Deutscher Bildungsrat: Empfehlungen der Bildungskommission. Stukturplan für das Bildungswesen, Stuttgart, 3. Aufl. 1970.
150 Deutscher Juristentag: Schule im Rechtsstaat, Bd. 1. Entwurf für ein Landesschulgesetz. Bericht der Kommission Schulrecht des Deutschen Juristentages, München 1981.
151 Deutsches PISA-Konsortium (Hg.): PISA 2000. Basiskompetenzen von Schülerinnen und Schülern im internationalen Vergleich, Opladen 2001.
152 Dewe, B./Radtke, F.-O.: Was wissen Pädagogen über ihr Können? Professionstheoretische Überlegungen zum Theorie-Praxis-Problem in der Pädagogik. In: Pädagogisches Wissen. 27. Beiheft der ZfPäd., 1991, S. 143–162.
153 Dewey, J.: Demokratie und Erziehung, Braunschweig 1949.
154 Die Barmer Theologische Erklärung. Einführung und Dokumentation, hg. v. Burgsmüller, A. u. Weth, R., Neukirchen-Vluyn, 3. Aufl. 1984.
155 Dieckmann, J./Lorenz, P.: Spezialisierung im Lehrberuf, Heidelberg 1968.
156 Diederich, J.: Didaktisches Denken. Eine Einführung in Anspruch und Aufgabe, Möglichkeiten und Grenzen der Allgemeinen Didaktik, Weinheim und München 1988.
157 Diederich, J.: Bemessene Zeit als Bedingung pädagogischen Handelns. In: Luhmann, N./Schorr, K. E. (Hg.): Zwischen Technologie und Selbstreferenz. Frankfurt 1982, S. 51–86.
158 Diederich, J./Tenorth, H.-E.: Theorie der Schule. Ein Studienbuch zu Geschichte, Funktionen und Gestaltung, Berlin 1997.
159 Diesterweg, A.: Diesterweg's Wegweiser zur Bildung für Deutsche Lehrer, Bd. 1: Das Allgemeine, Essen 1873.

160 Dieterich, V.-J.: Fächerübergreifender Unterricht. In: Religionsdidaktik, JRP 18 (2002), S. 193–204.
161 Dietrich, Th. u. Klink, J.-G. (Hg.): Zur Geschichte der Volksschule, Bd. I: Volksschulordnungen 16.–18. Jahrhundert, 2. erw. Aufl., Bad Heilbrunn 1972.
162 Dietz, W.: Lehrplanfortschreibung 1992–1994. Eine kleine Apologie. In: entwurf 1/94, S. 81–84.
163 Dilthey, W.: Das Erlebnis und die Dichtung (1906), Göttingen, 14. Aufl. 1965.
164 Dilthey, W.: Der Aufbau der geschichtlichen Welt in den Geisteswissenschaften (1910), Frankfurt 1981.
165 Dobrick, M./Hofer, M: Aktion und Reaktion. Die Beachtung des Schülers im Handeln der Lehrer, Göttingen u. a. 1991.
166 Döbert, R.: Max Webers Handlungstheorie und die Ebenen des Rationalitätskomplexes. In: Weiß, J. (Hg.): Max Weber heute, Frankfurt 1989, S. 210–249.
167 Dohmen, G.: Bildung und Schule. Die Entstehung des deutschen Bildungsbegriffs und die Entwicklung seines Verhältnisses zur Schule, Bd. 1. Der religiöse und organologische Bildungsbegriff, Weinheim 1964.
168 Dormeyer, D.: Handlungstheoretische Hermeneutik biblischer Texte. In: Arens, E. (Hg.): Gottesrede – Glaubenspraxis. Perspektiven theologischer Handlungstheorie, Darmstadt 1994, S. 6–28.
169 Dormeyer, D.: Die Bibel antwortet. Einführung in die interaktionale Bibelauslegung, München u. a. 1978.
170 Dreeben, R.: Was wir in der Schule lernen, Frankfurt 1980.
171 Drehsen, V.: Alles andere als Nullbock auf Religion. In: JRP 10 (1995), S. 47–69.
172 Drerup, H./Terhart, E. (Hg.): Erkenntnis und Gestaltung. Vom Nutzen erziehungswissenschaftlicher Forschung in praktischen Verwendungskontexten, Weinheim 1990.
173 Dressler, B.: Leben! Handeln! – Der Religionsunterricht im Haus des Lernens. In: Wermke, M. (Hg.): Rituale und Inszenierungen in Schule und Unterricht, Münster 1997, S. 75–98.
174 Duncker, L.: Lernen als Kulturaneignung. Schultheoretische Grundlagen des Elementarunterrichts, Weinheim u. a. 1994.
175 Eberhard, O.: Arbeitsschule, Religionsunterricht und Gemeinschaftserziehung, Berlin (1920) 3. Aufl. 1924.
176 Eberhard, O.: Arbeitsschulmäßiger Religionsunterricht. Gesammelte Stundenbilder aus pädagogischer Werkstatt (1924), Stuttgart, 3./4. Aufl. 1925.
177 Ebertz, M. N.: Gesellschaftliche Bedingungen für prophetisch-charismatische Aufbrüche. In: Prophetie und Charisma, JBTh 14 (1999), S. 237–255.
178 Eckert, T.: Mangelnde Kommunikation und mangelnder Konsens im

Lehrerkollegium als Entwicklungsbedingung zum ›schlechten Lehrer‹. In: Schwarz, B./Prange, K. (Hg.): Schlechte Lehrer/-innen. Zu einem vernachlässigten Aspekt des Lehrberufs, Weinheim u.a. 1997, S. 219–246.
179 Ehrich, K.: Städtische Lehrerinnenausbildung in Preußen, Berlin u.a. 1995.
180 Ein Schulbesuch in B. im Januar 1782. In: Basedow, J. B. /Campe, J. H. (Hg.): Pädagogische Unterhandlungen, 5. Jg., 1. Quartal, Dessau 1782, S. 93–101.
181 Enders-Dragässer, U./Fuchs-Münseler, C.: Der heimliche Lehrplan der Geschlechtererziehung in der Schule am Beispiel der Interaktion. In: Prengel, A. (Hg.): Schulbildung und Gleichberechtigung, Frankfurt (Eigenverlag) 1987.
182 Englert, R.: Glaubensgeschichte und Bildungsprozess. Versuch einer religionspädagogischen Kairologie, München 1985.
183 Englert, R.: Auffälligkeiten und Tendenzen in der religionsdidaktischen Entwicklung. In: Religionsdidaktik, JRP18 (2002), S. 233–248.
184 Erikson, E.: Das Problem der Ich-Identität. In: Ders.: Identität und Lebenszyklus, Frankfurt 1973, S. 123–212.
185 Erikson, E.: Identität und Lebenszyklus, Frankfurt 1973.
186 Ermert, K. (Hg.): »Gute Schule« – Was ist das? Loccumer Protokolle H. 17, 1986.
187 Evangelische Kirche in Deutschland (EKD): Identität und Verständigung. Standort und Perspektiven des Religionsunterrichts in der Pluralität. Eine Denkschrift, Gütersloh 1994.
188 Exeler, A.: Der Religionslehrer als Zeuge. In: KatBl 106 (1981), S. 3–14.
189 Faulstich-Wieland, H.: Reflexive Koedukation. Zur Entwicklung der Koedukationsdebatte in den Bundesländern. In: Jahrbuch für Pädagogik 1994, Frankfurt a. M. u.a. 1994, S. 325–342.
190 Fauser, P.: Pädagogische Freiheit in Schule und Recht, Weinheim und Basel 1986.
191 Fauser, P.: Nachdenken über pädagogische Kultur. In: Die Deutsche Schule, 1989, S. 5–25.
192 Fauser, P.: Grundsatzdiskussion IV. Die pädagogische Freiheit von Lehrern und Lehrerinnen. In: Haarmann, D. (Hg.): Handbuch Grundschule, Bd. 1, Weinheim u.a., 2. erg. Aufl. 1994, S. 268–281.
193 Fauser, P.: Lernen und Imagination. In: Adam, G. /Lachmann, R. (Hg.): Methodisches Kompendium für den Religionsunterricht 2. Aufbaukurs, Göttingen 2002, S. 110–120.
194 Fauser, P. /Madelung, E. (Hg.): Vorstellungen bilden. Beiträge zum imaginativen Lernen, Seelze 1996.
195 Faust-Siehl, G.: Themenkonstitution als Problem von Didaktik und Unterrichtsforschung, Weinheim 1987.
196 Faust-Siehl, G.: Kinder heute in einer Schule der Stille. Stille und Stilleübungen in der veränderten Kindheit. In: Dies. u.a.: Mit Kindern Stille

entdecken. Bausteine zur Veränderung der Schule, Frankfurt, 2. Aufl. 1991, S. 9–38.
197 Faust-Siehl, G. u. a.: Mit Kindern Stille entdecken. Bausteine zur Veränderung der Schule, Frankfurt, 2. Aufl. 1991.
198 Faust-Siehl, G. /Schweitzer, F.: Religion in der Grundschule: Zur pädagogischen Begründung und Gestaltung von Religionsunterricht. In: Dies. (Hg.): Religion in der Grundschule, Hannover 1994, S. 12–25.
199 Faust-Siehl, G./Schweitzer, F. (Hg.): Religion in der Grundschule, Hannover 1994.
200 Faust-Siehl, G./Krupka, B./Schweitzer, F./Nipkow, K. E. (Hg.): 24 Stunden Religionsunterricht. Eine Tübinger Dokumentation für Forschung und Praxis, Münster 1995.
201 Faust-Siehl, G./Garlichs, A./Ramseger, J./Schwarz, H./Warm, U.: Die Zukunft beginnt in der Grundschule. Empfehlungen zur Neugestaltung der Primarstufe, Reinbek 1996.
202 Feige, A.: Christliche Tradition auf der Schulbank. Über Arbeitsbedingungen und Funktionsvorstellungen evangelischer Religionslehrer im Kontext ihrer Eingebundenheit in volkskirchliche Strukturen. In: Ders./Nipkow, K. E.: Religionslehrer sein heute, Münster 1988, S. 5–61.
203 Feige, A./Nipkow, K. E.: Religionslehrersein heute, Münster 1988.
204 Feige, A./Dressler, B./Lukatis, W./Schöll, A.: ›Religion‹ bei ReligionslehrerInnen. Religionspädagogische Zielvorstellungen und religiöses Selbstverständnis in empirisch-soziologischen Zugängen, Münster 2000.
205 Feige, A./Lukatis, W. u. a.: ›Religion im Religionsunterricht‹ in demoskopisch auflösender Analyse: Zielvorstellungen für ›gelehrte Religion‹ im biografischen, weltanschaulichen und schulorganisatorischen Kontext. Ergebnisse einer Repräsentativ-Umfrage in Niedersachsen unter Lehrerinnen und Lehrern des Faches ›Ev. Religion‹. In: Feige, A./ Dressler, B./Lukatis, W./Schöll, A.: ›Religion‹ bei ReligionslehrerInnen, a. a. O., S. S. 205–442.
206 Feige, A./Dressler, B.: Zusammenfassung: ›Bildungsreligion‹ zwischen Sakralraum Kirche und pluralisierter Lebenswelt. Die religionskulturelle Vermittlungssituation des Schulischen Religionsunterrichts im Spiegel der Selbstbeschreibungen der ev. ReligionslehrerInnenschaft. In: Feige, A./Dressler, B./Lukatis, W. /Schöll, A.: ›Religion‹ bei ReligionslehrerInnen. Religionspädagogische Zielvorstellungen und religiöses Selbstverständnis in empirisch-soziologischen Zugängen, Münster 2000, S. 443–469.
207 Feinberg, J.: Handlung und Verantwortung. In: Meggle (Hg.): Analytische Handlungstheorie, Bd 1. Handlungsbeschreibungen, Frankfurt a. M. 1985, S. 186–224.
208 Fend, H.: Gesellschaftliche Bedingungen schulischer Sozialisation, Weinheim 1974.

209 Fend, H.: Theorie der Schule, München u. a., 2. durchges. Aufl. 1981.
210 Fend, H.: »Gute Schulen – schlechte Schulen«. Die einzelne Schule als pädagogische Handlungseinheit. In: Die Deutsche Schule, 78 (1986), S. 275–293.
211 Fend, H.: Qualität im Bildungswesen. Schulforschung zu Systembedingungen, Schulprofilen und Lehrerleistung, Weinheim u. a. 1998.
211a Fichte, J. G.: Ausgewählte Werke in sechs Bänden, hg. v. F. Medicus, Darmstadt 1962.
212 Fichten, W.: Unterricht aus Schülersicht, Frankfurt 1993.
213 Fischer, D. (Bearb.): Freie Arbeit und Religionsunterricht, Blickpunkt 14, Münster 1994.
213a Fischer, D.: Aneignungsprozesse im Religionsunterricht unterstützen. In: Becker, U./Scheilke, Chr. (Hg.): Aneignung und Vermittlung, Gütersloh 1995, S. 165–173.
214 Flitner, A.: Schule. In: Krüger, H. H./Helsper, W. (Hg.): Einführung in Grundbegriffe und Grundfragen der Erziehungswissenschaft, Opladen 1996, S. 167–176.
215 Flitner, W.: Ist Erziehung sittlich erlaubt? In: ZfPäd 25 (1979), S. 499–504.
216 Floden, R./Clark, C.: Lehrerausbildung als Vorbereitung auf Unsicherheit. In: Terhart, E. (Hg.). Unterrichten als Beruf. Neuere amerikanische und englische Arbeiten zur Berufskultur und Berufsbiographie von Lehrern und Lehrerinnen, Köln 1991.
217 Fowler, J.: Stufen des Glaubens. Die Psychologie der menschlichen Entwicklung und die Suche nach Sinn, Gütersloh 1991.
218 Freier oder unfreier Wille? Ein Unterrichtsprotokoll. In: Büttner, G./Rupp, H. (Hg.): Theologisieren mit Kindern, Stuttgart 2002, S. 53–69.
219 Frey, K.: Die Projektmethode, Weinheim 5. Aufl. 1993.
220 Friedrich, G.: Die Volksschule in Württemberg im 19. Jahrhundert, Weinheim u. a. 1979.
221 Frör, K.: Die Mosegeschichten im Unterricht. In: Neue Wege im kirchlichen Unterricht, hg. v. Frör, K., München 1949.
222 Fromm, H.: Lehrplan, heimlicher. In: Enzyklopädie Erziehungswissenschaft, Bd. 3 Ziele und Inhalte von Erziehung und Unterricht, Stuttgart 1983, S. 524–528.
223 Führ, C.: Gelehrter Schulmann – Oberlehrer – Studienrat. Zum sozialen Aufstieg der Philologen. In: Conze, W. /Kocka, J. (Hg.): Bildungsbürgertum im 19. Jahrhundert, Teil I: Bildungssystem und Professionalisierung im internationalen Vergleich, Stuttgart, 2. Aufl. 1992, S. 417–457.
224 Fürstenau, P.: Zur Psychoanalyse der Schule als Institution (1964). In: Zur Theorie der Schule, Weinheim u. a. 1969, S. 9–25
225 Fürstenau, P.: Neuere Entwicklungen der Bürokratieforschung und das Schulwesen. Ein organisationssoziologischer Beitrag. In: Zur Theorie der Schule, Weinheim u. a. 1969, S. 47–66.

226 Garlichs, A. u. a. (Hg.): Didaktik offener Curricula, Weinheim 1974.
227 Gaudig, H.: Arbeitsgemeinschaft (Christliche Lebenslehre). In: Koerrenz, R./Collmar, N. (Hg.): Die Religion der Reformpädagogen, Weinheim 1994, S. 146–149.
228 Gaudig, H.: Freie geistige Schularbeit in Theorie und Praxis, Breslau, 3. Aufl. 1923.
229 Gaudig, H.: Didaktische Präludien (1908), 3. Aufl. 1923.
230 Gaudig, H.: Die Schule im Dienst der werdenden Persönlichkeit, Bd. 1, Leipzig, 2. Aufl. 1922.
231 Gebhardt, W.: Charisma als Lebensform, Berlin 1994.
232 Gedicke, F.: Annalen des preußischen Schul- und Kirchenwesens, 1. Bd., Berlin 1800.
233 Gedicke, F.: Beantwortung der Frage: Hat der preußische Staat zu wenig oder zu viele Schulen? In: Ders.: Annalen des preußischen Schul- und Kirchenwesens, 1. Bd., Berlin 1800, S. 405–453.
234 Geertz, C.: Dichte Beschreibungen. Beiträge zum Verstehen kultureller Systeme, Frankfurt a. M. 1987.
235 Geißler, G. (Hg.): Das Problem der Unterrichtsmethode in der Pädagogischen Bewegung, Weinheim u. a. 9. bearb. Aufl., leicht gekürzte u. überarb. Neuausgabe 1994.
235a Geissler, R.: Das Schweigen zur schichtspezifischen Benachteiligung – von PISA gestört. In: Pädagogik 55 (2003), H. 2, S. 10–15.
236 Gengnagel, L. (Hg.): Mein kirchlicher Lehrauftrag im 5. Schuljahr, Unterrichtshilfen für den kirchlichen Unterricht Bd. 5, Stuttgart 1958.
237 Gerner, B.: Lehrer sein heute – Erwartungen, Stereotype, Prestige, Darmstadt 1981.
238 Giese, G.: Quellen zur deutschen Schulgeschichte seit 1800, Göttingen 1961.
239 Giesecke, H.: Pädagogik als Beruf. Grundformen pädagogischen Handelns, 4. Aufl. 1993.
240 Giesecke, H.: Wozu ist die Schule da? Die neue Rolle von Eltern und Lehrern, Stuttgart, 2. Aufl. 1997.
241 Giesecke, H.: Wozu Schule? In: Wenger-Hadwig, A. (Hg.): Der Lehrer – Hoffnungsträger oder Prügelknabe der Gesellschaft, Innsbruck u. a. 1998, S. 9–23.
242 Glöckel, H.: Grundsatzdiskussion VI: Grundlegende Bildung. In: Haarmann, D. (Hg.): Handbuch Grundschule, Bd. 2, Weinheim u. a., 2. erg. Aufl. 1994, S. 328–342.
243 Glumpler, E. (Hg.): Mädchenbildung – Frauenbildung. Beiträge der Frauenforschung für die LehrerInnenbildung, Bad Heilbrunn 1992.
244 Goecke-Seischab, M./Ohlemacher, J.: Kirchen erkunden, Kirchen erschließen, Lahr 1998.
245 Goldman, A. I.: Die Identität von Handlungen. In: Meggle, M. (Hg.): Analytische Handlungstheorie, Bd. 1. Handlungsbeschreibungen, Frankfurt a. M. 1985, S. 332–353.

246 Goldman, L.: Religious thinking from childhood to adolescence, London 1964.
247 Goßmann, K.: Die gegenwärtige Krise des Religionsunterrichts in Westdeutschland. In: Ders. (Hg.): Religionsunterricht in der Diskussion. Zur Situation in den jungen und alten Bundesländern, Münster 1993, S. 119–128.
248 Goßmann, K.: Identität und Verständigung. Aufgaben und Probleme einer am Subjekt orientierten Religionspädagogik. In: EvErz 49 (1997), S. 252–265.
249 Goßmann, K./Scheilke, Chr. (Hg.): Religionsunterricht im Spannungsfeld von Identität und Verständigung, Münster 1995.
250 Gräb, W./Korsch, D.: Selbsttätiger Glaube, Neukirchen-Vluyn 1985.
251 Graumann, C. F./Heckhausen, H. (Hg.): Pädagogische Psychologie, Grundlagentexte 1: Entwicklung und Sozialisation, Frankfurt 1973.
252 Graf, M.: Schule als Ort der Strukturierung von Erfahrung und Bewußtsein, 1988, zit. n. L. Böhnisch: Pädagogische Soziologie, Weinheim, München 1996.
253 Grave, G.: Schularbeit. Untersuchungen zur vorindustriellen Tradition des Lehrerberufes mit besonderer Rücksicht auf Deutschland im 16. bis 18. Jahrhundert, Frankfurt u. a. 1982.
254 Greve, A.: Erinnern lernen. Didaktische Entdeckungen in der jüdischen Kultur des Erinnerns, Neukirchen-Vluyn 1999.
255 Greve, W.: Handlungsklärung. Eine psychologische Erklärung menschlicher Handlungen, Bern u. a. 1994.
256 Grimm, J./Grimm, W.: Deutsches Wörterbuch, Leipzig 1854ff.
257 Grimm, J./Grimm, W.: Deutsches Wörterbuch, Neubearbeitung, Leipzig 1983ff.
258 Grözinger, A./Luther, H. (Hg.): Religion und Biographie, München 1987.
259 Gronemeyer, M.: Lernen mit beschränkter Haftung. Über das Scheitern der Schule, Berlin 1996.
260 Grunder, H.-U.: Schule als Überbürdung – überbürdete Schule: und die Schulpädagogik? In: Apel, H. J. /Ders. (Hg.): Texte zur Schulpädagogik, Weinheim, München 1995, S. 259–273.
261 Grunder, H.-U.: ›Elementarisierung‹ – schulpädagogisch aufgeladen, aber kaum beachtet. In: ZPT 52 (2000) H. 3, S. 262–275.
262 Grunder, H.-U.: Schulentwicklung und Schule als lernende Institution. In: Ders.: Schulentwicklung durch Kooperation und Vernetzung. Schule verändern, Bad Heilbrunn 2002, S. 17–31.
263 Grunder, H.-U.: Schulentwicklung durch Kooperation und Vernetzung. Schule verändern, Bad Heilbrunn 2002.
264 Grunder, H.-U./Schweitzer, F.: Einführung der Herausgeber. In: Dies. (Hg.): Texte zur Theorie der Schule, Weinheim u. a. 1999.
265 Grunder, H.-U./Bohl, T.: Neue Formen der Leistungsbeurteilung in den Sekundarstufen I und II, Baltmannsweiler 2001.

266 Grunder, H.-U./Bohl, T./Broszat, K. (Hg.): Kurzversion des Forschungsberichts »Neue Formen der Leistungsbeurteilung an Sekundarstufen I und II«, Stuttgart 2001.
267 Gudjons, H.: Allgemeine Didaktik. Ein Überblick über die gegenwärtige Diskussion. In: JRP 18 (2002), S. 3–20.
268 Gudjons, H./Teske, R./Winkel, R. (Hg.): Didaktische Theorien, Braunschweig 2. Aufl. 1983.
269 Gutte, R.: Lehrer – ein Beruf auf dem Prüfstand, Reinbek 1994.
270 Guttmann, H.-M.: Der Flow-Kanal und der Weg zur guten Gestalt. In: JRP 18 (2002), S. 100–111.
271 Haarmann, D. (Hg.): Handbuch Grundschule, Bd. 2, Weinheim u. a., 2. erg. Aufl. 1994.
272 Habermas, J.: Pädagogischer »Optimismus« vor Gericht einer pessimistischen Anthropologie. In: Ders.: Arbeit, Erkenntnis, Fortschritt, Amsterdam 1970.
273 Habermas, J.: Theorie des kommunikativen Handelns, Bd. 1 und 2, Frankfurt a. M., 4. Aufl. 1987.
274 Händle, Chr.: Unterschiedliche Prioritäten von Lehrern für ihren Unterricht und Folgerungen für Beratung. In: Böttcher, W. u. Bremerich-Vos, A. (Hg): »Kollegiale Beratung« in Schule, Schulaufsicht und Referendarausbildung, Frankfurt 1987, S. 297–319.
275 Hänsel, D.: Der Mythos vom konservativen Wandel der Lehrer. In: ZfPäd 31 (1985), S. 631–645.
276 Hammerstein, N. (Hg.): Handbuch der deutschen Bildungsgeschichte, Bd. 1: 14–17 Jahrhundert.
277 Hampshire, S./Hart, H. L. A.: Entscheidung, Absicht und Gewißheit. In: Meggle, G. (Hg.): Analytische Handlungstheorie, Bd. 1. Handlungsbeschreibungen, Frankfurt a. M. 1985, S. 169–185.
278 Handbuch der deutschen Bildungsgeschichte, hg. v. Chr. Berg u. a., München 1987ff.
279 Hanisch, H./Liebold, H.: Rollenübernahme, Rollenambiguität und Rollenkonflikt. Anmerkungen zum Selbstverständnis von Religionslehrerinnen und Religionslehrern im Freistaat Sachsen. In: Bell, D. u. a. (Hg.): Menschen suchen – Zugänge finden, Wuppertal 1999, S. 57–73.
280 Hansmann, O.: Kritik der sogenannten ›theoretischen Äquivalente‹ von ›Bildung‹. In: Ders./Marotzki, W. (Hg.): Diskurs Bildungstheorie I: Systematische Markierungen, Weinheim 1988, S. 21–54.
281 Hansmann, O.: Operative Pädagogik. Anlässe zur Reflexion für die Lehrberufe, Weinheim 1998.
282 Hansmann, O./Marotzki, W. (Hg.): Diskurs Bildungstheorie I, Systematische Markierungen, Weinheim 1988.
283 Hargreaves, A./Fullan, M. C. (eds.): Understanding Teacher Development, New York 1993.
284 Hart, H. L. A.: The Ascription of Responsibility and Rights. In: Flew,

A. G. N. (Ed.): Essays on Logic and Language, Bd I, Oxford 1963, S. 145–166.
285 Hausmann, G.: Didaktik als Dramaturgie des Unterrichts, Heidelberg 1959.
286 Heckel, H.: Rechte und Pflichten des Lehrers. In: Nevermann, K. u. a. (Hg.): Rechte der Lehrer, Rechte der Schüler, Rechte der Eltern, München 1977, S. 29–61.
287 Heimann, P.: Didaktik 1965. In: Ders./Otto, G. /Schulz, W.: Unterricht – Analyse und Planung, Hannover (1965) 5. bearb. Aufl. 1970, S. 7–12.
288 Heimann, P./Otto, G./Schulz, W.: Unterricht – Analyse und Planung, Hannover (1965) 5. bearb. Aufl. 1970.
289 Heimbrock, H.-G.: Lern-Wege religiöser Erziehung. Historische, systematische und praktische Orientierung für eine Theorie religiösen Lernens, Göttingen 1984.
290 Heitger, M.: Lehren und Erziehen als Beruf; zur Dialektik des Lehrerseins. In: Wenger-Hadwig, A. (Hg.): Der Lehrer – Hoffnungsträger oder Prügelknabe der Gesellschaft, Innsbruck u. a. 1998, S. 70–86.
291 Helsper, W.: Pädagogisches Handeln in den Antinomien der Moderne. In: Krüger, H.-H./Helsper, W. (Hg.): Einführung in die Grundbegriffe und Grundfragen der Erziehungswissenschaft, Opladen 2. durchges. Aufl. 1996, S. 15–34.
292 Hendricks, J.: Grundlegende Bildung. In: Wittenbruch, W. (Hg.): Das pädagogische Profil der Grundschule, Heinsberg 1989.
293 Henry, J.: Lernziel Entfremdung. Analyse von Unterrichtsszenen in Grundschulen. In: Zinnecker, J. (Hg.): der heimliche Lehrplan, Weinheim u. a. 1975, S. 35–51.
294 Hentig, H. von: Systemzwang und Selbstkontrolle, Stuttgart, 2. Aufl. 1969.
295 Hentig, H. von: Bildung, München 1996.
296 Herrlitz, H.-G./Hopf, W./Titze, H.: Institutionalisierung des öffentlichen Schulwesens. In: Enzyklopädie Erziehungswissenschaft Bd. 5, Stuttgart 1984, S. 55–71.
297 Herrlitz, H.-G./Hopf, W./Titze, H.: Deutsche Schulgeschichte von 1800 bis zur Gegenwart, Weinheim u. a. 1993.
298 Herrmann, U. (Hg.): Historische Pädagogik. Studien zur Historischen Bildungsökonomie und zur Wissenschaftsgeschichte der Pädagogik (ZfPäd 14. Beiheft), Weinheim u. a. 1977.
299 Herrmann, U.: Die Pädagogik W. Diltheys, Göttingen 1971.
300 Herrmann, U./Hertramph, H.: Reflektierte Berufserfahrung und subjektiver Qualifikationsbedarf .... In: Jahrbuch für Lehrerforschung 1 (1997), S, 139–163.
301 Hertweck, K./Gronbach, R.: Diakonie als Schulfach. Das »Michelbacher Modell« als Beitrag zur Schulöffnung. In: Birkacher Beiträge für Bildung und Erziehung 3 (1999), S. 15–21.

302 Heydorn, H. J.: Über den Widerspruch von Bildung und Herrschaft. Bildungstheoretische Schriften 2, Frankfurt 1979.
303 Historisches Wörterbuch der Philosophie, hg. v. J. Ritter, Darmstadt 1971 ff.
304 Höffe, O.: Aristoteles, München 1996.
305 Hörster, R.: Pädagogisches Handeln. In: Krüger, H. H./Helsper, W. (Hg.): Einführung in Grundbegriffe und Grundfragen der Erziehungswissenschaft, Opladen, 2. durchges, Aufl. 1996, S. 35–42.
306 Hohenzollern, J. G. von/Liedtke, M. (Hg.): Schreiber, Magister, Lehrer. Zur Geschichte und Funktion eines Berufsstandes, Bad Heilbrunn 1989.
307 Holfelder, W./Bosse, W.: Schulgesetz für Baden-Württemberg. Handkommentar für Schulpraxis und Ausbildung mit Sonderteil Lehrerdienstrecht, Stuttgart u. a., 12. völlig neu bearb. Aufl. 1998.
308 Holtappels, H.-G.: Innovationsprozesse und Organisationsentwicklung. In: Rolff, H.-G. (Hg.): Zukunftsfelder der Schulforschung, Weinheim 1995, S. 327–354.
309 Hornstein, W.: Generation und Generationenverhältnisse in der radikalisierten Moderne. In: ZfPäd 39. Beiheft, Weinheim u. a. 1999, S. 51–68.
310 Huber, G. L.: Innerschulische Aspekte von Schulöffnung. In: Schule öffnet sich, Birkacher Beiträge für Bildung und Erziehung 3 (1999), S. 118–122.
311 Huberman, M.: Der berufliche Lebenszyklus von Lehrern. Ergebnisse einer empirischen Untersuchung. In: Terhart, E. (Hg.): Unterrichten als Beruf, Köln u. a. 1991, S. 249–267.
312 Humboldt, W. von: Theorie der Bildung des Menschen. In: Ders.: Werke in fünf Bänden, hg. v. A. Flitner u. K. Giel, Bd. I, Darmstadt 3. Aufl. 1980, S. 234–240.
313 Illich, I.: Entschulung der Gesellschaft, München 1972.
314 Illich, I.: Erziehung am Ausgang des Industriezeitalters, in: Heid, H. (Hg.): Das politische Interesse an der Erziehung und das pädagogische Interesse an der Gesellschaft. 17. Beiheft der ZfPäd, Weinheim 1981, S. 41–48.
315 Jackson, Ph. W.: Einübung in die bürokratische Gesellschaft: Zur Funktion der sozialen Verkehrsformen im Klassenzimmer. In: Zinnecker, J. (Hg.): Der heimliche Lehrplan, Weinheim u. a. 1975, S. 19–34.
316 Janowski, B.: Die Tat kehrt zum Täter zurück. Offene Fragen im Umkreis des Tun-Ergehen-Zusammenhangs. In: ZThK 91 (1994), S. 247–271.
317 Jauß, H. R.: Ästhetische Erfahrung und literarische Hermeneutik, Frankfurt 2. Aufl. 1984.
318 Jeffreys-Duden, K.: Das Streitschlichter-Programm. Mediatorenausbildung für Schüler/-innen der Klassen 3 bis 6, Weinheim u. a. 1999.
319 Josuttis, M.: Der Pfarrer ist anders, München 1982.
320 Jerger, G.: Kooperation und Konsens bei Lehrern. Eine Analyse der

Vorstellungen von Lehrern über Organisation, Schulleitung und Kooperation, Frankfurt 1995.
321 Jüngel, E.: Gott als Geheimnis der Welt, Tübingen, 3. durchges. Aufl. 1978.
322 Jürgens, B: Erziehungsziele, Erzieherverhalten und Autopoiese. Die Bedeutung von Erziehungszielen für die Handlungsregulation von Pädagogen, Frankfurt u. a. 1996.
323 Julius, C.-B./Kameke, T.v./Klie, Th./Schürmann-Menzel, A.: Der Religion Raum geben. Eine kirchenpädagogische Praxishilfe, Loccum 1999.
324 Kabisch, R.: Wie lehren wir Religion, Göttingen 1910.
325 Kant, I.: Beantwortung der Frage: Was ist Aufklärung? In: Ders.: Werke in sechs Bänden, hg. v. W. Weischedel, Bd. VI, Darmstadt, 5. erneut überprüfter Nachdruck 1983, S. 53–61.
326 Kant, I: Kritik der reinen Vernunft. In: Ders.: Werke in sechs Bänden, hg. v. W. Weischedel, Bd. II, Darmstadt, 5. erneut überprüfter Nachdruck 1983.
327 Kant, I.: Über Pädagogik. In: Ders.: Werke in sechs Bänden, hg. v. W. Weischedel, Bd. VI, Darmstadt 5. erneut überprüfter Nachdruck 1983, S. 691–761.
328 Kant, I.: Werke in sechs Bänden, hg. v. W. Weischedel, Darmstadt, 5. erneut überprüfter Nachdruck 1983.
329 Keck, R.: Zur Geschichte der Hauptschule als Sekundarschule (1959–1970). In: W. S. Nicklis (Hg.): Hauptschule. Erscheinung und Gestalt, Bad Heilbrunn 1980, S. 28–45.
330 Kerschensteiner, G.: Begriff der Arbeitsschule (1911), München u. a. 15. unveränd. Aufl. 1964.
331 Kiesel, D./Wolf-Almanasreh, R. (Hg.): Die multikulturelle Versuchung, Frankfurt 1991.
332 Kivelä, A.: Gibt es noch eine Theorie pädagogischen Handelns? In: ZfPäd 44 (1998), S. 603–616.
333 Kittel, H.: Vom Religionsunterricht zur Evangelischen Unterweisung, Hannover, 3. durchges. Aufl. 1957.
334 Kittel, H.: Evangelische Unterweisung und Reformpädagogik, Lüneburg 1947.
335 Klafki, W.: Die didaktische Analyse als Kern der Unterrichtsvorbereitung (1958). In: Ders.: Studien zu Bildungstheorie und Didaktik, Weinheim, 25.–28. Tausend 1972, S. 126–153.
336 Klafki, W.: Das pädagogische Problem des Elementaren und die Theorie der kategorialen Bildung, Weinheim, 3./4. durchgeseh. u. erg. Aufl. 1964.
337 Klafki, W.: Die Bedeutung der klassischen Bildungstheorien für ein zeitgemäßes Konzept allgemeiner Bildung. In: Ders.: Neue Studien zu Bildungstheorie und Didaktik. Zeitgemäße Allgemeinbildung und kritisch-konstruktive Didaktik, Weinheim, 2. erw. Aufl. 1991, S. 15–41.
338 Klafki, W.: Grundzüge eines neuen Allgemeinbildungskonzepts. Im

Zentrum: Epochaltypische Schlüsselprobleme. In: Ders.: Neue Studien zu Bildungstheorie und Didaktik. Zeitgemäße Allgemeinbildung und kritisch-konstruktive Didaktik, Weinheim, 2. erw. Aufl. 1991, S. 43–81.

339 Klafki, W.: Grundlinien kritisch-konstruktiver Didaktik. In: Ders.: Neue Studien zu Bildungstheorie und Didaktik. Zeitgemäße Allgemeinbildung und kritisch-konstruktive Didaktik, Weinheim, 2. erw. Aufl. 1991, S. S. 83–140.

340 Klafki, W.: Exemplarisches Lehren und Lernen. In: Ders.: Neue Studien zu Bildungstheorie und Didaktik. Zeitgemäße Allgemeinbildung und kritisch-konstruktive Didaktik, Weinheim, 2. erw. Aufl. 1991, S. 141–161.

341 Klafki, W.: Innere Differenzierung des Unterrichts. In: Ders.: Neue Studien zu Bildungstheorie und Didaktik. Zeitgemäße Allgemeinbildung und kritisch-konstruktive Didaktik, Weinheim 2. erw. Aufl. 1991, S. 173–208.

342 Klafki, W.: Sinn und Unsinn des Leistungsprinzips in der Erziehung. In: Ders.: Neue Studien zu Bildungstheorie und Didaktik. Zeitgemäße Allgemeinbildung und kritisch-konstruktive Didaktik, Weinheim, 2. erw. Aufl. 1991, S. 209–247.

343 Klafki, W.: Zur Unterrichtsplanung im Sinne kritisch-konstruktiver Didaktik. In: Ders.: Neue Studien zu Bildungstheorie und Didaktik. Zeitgemäße Allgemeinbildung und kritisch-konstruktive Didaktik, Weinheim, 2. erw. Aufl. 1991, S. 251–284.

344 Klafki, W.: Neue Studien zu Bildungstheorie und Didaktik. Zeitgemäße Allgemeinbildung und kritisch-konstruktive Didaktik, Weinheim, 2. erw. Aufl. 1991.

345 Klafki, W.: Schule: Regelschule, Reformschule, Privatschule. In: Krüger, H.-H./Rauschenbach, T. (Hg.): Einführung in die Arbeitsfelder der Erziehungswissenschaft, Opladen, 2. durchges. Aufl. 1997, S. 29–59.

346 Kleber, E.: Gestaltung von Handlungssystemen – Die neue Lehrerrolle in der ökologisch-phänomenologischen Erziehungswissenschaft. In: Voß, R. (Hg.): Die Schule neu erfinden. Systemisch-konstruktivistische Annäherungen an Schule und Pädagogik, Neuwied, Berlin, 2. Aufl. 1997, S. 129–152.

347 Kleinau, E.: Bildung und Geschlecht. Eine Sozialgeschichte des höheren Mädchenschulwesens in Deutschland vom Vormärz bis zum Dritten Reich, Weinheim 1997.

348 Kleinau, E./Opitz, C. (Hg.): Geschichte der Mädchen- und Frauenbildung. Bd. 1. Vom Mittelalter bis zur Aufklärung, Bd. 2: Vom Vormärz bis zur Gegenwart, Frankfurt u. a. 1996.

349 Klessmann, M.: Erinnerung und Erwartung. Dimensionen christlicher Praxis aus pastoralpsychologischer Sicht. In: Evangelische Theologie 4 (1995), S. 306–321.

350 Klie, Th. (Hg.): Der Religion Raum geben. Kirchenpädagogik und religiöses Lernen, Münster 1998.
351 Kliemann, P./Rupp, H. (Hg.): Tausend Stunden Religionsunterricht. Wie junge Erwachsene den Religionsunterricht erleben, Stuttgart 2000.
352 Klippert, H.: Methoden-Training, Weinheim u. a., 2. Aufl. 1994.
353 Koerrenz, R.: Stufentheorie der Erziehung. Studien zur Theorie der Erziehung unter besonderer Berücksichtigung der operativen Grundlage und strukturellen Gestaltungsmöglichkeiten von Erziehung, Habilitationsschrift, Tübingen 1995.
354 Koerrenz, R.: Religionspädagogik zwischen Aneignung und Vermittlung? Anmerkungen zu einer unzulänglichen Alternative. In: Becker, U./Scheilke, Chr. (Hg.): Aneignung und Vermittlung, Gütersloh 1995, S. 43–56.
355 Koerrenz, R.: Sozialpädagogik. In: TRE XXXI, Berlin u. a. 2000, S. 556–559.
356 Koerrenz, R./Collmar, N. (Hg.): Die Religion der Reformpädagogen, Weinheim 1994.
357 Kösel, E.: Die Modellierung von Lernwelten. Ein Handbuch zur Subjektiven Didaktik, Elztal-Dallau, 3. Aufl. 1997.
358 Kokemohr, R.: Zur Verrechtlichung unterrichtlicher Interaktion. In: Enzyklopädie Erziehungswissenschaft, Bd. 7. Erziehung im Primarschulalter, Stuttgart u. a. 1995, S. 138–172.
359 Konukiewitz, W.: Zur Rollenproblematik des Religionslehrers. In: Informationen zum RU 3 (1975), S. 20–24.
360 Kratochwil, L.: Pädagogisches Handeln bei Hugo Gaudig, Maria Montessori und Peter Petersen, Donauwörth 1992.
361 Kreienbaum, M.-A.: Der heimliche Lehrplan der Geschlechtererziehung. In: Dies./Metz-Göckel, S. (Hg.): Koedukation und Technikkompetenz der Mädchen. Der heimliche Lehrplan der Geschlechtererziehung und wie man ihn ändert, Weinheim u. a. 1992.
362 Kreienbaum, M.-A.: Erfahrungsfeld Schule. Koedukation als Kristallisationspunkt, Weinheim, 2. Aufl. 1995.
363 Kreienbaum, M.-A./Metz-Göckel, S. (Hg.): Koedukation und Technikkompetenz der Mädchen. Der heimliche Lehrplan der Geschlechtererziehung und wie man ihn ändert, Weinheim u. a. 1992.
364 Krieck, E.: Die soziale Funktion der Erziehung. In: Nohl, H./Pallat, L. (Hg.): Handbuch der Pädagogik, Bd. 2, Langensalza 1929, S. 255–280.
365 Krüger, H. H.: Allgemeine Pädagogik auf dem Rückzug? Notizen zur disziplinären Neuvermessung der Erziehungswissenschaft. In: Ders./T. Rauschenbach (Hg.): Erziehungswissenschaft. Die Disziplin am Beginn einer neuen Epoche, Weinheim 1994, S. 115–131.
366 Krüger, H. H.: Erziehungswissenschaft und ihre Teildisziplinen. In: Ders./W. Helsper (Hg.): Einführung in Grundbegriffe und Grundfragen der Erziehungswissenschaft, Opladen, 2. durchges. Aufl. 1996, S. 303–318.

367 Krüger, H. H./T. Rauschenbach (Hg.): Erziehungswissenschaft. Die Disziplin am Beginn einer neuen Epoche, Weinheim 1994.
368 Krüger, H. H./Helsper, W. (Hg.): Einführung in Grundbegriffe und Grundfragen der Erziehungswissenschaft, Opladen, 2. durchges. Aufl. 1996.
369 Krüger, H.-H. /Rauschenbach, T. (Hg.): Einführung in die Arbeitsfelder der Erziehungswissenschaft, Opladen, 2. durchges. Aufl. 1997.
370 Krummheuer, G./Naujok, N.: Grundlagen und Beispiele interpretativer Unterrichtsforschung, Opladen 1999.
371 Kürten, K.: Der evangelische Religionslehrer im Spannungsfeld von Schule und Religion, Neukirchen-Vluyn 1987.
372 Kunig, P.: Rechtsfragen ethischer und religiöser Erziehung in der Schule. In: Adam, G./Schweitzer, F. (Hg.): Ethisch erziehen in der Schule, Göttingen 1996, S. 301–312.
373 Kurz, W. K.: Meditation. In: Adam, G. /Lachmann, R. (Hg.): Methodisches Kompendium für den Religionsunterricht, Göttingen 1993, S. 350–365.
374 Lachmann, R.: Methodische Grundfragen. In: Adam, G./Lachmann, R. (Hg.): Methodisches Kompendium für den Religionsunterricht, Göttingen 1993, S. 15–38.
375 Lachmann, R.: Verständnis und Aufgaben religionsunterrichtlicher Fachdidaktik. In: Adam, G./Lachmann, R. (Hg.): Religionspädagogisches Kompendium, 5. neuberarbeitete Aufl. 1997.
376 Ladenthin, V.: Der Lehrer. Vom Grad der Bildung her betrachtet. In: Wenger-Hadwig, A. (Hg.): Der Lehrer – Hoffnungsträger oder Prügelknabe der Gesellschaft, Innsbruck u. a. 1998, S. 24–53.
377 Laging, R. (Hg.): Altersgemischtes Lernen in der Schule, Hohengehren 1999.
378 Lämmermann, G.: Religion in der Schule als Beruf. Der Religionslehrer zwischen institutioneller Erziehung und Persönlichkeitsbildung, München 1985.
379 Lämmermann, G.: Grundriß der Religionsdidaktik, Stuttgart 1991.
379a Lange, H.: Entwicklung und Stand des höheren Mädchenschulwesens in Deutschland, Berlin 1893.
380 Lange, H.: Kampfzeiten. Aufsätze und Reden aus vier Jahrzehnten, Berlin 1928.
381 Lange, H.: Die höhere Mädchenschule und ihre Bestimmung. Begleitschrift zu einer Petition an das preußische Unterrichtsministerium und das preußische Abgeordnetenhaus (1887). In: Dies.: Kampfzeiten. Aufsätze und Reden aus vier Jahrzehnten, Berlin 1928, S. 7–58.
382 Langewand, A.: Über die Schwierigkeit, Erziehung als Aufforderung zur Selbsttätigkeit zu begreifen. In: ZfPäd 49 (2003), S. 274–289.
383 Langer, K.: Warum noch Religionsunterricht, Gütersloh 1989.
384 Leenen, W. R./Grosch, H.: Bausteine zur Grundlegung interkulturellen

Lernens. In: Interkulturelles Lernen. Arbeitshilfen für die politische Bildung, Bonn 1998, S. 29–46.
385 Lehmann, Chr.: Freiarbeit – ein Lernweg für den Religionsunterricht, Münster, 2. Aufl. 1999.
386 Lehmann, Chr.: Religionslehrer/-in werden ... Lehramtsanwärter/-innen reflektieren ihre Ausbildung, Münster 1999.
387 Lehmann, K. (Hg.): Der Beitrag der Unterrichtsfächer zur Allgemeinbildung, 1990.
388 Lehmann, P.: Vom Lernweg eines Dozenten. In: ZPT 52 (2000), S. 407–423.
389 Lenhardt, G.: Schulentwicklung und Lehrerethos. In: Neue Sammlung 34 (1994), S. 277–296.
390 Lenk, H. (Hg.): Handlungstheorie interdisziplinär, Bd. 2. Erster Halbband. Handlungserklärungen und philosophische Handlungsinterpretation, München 1978.
391 Lenk, H.: Handlung als Interpretationskonstrukt. Entwurf einer Konstituenten- und beschreibungstheoretischen Handlungsphilosophie. In: Ders. (Hg.): Handlungstheorie interdisziplinär, Bd. 2. Erster Halbband. Handlungserklärungen und philosophische Handlungsinterpretation, München 1978, S. 279–350.
392 Lennert, R.: Immer noch: der evangelische Religionsunterricht in der Schule. In: Die Sammlung 6 (1951), S. 249–254.
393 Lenzen, D. (Hg.): Pädagogische Grundbegriffe, Bd. 2, Reinbek 1989.
394 Leschinsky, A./Roeder, P. M.: Schule im historischen Prozeß, Stuttgart 1976.
395 Lexikon der Religionspädagogik, hg. v. Mette, N. u. Rickers, F., Neukirchen-Vluyn 2001.
396 Liebau, E.: Das Generationenverhältnis. Über das Zusammenleben in Familie und Gesellschaft, Weinheim u. a. 1997.
397 Liebau, E.: Allgemeinbildung als Laien- und Bürgerbildung: eine Aufgabe für das Gymnasium? In: Ders./Mack, W. /Scheilke, Chr. (Hg.): Das Gymnasium. Alltag, Reform, Geschichte, Theorie, Weinheim u. a. 1997, S. 281–302.
398 Liebau, E./Wulf, Chr. (Hg.): Generation. Versuche über eine pädagogisch-anthropologische Grundbedingung, Weinheim 1996.
399 Liebau, E./Mack, W./Scheilke, Chr. (Hg.): Das Gymnasium. Alltag, Reform, Geschichte, Theorie, Weinheim u. a. 1997.
400 Liedtke, M.: Männersache Bildung. Der weite Schulweg der Mädchen – Historische Wurzeln einer Benachteiligung. In: Glumpler, E. (Hg.): Mädchenbildung – Frauenbildung. Beiträge der Frauenforschung für die LehrerInnenbildung, Bad Heilbrunn 1992, S. 62–92.
401 Lingelbach, K. Ch./Diederich, J.: Handlungsprobleme des Lehrers. Eine Einführung in die Schulpädagogik. Bd. 1: Unterricht und Schulleben, Königstein 1979.

402 Loch, W.: Die Verkündigung in der Erziehung. In: Diem, H./Loch, W.: Erziehung durch Verkündigung, Heidelberg 1959, S. 26–86.
403 Loch, W.: Enkulturation als anthropologischer Grundbegriff der Pädagogik. In: Weber, E. (Hg.): Der Erziehungs- und Bildungsbegriff im 20. Jahrhundert, Bad Heilbrunn, 3. Aufl. 1976, S. 122–140.
404 Loch, W.: Lebenslauf und Erziehung, Essen 1979.
405 Loeben, B.: Schulentwicklungsprozesse an der Uhlandgrundschule Bühl-Tübingen. In: Grunder, H.-U.: Schulentwicklung durch Kooperation und Vernetzung. Schule verändern, Bad Heilbrunn 2002, S. 61–79.
406 Luckmann, Th.: Theorie des sozialen Handelns, Berlin 1992.
407 Luhmann, N.: Reflexive Mechanismen. In: Ders.: Soziologische Aufklärung, Bd 1, Opladen, 3. Aufl. 1972, S. 92–112.
408 Luhmann, N.: Soziologische Aufklärung, Bd. 1, Opladen, 3. Aufl. 1972.
409 Luhmann, N.: Soziale Systeme. Grundriß einer allgemeinen Theorie, Frankfurt, 4. Aufl. 1991.
410 Luhmann, N.: System und Absicht der Erziehung. In: Ders./Schorr, K. E. (Hg.): Zwischen Absicht und Person, Frankfurt 1992, S. 102–124.
411 Luhmann, N./Schorr, K. E.: Das Technologiedefizit der Erziehung und die Pädagogik. In: Dies. (Hg.): Zwischen Technologie und Selbstreferenz, Frankfurt 1982, S. 11–40.
412 Luhmann, N./Schorr, K. E. (Hg.): Zwischen Technologie und Selbstreferenz, Frankfurt 1982.
413 Luhmann, N./Schorr, K. E. (Hg.): Zwischen Intransparenz und Verstehen. Fragen an die Pädagogik, Frankfurt 1986.
414 Luhmann, N./Schorr, K. E.: Das Technologiedefizit der Erziehung und die Pädagogik. In: Dies. (Hg.): Zwischen Technologie und Selbstreferenz, Frankfurt 1982.
415 Luhmann, N./Schorr, E. (Hg.): Zwischen Anfang und Ende, Frankfurt 1990.
416 Lundgreen, P.: Zur Konstituierung des ›Bildungsbürgertums‹: Berufs- und Bildungsauslese der Akademiker in Preußen. In: Conze, W./Kocka, J. (Hg.): Bildungsbürgertum im 19. Jahrhundert, Teil I: Bildungssystem und Professionalisierung im internationalen Vergleich, Stuttgart 2. Aufl. 1992, S. 79–108.
417 Luther, H.: Sache oder Subjekt?. In: Pädagogik (1989), H. 3, S. 52–57, hier S. 55.
418 Luther, H.: Religion und Alltag. Bausteine zu einer praktischen Theologie des Subjekts, Stuttgart 1992.
419 Luthers Werke in Auswahl, unter Mitwirkung v. Leitzmann, A. hg. v. Clemen, O., Berlin 1950.
420 Luther, M.: Kleiner Katechismus. In: Die Bekenntnisschriften der evangelisch-lutherischen Kirche, hrsg. im Gedenkjahr der Augsburger Konfession 1930, Göttingen 8. Aufl. 1979, S. 507 ff.

421 Luther, M.: Acht Sermon geprediget zu Wittenberg in der Fasten (9.–16. März) 1522. In: Luthers Werke, in Auswahl, unter Mitwirkung v. Leitzmann, A. hg. v. Clemen, O., 7. Bd., Berlin 1950, S. 362–387.
422 Luther, M.: Das siebente Kapitel S. Pauli zu den Corinthern ausgelegt (1523). In: D. Martin Luthers Werke. Kritische Gesamtausgabe (Weimarer Ausgabe) 12. Bd., Weimar 1891, S. 88–142.
423 Luther, M.: An die Ratsherrn aller Städte deutschs Lands, dass sie christliche Schulen aufrichten und halten sollen (1524). In: Luthers Werke in Auswahl, unter Mitwirkung v. Leitzmann, A. hg. v. Clemen, O., 2. Bd., Berlin 1950, S. 442–464.
424 Luther, M.: Ordnung eines gemeinen Kastens der Gemeinde zu Leysnick. In: Luthers Werke in Auswahl, unter Mitwirkung v. Leitzmann, A. hg. v. Clemen, O., 2. Bd., Berlin 1950, S. 404–422.
425 Luther, M.: Vorrede zur deutschen Messe (1526). In: Luthers Werke in Auswahl, unter Mitwirkung v. Leitzmann, A. hg. v. Clemen, O., 3. Bd., Berlin 1950, S. 294–309.
426 Luther, M.: Eine Predigt, dass man Kinder zur Schulen halten sollen (1530). In: Luthers Werke in Auswahl, unter Mitwirkung v. Leitzmann, A. hg. v. Clemen, O., 4. Bd., Berlin 1950, S. 144–178.
427 Luther, M.: An den christlichen Adel deutscher Nation von des christlichen Standes Besserung. In: Luthers Werke in Auswahl, unter Mitwirkung v. Leitzmann, A. hg. v. Clemen, O., 1. Bd., Berlin 1950, S. 362–425.
428 Mannheim, K.: Das Problem der Generationen. In: Kölner Vierteljahreshefte für Soziologie 7 (1928), S. 157–185. 309–330.
429 Markschies, E.: Der Gottesdienst wächst mit – Erfahrungen aus dem Christlichen Gymnasium Jena. In: ZPT 51 (1999), H. 2, S. 109–115.
430 Marotzki, W.: Bildung als Herstellung von Bestimmtheit und Ermöglichung von Unbestimmtheit. Psychoanalytisch-lerntheoretisch geleitete Untersuchungen zum Bildungsbegriff in hochkomplexen Gesellschaften. In: Hansmann, O./Marotzki, W. (Hg.): Diskurs Bildungstheorie I, Systematische Markierungen, Weinheim 1988, S. 311–333.
431 Masschelein, J.: Kommunikatives und pädagogisches Handeln, Weinheim 1991.
432 Matthes, E.: »Kampfzeiten«. Der Weg der Mädchen zur gymnasialen Bildung. In: Liebau, E./Mack, W./Scheilke, Chr. (Hg.): Das Gymnasium. Alltag, Reform, Geschichte, Theorie, Weinheim u. a. 1997, S. 203–217.
433 Maturana, H./Varela, F.: Der Baum der Erkenntnis. Die biologischen Wurzeln des Verstehens, Bern 1987.
434 Mead, M.: Der Konflikt der Generationen, Olten u. Freiburg 1971.
435 Meggle, G. (Hg.): Analytische Handlungstheorie, Bd. 1. Handlungsbeschreibungen, Frankfurt a. M. 1985.
436 Meggle, G.: Einleitung. In: Ders. (Hg.): Analytische Handlungstheorie, Bd. 1. Handlungsbeschreibungen, Frankfurt a. M. 1985.

437 Melanchthon, Ph.: Unterricht der Visitatoren an die Pfarrherrn im Kurfürstentum zu Sachsen, 1528. In: Nipkow, K. E./Schweitzer, F. (Hg.): Religionspädagogik. Texte zur evangelischen Erziehungs- und Bildungsverantwortung seit der Reformation, Bd. 1, München 1991, S. 86–89.
438 Memmert, W.: Der schulische Fächerkanon – eine heilige Kuh?. In: Seibert, N./Serve, H. J. (Hg.): Bildung und Erziehung an der Schwelle zum dritten Jahrtausend, München 1994, S. 1102–1123.
439 Mette, N.: Identität in universaler Solidarität. Zur Grundlegung einer religionspädagogischen Handlungstheorie. In: JRP 6 (1989), S. 27–55.
440 Mette, N.: Religionspädagogik, Düsseldorf 1994.
441 Mette, N.: Individualisierung und Enttraditionalisierung als (religions-)pädagogische Aufgabe. In: Becker, U./Scheilke, Chr. (Hg.): Aneignung und Vermittlung, Gütersloh 1995, S. 69–84.
442 Meyer, H.: Unterrichtsmethoden II: Praxisband, Frankfurt 1987.
443 Meyer-Blanck, M.: Religion und Reflexion. Zur Frage liturgischer Elemente und religiöser Praxis im Klassenzimmer. In: Wermke, M. (Hg.): Rituale und Inszenierungen in Schule und Unterricht, Münster 1997, S. 60–74.
444 Michel, D.: Art. Bildung II Altes Testament. In: Theologische Realenzyklopädie, hg. v. Krause, G. u. Müller, G. Bd. 6, Berlin, New York 1980, S. 582–584.
445 Ministerium für Kultus, Jugend und Sport Baden-Württemberg (Hg.): Schulentwicklung Real. Neue Herausforderungen für die Lehrerbildung, Donauwörth 2002.
446 Moegling, K.: Fächerübergreifender Unterricht. Wege ganzheitlichen Lernens in der Schule, Bad Heilbrunn 1998.
447 Mönnich, A.: Der Religionslehrer. Glaubenszeuge als personales Medium im Religionsunterricht der Sekundarstufe II, Altenberge 1989.
448 Mollenhauer, K.: Erziehung und Emanzipation. Polemische Skizzen, München, 5. Aufl. 1971.
449 Mollenhauer, K.: Vergessene Zusammenhänge. Über Kultur und Erziehung, Weinheim u. a., 4. Aufl. 1994.
450 Mollenhauer, K.: Anmerkungen zur Möglichkeit von Friedenserziehung. In: Schreiner, G./Schweitzer, J. (Hg.): Friedensfähigkeit statt Friedlichkeit, Frankfurt 1986, S. 53–63.
451 Mono, E.-F./Thierfelder, J.: ABEL und seine Vorgeschichte. In: Büttner, G./Dietz, W./Thierfelder, J. (Hg.): Religionsunterricht im Urteil der Lehrerinnen und Lehrer. Ergebnisse und Bewertung einer Befragung Ev. ReligionslehrerInnen der Sekundarstufe I in Baden-Württemberg, Idstein 1993, S. 9–13.
452 Montessori, M.: Schule des Kindes, Freiburg, 4. Aufl. 1991.
453 Montessori, M.: Über den Grundriß der Montessori-Schule. In: Dies.: Spannungsfeld Kind – Gesellschaft – Welt, aus nachgelassenen Texten hg. v. Schulz-Benesch, G., Freiburg u. a. 1979, S. 78–88.

454 Montessori, M.: Spannungsfeld Kind – Gesellschaft – Welt, aus nachgelassenen Texten hg. v. Schulz-Benesch, G., Freiburg u. a. 1979.
455 Montessori, M.: Grundlagen meiner Pädagogik (1934). In: Dies.: Grundgedanken der Montessori-Pädagogik, zusammengestellt v. Oswald, P. u. Schulz-Benesch, G., Freiburg, 11. Aufl. 1991, S. 25–45.
456 Montessori, M.: Grundgedanken der Montessori-Pädagogik, zusammengestellt v. Oswald, P. u. Schulz-Benesch, G., Freiburg u. a., 6. erw. Aufl. 1980.
457 Muck, M.: Psychoanalyse und Schule, Stuttgart 1980.
458 Mühlhausen, U.: Gegenseitige Hospitation im Unterricht. In: Die Deutsche Schule 83, 1991, S. 199–215.
459 Müller, C.: Denkstile im Schulalltag. Pädagogisches Handeln an der Grundschule, Weinheim 1998.
460 Müller, S. F.: Lehrer in der Sekundarstufe I. In: Enzyklopädie Erziehungswissenschaft. Bd. 8: Erziehung im Jugendalter – Sekundarstufe I, Stuttgart 1995, S. 288–299.
461 Müller, S. F. /Tenorth, H.-E.: Professionalisierung der Lehrertätigkeit. In: Enzyklopädie Erziehungswissenschaft, Bd. 5, Stuttgart, 2. Aufl. 1997, S. 153–171.
462 Müller-Fohrbrodt, G. /Cloetta, B. /Dann, H. D.: Der Praxisschock bei jungen Lehrern. Formen – Ursachen – Folgerungen. Eine zusammenfassende Bewertung der theoretischen und empirischen Erkenntnisse, Stuttgart 1978.
463 Müssig-Trapp, P.: Heute wie vor 50 Jahren: Schule sichert die soziale Hierarchie. In: Pädagogik 52 (2000) H. 4, S. 48–52.
464 Neber, H. (Hg.): Entdeckendes Lernen, Weinheim, 3. völlig überarb. Aufl. 1981.
465 Neubert, W.: Das Erlebnis in der Pädagogik, Göttingen, 3. Aufl. 1932, Nachdruck Lüneburg 1990.
466 Neugebauer, W.: Das Bildungswesen in Preußen seit der Mitte des 17. Jahrhunderts. In: Büsch, O. (Hg.): Handbuch der preußischen Geschichte, Bd. 2, Berlin u. a. 1992, S. 605–798.
467 Neuweg, G. H.: Lehrerhandeln und Lehrerbildung im Lichte des Konzepts des impliziten Wissens. In: ZfPäd 48 (2002), H. 1, S. 10–29.
468 Nevermann, K. u. a. (Hg.): Rechte der Lehrer, Rechte der Schüler, Rechte der Eltern, München 1977.
469 Nieswandt, M.: Lehrerinnenseminare: Sonderweg zum Abitur oder Bestandteil höherer Mädchenbildung? In: Kleinau, E./Opitz, C. (Hg.): Geschichte der Mädchen- und Frauenbildung, Bd. 2: Vom Vormärz bis zur Gegenwart, Frankfurt u. a. 1996, S. 174–188.
470 Nicklis, W. S. (Hg.): Hauptschule. Erscheinung und Gestalt, Bad Heilbrunn 1980.
471 Nipkow, K. E.: Problemorientierter Religionsunterricht nach dem Kontexttypus. In: Ders.: Schule und Religionsunterricht im Wandel, Heidelberg 1971.

472 Nipkow, K. E.: Bildung und Entfremdung. Überlegungen zur Rekonstruktion der Bildungstheorie. In: Herrmann, U. (Hg.): Historische Pädagogik. Studien zur Historischen Bildungsökonomie und zur Wissenschaftsgeschichte der Pädagogik (ZfPäd 14. Beiheft), Weinheim u. a. 1977, S. 205–229.
473 Nipkow, K. E.: Grundfragen der Religionspädagogik, Bd. 2, Gütersloh, 2. Aufl. 1978.
474 Nipkow, K. E.: Grundfragen der Religionspädagogik, Bd. 3. Gemeinsam leben und glauben lernen, Gütersloh 1982.
475 Nipkow, K. E.: Religionsunterricht in der Leistungsschule, Gütersloh 1979.
476 Nipkow, K. E.: Grundsätze evangelischer Bildungspolitik im Wandel. In: Bildung und Kirche, Münster 1985.
477 Nipkow, K. E.: Rollenkonflikte und Identitätskrisen des Lehrers in der Schule von heute. In: Biermann, R. (Hg.): Interaktion – Unterricht – Schule, Darmstadt, 1985, S. 296–324.
478 Nipkow, K. E.: Bildung als Lebensbegleitung und Erneuerung, Gütersloh 1990.
479 Nipkow, K. E.: Bildung in einer pluralen Welt, Bd. 2: Religionspädagogik im Pluralismus, Gütersloh 1998.
480 Nipkow, K. E.: Gott – bildungstheoretische Herausforderungen. In: Theologische Quartalsschrift 179 (1999) H. 2, S. 83–89.
481 Nipkow, K. E./Schweitzer, F. (Hg.): Religionspädagogik. Texte zur evangelischen Erziehungs- und Bildungsverantwortung seit der Reformation Bd. 1 u. 2, München 1991 ff.
482 Nölle, K.: Probleme der Form und des Erwerbs unterrichtsrelevanten pädagogischen Wissens. In: ZfPäd 48 (2002), S. 48–67.
483 Nohl, H./Pallat, L. (Hg.): Handbuch der Pädagogik, Bd. 2, Langensalza 1929.
484 Nohl, H.: Vom Wesen der Erziehung. In: Ders.: Pädagogik aus dreißig Jahren, Frankfurt 1949.
485 Oberthür, R.: Kinder fragen nach Leid und Gott. Lernen mit der Bibel im Religionsunterricht, München 1998.
486 Oelkers, J.: Intention und Wirkung: Vorüberlegungen zu einer Theorie pädagogischen Handelns. In: Luhmann, N./Schorr, K. E. (Hg.): Zwischen Technologie und Selbstreferenz, Frankfurt 1982, S. 139–194.
487 Oelkers, J.: Erziehen und Unterrichten. Grundbegriffe der Pädagogik in analytischer Sicht, Darmstadt 1985.
488 Oelkers, J.: Unterrichtsvorbereitung als pädagogisches Problem. In: EvErz 40 (1988), S. 516–531.
489 Oelkers, J.: Vollendung. Theologische Spuren im pädagogischen Denken. In: Luhmann, N./Schorr, K. E. (Hg.): Zwischen Anfang und Ende, Frankfurt 1990, S. 24–72.
490 Oelkers, J.: Reformpädagogik. Eine kritische Dogmengeschichte, Weinheim u. München 3. vollst. bearb. u. erw. Aufl. 1996.

491 Oelkers, J.: Schule heute im Spannungsfeld gesellschaftlicher Widersprüche. In: Burmeister, H.-P./Dressler, B. (Hg.): Lebensraum Schule, Loccumer Protokolle 14/95, Loccum 1996, S. 9–33.
492 Oerter, R.: Kultur, Ökologie und Entwicklung. In: Ders./Montada, L. (Hg.): Entwicklungspsychologie, 3. vollst. überarb. Aufl., Weinheim 1995, S. 84–127.
493 Oevermann, U.: Theoretische Skizze einer revidierten Theorie professionalisierten Handelns. In: Combe, A./Helsper, W. (Hg.): Pädagogische Professionalität. Untersuchungen zum Typus pädagogischen Handelns, Frankfurt 1996, S. 70–182.
494 Oppermann, E.: Die Zahl der Religionsstunden in den deutschen Volksschulen. In: Monatsblätter für den Ev. Religionsunterricht, 3 (1910), S. 140 f.
495 Oser, F.: Theologisch denken lernen. Zum Aufbau kognitiver Strukturen im Religionsunterricht, Olten 1975.
496 Oser, F.: Die Entstehung Gottes im Kinde. Zum Aufbau der Gottesbeziehung in den ersten Schuljahren, Zürich 1992.
497 Oser, F.: Zu-Mutung: eine basale pädagogische Handlungsstruktur. In: Seibert, N./Serve, H. J. (Hg.): Bildung und Erziehung an der Schwelle zum dritten Jahrtausend, München 1994, S. 773–800.
498 Oser, F.: Ethos – Die Vermenschlichung des Erfolgs. Zur Psychologie der Berufsmoral von Lehrpersonen, Opladen 1998.
499 Oser, F./Gmünder, P.: Der Mensch – Stufen seiner religiösen Entwicklung. Ein strukturgenetischer Ansatz, Zürich u. a. 1984.
500 Oser, F./Althof, W.: Moralische Selbstbestimmung. Modelle der Entwicklung und Erziehung im Wertebereich, Stuttgart 1992.
501 Otto, G.: Methodik des evangelischen Religionsunterrichts als theologisches Problem (1958). In: Berg, H. K. (Hg.): Die Methodik in der Evangelischen Unterweisung, Berlin 1966, S. 144–151.
502 Otto, G.: Schule Religionsunterricht Kirche. Stellung und Aufgabe des Religionsunterrichts in Volksschule, Gymnasium und Berufsschule, Göttingen, 3. stark erw. Aufl. 1968.
503 Otto, G.: Handbuch des Religionsunterrichts, Hamburg 1964.
504 Otto, G./Dörger, H. J./Lott, J.: Neues Handbuch des Religionsunterrichts, Hamburg 1972.
505 Parsons, T.: Aktor, Situation und normative Muster. Ein Essay zur Theorie sozialen Handelns, hrsg. und übersetzt von Wenzel, H., Frankfurt a. M. 1986 (Original: Actor, Situation and Normative Pattern, Manuskript 1939).
506 Parsons, T./Shils, E. (Eds.): Toward a General Theory of Action, Cambridge, Mass. 1951.
507 Parsons, T.: Die Schulklasse als soziales System. Einige ihrer Funktionen in der amerikanischen Gesellschaft. In: Graumann, C. F./Heckhausen, H. (Hg.): Pädagogische Psychologie, Grundlagentexte 1: Entwicklung und Sozialisation, Frankfurt 1973, S. 348–375.

508 Paul, E.: Geschichte der christlichen Erziehung, Bd. 2. Barock und Aufklärung, Freiburg u.a. 1995.
509 Paulsen, F.: Geschichte des gelehrten Unterrichts auf den deutschen Schulen und Universitäten vom Ausgang des Mittelalters bis zur Gegenwart, 2 Bde., Leipzig, 3. erw. Aufl. 1919 ff.
510 Pestalozzi Sämtliche Werke, hg. v. Buchenau, A./Spranger, E./Stettbacher, H., Berlin u.a. 1927 ff.
511 Pestalozzi, J. H.: Abendstunde eines Einsiedlers. In: Pestalozzi Sämtliche Werke, hg. v. A. Buchenau/E. Spranger/H. Stettbacher, Berlin u.a. 1927 ff, 1. Bd., S. 265–281.
512 Pestalozzi, J. H.: Lienhard und Gertrud. Ein Buch für's Volk. Dritter Theil. In: Pestalozzi Sämtliche Werke, hg. v. A. Buchenau/E. Spranger/H. Stettbacher, Berlin u.a. 1927 ff, 3. Bd.
513 Petermann, H.-B.: Wie können Kinder Theologen sein?. In: Büttner, G./Rupp, H. (Hg.): Theologisieren mit Kindern, Stuttgart 2002, S. 95–127.
514 Petersen, P.: Der kleine Jena-Plan, Weinheim u.a., 56.–60. Aufl. 1980.
515 Petersen, P.: Führungslehre des Unterrichts, Braunschweig 1950.
516 Petrat, G.: Schulunterricht. Seine Sozialgeschichte in Deutschland 1750–1850, München 1979.
517 Peukert, U.: Psychische und soziale Bedingungen kindlicher Identität. In: Religionspädagogische Beiträge 4/1979, S. 4–22.
518 Pissarek-Hudelist, H.: »Der Religionslehrer als Zeuge«. Dreifache Begegnung mit einem Postulat A. Exelers. In: Schnider, A./Renhart, E. (Hg.): Treue zu Gott – Treue zum Menschen, Graz u.a. 1988, S. 45–63.
519 Pitcher, G.: Handlung und Verantwortung bei Hart. In: Meggle (Hg.): Analytische Handlungstheorie, Bd. 1. Handlungsbeschreibungen, Frankfurt a.M. 1985, S. 225–238.
520 Prange, K.: Die erzieherische Bedeutung der didaktischen Phantasie. In: Bildung und Erziehung 34 (1981), S. 393–407.
521 Prange, K.: Bauformen des Unterrichts, Bad Heilbrunn, 2. durchges. Aufl. 1986.
522 Prange, K.: Über das Zeigen als operative Basis der pädagogischen Kompetenz. In: Bildung und Erziehung 48 (1995), S. 145–158.
523 Prange, K.: Schul-Zeit. Gewinne und Verluste. In: Ders.: Die Zeit der Schule, Bad Heilbrunn 1995, S. 60–68.
524 Prange, K.: Die Zeit der Schule, Bad Heilbrunn 1995.
525 Prange, K.: Der Zeitaspekt des Formproblems in der Erziehung. In: ZfPäd 45 (1999) 3, S. 301–312.
526 Prengel, A. (Hg.): Schulbildung und Gleichberechtigung, Frankfurt (Eigenverlag) 1987.
527 Preul, R.: Religion – Bildung – Sozialisation, Gütersloh 1980.
528 Preul, R.: Bildung. In: Bitter, G./Miller, G. (Hg.): Handbuch religionspädagogischer Grundbegriffe, München 1986, S. 67–74.

529 Rad, G. von: Theologie des Alten Testaments, Bd. 1, München, 7. Aufl. 1978.
530 Radtke, F.-O.: Wissen und Können. Die Rolle der Erziehungswissenschaft in der Erziehung, Opladen 1996.
531 Ramseger, J.: Was heißt durch Unterricht erziehen? Erziehender Unterricht und Schulreform, Weinheim 1991.
532 M. Rang: Handbuch für den biblischen Unterricht, 1. Hbd., Tübingen (1939), 2. Aufl. 1947.
533 Rayfield, D.: Handlung. In: Meggle, G. (Hg.): Analytische Handlungstheorie, Bd. 1. Handlungsbeschreibungen, Frankfurt a.M. 1985, S. 69–88.
534 Reents, Chr.: Projektunterricht. In: Adam, G./Lachmann, R. (Hg.): Methodisches Kompendium für den Religionsunterricht, Göttingen 1993, S. 72–80.
535 Rein, W.: Pädagogik im Grundriß, Berlin u.a., 6. Aufl. 1927.
536 Reinert, G.-B. /Dietrich, R. (Hg.): Theorie und Wirklichkeit. Studien zum Lehrerhandeln zwischen Unterrichtstheorie und Alltagsroutine, Frankfurt 1987.
537 Reiners, A.: Erlebnis und Pädagogik, München 1995.
538 Reinhardt, K.: Öffnung der Schule. Community education als Konzept für die Schule der Zukunft?, Weinheim u.a. 1992.
539 Reinmann-Rothmeier, G. /Mandl, H.: Wissensvermittlung: Ansätze zur Förderung des Wissenserwerbs. In: Enzyklopädie der Psychologie, Bd. 6, Göttingen 1998, S. 457–500.
540 Rendle, L. /Heinemann, U. /Kuld, L. /Moos, B. /Müller, A.: Ganzheitliche Methoden im Religionsunterricht, München 1996.
541 Rentschler, I. /Madelung, E. /Fauser, P. (Hg.): Bilder im Kopf. Kognitionswissenschaftliche Beiträge zum imaginativen Lernen, Seelze 2002.
542 Riedel, M.: Einleitung. In: Dilthey, W.: Der Aufbau der geschichtlichen Welt in den Geisteswissenschaften (1910), Frankfurt 1981, S. 9–80.
543 Riemann Musik Lexikon, 3 Bde, Sachteil, Mainz 12. neubearb. Aufl. 1967.
543a Rinderknecht, H.-J./Zoller, K.: Kleine Methodik christlicher Unterweisung. 2. erw. Aufl. 1939.
544 Ritter, W.: Richard Kabisch (1868–1914). In: Schröer, H. /Zilleßen, D. (Hg.): Klassiker der Religionspädagogik, Frankfurt 1989, S. 181–196.
545 Robinson, S.B.: Bildungsreform als Revision des Curriculum, Neuwied, Berlin 1967.
546 Roeder, P. M.: Der Lehrer als Einzelkämpfer. In: Bäuerle, S. (Hg.): Lehrer auf die Schulbank, Stuttgart 1991, S. 77–87.
547 Rönne, L. v.: Das Unterrichts=Wesen des Preußischen Staates, 1. Bd.: Allgemeiner Theil. Privat-Unterricht. Volksschulwesen, 2. Bd.: Die höheren Schulen und die Universitäten des Preußischen Staates, Berlin 1855.
548 Rolff, H.-G.: Schulentwicklung als Entwicklung der Einzelschule?

Theorien und Indikatoren von Entwicklungsprozessen. In: ZfPäd 37. (1991), S. 865–886.
549 Rolff, H.-G.: Lehrer – die einzige Chance für Schulentwicklung. In: Erziehung und Wissenschaft 1992, H. 2.
550 Rolff, H.-G.: Wandel durch Selbstorganisation. Theoretische Grundlagen und praktische Hinweise für eine bessere Schule, Weinheim u. München 1993.
551 Rolff, H.-G. u. a. (Hg.): Jahrbuch der Schulentwicklung, Bd. 8, Weinheim 1994.
552 Rolff, H.-G. (Hg.): Zukunftsfelder der Schulforschung, Weinheim 1995.
553 Roth, H.: Die originale Begegnung als methodisches Prinzip. In: Ders.: Pädagogische Psychologie des Lehrens und Lernens, Hannover 13. Aufl. 1971, S. 109–117.
554 Rothgangel, M.: Schlussphase. In: Adam, G./Lachmann, R. (Hg.): Methodisches Kompendium für den Religionsunterricht 2. Aufbaukurs, Göttingen 2002, S. 371–382.
555 Rudow, B.: Die Arbeit des Lehrers. Zur Psychologie der Lehrertätigkeit, Lehrerbelastung und Lehrergesundheit, Bern u. a. 1994.
556 Rumpf, H.: Die künstliche Schule und das wirkliche Leben, München 1986.
557 Rumpf, H.: Mit fremdem Blick. Stücke gegen die Verbiederung der Welt, Weinheim 1986.
558 Rumpf, H.: Abschied vom Stundenhalten. In: Combe, A./Helsper, W. (Hg.): Pädagogische Professionalität, Frankfurt 1996, S. 472–500.
559 Rumpf, H.: »40 Schultage – Tagebuch eines Studienrats«. Dreißig Jahre danach. In: Liebau, E. u. a. (Hg.): Das Gymnasium. Alltag, Reform, Geschichte, Theorie, Weinheim u. a. 1997, S. 69–80.
560 Rupp, H.: Kinder brauchen Mythen. In: Büttner, G./Rupp, H. (Hg.): Theologisieren mit Kindern, Stuttgart 2002, S. 79–93.
561 Sachs, W.: Schulzwang und soziale Kontrolle, Frankfurt a. M. 1976.
562 Sallwürk, E. von: Die didaktischen Normalformen, Leipzig 1901.
563 Schach, B.: Der Religionslehrer im Rollenkonflikt, München 1980.
564 Schäfer, K.-H.: Aspekte der kritisch-kommunikativen Didaktik. In: Ders./Schaller, K.: Kritische Erziehungswissenschaft und kommunikative Didaktik, Heidelberg, 2. verb. u. erw. Auflage 1973, S. 177–220.
565 Schäfer, K.-H./Schaller, K.: Kritische Erziehungswissenschaft und kommunikative Didaktik, Heidelberg, 2. verb. u. erw. Auflage 1973.
566 Schavan, A.: Zur Ambivalenz des Vorbilds. In: Vierteljahresschrift für wissenschaftliche Pädagogik 61 (1985), S. 213–226.
567 Scheilke, Chr.: Leistungsbeurteilung im Religionsunterricht der Grundschule. In: Schweitzer, F./Faust-Siehl, G. (Hg.): Religion in der Grundschule. Religiöse und moralische Erziehung, Frankfurt 1994, S. 167–177.

568 Scheilke, Chr. (Hg.): Religionsunterricht in schwieriger Zeit, Münster 1997.
569 Scheuerl, H. (Hg.): Klassiker der Pädagogik, 2 Bde., München 1979.
570 Scheunpflug, A.: Weltbürgerliche Erziehung durch den heimlichen Lehrplan des Schulsystems. In: Görgens, S./Scheunpflug, A./Stojanow, K. (Hg.): Universalistische Moral und weltbürgerliche Erziehung, Frankfurt 2001.
571 Schleiermacher, F.: Kurze Darstellung des theologischen Studiums zum Behuf einleitender Vorlesungen, hg. v. H. Scholz, unveränd. reprogr. Nachdr. der 3. kritischen Ausgabe, Leipzig 1910, Darmstadt 1993.
572 Schleiermacher, F. D. E.: Pädagogische Schriften, Bd. 1: Die Vorlesungen aus dem Jahr 1826, unter Mitwirkung von Th. Schulze, hg. v. Weniger, E., Düsseldorf, 2. Aufl. 1966.
573 Schluchter, W.: Die Entwicklung des okzidentalen Rationalismus, Tübingen 1979.
574 Schmid, F.: Vergegenwärtigung als theologisches und pädagogisches Problem. In: Berg, H. K.: Die Methodik der Evangelischen Unterweisung, Berlin 1966, S. 152–161.
575 Schmid, H.: Die Kunst des Unterrichtens, München 1997.
576 Schmidt, G.: Katechetische Anleitung, München 2. Aufl. 1947.
577 Schmidt, G.: Das alte Testament im kirchlichen Unterricht, München, 2. völlig neubearb. Aufl. 1953.
578 Schmidt, H.: Schlichten – trösten – ordnen – und Jesus groß machen. Impulse zum Selbstkonzept von Religionslehrern. In: Hanisch, H. (Hg.): Qualifiziert als Lehrer und Erzieher im Religionsunterricht, Stuttgart 1978, S. 129–162.
579 Schmidt, H.: ›1000 Stunden Religion‹ – aus der Perspektive des Lehrplans. In: Kliemann, P./Rupp, H. (Hg.): Tausend Stunden Religionsunterricht. Wie junge Erwachsene den Religionsunterricht erleben, Stuttgart 2000.
580 Schmidt, H.: Kinderfrage und Kindertheologie im religionspädagogischen Kontext. In: Büttner, G./Rupp, H. (Hg.): Theologisieren mit Kindern, Stuttgart 2002, S. 11–19.
581 Schöll, A./Dressler, B./Feige, A. u. a.: ›Religion‹ in biographischen Erfahrungszusammenhängen: Zur Daseinshermeneutik bei Religionslehrerinnen und Religionslehrern. Analyseergebnisse berufsbiografischer Interviews. In: Feige, A./Dressler, B./Lukatis, W./Schöll, A.: ›Religion‹ bei ReligionslehrerInnen. Religionspädagogische Zielvorstellungen und religiöses Selbstverständnis in empirisch-soziologischen Zugängen, Münster 2000, S. 33–204.
582 Schönebaum, H.: Pestalozzi. Kennen, Können, Wollen. 1797–1809, Berlin, Leipzig 1937.
583 Schönwalder, H.-G.: Pädagogik – Referenzwissenschaft praktischer Pädagogen an unseren Schulen? In: Ders. (Hg.): Lehrerarbeit, Freiburg 1987, S. 15–37.

584 Schönwalder, H.-G. (Hg.): Lehrerarbeit, Freiburg 1987.
585 Schorb, A. O.: Unterricht und Sprache – Vier Formen ihres Zusammenhangs. In: Höffe, W. L. (Hg.): Sprachpädagogik – Literaturpädagogik, Frankfurt 1969, S. 84–91.
586 Schreiner, G./Schweitzer, J. (Hg.): Friedensfähigkeit statt Friedlichkeit, Frankfurt 1986.
587 Schröer, H./Zilleßen, D. (Hg.): Klassiker der Religionspädagogik, Frankfurt 1989.
588 Schuh, H.: Der Beitrag der Interaktionsanalyse. In: Stachel, G.: Die Religionsstunde – beobachtet und analysiert, Zürich u. a. 1976, S. 21–35.
589 Schulz, W.: Philosophie in der veränderten Welt, Pfullingen 1972.
590 Schulz, W.: Unterricht – Analyse und Planung. In: Heimann, P./Otto, G./Schulz, W. (Hg.): Unterricht – Analyse und Planung, Hannover (1965), 5. bearb. Aufl. 1970, S. 13–47.
591 Schulz, W.: Die lehrtheoretische Didaktik. In: H. Gudjons/R. Teske/R. Winkel (Hg.): Didaktische Theorien, Braunschweig, 2. Aufl. 1983, S. 29–45.
592 Schulz, W.: Fragwürdige Autorität im pädagogischen Dialog. In: Reinert, G.-B./Dietrich, R. (Hg.): Theorie und Wirklichkeit. Studien zum Lehrerhandeln zwischen Unterrichtstheorie und Alltagsroutine, Frankfurt 1987, S. 25–31.
593 Schulz, W.: Didaktische Einblicke, Weinheim 1995.
594 Schulze, G.: Die Erlebnisgesellschaft. Kultursoziologie der Gegenwart, Frankfurt u. a. 1993.
595 Schulze, Th.: Schule im Widerspruch, München u. a. 1980.
596 Schulze, Th.: Situation, pädagogische. In: Lenzen, D. (Hg.): Pädagogische Grundbegriffe, Bd. 2, Reinbek 1989, S. 1386–1391.
597 Schulze, Th.: Das Allgemeine der Bildung und das Spezielle der Fächer. In: Lehmann, K. (Hg.): Der Beitrag der Unterrichtsfächer zur Allgemeinbildung, 1990, S. 16–38.
598 Schulze, Th.: Lehrstück-Dramaturgie. In: Berg, H. Chr./Ders.: Lehrkunst. Lehrbuch der Didaktik (Lehrkunst und Schulvielfalt Bd. 2), Neuwied 1995, S. 361–420.
599 Schwänke, U.: Der Beruf des Lehrers. Professionalisierung und Autonomie im historischen Prozeß, Weinheim, München 1988.
600 Schwarz, B./Prange, K. (Hg.): Schlechte Lehrer/-innen. Zu einem vernachlässigten Aspekt des Lehrberufs, Weinheim u. a. 1997.
601 Schweitzer, F.: Identität und Erziehung. Was kann der Identitätsbegriff für die Pädagogik leisten? Weinheim u. a. 1985.
602 Schweitzer, F.: Zwischen Theologie und Praxis – Unterrichtsvorbereitung und das Problem der Lehrbarkeit der Religion. In: JR 7 (1991), S. 3–41.
603 Schweitzer, F.: Die Religion des Kindes. Zur Problemgeschichte einer religionspädagogischen Grundfrage, Gütersloh 1992.

604 Schweitzer, F.: Kind und Religion – Religiöse Sozialisation und Entwicklung. In: Ders./Faust-Siehl, G. (Hg.): Religion in der Grundschule. Religiöse und moralische Erziehung, Frankfurt 1994, S. 38–47.
605 Schweitzer, F.: Schule – Religionsunterricht – Identität. In: Goßmann, K./Scheilke, Chr. (Hg.): Religionsunterricht im Spannungsfeld von Identität und Verständigung, Münster 1995, S. 71–87.
606 Schweitzer, F.: Religiöses Lernen als kreative Rekonstruktion. In: Becker, U./Scheilke, Chr. (Hg.): Aneignung und Vermittlung, Gütersloh 1995, S. 35–42.
607 Schweitzer, F.: Die Suche nach eigenem Glauben, Gütersloh 1996.
608 Schweitzer, F.: Grundformen ethischen Lehrens und Lernens in der Schule. In: Adam, G./Ders. (Hg.): Ethisch erziehen in der Schule, Göttingen 1996, S. 62–80.
609 Schweitzer, F.: Religiöse Bildung als Aufgabe der Schule. In: Adam, G./Lachmann, R. (Hg.): Religionspädagogisches Kompendium, Göttingen, 5. neubearb. Aufl. 1997, 104–120.
610 Schweitzer, F.: Identitätsbildung durch Beheimatung oder durch Begegnung. Religion als pädagogische Herausforderung in der pluralen multireligiösen Gesellschaft. In EvErz 49 (1997), S. 266–279.
611 Schweitzer, F.: Lebensgeschichte und Religion. Religiöse Entwicklung und Erziehung im Kindes- und Jugendalter, Gütersloh, 4. überarb. u. erw. Aufl. 1999.
612 Schweitzer, F.: Elementarisierung als religionspädagogische Aufgabe: Erfahrungen und Perspektiven. In: ZPT 52 (2000) H. 3, S. 240–252.
612a Schweitzer, F.: Selbstauskunft oder Unterrichtsbeobachtung? In: ZPT 53 (2001) H. 4, S. 320–326.
612b Schweitzer, F.: Elementarisierung nur der Inhalte – oder elementare Formen des Lernens? In: Ders.: Elementarisierung im Religionsunterricht, Neukirchen-Vluyn 2003, S. 187–201.
613 Schweitzer, F./Faust-Siehl, G. (Hg.): Religion in der Grundschule. Religiöse und moralische Erziehung, Frankfurt 1994.
614 Schweitzer, F./Nipkow, K. E./Faust-Siehl, G./Krupka, B.: Religionsunterricht und Entwicklungspsychologie, Gütersloh 1995.
615 Schwendenwein, W.: Profession – Professionalisierung – Professionelles Handeln. In: Alisch, L.-M. u. a. (Hg.): Professionswissen und Professionalisierung, Braunschweig 1990, S. 359–381.
616 Searle, J. R.: Sprechakte – Ein sprachphilosophischer Essay, Frankfurt 1974.
617 Searle, J. R.: Intentionalität: Eine Abhandlung zur Philosophie des Geistes, Frankfurt 1987.
618 Seibert, N./Serve, H. J. (Hg.): Bildung und Erziehung an der Schwelle zum dritten Jahrtausend, München 1994.
619 Seifert, A.: Das höhere Schulwesen. Universitäten und Gymnasien. In: Hammerstein, N. (Hg.): Handbuch der deutschen Bildungsgeschichte Bd. 1, 15.–17. Jahrhundert, München 1996, S. 197–374.

620 Seyfarth, C.: Alltag und Charisma bei Max Weber. Eine Studie zur Grundlegung der »verstehenden« Soziologie. In: Sprondel, W./Grathoff, R. (Hg.): Alfred Schütz und die Idee des Alltags in den Sozialwissenschaften, Stuttgart 1979, S. 155–177.
621 Seyfarth, C.: Über Max Webers Beitrag zur Theorie professionellen beruflichen Handelns, zugleich eine Vorstudie zum Verständnis seiner Soziologie als Praxis. In: Weiß, J. (Hg.): Max Weber heute. Erträge und Probleme der Forschung, Frankfurt a. M. 1989, S. 371–405.
622 Singer, K.: Lehrer-Schüler-Konflikte gewaltfrei regeln, Weinheim 1988.
623 Spanhel, D./Hüber, H.-G.: Lehrersein heute – Berufliche Belastungen und Wege zu deren Bewältigung, Bad Heilbrunn 1995.
624 Speck, J./Wehle, G. (Hg.): Handbuch pädagogischer Grundbegriffe, München 1970.
625 Spranger, E.: Gedanken über Lehrerbildung, Leipzig 1920.
626 Sprondel, W./Grathoff, R. (Hg.): Alfred Schütz und die Idee des Alltags in den Sozialwissenschaften, Stuttgart 1979.
627 Stachel, G.: Die Religionsstunde – beobachtet und analysiert, Zürich u. a. 1976.
628 Stallmann, M: Christentum und Schule, Stuttgart 1958.
629 Steffens, U./Bargel, T.: Erkundungen zu Qualität von Schule, Neuwied 1993.
630 Stephan, G.: Der Lehrer als Vorbild? Theologische Überlegungen zu einer pädagogischen Herausforderung. In: Büttner, G./Thierfelder, J. (Hg.): Religionspädagogische Grenzgänge, Stuttgart 1988, S. 168–177.
631 Stichweh, R: Professionen in einer funktional differenzierten Gesellschaft. In: Combe, A./Helsper, W. (Hg.): Pädagogische Professionalität. Untersuchungen zum Typus pädagogischen Handelns, Frankfurt 1996, S. 49–69.
632 Stock, H.: Verkündigung durch Auslegung! In: Die Sammlung 7 (1952), S. 441–447.
633 Struck, P.: Die Schule der Zukunft. Von der Belehrungsanstalt zur Lernwerkstatt, Darmstadt 1996.
634 Struck, P./Würtl, I.: Vom Pauker zum Coach. Die Lehrer der Zukunft, München u. a. 1999.
635 Sünkel, W.: Generation als pädagogischer Begriff. In: Liebau, E. (Hg.): Das Generationenverhältnis, Weinheim und München 1997, S. 195–204.
636 Theologische Realenzyklopädie, hg. v. G. Krause u. G. Müller, Berlin, New York 1977ff.
637 Tenorth, H.-E.: »Lehrerberuf s. Dilletantismus« Wie die Lehrprofession ihr Geschäft verstand. In: Luhmann, N./Schorr, K. E. (Hg.): Zwischen Intransparenz und Verstehen. Fragen an die Pädagogik, Frankfurt 1986, S. 275–321.
638 Tenorth, H.-E.: Lehrerberuf und Lehrerbildung. In: Handbuch der deutschen Bildungsgeschichte, Bd. III 1800–1870. Von der Neuord-

nung Deutschlands bis zur Gründung des Deutschen Reiches, hg. v. Jeismann, K.-E./Lundgreen, P., München 1987, S. 250–270.
639 Tenorth, H.-E. (Hg.): Allgemeine Bildung. Analysen zu ihrer Wirklichkeit, Versuche über ihre Zukunft, Weinheim u. a. 1986.
640 Tenorth, H.-E.: Profession und Disziplin. Bemerkungen über die krisenhafte Beziehung zwischen pädagogischer Arbeit und Erziehungswissenschaft. In: Drerup, H./Terhart, E. (Hg.): Erkenntnis und Gestaltung. Vom Nutzen erziehungswissenschaftlicher Forschung in praktischen Verwendungskontexten, Weinheim 1990, S. 81–97.
641 Tenorth, H.-E.: Geschichte der Erziehung. Einführung in die Grundzüge ihrer neuzeitlichen Entwicklung, Weinheim u. a., 2. durchges. Aufl. 1992.
642 Tenorth, H.-E.: »Alle alles zu lehren«. Möglichkeiten und Perspektiven allgemeiner Bildung, Darmstadt 1994.
643 Terhart, E.: Organisation und Erziehung. Neue Zugangsweisen zu einem alten Dilemma. In: ZfPäd 32 (1986), S. 205–223.
644 Terhart, E.: Vermutungen über das Lehrerethos. In: ZfPäd 33, 1987, S. 787–804.
645 Terhart, E.: Lehr-Lern-Methoden. Eine Einführung in die Probleme der methodischen Organisation von Lehren und Lernen, Weinheim u. München 1989.
646 Terhart, E. (Hg.). Unterrichten als Beruf. Neuere amerikanische und englische Arbeiten zur Berufskultur und Berufsbiographie von Lehrern und Lehrerinnen, Köln 1991.
647 Terhart, E./Czerwenka, K./Ehrich, K./Jordan, F./Schmidt, H.: Berufsbiographien von Lehrern und Lehrerinnen, Frankfurt 1994.
648 Terhart, E.: Professionen in Organisationen: Institutionelle Bedingungen der Entwicklung von Professionswissen. In: Alisch, L.-M. u. a. (Hg.): Professionswissen – Professionalisierung. Sonderband Empirische Pädagogik 1990, S. 151–170.
649 Terhart, E.: Neuere empirische Untersuchungen zum Lehrerberuf. Befunde und Konsequenzen. In: Böttcher, W. (Hg.): Die Bildungsarbeiter. Situation – Selbstbild – Fremdbild, Weinheim u. a. 1996, S. 171–201.
650 Thomas, A.: Grundriß der Sozialpsychologie, Bd. 2: Individuum, Gruppe, Gesellschaft, Göttingen u. a. 1992.
651 Titze, H.: Die Politisierung der Erziehung, Frankfurt 1973.
652 Titze, H.: Die soziale und geistige Umbildung des preußischen Oberlehrerstandes von 1870–1914. In: Herrmann, U. (Hg.): Historische Pädagogik, Weinheim 1977, S. 107–128.
653 Titze, H.: Lehrerbildung und Professionalisierung. In: Handbuch der deutschen Bildungsgeschichte Bd. IV 1870–1918. Von der Reichsgründung bis zum Ende des Ersten Weltkriegs, hg. v. Berg, Chr., München 1991, S. 345–370.
654 Trapp, E. C.: Versuch einer Pädagogik, Berlin 1780, Nachdruck Paderborn 1977.

655 Treml, A.: Theorie struktureller Erziehung. Grundlagen einer pädagogischen Sozialisationstheorie, Weinheim 1982.
656 Treml, A.: Einführung in die Allgemeine Pädagogik, Stuttgart u. a. 1987.
657 Ulich, K.: Beruf: Lehrer/-in. Arbeitsbelastungen, Beziehungskonflikte, Zufriedenheit, Weinheim 1996.
658 Vandré, R.: Schule, Lehrer und Unterricht im 19. Jahrhundert. Zur Geschichte des Religionsunterrichts, Göttingen 1973.
659 Vollstädt, W./Tillmann, K.-J. /Rauin, U./Höhmann, K./Tebrügge, A.: Lehrpläne im Schulalltag. Eine empirische Studie zur Akzeptanz und Wirkung von Lehrplänen in der Sekundarstufe I, Opladen 1999.
660 Voß, R. (Hg.): Die Schule neu erfinden. Systemisch-konstruktivistische Annäherungen an Schule und Pädagogik, Neuwied, Berlin, 2. Aufl. 1997.
661 Wahl, D.: Handeln unter Druck. Der weite Weg vom Wissen zum Handeln bei Lehrern, Hochschullehrern und Erwachsenenbildnern, Weinheim 1991.
662 Wahl, D./Weinert, F. E./Huber, G. L.: Psychologie für die Schulpraxis, München 1984.
663 Wallrabenstein, W.: Offene Schule – Offener Unterricht, Reinbeck, 4. akt. Aufl. 1994.
664 Walz, U.: Eselsarbeit für Zeisigfutter. Die Geschichte des Lehrers, Frankfurt a. M. 1988.
665 Weber, E. (Hg.): Der Erziehungs- und Bildungsbegriff im 20. Jahrhundert, Bad Heilbrunn, 3. Aufl. 1976.
666 Weber, H.-R.: Jesus und die Kinder, Hamburg 1980.
667 Weber, M: Wirtschaft und Gesellschaft, Tübingen, 5. revidierte Aufl. 1972.
668 Weber, M.: Vorbemerkung. In: Ders.: Gesammelte Aufsätze zur Religionssoziologie, I, Tübingen, 4. photomech. gedruckte Aufl. 1947, S. 1–16.
669 Weber, M.: Die protestantische Ethik und der Geist des Kapitalismus. In: Gesammelte Aufsätze zur Religionssoziologie, I, Tübingen, 4. photomech. gedruckte Aufl. 1947, S. 17–236.
670 Weber, M.: Die Wirtschaftsethik der Weltreligionen. Vergleichende religionssoziologische Versuche. In: Ders.: Gesammelte Aufsätze zur Religionssoziologie, I, Tübingen, 4. photomech. gedruckte Aufl. 1947, S. 237–573.
671 Weber, M.: Die »Objektivität« sozialwissenschaftlicher und sozialpolitischer Erkenntnis. In: Ders.: Gesammelte Aufsätze zur Wissenschaftstheorie, 3. erw. u. verb. Aufl., hg. von Winckelmann, J., Tübingen 1968, S. 146–214.
672 Wegenast, K.: Religionsdidaktik Sekundarstufe I, Stuttgart u. a. 1993.
673 Wegenast, K./Lämmermann, G.: Gemeindepädagogik. Kirchliche Bildungsarbeit als Herausforderung, Stuttgart u. a. 1994.

674 Wehle, G.: Die Bedeutung des Vorbildes in der Erziehung der Gegenwart. In: Der katholische Erzieher 5 (1963), S. 230–243.
675 Wehle, G.: Lehrer, Lehrerbildung. In: Speck, J./Wehle, G. (Hg.): Handbuch pädagogischer Grundbegriffe, Bd. II, München 1970, S. 1–36.
676 Weinert, F. E./Helmke, A.: Der gute Lehrer: Person, Funktion oder Fiktion? In: Die Institutionalisierung von Lehren und Lernen. Beiträge zu einer Theorie der Schule, hg. v. Leschinsky, A. (ZfPäd, 34. Beiheft), Weinheim u. a. 1996, S. 223–233.
677 Weingardt, M.: Lebensräume öffnen. Neue Schritte zum kreativen Miteinander von Schule – Jugendarbeit – Gemeinde. In: Lehren und Lernen 20 (1994), H. 8, Stuttgart, S. 1–30.
678 Weingardt, M.: Einander zuarbeiten. Schule und Jugendarbeit als pädagogische Partner. In: Schule öffnet sich. Birkacher Beiträge für Bildung und Erziehung 3 (1999), S. 40–44.
679 Weingardt, M.: Beziehungen in Entwicklungsprozessen von Schulen. In: Grunder, H.-U.: Schulentwicklung durch Kooperation und Vernetzung. Schule verändern, Bad Heilbrunn 2002, S. 169–188.
680 Weiß, J. (Hg.): Max Weber heute. Erträge und Probleme der Forschung, Frankfurt a. M. 1989.
681 Welker, M.: Gottes Geist. Theologie des Heiligen Geistes, Neukirchen-Vluyn, 2. Aufl. 1993.
682 Wellendorf, F.: Schulische Sozialisation und Identität. Zur Sozialpsychologie der Schule als Institution, Weinheim u. a. 1973.
683 Wenger-Hadwig, A. (Hg.): Der Lehrer – Hoffnungsträger oder Prügelknabe der Gesellschaft, Innsbruck u. a. 1998.
684 Weniger, E.: Didaktik als Bildungslehre. Teil 1, Theorie der Bildungsinhalte und des Lehrplans, Weinheim, 5. Aufl. 1963.
684a Weniger, E.: Glaube, Unglaube, Erziehung. In: Gloy, H. (Hg.): Evangelischer Religionsunterricht, Göttingen 1968.
685 Wermke, M. (Hg.): Rituale und Inszenierungen in Schule und Unterricht, Münster 1997.
686 Werning, R.: Konstruktivismus. Eine Anregung für die Pädagogik? In: Pädagogik 7/8 (1998), S. 39–41.
687 Westphal, S.: Reformatorische Bildungskonzepte für Mädchen und Frauen – Theorie und Praxis. In: Kleinau, E. /Opitz, C. (Hg.): Geschichte der Mädchen- und Frauenbildung, Bd. 1. Vom Mittelalter bis zur Aufklärung, Frankfurt u. a. 1996, S. 135–151.
688 Wiater, W.: Religionspädagogische Reformbewegung 1900–1930, Hildesheim u. a. 1984.
689 Wiese, L. (Hg.): Das höhere Schulwesen in Preußen. Historisch-statistische Darstellung, Berlin 1864.
690 Wigger, L.: Handlungstheorie und Pädagogik. Eine systematisch-kritische Analyse des Handlungsbegriffs als pädagogischer Grundkategorie, St. Augustin 1983.

691 Wilhelm, Th.: Theorie der Schule. Hauptschule und Gymnasium im Zeitalter der Wissenschaften, Stuttgart 1967.
692 Winkel, R.: Die kritisch-kommunikative Didaktik. In: Gudjons, H./Teske, R./Winkel, R. (Hg.): Didaktische Theorien, Braunschweig, 2. Aufl. 1983, S. 79–93.
693 Winkel, R.: Theorie und Praxis der Schule oder: Schulreform konkret – im Haus des Lebens und Lernens, Hohengehren 1997.
694 Winkel, R.: »Der Mensch lebt nicht vom Brot allein ...«. In: ZPT 1 (1998), S. 83–92.
695 Winkler, M.: Erziehung. In: Krüger, H.-H./Helsper, W. (Hg.): Einführung in Grundbegriffe und Grundfragen der Erziehungswissenschaft, Opladen, 2. durchges. Aufl. 1996, S. 53–69.
696 Winterhager-Schmid, L.: Einleitung. In: Dies. (Hg.): Erfahrung mit Generationendifferenz, Weinheim 2000.
697 Winterhager-Schmid, L.: »Groß« und »Klein« – Zur Bedeutung der Erfahrung mit Generationendifferenz im Prozeß des Heranwachsens. In: Dies. (Hg.): Erfahrung mit Generationendifferenz, Weinheim 2000, S. 15–37.
698 Winterhager-Schmid, L. (Hg.): Erfahrungen mit der Generationendifferenz, Weinheim 2000.
699 Wittenbruch, W.: In der Schule leben. Theorie und Praxis der Schullebens, Stuttgart u. a. 1980.
700 Wolff, H. W.: Anthropologie des Alten Testaments, München, 3. Aufl. 1977.
701 Wollenwerker, H.: Die Realschule in Geschichte und Gegenwart, Köln u. a. 1997.
702 Wittenbruch, W. (Hg.): Das pädagogische Profil der Grundschule, Heinsberg 1989.
703a Wright, G. H. von: Erklären und Verstehen. Frankfurt 1974.
704 Ziebertz, H.-G.: Moderation religiöser Kommunikationsprozesse. In: Ders. u. a. (Hg.): Religionsstile Jugendlicher und moderne Lebenswelt, München 1996, S. 231–251.
705 Ziebertz, H.-G. u. a. (Hg.): Religionsstile Jugendlicher und moderne Lebenswelt, München 1996.
706 Zinnecker, J. (Hg.): Der heimliche Lehrplan, Weinheim u. a. 1975.
707 Zymek, B.: Der Beitrag Max Webers zu einer Theorie der Bildung und des Bildungswesens. In: Bildung und Erziehung 37 (1984), S. 457–474.